国家高端智库武汉大学国际法研究所

国 际 法 文 库

INTERNATIONAL LAW LIBRARY

黄 进 总主编

肖永平 执行主编

文集系列

杜焕芳 主编

冲突法在美国法院年度综述（2011～2015年）

Choice of Law in the American Courts (2011~2015)

[美] 西蒙·C.西蒙尼德斯 著

杜 涛 译

法律出版社

LAW PRESS·CHINA

This is a translation under license.
The original works are written by Symeon C. Symeonides in English, and they are:
1. Symeonides, Choice of Law in the American Courts in 2015: Twenty-Ninth Annual Survey, 64 *American Journal of Comparative Law* 221-312 (2016)
2. Symeonides, Choice of Law in the American Courts in 2014: Twenty-Eight Annual Survey, 63 *American Journal of Comparative Law* 299-386 (2015)
3. Symeonides, Choice of Law in the American Courts in 2013: Twenty-Seventh Annual Survey, 62 *American Journal of Comparative Law* 223-322 (2014)
4. Symeonides, Choice of Law in the American Courts in 2012: Twenty-Sixth Annual Survey, 61 *American Journal of Comparative Law* 217-299 (2013)
5. Symeonides, Choice of Law in the American Courts in 2011: Twenty-Fifth Annual Survey, 60 *American Journal of Comparative Law* 291-367 (2012)

This Chinese translation is published by Law Press China in 2018

总序一

当今之世界，随着全球投资贸易不断增长，科学技术特别是信息技术飞速进步，通信和交通日益便捷，人文交流蓬勃发展，经济全球化、政治多极化、文化多元化、社会网络化、法律趋同化已成为天下大势。在这种背景下，作为国际社会最为重要的行为规范，国际法在全球治理中发挥着不可替代的作用。

今日之中国，秉持“创新、协调、绿色、开放、共享”五大发展理念，正在全面建设小康社会、全面深化改革、全面推进依法治国、全面从严治党、全面参与全球治理。在这个过程中，国家始终坚持统筹国内、国际两个大局，于内，追求实现“两个一百年”奋斗目标，追求实现中华民族伟大复兴的中国梦。于外，坚定不移对外开放，参与全球治理；坚持和平发展、合作共赢；积极构建中国特色大国外交，完善对外战略布局，既“请进来”，又“走出去”，加快推进“一带一路”建设；坚决维护国家主权、安全、发展利益，争取良好国际环境，维护世界和平稳定，促进各国共同发展，打造“人类命运共同体”。毫无疑问，坚持统筹国内、国际两个大局，不仅要全面推进依法治国，加强国内法治，而且要在全球治理中高度重视和善于发挥国际法的作用，加强国际法治，推进国内法治与国际法治良性互动，特别是要完善中国自己的涉外法律法规体系，积极参与国际规则的制定，增强中国在国际法律事务中的话语权和影响力，运用法治思维和法治方式依法处理涉外事务,强化涉外法律服务,加强国际法治合作。

当下之中国国际法学界,经过改革开放30多年的建设和发展,可以肯定地说,国际法学科体系不断健全,学术队伍不断壮大,国际学术交流与合作不断拓展,学术水平和创新能力不断提高,培养了一大批国际法专门人才。而且,广大国际法专家学者解放思想、实事求是、求真务实、与时俱进,深入研究和回答中国改革开放面临的国际法理论和实践问题,产出了一大批有分量的学术成果,为国际法学的繁荣发展和国家改革开放及现代化建设做出了重要贡献。但应该指出的是,中国国际法学领域还存在一些亟待解决的问题。比如,国家缺乏整体的国际法学科发展战略规划,国际法学科建设放任自流,各国际法机构各自为政;国际法人才队伍学术原创能力和解决实际问题的能力不强,活跃在世界国际法舞台的人才不多,总体素质亟待提高;国际法人才培养体系不健全,德行教育与知识传授相分离、理论培养与实践训练相脱离、国内培训与国际培训相隔离;国际法学术研究缺少精品力作,还没有产出具有广泛国际影响的创造性思想成果和理论成果,在国际规则制定和国际法律事务中的话语权和影响力不大。可以这样说,中国国际法学界目前在学术命题、学术思想、学术观点、学术标准、学术评价、学术话语上的能力和水平同中国综合国力和国际地位还不太相称。

综上所述,国际法在国际社会中的重要地位日益凸显,中国全面推进依法治国、对外开放、参与全球治理,亟须掌握和运用国际法,中国国际法学界仍处于有数量缺质量、有专家缺大师以及作用没有充分发挥出来的状态。我们所处的时代表明,这是一个需要国际法的时代,这是一个需要国际法理论创新而且一定能够产生国际法新理论的时代,这是一个需要国际法思想而且一定能够产生国际法新思想的时代。所有这些,正是我们编辑出版"国际法文库"以推动国际法学繁荣发展的初衷。

"国际法文库"将坚持兼容并包、思想自由。主张立足中国、借鉴国外,挖掘历史、把握当代,关怀人类、面向未来,着力推进构建既具有中国特色、中国风格、中国气派,又能进入世界学术话语体系的国际法学。

"国际法文库"将坚持问题导向。面对中国改革开放的新常态、国际局势的新变化,世界范围内各种思想文化交流交融交锋的新形势,只有聆听时代的声音,回应时代的呼唤,认真研究国家深化对外开放、全面参与全球治理的重大而紧迫的问题,才能真正把握历史脉络,找到发展规律,推进国际法理论创新和全球治理实现良法善治。

"国际法文库"将坚持跨学科研究。国际法律问题涉及国际社会生活的方方面面,具有跨学科性,需要从多学科视角,运用学科交叉融合的方法,进行跨学科研究。也就是说,对于国际法律问题,不仅要从国际公法、国际私法、国际经济法等国际法学视角进行研究,而且还要从宪法、行政法、民商法、刑法、诉讼法等国内法学视角进行研究;不仅要从法学视角进行研究,而且还要从国际政治、世界历史、全球经济、人类社会变迁、多元文化交融、地球生态文明等视角进行研究。跨学科研究在于坚持用联系的发展的眼光看待问题,增强研究的整体性、系统性、协调性、战略性,促进问题合情、合理、合法的解决。

"国际法文库"将坚持创造创新。创新是一个民族进步的灵魂,也是引领理论发展的动力。创新,就是有所发现、有所发明、有所创造。国际法理论的生命力在于创新 ,只有不断进行探索,才能推进国际法思想创新、知识创新、理论创新、制度创新、方法创新。国际法理论创新要从问题开始,发现问题、筛选问题、分析问题、研究问题、解决问题的过程就是创新的过程。国际法理论创新不必贪大求全,发现新事实、新材料、新现象是创新,阐明一个新原理、提出一种新学说、揭示一条新规律是创新,发明一项新技能、找到一条新路径、创造一种新方法也是创新。

"国际法文库"设专著系列、译著系列、实务系列、文集系列,是法律出版社与武汉大学国际法研究所共同打造的学术品牌。法律出版社在中国出版界特别是法学、法律出版领域的龙头地位自不待言。这里有必要对武大国际法所多说几句。武大国际法所是我国著名法学家、教育家、国际私法一代宗师韩德培先生于 1980 年创办的,是我国高校设立的第一个国际法研究所。该所自创立以来,自强不息,追求卓越,先后培养了一大批已在学术和实务方面崭露头角的国际法专门人才,先后产出了一大批具有较高水平的国际法学术成果,先后两次被评为国家级重点学科,2000 年被确定为教育部人文社会科学重点研究基地,2015 年入选首批国家高端智库。可以肯定地说,武大国际法所是当今中国国际法领域的学术重镇,不断推进中国国际法人才培养、科学研究和新型智库建设,不仅是它义不容辞的责任,更是它崇高而神圣的使命。正是基于这种情怀,武大国际法所与法律出版社携手合作,设立了这个"国际法文库"。这是为中国国际法学界开辟一块新的学术园地,建造一个新的学术舞台。"国际法文库"是自由、开放、包容、多元的,海内外的国际法同仁都可以在这块园地里辛勤耕耘,春播夏种、秋收冬藏;也都可以在这座舞台上翩翩起舞,崭露头角、一展锋芒。我真诚希望,所有以国际法为志业、立志为中国国际法事业做出贡献的海内外同仁,都能把“国际法文库”视为我们共同的国际法事业的一部分,关心之、支持之、帮助之、鞭策之,勿忘初心、久久为功,去迎接我们共同期待的中国国际法学界百花齐放、百鸟争鸣的春天。

是为序。

 *

2016 年 12 月 1 日于北京

---

* 黄进,中国政法大学校长,法学教授,中国法学会副会长,中国国际私法研究会会长。

总序二

随着中国日益接近世界舞台的中央,我国迫切需要加强国际法律共同体建设,利用国际法维护世界和平和人类命运共同体以及可持续发展,保障中国的正当利益。因此,不管是国际法制度构建,还是国际法理论创新,抑或是国际法实践引领,中国都需要从"被动适应者"向"主动引领者"转变。

由我国著名法学家、教育家、社会活动家、国际私法一代宗师韩德培先生创办的武汉大学国际法研究所是1980年由原国家教委批准成立的中国高校第一个国际法研究机构;1981年设立博士点;1995年建立博士后流动站;1996年列为"211"工程重点建设单位;2000年被教育部批准为普通高等学校人文社会科学重点研究基地;2004年被批准为"985"工程哲学社会科学创新基地;2015年被中宣部确定为首批国家高端智库试点建设单位。她一贯秉持国际公法、国际私法、国际经济法的全面和综合研究,积极拓展联合国法、欧洲联盟法、国际能源法、电子商务法、国际发展法、国际网络法、国际投资法、国际金融法、国际体育法、世贸组织法、海洋法和海商法等前沿学术领域,形成了学科研究方向齐全、学科发展水平一流、咨政服务能力突出、教学科研成果领先的鲜明特色。

但是,不管是作为教育部的人文社会科学重点研究基地,还是作为国家高端智库,仅仅依靠一个研究所的力量难以实现中国国际法理论的创新,难以实现中国从国际法的“被动适应者”向“主动引领者”的转变。当下,中国面临的问题在全球化进程中愈发凸显其复杂性,许多问题往往需要从不同学科、不同视角、不同谱系进行合理的理论解释、作出正确的政策选择;而不同学者、学术机构、智库在不同领域具有相对优势,或者因所在区域不同而存在区域政策问题的竞争优势。因此,团结、组织中国国际法学者共同攻关、协同创新是获得国际竞争优势、创新中国国际法理论,进而实现中国从国际法的“被动适应者”向“主动引领者”转变的必由之路。正是出于这种考虑,我们与法律出版社合作出版“国际法文库”,希望集中展示中国学者的国际法著述和学术见解,及时传播国外国际法学界的最新研究成果,协同研究中国面临的重大国际法实践问题,不断增强中国国际法理论的国际话语权,不断提升中国国际法制度的国际吸引力,不断提高中国国际法实践的国际影响力。

因此,“国际法文库”将面向中国国际法理论界和实务界广泛征集选题,通过自荐与他荐相结合的方式,由丛书编辑委员会根据其学术性、思想性和创新性决定出版选题。本文库分为专著系列、译著系列、实务系列和文集系列。

专著系列旨在集中呈现中国学者在国际法领域的理论研究成果,引导中国国际法学界关注国际学术动态、设置前沿学术议题、营造良好学术风气,推动中国国际法理论创新。以学术性和创新性为选题标准,主要出版中国学者关于国际法领域具体问题的创新性研究成果。

译著系列旨在全面推介国际社会国际法理论的经典著作和最新成果,促进中外国际法理论的交流与交锋,促使中外国际法实践的互动与创新。以思想性与新颖性为选题标准,主要出版国际社会在 20 世纪 90 年代以后创作或再版的国际法著作的译作。

实务系列旨在中国国际法理论研究和实践运用之间架起桥梁,促使中国国际法研究更加贴近国家和社会的现实需要,在国际法理论的支撑下运用国际法规则分析和解决实践中出现的问题。以对策性与实用性为选题标准,主要出版针对实践中的国际法问题,特别是与中国密切相关的国际法问题的著作,强调贴合国家对外交往实际需要,关注操作层面的问题选择、分析和解决方案。

文集系列旨在及时反映中国国际法学界举办的学术会议成果,提高学术交流的质量,加强学术交流的深度,扩大学术交流的影响。以新颖性与可行性为选题标准,主要出版能够设置学术议题、引领理论前沿的论文集。

我们相信,在中国国际法学界同仁的关心、支持与积极参与下,“国际法文库”一定能够实现上述目的,为中国国际法的理论创新、制度变革和实践引领贡献她应有的智慧、发挥她应有的作用。

*

2017 年元旦于武汉

* 肖永平,武汉大学国际法研究所所长,长江学者,法学教授,中国国际私法研究会常务副会长。

Contents

目录

冲突法在美国法院(2011 年):第 25 次年度综述*

一、导论

(一)25 年

1987 年费顿·约翰·科奇里斯(Phaedon John Kozyris)教授(本文献给他以作为纪念)认为,冲突法领域的司法实践已经日新月异,而教授冲突法的老师如果不了解这些信息的话将是不可想象的。为了及时了解每年大量涌现的冲突法案例,他向美国法学院协会冲突法分会的会员提出一项建议,即每年由不同人士在学会的年度《时事通讯》中对年度冲突法判例进行简要综述。科奇里斯(Kozyris)也意识到很多好的想法都在实施过程中"胎死腹中"(同时也理解示范的价值),所以他自愿去撰写第一份综述。① 如科奇里斯所说,此综述的目的是"突出冲突法领域有意义的发展,而不是对其进行系统的分类"。② 当时的冲突法分会主席赫玛·希尔·凯(Herma Hill Kay)教授赞成这一主张,并建议将

---

* 英文版发表于《美国比较法杂志》2012 年第 1 期,中译本发表于《民商法论丛》第 53 卷。感谢西蒙·C. 西蒙尼德斯教授授予翻译版权。Copyright to the English original by Symeon Symeonides and the American Society of Comparative Law, Inc. 本篇合译者为秦苑和王晓廷。

① See P. John Kozyris, "Choice of Law in the American Courts in 1987: An Overview", 36 *Am. J. Comp. L.* 547 (1988).

② Ibid., at 547.

该综述发布在《美国比较法季刊》上,从而“使这一年度综述更加固定,有更大的受众面”。① 从此这一综述和服务便开始了。

25 年之后,这一服务依然在进行。② 同时,冲突法案件以每年 10% 的比例上升,至今已累积增长 304%。③ 这一综述在长度以及受众范围方面都有很大

---

① 美国法学院联合会冲突法分会编:《时事通讯》,1987 年版,第 19 页。

② 按照时间顺序,科奇里斯之后的 24 次综述依次是:Symeon C. Symeonides,“Choice of Law in the American Courts in 1988”, 37 *Am. J. Comp. L.* 457 (1989); P. John Kozyris & Symeon C. Symeonides, “Choice of Law in the American Courts in 1989: An Overview”, 38 *Am. J. Comp. L.* 601 (1990); Larry Kramer, “Choice of Law in the American Courts in 1990: Trends and Developments”, 39 *Am. J. Comp. L.* 465 (1991); Michael E. Solimine, “Choice of Law in the American Courts in 1991”, 40 *Am. J. Comp. L.* 951 (1992); Patrick J. Borchers, “Choice of Law in the American Courts in 1992: Observations and Reflections”, 42 *Am. J. Comp. L.* 125 (1994); Symeon C. Symeonides, “Choice of Law in the American Courts in 1993 (and in the Six Previous Years)”, 42 *Am. J. Comp. L.* 599 (1994); Symeon C. Symeonides, “Choice of Law in the American Courts in 1994: A View ‘From the Trenches’”, 43 *Am. J. Comp. L.* 1 (1995); Symeon C. Symeonides, “Choice of Law in the American Courts in 1995: A Year in Review”, 44 *Am. J. Comp. L.* 181 (1996); Symeon C. Symeonides, “Choice of Law in the American Courts in 1996: Tenth Annual Survey”, 45 *Am. J. Comp. L.* 447 (1997); Symeon C. Symeonides, “Choice of Law in the American Courts in 1997”, 46 *Am. J. Comp. L.* 233 (1998); Symeon C. Symeonides, “Choice of Law in the American Courts in 1998: Twelfth Annual Survey”, 47 *Am. J. Comp. L.* 327 (1999); Symeon C. Symeonides, “Choice of Law in the American Courts in 1999: One More Year”, 48 *Am. J. Comp. L.* 143 (2000); Symeon C. Symeonides, “Choice of Law in the American Courts in 2000: As the Century Turns”, 49 *Am. J. Comp. L.* 1 (2001); Symeon C. Symeonides, “Choice of Law in the American Courts in 2001: Fifteenth Annual Survey”, 50 *Am. J. Comp. L.* 1 (2002); Symeon C. Symeonides, “Choice of Law in the American Courts in 2002: Sixteenth Annual Survey”, 51 *Am. J. Comp. L.* 1 (2003); Symeon C. Symeonides, “Choice of Law in the American Courts in 2003: Seventeenth Annual Survey”, 52 *Am. J. Comp. L.* 9 (2004); Symeon C. Symeonides, “Choice of Law in the American Courts in 2004: Eighteenth Annual Survey”, 52 *Am. J. Comp. L.* 919 (2004); Symeon C. Symeonides, “Choice of Law in the American Courts in 2005: Nineteenth Annual Survey”, 53 *Am. J. Comp. L.* 559 (2005); Symeon C. Symeonides, “Choice of Law in the American Courts in 2006: Twentieth Annual Survey”, 54 *Am. J. Comp. L.* 697 (2006); Symeon C. Symeonides, “Choice of Law in the American Courts in 2007: Twenty-First Annual Survey”, 56 *Am. J. Comp. L.* 243 (2008); Symeon C. Symeonides, “Choice of Law in the American Courts in 2008: Twenty-Second Annual Survey”, 57 *Am. J. Comp. L.* 269 (2009); Symeon C. Symeonides, “Choice of Law in the American Courts in 2009: Twenty-Third Annual Survey”, 58 *Am. J. Comp. L.* 227 (2010); and Symeon C. Symeonides, “Choice of Law in the American Courts in 2010: Twenty-Fourth Annual Survey”, 59 *Am. J. Comp. L.* 303 (2011). Hereinafter, these Surveys are referred to only by the author's name and the survey year.

③ 1987 年美国州及联邦法院共判决 1551 个冲突法案件,2011 年增加到 4711 件。

进步,甚至还被翻译成中文和西班牙文。① 希望这一综述能够继续对社会有所益处。② 令人悲痛的是,科奇里斯教授于 2010 年辞世了,但是这一倾注了他很多心血的综述仍将传承下去。③

综述长度的增加并未改变本综述的目的,因为该综述依然致力于突出重点,而不是对每年的案件进行深入讨论。案件数量的庞大以及杂志空间的限制,使我们无法使此项计划变得更加庞大。

同时,读者范围也从单纯的美国冲突法方面的教授扩大到了外国的学者及学生,这一受众面的扩大,要求对案件的讨论进行些许调整,包括对以前的读者来说并不需要的背景信息介绍以及必要解释。

唯一未改变的是作者的目的,即致力于提供信息,而将辩护或批评尽可能减到最小的程度。当然,在讨论案件的过程中也不可避免地会涉及一定程度的批评,至少在提及由知名度较高的法院(如最高法院)裁决的案件时,批评我更加不可避免。

(二)2011 年

2011 年的综述主要包括美国州、联邦上诉法院在 2010 年 1 月 1 日至 2011 年 12 月 31 日作出判决的案件,这些案件均在 2012 年 1 月 4 日前公布在 Westlaw 上。其中,共有 1086 起上诉案件能够满足这两个要件。④ 综述主要侧重于对冲突法(特别是法律选择)的发展或理解具有一定意义的案件。

---

① 2002 年综述中译本载《中国国际私法与比较法年刊》(2004 年卷),第 513 ~ 615 页,王莉、李梦圆译;2001 年综述中译本载《中国国际私法与比较法年刊》(2003 年卷),第 465 ~ 567 页,孔令杰、王莉译。María Mercedes Albornoz, "Determinación del derecho aplicable en los tribunales Estadounidenses en 2008: Vigésimo segundo informe anual", in Tendencias Y Relaciones Derecho Internacionalprivado Americano Actual (D. Fernández Arroyo & N. González Martín, eds., 2010).

② 除了每年听到的大量私人赞誉之外,请允许我列举一些收到的正式评价,例如,1999 年 1 月 9 日,美国法学会冲突法分会在感谢信中称"此综述具有极大的教育性及影响力,对学者和实践工作者极具有帮助性";D. Owen, M. Madden, & M. Davis, *Products Liability*, § 30:1 (v. II, 3d ed. 2005)认为本综述"提供了对近期案例的全面审查,对冲突法规则在实践中的适用进行了充分的、发人深省的解释"。

③ 对 Kozyris 教授对美国冲突法及比较法作出贡献的简要评价,参见 Symeon C. Symeonides, "A Dedication to Professor P. John Kozyris", 58 *Am. J. Comp. L.* 221 (2010)。

④ 在 Westlaw 的 2011 年 Allstates、CTA、SCT 数据库中输入"Conflict of Laws"可以查找到这些案件。在这 1086 个案件中,776 个是州案件,307 个是联邦中级法院判决的案件,3 个是联邦最高法院判决。除此之外,还有 3628 个案件由联邦地区法院裁判的案件(本综述不讨论此类案件),因此,2011 年涉及冲突法的案件共 4711 件。

2011年的亮点主要包括以下几点：

最高法院作出的3个案件判决都没有促进法律的改善,其中两个判决更是激起了很多学生的讽刺挖苦。

第一个判决是关于一般管辖权的问题,这一判决很普通,但是对法律并无损害。①

第二个判决是关于特殊管辖权的问题。如果它形成了多数意见,那么其可能会对美国的法律造成毁灭性的影响。这一判决是4票复数意见、2票协同意见、3票异议意见的结果,其试图把法律后退几十年。②

第三个判决产生了一个5:4的多数意见,通过具有"偏见性的推理",认为《联邦仲裁法》优先于州法院的判决,这些判决出于保护消费者的目的拒绝执行某些集体仲裁弃权条款。③

西弗吉尼亚州最高法院在两个案件中,拒绝执行旨在使私人疗养院居住的疗养人员对管理者疏忽大意放弃提出诉讼请求的仲裁条款,并对美国最高法院有倾向性的逻辑推理及重新创造新规则的行为进行了批评。④

纽约州上诉法院在与舒尔茨诉斯科茨男孩(Schultz v. Boy Scouts)⑤这一类似案件判决中,适用了《纽梅尔规则》。

加利福尼亚州最高法院在一个案件的判决中继承了特雷纳大法官的遗产,勾画了加利福尼亚州立法的域外适用范围。⑥

在特拉华州最高法院的一个判决中指出,特拉华州在"规范该州所颁布驾照的司机行为上"有利益关系,即使这些司机在较低标准的州进行驾驶行为。⑦

亚肯色州的一个案件涉及亚肯色州的禁酒令与路易斯安那州的反禁酒令之间的冲突,并将路易斯安州法律适用于阿肯色州的交通事故。⑧

在某一产品责任案件中,司机在休息停车点吃了一片安眠药之后发生了翻车事故。本案认为,在冲突法问题上,该休息停车点优于向该司机销售该车但

① See infra at Ⅱ.1
② See infra at Ⅱ.2.
③ See infra at Ⅴ.1.a(1).
④ See infra at Ⅴ.1.a(2).
⑤ See infra at Ⅳ.1.
⑥ See infra at Ⅳ.5.
⑦ See infra at Ⅳ.3.
⑧ See infra at Ⅳ.3.

没有提醒其车辆为安装翻车保护杠的经销商所在地。①

在第十一巡回法院作出的判决中,尽管美国法院并没有机会对仲裁结果进行复审,但是仍要求执行一外国仲裁及法律选择条款,而这一选择将取消水手在《琼斯法案》下的权利。②

一些州的最高法院的裁决阐述了解决包括诉讼时效在内的冲突问题的四种路径。③

怀俄明州最高法院判决指出,在加拿大缔结的同性婚姻能够在怀俄明州离婚。一份纽约州判决在处理遗产争端时则承认了在加拿大缔结的同性婚姻有效,尽管当时纽约州还未允许同性婚姻。④

华盛顿州的一份判决承认了被苏丹村庄所承认的传统文化婚姻,而否定了因新郎只兑现了向新娘父亲承诺的 50 头牛彩礼中的 35 头,从而导致苏丹政府不承认这一婚姻的主张。⑤

肯塔基州的一份判决认为,没有在肯塔基州领取结婚证且没有履行剩下的民事婚姻仪式的犹太宗教婚姻,并不是一个有效婚姻。⑥

佛蒙特州最高法院的一份判决认为只要孩子在佛蒙特州有住所,即使佛蒙特州对父亲没有对人管辖权,但仍有管辖权来终止其亲权。⑦

第五巡回法院的一份全席判决认定,根据充分诚信条款,在纽约州收养路易斯安那州孩子的两个未婚同性恋人,因路易斯安那州登记官拒绝向其颁发记载养父母信息的修改后的出生证明而针对该登记官提起的诉讼,缺乏联邦诉因。⑧

内华达州最高法院的一份被识别为刑事案件的判决,拒绝承认加利福尼亚州的对违反区域管理法而树立广告牌的公司施加罚款的判决。⑨

几个州的判决涉及性犯罪者被其他州的判决要求他们履行登记住所或终

---

① See infra at Ⅳ.4.

② See infra at Ⅴ.1.b.

③ See infra at Ⅵ.

④ See infra at Ⅶ.1.

⑤ See infra at Ⅶ.1.

⑥ Ibid.

⑦ See infra at Ⅶ.2.

⑧ See infra at Ⅶ.3.

⑨ See infra at Ⅷ.1.

止登记的义务。[①]

4 个联邦上诉法院的判决认定根据《外国人侵权法》(而不是根据《酷刑受害者保护法》),公司被告人可以被提起诉讼,并且他们可以因为协助或教唆实施《外国人侵权法》违反国际法所考量的行为而承担责任。[②]

二、管辖权

此项综述通常不涉及协议管辖权问题。但是为了便利外国读者,2011 年将是一个例外,因为在这一问题上沉默了 20 多年之后,2011 年联邦最高法院在同一天发布了两个重要的判决:[③] Goodyear Dunlop Tires Operations, S. A. v. Brown[④] 及 J. McIntyre Machinery, Ltd. v. Nicastro。[⑤] 第一个判决主要涉及一般管辖或万能管辖(general or all-purpose jurisdiction),这一问题最高法院自 1984 年的 Helicopteros Nacionales de Colombia, S. A. v. Hall 案[⑥]之后就再未涉及过。第二个案子涉及特殊管辖或个案管辖,最高法院此前最后一次涉及这一问题是在 1987 年的 Asahi Metal Industry Co. v. Superior Court of Cal., Solano Cty 案中。[⑦]

一般管辖与特殊管辖的区别在于,拥有一般管辖权的法院可就向被告提出的任何请求作出裁决,包括与法院地没有联系或不是发生在法院地的请求;而在特殊管辖权下,法院只能对被告实施的与法院地有特定联系或发生在法院地

---

① See infra at Ⅷ. 1.

② See infra at Ⅸ. 1 - 2.

③ 关于这两个案件的进一步讨论,参见 Patrick J. Borchers, J. McIntyre Machinery, "Goodyear, and the Incoherence of the Minimum Contacts Test", 44 *Creightonl. Rev.* 1245 (2011); Allan Ides, "A Critical Appraisal of the Supreme Court's Decision in J. McIntyre Machinery, Ltd. v. Nicastro", __ *Loy. L. A. L. Rev.* ___ (forthcoming 2012), available at SSRN: http://ssrn.com/abstract = 1938472; Todd D. Peterson, "The Timing of Minimum Contacts after Goodyear and McIntyre", 80 *Geo. Wash. L. Rev.* 202 (2011); Note, "Personal Jurisdiction — Stream-of-Commerce Doctrine: J. McIntyre Machinery, Ltd. v. Nicastro", 125 *Harv. L. Rev.* 311 (2011); Note, "J. McIntyre Machinery, Ltd. v. Nicastro: The Stream-of-Commerce Theory of Personal Jurisdiction in a Globalized Economy", 66 *U. Miami L. Rev.* 233 (2011).

④ 131 S. Ct. 2846 (U. S. 2011).

⑤ 131 S. Ct. 2780 (U. S. 2011).

⑥ 466 U. S. 408 (U. S. 1984).

⑦ 480 U. S. 102 (U. S. 1987).

的诉讼请求进行裁决。[①]

(一)一般管辖:固特异(Goodyear)案

固特异(Goodyear)案涉及在法国发生的一起交通事故,导致两个南卡罗来纳州男孩死亡。这起交通事故是由轮胎缺陷所导致的,而这一轮胎是由固特异轮胎公司在土耳其的子公司制造的。男孩的父母在南卡罗来纳州对固特异美国总公司及其土耳其子公司和其他两个外国子公司提起了产品质量诉讼。本案争议在于南卡罗来纳州对本案中的子公司是否具有管辖权。[②] 特殊管辖权在本案中不适用,因为诉讼请求与子公司在南卡罗来纳州的任何行为都无关。但是,子公司所生产的轮胎通过中间商在南卡罗来纳州进行销售,尽管本案中的这种特定轮胎并未在该州进行销售,但这些销售行为是否足以使南卡罗来纳州对子公司具有一般管辖权?虽然未指出对该案适用一般管辖或特殊管辖,南卡罗来纳州法院依然认为其有管辖权,因为通过商业流通,大量子公司生产的轮胎进入了本州。但是联邦最高法院由金斯伯格(Ginsburg)大法官所主笔的一致意见表示,该州对本案并不具有管辖权。

最高法院对一般管辖进行了定义或再定义,并指出如果外国公司与一州有"持续的、系统的"联系以致使该外国公司在该州"本质上像在家里"(essentially at home)一样时,该州法院可以对此外国公司进行一般管辖。[③] 事实上,在最高法院的第一起也是唯一一起涉及管辖权问题的判例 Perkins 案中,菲律宾公司在法院地俄亥俄州实际上就像在家里一样,因为该公司在当时(第二次世界大战期间)并没有其他的家,而只能在菲律宾之外从事运营,并且正好是在俄亥俄州。[④] 相反,在直升机(Helicopteros)案中,哥伦比亚公司在法院地得克萨斯州并非像在家里一样,因为它在该州的商业行为仅仅是购买一些得克萨斯的产品。当然,在珀金斯(Perkins)案中"远离家乡的家乡"这一事实与直升机案中孤立的购买者这两种情形之间,依然存在很大距离。然而,固特异案并未陷入这些先例之中不能自拔。最高法院正确地指出:

"与珀金斯及直升机案相反,本案中,南卡罗来纳州对该案并没有一般管辖

---

① 这两者的不同在 Arthur von Mehren & Donald Trautman, "Jurisdiction to Adjudicate: A Suggested Analysis", 79 *Harv. L. Rev.* 1121, 1136 (1966)中首次出现。

② 美国固特异公司并没有对管辖权问题提出抗辩,因为它在南卡罗来纳州有基地及常规性的商业活动。

③ Goodyear, 131 S. Ct. at 2851 (emphasis added).

④ See Perkins v. Benguet Consol. Mining Co., 342 U. S. 437 (1952).

权。珀金斯案中的被告在战争期间唯一的商业活动就是发生在俄亥俄州,而本案并不同,本案被告在南卡罗来纳州绝对不构成像在其家里一样。它们与该州非常有限的联系,并不足以构成'持续的、系统的经常性商业联系',不符合一般管辖的条件,所以不能使该州对它们与本州并无任何联系的诉讼拥有管辖权。"①

这也解释了固特异案这样本不该由最高法院来处理的简单案件,或者是根据直升机案就可以得出一致结论的案件,为何最后由最高法院作出判决。这个案子留下的问题是,在越来越缺少睿智法官的地区法院中,最高法院对"本质上像在其家里"(essentially at home)这一短语的解释将会对以后的案件造成影响,而且可能对美国法律造成一定损害。

(二)特殊管辖:麦金太(McIntyre)案

在麦金太(McIntyre)案中,新泽西州法院对一英国制造商行使了特殊管辖权。此英国制造商向该州销售了大量的金属切割机,这些切割机切断了一名新泽西工人的数根手指。关于管辖权这一问题,美国法律的规定绝不简单。与固特异案不同,大多数外国读者将会发现,本案中并无管辖权的论断。比如,《欧盟布鲁塞尔Ⅰ规则》第 5 条第 2 款规定,"在涉及侵权问题时",居住在成员国的被告(更不用说非定居的被告,如美国公司),"可以在侵权行为地法院被起诉",②即使该地与本案并无其他联系。然而,由于最高法院尚不能明确提出统一的或至少是一致的管辖权问题的标准,导致美国的管辖权法律从来都不简单。朝日(Asahi)案是此前最高法院在这一问题上作出的最后一个判决,而该案产生了 3 个观点,反映出当时大法官之间显著的哲学分歧。25 年之后,本案件也出现了 3 个不同的观点,使现任大法官之间对于此问题的分歧更加严重。

1. 朝日案。对于不熟悉该案的读者来说,该案涉及一起产品责任事故,原告为加利福尼亚州居民,事故发生在加利福尼亚州,被告为中国台湾地区生产商,被告生产的摩托车轮胎突然漏气而导致原告受伤,在加利福尼亚州发生的意外事故,造成一名加利福尼亚州居民受伤。被告则向日本厂商朝日公司提起交叉诉讼,要求该公司赔偿,因为轮胎中采用了该日本公司生产的气门。此后,原告解决了与中国台湾地区被告之间的纠纷而不再参与诉讼。因此,朝日案中

① Goodyear, 131 S. Ct. at 2857.

② 参见欧盟 2000 年 11 月 22 日《关于管辖权及民事和商业判决的承认与执行问题的第 44/201 号条例》。

剩下的管辖权问题就是加利福尼亚州法院是否对日本气门生产商和中国台湾地区轮胎生产商之间的赔偿纠纷拥有管辖权。

最高法院的一致判决意见否决了法院的管辖权,但是在判决理由中并没有形成一个多数意见。以奥康纳大法官为首的 4 位大法官认为,被告只是知道其产品将会通过“商业流动”到达法院所在地州,此外别无其他联系,仅此一点不足以得出结论认为应当根据正当程序条款所要求的“传统的公平和实质正义观念”而对被告主张管辖权。相反,原告必须证明被告实施了特定行为来经营法院所在地市场。以布伦南为首的其他 4 位大法官则认为,通常情况下,只要被告知道其产品将会通过“商业流动”进入法院所在地市场,就足以确立该州对被告的特殊管辖权。但是,主张管辖权必须始终符合合理性要求,就本案而言,加利福尼亚州法院的管辖权是不合理的。斯蒂文斯大法官提出的第三种观点虽然也认为加利福尼亚州法院对本案的管辖权是不合理的,但是拒绝了奥康纳和布伦南主张的“商业流动”标准,他指出,加利福尼亚州事实上满足了奥康纳提出的更严格的标准,因为有超过 10 万套朝日公司生产的气门装置被出售到加利福尼亚州。

2. 麦金太案。麦金太案至少有两个要点不同于朝日案。首先,朝日案是两家外国公司之间的诉讼。而麦金太案是在新泽西州受伤的新泽西州工人针对外国生产商提起的诉讼,该外国生产商的产品导致伤害事故发生。其次,在朝日案中,日本被告生产了导致伤害的产品的一部分部件,但无法控制中国台湾地区被告将产品销往何处。① 而在麦金太案中,全部致害产品都是英国生产商制造的,并且英国制造商实际上是把美国当作整体的市场进行销售:第一,通过贸易展示会吸引顾客;第二,雇用了排他的独立经销商在美国推广和销售其产品,包括导致损害的切割机。麦金太英国公司并非专门针对新泽西州市场,但是也没有把新泽西排除在外。因为它的目标是销售尽可能多的产品,在美国的每一个角落,②针对任何愿意购买其产品的美国人。③ 无论是否巧合,新泽西州也是美国最大的废旧钢铁市场,而这个行业依赖金属切割机。

然而,最高法院 6 位大法官认为新泽西州不具有管辖权,投票对新泽西州的判决予以改判。3 位法官[斯卡利亚(Scalia)、托马斯(Thomas)和罗伯茨

① Asahi Metal Industry Co. v. Superior Court of Cal. Solano Cty. 480 U. S. 102 (1987).

② McIntyre, 131 S. Ct. at 2899 (金斯伯格的异议意见)。

③ McIntyre, 131 S. Ct. at 2891 (布雷耶大法官的协同意见)。

(Roberts)]加入了肯尼迪(Kennedy)大法官的复数意见。阿利托(Alito)大法官加入了布雷耶(Breyer)大法官撰写的协同意见,赞同复数意见的结果。金斯伯格大法官撰写了反对意见,索托马约尔(Sotomayor)大法官及卡根(Kagan)大法官加入她的意见。

(1)复数意见。肯尼迪大法官撰写的复数意见采纳了奥康纳大法官在朝日案中的理论,试图重新激活长期以来遭到抛弃的"服从"(submission)和"同意"(consent)观念,并强烈批判了布伦南大法官在朝日案中提出的以可预见性和公平为基础的观点。根据复数意见,管辖权的基础并非可预见性,而是被告通过"有目的的利用"(purposeful availment)而服从法院地州的主权。[①] "商业流动"这一比喻显然并不符合管辖权的概念,因为被告无法控制其产品流通到何处。复数意见承认了法院此前的主张,即"被告将其商品置于商业流通中,并'期待法院地的消费者购买其商品'就已经表明了被告有目的地利用"。[②] 但是这一主张只意味着被告可能"在某一适当的案件中,如果制造商或分销商致力于服务一个特定州的市场,那么即使他们没有进入法院所在地,也将受到该法院地所在州的管辖"。[③] 根据复数意见的表述,关键问题是,"被告方的行为是否显示其有意将自己置于法院所在地主权权力之下"。[④] 复数意见接着指出:"换句话说,被告必须是'有意利用在法院所在地从事商业活动的特权,从而获得了该地法律的保护与利益'。如果被告以法院所在地为目标市场,那么法院所在地才可以对被告的商业流通行为行使管辖权。只有能够认定被告以法院所在地为市场目标时,才能认为其商品的流转导致了法院地州管辖权的适用。一般来说,不能仅仅以被告方可能预计到自己的产品会流向法院所在地,就认为它就

---

① McIntyre, 131 S. Ct. at 2787, 2788, 2789, 2790.

② Ibid., at 2788 [quoting World-Wide Volkswagen Corp. v. Woodson, 444 U. S. 286, 298 (1980)].

③ Ibid.

④ Ibid. 根据博尔切斯(Borchers)教授的观点,"该复数意见试图用主权理论对属人管辖权提供基础"。而主权理论已经被法院无数次拒绝。参见 Patrick J. Borchers, J. McIntyre Machinery, "Goodyear, and the Incoherence of the Minimum Contacts Test", 44 *Creighton L. Rev.* 1245 (2011), 第1263 页。同时,他指出,"在最近的几十年里,法院已经至少3 次埋葬了包含国家主权的正当程序条款,但是每次它都会自己再从坟墓里爬出来,以各种奇形怪状的方式恐吓它的邻国"。博尔切斯总结道,"复数意见试图使法律倒退一个世纪或者更多,这或许是几十年来最差的推理以及最不恰当的判决结果"。同上,第1263 页。

将流向法院所在地。"①

根据复数意见,布代南(Brennan)在朝日案中发表的协同意见,即提倡在公正与可预见性基础上的建立一个规则,是与"合法审判权的前提相违背的",因为"管辖权是权力的问题,而不是公正的问题"。而且"被告的行为,使得法院地能对其行使管辖权,而不是被告的期待"。②

(2)协同意见。布雷耶大法官赞成复数意见书的观点,即新泽西州没有管辖权,但是他将他的结论建立在非常狭窄的事实基础上。布雷耶实质上接受了奥康纳的商业流通附加测试标准(stream-of-commerce-plus test)(至少就本案目的而言)。布雷耶指出:"即使被告的产品进入了商业流通,并且希望自己的产品能够被销售,但是一个单纯的在美国进行的产品销售行为本身并不足以产生对他国被告进行管辖的基础。"③布雷耶因此得出结论认为,本案中,原告未能证明英国制造商"有意利用在新泽西从事商业活动的特权",并且事实也证明其在新泽西的商业行为并不是"经常的、有规律"的销售,更不是其他的针对该州进行的特定设计、广告、建议、营销或其他行为,英国制造商也没有在新泽西州进行特别的促进销售的行为。④

布雷耶还指出:"本案不适合用来宣告修改一项基本管辖权规则。"⑤他指出,像"服从"和"利用"市场这样的概念在现代贸易模式下是一个很难确定的标准:"如果一家公司通过其网站向全世界销售产品,那么这些标准的含义到底是什么呢?如果一家公司不是直接将其产品运输到市场而是通过中间商(如通过亚马逊网站),由该中间商来接收并履行订单,那又将如何呢?如果公司通过弹出广告将其产品投入市场,并且知道该广告会在法院所在地被看到呢?这些情况具有很严重的商业后果但在本案中完全被忽视了。"⑥

(3)异议意见。金斯伯格在她的异议意见中指出:"一个外国制造商有意图地在美国销售自己的产品,且有目的地通过美国的经销商在全美国进行销售,致力于在美国市场获取利润。对其来讲,购买者住在美国哪个州并不重要。它的目标是在尽可能多的地方销售尽可能多的产品。它并没有把美国的任何一

① McIntyre, 131 S. Ct. at 2788.
② Ibid., at 2789.
③ Ibid., at 2792(布雷耶大法官的附和意见)。
④ Ibid.
⑤ Ibid., at 2793.
⑥ Ibid.

个州或地区排除在外。但是,显然,它希望能够在美国避免产品责任诉讼。为了此目的,它找了一个美国的经销商在美国国内进行销售。当其产品在某地销售并造成当地人伤害甚至死亡,它是否成功地逃避了该地的属人管辖呢?”①

注意到麦金太英国公司“有目的地”试图“使其产品接近‘美国任何地方’的用户”,其“有意地雇佣了一个美国经销商作为中介将麦金太公司的机器销售给全美国的购买者”,并且该公司“竭力覆盖整个美国市场并从中获利”,麦金太得出结论认为,原告的诉讼“是在一个对于其诉讼而言完全适当的法院提起”。②

麦金太继续提出了其他几个尖锐的问题:

判决当局认为原告受伤害的地点是在美国,因此,原告向以美国(包括组成美国的各州)为市场的外国制造商提出的产品责任诉讼请求,不在管辖权范围内。这一观点究竟是建立在怎样的基础之上?③

考虑到类似本案的商业交易模式,要求国际卖方在其产品造成伤害的地方进行辩护,难道不是公平和合理的吗? 难道法律便利和法律选择没有指向这一方向吗? 该英国制造商在美国的各地开拓市场,究竟基于怎样的原因和公平,使得要求其在新泽西州为其产品责任进行辩护是不适当的呢? 与其让尼卡斯特罗因为在其工作地新泽西州的 Saddle Brook 使用该制造商的产品受到伤害而到英格兰的诺丁汉去要求损害赔偿,让该制造商在新泽西州进行辩护而承担相应负担如国际商业交易成本,不是显得更为公平吗?④

(4)评价。金斯伯格大法官的问题是有说服力的。这些问题相对于作出复数意见和协同意见的大法官所提出的问题而言更值得关注。从实质正义的角度来看,麦金太案的结论是十分令人痛心的。从管辖权理论角度来看,麦金太案同样很糟糕,但还没有糟糕到极点。专业评论者已经把麦金太案评价为“简

---

① McIntyre, 131 S. Ct. at 2794 (金斯伯格的异议意见)。

② Ibid., at 2797.

③ Ibid.

④ Ibid., at 2800 -01.

直是一场灾难”[①]和“非同寻常的糟糕判决和错误百出的理由”。[②] 说得好听点，麦金太案没有让球前进半步。一些学者批评最高法院未能采用一种连贯一致的管辖权标准,[③]但值得怀疑的是,由该法院提出一项连贯一致的标准是不是好事情。若在缺乏标准和一项坏标准之间进行选择,前者比后者更为可取,带来的弊端更少。从这个角度来看,对于 McIntyre 案的复数意见来说,最值得庆幸的是它不是一项多数意见,布雷耶大法官的协同意见最大的作用是阻止了肯尼迪大法官的意见成为一项多数意见。[④]

(三)建立在全国范围联系基础上的管辖权

麦金太案揭示了美国管辖权法律的大漏洞:一个以美国全境为目标市场而非以某个特定州为目标市场的被告,可以避免成为任何基于州法对其提起的诉讼的管辖对象。确实,即使依据复数意见对管辖权的僵硬概念,也很少有人会怀疑,麦金太公司在美国境内的行为已经足够使美国法院在依据联邦法提起的诉讼案件中对其行使管辖权。复数意见勉强承认这一点,[⑤]但强调本案中的问题“涉及新泽西州法院行使管辖权的权力,因此,只有上诉人与新泽西州之间有目的的联系才是决定性的,而非其与美国之间的联系”。[⑥]

外国读者可能困惑,位于新泽西州境内的联邦法院对麦金太公司到底有没有管辖权?在现行美国法律下,答案是否定的。美国及其各州是不同的主权,

---

① Patrick J. Borchers, J. McIntyre Machinery, “Goodyear, and the Incoherence of the Minimum Contacts Test”, 44 *Creightonl. Rev.* 1245 (2011), at 1246.

② 关于这两个案件的进一步讨论,参见 Patrick J. Borchers, J. McIntyre Machinery, “Goodyear, and the Incoherence of the Minimum Contacts Test”, 44 *Creightonl. Rev.* 1245 (2011); Allan Ides,“A Critical Appraisal of the Supreme Court's Decision in J. McIntyre Machinery, Ltd. v. Nicastro”, __ *Loy. L. A. L. Rev.* ___(forthcoming 2012), available at SSRN: http://ssrn. com/abstract = 1938472; Todd D. Peterson, “The Timing of Minimum Contacts after Goodyear and McIntyre”, 80 *Geo. Wash. L. Rev.* 202 (2011); Note, “Personal Jurisdiction — Stream-of-Commerce Doctrine: J. McIntyre Machinery, Ltd. v. Nicastro”, 125 *Harv. L. Rev.* 311 (2011); Note, “J. McIntyre Machinery, Ltd. v. Nicastro: The Stream-of-Commerce Theory of Personal Jurisdiction in a Globalized Economy”, 66 *U. Miami L. Rev.* 233 (2011).(“那些法官助理们羞辱了他们的大法官,大法官们羞辱了他们的同事,而法院则羞辱了我们大家。”)

③ Ibid.

④ 我们可以假设,如果布雷耶大法官加入了3位异议大法官阵营,那么阿利托则可能会加入肯尼迪的复数意见,从而使其成为多数意见。

⑤ McIntyre, 131 S. Ct. at 1790 (提到被告“直接在美国进行了市场营销和销售行动”)。

⑥ Ibid. (提到被告的行为“可能显露出开发美国市场的意图,但他们并未显示出麦金太公司有利用新泽西市场的目的”。)

如同复数意见所说,“一个诉讼可能与美国政府有密切的联系,但是却与各个州并没有关系”。[①] 不寻常的地方在于尽管各州的主权独立,但是各州法院的领土或居民管辖权在时间与空间上是延伸的,且由各州的法律规定。根据《联邦民事诉讼规则》(Federal Rule of Civil Procedure)第 4(k)(1)(A)条之规定,联邦法院只有在被告服从法院所在州管理的时候才具有属人管辖权,第 4(k)(2)条又规定,在联邦宪法的范围内,如果原告在联邦法律下提出诉讼,即使被告不受该州的管辖,联邦法院依然对其享有管辖权。但是本案中,对麦金太的请求是基于州法,因此,根据第 4(k)(2)条之规定,被告不受联邦法院的管辖。复数意见也承认了这一空白,它认为,也许议会可以授权适合的法院实施管辖权,[②]但是既然议会没有这么做,那么原告就很不幸了——“宪法要求不得以便利之名抛弃自由。”[③]显然,复数意见认为,被告的“自由”比受损害的原告的“公平”更重要。

另一个州的法院是否对发生在新泽西州的伤害提出的请求具有特殊管辖权?[④] 如果没有,那么另一个州是否有一般管辖权呢? 该英国制造商在其他州是否会感觉自己“实际上像在其家里一样”? 这些问题的答案依旧不十分清晰,至少对本文作者而言。

(四)立法计划

2010 年一项试图弥补美国管辖权漏洞的法案被提交到美国国会,但未能进入委员会程序。[⑤] 2011 年 12 月 13 日一项名为“外国生产商法律责任法”的相同法案(H. R. 3246)被俄亥俄州民主党众议员贝蒂·萨顿(Betty Sutton)提交到众议院。该法案要求某些进口到美国的特定的“相关产品”(covered products)[⑥]的外国生产商或制造商必须注册一个代理人,并授权其接收“任何

---

① McIntyre, 131 S. Ct. at 2789.

② Ibid., at 2790.

③ Ibid., at 2791.

④ 美国经销商已破产。

⑤ See H. R. 4678, 111th Cong., 2nd Sess. 2010, 标题为“2010 年外国生产商法律责任法”。For the House Report, see H. R. Rep. 111 -683(I), H. R. Rep. 111 -683(I), H. R. Rep. No. 683(I), 111th Cong., 2nd Sess. 2010, 2010 WL 5148066 (Leg. Hist.).

⑥ 这些产品并不包括 McIntyre 案中所涉及的那些机器,但可能会包括毒品、化妆品、某些生物制品、化学物质、杀虫剂、消费品、摩托车以及上述产品的任何配件。See H. R. 3646 § 2(a)(3), 112th Congress. “相关产品”进一步被定义为那些在“商业中”流动的产品,而“商业”被定义为美国一个州与其他地区之间的贸易或运输。Ibid., §2(a)(2), (4).

州法院或联邦法院针对该产品提起的民事诉讼程序的送达文书"。[①] 该注册将由生产商选择在一个州进行,并且必须"与该外国生产商或制造商的产品的进口、配送或销售具有实质性联系"。[②] 通过这种注册,生产商或制造商将会"在有关该产品的司法诉讼中愿意接受注册代理人所在州的州法院和联邦法院的属人管辖权"。[③]

这样一来,如果该法案变成法律,将会为相关产品引发的诉讼提供特殊管辖权基础,不仅是为联邦法院,而且为注册地州的州法院。此种管辖权将不包括由"外国原告因发生于美国境外的伤害行为提起的"诉讼。[④] 但该法案不会否决因发生在美国境内但在注册地州之外的伤害引发的诉讼的管辖权,只要该管辖权能够基于其他实际联系而成立并满足正当程序标准。[⑤]

但具有讽刺意味的是,该法案并不能改变麦金太案、朝日案或固特异案等类似案件的结果,原因如下:

第一,麦金太案的结果不会改变,因为该案中所涉及的机器不在该法案所列明的"相关产品"范围之内。

第二,朝日案的结果也不会改变,因为尽管该法案列明的"相关产品"名单中包含了摩托车的"部件",但它只适用于那些尚未组装的产品。因此,在出口到美国之前已经组装进轮胎的气门装置就不属于"相关产品"。

第三,固特异案的结果也不会改变,因为该法案只涉及特别管辖权,而不涉及一般管辖权。这从该法案的语言中可以清楚得知,该法案要求登记注册以便接受诉讼属人管辖的账户"必须与相关产品有关"。[⑥]

这也是起草者的意图。该法案2010年版本在所附录的说明报告中声明:"该意愿的范围仅涉及引起原告损害的相关产品",并且外国生产商"并不因注

---

① See H. R. 3646 § 2(a)(1), 112th Congress.

② Ibid., at § 2(a)(2).

③ Ibid., at § 3(c)(1).

④ Ibid., § 3(c)(2).(该条规定,管辖权的意愿"并不适用于所受伤害发生于美国境外的外国原告所提起的诉讼"。)

⑤ 该法案2010年版本附录的说明报告规定:外国生产商如果愿意服从某一州法院的管辖权……并不意味着受害的消费者只能在该州起诉。委员会的意图是,受害的消费者仍然可以在他愿意的任何州起诉。区别在于,外国生产商可以对其登记代理人所在地之外的州法院的管辖权提出抗辩。House Report, 2010 WL 5148066, at *14.

⑥ Ibid., § 3(c)(1).

册一个代理机构而使其因与本法案未列明的产品有关的诉讼而接受管辖”。①

该法案的反对者认为,该法案将会使美国的生产商遭致外国的报复性立法的制裁。这种观点有点太夸张了。因为在大多数国家,一旦美国产品导致损害,美国生产商都要接受当地的管辖,正如《布鲁塞尔第一条例》第5(2)条所规定的那样,即使案件与该国没有其他联系。另外,《布鲁塞尔第一条例》第4条还允许欧盟国家的法院对美国的生产商(以及其他不在欧盟国家居住的被告)根据其他的管辖标准行使管辖权,这些管辖标准依照的是有关国家的国内法,但不适用于对住所在欧盟境内的被告。这些管辖依据在该条例的附录一中被列明,而且这些管辖依据——如《法国民法典》第14条或《德国民事诉讼法》第23条,按照欧盟、美国或国际法上的标准来看都显得有些过分。更糟糕的是,在一个欧盟成员国境内依照这些管辖依据作出的判决几乎可以自动在任何其他欧盟成员国境内得到承认与执行。很难想象还有比这更严重的对外国被告的歧视性待遇。

另一种形式的报复观点集中于美国判决在外国的可执行性。该规定认为,外国会颁布法律使美国的判决比现在更难得到执行。对此我们的回答为:“还会变得更糟糕吗?”人们公认,外国对美国法院判决远没有美国对外国法院判决的态度友好。② 针对美国判决的更歧视性待遇是有可能的,但像麦金太案中这样不让受伤害的美国人如尼加斯特罗(Nicastro)先生在美国法院起诉而强迫他们到一个陌生的国家去提起诉讼,这种制度是无法让人接受的。无论如何,这些观点及其反对意见都只是学术性的,至少在近期内,该法案不可能变成法律。

三、法律选择方法

在法律选择方法上,2011年是比较平凡的一年。因为没有任何州的高等法院改变或修改它的法律选择方法。因此,2010年综述中关于法律选择方法的表格依然适用。为了方便读者,我们把2010年的表格复制在下面(见表1),增加了一些对以前年度综述的说明和评价。

---

① House Report, 2010 WL 5148066, at *14.

② See Symeon C. Symeonides & Wendy C. Perdue, *Conflict of Laws: American, Comparative, International West Acadeunic Publishing*(3rd ed. 2012), and authorities provided therein.

表 1 法律选择方法

州	传统方法	密切联系	第二次重述	利益分析	住所地	更好的法	综合模型
亚拉巴马	T+C						
阿拉斯加			T+C				
亚利桑那			T+C				
阿肯色		C				T	
加利福尼亚				T			C
科罗拉多			T+C				
康涅狄格			T+C				
特拉华			T+C				
哥伦比亚				T			C
佛罗里达	C		T				
佐治亚	T+C						
夏威夷							T+C
爱达荷			T+C				
伊利诺伊			T+C				
印第安纳		T+C					
艾奥瓦			T+C				
堪萨斯	T+C						
肯塔基			C		T		
路易斯安那							T+C
缅因			T+C				
马里兰	T+C						
马萨诸塞							T+C
密歇根			C		T		
明尼苏达						T+C	
密西西比			T+C				

续表

州	传统方法	密切联系	第二次重述	利益分析	住所地	更好的法	综合模型
密苏里			T+C				
蒙大拿			T+C				
内布拉斯加			T+C				
内华达		C	T				
新罕布什尔			C			T	
新泽西			T				C
新墨西哥	T+C						
纽约							T+C
北卡罗来纳	T	C					
北达科他		T					C
俄亥俄			T+C				
俄克拉荷马	C		T				
俄勒冈							T+C
宾夕法尼亚							T+C
波多黎各		T+C					
罗得岛	C					T	
南卡罗来纳	T+C						
南达科他			T+C				
田纳西	C		T				
得克萨斯			T+C				
犹他			T+C				
佛蒙特			T+C				
弗吉尼亚	T+C						
华盛顿			T+C				
西弗吉尼亚	T		C				

续表

州	传统方法	密切联系	第二次重述	利益分析	住所地	更好的法	综合模型
威斯康星						T + C	
怀俄明	T + C						
总计 52	T 10 C 12	T 3 C 5	T 24 C 23	T 2 C 0	T 2 C 0	T5 C 2	T 6 C 10

注:州按英文名首字母排列,其中,T = 侵权 C = 合同。

四、侵权

(一)纽约州重现 Schultz 案

爱德华兹诉埃里客运公司(Edwards v. Erie Coach Lines Co.)案①如同著名的舒尔茨诉美国斯科茨男孩公司(Schultz v. Boy Scouts of America, Inc.)案,②涉及 3 个州:一个安大略州的巴士汽车载着一队安大略州的曲棍球队员,在纽约州与一个在路边停靠的宾夕法尼亚州的拖车相撞。造成数名巴士汽车乘客伤亡。伤亡家属在纽约州提起诉讼,各方达成一致,巴士汽车与拖车被告分别承担 90% 和 10% 的过错责任。安大略州法律将非经济性损失限制在 31 万美元,纽约州法律没有限制。拖车被告没有提出宾夕法尼亚州法律进行抗辩。

对巴士汽车被告,纽约州初审法院适用了安大略州法律。纽约州中级法院同意初审法院适用安大略州法律的行为,即使被告并没有要求适用安大略州的法律作为积极抗辩,也没有在请求中提出安大略州的法律。在 2010 年综述中讨论的某一案件③中,中级法院裁定初审法院适用安大略州法律并没有滥用其自由裁量权,因为相关的纽约州的规则允许法院根据司法知识适用其他州的法律,即使该州的法律在辩护中并没有被用到。根据舒尔茨案,中级法院也认为这一行为落入了《纽梅尔规则》④中,因此要适用双方共同的经常居所地法,在本案中,即为安大略州法律。纽约州上诉法院也认可了这部分的判决。

对宾夕法尼亚州拖车被告的请求也落入了《纽梅尔规则》第 3 条中,即要求

---

① 952 N. E. 2d 1033 (N. Y. 2011).

② See Schultz v. Boy Scouts of America, Inc., 480 N. E. 2d 679 (N. Y. 1985).

③ See Symeonides, 2010 Survey pp. 337 – 338. [讨论了 Butler v. Stagecoach Group 案, PLC, 900N. Y. S. 2d 541 (N. Y. A. D. 4th Dept. 2010。)]

④ Neumeier v. Kuehner, 286 N. E. 2d 454, 457 – 58 (N. Y. 1972).

适用事故所在地的法律,除非“适用别州的法律能够更好地促进相关实体法目的的实现,同时也不损害多州体系的顺利运行或增加诉讼的不确定性”。① 由于这个例外,中级法院认为应该适用安大略州法律。该法院认为:“当适用安大略州法律可能没有坚定的倡导纽约州实体法的目的,但是它也不会使纽约州受损,因为在本案中,纽约州并没有明显的利益去适用本州的法律。”②该法院同时指出,不适用纽约州法律还因为各方就卡车司机对该事故的责任比例达成了一致。对被告卡车司机适用纽约州法律将意味着他们将比承担90%责任的巴士汽车司机被告更多的赔偿数额,从而“将诉讼当事人对产生极大的不确定”。③

上诉法院推翻了这部分判决。上诉法院认为,对于拖车被告的请求应当基于《纽梅尔规则》的主体部分适用纽约州法律。上诉法院推理认为:(1)拖车主没有要求适用宾夕法尼亚州法律,并不意味着他们可以利用安大略州的法律;(2)关于过错责任的承担比例的划分,与利益分析并没有关系,它只寻求承认与尊重特定案件判决所产生的政策利益。而且法院否定了拖车被告所称的自己与舒尔茨(Schultz)案中的方济会修士们的低位相同。④ 法院认为:(1)因为纽约州适用“利益分析”而不是“联系聚集地”,当考虑是否脱离侵权行为地规则而适用《纽梅尔规则》第3条时,联系的数量与程度是非常相关的因素;⑤(2)在舒尔茨案中,新泽西州具有足够的密切联系去证明这一脱离。

而相反,本案中:“并没有任何理由去预期纽约州以外的任何其他州的管辖权,在产品所导致的损害发生地,损害自己产生了。拖车被告并没有要求原审法院考虑他们的住所地法,也就是宾夕法尼亚州法律,而且尽管原告和巴士汽车被告在安大略州有共同的住所地,拖车被告与安大略州并没有联系。”⑥

西巴里克(Ciparick)法官反对巴士汽车被告适用安大略州法律,他对多数意见进行了批判,因为“多数意见仅仅因为安大略州适用于非经济性侵权的赔偿规则,就将导致拖车被告付出比巴士汽车被告更多的赔偿这一明显荒谬的结

---

① Neumeier v. Kuehner, 286 N. E. 2d 454, 457 - 58 (N. Y. 1972). at 458.

② Butler, N. Y. S. 2d at 544(引用了 Schultz 案)。

③ Ibid.(引用了《纽梅尔规则》。)

④ Edwards, 952 N. E. 2d at, p. 1044.

⑤ Ibid.

⑥ Ibid.

果”。[①] 相反,异议意见主张基于《纽梅尔第三规则》基础上的单独的纽梅尔分析,[②]从而对两方被告都适用纽约州法律。异议意见推理认为:(1)当被告与原告不是居住于同一州时,至少当这些被告与另一与原告有共同居所的被告一起对原告的损害承担个别并连带的负责时,《纽梅尔第三规则》应该适用;[③](2)纽约在本案中对发生其公路上的行为也有很高的利益,不管受害者是纽约州或者其他州的居民,只要该事故发生在纽约州的高速公路上,《纽梅尔第三规则》的例外都不应当适用。[④]

异议意见将本案与舒尔茨案区别开来,因为本案中,“提起诉讼是基于发生于纽约州的单一交通事故,被告的重任是相关联的”。[⑤] 多数意见承认舒尔茨案包括发生在不同时刻的几个诉讼请求,但是拒绝承认反对意见做出的区分,“不管两个案件的事实如何不同,舒尔茨案中的被告与本案中的被告相同,都由于他们分别依其陈述地侵权法案而承担个别并连带的责任”。[⑥]

总之,本案中的 3 个意见导致了 3 个不同的结果:(1)中级法院(intermediate court)对两被告适用安大略州法;(2)上诉法院的多数意见对巴士汽车被告适用安大略州法,对拖车被告适用纽约州法;(3)上诉法院不同意见则对两被告均适用纽约州法。任何人都可以对这三种意见中的一个或多个提出批评或辩护。在没有《纽梅尔规则》的情况下,反对意见所提出的法律适用或许是最明智的。然后,因为有《纽梅尔规则》,从技术上来讲,只有上诉法院的多数意见是正确的。

但是请注意,“技术上”正确并不代表实质上正确。中级法院与上诉法院的不同意见都指出,这可能强迫只有 10% 责任的被告承担远高于他原本要承担的责任,这种观点实质上是正确的。事实上,当一个法院对同一事故中同一行为中的不同当事方适用不同州的法律时,总是可能会出现潜在的问题。问题在于

---

① Edwards, 952 N. E. 2d at 1046(西巴里克法官的异议意见部分)。

② Ibid.

③ See Ibid., at n. 2(“我没有看到此案当中承担共同且个别连带责任的被告方不适用该规则的任何理由”)。

④ Ibid., at 1046, 1047(相反,安大略湖州适用本州法律的主要利益在于使交通工具的保险费用更低。但是该利益并没有延伸至在安大略湖州外运营的且违反他州责任分配规则的商业交通工具)。

⑤ Ibid., at 1045.

⑥ Ibid., at 1043 n. 9.

适用不同州法律的当事方是像本案中这样作为被告,还是作为原告。① 另外,他们是否在同一或不同的法院进行起诉。然而,这种区别对待是放弃侵权行为地法规则(lex loci delicti)而采用个案分析的后果之一。在很多情况下,这些发展一般来说都是有利的,尽管它们也可能在一些案件中导致异常现象。这些异常现象类似于一种不恰当的分割(dépeçage),尽管在技术上它们并不符合其定义。② 当然,如果《纽梅尔规则》给予一定的自由裁量权,并且法院恰当地运用了这一自由裁量权,则这种异常现象也是可以避免的。但是不幸的是,《纽梅尔规则》并未提供足够的灵活性。虽然第3条与第2条规则的部分都分别包含了一个例外。③ 但是第1条规则要求适用当事方共同居所地州法律,而且没有任何例外。作为对比,采用惯常居所地规则的路易斯安那州及俄勒冈州也规定了例外。④ 如果《纽梅尔规则》第1条有这样的例外,或许对本案更加有利。

即使如此,与其他放弃了行为地法规则的其他州一样,纽约州在本案中也适用了共同惯常居所地法。据统计,在涉及惯常居所地规则时,85%的案件都适用了当事人双方的惯常居所地法;⑤在惯常居所地州规定了较高的赔偿标准时,适用此规则的比例更达到97%,较低时则只有70%。

(二)纽约州其他案件

肖诉蔻驰(Shaw v. Coach)案⑥也是一个交通事故案,它的判决结果取决于《纽梅尔规则》的适用。纽约州的原告在他母亲所驾驶的车里与一辆灰狗巴士在新泽西相撞,这辆灰狗巴士是由一家公司所有,这一公司是被另一家公司也就是灰狗公司管理的,这两家公司被告及开车的个人被告在纽约州或新泽西州

---

① 例如,在大规模侵权和产品责任案件中,当同样的产品给位于不同的州的消费者造成损害,如果其中有部分受害者并没有居住在安大略州时,这一问题也依然会出现。

② 分割(Dépeçage)是指在一起诉讼案件中的,对不同州的问题适用不同州的法律,而不去分析诉讼中的不同请求。然而,这两种状况都产生了各州法律不同这一类似的问题。

③ 第3条包含的例外在本案中被引用,如上。第2条同样包含了一个例外,"在例外的情形发生时",但是这一例外只适用于这一条规则的部分。

④ La. Civ. Code arts. 3544(1) and 3547, discussed in Symeon C. Symeonides, "Louisiana's New Law of Choice of Law for Tort Conflicts: An Exegesis", 66 *Tul. L. Rev.* pp. 677, 763 – 66 (1992); Or. Rev. Stat. § 31.875(2)(a) and (4), discussed in Symeon C. Symeonides, "Oregon's New Choice-of-Law Codification for Tort Conflicts: An Exegesis", 88 *Ore. L. Rev.* pp. 963, 1007 – 12, 1040 – 44 (2009).

⑤ 最新的表格及引文,参见 Symeon C. Symeonides & Wendy C. Perdue, *Conflict of Laws: American, Comparative, International* _ (3rd ed. 2012)。

⑥ 918 N. Y. S. 2d 120 (N. Y. A. D. 2nd Dept. 2011).

都没有住所或分支机构,但是他们都主张适用新泽西州法。因为新泽西州法律规定,当被告只有 40% 的错误时,那么他只就这一部分对原告承担损失。相反,原告以及作为被告之一的原告母亲的保险公司,都主张适用纽约州法律。纽约州的法律与新泽西州的法律相似,但是包含了一个例外条款,适用于本案,灰狗巴士被告方对原告的所有损失都需要负责,而不仅针对其错误比例。

那么,如果根据上一案件,原告对其母亲保险公司的请求就落入了《纽梅尔规则》的第 1 条中,而对灰狗巴士的请求落入了第 3 条。然而,本案判决先于爱德华兹(Edwards)案。审理本案的法院意识到了对不同被告适用不同州的法律可能存在的危险,但是,依然作出结论,这一危险并不存在于本案中,因为纽约州法应该适用于本案的所有被告。

法院的讨论仅限于《纽梅尔规则》第 3 条的例外规定,检查了冲突的各州法律的目的以及各州的利益。法院认为,新泽西州的法律致力于降低保险金额,减少诉讼,保证共同侵权人之间的公平。然而,新泽西州在本案中并没有利益关系。理由如下:(1)巴士汽车与拖车都没有在该州投保险;(2)新泽西州法院没有受牵连;(3)侵权人并没有定居或居住在新泽西州。相反,纽约州法反映了纽约州立法机构深思熟虑地选择了习惯法基础上个别连带责任的政策,即倾向于对相对无辜的受害者给予补偿。这一政策应该继续用于给大多数汽车事故受害者以保证他们获得足够的赔偿。①

法院最后得出结论认为,因为本案的受害者居住在纽约州,所以适用纽约州法将"保证作为相对无辜的受害者的原告得到完全的赔偿,这更有利于该州法律中实体法目的的实现"。②

在达席尔瓦诉 C&E 风险投资公司(DaSilva v. C & E Ventures, Inc.)案③中,被告是纽约州和新泽西州港务局,也就是说,被告在两个州都有居所。原告是在连接纽约与新泽西之间的乔治·华盛顿大桥上执行铅涂料绘画减轻工作的工人,他们主张自己暴露于铅,从而受到伤害。大部分工人居住在纽约州,但

① 918 N. Y. S. 2d 125 (N. Y. A. D. 2nd Dept. 2011).

② Ibid., at 126. 最后,在断然否认了自己偏袒纽约州居民的指责后,纽约州法院从 Erny v. Estate of Merola, 792 A. 2d 1208 (N. J. 2002)中寻找薄弱的理由支持自己,此案对发生在新泽西州的交通事故使用了同样的纽约州法律(在 Symeonides, 2002 Survey at 15 - 17 中进行了讨论)。但是,Erny 案与本案存在两个重要的不同点(这也是为什么说法院的推理是薄弱的):原告是新泽西居民,被告全部是纽约州居民。

③ 922 N. Y. S. 2d 32 (N. Y. A. D. 1st Dept. 2011).

是有几个住在新泽西州。幸运的是,法院认为这是一个行为规则冲突,不适用《纽梅尔规则》。在行为规则冲突中,居所地是第二因素。在新泽西州法下,组织的所有者,也就是本案中的港务局,如果其将某项工作承包出去,那么他将不对承包者的所雇用的工人所受到的伤害负责。而在纽约州法下,港务局需要对这种伤害负责。因为《纽约州劳动法》第241条第6款对所有者规定了提供安全工作条件这一不得减损的义务。

港务局主张纽约州法不应该适用于本案,因为伤害发生时工人在大桥的新泽西州部分进行工作。但是法院认为港务局并未提供充足的证据证明其主张,而且现有证据显示工人的伤害在两州均有发生。因此,法院认为在这种情况下,只要原告不是仅在新泽西州受到伤害,就应该适用纽约州法律。

(三)其他州的案件

在辛诺特诉汤普森(Sinnott v. Thompson)案①中,特拉华州最高法院面临着事故发生地州的南卡罗来纳州的共同过失规则与被告居所地特拉华州的比例过失规则之间的冲突。被告方是在特拉湖州注册登记并投保的汽车的车主,她把车给自己在南卡罗来纳州坎贝尔大学上学的儿子詹姆斯(James)用。原告是纽约人,也是詹姆斯的同学,在喝酒之后,詹姆斯和原告开车去一个旅馆,詹姆斯开车,原告是乘客。结果,在南卡罗来纳州,由于超速行驶发生事故,对原告造成了极大的伤害。在南卡罗来纳州的共同过失规则下,原告不能获得赔偿,因为他在上车前就明知詹姆斯醉酒驾驶。

法院认为,特拉华州对本案有最密切的联系,根据《第二次冲突法重述》,应该适用本州法律。法院的推理非常薄弱,虽然完全引用该重述第6条与第145条,但是却将对本案更加有意义的第146条放在了脚注的位置。第146条适用于对个人造成损害的行为,要求推定适用行为和损害发生地的法律。法院认为,"与在第145条第2款②中列明的联系相比,损害发生地是次要的联系"。法院也找到了其他表面上支持这一主张的案例。因此,法院拒绝承认南卡罗来纳州法律在本案中规范行为的利益,并且认为,该州的利益"通过对违反交通法规的进行刑事制裁得到了保护",而且这些利益因辛诺特(Sinnott)辩称其受损害

① 32 A.3d 351 (Del. 2011).

② Ibid., at 355(Del. 2011). 其中一个案子是 Travelers Indem. Co. v. Lake, 594 A.2d 38 (Del. 1991),此案与本案是明显不同的,因为这个案件中原告和被告都是特拉华州的居民,因此问题(损害数额)无可置疑的是损失分配问题。

时驾驶的无辜而得到了维护。① 相反,法院认为,特拉华州在规范它的居民行为、其所颁发驾照的司机行为、在本州登记以及投保的汽车上,有重大利益。② 同时,法院也指出,特拉华州的“强烈的公共政策反对比例过失规则成为获取赔偿的障碍”。同时,引用了位于另一州的联邦地区法院的话,“当一方向法院地州请求救济时,法院地州适用自身法律和政策的利益是最高的”。③

法院然后分析了原告向辛诺特的母亲所提起的过失授权请求,得出结论说,特拉华州的法律也应该适用于此请求。这可能是正确的,但是法院没有详细论证过程,读者只有自己猜想了。法院并没有说在此问题上两州法律有何不同规定:(1)如果两州的法律相同,那么就不存在法律冲突;(2)如果特拉华州而不是南卡罗来纳州,将责任施加于车主身上,在这两州的规则都是行为规则的情况下,这是虚假冲突,但如果这两州的规则都是损失分配的规则,那么本案就没有了利益冲突;(3)如果南卡罗来纳州,而不是特拉华州,将责任施加于车主身上,那么这就是一个真实的冲突。最高法院并没有对此问题进行论证,而只是引述一个低级法院的案例,“以一个很远的事故发生地州的法律来决定授权过失责任,而不是授权所在地州的法律,将会对州际体系造成极大的负担”。用此来推理,并不明智。④

布尔乔亚诉范德比尔特(Bourgeois v. Vanderbilt)案⑤是事故发生地及法院所在地阿肯色州的禁售酒令与路易斯安那州的反对禁售酒令之间的冲突。得克萨斯州的卡车司机在路易斯安那州被告的赌场里中了头奖,然后在该地买了大量的酒,喝醉之后开车行驶到阿肯色州,在阿肯色州与居住地为路易斯安那州的原告所驾驶的巴士汽车相撞。在阿肯色州法律下,原告对赌场有起诉的权利,但是在路易斯安那州法律下则没有,因为路易斯安那州规定酒类生产商和销售商都免于因顾客醉酒驾驶造成的人身伤害的起诉。

根据利弗拉尔的法律选择的 5 点考虑,初审法院同意了赌场所有人即决判决的请求。法院认为,在“司法任务的简单化”这一点上,路易斯安那州法律具

---

① Sinnott 32 A. 3d at 357.

② Ibid.

③ Ibid. ,引用了 Conlin v. Hutcheon, 560 F. Supp. at 934,937 (D. Colo. 1983)。

④ Sinnott 32 A. 3d (引用了 Henderson v. Your Kar Exp. Rentals, Inc. , 2009 WL 1900395 at *3 (Del. Super. June 30, 2009)。

⑤ 417 Fed. Appx. 605, 2011 WL 1849309 (8th Cir. 2011). (基于阿肯色州的冲突法进行的判决。)

有优势,因为它适用简单。[①] 而且路易斯安那州有更加密切的联系,因为赌场位于该州,原告是该州人,过失行为也发生在该州。所以,法院得出结论,阿肯色州在本案中没有利益,不能将阿肯色州的禁售酒令适用于位于路易斯安那州的公司的经济活动,更不能适用于两个路易斯安那州人之间的争议。[②]

第八巡回上诉法院认为这一推理过程是正确的,[③]并且肯定了这一判决结果。但是没有任何法院讨论赌场所在地临近两州边界之一事实,以及赌场是可以预计到提供大量的酒给其顾客,很可能会在阿肯色州导致车祸。这两个法院也都没有讨论虽然这个发生在阿肯色州的事故肇事者是路易斯安那州人,但是下一个很可能就是阿肯色州人。

企业产品合伙有限公司诉米切尔(Enterprise Products Partners, L. P. v. Mitchell)案[④]是起因于密西西比州的液体丙烷爆炸事故,导致两个密西西比州人死亡,数人受伤。造成事故的那部分有问题的管道是在得克萨斯州制造的,是安装在贯穿南方数个州的 1300 米管道的一部分。安装工作是作为被告的位于得克萨斯州的公司进行的。被告辩称应该适用密西西比州的法律,该州法律限制赔偿损失的数额,但是原告主张适用得克萨斯州的法律,该州法律没有对数额的限制。

得克萨斯法院同意密西西比州原告的意见,认为应当适用得克萨斯州的法律。法院认为,密西西比州的这一法律规定,目的是改善本州形象,吸引商业投资者及保险业者。[⑤] 因此,密西西比州的这一规定不应该适用于本案,因为被告与该州的联系非常有限,而且管道建立时这一个规则并不存在。法院还强调,被告的主要营业地在得克萨斯州,“其作出维护和操作管道决定的行为,也就是造成损害的行为,都是发生在得克萨斯州”。[⑥]

(四)产品责任

纽约市石棉诉讼(New York City Asbestos Litigation)案[⑦]是产品责任诉讼

---

① Bourgeois v. Vanderbilt, 639 F. Supp. 2d 958, at 964 (W. D. Ark. 2009).

② Ibid.

③ Bourgeois, 417 Fed. Appx. at 605, 607.

④ 340 S. W. 3d 476 (Tex. App. 1st Dist. 2011), 全体法官出席审判重议(Apr. 06, 2011), 再次否决 (Apr. 06, 2011), 申请复查完成日 (Jun. 22, 2011)。

⑤ 340 S. W. 3d. at 482.

⑥ Ibid.

⑦ 32 Misc. 3d 161, 921 N. Y. S. 2d 466 (N. Y. Sup. 2011).

案件。某一俄勒冈州人,由于暴露于纽约州的被告公司所生产的石棉导致的癌症而起诉。在治疗失败之后,根据俄勒冈州的“有尊严的死去法令”(Death with Dignity At ODWDA),原告在医生的监管下结束了自己的生命。在纽约州的法律下,医生协助自杀是一种犯罪行为,可以被认为是排除不正常死亡行为的介入因素。然而,俄勒冈州的这一法令明确地指出,这一法令下的自杀并不能剥夺已故者的民事请求权。另外,俄勒冈州的另一法律限制在人身伤害或不正常死亡下的非经济损失的赔偿额为上限 50 万美元,纽约州法没有这样的限制。原告的保险公司只提出了第一法令,而没有提起第二个限制数额的法令。

纽约州法院注意到了保险公司这一“策略性”选择,但并未理会,而是注重于伤害的问题。已故者住在密歇根时使用该产品 11 年,住在纽约时使用了 2 年,住在加利福尼亚时使用了 2 年。在搬去俄勒冈州之前,她连续 20 年停止使用该产品。然后她在俄勒冈州住了 6 年之后死去。法院发现,伤害并不是在已故者暴露于该产品时发生,而是之后慢慢显现出来的,这一显现是发生在俄勒冈州的,并且在该州予以确诊。所以该州是损害行为落幕的地方。法院引用了《第一次冲突法重述》中的不太有名的关于“有害”物质的论断。[①]

在贝利诉科特利尔公司(Bailey v. Cottrell, Inc.)案[②]中,此产品责任诉讼在侵权行为地佐治亚州进行,该州经常使用公共政策来排除适用出生地法。[③]这个案例就是这种情况。伤害发生在印第安纳州,该州要求必须具备制造缺陷的过失,但是佐治亚州则采用严格责任。根据佐治亚州最高法院在之前的亚利山大诉通用汽车公司(Alexander v. General Motors Corp)案中的判决,本案法院认为,印第安纳州法律与佐治亚州法律“完全不同”,这种不同触犯了佐治亚州的公共政策。本案与之前的判例(亚利山大诉通用汽车公司等[④])有不同之处,[⑤]本案中涉及一个佐治亚州制造商以及密西西比州的原告,而判例中则是一

① 921 N. Y. S. 2d 466. “一个人造成另外一人自愿使用有害物质从而导致对身体造成损害,错误发生地是指有害物质对身体造成影响的地方,而非使用地。”(引用了《第一次冲突法重述》第 337 节的评论。)

② 721 S. E. 2d 571, 2011 WL 5924673 (Ga. App. Nov. 29, 2011) (No. A11A1180).

③ 2011 年另外一个案件 Carroll Fulmer Logistics Corp. v. Hines, 710 S. E. 2d 888 (Ga. App. 2011),是一个由于发生在佛罗里达州的交通事故所引起的不法致死及死前损害赔偿问题,也涉及一个佐治亚州的摩托车主。该案中,法院认为,佛罗里达州法律不允许对死者造成的身体及精神上的损害,这一规定违反了佐治亚州的公共政策。

④ 478 S. E. 2d 123 (Ga. 1996).

⑤ Bailey, 721 S. E. 2d 571, at *3.

佐治亚州的原告以及一个他州的制造商被告。但是法院并未讨论这一不同之处所产生的影响。

墨菲诉曼凯利克莱斯靳普利茅斯公司(Murphy v. Mancari's Chrysler Plymouth, Inc.)案①是发生在密歇根州的一起翻车交通事故,司机是伊利诺伊州人,在事故中严重受伤。司机在密歇根州停车点休息时,吃了一片安眠药,然后趴在方向盘上睡着了。司机提出两项请求:(1)对设计与制造汽车的密歇根公司提出的设计缺陷;(2)对伊利诺伊州经销商所提出的未提醒责任,他没有提醒原告这辆车没有安装翻车保护杠或者其他设施可以在翻车事故中提供保护。这两个诉讼请求是分开的,本案只讨论第二个。伊利诺伊州法院适用了本州法,对于原告来讲,本州法比密歇根州法更有利,因为密歇根州将非经济性损失限制在50万美元内。法院认为,双方均为伊利诺伊州人,伊利诺伊州比密歇根州与本案有更密切联系,而且关键是,销售商没有警告这一行为也发生在本州。当然,这些联系对于另一请求中的制造商来讲是有利的,尚未知法院将对另一请求适用什么法律。

很多侵权和产品责任案件都以不方便法院(Forum non Conveniens, FNC)结案,即使能够出现,也是很久之后才能在法律报告中出现。本综述并不讨论采用不方便法院的案子,因为法律选择因素经常并不具有决定性,法院也不愿意讨论。② 但是在亚利安哥诉罗尔斯罗伊斯公司(Anyango v. Rolls-Royce Corp)案③中,法院比较详细地讨论这一因素。该案是在印第安纳州的法院进行的对,在印第安纳州设计和制造的飞机引擎所提起的产品责任诉讼。当飞行员

---

① 948 N. E. 2d 233 (Ill. App. 1st Dist. 2011).

② 2011年的案件,参见 Tazoe v. Airbus S. A. S., 631 F. 3d 1321 (11th Cir. 2011)(对外国飞机制造商提起的因发生在巴西飞机失事导致的产品责任诉讼中,否定了不方便法院管辖,否则巴西法律将得到适用),Mace v. Mylan Pharmaceuticals, Inc., 714 S. E. 2d 223 (W. Va. 2011)(对西弗吉尼亚州的制造商所提起的产品责任诉讼案件,主张当该诉讼被一州的时效法所禁止时,该州就不能成为不方便法院分析中可选择的替代性法院。)State, ex rel. Mylan, Inc. v. Zakaib, 713 S. E. 2d 356 (W. Va. 2011)(是杜克西弗吉尼亚州的制造商提起的产品责任诉讼,该案被发挥下一级法院重审,以调查清楚有关不方便法院各个因素相关的事实并得出结论,从而最高法院能够决定下级法院在是否适用不方便法院原则上是否滥用了自由裁量权),Erwin ex rel. Erwin v. Motorola, Inc., 945 N. E. 2d 1153 (Ill. App. 1st Dist. 2011), appeal denied, 949 N. E. 2d 1097 (Ill. 2011)(对设立在伊利诺伊州的总部公司提起的产品责任诉讼,在没有决定准据法时就否认了不方便法院管辖的动议,因为所有其它因素都否定了这一动议)。

③ 953 N. E. 2d 1147 (Ind. App. 2011).

飞在加拿大大不列颠哥伦比亚省的时候,引擎失控,飞机坠落,导致一行人死亡,也就是本案原告的被继承人。在发现大不列颠哥伦比亚省法律能够管理此行为时,法院同意了被告的不方便法院请求。法院推定原告出生地为大不列颠哥伦比亚,原告没有反对法院对其出生地的推定,因为大不列颠哥伦比亚与本案有密切联系。尽管大不列颠哥伦比亚的法律对外国制造商的责任和赔偿额都规定了比本地居民更加有利的结果,但是其与判决结果有更多实质性利益关系。法院还指出,此案件的处理将是费时费力的,而且本州与争议的联系也非常有限,因此,印第安纳州不应该承担处理本案的责任。[①] 事实真是如此吗?

在约瑟夫诉通用动力公司(Yousef v. General Dynamics Corp.)案[②](这不是产品案件)中,新泽西州最高法院否定了新泽西州是不方便法院,要求在南非进行诉讼的抗辩请求。本案涉及的争议交通事故发生在南非,但是各方都是美国人,原告是新泽西州人,被告公司也在新泽西州从事商业活动。对否决不方便法院这一动议起到关键性作用的因素,是新泽西州需要"对其居民遭受的损害提供法院救济这一强烈的公共政策"。[③]

(五)雇佣关系案件

加利福尼亚《劳动准则》(CLC)要求雇主为长于每天 8 小时、每周 40 小时的工作时间付加班工资。在苏利文诉甲骨文公司(Sullivan v. Oracle Corp)一案[④]中,争议焦点在于这一条款是否适用于加利福尼亚州雇主所雇用的在该州工作,定居于加利福尼亚州以外,每年在该州只居住若干天的雇员。本案中的雇员定居于亚利桑那州以及科罗拉多州,这两个州对加班工资都没有特别严苛的要求。

加利福尼亚州最高法院延续了特雷勒(Traynor)大法官所开启的传统,进行"两个不同问题的调查。首先,CLC 的相关条款是否是法令性的解释;其次,当工作在另外一州进行,且该州对这样的行为也进行法律约束时,冲突法规则是否能指引我们适用加利福尼亚州法令"?[⑤] 通过对相关条文语言及历史的分析,最高法院对第一个问题的答案是肯定的。最高法院还指出,这一条文可以

---

① 953 N. E. 2d 1147 (Ind. App. 2011), at 1152.

② 16 A. 3d 1040 (N. J. 2011).

③ Ibid., at 1052.

④ 254 P. 3d 237(Cal. 2011).

⑤ Ibid., at 240.

适用于“任何在加利福尼亚州的工人”,“包括非常驻居民”。[①] 法院分析认为,对非常驻居民适用该法令是适当的且非任意性的,因为这些条文背后有着保护处于相对弱势的雇员免受过度工作,同时促使雇主扩大其招聘的地区范围这一公共政策目标。[②] 法院得出结论认为,如果非常驻居民不在这些条文的保护之下,将会鼓励从别州雇佣工人,那么将会导致这些条文的目的最终不能实现。[③]

法院也调查了亚利桑那州以及科罗拉多州是否有意适用它们州的法律。调查显示,亚利桑那州以及科罗拉多州也将支持他们在加利福尼亚州工作的居民获得与当地居民同样的保护。即使这两州与本案有利益关系,也应该适用加利福尼亚州法律,因为如果不适用,将对两州在加利福尼亚州工作的居民产生非常不利的影响。[④] 同时,法院也得出结论说,即使这两州有意适用它们的法律,但是加利福尼亚州的法律还是应该适用,原因如下:

“如果在加利福尼亚州工作的他州工人不能受到加州法律的保护,对于这些雇员来说,加州保护健康、安全并阻止过度工作带来损害的公共政策目标将会完全不起作用,不适用加州法律将会鼓励雇主雇佣他州的低工资临时雇员,从而替代加州本地的雇员,这将会威胁加利福尼亚州扩大就业市场的立法意图。通过比较,不适用亚利桑那州及科罗拉多州的关于加班的法律对于这两州利益损害是非常小的,甚至是不存在这样的损害的。科罗拉多州关于加班的法律直接规定不能适用于其本州以外的地区,亚利桑那州根本没有这样的法律。相反,这两个州管理加班问题的政府机构表达了对其领土范围内的商业活动提供友好的法律监管环境的一般性主张,显然,这一意图并不会因为要求加利福尼亚州的雇主在该州工作时遵守加利福尼亚州的加班法律而受到损害。”[⑤]

在罗比多诉穆霍兰(Robidoux v. Muholland)案[⑥]中,法律选择问题是对工人赔偿的免除。被告是宾夕法尼亚州的承包商,通过马萨诸塞州的雇佣机构雇用了马萨诸塞州的工人,在罗得岛州进行工作。工人在工作地点受伤。在从雇佣机构获得赔偿之后,他对宾夕法尼亚州的承包商提起了诉讼。根据罗德岛的工人赔偿法令,承包商对侵权责任享有豁免权。而在马萨诸塞州法下,承包商

---

① 254 P. 3d 237(Cal. 2011),at 241.

② Ibid.

③ Ibid., at 242.

④ Ibid., at 246.

⑤ Ibid., at 247 (删除了引文)。

⑥ 642 F. 3d 20 (1st Cir. 2011)(根据马萨诸塞州的冲突法作出的判决)。

并不享有豁免权。

法院认为,本案应该适用马萨诸塞州的法律。因为相比于罗得岛,马萨诸塞州与本案具有更加密切的联系。法院承认,罗得岛有权对其领土范围内的行为进行约束调整,并对发生在本州范围内的行为适用本州的法律。但是,这不是一个行为规范的冲突,因此,法院的着眼点是各方的居所地。法院得出结论认为,本案中,马萨诸塞州人被本州的雇佣机构在本州雇佣,承包商也并非罗得岛人,因此应该适用马萨诸塞州的法律。同时,法院也认为雇佣机构可以收回它对工人付出的赔偿额。①

(六)其他侵权

2011 年上诉法院判决的其他侵权案件还包括集体诉讼、②渎职、③其他的玩忽职守、④海事侵权。⑤

(七)实体与程序

刘易斯诉华莱茨基(Lewis v. Waletzky)案⑥是在马里兰州提起的一起医疗纠纷。问题在于原告在马里兰法院起诉哥伦比亚地区发生的玩忽职守,那么他是否必须在马里兰州健康中心 ADR 办公室履行马里兰法所要求的起诉前实施的 ADR 程序?被告是马里兰州的精神病医生,他开了安定药给原告。原告是哥伦比亚地区居民,但是她在华盛顿州使用这些药,并且在该州受伤。原告主张,根据马里兰州的侵权行为地规则,马里兰法院应该适用华盛顿州的法律,那么她就不用通过上述的程序。被告主张,马里兰州法院应该基于公共政策例外适用马里兰州这一法令。

马里兰州最高法院认为,原被告双方的主张都是错误的,应该适用马里兰

---

① 2011 年判决的其他有关工人赔偿冲突案件,参见 Martin v. American Colloid Co., 804 N.W.2d 65 (S.D. 2011); Scott v. AMEC Kamtech, Inc., 412 Fed. Appx. 818 (6th Cir. 2011); Johnson v. TDS Erectors, Inc., 426 Fed. Appx. 241 (5th Cir. 2011)。

② Morrison v. YTB Intern., Inc., 649 F.3d 533 (7th Cir. 2011); Pilgrim v. Universal Health Card, LLC, 660 F.3d 943 (6th Cir. 2011).

③ Jankowski v. Sandor, 2011 WL 3107763 (N.J. Super. A.D. Jul. 27, 2011) (No. A-0770-10T2).

④ Morgan v. Fennimore, 429 Fed. Appx. 606 (7th Cir. 2011); Overland Leasing Group, LLC v. First Financial Corporate Services Inc., 436 Fed. Appx. 119 (3rd Cir. 2011).

⑤ Kriti Filoxenia Special Maritime Enterprise v. Yasa H. Mehmet Motor Vessel, 442 Fed. Appx. 167, (5th Cir. 2011).

⑥ 31 A.3d 123 (Md. 2011).

州的法律,但是基于不同于被告所提出的理由——这是一个程序性法令,是免除于冲突法选择过程的,包括侵权行为地规则。法院指出,这些程序性的规则"并没有建立、否认或定义导致某一行为的原因,并不定义应该适用的保护标准,也不规定责任如何确定,相反,这些规定只是通过控制案件进入马里兰州的法院,从而成为致力于控制马里拉州执行审判的法制体系的一部分"。[①] 两个法官对此持反对意见,他们认为这一问题不是证明问题的一部分,原告和被告并没有机会对此提出诉讼请求。

五、合同

(一)仲裁条款

1. 国内案件

(1)最高法院的康塞普西翁(Concepcion)案

该案是 2011 年最重要的发展,因为美国最高法院作出的一项判决,涉及"联邦法与州法之间的垂直冲突",而不是各州之间的平行法律冲突。在 AT&T 移动电话公司诉康塞普西翁(AT&T Mobility LLC v. Conception)案[②]中,法院认为,《联邦仲裁法》(the Federal Arbitration Act,FAA)优先于州法院作出的某些集体仲裁放弃条款不能执行的裁定。

1925 年在斯威夫特诉泰森(Swift v. Tyson)案[③]中,针对联邦法院对仲裁协

---

① 31 A. 3d 123 (Md. 2011), at 134.

② 131 S. Ct. 1740 (U. S. 2011). 对下文简单的讨论不满足的读者可以参考以下专家学者关于本案的深入讨论:José Felipé Anderson, "The Viability of Multi-party Litigation as a Tool for Social Engineering Six Decades after the Restrictive Covenant Cases", 42 *Mcgeorge L. Rev.* 765 (2011); Sarah Rudolph Cole, "On Babies and Bathwater: The Arbitration FairnessAct and the Supreme Court's Recent Arbitration Jurisprudence", 48 *Hous. L. Rev.* 457 (2011); Judith Resnik, "Fairness in Numbers: A Comment on AT&T v. Concepcion, Wal-Mart v. Dukes, and Turner v. Rogers", 125 *Harv. L. Rev.* 78 (2011); S. I. Strong, "States' Rights, Big Business and the Nature of Arbitration: AT&T Mobility LLC v. Concepcion", ST001 *ALI-ABA* 181 (2011)。

③ 41 U. S. (16 Pet.) 1 (1842). "如果 Erie 案[R. R. v. Tompkins, 304 U. S. 64 (1938)]放在 15 年前作出判决,那时没有 FAA,这一问题将会由国会议员根据《联邦统一法》在宪法框架下来解决。国会的疏忽大意使法令在 1940 年没有废止,但是在 Erie 案之后,该法令已经失去了它存续的目的。" Paul D. Carrington, "Self-Deregulation, A'National Policy' of the Supreme Court", 3 *Nev. L. J.* 259 at 264 (2002).

议的敌意,FAA 得以确立。① 为了扭转这种敌意,FAA 在第二部分中规定这些协议是"有效的、不可撤销的、具有强制执行力的,并且要基于撤销其他合同的理由才能予以撤销"。② 这一规定成为法院最常引用的撤销仲裁协议的附加条款,撤销是以一般使用的导致合同无效的原因,如欺诈、强迫、显失公平,而非基于使仲裁无效的因素或者使需要仲裁的协议本身具有争议的因素。③

《加利福尼亚州民法典》比 FAA 早 52 年,该法规定,"一切为了自己的目的,直接或间接地免除由于自身的欺骗、违法行为等所引起的责任的合同都是无效的"。④ 同时,如果合同或其条款不善意,法院可以拒绝强制执行合同,或者只执行合同善意部分的内容,避免适用不善意的条款以免引起不善意的结果。⑤根据这些适用于所有合同的条款,在探索银行诉高等法院(Discover Bank v. Superior Court)案⑥中,加利福尼亚州最高法院认为在信用卡合同条款中规定禁止进行集团仲裁在本州法律下是不合理的,因此不具有执行性。法院推论说,因为单个消费者的损害往往是小的,企业"不正当地从每个消费者那里得到 1 美元,当消费者数以亿计时,企业的利润就是相当可观的了",集团仲裁通常是"唯一能够有效阻止并救济这种损害的方式"。⑦ 可以发现,集团仲裁放弃条款"实际上是申明无罪的条款",⑧即使该条款主张是相互的禁止,但"无可否认是倾向于一方的"。这一条款是不善意的,"至少它使一方免除了在加利福尼亚州法律下应该要履行的责任,因此是不合理的"。⑨

基于探索银行(Discover Bank)案,加利福尼亚州的几起判例都认为集体仲

① "国会致力于扭转'争议发生前的约定仲裁的协议是可撤销的'这一具有争议的联邦普通法规则。这一规则是对无远见的个人的保护,这些个人往往忽略保护自身的程序性权利的价值和重要性。这一规则承认了个人在计划交易及活动时极其有限的预见性、兴趣和能量,更没有考虑到将会产生争端的可能性。但是这种限制并未加诸于已经熟悉交易规则的个人和能够解决争端矛盾的个人。" Carrington, supra note __ at 464 - 65.

② 9 U.S.C. § 2.

③ Doctor's Associates, Inc. v. Casarotto, 517 U.S. 681, 687 (1996).

④ Cal. Civ. Code § 1668.

⑤ Cal. Civ. Code § 1670.5(a).

⑥ 113 P.3d 1100 (Cal. 2005). 该案在 Symeonides, 2005 Survey 中有讨论。

⑦ Discover Bank, 113 P.3 at 1108 - 09.

⑧ Ibid., at 1108.

⑨ Ibid., at 1109.

裁条款的规定不能强制履行,[①]如同其他几个适用他州法律[②]的案件一样。康塞普里翁案是根据所谓的探索银行规则[③]作出判决的案件之一。在一项 5:4 的判决中,最高法院废除了这一规则。

最高法院斯卡利亚大法官所撰写的多数意见[④]认为:"FAA 首要的目的是保证仲裁条款根据它们的条款予以执行,从而促进诉讼的顺利进行(facilitate streamlined proceedings)。"[⑤]这一观点并没有出现在 FAA 文本中,也不能为 FAA 的沿革所支持。尽管最高法院在另外两起案件中也引用了这一论述,但是案情是不同的。其中,三菱汽车案中,这一论述后有补充说明的免责条文"可能的复杂性本身并不足以导致一案不适于仲裁"。[⑥] 然而,康塞普里翁案中,多数意见主要根据这一论述的假设,同时将集团仲裁与个别仲裁(而非个人或集团诉讼)进行了比较,得出结论认为要求集团仲裁干扰了仲裁的基本原则,将会导

---

① 如 Hoffman v. Citibank (South Dakota), N. A., 546 F. 3d 1078 (9th Cir. 2008)(根据加利福尼亚州的冲突法规则判决;加利福尼亚州的消费者,南达科他的信用卡公司和该州的冲突法及个人仲裁条款); Klussman v. Cross Country Bank, 36 Cal. Rptr. 3d 728 (Cal. App. 1st Dist. 2005)(加利福尼亚州的消费者,特拉华州的信用卡公司,特拉华州的冲突法及个人仲裁条款); Aral v. Earthlink, Inc., 36 Cal. Rptr. 3d 229 (Cal. App. 2nd Dist. 2005)(加利福尼亚州的消费者,佐治亚州的的网络服务提供商,以及佐治亚州的冲突法及个人仲裁条款)。

② 参见 Fiser v. Dell Computer Corp., 188 P. 3d 1215 (N. M. 2008)(新墨西哥州的消费者,得克萨斯州的消费者,得克萨斯的销售者,得克萨斯的冲突法及个人仲裁条款); DeFontes v. Dell, Inc., 984 A. 2d 1061(R. I. 2009)(罗得岛的消费者,得克萨斯的销售者,得克萨斯的冲突法及个人仲裁条); Henry v. Gateway, Inc., 979 A. 2d 287 (Md. App. 2009)(马里兰的消费者,南达科他的冲突法及个人仲裁条); Coady v. Cross County Bank, 729 N. W. 2d 732 (Wis. Ct. App. 2007), review denied, 737 N. W. 2d 432 (Wis. 2007)(特拉华的银行与威斯康星州低收入消费者在信用卡协议中约定特拉华州的冲突法和个人仲裁条款)。

③ Laster v. AT & T Mobility LLC, 584 F. 3d 849 (9th Cir. 2009).

④ 值得注意的是,在之前的案件中,斯卡利亚大法官曾主张,最高法院对 FAA 的解释对州法院具有约束力,这是未经授权的而收回州法院权利的行为。他和其他 4 位大法官已经准备好要推翻这一规则,因为它并未随着时间变得正确。Allied-Bruce Terminix Companies, Inc. v. Dobson, 513 U. S. 265, p. 285 (1995)(Scalia, J., 异议意见)。同时,托马斯大法官在康塞普里森案中,与斯卡利亚持相同意见,他也曾经宣称,FAA 并不应该在州法院适用,Allied-Bruce, 513 U. S. p. 285 (托马斯, J., 异议意见);他还指出 FAA 不在州法院中运行,当然也不能取代禁止执行合同中仲裁条款的州法律。Buckeye Check Cashing, Inc. v. Cardegna, 546 U. S. 440, at 449 (2006)(Thomas, J., 异议意见)。

⑤ Concepcion, 131 S. Ct. at 1748.

⑥ Mitsubishi Motors Corp. v. Soler Chrysler-Plymouth, Inc., 473 U. S. 614, at 634 (1985).

致与 FAA 不一致。①

多数意见用 3 个理由支持此结论。前两个理由都是有关多数意见归于集体仲裁的程序属性,并据此认为这些属性与仲裁本身是矛盾的,如慢速、高费用以及程序上的困难等。多数意见还认为从个别仲裁到集体仲裁的转变牺牲了仲裁的主要优点,那就是仲裁的非正式性,同时集体仲裁也比最终的判决过程缓慢,费用更高,更可能产生程序上的混乱。② 因为集团仲裁要求程序上的正式性,③从而保证集体仲裁成员的正当程序权利。FAA 当然没有要求速度、简单化或者特别的过程。④ 而且如果顺畅和速度是 FAA 的要求,那么集团诉讼当然也可以达到这两项要求,因为它平均在每一件案子上的时间远少于个别仲裁。

多数意见否定集团仲裁真实的原因在于,"集团仲裁是一种非常危险的行为,它将极大地增加被告的风险。因为被告会面临即使很小但也是灾难性的损失,这将导致被告在压力下去解决一些有不同意见的请求"。⑤ 多数意见也正确地指出,FAA 第十部分只允许对仲裁非常有限的监管。但是,不能把这看作对 FAA 的限制性解释的一个原因,或者对被告和原告都有影响的问题(尤其是原告,因为原告并不是仲裁行业的常客)。多数意见采取了与更加扩张性的解释相反的解释路径,以更好地用国家力量保护本国消费者。多数意见考虑了被告的利益,被告愿意接受仲裁中错误导致的代价,是因为这些错误的影响取决于个人争端的多少,而且可以推测出这些代价是低于由于避免诉讼所产生的节约成本的。但是,当数以万计的消费者同时向被告提出赔偿请求时,错误的风险就不能接受了。⑥

因此,根据多数意见,解决这些问题的方法并不是在消费者的请求下直接宣布集体诉讼不合法,而是有效地剥夺合同中包含仲裁条款的所有消费者拥有的任何可能的救济方式。如同一个法院在涉及集团仲裁时指出,替代集体诉讼的并不是去提起 1700 万个单独诉讼,而是没有任何诉讼。因为只有疯子或神

---

① Concepcion, 131 S. Ct. at 1748.

② Ibid., at 1751.

③ Ibid.

④ Strong, State's Right, Big Business and the Nature of Arbitration: At & T Mobility LLC v. Concepcion, ST001 ALI-ABA 181(2011).

⑤ Concepcion, 131 S. Ct. p. 1752.

⑥ Ibid.

经病人才会提出索赔 30 美元[①]这样的单独诉讼。正如布雷耶大法官在他有所保留但意味深长的异议意见中指出的,“有理性的律师怎么可能会去代理如同 Conception 案中那样诉讼费用基于 30.22 美元的诉讼请求的案件呢”?[②] 仲裁也是如此。

但是,更糟糕的是,即使消费者真的能够进行个人仲裁,但是胜诉也是非常少的。策略以及战略性的重复玩家,如信用卡公司或者网上销售者,肯定胜过单一的玩家,[③]如消费者或者雇员。专业的仲裁员依靠重复的玩家获得收入。这里有两个例子:

A. 一个仲裁机构的仲裁员在 19 个案子中支持信用卡公司,只有 1 个支持消费者,而该案就成了仲裁机构移交来的最后一件案子。[④]

B. 2009 年国家仲裁庭,一个私人的以消费者债务纠纷案件为主的仲裁机构,被两次起诉,然后在市场上就消失了。其中一个是旧金山的律师,指控 NAF 操纵仲裁,使结果有利于信用卡公司,并指出该仲裁庭接收了 18,075 件案件,但是消费者胜诉的只有 30 件;[⑤]另外一个起诉是明尼苏达州的首席检察官,指控 NAF 与国内最大的收债公司有一名共同的所有者。

我们并不需要数据就可以明白,在大多数案件中,并不是如同康塞普里翁案的集团诉讼和个人诉讼之间的选择,而是在集团诉讼和消费者丧失所有救济方式之间的选择。

根据康塞普里翁案,最高法院撤销并且发回重审了几件使集团仲裁弃权条

---

① Carnegie v. Household Int'l, Inc., 376 F. 3d 656, 661 (7th Cir. 2004).

② Conception, 131 S. Ct. at 1761. 布雷耶的异议意见。

③ See Lisa B. Bingham, "On Repeat Players, Adhesive Contracts, and the Use of Statistics in Judicial Review of Employment Arbitration Awards", 29 *Mcgeorge L. Rev.* 223 (1998); Carrington, supra note __; Peter L. Murray, "Privatization of Civil Justice", 15 *Willamette J. Int' L L. & Disp. Resol.* 133 (2007), and authorities cited therein.

④ Murray, Privatèzation of Ciuil Justcce, 15 Willamette J. Int'l L. &Disp. Resol. 133(2007), at 147 (citing congressional testimony). See also Ibid., at 148. (指出信用卡公司的请求几乎总是被这些行业选择的仲裁员支持,这些仲裁员通常进行大批量基础上进行操作,并通过这样的方式赚钱。这种实践的结果是数以千计的公民被剥夺了诉讼请求的机会,某些仲裁是值得怀疑的,甚至是具有欺骗性的。)

⑤ Judith Resnik, "Fairness in Numbers: A Comment on AT&T v. Concepcion, Wal-Mart v. Dukes, and Turner v. Rogers", 125 *Harv. L. Rev.* 78 (2011), p. 109.

款不能强制执行的案件。[①] 其中,发生在康塞普里翁案之前的一件案件中,联邦法律得出了同样的结果,败诉方请求复审,该案正在最高法院审理中。[②]

(2)州法院的抵制

在康塞普里翁案之后的两个案子,西弗吉尼亚州最高法院似乎没有采纳最高法院多数意见的推理。在布朗诉创世康护公司(Brown v. Genesis Healthcare Corp)案[③]中,该州批判了最高法院"有偏见性地试图扩大 FAA 的适用、[④]创造新的原则的推理过程"。[⑤] 该法院指出,国会只是把 FAA 当作一个程序性的法律,解决联邦法院处理案件中的争议,约束具有同等能力的商人的之间合同中的仲裁条款。[⑥] 然而,最高法院有偏见性的推理却扩大了 FAA 的适用,使其从一个仅在联邦法院有效的程序性的法律,变成了一个在联邦和州法院都优先于州法的实体法。[⑦] 因此,该州法院认为,FAA 并没有如此重要的作用,它不能把仲裁条款变成比合同中的其他条款更加重要。[⑧]

布朗(Brown)案包括来自私人疗养院居住者家人的 3 个统一的控诉,主张他们的亲人在疗养院居住,由于疗养院管理上的疏忽而死亡。每一个案子都包括仲裁条款,[⑨]"必须经过疗养院的统一才能下葬",由居住者本人或其亲属签

---

① See Affiliated Computer Servs. , Inc. v. Fensterstock, 611 F. 3d 124 (2nd Cir. 2010) (适用加利福尼亚州法律), 根据 Conception 案发回重审, 131 S. Ct. 2989 (2011); CellcoP' ship v. Litman, 131 S. Ct. 2872 (2011) (适用新泽西州法律); Litman v. Cellco P'ship, 131 S. Ct. 2873 (2011) (相同); Mo. Title Loans, Inc. v. Brewer, 131 S. Ct. 2875 (2011) (适用密西西比州的法律); Sonic Auto. , Inc. v. Watts, 131 S. Ct. 2872 (2011) (适用南卡罗来纳州的法律)。

② In re American Express Merchants' Litigation, 634 F. 3d 187, 194, 199 (2nd Cir. 2011)案是在 Concepcion 前作出的判决,第二巡回法院认为在联邦法下集体仲裁弃权条款是不能强制执行的,因为它的执行将通过剥夺原告唯一的有意义的救济他们反垄断权利的法令,从而导致事实上反垄断责任得到豁免。American Express applied for a writ of certiorari. Concepcion 案之后的案例见 Sanchez v. Valencia Holding Co. , LLC, 201 Cal. App. 4th 74, 135 Cal. Rptr. 3d 19(Cal. App. 2nd Dist. 2011), 认为集体仲裁弃权条款在程序上及实体上都是不能执行的,是不善意的。

③ 2011 WL 2611327 (W. Va. June 29, 2011) (No. 35494, 35546, 35635), cert. filed, 80 BNA USLW 3194 (Sep. 27, 2011)(No. 11 - 391), and cert. filed, 80 BNA USLW 3194 (Sep. 27, 2011)(No. 11 - 394).

④ Brown, 2011 WL 5865694 WL, p. 18.

⑤ Ibid. ("最高法院创造出了全新的关于可分割性的原则。")

⑥ Ibid.

⑦ Ibid.

⑧ Ibid. , at 16.

⑨ Ibid. , at 4.

字。其中一个条款要求所有的请求都以仲裁的方式解决,包括基于欺诈、失实陈述、疏忽大意、重大失职、渎职以及其他违反普遍接受的医疗、卫生保健、安全等标准的诉讼请求,不管这些诉讼请求是属于侵权,还是合同。[①] 显然,这一约定并不包括有目的的枪杀居住者,但是它确实将其他所有的请求都置于了国家仲裁庭(National Arbitration Forum)这一所谓的公正模范的仲裁之下。[②]

《西弗尼吉亚州的私人疗养院法令》不允许仲裁条款。该法规定,私人疗养院居住者对自己在疗养院受到的伤害提起诉讼是她/他的权利,任何放弃诉讼的弃权条款都因与公共政策相抵触而无效。[③] 法院承认,在康塞普里翁案下,FAA 优先于这一法令的适用。但是,法院认为,案件中争议的仲裁条款是否具有强制执行性是一个州合同法下的问题,法院有权进行司法审查。[④]

通过审查,该法院指出,最高法院并没有直接强调卫生保健合同中的仲裁条款,或者个人伤害或不正常死亡情况下的争议前规定的条款具有强制性。因此,西弗尼吉亚州法院作出结论:(a)国会并未意图使 FAA 适用于个人伤害或不正常死亡案件,不能只是从一个附属性的条款来证明影响州际贸易的交易行为,尤其是当该条款包含的服务交易是社会公众的必需品时。[⑤] (b)国会对仲裁条款并不具有倾向性,也没有要求对疏忽大意的质疑提交给 FAA 之下的仲裁,使仲裁条款优先适用于由疏忽大意导致的个人伤害或不正常死亡。[⑥] 因此,法院主张,西弗吉尼亚州的公共政策,私人疗养院准入协议中所规定的仲裁条

---

① Brown, 2011 WL 5865694 WL, p. 35.

② Judith Resnik, "Fairness in Numbers: A Comment on AT&T v. Concepcion, Wal-Mart v. Dukes, and Turner v. Rogers", 125 *Harv. L. Rev.* 78 (2011), p. 109.

③ W. Va. Code, 16 -5C -15(c).

④ Brown, at ∗21.

⑤ Brown. at ∗29. See also Ibid., at ∗28. ("如果一方企图通过争议发生前在合同中约定合同性权利,从而避免对他们的过失行为承担责任,那么就需要对这样的交易进行仔细的检查。同样,如果一方通过在争议发生前的合同中约定,从而避免接受法庭审判因其缺陷产品导致的个人伤害或不正常死亡行为,那么,这样的合同也需要进行谨慎的审查。")

⑥ Ibid., at ∗29.

款优先原则,并不能强制适用于由疏忽大意行为导致的个人伤害或不正常死亡。[①]

经过审查每一个案件,法院认为,这些条款是程序性的,但实质上是非善意的,因此不能执行。于是,被告就向联邦最高法院提出上诉。

在桑德斯案(State ex rel. Richmond American Homes of West Virginia, Inc. v. Sanders)[②]中,西弗吉尼亚州的最高法院针对另外一个联邦法院指责"西弗吉尼亚对仲裁或合同中附属条款具有敌意",进行了回应:"我们对合同中的不善意的附属条款具有敌意,对作为诡计以欺骗弱势一方普通法系下合法权利的仲裁条款具有敌意。"[③]本案涉及房屋买卖合同中的放弃集体仲裁条款。原告主张,他们因被告没有安装或者不正当地安装了不实用的氡气减轻系统,而受到泄漏进房屋内的氡气的伤害。该法院同意下级法院认为该条款不善意、不具有强制执行性的主张。

1945年《麦克卡兰费古森法》(McCarran-Ferguson Act)不受疏忽大意的州法院关于保险行业的判决中使州的法律优先得到适用的约束。这一法令主张,国会的任何法令都不能使一州用于调整本州保险行业的法令归于无效、减损其效力或予以取代。除非国会的这一法令是专门用于调整保险行业的。[④] 这就意味着,作为并非专门调整保险行业的FAA,并不能排除一州保险法的适用。斯塔金诉联合专业公司(Sturgeon v. Allied Professionals Ins. Co.)[⑤]一案中涉及:(a)密苏里州一法律禁止在保险合同中规定仲裁条款;(b)一个包含仲裁条款以及适用加利福尼亚州法律的法律选择条款的保险合同。密苏里州法院认为,仲裁条款不具有强制执行性,原因如下:(a)FAA没有优先于本州法律的适用;(b)加利福尼亚州的法律选择条款也不具有强制执行性,因为该州法律允许在

---

① Brown. at *29. See also Ibid., at *30. 2012年2月21日,美国最高法院废除了本文所讨论过的West Virginia案判决。参见Marmet Health Care Center, Inc. v. Brown, S. Ct. _ _ _, 2012 WL 538286, (U. S. Feb. 21. 2012) (No. 11 -394),最高法院指责West Virginia案法院"误读并忽视了本院对FAA的解释先例", 2012 WL 538286 at *1. 最高法院认为,West Virginia案推定认为FAA并不适用于人身损害或过错致死诉讼请求,这是不对的。最高法院将该案发回原审法院要求其重新审视基于不公平做出的选择性观点。

② 717 S. E. 2d 909 (W. Va. 2011).

③ Ibid., p. 913.

④ 15 U. S. C. § 1012(b) (emphasis added).

⑤ 344 S. W. 3d 205 (Mo. App. E. D. 2011), reh'g and/or transfer denied (May 10, 2011), transfer denied (Aug. 30, 2011).

保险合同中约定仲裁条款,而这一规定与密苏里州法令中包含的重大公共政策相抵触。①

2. 国际案件

FAA 第一部分规定海员雇佣合同、铁路工人以及其他从事国外或州际商业活动的工人,不适用仲裁。② 然而,《纽约公约》③则将 FAA 适用于部分合同的规定,适用于所有的合同,包括运输工人的合同。该公约有如下规定:(a)第 2 条规定,缔约一国必须履行仲裁条款,除非能够证明该条款是无效的、不能执行或不可执行;④(b)第 5 条规定,缔约一国必须执行仲裁结果,除非执行该仲裁结果与本国的公共政策相抵触。⑤

林多诉 NCL(巴哈马)公司[Lindo v. NCL (Bahamas) Ltd.]⑥案涉及这两项规定的相互作用,也保护执行外国仲裁的其他问题以及法律选择条款。林多(Lindo)案是由作为船员的尼加拉瓜人向迈阿密的船主提起的因在该船上工作中受到个人伤害的《琼斯法案》(Jones Act)诉讼。标准的雇佣合同规定,包括《琼斯法案》请求在内的所有雇佣关系中的请求,都必须在船员国籍国进行强制仲裁,根据船旗国法律的规定,本案中指尼加拉瓜。涉案中的船悬挂巴哈马的方便旗。船主主张执行仲裁,船员认为合同因违反公共政策而无效,因为它要求船员放弃预期的《琼斯法案》下的请求。法院虽然没有证明,但是正确地推定,在 Lauritzen-Rhoditis 案下,⑦《琼斯法案》是可适用的,因为船主在美国拥有管理机构,而且船只主要是从美国港口出发,或抵达美国港口。

这一案件的结果取决于最高法院的两个判例[三菱汽车(Mitsubishi

---

① 在冲突法缺位的情况下,密西西比州的法律本来应该适用,因为投保的风险位于并形成于密西西比,投保人也居住于该州,保险公司在一起密西西比的诉讼中,未能保护投保者。

② 9 U.S.C. § 1. 然而,在 Circuit City Stores, Inc. v. Adams, 532 U.S. 105 (2001)案中,最高法院认为它并不包括所有的有关商业的雇佣合同缩小了这个例外,而仅仅是指运输工人。

③ 《联合国关于承认与执行外国仲裁的公约》,1958, 21 U.S.T. 2517, 330 U.N.T.S. 3。

④ New York Convention, art. II(3) (emphasis added).

⑤ New York Convention, art. V(2).

⑥ 652 F.3d 1257 (11th Cir. 2011).

⑦ 参见 Lauritzen v. Larsen, 345 U.S. 571 (1953); Hellenic Lines Ltd. v. Rhoditis, 398 U.S. 306 (1970); Symeon C. Symeonides, Maritime Conflicts of Law from the Perspective of Modern Choice of La w Methodology, 7 Marit. L. 223 (1982)。

Motors)[①]和费玛尔西格罗斯(Vimar Seguros)][②]以及第 11 巡回法院的判例,包括托马斯诉嘉年华公司(Thomas v. Carnival Corp)案。[③]

(1)在三菱汽车(Mitsubishi Motors)案中,最高法院强制执行了日本的仲裁条款,尽管本案涉及联邦反垄断法下的某些权利。然而,法院也在该案非常有名的脚注 19 中指出,如果仲裁和法律选择条款在执行中发生交叉,导致一方放弃在未来寻求法律下对反垄断违法行为的救济权利,那么法院将会认定该条款违反了公共政策。[④]

(2)在费玛尔·西格罗斯(Vimar Seguros)案中,法院主张,这一问题不应该在执行仲裁协议的原始期予以强调,而是应该在后面执行仲裁结果时予以强调。[⑤] 法院重申,如果法院选择与法律选择条款在操作中发生冲突,从而导致一方放弃了未来寻求法律下救济的权利,或者如果没有了重新审查的机会,那么仲裁协议就违反了公共政策。[⑥] 在案件中,并没有显示出适用外国法将必然导致丧失相似权利,而且本案中因为是地区法院享有管辖权,所以在裁决阶段也还有复审机会。

(3)在托马斯案中,第十一巡回法院拒绝执行巴拿马的仲裁和法律选择条款,因为涉及联邦的船员工资法案下的请求。法院认为,本案情况与上述两案均不同,本案中,美国法律将永远不会被适用,[⑦]对于复审的机会也没有任何保证,因为不能保证船员能够强制执行仲裁裁决。[⑧]

林多案的原告援引了托马斯案,他主张:(a)如果适用巴拿马仲裁,他在《琼斯法案》下的请求将会被否决。(b)因为地区法院否决了他的请求,之后也没有机会进行复审这一裁决结果。因此,如果仲裁员否决他,他将没有任何的仲裁判决,也没有司法复审的机会。法院否定了这一主张,指出"即使是一个 0 美元的仲裁裁决,当被告在地区法院寻求这一仲裁裁决得到承认及执行时,地区法院能够使用第 5 条的分析,从而根据本协定第 5 条积极性抗辩(包括公共政

① Mitsubishi Motors Corp. v. Soler Chrysler-Plymouth, Inc., 473 U.S. 614 (1985).

② Vimar Seguros y Reaseguros, S.A. v. M/V Sky Reefer, 515 U.S. 528 (1995).

③ 573 F.3d 1113 (11th Cir. 2009).

④ Mitsubishi Motors, 473 U.S. at 637 n. 19.

⑤ Vimar Seguros, 515 U.S. at 540 – 41.

⑥ Ibid., at 540.

⑦ Thomas, 573 F.3d at 1122 – 23.

⑧ Ibid., at 1123.

策),执行或基于公共政策拒绝执行该仲裁裁决”。[①] 显然,该法院没有认识到:(a)被告并没有在美国寻求仲裁裁决得到承认或执行的理由;(b)原告不能在该协定或FAA下提起《琼斯法案》,因为该法案只是用于肯定仲裁裁决,而不是否定。

即使如此,林多案的审理法院得出结论,托马斯案不能用于本案,因为托马斯案与之前的第十一巡回法院的另一判例[②]不一致,而且它的推理也缺少逻辑性。[③] 由上可知:(1)本案原告提出的《琼斯法案》下的请求并不能排除合同中选择条款的执行;[④](2)原告的公共政策抗辩并不能成为基于协定第2条使仲裁协议无效的理由,而只能是基于协定第5条对仲裁裁决的执行进行抗辩;[⑤](3)即使公共政策抗辩在该阶段能够适用,也是没有意义的,因为巴哈马的法律下的救济尽管不如《琼斯法案》有力,但并非“明显不足够”。[⑥]

(二)可仲裁性

在开普弗莱特里有限公司诉泰坦海运公司(Cape Flattery Ltd. v. Titan Maritime, LLC)案[⑦]中,争议点在于“可仲裁性”应该由什么法律决定。船在夏威夷搁浅的船主与一家打捞公司达成协议,“协议下的任何争议”将根据英国法在伦敦进行仲裁。打捞公司把船打捞上来,但是在打捞过程中损害了船帆。在联邦法下,船主应该对这一超过1500万美元的损失负责。船主起诉该公司要

---

① Lindo, 652 F.3d at 1279.

② 396 F.3d 1289, 1301 (11th Cir. 2005).

③ 异议意见称,Bautista案而非Thomas案的推理不充分。另外一个由第十一巡回法院的案子拒绝遵守Thomas案,Liles v. Ginn-La West End, Ltd., 631 F.3d 1242 (11th Cir. 2011), discussed infra at __。

④ Lindo, 652 F.3d at 1276.

⑤ Ibid., at 1276-78, 1280-82.

⑥ Ibid., at 1283-86. Lindo的基础与第五巡回法院的案件是不同的,见Francisco v. M/T Stolt Achievement, 293 F.3d 270 (5th Cir. 2002), cert. denied, 537 U.S. 1030 (2002)(执行一个要求在菲律宾进行仲裁的条款,菲律宾海员向在开曼群岛登记船只的利比里亚船主所提起人身伤害诉讼,当船行驶在密西西比河时发生了人身损害;从海事雇佣资格中产生的合同或非合同的请求以及产生于商业法律关系的纽约公约下的请求);Lim v. Offshore Specialty Fabricators, Inc., 404 F.3d 898 (5th Cir. 2005), cert. denied, 46 U.S. 826, 126 S.Ct. 365, 163 L.Ed.2d 71 (U.S. 2005)(一个路易斯安那州的雇主雇佣菲律宾水手,在该海事雇佣合同中规定在菲律宾进行仲裁,并适用菲律宾法律;纽约公约中所包含的联邦支持仲裁的政策优先于菲律宾明令禁止在雇佣合同中约定仲裁、法院选择及法律选择条款的法律)。另见Dahiya v. Talmidge Int'l Ltd., 931 So.2d 1163 (La. App. 4Cir. 2006), reh'g denied (June 30, 2006)。

⑦ 647 F.3d 914 (9th Cir. 2011).

求赔偿,而该公司要求执行仲裁。船主辩称,在三菱汽车案下,联邦法决定争端是否具有可仲裁性,而联邦法下本案争议是不可仲裁的。打捞公司主张,在福尔特案(Volt Information Sciences, Inc. v. Board of Trustees[①])中,仲裁性是由合同中指定的法律选择条款决定的,也就是本案中的英国法。

本案审理法院承认最高法院没有解决这一问题,但是认为福尔特案是与本案更加相关的判例,也就是说,联邦的关于仲裁性的法律不能决定争议是否具有可仲裁性,除非双方清楚并且毫无异议地表明他们要求联邦法来决定。法院作出结论,由于仲裁或法律选择协议条款中的出现(arising under)这一用词具有模糊性,根据可适用的判例,应该狭义地予以解释。所以本案中,尽管双方同意适用英国法来约束争议中的可仲裁的部分,但是双方并没有约定英国法决定争议中的哪一部分是可仲裁的。因此,他们的约定并没有取代联邦法的适用。根据联邦法,法院认为这一争议是不可仲裁的,因为"起源于"(arising under)这个词表明英国法只适用于合同的解释和执行中的问题,而不包括本案中合同执行中产生的侵权行为。[②]

(三)法律选择条款

红狮酒店特许经营公司诉 MAK 公司(Red Lion Hotels Franchising, Inc. v. MAK, LLC)案,[③]是加利福尼亚州的特许经营权人与华盛顿州的特许人达成的关于在加利福尼亚州进行特许经营的合同。合同中包括了选择适用华盛顿州法的条款。这一条款又包含了一个不同寻常的非常聪明的句子,"这一条款并不试图提起适用华盛顿州有关特权、商业机会、隐含契约、信托或其他的法律原则"。[④] 授权人在华盛顿州联邦地区法院起诉被授权人违反了特许权协议。被授权人也主张要求在华盛顿州的《特许权投资保护法》(Franchise Investment Protection Act, FIPA)下的被授权人的《人权法案》以及华盛顿州《消费者保护法》(CPA)下的索赔。授权人辩称,上述两部法律都不能适用于本案,因为被授

① 参见 Volt Information Sciences, Inc. v. Board of Trustees, 489 U. S. 468 (1989)。

② 2011 年作出的其他有关可仲裁性的案件主要有:Bechtel do Brasil Construcoes Ltd. v. UEG Araucaria Ltd., 638 F. 3d 150 (2nd Cir. 2011)(解决仲裁条款及法律选择条款的范围,并认为被告请求的时间问题是由仲裁院决定,而非法院决定);Citigroup Smith Barney v. Henderson, 250 P. 3d 926 (Or. App. 2011)(在合同约定选择纽约州法律时,一方是否放弃了仲裁的权利,这一问题是由仲裁员决定的)。

③ 663 F. 3d 1080, (9th Cir. 2011).

④ Ibid., at 1084.

权人不在华盛顿居住。

第九巡回法院基于 FIPA 否定了这一起诉。除了提及“我们分析根据法律选择条款,我们应该适用华盛顿法”外,法院并没有讨论上述引用的句子。[①] 法院认为,不同于 FIPA 的其他条款仅适用于“位于本州的特许权或发生在本州的特许权行为”,《人权法案》并没有地区的限制。在审查该法案的历史之后,法院认为,这是深思熟虑的立法选择。法院推测认为,华盛顿州立法“可能是为了消除本州以外的特许经营权人对自己是否能得到公正待遇的疑虑,从而鼓励这些人与华盛顿本州的特许权拥有人进行商业活动”。[②] 因此,FIPA 的《人权法案》适用于本案,但是 FIPA 并未详细列明违反人权法案的救济方式,但是被授权人可以在 CPA 下进行起诉。授权人辩称 CPA 只适用于华盛顿州居民所提起的诉讼。法院将本案发回重审,以解决这一问题。[③]

伊利诺伊州《特许权法》适用于伊利诺伊州的特许权,禁止法院选择条款指定本州以外的法院。然而,该法并未禁止仲裁条款,也没有直接禁止放弃对其实质性条款的行为。在 Faulkenberg v. CB Tax Franchise Systems, LP 案[④]中,得克萨斯州的特许权人与密苏里州的被授权人订立合同,在密苏里州实施数个特许权,在伊利诺伊州实施 1 个特许权。法院认为,根据伊利诺伊州的《特许权法》,法院选择条款是无效的,但是仲裁条款是有效的,法院同意在得克萨斯州进行仲裁的请求。

在 Capital One Bank v. Fort 案[⑤]中,俄勒冈州的消费者与弗吉尼亚州银行之间的信用卡合同包含了适用弗吉尼亚州法律的法律选择条款,及消费者应该在法律许可的范围内对银行的律师费负责。[⑥] 银行在俄勒冈州起诉该消费者逾期支付,但是由于弗吉尼亚州的诉讼时效限制而败诉。消费者在俄勒冈州法律下提起反诉,要求获得律师费用。根据该州法律,当合同当中仅约定一方有权

---

① 663 F. 3d 1087(9th Cir. 2011).

② Ibid., at 1091.

③ Schnall v. AT&T Wireless Services, Inc. ,225 P. 3d 929 (Wash. 2010)(在 Symeonides 2010 年度述评中评论,第 352 ~354 页),华盛顿州最高法院认为,非华盛顿州的消费者不能提起违反华盛顿州的 CPA 的诉讼请求。然后,该法院随后又撤销了这一意见,并在 2011 年发表了新意见,将该案发回低一级法院重审。参见 Schnall v. AT&T Wireless Services, Inc., 229 P. 3d 129 (Wash. 2011)。

④ 637 F. 3d 801 (7th Cir. 2011)(基于伊利诺伊州的冲突法解决)。

⑤ 255 P. 3d 508 (Or. App. 2011).

⑥ Ibid., p. 510.

获得律师费用时,如果另一方胜诉,那么胜诉一方有权获得律师费用。该法还禁止对该条款的排除。因此,法院认为,该消费者有权获得律师费用。理由如下:(1)在弗吉尼亚州的法律选择适用条款缺席的情况下,应当适用俄勒冈州的法律;(2)上述的俄勒冈州法律包含了重要的公共政策;(3)适用俄勒冈州的法律,而不是弗吉尼亚州的法律,对俄勒冈州实质上有更大的利益。①

麦基汉诉麦基汉(McKeehan v. McKeehan)案②是一个关于死者的配偶以及死者前一次婚姻中的子女在继承死者所拥有的福特公司股票问题上的争议。福特公司的金融市场账户受密歇根州法律的约束,配偶是该股份的共同持有人,也享有对死者财产的继承权。在死者去世时的居住地得克萨斯州的法律下,该股份能够由夫妻双方共同持有,但是配偶不能再享有继承权。法院认为继承问题"可以由双方在协议中通过明确的条款予以解决",而根据《第二次冲突法重述》第 187 条第 1 款,这一约定条款只由合同缔结地法律约束。这一推理是因为得克萨斯州允许双方以合同的方式创造一个对死者名下财产享有权的联权共有。法院还指出,即使这一问题超出了双方的订合同权,密歇根州的法律选择条款依然是可执行的,因为密歇根州法律与得克萨斯州基本公共政策不违背;即使违背,在缺少法律选择条款的情况下,密歇根州法律也应该适用,因为密歇根为合同缔结时死者的居住地,还有合同的制定与执行等其他重要的联系。③

(四)法院选择条款

本综述并不涉及包含法院选择条款的案件,除非那些案件本身又包含了具有重大意义的法律选择问题。而法律选择的问题已经在上文中进行了讨论。

---

① Aronson v. Advanced Cell Technology, 196 Cal. App. 4th 1043, 126 Cal. Rptr. 3d 832 (Cal. App. 1st Dist. Jun 21, 2011) (No. A129336),是一个涉及马萨诸塞州冲突法条款以及多边的律师费用条纹的加利福尼亚州的案件,加利福尼亚州也有相似的有关律师费用的法律,要为胜诉一方提供律师费用。然而,法院并没有决定法律选择问题,因为即使加利福尼亚州法律适用了,被告也不能被给予律师费用,因为原告自愿排除了这一法案,而在加利福尼亚州法下,被告不被视为是胜诉一方。

② 355 S. W. 3d 282 (Tex. App. 2011), rule 53.7(f).

③ 2011 年其他涉及执行法律选择条款的上诉案件有:Kunda v. C. R. Bard, Inc., ___ F. 3d_ _ _,2011 WL 6636703 (4th Cir. Dec. 23, 2011) (No. 09 - 1809); Coface Collections North America Inc. v. Newton, 430 Fed. Appx. 162 (3rd Cir. 2011); St. Paul Fire & Marine Ins. Co. v. Board of Com' rs of Port of New Orleans, 418 Fed. Appx. 305 (5th Cir. 2011); Century Business Servs., Inc. v. Barton, 2011 WL 5589538 (Ohio App. 8th Dist. Nov. 17, 2011) (No. 95542)。

众所周知,美国法院倾向于肯定法院选择条款,在大多数案件中予以执行。2011年综述发现只有3起案件没有执行法院选择条款,而且是因为那些选择条款是法院地明令禁止的。其中2起在州最高法院中得到了认可。[①] 在其他的案子中,有5起讨论了法院选择条款的适用范围是否包括侵权诉讼。[②]

赖斯诉金拉西部终点公司(Liles v. Ginn-La West End, Ltd.)案[③]涉及在巴哈马购买土地的合同。合同包含选择巴哈马法院及法律的条款。但合同也包含了《联邦州际土地买卖法》(Interstate Land Sales Act,ILSA)[④]对土地购买行为的实质性保护。这一法律规定,基于ILSA的诉讼可以"在被告居所地或暂居地或经营场所所在地的法院进行起诉,也可以在销售地进行。[⑤] 任何使购买者放弃遵守本法条款的约定都是无效的"。[⑥]

原告(买方)主张法院选择条款因违反上述ILSA条款而无效。第十一巡回法院认为,这一问题需要慎重对待,因为争议是国内而非国际合同,并且提出了在合同中没有约定ILSA条款的情况下,该法律能否适用的问题。巡回法院还发现,在其判例中,曾允许了放弃联邦法律下的未来实体权利。那么,在本案中,当事方也可以放弃他们在ILSA下的权利。

Rucker v. Oasis Legal Finance, L. L. C案[⑦]中,主要涉及被告伊利诺伊州公司和原告亚拉巴马州居民之间的资金合同纠纷。合同中有一特殊约定,被告要求获得原告胜诉之后所得赔偿额的一定比例;同时,如果原告败诉,那么可以免于支付给被告一固定数额的钱。合同还包含了伊利诺伊州法院的绝对管辖权,以及适用亚拉巴马州法律的选择条款。原告在亚拉巴马州进行起诉主张,该合

---

① See Thompson Tree & Spraying Service, Inc. v. White-Spunner Const., Inc., 68 So. 3d 1142 (La. App. 3rd Cir. 2011), writ denied 71 So. 3d 290 (La. 2011); Mathers Family Trust v. Cagle, ___P. 3d ___, 2011 WL 1797222 (Colo. App. May 12, 2011) (No. 10CA0093), cert. granted 2011WL 5040998 (Colo. Oct 24, 2011) (No. 11SC496); Pro-Football, Inc. v. Tupa, 14 A. 3d 678 (Md. App. 2011), cert. granted, 21 A. 3d 1063 (Md. 2011).

② See Tuxedo Intern. Inc. v. Rosenberg, 251 P. 3d 690 (Nev. 2011); Hansa Consult of North America, LLC v. Hansaconsult Ingenieurgesellschaft MBH, 35 A. 3d 587, 2011; Huffington v. T. C. Group, LLC, 637 F. 3d 18 (1st Cir. 2011); Slater v. Energy Services Group Intern., Inc., 634 F. 3d 1326 (11th Cir. 2011); In re FCStone, LLC, 348 S. W. 3d 548 (Tex. App. -Dallas 2011).

③ 631 F. 3d 1242 (11th Cir. 2011).

④ See 15 U. S. C. § 1701 et seq.

⑤ 15 U. S. C. § 1719.

⑥ 15 U. S. C. § 1712.

⑦ 632 F. 3d 1231 (11th Cir. 2011).

同在亚拉巴马州法律下是不合法的赌博合同,如果执行法院选择条款,由伊利诺伊州的法院进行管辖,那么将导致违反亚拉巴马州的公共政策。

亚拉巴马州初审法院接受这一个主张,但是上诉法院不予支持,并且认为该法院选择条款具有执行性。同时,上诉法院还指出,“不管该诉讼是在伊利诺伊州的法院抑或亚拉巴马州法院进行,法院都应当适用亚拉巴马州的法律,而且必须尊重亚拉巴马州的公共政策”。① 原告还主张由于合同部分无效从而导致法院选择条款也无效。上诉法院对此主张也不认可,因为“法院选择条款独立于合同,可以同包含它的合同割裂”。②

(五)其他合同

在为数不多的不包含法院选择、法律选择或仲裁条款的合同中,大多数涉及被保险人与保险公司之间的汽车保险合同纠纷。大部分案件继续适用保险单颁布州(一般也是被保险人住所地及登记地)而不是事故发生州的法律。③ 有2起案件基于公共政策例外而适用了事故发生州的法律。④ 在另2起案件中,事故发生在被保险人购买保险单之后新的居住地。在这2起案件中,被保险人都将居住地变更通知了保险公司,但没有完成办理新的保险单的正式手续。其中,一起是在新泽西州冲突法下处理的,适用了支持被保险人的新居所地的法律;⑤另一起在佛罗里达州的合同缔结地原则,从而适用了支持保险公司的旧居所地的法律。⑥

---

① 632 F.3d 1237(11th Cir. 2011).

② Ibid., at 1238. 引用 Scherk v. Alberto-Culver Co., 417 U.S. 506, 519 n. 14 (1974)。

③ McGoff v. Acadia Ins. Co., 30 A.3d 680 (Vt. 2011)(对发生在佛蒙特州的交通事故适用马萨诸塞州的法律,因为车在马萨诸塞州投保); American Family Mut. Ins. Co. v. Alvis, 72 So.3d 314 (Fla. App. 2nd Dist. 2011)(对发生在佛罗里达州的交通事故适用内布拉斯加州的法律,因为在内布拉斯加州投保)。

④ Hodgkiss-Warrick v. State Farm Mut. Auto. Ins. Co., 2011 WL 1327644 (Ky. App. Apr. 08, 2011) (No. 2010-CA-000603-MR)(发生在肯塔基州的交通事故,肇事车在宾夕法尼亚州投保;法院认为保险政策中的“家庭排除”在宾夕法尼亚州是有效的,但是这一规定违反了肯塔基的公共政策);Country PreferredIns. Co. v. Whitehead, 955 N.E.2d 689, (Ill. App. 3rd Dist. 2011), reh'g denied (Oct. 18, 2011)(发生在威斯康星州的交通事故,涉及在伊利诺伊州的投保;法院认为保险单条款禁止交通事故2年之后的诉讼请求的规定,违反了公共政策,因为威斯康星州的时效法规定的是3年,尽管伊利诺伊州规定的是2年)。

⑤ See Amica Mut. Ins. Co. v. Fogel, 656 F.3d 167 (3rd Cir. 2011).

⑥ See State Farm Mut. Auto. Ins. Co. v. Duckworth, 648 F.3d 1216 (11th Cir. 2011).

其他合同冲突案件不涉及新的变化,这里不再讨论。[①]

六、时效的冲突法规则

(一)时效冲突的4种解决方式

美国法院遵循4种方式来解决时效限制法规的冲突:

1. 第一种是传统方式,即时效限制法规是程序上的,除却个别例外,如借用法规或者一些司法上所创制的例外,一般都适用法院地法。大部分州继续采用这种方法,而这些州也包括了在其他法规冲突方面放弃传统规则的州,如纽约州。

2. 第二种《1982年统一法律冲突——时效限制法案》规则,即认为时效限制法规为实体上的,从而适用调整案件实体事项州的法律,这一规则同样也存在例外。有7个州已经采用了这个法案。

3. 第三种方式是最先由新泽西州最高法院在希弗勒诉联合皇家公司(Heavner v. Uniroyal, Inc.)一案[②]中所发展出来的方法,即使时效限制冲突服从于同一案件中的其他事项一同分析,而不认为应当作为先验的推定而支持适用法院地法。根据案件的具体情况,这种分析可能导致一个问题的两个类别适用相同或不同的法律。有8个州已经采取了这种方法。

4. 第四种方式是1988年修改的《冲突法重述》第142条的方式。修改后的法条将时效限制冲突指向《第二次冲突法重述》第6条规定的灵活方式,但同样提供了适用法院地法的推定快捷方式。8个州在这个问题上遵循《冲突法重述》。

---

① Strong v. Eldorado Casino Shreveport Joint Venture, 73 So. 3d 967 (La. App. 2nd Cir. 2011)(判决路易斯安那州的法律调整路易斯安那州赌场发给得克萨斯州顾客的赌场标记,标记并不是不能执行的赌债); Pevets v. Crain Communications, Inc., 2011 WL 2175066 (Ohio App. 6th Dist. Jun. 03, 2011)(No. OT-10-023), appeal not allowed, 956 N. E. 2d 309 (Ohio 2011)(判决密歇根的法律适用于来自数州的订阅者向密歇根出版商提出的集体仲裁); Hillcrest Media, LLC v. Fisher Communications, Inc., 160 Wash. App. 1039, 2011 WL 1465455 (Wash. App. Div. 1 Mar 28, 2011)(No. 64826-8-I)(判决华盛顿州法律应当适用于阿肯色州的房地产中介由于出售华盛顿州的电视塔而向华盛顿州公司提出的诉讼); Graham v. TSL, Ltd., 350 S. W. 3d 430 (Ky. 2011)(判决通过电话订立的雇佣合同,不是发生在肯塔基州,因此被雇佣者不能基于肯塔基州的法律获得工人赔偿利益)。

② 305 A. 2d 412 (N. J. 1973).

表 2 表明了采用各上述方式的州,[①]后面附有 2011 年裁决的典型案例讨论。

表 2　时效限制冲突的解决方式

传统方式	《第二次冲突法重述》	Heavner 分析	《1982 年统一法案》
亚拉巴马州 阿拉斯加州 康涅狄格州 哥伦比亚特区 佐治亚州 夏威夷州 伊利诺伊州 堪萨斯州 肯塔基州 缅因州 马里兰州 密西西比州 密苏里州 内华达州 新汉普郡州 新墨西哥州 纽约州 北卡罗来纳州 俄克拉荷马州 宾夕法尼亚州 南卡罗来纳州 南达科他州 田纳西州 得克萨斯州 犹他州 佛蒙特州 弗吉尼亚州 怀俄明州	亚利桑那州 佛罗里达州 爱达荷州 艾奥瓦州 马萨诸塞州 俄亥俄州 西弗吉尼亚州	阿肯色州 加利福尼亚州 特拉华州 印第安纳州 密歇根州 新泽西州 罗得岛州 威斯康星州	科罗拉多州 明尼苏达州 蒙大拿州 内布拉斯加州 北达科他州 俄勒冈州 华盛顿特区
28	7	8	7

---

① 关于引用,读者请参见早些年的综述和 Symeon C. Symeonides, American Private International Law 272 - 87 (2008)。表格没有包括路易斯安那州,该州发展了类似于《第二次冲突法重述》和统一法案结合的方式。See La. Civ. Code art. 3549. 关于撰写者的讨论,参见 Symeon C. Symeonides, "ouisiana Conflicts Law: Two'Surprises'",4 *La L. Rev.* 497, 530 - 48 (1994)。

(二)2011 年案件

在瓦特菲尔德诉梅勒迪特公司(Waterfield v. Meredith Corp)一案①中,该诉讼在新罕布什尔州提起,该州在时效限制冲突上遵循传统方式,但偶尔也结合希弗勒案(Heavner)类型分析。新罕布什尔州也提供了我们有些臭名昭著的基顿诉哈斯特勒杂志(Keeton v. Hustler Magazine, Inc.)案。② 像基顿案一样,瓦特菲尔德(Waterfield)案是一个诽谤诉讼。它是由一家当地电视台在康涅狄格州的实质广播引起的,在新罕布什尔州并不能看到或听到。然而,原告主张自己在广播时是新罕布什尔州的居民(即使他当时在康涅狄格州被监禁),因为他在逃离康涅狄格州的拘留而被逮捕时居住在新罕布什尔州。新罕布什尔州最高法院将案件发回初审法院重审,以确定原告的住所。法院指出,如果原告是新罕布什尔州居民,将自动适用新罕布什尔州法律(该州提供比康涅狄格州法律更长的时效期限)。如果不是,若满足新罕布什尔州的影响选择的 5 点考虑,包括更好的法律的因素,则新罕布什尔州的法律仍将适用。

在安德森诉洛佩兹(Andersen v. Lopez)一案③中,该诉讼在马萨诸塞州提起,该州采用了《第二次冲突法重述》第 142 条的方式。④ 原告在去加拿大新布伦兹维克省旅行过程中摩托车被被告的摩托车撞毁,原告当时为缅因州居民,被告为马萨诸塞州居民。而诉讼如按照新布伦兹维克省的法律为不适时,而按照马萨诸塞州的 3 年时效则为适时。《第二次冲突法重述》第 142 条的一部分规定,一般除一些案件的特殊情况会导致不合理的结果……法院将适用自身的时效法规来允许主张,除非:(1) 主张的维持对法院无实质利益;(2) 主张按照与当事人及发生的事件的联系;更大的州的时效法规将被禁止。⑤ 法院得出以下结论:(1)新布伦兹维克省与马萨诸塞州相比,没有更密切的联系;(2)马萨诸塞州在适用自身时效法规时确有利益;(3)因此,允许该诉讼的进行并非不合理。

关于结论(1),法院指出,虽然新布伦兹维克省在确保使境内活动符合自身

---

① 20 A. 3d 865 (N. H. 2011).

② 549 A. 2d 1187 (N. H. 1988)(适用了新罕布什尔州 6 年的诉讼时效并在美国所有其他州时效禁止的情况下允许多州诽谤诉讼)。

③ 957 N. E. 2d 726 (Mass. App. Ct. 2011).

④ 在同一部分裁判的另一2011 年的案件, 参见 Matrix Acquisitions, LLC v. Hooks, 2011 WL 2464183 (Ohio App. 5th Dist. June 15, 2011) (No. 10CA111)。

⑤ 参见《第二次冲突法重述》第 142 条。

侵权法所体现的“行为标准”方面是有利益的,但新布伦兹维克省在两个非居民必须在国外法院解决纠纷的时间设定方面没有明显利益,即使那些争端涉及这些非居民在新布伦兹维克省相互产生作用。① 关于结论(2),法院分析认为:(1)马萨诸塞州在适用自己的法规方面有利益,因为被告是马萨诸塞州居民,且旅行交通工具是在马萨诸塞州所买,并在马萨诸塞州的保险公司投保;②(2)将诉讼时效制定为 3 年,马萨诸塞州立法已经认为 3 年是居民应当对自己疏忽行为的结果承担责任和他们所需要的保护不用持久暴露于责任的适当平衡;③(3)选择不制定借用法规,这一立法暗示了马萨诸塞州在允许顺其自然适用 3 年时效期间方面的利益。④

哈罗迪特工业公司诉华伦电器公司(Harodite Industries, Inc. v. Warren Elec. Corp)案⑤为罗得岛州最高法院判决的案件,罗得岛州为采取希弗靳(Heavner)分析方法的 8 个州之一。⑥ 马萨诸塞州的一家公司起诉罗得岛州的一家公司赔偿被告因卖给原告缺陷设备所造成的工厂及其他财物的损失。诉讼按照马萨诸塞州的时效为不适时,但按照罗得岛州 10 年的总括时效法规则为适时。下级法院适用了罗得岛州的法律。法院尤其认为:(1)马萨诸塞州在排除自身的某个公民救济发生在自身境内的侵权行为所造成的财产损失,或者保护罗得岛州公民免于被诉方面没有很强的政府利益。(2)在一方当事人在该州有住所时,罗得岛州在适用自身时效法律于始于罗得岛州法院的诉讼方面是有很强的政府利益的。⑦ 法院同时发现罗得岛州的法律是“较好的法”,因为它为那些因遭受缺陷产品所造成财产损失的人提供了更多保护。⑧

最高法院赞扬了这种分析,并表示除了停下来表达与下级法院之间“较好

---

① Andersen, 957 N. E. 2d at 729.

② Ibid., at 728 - 29.

③ Ibid., at 729.

④ Ibid.

⑤ 24 A. 3d 514 (R. I. 2011).

⑥ 关于 2011 年其他采用同一方法裁决的案例,参见 Professional Consultation Services Inc. v. Schaefer & Strohminger Inc., 412 Fed. Appx. 822 (6th Cir. 2011); Bin-Jiang Tao v. Citibank, N. A., 445 Fed. Appx. 951, 2011 WL 3325860 (9th Cir. Aug. 03, 2011), No. 09 - 56992, cert. denied, _ _ _ S. Ct. _ _ _, 2012 WL 538392 (U. S. Feb. 21, 2012) (No. 11 - 751)。

⑦ Harodite Industries, 24 A. 3d at 527 - 28 (引自下级法院)。

⑧ Ibid., at 528.

的法律”因素分析的“特别一致”以外,没有需要补充的了。① 异议意见批评了大多数意见错过了反驳“最大程度地管辖和重塑几个世纪以来的因为时效制度是程序的,法院法应当调整的原则”的机会。②

维克耐尔诉菲尔普斯·道奇工业公司案(Vicknair v. Phelps Dodge Industries, Inc.)一案③是北达科他州最高法院判决的案件,北达科他州是7个采取《1982年统一法案》的州之一。像之前指出的一样,法案所采取的前提认为时效期限是实体问题,应当适用解决案件实体问题的法律。该法案第2条规定:如果一个主张实体上基于:(1)另一个州的法律,则适用该州的时效制度……然而该法案第4条的例外条款授权了诉诸法院地法,如果其他州的时效期间实质上不同于(法院)州的时效期间,则其并没有提供起诉的公平机会或为答辩施加了不公平的责任。

维克耐尔案涉及适用例外条款的斜体部分。原告不是北达科他州的居民,他们对包含石棉产品的制造商提起的诉讼都因所有其他州的时效而被驳回了。原告在北达科他州起诉,打算利用该州6年的诉讼时效规定,这样就可以允许诉讼的进行。北达科他州最高法院(比需要的时间长很多地)讨论了适用例外的举证责任是否应由原告或被告承担的问题。法院认为原告应当承担责任,并发现原告没有承担责任,确认驳回诉讼。

联合基金合伙企业诉桑德(Unifund CCR Partners v. Sunde)一案④在华盛顿州提起,华盛顿州是另外一个采用《1982年统一法案》的州,该案涉及适用上述例外条款的部分。该案是作为达拉华州信用卡公司受让人的收债人针对在华盛顿州的债务人提起的诉讼。该诉讼如按照达拉华州3年的诉讼时效将被禁止,但按华盛顿州6年的诉讼时效则不被禁止。然而达拉华州也有一个中断条款:只要借款人不受达拉华州管辖的约束,时效期间可以一直中断——在这个案件中意味着是永久的。法院认为正是这项不明确的和可能永久延长达拉华州时效期间的制度导致了上面所援引的例外条款,因为它“为答辩施加了不公平的责任”。然而对借款人来说,不幸的是例外导致直接再去适用华盛顿州

---

① Harodite Industries, 24 A. 3d. at 534 -35.

② Ibid., at 538., Flaherty 法官部分否定但同意结果,否定提供了自程序分类以来的25个州的案例,但至少有7个州已不这样做了。

③ 794 N. W. 2d 746 (N. D. 2011).

④ 260 P. 3d 915 (Wash. App. Div. 2 2011).

的 6 年时效,而这样诉讼将是适时的。法院毫不同情借款人的反对,指出在“其他类型的案件”中,这个例外将导致华盛顿州的较短的时效期间。[①] 这对于这个特定借款人来说只是很小的安慰。

七、家庭关系

(一)婚姻

在 Christiansen v. Christiansen 一案[②]中,怀俄明州最高法院判决地区法院有对事管辖权,从而准予在加拿大缔结同性婚姻的两个怀俄明州居民离婚。地区法院分析认为,因为怀俄明州法律将婚姻界定为“一个男人和一个女人之间”的合同,所以没有婚姻关系需要解除,法院没有对事管辖权去考虑该诉讼。

最高法院撤销了地区法院的判决,指出地区法院是普遍管辖权法院,它忽略了另外一条怀俄明州法律规定:“所有按照婚姻协议缔结地国的法律有效的婚姻协议在这个州也是有效的。”[③]最高法院承认后者规定受普通法认可的某些例外的约束,包括“违反基督教国家普遍认可的自然法的婚姻”,如一夫多妻、乱伦婚姻以及那些因违反州法律而被州立法规定不允许有任何合法性的婚姻。[④] 然而,正如怀俄明州对在其他州缔结的普通法婚姻的一贯承认所表明的,这些例外很有限并且加拿大同性婚姻不在这个范围内——至少应当在离婚诉讼的情境下如此。

在为进行离婚程序的有限目的下,承认一个有效的外国同性婚姻并不减损怀俄明州不允许同性婚姻成立的法律或政策。离婚诉讼不包括承认婚姻作为一种持续的关系。实际上,承认一个有效的婚姻存在除作为允许离婚的前提条件外没有任何作用。在前提条件满足后,关于离婚的法律将适用。关于结婚的法律没有任何作用……(双方当事人)并不是想在怀俄明州作为已婚夫妇居住,也不是为了加强因结婚的地位而产生的任何权利。事实正相反,他们只是想解除根据加拿大法律而缔结的法律关系。尊重加拿大法律……因为有限目的而接受前提条件的存在从而准予离婚,并不等同于该州承认了同性婚姻。因此,

① 260 P. 3d 915 (Wash. App. Div. 2 2011), at 926.

② 253 P. 3d 153 (Wyo. 2011).

③ Ibid., at 155.

④ Ibid., at 156.

本州的不承认同性婚姻的政策并没有被违反。①

兰芙特继承(Re Estate of Ranftle)案②是在纽约州立法授权在纽约州的同性婚姻之前判决的,案件涉及在两个纽约州人之间的加拿大同性婚姻。案件是在尚存的配偶和继承人兄弟之间的继承纠纷,继承人的兄弟主张加拿大的婚姻违反了纽约州的公共政策。法院驳回了这个主张。法院指出同性婚姻不属于基于礼让而承认婚姻原则的例外。法院分析认为纽约州没有立法(直到当时)授权在纽约州的同性婚姻,或者要求承认根据外州有效的同性婚姻的事实"不能表明该州的此类公共政策"和"在缺乏明确的法定禁止的立法作为或不作为,不能作为婚姻承认原则的例外"。③

阿肯婚姻案(Re Marriage of Akon)案中,④涉及一个取决于母亲的第一次婚姻的亲子关系的有争议的诉讼。原告阿肯(Akon)是母亲的第二任丈夫,他主张母亲与名叫乔克(Jok)的人的第一次婚姻是无效的,因此,阿肯享有对母亲两个子女法律上推定的亲子权利。母亲特蕾莎(Teresa)和乔克之间的第一次婚姻 1994 年缔结于苏丹,并为苏尔坦(Sultan)村祝福。作为婚姻的对价,乔克同意付 50 头牛的彩礼给特蕾莎的父亲。5 年后,乔克只付了 35 头牛,当时苏丹内乱到了这个村子,导致特蕾莎与一个孩子逃离,并且明显怀着另外一个孩子。随后她在一个难民营遇到了阿肯,然后跟他一起逃到埃及,两人在那里结婚,拿到了家庭护照,将阿肯列为孩子的父亲,然后向美国申请庇护。他们在华盛顿州定居,阿肯在那里起诉要求离婚和监护,特蕾莎起诉反驳阿肯与子女的亲子关系。双方关于后来发生事情的描述差别很大,上述是特蕾莎的故事,初审法院认为更可信。

阿肯的主张之一是特蕾莎嫁给乔克的第一次婚姻不被苏丹国内当局承认,因为乔克没有完成交付彩礼。将外国法律看作阿肯没有充分予以证明的事实,但对他关于婚姻国内合法性的主张给予一些信任,上诉法院判决根据当地的特殊习惯,一个有效的文化婚姻已经成立。

然后法院讨论了根据华盛顿州法律而成立亲子关系的假定。法律规定如果男子自愿主张他在与母亲结婚之前出生孩子的亲子关系,并同意在子女的出

---

① 253 P. 3d 155(Wyo. 2011),at 156 -57.

② 917 N. Y. S. 2d 195 (N. Y. A. D. 1st Dept. 2011).

③ Ibid., at 196 -97.

④ 248 P. 3d 94 (Wash. App. Div. 3 2011).

生证明上列为孩子的父亲,则该男子被推定为孩子的父亲。法院承认阿肯满足这些条件,但"假定是法律的处理方法,而忽略参考证据"。尽管法律允许多个父亲的存在,"生理不允许"。[①] 法院判决证据表明Akon不是父亲,但褒奖了他尽管在生理义务上没有义务,却考虑孩子们并且愿意成为孩子们的父亲的做法。[②]

在平克哈索夫诉佩托奇(Pinkhasov v. Petocz)案[③]中,双方在肯塔基州"在100多个家庭、朋友和客人出席的状况下"经过了"高度宗教化的东正犹太教婚姻仪式"。

利特文主教(Rabbi Litvin)隆重主持了犹太人的宗教婚姻仪式,并符合所有法律、习惯和他们的信仰传统。仪式上,"Ketubah"[④]被写好并在所要求的犹太证人在场的情况下由双方执行,盘子按照惯例被打碎,新郎履行了将面纱拉低到新娘脸上的仪式行为。随后,双方和众人一起参加了其他婚礼接待时的传统犹太人活动。[⑤]

然而在双方的要求下,犹太教教士省略了国内婚姻证书惯常地在公众面前执行并用任一种语言提及婚姻关系成立的仪式部分。这是因为双方都是移民,他们想保持法律上与美国公民结婚的自由以有资格获得公民身份。这也是双方没有领取结婚证书的原因。初审法院认定这是"法律上认可的'事实婚姻'。"[⑥]上诉法院驳回了这一观点,判决肯塔基州不承认这种概念,同时不承认在肯塔基州缔结的普通法婚姻。

(二)亲子关系

在佩克拉罗诉罗斯塔格罗—华莱特(Pecoraro v. Rostagno-Wallat)案[⑦]中,密歇根州法院拒绝承认纽约州父子关系的法令,该法令判定原告,一个纽约州居民,是在密歇根州出生的孩子的父亲。孩子的怀孕和出生都在母亲和另外一

---

① 248 P. 3d 94 (Wash. App. Div. 3 2011), at 62.

② Ibid., at 66.

③ 331 S. W. 3d 285 (Ky. App. 2011).

④ "Ketubah"是一份正式犹太婚姻合同,规定了离婚或丈夫死亡情况下的付给妻子的财产问题。

⑤ Pinkhasov, 331 S. W. 3d, p. 288.

⑥ Ibid.

⑦ 805 N. W. 2d 226 (Mich. App. 2011), appeal denied, 798 N. W. 2d 27 (Mich. 2011), reconsideration denied, 803 N. W. 2d 880 (Mich. 2011).

个男子的婚姻存续期间,双方同为密歇根州居民。但母亲承认原告,即她当时法学院的同学,是孩子的生父。

从法学院毕业后,原告在纽约州对母亲提起父子关系诉讼。母亲质疑法院对她的管辖权,但纽约州法院判决其有管辖权,因为她在纽约州发生性关系,并且孩子可能是因该性行为而被怀上的。丈夫提起了特殊出庭质疑法院对他的管辖权。纽约州法院承认他是必要当事方并且对他没有管辖权。然而,法院允许了诉讼的进行并且授予了原告父亲身份的法令。然后原告在密歇根州法院提起了现在的诉讼要求承认与执行纽约州的法令。初审法院支持了判决,而上诉法院却推翻了此判决。

根据密歇根州法律,婚姻期间怀孕且出生的孩子被推定为该婚姻的合法子女,母亲的丈夫应被推定为孩子的父亲。第三方不能反驳该推定,除非最初在丈夫和母亲之间存在司法决定宣告子女不是婚姻的结果。密歇根州法院判决纽约州的诉讼不满足这项要求,因为它不是母亲和丈夫之间的诉讼。法院同时判决充分诚信条款并不强制承认纽约州的法令,因为它是由对丈夫不具有管辖权的法院作出的。

在泰勒诉泰勒(Taylor v. Taylor)案①中,一个得克萨斯州居民在路易斯安那州提起诉讼,要求否认他与被告在婚姻期间怀孕并出生的孩子的亲子关系。孩子在夫妇两人居住在得克萨斯州的时候出生,但在父母离婚后与母亲在路易斯安那州一起居住了10年。否认诉讼按得克萨斯州法律是适时的,但按路易斯安那州法律则不适时。法院指出推定母亲的丈夫是子女的父亲被称作"法律上最强的推定",且路易斯安那州有"实质的利益,且如果不是最终责任,来决定大部分时间居住在此的孩子的亲子关系"。② 法院判决应由路易斯安那州法律调整,阻碍了诉讼。

在R. W案(In re R. W.)案③中,佛蒙特州最高法院判决只要孩子居住在佛蒙特州,并且该州尽到了审慎的义务来通知父亲,并使他便利地通过电话的方式参加诉讼,则佛蒙特州有管辖权来终止父亲的亲权,即使对父亲没有对人管辖权。孩子们出生在斯里兰卡,随后同母亲一起搬到佛蒙特州。他们在母亲面临疏忽指控和她新丈夫的虐待指控后处于州监护之下。佛蒙特州行政机构打

---

① 2011 WL 1734077, 2010 - 1503 (La. App. 3rd Cir. May 04, 2011) (No. CA 10 - 1503).

② Ibid., at *2.

③ ___ A.3d ___, 2011 WL 5600636 (Vt. Nov. 18, 2011) (No. 2011 - 006).

算终止父母双方的亲权。

(三)收养

犹他州对非婚生父亲防止子女被收养制定了严格的要求。为保护他们反对收养的权利,尤其在母亲放弃孩子以请求收养之前,父亲必须建立亲权,除非他不应当知道以某种方式与犹他州法律有关的“合格的条件”。[①] 在E. Z收养案(re Adoption of Baby E. Z.)案[②]中,涉及弗吉尼亚州的母亲和孩子及居住在弗吉尼亚州的生父。虽然父亲知道收养的可能性,他可能没有得到孩子在犹他州亲子关系终止的暗示,并且确实是这样的。母亲放弃孩子给犹他州的收养机构来收养。在犹他州收养程序开始后,父亲在弗吉尼亚州提起了监护诉讼,法院随后准许,同时打算干预犹他州的程序。

犹他州最高法院判决《联邦父母诱拐子女防治法》(Parental Kidnapping Prevention Act,PKPA)适用于收养诉讼,且通常会阻止犹他州法院在这种情况下行使管辖权而准许收养。然而,法院强调PKPA并不剥夺(divest)犹他州法院行使对事管辖权而只是阻止(prevent)它的行使。法院认为,这个区别很重要,因为它使PKPA可以被放弃。法院判决父亲没有在初审法院提出PKPA,因此已经放弃了提出的权利。法院同时判决父亲失去了反对收养的权利,因为他没有遵守上面提到的犹他州法律的要求。法院没有讨论父亲的正当程序权利。

在顿胡安诉麦克德默特(Donjuan v. McDermott)案[③]中,未婚的生父在乔治亚州提起了亲子关系诉讼,他跟孩子母亲都居住在那里。因为他在孩子出生之前提出诉讼,乔治亚州中止了诉讼程序,直到孩子出生。母亲随后搬到犹他州,打算在那里将孩子生下然后放弃孩子使其被收养。父亲在孩子出生和被收养之前迅速在犹他州提交了亲子关系和监护请愿书。然而这仍不足以防止其亲权的丧失。在其他“问题”中,初审时他没有适时地在请愿书里列入宣誓书,也没有提到PKPA和其他宪法上的反对。上述两个犹他州的判决和他们所依赖的法律都需要宪法审查。在写综述文章的时候,第一个案子已经提交了移审请求,而第二个案子还没有。

---

① “合格的条件”是那些通知父亲遵守犹他州法律义务的条件。一个“合格的条件”在怀孕后,母亲同意收养或放弃子女使其被收养之前存在4,如果(1)母亲或子女中的任一个居住在犹他州;(2)母亲打算在犹他州生下孩子;(3)孩子在犹他州出生;或者(4)母亲打算使孩子根据犹他州法律被收养。参见《犹他州法律汇编》§ 78B-6-122(1)(a)。

② 266 P.3d 702 (Utah 2011), cert. filed (Dec. 15, 2011)(No. 11-758).

③ 266 P.3d 839 (Utah 2011).

阿达尔诉史密斯(Adar v. Smith)案①涉及出生在路易斯安那州的孩子和纽约州的两个未结婚的同性恋人的问题。养父母要求路易斯安那州出生登记员发放列明养父母的新出生证明。登记员援引路易斯安那州法律不允许未婚夫妇获得修改的列明父母名字的出生证明予以拒绝。养父母在路易斯安那州联邦法院针对登记员提起了第1983条诉讼。路易斯安那州法院判决支持原告，第五巡回法院组成的陪审团确认了判决,但意见严重分歧的第五巡回法院的全体出庭法官驳回了判决。

法院判决十足信用条款没有赋予可以通过第1983条诉讼先发制人地维护联邦诉讼的权利。法院说明"第1983条对于法院内部礼让条款的编排没有作用——州法院可能犯错,但他们的判决不受联邦法院宣告性或命令性的救济",②并指出诉讼本应当在州法院提起。法院认为十足信用条款约束州法院,但不约束非司法机关的州行为人。另外,法院同时发现路易斯安那州登记员并没有否认对纽约州收养判决的承认,而只是限制了原告路易斯安那州法律所允许的救济的执行。法院分析认为这是允许的,因为执行机制同判决相分离。法院同时判决路易斯安那州法律没有违反同等保护条款。有5位法官严重不同意。最高法院否决了移审令。

(四)子女抚养费

根据《统一州际家庭抚养法》(Uniform Interstate Family Support Act, UIFSA)和《子女抚养令充分诚信法》(Federal Full Faith and Credit for Child Support Order Act, FFCCSOA),如果子女抚养法令颁发的州因孩子或任何其他个人争议者不再在那里居住而不再享有管辖权,则法令可以再被其他州所修改。在这类案件中:(1)UIFSA规定法院所在地的州可以修改法令,如果"非本州居民"的申请人要求修改,并且法院所在地的州对义务人有管辖权。③(2)FFCCSOA规定法院所在地的州可以修改法令,如果它"依据(i)款"有管辖权,该款规定要求修改的当事方应当将法令在"对动议反对方有管辖权的"州登记。④

两个法案的不同在于,根据UIFSA请愿人应当不是法院所在地州的居民,

① 639 F.3d 146 (5th Cir. 2011), cert. denied, 132 S.Ct. 400 (U.S. 2011).

② Adar, 639 F.3d at 151－52.

③ UIFSA § 611(a).

④ 28 U.S.C. § 1738B(e) and (i).

而 FFCCSOA 没有规定。这两者之间冲突吗?如果 FFCCSOA 被看作管辖的法律,那么在 FFCCSOA(不像 UIFSA)不要求申请人不是修改州的居民这点上有潜在的冲突。更好的观点是 FFCCSOA 不是管辖法,因为联邦法律没有赋予州法院管辖权。FFCCSOA 的作用只在于规定州对其他州的判决充分信赖的义务。州法院有州法律(这里是 UIFSA)赋予的管辖权,只要授权是合宪的。那么根据这种观点,两者之间不存在冲突。实际上所有证据都表明国会旨在加强和实施 UIFSA,而不是反驳它。

尽管如此,在博曼诉博曼(Bowman v. Bowman)案中,[①]纽约州的法院采取了相反的观点。法院认为两者存在冲突且 FFCCSOA 取代了 UIFSA。[②] 博曼案中,子女抚养法令在华盛顿州签发,当时父母和孩子都在那里居住。后来母亲和孩子搬到纽约州,父亲搬到离加利福尼亚州。母亲在纽约州提起申请要求修改父亲的探望权,父亲提出反申请要求单独监护。同时,母亲在纽约州登记了华盛顿州的抚养法令并提起诉讼要求修改。

父亲主张纽约州对他没有对人管辖权或者修改华盛顿州抚养法令的对事管辖权。法院驳回了两个主张,判决纽约州有对人管辖权,因为父亲默许了子女移居纽约州,在那里探访了子女,并请求了纽约州法院的救济和通过要求修改华盛顿州监护法令的交叉请求援引了纽约州法律的保护。法院认为纽约州根据 UIFSA 没有对事管辖权,但根据 FFCCSOA 则有管辖权。法院判决认定 FFCCSOA 取代了 UIFSA。

在丽莱诉丽莱(Lilly v. Lilly)案[③]中,问题在于"居所"(residence)在 UIFSA 和 FFCCSOA 中仅意味着居所(residence)还是住所(domicile)。案件涉及修改加利福尼亚州颁发的抚养法令,当时母亲和孩子在那里居住,父亲驻扎在那里服役。后来母亲和孩子搬到犹他州,父亲虽仍在加利福尼亚州服役,但在犹他州提起申请要求修改加利福尼亚州法令。他主张在所有相关时间他在犹他州有住所,他在加利福尼亚州的军事服务并不否定犹他州的住所。根据 FFCCSOA 和 UIFSA,犹他州是否可以修改加利福尼亚州法令的问题取决于加

① 917 N. Y. S. 2d 379 (N. Y. A. D. 3rd Dept. 2011).

② 在 Roberts v. Bedard, __ S. W. 3d ___ 2011 WL 4103910 (Ky. App. Sept. 16, 2011) (No. 2011 - CA - 000212 - ME)案中,法院采取相反观点,且看上去是大部分意见,判决 FFCCSOA 不能取代 UIFSA。

③ 250 P. 3d 994 (Utah App. 2011).

利福尼亚州是否不再是任何争议方的居所或住所。犹他州法院判决在 UIFSA 中使用的术语居所(residence)意味着住所(domicile)。法院将案件发回下级法院重审来确定父亲在服役和居住在加利福尼亚州的时候是否保留了犹他州的住所。

关于诉讼时效,UIFSA 规定,在执行另一州的抚养法令时,法院适用其自身时效限制法规或颁发州的时效法规中任一所提供的较长的期间。在唐顿诉唐顿(Thornton v. Thornton)案①中,权利人在俄克拉荷马州请求强制执行 16 年前颁发的得克萨斯州的抚养法令。俄克拉荷马州的诉讼时效已过期,问题是该法令是否仍然是可行的得克萨斯州法律。法院发现其不可行,因为根据得克萨斯州法律判决 12 年后失效,除非之前再生效,而本案中没有发生这种情况。

在丹迪朗诉安德伍德(Dandurand v. Underwood)案②中,颁发州堪萨斯州规定父亲的抚养义务在儿童年满 18 岁时终止,而法院所在地州密苏里州提供较长的期间。案件受 UIFSA 的前身 URESA 调整。密苏里州法院适用了密苏里州法律,并且根据有疑问的推理,驳回了父亲的十足信用条款阻止这一结果的主张。

(五)子女监护

涉及州际监护权纠纷的案件因为太多而不能公平和准确地在这里概括。感兴趣的读者不妨参见下面引用的 4 个州最高法院的案件。③

八、判决

(一)其他州的判决

"没有一个国家的法院执行另一国家的刑法",美国国家最高法院在 1825 年案件安特罗普(Antelope)中④提到,在 1892 年亨廷顿诉阿特里尔(Huntington v. Attrill)⑤中法院指出同样的原则适用于州之间在国际意义上是刑罚的判决。法院审查了判决依据的法律,认为判决在此种意义上不是刑罚的:

---

① 247 P. 3d 1180 (Okla. 2011).

② 332 S. W. 3d 907 (Mo. App. W. D. 2011).

③ See In re Marriage of Dedie and Springston, 255 P. 3d 1142 (Colo. 2011); In re L. S., 257 P. 3d 201 (Colo. 2011), reh'g denied (Aug. 15, 2011); In re Marriage of Lloyd, 255 P. 3d 166 (Mont. 2011); Sidell v. Sidell, 18 A. 3d 499 (R. I. 2011).

④ 23 U. S. 66 123, 10 Wheat. 66, 6 L. Ed. 268 (1825).

⑤ 146 U. S. 657 (1892).

> 某个州的法律在某些方面可能被称作刑罚的,是国际意义上的刑法,以使它不能在另一个国家的法院强制执行的问题取决于其目的是否是惩罚违背公共正义,还是为因不法行为而受侵害的个人提供私力救济的问题。①

法院在 1970 年尼尔森诉乔治(Nelson v. George)案②中做过类似陈述,但此后没有再提到这个问题。

2011 年一个内华达州的判决可能提供给法院在这个问题上做出实际判决的机会。在奥克兰诉沙漠户外广告公司(Oakland v. Desert Outdoor Advertising, Inc)案③中,内华达州最高法院认为加利福尼亚州的判决是刑事的而拒绝执行。加利福尼亚州判决下令被告因拒绝移除违反加利福尼亚州奥克兰的市政规范的户外广告标志,而支付近 50 万美元的民事罚款。当奥克兰市寻求此判决在内华达州的执行时,下级法院拒绝执行而内华达州最高法院给予了确认。法院认为从亨廷顿案中援引的上述声明并非准则,因为在法庭上仍需要回答这个问题。

内华达州法院随后审查加利福尼亚州判决是否是刑罚的。奥克兰市主张判决是救济性的而非刑罚的,因为它源于奥克兰市根据加利福尼亚州的不公平竞争法律而执行个人的权利,并非停止对奥克兰市的私人危害。法院驳回了这项主张,并指出这一核心问题在于该判决所基于的法律是否"提供民事处罚作为对于公众违法者的一种惩罚手段还是法律创设了私人的诉权来补偿私人或实体"。④ 法院指出法律宣告其目的是"加强地方政府执行分区法规管理广告显示的能力"。⑤ 然后推断出这项声明"明确该法的补救办法不解决私人伤害,而是只解决公共不法行为——在本案中,给公众造成滋扰的减少——为了威慑根据加利福尼亚州法律的不法行为"。⑥ 法院推断"规约和其导致的判决的目的并不是'为不法行为侵害的个人提供私力救济',但根据奥克兰市的执行诉

① 146 U. S. 657 (1892), at 673 - 74.

② 399 U. S. 224, 229 (1970).

③ 267 P. 3d 48 (Nev. 2011), cert. denied, 80 BNA USLW 3300 (U. S. Mar. 5, 2012) (No. 11 - 555).

④ City of Oakland, 267 P. 3d at 54.

⑤ Ibid.

⑥ Ibid.

讼所证明的那样,其本质特征和影响是‘惩罚对违背州公共正义的冒犯’”。①

在唐兰诉州政府(Donlan v. State)案②中,问题是在加利福尼亚州原告被指控性犯罪,并通过行政决定终止了这项要求,十足信用条款是否阻止内华达州在加利福尼亚州之后继续要求其居民登记为性犯罪者。这项要求在25年前被强制实施,当时原告在加利福尼亚州居住。内华达州最高法院对这个问题给予了否定回答。法院指出加利福尼亚州的行政决定不是判决,判决根据最高法院先例需要内华达州不顾自己的公共政策去执行。而该决定是“公行为或记录”,根据相同的先例,决定则取决于不太严格的标准而被尊重。内华达州法院分析认为加利福尼亚州决定只是意味着原告“在加利福尼亚州的管辖范围内”③不需要登记为性罪犯者,但加利福尼亚州并“没有权力对(内华达州)决定最大程度保护其公民于那些被定罪的性犯罪者的方式发号施令。”④

诺兰诉第15司法区检察官办公室(Nolan v. Fifteenth Judicial Dist. Attorney's Office)案⑤涉及相同的案情,只是登记要求已经被强制它的州(俄亥俄州)的司法行为终止了。最初的俄亥俄州判决在2001年施加了10年的登记要求,但俄亥俄州法院在8年后,即2009年将要求解除了。路易斯安那州法院并没有觉得这有什么区别,判决原告仍需在重新定居路易斯安那州的同时登记为性罪犯者。法院分析认为后来的俄亥俄州判决只是意味着原告在俄亥俄州不被要求登记为性罪犯者,而路易斯安那州“并不强迫他在俄亥俄州登记为性罪犯者”。⑥ 法院认为出路易斯安那州只是执行自己关于登记的法律,这样做给予了俄亥俄州定罪的充分信任和信用,某种程度上并没有否定对后来俄亥俄州判决的充分信任和信用。

多伊夫诉奥唐内尔(Doev. O'Donnell)案⑦涉及相反的案情。纽约州法院判决原告为性犯罪,并为他施加了终生登记要求。原告随后搬到佛吉尼亚州,

① City of Oakland, 267 P.3d at 54(quoting Huntington, 146 U.S. at 673-74).

② 249 P.3d 1231 (Nev. 2011).

③ Ibid., at 1234.

④ Ibid., at 1233.

⑤ 62 So.3d 805 (La. App. 3rd Cir. 2011), reh'g denied (May 25, 2011), writ denied, 68 So.3d 520 (La. 2011).

⑥ 62 So.3d 805 at 807 (emphasis added).

⑦ 924 N.Y.S.2d 684 (N.Y.A.D. 3rd Dept. 2011), leave to appeal denied, 957 N.E.2d 1157 (N.Y. 2011).

然后在那里登记为性犯罪者。在定罪的 11 年后,他获得了弗吉尼亚州判决,解除了他在弗吉尼亚州登记的义务。他随后在纽约提交申请,要求解除其继续在纽约州登记的义务。法院拒绝了申请。法院推理认定这个案件不涉及十足信用条款,因为在弗吉尼亚州法院上的问题不同于在纽约州法院的问题。法院认为:"纽约州和弗吉尼亚州都单独审理申请人为其各自公民带来的风险,然后根据各自州性罪犯登记法律为申请人强加登记要求。由于两州都没有试图就同一事项作出判决,十足信用条款没有被违反。"①

(二)外国法院判决和仲裁裁决

在离岸钻石(百慕大)有限公司诉哈克斯曼[Diamond Offshore (Bermuda), Ltd. v. Haaksman]案②中,得克萨斯州法院拒绝承认违反百慕大法院选择条款的荷兰判决。这个条款是居住在得克萨斯州的雇主和暂时居住在荷兰的在远离荷兰大陆的石油钻塔上工作的雇员之间签订的雇佣合同。法院判决雇主在荷兰提起选择法院条款的执行诉讼的事实并不妨碍雇主在得克萨斯州再次提起诉讼。

费格里多·费拉兹·E. 恩根哈里亚德普罗杰托有限公司诉秘鲁共和国(Figueiredo Ferraz E Engenharia de Projeto Ltda. v. Republic of Peru)案③是一项确认(执行)支持巴西一家公司针对秘鲁一家政府企业的 2100 万美元仲裁裁决的诉讼。巴西公司在美国提起诉讼,秘鲁政府在那里有实际资产,而在秘鲁执行则要花费约 20 年时间。原因是秘鲁有上限条款,限制政府企业支付被起诉判决的限额。第二巡回法院判决地区法院在拒绝被告提出的因不方便法院原则而撤销诉讼的动议时滥用了自由裁量权。第二巡回法院分析,虽然秘鲁的上限条款是个问题,但它的存在并不导致秘鲁不能充当合格法院,而只是对支持撤销有影响。这是因为这项规定"密切地与主权特权相关",秘鲁法院是"唯一

---

① 924 N. Y. S. 2d at 688. 关于 2011 年其他关于承认其他州判决的案件 see, e. g., Rick v. Wyeth, Inc., 662 F. 3d 1067 (8th Cir. 2011)判决纽约州根据其 3 年的诉讼时效阻碍了驳回质量责任诉请,排除了明尼苏达州联邦多元诉讼的相同请求); R. S. v. Pacificare Life and Health Ins. Co., 128 Cal. Rptr. 3d 1 (Cal. App. 2nd Dist. 2011), review denied (July 27, 2011) (判决密苏里州根据强制反诉规则而作出的判决而禁止的请求在加利福尼亚州也被禁止); In re Skyline Woods Country Club, 636 F. 3d 467(8th Cir. 2011); Hare v. Starr Commonwealth Corp., ___ N. W. 2d ___, 2011 WL 17521 (Mich. App. Jan. 4, 2011) (No. 291476)。

② 355 S. W. 3d 842 (Tex. App. -Hous. 2011), petition for review filed (Dec. 16, 2011).

③ 665 F. 3d 384 (2nd Cir. 2011).

被权威地授权解决这件事的法庭”。[①]

九、联邦法的域外适用

(一)外国人侵权法

《外国人侵权法》(Alien Torts Statute, ATS)规定联邦地区法院“对于外国人提出的只涉及侵权的任何民事诉讼,侵权行为若违反了国际法或美国的条约”享有初审司法管辖权。[②] 在 2011 年一些联邦上诉法院的裁决中,有两个已提交美国最高法院,涉及这个条款对公司被告人的适用。

第九巡回法院产生了另一个全体出庭法官受审的案件萨雷诉力拓集团(Sarei v. Rio Tinto, PLC)案,[③]该案 10 多年一直悬而未决,并在综述中讨论了 5 次。[④] 萨雷案是由现任和前任的巴布亚新几内亚居民起诉英澳矿业公司的诉讼,指称在该公司的命令下政府部队违反了国际法。这一阶段的案件涉及种族灭绝、战争罪、反人类罪和种族歧视。这一决定由 7 个独立意见组成,总共超过 100 页。[⑤] 以下是对玛丽·施罗德(Mary Schroeder)法官 32 页的多数意见的大量缩写。

1. ATS 的适用范围

(1)域外效力

ATS 显然是域外适用的,并且在大量案件中这样适用。最高法院没有反对这些案件,且国会在制定《酷刑受害者保护法》(Trafficking Victims Protection Act, TVPA)的时候将 ATS 作为法定的脚注而默示认可了这些。[⑥] 最高法院在最近的莫里森(Morrison)案[⑦]判决中,并没有对这一结论提出质疑。莫里森案并不需要法律域外适用的明确陈述,而只需要关于域外适用意图的“明确暗示”,而这可以从法律的文本或上下文推断出来。条文(如“外国人的诉讼”和

---

① 665 F. 3d. at 392 (quotations omitted).

② 28 U. S. C. A. § 1350.

③ __ F. 3d ___, 2011 WL 5041927 (9th Cir. Oct. 25, 2011) (No. 02 -56256, 02 -56390, 09 -56381), petition for cert. filed, 80 BNA USLW 3335 (Nov. 23, 2011)(No. 11 -649).

④ 参见 2002 年、2006 年、2007 年、2008 年和 2010 年综述。

⑤ 除了多数意见,还有一个赞同的,两个否定的,三个部分赞同和否定的。

⑥ TVPA 的文本将在下文重新提到。

⑦ See Morrison v. Nat'l Australia Bank Ltd., 130 S. Ct. 2869 (U. S. 2010), discussed in Symeonides, 2010 Survey at 306 -11.

"违反国际法"的行为)和 ATS 的上下文(打击海盗)证明了这一明确暗示。①

(2)公司责任

ATS 的文本和制定历史没有任何迹象可以表明这一法律不适用于公司被告。② 在索萨(Sosa)案③中,最高法院称私行为者的责任时用"像公司或个人"。④ 第二巡回法院在吉奥贝(Kiobel)案中得出相反的结论是错误的。⑤

(3)帮助和教唆

ATS 并没有排除基于帮助和教唆而实施的禁止行为的责任。⑥ 第二巡回法院和第十一巡回法院也有类似的判决。⑦

(4)"产生于"

ATS 授予管辖权的基础不是多元化或者外国人,而是联邦问题管辖。结果它包含了像这个案子里面的外国人对外国人的诉讼。即使国际法整体上确实不是联邦普通法的一部分,那些根据索萨案拥有 ATS 诉讼所必需特点的国际强行法规则还是被吸收进了联邦普通法。⑧

2. 可裁决性

(1)审慎用尽当地救济。当与美国的"联系"弱时,法院应当认真考虑用尽当地救济,尤其——而非绝对——有关不涉及"普遍关注"问题的诉讼。下面的法院除涉及"普遍关注"的诉讼都遵守了这一原则要求。⑨

(2)政治问题和国家行为原则。这些原则都不要求撤销诉讼。政治问题原则尤其不适用,因为美国政府和 PNG 政府已经改变了最初的立场,不再反对这一案件的裁决。国家行为理论不禁止像本案中所涉及的违反强行法的诉讼。⑩

---

① See Sarei, __ F. 3d at ___ *3 - 5.

② See Ibid., at ___ *6 - 7.

③ See Sosa v. Alvarez-Machain, 542 U. S. 692 (2004), discussed in Symeonides, 2004 Survey at 925 - 30.

④ Sosa, 542 U. S. at 733 n. 20.

⑤ See Kiobel v. Royal Dutch Petroleum Co., 621 F. 3d 111 (2nd Cir. 2010), discussed in Symeonides, 2010 Survey at 316.

⑥ See Sarei, __ F. 3d at ___ *7.

⑦ See infra at text discussing cases from five circuits.

⑧ See Sarei, __ F. 3d at ___ *8 - 13.

⑨ See Sarei, ___ F. 3d. at *13 - 14.

⑩ Ibid. at *14 - 17.

3. 原告的特殊诉请

法院认定原告的申诉充分地主张:(1)种族灭绝;(2) 战争罪行;(3) 因食品和医疗封锁的危害人类罪;(4) 种族歧视。法院发现前两个主张按照 Sosa 案符合 ATS 的诉讼,因为禁止种族灭绝和战争罪是特定的,普遍地,国际上有义务接受的规范,这些规范禁止个人也同样禁止公司,它们包含帮助和教唆责任。① 然而,法院发现后两个主张不符合 ATS 诉讼的要求。②

这绝不是对此案的最后决定,被告已申请移审令状。③ 即使最高法院不同意这一申请,法院已经同意重审第二巡回法院对吉奥贝(Kiobel)案(上文)④的裁决。当然,还有很多问题需要阐明,至少关于公司帮助和教唆实施在 ATS 范围内行为责任的问题就是如此。如果法院在联合公民(Citizens United)案中第一修正案的目的在于赋予他们以自然人的权利后,又开脱公司根据 ATS 而承担的民事责任,将会很具有讽刺意味。⑤

吉奥贝案是至今唯一一个联邦上诉法院判决公司根据 ATS 不能承担责任的案例。Kiobel 案之前,第五巡回法院和第十一巡回法院得出相反结论,虽然他们在特定案件中没有认定出责任事实。⑥ 2011 年又有 4 个巡回法院不同意吉奥贝案:第九巡回法院在萨雷案中,第七巡回法院在弗罗默诉雷尔斯通国家橡胶公司(Flomo v. Firestone Nat. Rubber Co. LLC)案⑦中,哥伦比亚地区巡回法院在无名氏诉埃克森美孚公司(Doe VIII v. Exxon Mobil Corp)案⑧中和第四巡回法院在阿齐兹诉阿尔科拉克公司(Aziz v. Alcolac, Inc)案⑨中。

在弗罗默案中,第七巡回法院的波斯纳(Posner)法官嘲讽了"公司或其他任何实体没有生命……不可能违反国际习惯法,不管行为有多恶劣"的理念。⑩

---

① See Sarei, ___ F.3d. at *17 -27.

② Ibid., at *27 -29.

③ See 80 BNA USLW 3335 (Nov. 23, 2011)(No. 11 -649).

④ See Kiobel v. Royal Dutch Petroleum Co., 132 S. Ct. 472 (U.S. 2011). 2010 年的综述曾预测 Kiobel 案中的原告将申请令状,且法院将授予。

⑤ See Citizens United v. Federal Election Commission, 130 S. Ct. 876 (U.S. 2010).

⑥ See Beanal v. Freeport-McMoran, Inc., 197 F.3d 161 (5th Cir. 1999); Sinaltrainal v. Coca-Cola Co., 578 F.3d 1252 (11th Cir. 2009).

⑦ 643 F.3d 1013 (7th Cir. 2011).

⑧ 654 F.3d 11 (D.C. Cir. 2011).

⑨ 658 F.3d 388 (4th Cir. 2011).

⑩ Flomo, 643 F.3d at 1017.

波斯纳法官说,这就等于说“海盗可以根据《外国人侵权法》起诉,而海盗公司(印度洋海盗公司,总部和主要营业地在索马里)不可以”。[①] 波斯纳指出第二次世界大战末期后,协约国解散了帮助纳粹战争的德国公司,并是在习惯国际法的授权下做出的。但即使这是真的,像被告主张的公司从没因违反国际法而被惩罚,“永远都有靠诉讼而执行法律的第一次”。[②] 法院同时驳回了被告的 ATS 不能域外适用和原告必须在提起 ATS 诉讼前用尽当地救济的主张。[③] 然而,法院认定原告不承担证明被告行为违反习惯国际法的举证责任。[④]

在无名氏诉埃克森美孚公司(Doe VIII v. Exxon Mobil)案中,[⑤]一群来自亚齐地区的印度尼西亚村民提起了针对埃克森公司的诉讼,主张埃克森美孚的保安部队违反 ATS 和 TVPA,犯下了谋杀、酷刑、性侵犯、殴打和非法禁锢的罪行以及其他违反普通法的侵权。在特区巡回法院朱迪特·罗格斯(Judith Rogers)法官富有学术性和综合性的长达 60 页的意见中,判决写道:

(1)ATS 域外适用。

(2)帮助和教唆责任根据 ATS 成立因为它涉及根据习惯国际法创设的规范。

(3)施加上述责任的犯罪意图和犯罪行为标准是“常识”和“实质效果”,这些是根据纽伦堡审判和其后的前南法庭(International Crimina Tribunal for the fomer Yugoslavia,ICTY)和卢旺达问题国际刑事法庭(International War Crimes Tribunal in Rwanda,ICTR)所确立的,他们的意见构成习惯国际法的表述,而不是更高“目的”标准的国际刑事法院(International Criminal Court,ICC)的标准,它对美国是没有约束力的。

(4)公司根据 ATS 不享有豁免权。考虑到美国和任一文明国家法律的管辖下,均规定公司对他们的侵权有责任,如果免除公司诉讼中因他们代理人极

---

① Flomo, 643 F. 3d at 1017.

② Ibid.

③ Ibid., at 1025. 主张的含义近乎荒谬;设想在能够根据《外国人侵权法》提起诉讼之前,要求在纳粹德国法院提起诉讼申诉种族灭绝。真实的是美国法院可能,作为一项国际礼让,中止一项在美国法院提起的外国人侵权诉讼,已给侵权所在地国家的法院机会来救济,只要国家似乎愿意和能够这样做。

④ 原告主张被告通过为雇员施加非常高的收成限额作为继续雇佣的条件,因此强迫他们将自己的孩子作为帮手以满足这些限额,从而间接地鼓励了童工和使儿童暴露在了利比里亚橡胶工厂的危险状态下。

⑤ Doe VIII, 654 F. 3d at 57 (省略引语)。

度违反普遍承认的国际法原则的行为责任,将会导致异常。[①]

(5)TVPA(不像 ATS)提到"个人"违反禁止行为的事实意味着国会不打算 TVPA 适用于公司。

(6)埃克森美孚的非可裁判性主张(基于尊重行政部门的外交政策意见,根据印度尼西亚和自由亚齐运动之间协议的不干涉与国际礼让)缺乏说服力。

(7)根据哥伦比亚特区的法律选择方法,印度尼西亚的法律将调整原告所主张的普通法侵权,因为伤害和大部分的行为发生在那里,原告也在那里居住。

阿齐兹诉阿尔科拉克公司(Aziz v. Alcolac, Inc.)案[②]是库尔德人提起的 ATS/TVPA 诉讼,他们是萨达姆·侯赛因在伊拉克芥子气袭击中的受害者。被告是一家美国公司,生产并销售侯赛因用来生产芥子气的化学物质。原告主张被告卖给中介大量的这种物质并"实际或应当知道"这些量将最终用于侯赛因政权生产芥子气从而用来对付库尔德人。第四巡回法院与其他法院同意根据 ATS(而不是 TVPA)公司应当对协助及教唆违反国际法(在这里是种族灭绝)的行为承担责任 。

第四巡回法院详细地讨论了施加协助及教唆他人责任的犯罪意图标准,并不同意无名氏案法院认为的这种责任可以只根据教唆者的"知道"而施加。而第四巡回法院得出结论认为合适的标准是根据罗马规约而建立的,要求教唆人在帮助主犯实施违反行为的同时需要教唆者有"特殊的意图"。将这一标准适用到案件事实中时,法院推定原告没有举证证明被告有协助侯赛因制作芥子气的特殊意图。[③]

(二)酷刑受害者保护法

《酷刑受害者保护法》的一部分规定:任何个人根据任何外国国家的实际或表面授权,或带有法律的性质,使任何个人遭受酷刑,将在民事诉讼中承担对于个人赔偿的民事责任;或使任何个人遭受非法杀害,需在民事诉讼中向该个人的法定代表人,或在意外致死诉讼中的任一申请人承担赔偿责任。[④]

---

① Doe VIII, 654 F. 3d at 57(省略引语)。

② 658 F. 3d 388 (4th Cir. 2011).

③ 2011 年判决的其他 ATS 上诉案件,See Carijano v. Occidental Petroleum Corp., 643 F. 3d 1216 (9th Cir. 2011); Ali v. Rumsfeld, 649 F. 3d 762 (D. C. Cir. 2011), reh'g en banc denied (Sept. 19, 2011); Ali Shafi v. Palestinian Authority, 642 F. 3d 1088 (D. C. Cir. 2011), reh'g en banc denied (Aug. 18, 2011); Liu Bo Shan v. China Const. Bank Corp., 421 Fed. Appx. 89 (2nd Cir. 2011)。

④ 28 U. S. C. § 1350, note § 2(a).

像之前指出的一样,2011 年的一些案例判决使用斜体的“individual”来指犯罪人,暗示了国会将 TVPA 的适用范围局限于自然人,而将公司或类似实体排除在外。在穆罕默德诉拉吉普(Mohamad v. Rajoub)案中,①涉及针对巴勒斯坦管理局及巴勒斯坦解放组织提起的 TVPA 诉讼,哥伦比亚区巡回法院详细讨论了这个问题,肯定了在此基础上判决的撤销。法院指出,《字典法》在确定任何国会法案的含义时提供了指导,“强烈暗示单词‘individual’不包括组织,因为它定义了‘person’包括‘企业、公司、协会、商行、合伙、社会……以及个人’”。② 法院得出结论认为:

TVPA 的结构确认法律的简单条文表明:国会用“individual”一词表示只有自然人。法律的责任条款在同一句子中 5 次使用“individual”一词——4 次是指酷刑或非法杀害的受害者,这只能是一个自然人,1 次是指酷刑或杀人的犯罪行为人……(原告) 没有提出令人信服的理由,并且我们没有看到,“individual”一词在指相对于犯罪行为实施者的受害者时有不同的含义……我们同时注意到责任条款还使用“person”一词来指那些“可能是意外死亡的诉讼中的申请人”……因为申请人可能是非自然人,如死者的财产,这进一步支持国会使用“individual”,而不是“person”来识别那些可能根据 TVPA 被起诉的人的意义。③

法院也驳回了原告提出的认为他们有因违反了国际法的联邦普通法诉由的主张。最高法院颁发了移审令状,并将在 2012 年上半年同吉奥贝案一起,重新审理这个案件。

(三)外贸反托拉斯促进法

《外贸反托拉斯促进法》(Foreign Trade Antitrust Improvement Act,FTAIA)可能是起草得最差的联邦法律之一。④ 相当客气的评价是它“措辞不太优美”,

---

① 634 F. 3d 604 (2011), cert. granted, 132 S. Ct. 454 (U. S. Oct. 17, 2011).

② Mohamad, 634 F3d. at 607 (quoting 1 U. S. C. § 1).

③ Ibid., at 608.

④ FTAIA (15 U. S. C. § 6a) 部分规定:《谢尔曼法》不适用于与外国进行涉及贸易或商业(除进口贸易或进口商业)的行为,除非:(1)该行为对以下方面具有直接的,实质性的和可合理预见的效果;(2)对非与外国进行的贸易或商业,或与外国进行的进口贸易或商业;或者(3)对与外国进行的出口贸易或商业,其中的人员在美国从事上述贸易或商业行为;并且(2)上述效果产生根据《谢尔曼法》条文的诉请,而不是根据该条。

使用“比较拗口的语言”。[①] 因此,可以理解法院难以解释及适用它。但是,不应归因于起草差的困难之一是一些下级法院坚持将 FTAIA 视为管辖法,即使它没有提到单词“管辖”甚至“法院”。而 FTAIA 告诉我们《谢尔曼法》什么时候“不适用”和(通过它的例外)适用。因此,毫无疑问 FTAIA 是说明性或立法性管辖权的表达,而不是限制联邦法院的审判管辖权的法律。

最高法院在涉及其他法规的几个案件中澄清了这一差别,包括阿尔鲍诉Y&H公司(Arbaugh v. Y & H Corp.)案[②]和莫里森诉澳大利亚国民银行(Morrison v. National Australia Bank Ltd.)案。[③] 联邦巡回法院已经开始领会这一差别并逆转做法了。2011 年第三巡回法院和第七巡回法院已各自在动物科学制品公司诉中国五矿集团(Animal Science Products, Inc. v. China Minmetals Corp.)案[④]和矿物化学组织诉农作物栽培公司(Minn-Chem, Inc. v. Agrium Inc.)案[⑤]中这样做了。动物科学制品公司诉中国五矿集团案是美国菱镁石买家针对中国的生产商和出口商提起的集团诉讼,指称被告对出口到美国的菱镁矿有固定价格的阴谋。地区法院根据 FTAIA 缺乏对事管辖权驳回了诉讼。第三巡回法院将案件发回重审,并指示以确定 FTAIA 是否是对《谢尔曼法》的适用施加“实质性实体判决的限制”,[⑥]而不是为管辖施加障碍。

缺乏管辖权和实体限制的其中一个重要实践性差别,是由谁来承担举证责任。即原告承担举证证明对于规则 12(b)(1)的动议存在对事管辖权的举证责任;被告负有举证证明实体限制的举证责任,通过规则 12(b)(6) 的不能陈述诉请的动议,而根据它可以被赋予救济。

矿物化学组诉农作物栽培公司案是美国钾肥的买家对加拿大、俄罗斯和白俄罗斯钾肥生产商提出的集团诉讼,指控他们违反了《谢尔曼法》而定价。具体来说,原告指控被告进行卡特尔,他们通过固定在巴西、中国和印度的钾肥价格,而在这些国家的固定价格反过来影响了钾肥在美国销售的价格。地区法院拒绝了被告驳回的动议,但第七巡回法院推翻了地区法院判决。法院认定起诉只包括“广义指控”而没有提供:

---

① Turicentro, S. A. v. Am. Airlines Inc., 303 F. 3d 293, 300 (3d Cir. 2002).

② 546 U. S. 500 (2006).

③ Ibid.

④ 654 F. 3d 462 (3rd Cir. 2011), as amended (Oct. 7, 2011).

⑤ 657 F. 3d 650 (7th Cir. 2011), reh'g en banc granted, opinion vacated (Dec. 2, 2011).

⑥ Animal Science, 654 F. 3d at 468.

支持其所称主张的具体事实内容,证明中国、印度和巴西的价格作为矿物化学组诉农作物栽培公司案中在美国的价格"基准";并且这个基准,假如存在,与国内钾肥市场具有足够强的关系,从而可以推导出被告在外国的限制竞争行为对国内或进口商业有"直接的、实质性的和可合理预见的"效应。①

(四)关税法

1930 年关税法第 337 条的(a)(1)(A) 禁止"使用不公平竞争方法和不公平行为将货物进口……到美国…… 威胁或威胁的影响是:(i) 威胁或实质性损害美国国内产业;(ii) 阻碍该产业的建立;或(iii)限制或垄断了美国的贸易和商业……"②天瑞集团公司诉国际贸易委员会(TianRui Group Co. Ltd. v. International Trade Com'ny)一案③涉及这项规定。国际贸易委员会(前身为关税委员会)负责监督关税法的适用,确定在中国制造的某些铸钢铁路车轮的进口违反了第 337 条之规定。轮子使用了在美国开发的工序,该工序受美国商业秘密法保护,并被本案被告的中国制造商不当使用。

引用"反域外适用推定"时,被告辩称第 337 条不适用于本案,因为使用发生在中国,当时被告聘请走了原告被许可方之一的雇员(他们在美国进行培训)。法院驳回了这项主张。法院分析认为第 337 条的文本和历史都否定了不能域外适用的假定。关于文本,法院指出第 337 条明确针对使用不公平方式的竞争和不公平行为将货物"进口"到美国的行为,表明"这当然不是国会仅考虑'国内'而制定的法律"。④ 而第 337 条的重点是"固有的国际交易——进口",这使这个条款"类似于移民法规,禁止外国人为进入国境而进行的特殊行为或做虚假陈述"。⑤ 在这种情况下,其重点不是惩罚行为或虚假陈述,而是防止外国人的入境。因此,"假设国会知道,并打算将法律适用于可能发生在国外的行为(或陈述)是合理的"。⑥

---

① Minn-Chem, 657 F. 3d at 663. 关于 2001 年一个赞成针对钻石卡特尔的反垄断集团诉讼的案件,参见 Sullivan v. DB Investments, Inc., 667 F. 3d 273 (3rd Cir. 2011)。关于根据纽约州反垄断法对外国再保险人进行的反垄断诉讼,参见 Global Reinsurance Corp. -U. S. Branch v. Equitas Ltd., 921 N. Y. S. 2d 1 (N. Y. A. D. 1st Dept. 2011)。

② 19 U. S. C. § 1337.

③ 661 F. 3d 1322 (Fed. Cir. 2011).

④ Ibid., at 1329 (quoting Pasquantino v. United States, 544 U. S. 349, 371 – 72 (2005)).

⑤ Ibid.

⑥ Ibid.

然而法院还分析,这个案件并不涉及第337条“纯粹”域外行为的适用。在该案的外国不公平行为“只有达到它导致进口货物到国内而造成国内损害的程度”时才相关,且只用作主张国内损害请求的要素。① 并且第337条的适用也不与中国法律相抵触(正如被告主张):

委员会并不是一般地主张在其他国家适用商业秘密法的原则,而只是因为行为影响美国市场。即委员会的调查,调查结果和补救措施影响外国行为,只因为该行为涉及进口物品到美国。委员会的活动,并不阻碍(被告)在中国或任何其他国家出售其车轮的能力。②

最后,法院指出中国加入了1994年《与贸易有关的知识产权协定》(Agreement on Trade Related Aspects of Intellectual Property Righrs,TRIPs),被告没有指明任何美国商业秘密法和中国商业秘密法之间的差异(至少后者出现在书中)。事实上,在其不方便法院的动议中,被告曾主张中国商业秘密法将对任何主张的不当使用提供“充分足够的”救济。③

(五)其他联邦法律

其他几个在2011年裁决的上诉案例涉及其他联邦法律的适用,包括“性旅游”法(禁止到国外以商业性活动为目的的旅游)、④《海上毒品执法法案》(Maritim Drug Law Enforcement Act,MDLEA)、⑤《毒品运送船只查缉法案》(Drug Trafficking Vessel Interdiction Act,DTVIA)⑥以及《海外军事管辖法》

---

① 661 F.3d at 1322 (Fed. Cir. 2011).

② Ibid.

③ Ibid.

④ See 18 U.S.C. § 2423, et seq.; U.S. v. Weingarten, 632 F.3d 60 (2nd Cir. 2011), and U.S. v. Weingarten, 409 Fed. Appx. 433 (2nd Cir. 2011); U.S. v. Pendleton, 658 F.3d 299 (3rd Cir. 2011), cert. filed (Dec. 5, 2011) (No. 11-7711).

⑤ See 46 U.S.C. § 70503, et seq.; U.S. v. Cardales-Luna, 632 F.3d 731 (1st Cir. 2011), cert. denied, 2011 WL 2111778, 80 BNA USLW 3297 (U.S. Nov. 14, 2011) (No. 10-10731); U.S. v. Brant-Epigmelio, 429 Fed. Appx. 860 (11th Cir. 2011), cert. filed (Sept. 7, 2011) (No. 11-6306).

⑥ See 18 U.S.C.A. § 2285; U.S. v. Saac, 632 F.3d 1203 (11th Cir. 2011), cert. denied, 132 S.Ct. 139 (U.S. 2011); U.S. v. Ibarguen-Mosquera, 634 F.3d 1370 (11th Cir. 2011).

(Military Extraterritorial Jurisdiction Act,MEJA)。[①]

2012 年 1 月 4 日完成
西蒙·C. 西蒙尼德斯
俄勒冈,萨勒姆

① See 18 U. S. C. A. § 3261; U. S. v. Green, 654 F. 3d 637 (6th Cir. 2011), cert. filed (Nov. 8, 2011) (No. 11 -7511).

冲突法在美国法院(2012 年)：第 26 次年度综述*

一、导论

本文是美国冲突法案例第 26 次年度综述。[①] 此项

---

* 原文发表于《美国比较法杂志》2013 年第 61 卷，第 217 ~ 299 页，感谢西蒙 · C. 西蒙尼德斯教授授予中文翻译和出版权。

① 前 25 次年度综述参见：P. John Kozyris, "Choice of Law in the American Courts in 1987: An Overview", 36 *Am. J. Comp. L.* 547 (1988); Symeon C. Symeonides, "Choice of Law in the American Courts in 1988", 37 *Am. J. Comp. L.* 457 (1989); P. John Kozyris & Symeon C. Symeonides, "Choice of Law in the American Courts in 1989: An Overview", 38 *Am. J. Comp. L.* 601 (1990); Larry Kramer, "Choice of Law in the American Courts in 1990: Trends and Developments", 39 *Am. J. Comp. L.* 465 (1991); Michael E. Solimine, "Choice of Law in the American Courts in 1991", 40 *Am. J. Comp. L.* 951 (1992); Patrick J. Borchers, "Choice of Law in the American Courts in 1992: Observations and Reflections", 42 *Am. J. Comp. L.* 125 (1994); Symeon C. Symeonides, "Choice of Law in the American Courts in 1993 (and in the Six Previous Years)", 42 *Am. J. Comp. L.* 599 (1994); Symeon C. Symeonides, "Choice of Law in the American Courts in 1994: A View 'From the Trenches'", 43 *Am. J. Comp. L.* 1 (1995); Symeon C. Symeonides, "Choice of Law in the American Courts in 1995: A Year in Review", 44 *Am. J. Comp. L.* 181 (1996); Symeon C. Symeonides, "Choice of Law in the American Courts in 1996: Tenth Annual Survey", 45 *Am. J. Comp. L.* 447 (1997); Symeon C. Symeonides, "Choice of Law in the American Courts in 1997", 46 *Am. J. Comp. L.* 233 (1998); Symeon C. Symeonides,

综述是应美国法学院协会冲突法分会的要求而撰写的,[①]其目的在于为美国国内外的本专业教师和学生提供服务。[②]本综述的宗旨仍一如既往,意在提供信息而非明辨是非。不过,作者偶尔也会难以自控地发出少许批评意见。

本次综述涵盖了美国州和联邦上诉法院从2012年1月1日至12月31日作出的判例,以2013年1月7日前发布在Westlaw数据库中的为准。[③]在符合这些条件的1225起判例中,本综述集中关注那些对于冲突法,尤其是对于法律选择的发展和理解而言具有新意的案例。[④]

2012年宣判并在Westlaw上公布的冲突法判例上升到4309起。[⑤]表3显示了案件的分类:

"Choice of Law in the American Courts in 1998: Twelfth Annual Survey", 47 *Am. J. Comp. L.* 327 (1999); Symeon C. Symeonides, "Choice of Law in the American Courts in 1999: One More Year", 48 *Am. J. Comp. L.* 143 (2000); Symeon C. Symeonides, "Choice of Law in the American Courts in 2000: As the Century Turns", 49 *Am. J. Comp. L.* 1 (2001); Symeon C. Symeonides, "Choice of Law in the American Courts in 2001: Fifteenth Annual Survey", 50 *Am. J. Comp. L.* 1 (2002); Symeon C. Symeonides, "Choice of Law in the American Courts in 2002: Sixteenth Annual Survey", 51 *Am. J. Comp. L.* 1 (2003); Symeon C. Symeonides, "Choice of Law in the American Courts in 2003: Seventeenth Annual Survey", 52 *Am. J. Comp. L.* 9 (2004); Symeon C. Symeonides, "Choice of Law in the American Courts in 2004: Eighteenth Annual Survey", 52 *Am. J. Comp. L.* 919 (2004); Symeon C. Symeonides, "Choice of Law in the American Courts in 2005: Nineteenth Annual Survey", 53 *Am. J. Comp. L.* 559 (2005); Symeon C. Symeonides, "Choice of Law in the American Courts in 2006: Twentieth Annual Survey", 54 *Am. J. Comp. L.* 697 (2006); Symeon C. Symeonides, "Choice of Law in the American Courts in 2007: Twenty-First Annual Survey", 56 *Am. J. Comp. L.* 243 (2008); Symeon C. Symeonides, "Choice of Law in the American Courts in 2008: Twenty-Second Annual Survey", 57 *Am. J. Comp. L.* 269 (2009); Symeon C. Symeonides, "Choice of Law in the American Courts in 2009: Twenty-Third Annual Survey", 58 *Am. J. Comp. L.* 227 (2010); Symeon C. Symeonides, "Choice of Law in the American Courts in 2010: Twenty-Fourth Annual Survey", 59 *Am. J. Comp. L.* 303 (2011); Symeon C. Symeonides, "Choice of Law in the American Courts in 2011: Twenty-Fifth Annual Survey", 59 *Am. J. Comp. L.* 291 (2012)。

① 本次综述不代表美国法学院协会或其冲突法分会的观点。

② 由于本综述的读者群很大一部分来自外国学者,他们可能对美国法中的某些领域并不熟悉,因此本综述试图提供一些背景信息和解释,对于美国冲突法学者而言这些内容可能是不必要的。

③ 这些案例的分类是通过检索Westlaw 2012年的"Allstates""CTA"和"SCT"数据库进行的,并采用了Westlaw所使用的"冲突法"数据库中的关键代码。

④ 本综述不涉及管辖权。

⑤ 除少数例外,Westlaw并不并未收录各州一审案件。

表3　2012年冲突法判例

<table>
<tr><td>联邦最高法院</td><td>9起</td><td rowspan="3">本综述所涉及的上诉案件共1225起</td></tr>
<tr><td>联邦上诉法院</td><td>564起</td></tr>
<tr><td>州最高法院和中级法院</td><td>652起</td></tr>
<tr><td>联邦地区法院</td><td>3084起</td><td>本综述不涉及</td></tr>
<tr><td>所有案件</td><td>4309起</td><td></td></tr>
</table>

本年度的焦点包括:

▲美国联邦最高法院在两起案件中指责州最高法院违反了其对《联邦仲裁法》(FAA)所作的支持仲裁的解释,并在包含雇佣合同和过错致死的赔偿请求中拒绝执行团体仲裁裁决(class-arbitration)。①

▲另一起最高法院判决则认为《联邦仲裁法》的支持仲裁的政策优先于最近的一项联邦立法,该立法禁止放弃消费者保护条款所规定的权利,并要求信用卡公司告知持卡人有起诉公司的权利。②

▲一起联邦判例认为《联邦仲裁法》中的"国际章"(第二章)——与其国内章(第一章)不同——效力上高于州保险法。③

▲有13起判例执行了消费者和劳动合同中的集体仲裁弃权声明或仲裁条款,另有13起判例拒绝执行,还有一些判例涉及人身伤害请求。④

▲有3起案件执行了法律选择条款并导致了不利于该条款起草者的判决结果。⑤

▲有几起案件涉及法律选择条款和法院选择条款的综合运用,其中一起案件与嘉年华游轮公司诉夏特(Carnival Cruise v. Shute)案类似,只不过其中被选择的法院位于美国境外从而被联邦法院所排斥。⑥

▲有几起产品责任案件牵涉到潜在的伤害,其中一起案件涉及一架坠落在

① 参见第二(三)部分和第二(五)部分。根据重审令,两起州最高法院案例中有一起修改了其早先裁决,但裁决理由不同。另一起案件在2012年尚未作出裁决。

② 参见本文第二(二)部分。

③ 参见本文第二(六)部分。

④ 参见本文第二(二)(三)部分,第(五)(六)部分。

⑤ 参见本文第三(一)部分。

⑥ 参见本文第三(二)1部分。

行人头上的直升机。[1]

▲有3起案件涉及知名职业足球运动员提起的劳工赔偿请求。[2]

▲一起案件否决了西班牙法院针对某一专门颁发船舶适航证书的船级社提起的诉讼,所涉船舶在西班牙海岸附近沉没,并导致了严重的生态损害。[3]

▲第一起涉及对《外国主权豁免法》中反恐例外条款的2008年修正案的解释问题的案件。[4]

▲头两起联邦上诉法院案件,该案中《婚姻保卫法》(Defence of Marriage Act,DOMA)第3条被宣布违宪。[5]

▲马萨诸塞州一起案件中,一起尚未解除的佛蒙特州同性婚姻关系被认为等同于婚姻,因此对随后在马萨诸塞州举行的同性婚姻构成了障碍。[6]

▲亚利桑那州一起案件中,一项加拿大同性婚姻被认为违反了亚利桑那州公共政策,但同时该案认为——与其他案例不同——审判庭有权宣布婚姻无效并分割当事人的财产。[7]

▲几十年来第一起支持外国代理人婚姻的判例。[8]

▲一起联邦上诉法院判例依据《联邦宪法第一修正案》支持了针对俄克拉荷马州《反伊斯兰法修正案》提起的诉讼。[9]

▲华盛顿州的一起判例拒绝在双边司法程序中承认日本的离婚、监护和子女抚养判决,因为丈夫没有收到随后的监护程序通知。[10]

---

① 参见本文第四(一)部分。

② 参见本文第二(四)部分、第三(二)1部分和第四(二)部分。

③ 参见本文第四(三)部分。

④ 参见本文第四(四)部分。

⑤ 参见本文第七(一)1部分。

⑥ 同上。

⑦ 同上。

⑧ 参见本文第七(一)2部分。

⑨ 参见本文第八(一)部分。

⑩ 参见本文第九部分。

二、仲裁

(一)康塞普西翁(Concepcion)案之后的生活[①]

本综述通常并不讨论所谓的“垂直冲突”,或者如某个案例所说的“有时让人费神的不稳定的州法和联邦法之间的舞蹈”。[②] 然而,仲裁就是一个垂直冲突和平面冲突经常纠缠在一起的领域,并且近年来越来越明显的趋势是,联邦法和州法之间的舞蹈以联邦法的胜利而终结。美国最高法院在康塞普西翁(AT & T Mobility LLC v. Concepcion)案[③]中的判决只是该趋势的一个最新例证,该案已经在2011年的综述中讨论过。康塞普西翁案认为《联邦仲裁法》[④]优先于加利福尼亚州银行披露规则。[⑤] 根据该规则,加利福尼亚州法院认为消费者合

---

① 这一术语借用于Brewer v. Missouri Title Loans案,364 S. W. 3d 486, at 504(Mo. 2012)(Price, J.,不同意见书)。该案在本文第二(二)部分中讨论。

② Kilgore v. KeyBank, Nat. Assn, 673 F. 3d 947 (9th Cir. 2012), reh' g en banc ordered, 697 F. 3d 1191 (9th Cir. 2012).

③ 131 S. Ct. 1740 (U. S. 2011),该案参见Symeonides, 2011年综述,第324～328页。关于Concepcion案及其相关问题的大量文献,参见George A. Bermann, “The Supreme Court Trilogy and its Impact on U. S. Arbitration Law”, 22 *Am. Rev. Int' l Arb.* 551 (2011); Sarah Rudolph Cole, “On Babies and Bathwater: The Arbitration Fairness Act and the Supreme Court's Recent Arbitration Jurisprudence”, 48 *Hous. L. Rev.* 457 (2011); David Horton, “Unconscionability Wars”, 106 *Nw. U. L. Rev. Colloquy* 13 (2011); Mary Kay Kane, “The Supreme Court's Recent Class Action Jurisprudence: Gazing into a Crystal Ball”, 16 *Lewis & Clark L. Rev.* 1015 (2012); Alan Scott Rau, “Arbitral Power and the Limits of Contract: The New Trilogy”, 22 *Am. Rev. Int' l Arb.* 435 (2011); Judith Resnik, “Fairness in Numbers: A Comment on AT&T v. Concepcion, Wal-Mart v. Dukes, and Turner v. Rogers”, 125 *Harv. L. Rev.* 78 (2011); Craig Smith & Eric V. Moyé, “Outsourcing American Civil Justice: Mandatory Arbitration Clauses in Consumer and Employment Contracts”, 44 *Tex. Tech L. Rev.* 281 (2012); Thomas J. Stipanowich, “The Third Arbitration Trilogy: Stolt-Nielsen, Rent-a-Center, Concepcion and the Future of American Arbitration”, 22 *Am. Rev. Int' l Arb.* 323 (2011); Ann Marie Tracey & Shelley McGill, “Seeking a Rational Lawyer for Consumer Claims after the Supreme Court Disconnects Consumers in AT&T Mobility LLC v. Concepcion”, 45 *Loy. L. A. L. Rev.* 435 (2012); Lisa Tripp, “Arbitration Agreements Used by Nursing Homes: An Empirical Study and Critique of AT&T Mobility v. Concepcion”, 35 *Am. J. Trial Advoc.* 87 (2011); Maureen A. Weston, “The Death of Class Arbitration after Concepcion?” 60 *U. Kan. L. Rev.* 767 (2012); Jodi Wilson, “How the Supreme Court Thwarted the Purpose of the Federal Arbitration Act”, 63 *Case W. Res. L. Rev.* 91 (2012)。

④ See 9 U. S. C. § 1-307.

⑤ See Discover Bank v. Superior Court, 113 P. 3d 1100 (Cal. 2005), Symeonides, 2005年综述,第619～621页。

同中某些争端前集体仲裁弃权声明书不可执行。康塞普西翁案之后 1 年,下级上诉法院继续发起挑战"试图"进一步明确其具体含义和实际影响。本部分将简要讨论所有这些案例以及最高法院 2012 年作出的 3 个新判决。

对于外国读者来说,有必要简要说明一下的是,在大多数西方国家,在消费者合同和雇佣合同中都不承认争端前仲裁条款,与之不同的是,美国法中并不存在对此类条款的排斥。实际上,正如本文二(二)"消费者合同"部分所要讨论的那样,消费者合同中的仲裁条款已经变成了一种常规程序。

雇佣合同也同样如此,本文二(三)"雇佣合同"部分对此将进行讨论。《联邦仲裁法》第 1 条将"涉外或州际商业中的海员、铁路工人或其他类似工人的雇佣合同"排除于仲裁范围之外。[①] 然而,最高法院对这种例外做出了限制,即认为它并不涵盖所有商业领域的雇佣合同,而只包括那些有关运输工人的合同。[②]此外,在大部分国际案件[③]中取代《联邦仲裁法》的《纽约公约》[④]适用于所有雇佣合同,包括那些涉及运输工人的合同。鉴于该公约取代了州法,各州必须在国际雇佣合同中执行争端前仲裁条款,如海事雇佣合同,[⑤]即使有关请求涉及人身伤害或死亡也不例外。

最后,正如本文二(三)"雇佣合同"部分所讨论的那样,即使在侵权请求中,包括那些因人身损害或死亡请求而产生的争端中,争端前仲裁协议也是允许的。

在美国最近的发展是最高法院对州法院的敌视——康塞普西翁案就是这样一个典型,因为州法院试图消灭集体仲裁条款从而荡平这一领域。可以肯定康塞普西翁案并没有也不可能禁止所有州法院试图使集体仲裁条款无效的努力。毕竟《联邦仲裁法》中的"除外条款"(saving clause)规定,仲裁协议可能"因法律之规定或合同之失效等原因"而无效。[⑥] 这些原因包括不公平,而这正

---

① 9 U.S.C. § 1.

② Circuit City Stores, Inc. v. Adams, 532 U.S. 105 (2001).

③ 参见联合国 1958 年《承认与执行外国仲裁裁决公约》, 21 U.S. T. 2517, 330 U.N.T.S. 3。

④ 该公约的施行法规定,因"完全发生在美国公民之间的关系"不适用该公约,"除非该关系涉及位于境外的财产、在境外的履行和执行或与一个或多个外国(州)有其他合理关联"。9 U.S.C.A. § 202.

⑤ 参见本文第二(六)部分。

⑥ 9 U.S.C. § 2.

是探索银行案规则的基础。然而,在康塞普西翁案多数意见看来,该规则存在的问题是过于“绝对化”(categorical)[①]并且可能导致太多的集体仲裁条款无效,从而“妨碍了《联邦仲裁法》目标的实现”。[②] 正如2012年案例所显示的那样,法院正在努力去判断什么情况下构成对《联邦仲裁法》目标的妨碍,什么情况下则不构成妨碍。

(二)消费者合同

本年度在该领域的第一起最高法院判例是康普信贷公司诉格林伍德(CompuCredit Corp. v. Greenwood)案,[③]该案被定性为“送给仲裁的另一份蹩脚的情人节礼物”。[④] 康普信贷公司诉格林伍德案是由消费者针对一家信用卡公司提起的集体诉讼,被告被控违反了《联邦信用赔偿组织法》(Credit Repair Organization Act,CROA)。[⑤] 该法要求信用卡公司必须告知信用卡持有人有起诉信用卡公司的“请求权”(right to sue),[⑥]并且规定任何放弃该法保护的行为“均被视为无效”。[⑦] 康普信贷公司诉格林伍德案争议的问题如下:这些条款是否构成了“对国会相反命令的违反”,而根据最高法院此前的判例,国会的命令要优先于《联邦仲裁法》支持仲裁的规定。

在由斯卡利亚大法官撰写的意见书中——其说理并不比康塞普西翁案中的更好,最高法院对该问题给出了否定的回答。最高法院认为,“请求权”这一用语只是表述了消费者有权执行公司应承担的责任以及公司应当依法告知消费者的义务,但该用语并不“创设”一项在法院起诉的权利。[⑧] 对于该法中的非弃权条款,最高法院解释说,可能会有人“误以为该条款构成了‘国会的命令’从

---

① Marmet Health Care Center, Inc. v. Brown, 132 S. Ct. 1204 (U. S. 2012).

② Concepcion, 131 S. Ct. at 1753.

③ 132 S. Ct. 665 (U. S. 2012).

④ Jeffrey W. Stempel, “Tainted Love: An Increasingly Odd Arbitral Infatuation in Derogation of Sound and Consistent Jurisprudence”, 60 *U. Kan. L. Rev.* 795, 879 (2012).

⑤ 15 U. S. C. § 1679, et seq. 该法于20世纪90年代中期颁布,是为了回应实践中对某些信用卡公司向一些具有不良信用记录的人滥发信用卡的投诉而制定的。

⑥ 15 U. S. C. § 1679c(a)规定,信用卡协议必须包含以下条款:“你有权起诉一家信用修复机构,一旦该机构违反了《信用修复机构法》。”

⑦ 15 U. S. C. 第1679f(a)条规定:“任何消费者放弃本法所规定的保护或消费者权益的行为——(1)都应视为无效;(2)不得被任何联邦或州法院或任何其他人士予以执行。”

⑧ CompuCredit, 132 S. Ct. at 670.

而使得《联邦仲裁法》不予适用”,[1]并且假如国会禁止对这些请求进行仲裁的话,则国会本应该使用明确的语言以达到该效果,就像在新近其他立法中那样。[2]

在美国快递商人(re American Express Merchants)诉讼案(AmEx Ⅲ)[3]中,同样涉及对两部不同立法中国会命令的比较,即《联邦仲裁法》和《谢尔曼法》。原告起诉一家大型信用卡公司美国快递公司,声称被告违反了《谢尔曼法》第 1 条。[4] 像在康塞普西翁案中一样,该案争议集中于信用卡协议中包含的集体仲裁条款的可执行性。在 2009 年、[5]2011 年[6]和 2012 年[7]判决的 3 起不同案件中,第二巡回法院认为这些条款均无法执行。

最高法院认为这些案件均不受康塞普西翁案的约束,而应遵循三菱汽车案,[8]因为康塞普西翁案涉及的是联邦法和州法之间的冲突,而三菱汽车案则涉及联邦法之间的潜在冲突,采用了一种“法定权利的实证分析”作为对联邦法有关可仲裁性的一部分,并未被康塞普西翁案或其他最高法院判例所推翻,如索尔特—尼尔森公司诉动物饲养国际公司(Stolt-Nielsen S. A. v. AnimalFeeds Int'l Corp.)案。[9] 尤其是三菱汽车案的审理法院认为当事人可以协议以仲裁而非诉讼方式行使法定权利,但必须是“未来的当事人有效地在仲裁庭提出了法定诉因上的抗辩”。[10] 三菱汽车案法院同时还注意到,如果“一项仲裁协议可能导

---

① CompuCredit, 132 S. Ct. at 671.

② Ibid., at 672. Ginsburg 大法官提出了强烈的不同意见。

③ 667 F. ed 204 (2d Cir. 2012), reh'g en banc denied 681 F. 3d 139 (2d Cir. 2012), 同意提审, American Exp. Co. v. Italian Colors Restaurant, 133 S. Ct. 594 (U. S. 2012)。

④ 原告并非消费者,而是与 American Express 公司相比具有不对称讨价还价能力的小商人。

⑤ See In re American Express Merchants' Litigation, 554 F. 3d 300 (2d Cir. 2009) ("AmEx I"), 该案被 American Exp. Co. v. Italian Colors Restaurant 案取代, 130 S. Ct. 2401 (U. S. 2010)。

⑥ See In re American Express Merchants' Litigation, 634 F. 3d 187 (2d Cir. 2011) ("AmEx II").

⑦ AmEx III.

⑧ Mitsubishi Motors Corp. v. Soler Chrysler-Plymouth, Inc., 473 U. S. 614 (1985).

⑨ 130 S. Ct. 1758 (U. S. 2010). 参见 AmEx III, 667 F. 3d at 212。(“如此简单地理解 Concepcion 案和 Stolt-Nielsen 案是很有意思的,会发现这两起案件都裁决集体诉讼仲裁弃权条款具有可执行性。但如果仔细阅读该两起案件,就会发现两起案件都没有涉及这里所讨论的问题:是否一项集体诉讼仲裁弃权条款可被执行,即使在原告可以证明执行的实际效果将会使他们无法维护其联邦法定权利的情况下也是如此。”)

⑩ Mitsubishi Motors, 473 U. S. 614, 632.

致在反托拉斯违法案件中取消当事人法定救济权利,则法院可能会以违反公共政策为由毫不犹豫地裁决其无效”。①

第二巡回上诉法院得出结论认为,在这些案件中,集体仲裁弃权声明恰恰具有三菱汽车案法院所指责的那些效果。也就是说,它们将会“通过转移原告的合理可行的救济方式从而事实上赋予 AmEx 公司免除反托拉斯违法责任的豁免权”。② 第二巡回上诉法院发现,原告提供的详细证据表明,仲裁的费用高得惊人。因此,支持集体仲裁弃权声明意味着实际上剥夺了原告获得反托拉斯法法定保护的权利。用法院的话来说就是,将会“剥夺立法赋予原告的权利”,并且“通过在其合同中附加一项不允许集体诉讼的仲裁条款,会使被告免除其反托拉斯责任”。③ 然而,美国快递公司案并不是对该问题的最终定论,因为最高法院接受了被告的调卷申请。④

在科纳夫诉 At&T 公司案⑤中,所涉事项为集体仲裁弃权声明在州法上的可执行性。在康塞普西翁案之前的一起案件和随后的第九巡回法院的判例中,地区法院都曾认为,在 AT&T 公司与 8 个州的消费者之间的电话服务合同中的集体仲裁弃权条款实质上不公平,因此,根据华盛顿州的法律不具有可执行性。在康塞普西翁案之后,第九巡回法院必须撤销该结论。法院驳回了原告的所有论点,并认为该案与康塞普西翁案不同。例如,原告主张,执行集体仲裁弃权声明意味着他们无法有效地维护自己的权利,因为仲裁的费用比他们所主张的请求数额还要高得多。法院驳回了该主张,同时指出,驳回并不意味着原告“没有有效途径维护其权利,而只是原告没有足够的动力采取行动”。⑥

不过,法院还是区分了实体上的不公平和程序上的不公平,指出康塞普西翁案对于判断程序上的不公平没有提供多少指引,“除了让人承认该理论的持久生命力之外”。⑦ 法院将该案发回地区法院,并要求地区法院评估原告对于程序不公平的指控。依照每份合同中的法律选择条款,该评估应依照消费者所属州法律进行。根据该州法律,如果仅凭程序上的不公平就可以宣布集体仲裁弃

① Mitsubishi Motors, 473 U. S. at 637.

② AmEx III, 667 F. 3d at 211 (引自 AmEx I)。

③ AmEx III, 667 F. 3d at 219.

④ See American Exp. Co. v. Italian Colors Restaurant, 133 S. Ct. 594 (U. S. 2012).

⑤ 673 F. 3d, p. 1155 (9th Cir. 2012).

⑥ Ibid., at 1159.

⑦ Ibid., at 1161.

权条款无效,则该条款就可以被认为不可执行。①

在施努尔勒诉洞见通讯公司(Schnuerle v. Insight Communications)案②中,网络服务商和肯塔基州消费者之间的合同包含了纽约州法律选择条款以及仲裁和集体弃权条款。肯塔基州最高法院拒绝适用纽约州法律,因为纽约州"不具有实际联系和利益",而肯塔基州"与交易和当事人具有更大利益和最密切的关系"。③ 法院认为,根据康塞普西翁案,集体弃权条款具有可执行性,而且根据肯塔基法律,该州支持仲裁的政策在宪法条款中是明文规定的,因此,一般仲裁条款是可执行的。然而,法院也指出,仲裁协议中的保密规定具有实体上的不公平性,因为它们是"完全单方面的"。④ 正如原告所主张的那样,因特网服务商作为仲裁程序的重复参与者,这些条款为他们提供了"高于个别消费者的无可改变的优势"。⑤

美国联邦最高法院在康塞普西翁案指导下所审判的众多案例中的其中一件,就是布鲁尔诉密苏里产权信贷公司(Brewer v. Missouri Title Loans)公司案。⑥ 该案中,密苏里州最高法院基于不公平理由认为一位消费者和一家发薪日贷款公司之间订立的贷款合同中的集体仲裁弃权条款不可执行,因为该贷款合同的利息高达 300%。⑦

在发回重审后,密苏里州法院坚持了原先的不公平性判决理由,但这次不再基于集体诉讼弃权声明,而是基于该消费者提供的特别证据,即作为一个整

---

① 673 F. 3d, p. 1155 (9th Cir. 2012). at 1162. ("如果所有法律都要求至少证明存在实体上的不公平,那么原告的诉讼请求必然失败,因为我们的观点认为所涉仲裁条款并非实体上不公平。但是如果证明存在程序上的不公平就会导致原告根据某些州的先例获得胜诉,那么地区法院就必须完成冲突法分析并裁决哪个原告——如果有多个原告——将会获益。")在 Kilgore v. KeyBank, Nat. Ass'n 案[673 F. 3d 947 (9th Cir. 2012)]中,第九巡回法院的审判庭认为,根据 Concepcion 案,《联邦仲裁法》优先于一项加利福尼亚州规则,该规则禁止针对宽泛的公开禁止性救济提出仲裁请求,例如,在本案中,要求对违反《加利福尼亚州不公平竞争法》发布公开禁令的请求。然而,该案现在被要求进行全席复审。参见 697 F. 3d 1191 (9th Cir. 2012)。

② 376 S. W. 3d 561 (Ky. 2012).

③ Ibid., at 567.

④ Ibid., at 578.

⑤ Ibid.

⑥ 323 S. W. 3d 18 (Mo. 2010), vacated by Missouri Title Loans, Inc. v. Brewer, 131 S. Ct. 2875 (U. S. 2011).

⑦ 贷款额是 2215 美元,借贷人用其汽车作担保。借贷人分两次偿还了各 1000 多美元,但这两次偿还只把他的本金减少了 6 美分。

体的仲裁协议的形式上的不公平性，这一点与康塞普西翁案有所不同。[①] 在布鲁尔案中与康塞普西翁案不同的是，仲裁条款完全是“单方面的”。[②] 例如，尽管该条款要求借款人必须将其针对放贷人的所有请求都提交仲裁，但它特别给予了放贷人在过错情形下仍可通过自助行为或通过司法程序取回抵押物的权利。[③] 法院指出该条款及其他条款，包括一个律师费的条款，规定“本案中仲裁条款的真实世界效果(real-world effect)是消费者从贷款公司获得的最小和最大赔偿额是一致的——都是0美元，因为没有消费者针对贷款公司提起仲裁请求”。[④] 最后，法院指出，“《联邦仲裁法》的目标是提供一种便捷、非正式的争端解决方式，而与此目标背离的是，这里的仲裁条款本身构成了该法律目标实现的障碍”。[⑤] 该案的一份异议意见书指责多数意见“在玩一项智力体操以便开创‘Concepcion 后的新生活’”。[⑥]

相反，在罗宾逊诉产权信贷(Robinson v. Title Lenders)公司案中，[⑦]涉及的是不同的放款人和借款人。密苏里州最高法院撤销了下级法院的一项判决，该判决认为仲裁条款不公平，原因仅是该仲裁条款包含了一项集体诉讼弃权声明。州最高法院将案件发回下级法院重审，并要求其审查借款人提出的除集体诉讼弃权声明以外的其他不公平指控。

同样在另一起涉及发薪日放贷的案件科顿伍德金融公司诉埃斯特斯(Cottonwood Financial Ltd. v. Estes)案[⑧]中，威斯康星州上诉法院承认，该法院早先作出的仅以仲裁条款包含一项集体弃权声明而认定该仲裁条款不公平的判决违反了康塞普西翁案的结论。该法院审查了借款人的其他不公平指控，并认为这些指控不成立。

在活期存款透支诉讼(In re Checking Account Overdraft Litigation MDL No.

---

① See Brewer v. Missouri Title Loans, 364 S. W. 3d 486 (Mo. 2012), cert. den., 133 S. Ct. 191 (U. S. 2012), reh'g den., 2012 WL 5895877 (U. S. Nov. 26, 2012).

② See Brewer, 364 S. W. 3d at 495.

③ In Clay v. New Mexico Title Loans, Inc. 288 P. 3d 888 (N. M. Ct. App. 2012), cert. denied, 2012-NMCERT-9 (N. M. Sept. 20, 2012).

④ Brewer, 364 S. W. 3d at 487-88.

⑤ Ibid., at 495.

⑥ Ibid., at 504. Price 法官的不同意见。

⑦ 364 S. W. 3d 505 (Mo. 2012).

⑧ 810 N. W. 2d 852 (Wis. Ct. App. 2012).

2036)案①中,一份银行服务合同中隐含的、苛刻的、成本和费用转嫁的条款包含一项仲裁条款,第十一巡回上诉法院认为,该条款根据南卡罗来纳州法律显然不公平,而且康塞普西翁案的结论不适用于本案。然而,该条款与仲裁条款是可以分割的,因此,法院认为其是可以执行的。②

(三)雇佣合同

本年度联邦最高法院审理的第二起案件是尼特罗生命技术公司诉霍华德案,③该案强烈谴责了州最高法院不遵守联邦最高法院先例的做法。该案是一起发生在油气井经营商及其雇员之间的雇佣合同纠纷。合同中包含有保密和竞业禁止条款以及仲裁条款。根据俄克拉荷马州一项限制执行竞业禁令条款的立法,俄克拉荷马州最高法院直接认定该条款无效,而不是像联邦最高法院此前判例中的那样将其交给仲裁员裁决。

在一项由全体法官做出的全席裁决中,联邦最高法院撤销了俄克拉荷马州最高法院的判决,并且严厉地驳斥了该州法院未能遵守联邦最高法院先例的行为:

> 俄克拉荷马州最高法院必须遵守《联邦仲裁法》,该法是“州的最高法”……本法院有义务说明一项立法的意图,一旦本法院作出了说明,其他法院有义务尊重对应适用的法律的解释。④

联邦最高法院再次提醒道:“实体法(《联邦仲裁法》)的关键在于,合同的有效性与仲裁条款本身的有效性是不同的,它应当由一审的仲裁员解决,而不是由联邦或州法院解决。”⑤俄克拉荷马州最高法院没有遵循这一原则,而是

---

① 685 F. 3d 1269 (11th Cir. 2012),部分维持原判,部分推翻原判并发回重审,In re Checking Account Overdraft Litigation MDL No. 2036, 485 F. App'x 403 (11th Cir. 2012)。

② 该法院作出的支持银行服务协议中仲裁条款的其他判例,参见 In re Checking Account Overdraft Litigation MDL No. 2036, 672 F. 3d 1224 (11th Cir. 2012), cert. denied by Hough v. Regions Financial Corp., 133 S. Ct. 430 (U. S. 2012); In re Checking Account Overdraft Litigation MDL No. 2036, 459 F. App'x 855 (11th Cir. 2012), cert. denied by Buffington v. SunTrust Banks, Inc., 133 S. Ct. 431 (U. S. 2012)。

③ 133 S. Ct. 500 (U. S. 2012).

④ Ibid., at 503.

⑤ Ibid.

"通过宣布竞业禁止条款无效而僭越了仲裁员的角色"。[①]

2012年至少有5起上诉案例涉及雇佣合同中的仲裁条款被判不可执行。其中一起案件是弗兰科诉阿拉克林企业公司案,[②]该案中,原告是一位卡车司机,起诉他的前雇主违反了加利福尼亚州劳动法规定的驾驶员的就餐和休息权。加利福尼亚州上诉法院认为合同中的集体仲裁弃权条款无效,依据是加利福尼亚州最高法院在金特里诉高等法院案[③]中确立的先例,该案确立了一种多要素测试方法(multi-factor test)以判断雇佣合同中集体诉讼弃权条款的可执行性。根据该测试方法,集体诉讼弃权条款"在'特定情形下'不可执行",[④]即当它们导致受雇者的法定权利"事实上被取消",并且"不当地干涉到受雇者维护其不可放弃的权利"时。[⑤] 判决书中的斜体字强调了金特里案测试方法与探索银行案规则之间的区别,后者在康塞普西翁案中被认为对于大多数消费者合同中的集体诉讼弃权条款而言"过于绝对",从而被认为是一条不被允许的敌视仲裁的规则而遭到抛弃。相反,在弗兰科案中法院认为:"金特里案仍然是良法,因为正如康塞普西翁案所要求的那样,它并没有建立一条针对集体诉讼弃权条款的绝对规则,而是在个案分析基础上提出了几项可供适用的因素以便确定一项集体诉讼弃权条款是否排斥消费者维护其法定权利。"[⑥]

通过适用金特里案测试方法,法院得出结论认为,就该案的情形而言,"一位律师很有可能不会愿意去代理受雇者进行仲裁或诉讼",因此,本案"在任何法院都不可能进行,除非其可以作为一起集体诉讼被提起"。[⑦] 与科勒夫案相比,法院注意到本案是"这样一类案件,即原告在不提起集体诉讼的情况下没有其他途径维护其不可放弃的法定权利"。[⑧] 法院不同意科勒夫案中的推定,即"维护法定权利分析"只限于以联邦法为基础的诉讼请求。[⑨]

在萨马尼哥诉今日帝国有限公司案[⑩]中,法院同样认为康塞普西翁案判决

---

① 133 S. Ct. 500 (U. S. 2012).

② 211 Cal. App. 4th 314 (Cal. App. 2d Dist. Nov. 26, 2012, as modified Dec. 4, 2012).

③ 165 P. 3d 556 (Cal. 2007).

④ Franco, 211 Cal. App. 4th at 324.

⑤ Ibid.

⑥ Ibid., at 533.

⑦ Ibid., at 570.

⑧ Franco, 149 Cal. Rptr. 3d at 571.

⑨ Ibid., at 572.

⑩ 140 Cal. Rptr. 3d 492 (Cal. Ct. App. 1st Dist. 2012), review denied (July 11, 2012).

并没有取代加利福尼亚州的不公平理论,并且在特定合同中的仲裁条款不仅在程序上而且在实体上不公平。加利福尼亚州法院基于同样理由进一步认为雇佣合同中的伊利诺伊州法律选择和法院选择条款也不公平,即“该协议是通过不恰当的手段订立的”。法院认为:“由于伊利诺伊州法律可能要求执行其中的仲裁条款,因此执行法律选择条款可能会导致实体上的不公正。”①

在阿加明诉康托公司案②中,同一个加利福尼亚州法院再次拒绝执行一份雇佣合同中的仲裁条款,理由是加利福尼亚州法律所规定的程序上和实体上的不公平性。③ 相反,在尼尔森诉遗赠居住合伙公司(Nelsen v. Legacy Partners Residential Inc.)案④中,法院认为一份雇佣合同中的仲裁和集体弃权条款可以执行,理由是受雇者只证明了程序上的不公平性而无法证明实体上的不公平性。⑤ 同样在 Truly Nolen of America 诉高等法院案⑥中,法院认为一项集体仲裁弃权条款可以执行,因为受雇者无法像在加州金特里案测试方法所要求的那样证明集体仲裁对于维护其法定权利而言是一种明显更有效的途径。⑦ 在克里夫兰常设公司诉勒夫科常设公司(Cleveland Const, Inc. v. Levco Const, Inc.)案⑧中,一家得克萨斯州法院认为《联邦仲裁法》取代了得克萨斯的一部立法,该法禁止在涉及得克萨斯不动产的建筑合同中订入在得克萨斯以外进行仲裁

---

① 140 Cal. Rptr. 3d 492 (Cal. Ct. App. 1st Dist. 2012), review denied (July 11, 2012). at 501.

② 137 Cal. Rptr. 3d 773 (Cal. Ct. App. 1st Dist. 2012).

③ 另见 Peleg v. Neiman Marcus Group, Inc., 140 Cal. Rptr. 3d 38 (Cal. Ct. App. 2nd Dist. 2012)(认为仲裁条款根据德州法律无法执行);Douglas v. Johnson Real Estate Investors, LLC, 470 F. App'x 823 (11th Cir. 2012)(认为仲裁条款根据麻州法律无法执行)。

④ 144 Cal. Rptr. 3d 198 (Cal. Ct. App. 1st Dist. 2012), as modified on denial of reh'g (Aug. 14, 2012), review denied (Oct. 31, 2012).

⑤ 参见 Lucey v. Meyer, 736 S. E. 2d 274, (S. C. Ct. App. 2012), reh'g granted, (Oct. 24, 2012)(认为仲裁条款可以执行,因为受雇者未能证明其不合理);Falls v. 1CI, Inc., 57 A. 3d 521 (Md. Ct. Spec. App. 2012)(认为雇佣合同中的仲裁条款可以执行,该合同一方为阿拉斯加州雇主,一方为其 CEO,住所在马里兰州,约定在西雅图根据阿拉斯加州法律进行仲裁)。

⑥ 145 Cal. Rptr. 3d 432 (Cal. App. 4th Dist. 2012), reh'g denied (Sept. 7, 2012).

⑦ In Elijahjuan v. Superior Court, 147 Cal. Rptr. 3d 857 (Cal. App. 2nd Dist. 2012), reh'g denied (Nov. 08, 2012), review filed (Nov. 26, 2012),该集体诉讼的原告认为他们不是雇员而是独立合同当事方并受到了误导;法院认为该案不属于雇佣合同中仲裁条款的调整范围。

⑧ 359 S. W. 3d 843 (Tex. App. Hous. 1st Dist. 2012), review dismissed (May 4, 2012).

的条款。[①]

在马休斯诉全国足球联盟管理委员会案(Mathews v. National Football League Managerrent Council)[②]中,一位职业足球运动员(Bruce Matthews)及其球队田纳西州巨人队之间签订的合同中包含一项仲裁条款和田纳西州法律选择条款。[③] 在马休斯从该对退役6年后,他以其在职业生涯期间遭受的累积伤病为由在加利福尼亚州提起劳工赔偿诉讼,但其诉讼中并未提及在加利福尼亚州发生的伤病。法院对事实进行了司法调查,根据巨人队的官方网站,该队在马休斯年服役期间共在加利福尼亚州进行了13场比赛。争议双方同意对争议进行仲裁,仲裁员认为,马休斯为了获得更高的劳工赔偿而在加利福尼亚州提起申请,这违反了雇佣合同,该合同规定所有的劳工赔偿请求都应根据田纳西州法律提起。仲裁员命令马休斯"终止"在加利福尼亚州谋求赔偿的行动。马休斯于是在加利福尼亚州提起诉讼要求推翻仲裁命令,认为该命令违反了加利福尼亚州禁止取消劳工赔偿利益的公共政策,同时也违反了联邦禁止取消州最低劳动标准的公共政策。地区法院否决了马休斯的请求,第九巡回法院维持了该判决。

第九巡回法院认识到"一位有资格获取加利福尼亚州利益的劳工不得被认为可以通过合同取消其应获得的利益,对加利福尼亚州利益负有责任的雇主也不得通过合同规避其责任"。[④] 然而法院指出,此项"'不可取消规则'仅在受雇者的劳工赔偿请求受加州法律管辖的情况下才得适用"。[⑤] 例如,如果马休斯在加利福尼亚州比赛期间遭受需要治疗的伤害,那么"根据太平洋雇主案确立的规则似乎应当排除执行雇佣合同中的田纳西州法律选择条款(仲裁裁决的观点)"。[⑥] 这里所援用的玉平洋雇主案是一起加利福尼亚州最高法院的判例。[⑦]

---

① In Williams v. International Offshore Services, LLC, __ So. 3d ___, 2012 WL 6086975 (La. Ct. App. 1st Cir. Dec. 7, 2012), reh'g denied (Dec. 28, 2012), 一家路易斯安那州法院在一起涉及路易斯安那州法律的案件中得出相同结论,该案中,路易斯安那州一项法律禁止选择非路易斯安那州法律和法院,但没提到仲裁条款。

② 688 F. 3d 1107 (9th Cir. 2012).

③ 2012年其他涉及职业足球运动员的案例,参见Pro-Football, Inc. v. Tupa, discussed infra at III. 2. a, and Pro-Football, Inc. v. McCants, discussed infra at IV. 2。

④ Matthews, 688 F. 3d at 1111.

⑤ Ibid., at 1112.

⑥ Ibid., at 1113.

⑦ Pacific Employers Ins. Co. v. Industrial Accident Comm'n, 75 P. 2d 1058 (Cal. 1938).

不过在该案中,联邦最高法院认为,既然加利福尼亚州可以在一起因发生于加利福尼亚州的事故引起的案件中适用加利福尼亚州劳工赔偿法,马萨诸塞州作为雇佣关系所在州,也可以适用该州法律。①

无论如何,马休斯并未提及他在加利福尼亚州所受的特定伤害,甚至也没有提出任何"表面证据"②表明其请求属于加利福尼亚州劳工赔偿法的适用范围之内。最终,法院正确地否决了马休斯以"明显违反法律"为由要求撤销仲裁裁决的诉讼请求,其中他所主张的违反法律是指联邦宪法的充分诚信条款。第九巡回法院重申了先前的判例,根据该判例,要想证明一位仲裁员的裁决明显违反法律,"必须有记录显示仲裁员承认了所适用的法律但故意忽视了该法律",并且"联邦法院根据《联邦仲裁法》对仲裁裁决进行的司法审查也表明存在法律结论上的错误和无根据的事实发现"。③ 法院得出结论认为,"因为马休斯未能证明充分诚信条款确保加利福尼亚州有权在本案中适用其法律,他未能证明仲裁员承认但选择拒绝该'清晰、明确和规范的准据法'"。④

(四)司法评价

本综述只对司法判例进行评论,而不针对学术文献。不过,本部分要有所例外地列举一篇有关消费者和雇佣合同仲裁的法学评论文章的摘要,但不做任何评论。该文章作者是两位老资格的州法院法官。⑤ 克莱格·史密斯(Craig Smith)和埃里克·V. 默耶(Eric V. Moye)法官在其论文中得出如下结论:

> ……在过去的 50 年内,对《联邦仲裁法》的司法解释已经将《宪法》第七修正案的权利移交给了法庭。在平等的当事人之间,仲裁服务于实体目标……然而在消费者和雇佣合同场合,一项鼓励宽泛执行仲裁协议的政策的收益却完全不如其最终效果……
>
> 在消费者合同中,如果消费者没有议价能力,而大型公司坚持合同中的仲裁条款,就会产生问题。其结果是一份附随合同,其中消费者被迫"要么接受,

---

① See Pacific Employers Ins. Co. v. Indus. Accident Comm'n of Cal., 306 U.S. 493 (1939). 法院认为,充分诚信条款并不能"使一州有权为他州立法或使其法律跨越州际边界"。

② Matthews, 688 F.3d at 114.

③ Ibid., at 115.

④ Ibid., at 1117.

⑤ See Craig Smith & Eric. V. Moyé, "Outsourcing American Civil Justice: Mandatory Arbitration Clauses in Consumer and Employment Contracts", 44 *Tex. Tech L. Rev.* 281 (2012).

要么退出”。特别是当工业企业要求仲裁时,这种不公平性尤为突出。如果每家工业企业对于所有合同争议都要求仲裁,则消费者就失去了所有讨价还价的能力并不得不屈从并被迫签字转让其权利以便能够进入市场。大多数人并不明白,一旦同意仲裁,他们就实质性地放弃了他们向法院起诉的宪法性权利。

同样普遍的是在典型雇佣方(无论其规模)和一个单独的找工作的人之间所存在的显而易见的讨价还价能力上的悬殊地位。如果把仲裁条款引入雇佣合同,就意味着在雇主—雇员关系上发生的商业争端中失去了由陪审团进行审判的权利。

……当某些案件中金钱上的诉讼价值相对较小时,这种类型的不公正尤为严重,此时获得公正的唯一方式就是通过大规模的诉讼程序,如集团诉讼。随着最高法院在康塞普西翁案中的最近判决,公司企业可以通过集体弃权条款轻易地避免这些诉讼……因为(这些企业)不断地进行仲裁,它们对于仲裁员和仲裁程序都越来越熟悉从而占有便宜。这也容易使仲裁员的行为方式背离中立性,而这对于仲裁的公平和效率而言是至关重要的……该程序固有的金融上的激励会导致一种可怕的利益冲突。这种直接的,以结果为导向的金融激励在任何开放的或公平的民事司法体系中都是不被容许的……

我们承认契约权的重要性,尤其是在处理那些日常交易关系时……然而,如果法院地促进仲裁的政策被适用于那些议价能力悬殊的当事人之间的关系时,就会产生问题。我们难以理解,为什么这样一套自视为平等机会和权力的制度会采用这样一种不公平的理论。法律,包括《联邦仲裁法》,应当成为弱方和无权势方的保护伞而不能成为强者和权势方的工具。①

(五)人身伤害诉讼

上文所引用的评论对于人身伤害或过错致死请求中的争端前仲裁条款而言或许更具有说服力。这也是为什么在布朗诉创世康护公司案(Brown I)②中,西弗吉尼亚州最高法院拒绝执行一份家庭护理合同中的争端前仲裁条款的原因之一,该案是康塞普西翁案之后发生的一起案件,在2011年的综述中已经做

---

① See Craig Smith & Eric. V. Moyé, “Outsourcing American Civil Justice: Mandatory Arbitration Clauses in Consumer and Employment Contracts”, 44 *Tex. Tech L. Rev.* pp. 295 – 302.

② 724 S. E. 2d 250 (W. Va. 2011), vacated by Marmet Health Care Center, Inc. v. Brown, 132 S. Ct. 1201 (U. S. 2012), discussed in Symeonides, 2011 Survey, pp. 329 – 31.

过介绍。合同中的条款要求所有针对护理公司的请求都提交仲裁,包括针对过错、重大疏忽或治疗事故以及导致人身伤害或死亡的请求。在批判了联邦最高法院创立的“from whole cloth”理论①并通过“带有偏见的推理”②扩展《联邦仲裁法》的适用范围的做法之后,西弗吉尼亚州法院得出结论认为,国会的“意图并非是”③把《联邦仲裁法》适用于强行要求对人身伤害和过错致死请求进行仲裁的争端前协议,而且联邦最高法院的判例包括康塞普西翁案也并没有不同意见,因为这些判例都没有涉及这种请求。

西弗吉尼亚州法院认为仲裁条款不可执行是基于两点理由:第一,西弗吉尼亚州一项立法宣布,任何养老院居民放弃其因在养老院遭受伤害而起诉养老院的权利的行为,都“违背公共政策而无效”。④ 尽管《联邦仲裁法》取代了该项立法,但只限于该立法将仲裁条款视为不公平待遇而言,事实上,该项立法仍然包含了一项公共政策,它反对此类特殊的要求对人身伤害或死亡请求提交仲裁的争端前条款。第二,根据普通法上的不公平理论,这些条款即使在不存在上述立法的情况下也不可执行。

不出所料,美国联邦最高法院对这种“造反”苗头毫不客气。在玛梅康护中心诉布朗(Marmet Health Care Center v. Brown)案⑤中,该法院在提审意见书中驳回了西弗吉尼亚州法院的判决,认为该法院“误解并蔑视本院先例对《联邦仲裁法》的解释”。⑥ 最高法院认为西弗吉尼亚州法院对《联邦仲裁法》的解释“不仅是错误的,而且与本院先例中的清晰说明相背离”,因为《联邦仲裁法》“要求法院执行当事人提请仲裁的协议”,并且“对于人身伤害和过错致死请求也不例外”。⑦ 最高法院在援引了康塞普西翁案之后指出,一项完全禁止将特定类型请求提交仲裁的州法规则已经被“《联邦仲裁法》取代”。⑧ 西弗吉尼亚州法律禁止将针对养老院提起的人身伤害和过错致死请求提交仲裁的争端前协议,这种禁令是“一项过于绝对化的规则,它禁止对特定类型请求进行仲裁,该规则违反

---

① Brown I, 724 S. E. 2d at 279.

② Ibid. , at 278.

③ Ibid. , at 292.

④ W. Va. Code § 16B5CB15(c) (1997).

⑤ 132 S. Ct. 1201 (U. S. 2012).

⑥ 132 S. Ct. 1202.

⑦ Ibid. , at 1203.

⑧ Ibid.

了《联邦仲裁法》的条款和适用范围”。① 此外,因为此项“无效的绝对规则”②可能已经影响到西弗吉尼亚州法院根据普通法上的不公平性理论而得出的结论,联邦最高法院将该案发回重审并要求重新审查该仲裁条款“根据州普通法中并非特别适用于仲裁的原则”③是否确属不可执行。

根据重申命令,西弗吉尼亚州法院再次重申了其早先的声明,即联邦最高法院“从未将《联邦仲裁法》扩展适用于”涉及人身伤害请求的争端前仲裁协议。西弗吉尼亚州法院注意到,联邦最高法院在“没有说明《联邦仲裁法》如何以及为何”适用于这些案件的情况下就认为布朗 1 号案“违背了《联邦仲裁法》的条款与适用范围”,④这一结论可以被视为一个“有偏见的推理”的例证,这样一种推理“试图推广某一特定的观点,即仲裁是解决所有诉讼灾难的万应灵药”。⑤ 显然,西弗吉尼亚州法院有义务接受联邦最高法院的结论,但该法院却重申了其建立在普通法不公平性理论基础之上的观点:

> 我们发现,联邦最高法院的裁决并未建议我们修改此前的西弗吉尼亚州普通合同法理论。我们在 Brown I 案中所阐释的该不公平性理论是一项一般性的、州普通合同法上的原则,该原则并非专门适用于仲裁,而且也不牵涉《联邦仲裁法》。⑥

州最高法院在 2012 年至少还判决了其他两起涉及养老院入院合同中的仲裁条款的案件。在此两起案件中,入院合同都是由入院申请人的女儿作为其代理人签订的。该入院人后来死亡,其女儿作为母亲的遗产管理人针对养老院经营者提起了幸存诉讼(survival action)和过错死亡诉讼。经营者则要求进行仲裁。

第一起案件为卡特诉 SSC 奥丁运营公司(Carter v. SSC Odin Operating

---

① 132 S. Ct. at 1204.

② Ibid.

③ Ibid.

④ Brown v. Genesis Healthcare Corp, 729 S. E. 2d 217, 225 (W. Va. 2012).

⑤ Ibid., at 224 -225.

⑥ Brown v. Genesis Healthcare Corp, 729 S. E. 2d, at 223. 法院将案件发回初审法庭重申并指出应允许当事人提出显失公平的抗辩。

LLC.)案,[①]该案中,伊利诺伊州最高法院区分了两种诉讼请求:(1)幸存诉讼,其目的是补偿死者的损失并将其归入死者的遗产;(2)过错致死诉讼,其目的是赔偿死者的近亲属所遭受的损失。法院认为,由于女儿只是作为死者的代理人签订了该入院合同,因此,合同中的仲裁条款只能约束幸存诉讼而不能约束过错致死诉讼。可以确定的是,该条款的目的不仅是约束母亲,而且适用于其"继承人……子女……以及代理人,包括其人身代理人或其遗产执行人"。[②] 不过,正如法院所指出的那样,"根据合同法的基本原则,只有仲裁合同的当事人才可以强制要求仲裁或者被强制进行仲裁",[③]而原告并非该合同的当事人。法院同时认为,其观点并不违反联邦最高法院在Marmet案中的判决,因为该观点并非"建立在一项绝对的反仲裁的规则之上",而是"依据支配所有合同的普通法原则"。[④] 事实上,Marmet案重申,《联邦仲裁法》"要求法院执行当事人之间的仲裁协议",[⑤]而本案中的原告"并非仲裁协议的当事人"。[⑥]

第二起案件是平诉比维利企业公司(Ping v. Beverly Enterprises Inc.)案[⑦]。此案中,肯塔基州最高法院认为,合同中的仲裁条款不仅不适用于幸存诉讼,而且不适用于过错致死诉讼。对于后者,法院的理由与伊利诺伊州法院在上述案件中的理由一致。对于幸存诉讼,肯塔基州法院的理由是,女儿并没有获得事实上或表面上的授权以约束其无行为能力的母亲进行仲裁。[⑧]

在克莱诉新墨西哥州产权借贷公司案(Clay v. New Mexico Title Loans, Inc.)[⑨]中,一份发薪日贷款协议包含一项仲裁条款,该条款适用于"以任何方式产生于或与该协议有关的任何请求……包括因合同、侵权、消费者权益、欺诈和其他故意侵害(产生的请求)"。[⑩] 当借款人停止偿还后,贷款人派他的"执行

---

① 976 N. E. 2d 344 (Ill. 2012).

② Ibid., at 359.

③ Ibid.

④ Ibid., at 360.

⑤ Ibid. 该案援引了Dean Witter Reynolds Inc. v. Byrd, 470 U. S. 213, 217 (1985)。

⑥ Carter, 976 N. E. 2d at 361.

⑦ 376 S. W. 3d 581 (Ky. 2012), cert. filed Oct. 20, 2012.

⑧ 参见另一起有关人身损害赔偿的上诉案件是Ayzenberg v. Bronx House Emanuel Campus, Inc., 941 N. Y. S. 2d 106 (N. Y. A. D. 1st Dept. 2012)。

⑨ 288 P. 3d 888 (N. M. Ct. App. 2012), cert. denied by Harry C. v. NM Title Loans, 2012 - NMCERT - 9 (N. M. Sept. 20, 2012).

⑩ Ibid., at 895.

人”(repo men)去收回担保物,一辆1999年产的道奇公羊牌皮卡。借款人拒绝交出,该执行人向其射击,致使其无法行走。借款人基于执行中的事故为由针对贷款人提起侵权诉讼,而贷款人竟以仲裁条款为依据要求仲裁。

法院不得不花费了几页篇幅用于解释为什么仲裁条款不适用于被告所造成的该项侵权行为——射击,尽管该仲裁条款确实包括“任何产生于或与贷款合同有关的侵权行为”。法院指出:“一方当事人可以要求对那些受其协议本身支配的密切相关的事项进行仲裁,但并不包括那些与该协议不相关的、超出该协议范围的,或者残暴的且不可预见的事项。”①“即使借款人的意图是将与担保物有关的争议提交仲裁……但是在该借款人在执行担保物过程中遭受射击的情况下,认为他愿意放弃其诉讼的权利也是不合理的。”②事实确实如此。

(六)国际案件

1945年《麦凯伦—弗格森法》使各州有关保险业的立法免受漫不经心的联邦优先权的干扰。该法规定:“国会的任何立法都不得被解释为使各州为监管保险业而制定的法律无效,或减损该法律的效力,或取代该法律……除非该立法特别涉及保险业的经营。”③上述斜体字所强调的以及大量案例都认为,1925年《联邦仲裁法》并非特别针对保险经营,因此并不能取代各州保险法。根据一般观点,州的保险立法“颠覆取代”(reverse-preempts)联邦立法。

然而,所有持这种观点的案例都涉及的是《联邦仲裁法》的原始部分或“国内”部分,即现在的《美国法典》第九编第一章。④ 1970年国会增加了《联邦仲裁法》第二章,即所谓的《纽约公约法》,是为了实施《承认与执行外国仲裁裁决的纽约公约》,⑤1990年国会又增加了第三章,以便实施1975年《美洲国家间国际商事仲裁公约》(《巴拿马公约》)。⑥《麦凯伦—弗格森法》是否也适用于《联邦仲裁法》第二章和第三章呢?如果适用,那么要求强制执行国际仲裁裁决第二章和第三章就应当被禁止此种仲裁协议的州法所“颠覆取代”。在2012年前,只有两起上诉判例涉及该问题,并且两起判例都涉及《联邦仲裁法》的第二章。

---

① 288 P.3d 896 (N.M. Ct. App. 2012), cert. denied by Harry C. v. NM Title Loans, 2012 - NMCERT - 9 (N.M. Sept. 20, 2012).

② Ibid., at 897.

③ 15 U.S.C. § 1012(b).

④ See 9 U.S.C. §§ 1-16.

⑤ See 9 U.S.C. §§ 201-208.

⑥ See 9 U.S.C. §§ 301-307.

其中,第二巡回法院在史蒂芬斯诉美国国际保险公司案[1]中采取了肯定观点,而第五巡回法院在全国安全事故保险公司诉伦敦劳埃德某些分销商案[2]中则采用了否定观点。

2012年第四巡回法院在ESAB集团公司诉苏黎世保险公司案[3]中采取了第五巡回法院的观点。以下是该法院判决结论和理由的摘要:

《纽约公约法》毫无例外地规定,《纽约公约》"应当在美国法院被执行",(《美国法典》第九编第201条)……它意图取代所有相反的州法。联邦最高法院曾经指出,该公约以及《纽约公约法》要求所有法院"都要使各州当地的可仲裁性观念符合支持商事仲裁的国际政策"。[Mitsubishi Motors Corp. v. Soler Chrysler-Plymouth, Inc., 473 U. S. 614, 639 (1985)]因此,尽管法院认识到该公约允许国会"将其所希望的某些特定类型的请求保留给我国自己的法院进行裁判",但国会"并没有通过承认一些实体事项上的例外而推翻美国加入该公约的精神,国会也没有明示法院可以这么做"。

《麦凯伦—弗格森法》也没有包含这种明文指示。实际上,联邦最高法院告诉我们《麦凯伦—弗格森法》的目的并非仲裁或条约,而是"国内商事立法"(Am. Ins. Ass'n v. Garamendi, 539 U. S. at 428.)。因此,我们认为,《纽约公约法》作为实施一项条约的立法,不属于被取代的对象,因此,保险争端并不能根据《麦凯伦—弗格森法》中的颠覆取代规则而被排除于《纽约公约法》之外。[4]

该法院还进一步指出,联邦政府"在调整涉外关系时必须用一个声音说话",[5]而《纽约公约法》就是这个声音。它表明的是一个统一的政策,即在国际

---

① 66 F. 3d 41 (2d Cir. 1995). But see Stephens v. National Distillers & Chemical Corp., 69 F. 3d 1226 (2d Cir. 1995)(认为McCarran-Ferguson Act并不适用于外国主权豁免法,因此外国主权豁免法并不能排除纽约保险法的适用)。

② 587 F. 3d 714 (5th Cir. 2009) (en banc), cert. denied, 131 S. Ct. 65 (U. S. 2010).

③ 685 F. 3d 376 (4th Cir. 2012). ESAB集团案纠纷发生在一家外国人所有的位于南卡罗来纳州的焊接材料生产商与一家保险公司之间。被保险人控告保险公司在产品责任诉讼中拒绝承担保险赔偿。法院支持了保险公司要求仲裁的动议,认为南卡罗来纳州将保险纠纷排除于仲裁之外的法律并不能取代纽约州的公约法。

④ 685 F. 3d, at 390.

⑤ Ibid.,援引了Michelin Tire Corp. v. Wages, 423 U. S. 276, 285 (1976)。

上支持仲裁协议的执行,"即使在国内环境下会产生相反的结果也不例外"。[①]尽管国会可能会把保险纠纷排除于该公约之外,"但国会并没有通过《麦凯伦—弗格森法》这么做"。[②]

阿加罗诉船舶管理有限公司案[③]是一起涉及《纽约公约》的海事人身伤害案件。在某家外国轮船经营者和菲律宾海员之间签订的一份海事雇佣合同,包含一项依照菲律宾法律进行仲裁的仲裁条款。该海员在船上工作时遭受严重伤害,而船舶停泊在美国港口。第四巡回法院认为,原告依据《琼斯法案》[④]提出的人身伤害请求以及他根据《海员工资法》[⑤]提出的工资请求根据《纽约公约法》都属于仲裁范围。原告援引了三菱汽车案[⑥]中法官作出的"预期弃权"意见(prospective-waiver),认为根据菲律宾法律选择条款,菲律宾仲裁员将会适用菲律宾法律从而可能剥夺他根据《琼斯法案》和《海员工资法》所应享有的联邦法上的权利。第四巡回法院作出了一个与最高法院在维码尔案(Vimar Seguros y Reaseguros, A. A. v. M/V Sky Reefer)案[⑦]中相同的"早熟的"答案:当仲裁裁决需要在美国执行时,原告可以在第二回合诉讼中提出公共政策保留抗辩以维护自己的权利。[⑧]

这个回答存在以下方面的问题:

1. 尽管法院认为地区法院应当拥有管辖权并且可以直接中止审查仲裁裁

---

① 685 F. 3d, at 390. 援引了 Mitsubishi Motors, 473 U. S. at 629。

② Ibid.

③ 675 F. 3d 355 (4th Cir. 2012).

④ See 46 U. S. C. § 30104.

⑤ See 46 U. S. C. § 10313.

⑥ See Mitsubishi Motors Corp. v. Soler Chrysler-Plymouth, Inc., 473 U. S. 614 (1985). 该案中,法院支持了一项基于联邦立法的诉讼请求中的仲裁条款,但法院同时也认为,如果此种条款与一项法律选择条款相结合可能会剥夺当事人寻求法定救济的权利,那么这种条款就应当受到"谴责"。

⑦ 515 U. S. 528 (1995). 该案原告认为日本仲裁员会适用日本法而非美国法,最高法院认为该观点过于"早熟"。最高法院显然没有考虑日本法律选择条款,认为"外国仲裁员可能适用日本法,这只是一个推定",同上,第 541 页。但法院认为,由于地区法院已经拥有对执行仲裁裁决的管辖权,该法院也有权拒绝执行该裁决,只要该裁决违反美国公共政策。同上,第 540 页。

⑧ See Aggarao, 675 F. 3d at 373. 法院认为,原告无权基于弃权理论而援引公共政策抗辩,除非与仲裁有关的诉讼程序进入第二阶段,即裁决执行阶段。法院指出,菲律宾仲裁员有可能会适用美国法,包括《琼斯法案》和《海员工资法》,尽管被告认为即使根据最高法院的法律选择理论,根据 Lauritzen v. Larsen 案,345 U. S. 571 (1953),美国法律也不应适用。

决的程序,[①]但《纽约公约》规定,只有仲裁裁决作出地国或者仲裁准据法所属国(本案中为菲律宾)法院才有权撤销仲裁裁决。[②]

2. 美国法院可以直接“同意”该仲裁裁决,或者根据公共政策理由(或者根据《纽约公约》第 5 条列举的理由)拒绝执行仲裁裁决,但只有当胜诉的当事人试图在美国境内执行该裁决时才可以。

3. 更可能的情况是,菲律宾仲裁裁决拒绝适用《琼斯法案》,胜诉方将是船东并且该船东也没有理由去美国执行该裁决。也就是说,不会再有“第二回合”。[③]

4. 即使在菲律宾的裁决在美国寻求执行的情况下,采用公共政策保留拒绝该裁决的门槛也是很高的,所以也不太可能以法律选择错误作为拒绝的理由,尤其是在仲裁员的裁决是根据当事人的法律选择协议作出的情况下就更是如此。

三、合同

(一)法律选择条款

法律选择条款如果制定得好,可以为制定者带来两方面好处,即准据法的可预见性和有利性。可预见性来源于这样的事实,即在大多数案件中,美国法院都支持法律选择条款。有利性则依据这样一个推断,即一个理智和勤勉的起草者会选择某一对其有利的特定州的法律。然而令人惊讶的是,在一些案件中,后一推断往往被证明是错误的。马克西姆吊车工厂诉泰伯利建筑公司(Maxim Crane Works, L. P. v. Tilbury Constructors)案[④]就是这样一起案件。该案中,法院执行了一份由马克西姆自己起草的格式合同中的一项对其不利的法律选择条款,结果正如加利福尼亚州法院所说,该条款的起草人(马克西姆)“搬起石头砸了自己的脚”。[⑤] 事实上,马克西姆是一家宾夕法尼亚州公司,一开始就强烈要求适用合同中所选择的宾夕尼亚州法律,结果对方律师“找到一项宾

---

① See Aggarao, 675 F. 3d at 375 – 77.

② See New York Convention Art. V(1)(e); Art. VI.

③ 在假定的情况下,仲裁裁决适用了《琼斯法案》,该海员将会成为占优势的当事人,如果他寻求在美国执行裁决,船东就不能援引公共政策例外来抗辩美国法的适用。

④ 145 Cal. Rptr. 3d, at 406 (Cal. App. 3d Dist. 2012).

⑤ Ibid., at 408.

夕法尼亚州立法”,[①]该法对马克西姆非常不利。不出所料,马克西姆马上改口说不能适用宾夕法尼亚州法律,因为该法律违反了加利福尼亚州的基本公共政策,在没有法律选择的情况下应当适用加利福尼亚州法律。法院认为马克西姆的主张没有道理并最终适用了宾夕法尼亚州法律。

密苏里州诉克多尼耶(State exrel. McKeage v. Cordonnier)案[②]提供了另一个“自食其果”的法律选择条款的例证。被告是一家密苏里州公司,在其与多州消费者签订的合同中加入了一项密苏里州法律选择和法院选择条款。当消费者在密苏里州针对该被告提起集团诉讼之后,该公司试图推翻该法律选择条款以便驳回来自其他几个州的消费者提起的集团诉讼,其理由是两外几个州采用的基本政策与密苏里州的政策相背离。密苏里州最高法院并未接受其主张。法院指出,尽管该公司“选择在密苏里州由密苏里州法院适用密苏里州法律解决其诉讼纠纷”,但该公司现在反对适用密苏里州法律,理由是“会便利一些非密苏里州原告”。[③] 最终,法院得出结论认为,该公司的理由应被拒绝,理由是该公司“未能举证出有哪个州拥有这样一项基本政策,即拒绝其本州公民获得其他州……提供的救济”。[④]

在资产接管有限公司诉卡萨特案[⑤]中,法律选择条款具有同样效果。一家信用卡公司在其与所有纸卡人签订的协议中加入这样一项条款:“无论您居住于何处,本协议以及您的信用卡账户均受……新罕布什尔州法律支配。”[⑥]这一条款使信用卡持卡人可以提起针对该信用卡公司委托的承兑人(一家债务担保代理公司)的集团诉讼,该公司正在起诉持卡人,而该诉讼依据新罕布什尔州法

---

① 145 Cal. Rptr. 3d, at 409.

② 357 S. W. 3d 597 (Mo. 2012).

③ Ibid., at 600. 法院指出:“被告起草了全部买卖协议,并要求任何诉讼都必须在 Greene 县起诉并适用密苏里州法律。被告选择在密苏里州起诉并适用密苏里州法律。被告现在试图否定它所起草的合同从而将原告仅限定为在密苏里州境内履行该买卖合同的当事人。”

④ Ibid., at 601.

⑤ 2012 WL 1493884 (unpublished, Ohio App. 11th Dist. Apr. 30, 2012).

⑥ Ibid., at *1.

律被临时禁止。[①]

当然,法院并不总是会执行法律选择条款。例如,与其他国家的最新发展趋势不同,美国法院继续要求合同必须与被选择的州之间“有密切联系”。尽管在大多数案件中,该项要求总是很容易被满足,但偶尔也会有例外。康图设计公司诉钱斯铸钢有限公司案[②]就是这少数案例之一。该案中,法院拒绝适用被选择的科罗拉多州法律,因为“与科罗拉多州之间唯一的联系是起草该合同的律师位于科罗拉多州”。[③]

此外,根据多数州都采用的《第二次冲突法重述》第 187 条规定,合同中的法律选择条款所选择的法律如果违反了某个州的基本政策,而该州对于适用其法律拥有更大利益,并且在没有法律选择的情况下本来就应该适用该州法律,则该项法律选择条款将不会获得执行。这项例外经常被援用,并且经常在雇佣合同案件中被采用。鲁兹诉同族运输公司(Ruiz v. Affinity Logistics)公司案[④]和德能诉埃克森美孚公司案[⑤]是 2012 年的两个案例。

在鲁兹案中,被告是一家佐治亚州公司,原告是住所和工作地都位于加利福尼亚州的卡车司机,双方的合同包含了一项佐治亚州法律选择条款。根据加利福尼亚州法律,卡车司机可以被定性为受雇者,而这一定性可以使他们获得加利福尼亚州劳动法所提供的受雇者利益。根据《第二次冲突法重述》,第九巡回法院认为,按照加利福尼亚州法律选择原则,佐治亚州法律选择条款不可执行,理由如下:(1)佐治亚州法律“直接与加利福尼亚州保护其劳工的政策相抵触”;(2)在确定司机是否独立的订约人或受雇者时,加利福尼亚州“比佐治亚

---

① In CACV of Colorado, LLC v. Stevens, 274 P. 3d 859 (Or. App. 2012), review denied, 352 Or. 377 (Sept. 13, 2012),该案中,信用卡协议包含了一项特拉华州法律选择条款,特拉华州时效法会限制信用卡的收款诉讼。对公司而言幸运的是,特拉华州的收款法拯救了它。该案将在下文第四部分讨论。在 Price v. Unisea, Inc., 289 P. 3d 914 (Alaska 2012) 案中,一个享有诉讼豁免的国际组织与该组织的一位在阿拉斯加州工作的雇员缔结的合同中包含有一项华盛顿州法律选择条款。该雇员认为该条款意味着取消了该组织的豁免权。阿拉斯加州最高法院驳回了该观点,认为一项法律选择条款与法院选择条款不同,并不意味着对诉讼豁免权的放弃。

② 693 F. 3d 102 (1st Cir. 2012) (decided under New Hampshire conflicts law).

③ Ibid., at 107.

④ 667 F. 3d 1318 (9th Cir. 2012).

⑤ 367 S. W. 3d 288 (Tex. App. Hous. 14th Dist. 2012), reh'g denied (June 19, 2012), petition for review filed (Sept. 4, 2012).

州拥有更大的实体上的利益”。①

在德能案中,被告埃克森美孚公司是总部位于得克萨斯州的公司,原告是得克萨斯州长期居民,双方的雇佣合同中包含一项纽约州法律选择条款和一项竟业禁止协议,该协议根据纽约法律是有效的,但根据得克萨斯州法律却是无效的。根据《第二次冲突法重述》,得克萨斯州法院认为该条款不可执行。法院发现纽约州法律与得克萨斯州反对竞业禁止的基本公共政策相抵触,并且得克萨斯州对于适用其法律拥有更大的利益,理由如下:(1)合同在得克萨斯州签订;(2)原告在得克萨斯州生活,并已经为被告工作长达 30 多年;(3)得克萨斯州关于竞业禁止的法律是为了保护得克萨斯州受雇者。

在信贷接收公司诉孔超案②中,明尼苏达州的一家汽车经纪人和一位威斯康星州汽车购买人之间签订的分期付款销售合同中有一项明尼苏达州法律选择条款,威斯康星州一家法院拒绝执行该条款。该合同将“违约”定义为未能在约定期间内进行支付,并且允许销售商催促对方付款并有权在书面通知后取回汽车。根据威斯康星州法律,只有当一个支付期的款项超过约定日期 10 天后仍未支付时才构成“违约”。如果买方未能支付,卖方的代理人可以在 10 天期限届满前在威斯康星州收回该汽车,并在威斯康星州法院起诉买方从而获得法院判决要求对方支付剩余款项。买方提起反诉,要求根据《威斯康星州消费者法》(Wisconsin Credit Act,WCA)获得损害赔偿。法院根据《威斯康星州消费者法》判决买方获得损害赔偿,卖方代理人提起上诉,认为法院应当根据法律选择条款适用明尼苏达州法律。上诉法院维持了判决并指出,《威斯康星州消费者法》规定,该法的相关部分适用于“在该州提起的、为了执行在消费者交易中产生的权利的诉讼或其他程序……无论该交易在哪里进行”。③

在霍克企业公司诉美国国际结算公司案④中,俄克拉荷马州的特许方与得克萨斯州的被特许方签订了一份特许权协议,其中的法律选择条款规定,该特许权协议包括“所有与其有效性、解释、履行和执行有关的事项”均受得克萨斯州法律支配。⑤ 特许方在同一地域又颁发了另一项特许授权从而违反了该协议

① Ruiz, 667 F. 3d at 1324.

② 822 N. W. 2d 506 (Wis. Ct. App. 2012).

③ Ibid., at 508.

④ 282 P. 3d 786 (Okla. Civ. App. 2012), cert. denied (June 25, 2012).

⑤ Ibid., at 790.

的排他性条款,被特许方于是以侵权损害为由对其提起诉讼。俄克拉荷马州法院认为,法律选择条款的范围并不足以涵盖侵权赔偿请求,并认为该请求应当适用俄克拉荷马州法律,因为该州法律与合同拥有最密切联系。

在东南浮动码头公司诉汽车所有人公司(Southeast Floating Docks Inc. v. Auto-Owners Ins.)案①中,所涉问题是佛罗里达州关于律师费的裁判报价立法中的一个条款是属于实体性条款还是程序性条款。如果是程序性的,那么它就不被包括在密歇根州法律选择条款的范围之内。佛罗里达州最高法院认为,该条款是实体性条款,因此属于法律选择条款的适用范围。于是法院认为,律师费条款并不体现佛罗里达州的基本公共政策,因此也不妨碍依据法律选择条款适用密歇根州法律。就本案所涉问题,密歇根州法律并没有规定律师费。

在共同概念公司诉奥马哈第一国民银行案(Mutual Concepts, Inc. v. First Nat. Bank of Oruaha)②中,法院地得克萨斯州将违约案件中的律师费权利视为实体性权利。相反,内布拉斯加州法律则将律师费权利视为程序性权利,而且该州有一项强烈反对浮动收费的政策,而根据法律选择条款应适用内布拉斯加州法律。地区法院判决根据得克萨斯州法律许可了律师费,但第五巡回法院推翻了该判决。该法院宣布,它不愿意"陷入一个从内布拉斯加州到得克萨斯州再往返回复的无限循环之中(所谓的反致)"。③ 相反,该法院只关注内布拉斯加州的本地法或实体法,并得出结论如下:

如果我们审查内布拉斯加州本地法律而不包括其法律选择规则,我们会发现内布拉斯加州拥有一项强烈反对浮动收费的政策,它拒绝在其法院尊重选择姐妹州法律的法律选择协议,这些姐妹州法律支持律师费。根据内布拉斯加州法律,律师费具有程序性质,因此完全支持该项公共政策。由于内布拉斯加州没有判给律师费的立法,因此律师费不应被涵盖在内。④

在 IRB 巴西再保险公司诉伊内帕投资公司(IRB-Brasil Resseguros, S. A. v.

---

① 82 So. 3d 73 (Fla. 2012).

② 2012 WL 5295192 (unpublished, 5th Cir. Oct. 29, 2012).

③ Ibid.

④ Ibid.

Inepar Investments, S. A.)案①中,反致也是被讨论的问题之一。该案涉及一份财政代理协议,一方当事人是巴西的一家3000万份全球债券的发行人,一家纽约州银行和另一家巴西公司为担保人,协议包含一项纽约州法律选择条款,约定适用纽约州《普通债法》第5-1401(1)条。② 该条款规定,该协议及其担保都适用纽约州法律,"不包括冲突法原则"。③ 在担保协议中的另一条款也规定该协议适用纽约州法律,但没有上面提到的排除纽约州冲突法的表述。在随后发生的担保人和部分债权人之间的诉讼中,担保人提出 a contrario 规则作为抗辩理由,认为担保协议中的法律选择条款的意思包含了纽约州的全部法律,包括其冲突法,而根据纽约州冲突法则应当适用巴西实体法。

纽约州上诉法院简洁地驳回了该抗辩。法院援引了《第二次冲突法重述》中的规定,即"若无相反的意思表示,当事人选择适用某一州的法律仅指该州实体法"。④ 法院总结道:

> 这容易让人产生一种印象,即当事人试图让应适用哪一实体法这一问题变得混乱不清并期望让法院卷入复杂的冲突法分析中,从而拖延争端的解决并提高诉讼成本。因此,我们认为,当事人在其法律选择条款中并未明确排除纽约州的冲突法原则以便从纽约州实体法中获益。实际上,在本案中,如果当事人希望采用纽约州冲突法原则来确定应适用的实体法,他们可以在其合同中明确加以指示。⑤

吉姆内兹诉加拿大太阳生命保险公司案⑥涉及的是路易斯安那州一项保险立法[La. R. S. 22:868(B)],该法禁止在某些保险合同中选择加入非路易斯

① IRB-Biazil, 20 NY 3d 310.

② 该法规定:"任何交易额超过25万美元的合同的当事人……应同意本州法律支配其权利和义务之全部或一部分,无论该合同、协议或承诺是否与本州有合理联系。"

③ IRB-Brazil, 20 NY 3d 310, at 312.

④ IRB-Brazil, ___N. E. 2d ___, 2012 WL 6571286 at ___.

⑤ Ibid. In Desarrollo Immobiliario y Negocios Industriales De Alta Tecnologia De Hermosillo, S. A. De C. V. v. Kader Holdings Co. Ltd., 276 P. 3d 1 (Ariz. Ct. App. 2nd Div. 2012), review denied (Sept. 25, 2012),该案中,一位墨西哥房东、一位墨西哥房客以及一家作为担保人的香港公司签订了一份在亚利桑那州的建筑合同,其中包含一项亚利桑那州法院选择条款,但担保合同本身只包含一项亚利桑那州法律选择条款。法院认为,法院选择条款也对担保人有约束力并可以执行。

⑥ 2012 WL 3495259 (unpublished, U. S. 5th Cir. Aug. 15, 2012).

安那州法律选择条款。该立法规定:"任何……被保险人为本州居民的集体健康保险和事故保险合同,无论在哪里订立或交付,均不得包含任何交易条件、条款或协议以使该合同受其他州或国家的法律支配。"①

吉姆内兹案涉及一份集体健康和事故保险合同,该合同在得克萨斯州投保,投保人为一家得克萨斯州公司,该公司是原告的路易斯安那州雇员的母公司。保险单规定,该保单"在得克萨斯州交付并受该州法律管辖"。② 原告因醉驾在发生于路易斯安那州的一起事故中受伤。保险公司拒绝向其支付伤残保险金,保单中的一项条款也允许这种做法,而且该条款根据得克萨斯州法律也有效。原告在路易斯安那州起诉保险公司,认为根据路易斯安那州上述立法,得克萨斯州法律选择条款无效,因此,其诉讼请求应适用路易斯安那州法律。

在一份全席法官意见书中,第五巡回法院驳回了原告的主张,理由是原告除了上述立法之外未能"援引任何权威观点"。③ 显然,法院并未把上述立法视为"权威"。法院认为,原告"未能提出任何合法论据以证明其所主张的与得克萨斯州法律相冲突的路易斯安那州立法可以排除保险单中的有效法律选择条款"。④ 实际上,一项立法凭什么可以排除保险公司的法律选择呢?

(二)法院(及法律)选择条款

1. 可执行性

除了仲裁条款之外,另一种使法律选择条款安装牙齿的有效手段,是在其中加入一项排他性法院选择条款以便让诉讼在准据法所属州进行。⑤ 这是因为美国法院对待法院选择条款的态度异常恭敬。例如,欧盟成员国法院根据《布鲁塞尔第一条例》并不会执行一项在争端发生前订立的对消费者和受雇者不利

---

① La. R. S. 22:868(B). 合同中的禁止性条款规定,该保险单应依他州法律解释,而该立法则禁止采用此类条款。

② Ibid., at *1.

③ Ibid., at *7.

④ Ibid., at *10.

⑤ 显然,一项非排他性条款不能产生此种结果。对于此种条款到底是排他性还是非排他性的讨论,参见本文第三(二)2 部分。

的法院选择条款。[①] 而美国法院则不同,通常会毫不犹豫地执行这样的条款。

迈拉资产诉皇家加勒比游船公司案[②]就说明了这一点。该案的事实与联邦最高法院审理的声名狼藉的嘉年华游轮公司诉夏特案[③]如出一辙,后者支持了一位华盛顿游客持有的一张游船票上的佛罗里达法院选择条款。而在迈拉案中,游船票上包含一项英国法律选择条款和一项英格兰,和威尔士法院排他性管辖权条款。该游客居住于英格兰并在该地购买了从迈阿密到加勒比的游船票。在轮船旅游之后,该游客死于罗马军团病。其继承人认为他是在游船上感染该疾病的。其继承人在迈阿密起诉游船公司,认为法院选择条款无效,因为如果遵守该英格兰法律选择条款,将会限制游船公司的披露义务,而这违反了一项重要的联邦立法[46 U. S. C. §30509(a)]。根据该立法,那些试图限制"在美国境内承运旅客"的轮船公司因旅客受伤或死亡而承担的责任的条款,或者限制"当事人因人身伤害或死亡而向有管辖权的法院起诉的权利"的条款,均属无效。[④] 实际上,适用英格兰法律会限制船方的责任,因为英国是《关于海上旅客及其行李运输的公约》(《雅典公约》)的缔约国,该公约限制了船方的赔偿责任。[⑤]

第十一巡回法院驳回了继承人的主张。法院依据夏特案认为,"国会在制定第30509(a)号法律的时候关注的是禁止船方单方面强迫接受责任限制而不给予任何司法程序的救济"。[⑥] 法院认为:

> 本案中则相反,法院选择条款只是将诉讼提交某一特定法院……该条款让该法院……通过适用其自身的法律选择规则,或者通过执行合同中独立的法律选择条款来判断应适用的实体法。在任一情况下,都是由行使管辖权的法院的

---

① 参见欧盟2012年12月12日《关于民商事领域管辖权与判决承认与执行的第1215/2012号条例》(布鲁塞尔I)第19条,L 351/1 O.J. (20.12.2012)。第19条规定,在消费者合同中规定许可性管辖基础的条款"只能依据下列协议排除:(1)该协议在纠纷发生后才缔结;(2)该协议允许消费者在指定的法院以外的法院起诉"或者该协议选择消费者和其他当事人共同住所地国法院。第23条规定,在雇佣合同中规定许可性管辖基础的条款"只能依据些列协议排除:(1)该协议在纠纷发生后才缔结;(2)该协议允许受雇者在指定法院以外的法院起诉"。

② 695 F.3d 1233 (11th Cir. 2012).

③ 499 U.S. 585 (1991).

④ 46 U.S.C. § 30509 (a).

⑤ 美国不是该公约缔约国。

⑥ Estate of Myhra, 695 F.3d at 1243.

判决来确定应适用于案件的法律,而不是由船方的命令。①

法院也认识到,根据英格兰法律选择条款,英格兰和威尔士法院很可能会适用英格兰法律。“但是”,法院指出,“该判决并非是由当事人任一方作出的,而是由英格兰和威尔士法院作出的”,②因此,它并非是第30509(a)号法律所禁止的“单方面”行为。

当然,第30509(a)号法律并没有说明船方的“单方面”行为到底是什么。该立法只是禁止限制船方责任的合同条款,③也就是那些由当事人双方都同意(至少表面上同意)的条款。本案恰恰就是如此:英格兰法院将会根据法院选择条款裁判本案,并会根据英格兰法律选择条款而适用英格兰法律。因为法院同时认为这些条款(至少是法院选择条款)“已经合理通知了”旅客,不属于不公平条款,④因此,它们不能被视为船方的“单方面”行为。不过,它们确实具有第30509(a)号法律所禁止的效果。因此,对于为什么不适用第30509(a)号法律,必须有一个更合理的解释。

当法院发现该旅客及其家庭是“英国公民并且是在英国的一家旅行社购买了船票”,而且被告公司“在该国有办公室且经常在该地招徕生意”时,⑤法院试图做出解释。法院也注意到该法院选择条款“允许美国法院尊重其他国家公民的权利和明示选择,同时也要尊重其他国家法院裁判争端的能力”,法院得出结论认为,在国会没有明文授权的情况下,法院不应“阻止其他国家在涉及其本国公民及其国内商业关系的案件中适用该国实体政策”。⑥ 然而,第30509(a)号立法却包含了这样一项有争议的授权,其中所要求的唯一联系是该载客船舶的出发港或目的港是美国港口。

梅利亚诉仁海公司案⑦是一起与迈拉案类似的案例。被告是一家纽约公

① Ibid. 法院同时指出,第30509(a)条并没提到法院选择条款,即便如此,根据Shute案,国会基于其他理由修订了该法。

② Ibid., at 1243.

③ “所有人……不得在一项条例或合同中加入一项限制……所有人责任的条款”。参见46 U.S.C. § 30509(a)。

④ See Estate of Myhra, 695 F.3d at 1244-47.

⑤ Ibid., at 1244.

⑥ Ibid.

⑦ 967 N.E.2d 580 (Mass. 2012).

司,原告是马萨诸塞州居民,双方的雇佣合同中包含了一项纽约法律选择条款和法院选择条款。原告在位于波士顿的办公室工作。他在马萨诸塞州法院起诉被告,认为被告没有支付其薪水从而违反了《马萨诸塞州工资法》的规定。他主张,纽约州法律选择条款以及纽约州法院选择条款均剥夺了他应享有的《马萨诸塞州工资法》的保护从而不可执行,而该法禁止通过协议放弃该法所规定的权利。

马萨诸塞州最高法院"原则上"同意原告的主张,观点如下:(1)所采纳的法律选择条款"将会剥夺《马萨诸塞州工资法》提供给受雇者的实体权利,从而违反了公共政策,因此不可执行";(2)马萨诸塞州公共政策"要求被选择的法院尽可能适用《马萨诸塞州工资法》"。[①] 然而在本案中,法院却过于轻易地相信"纽约州法院通过适用纽约州法律选择规则会适用马萨诸塞州法律"。[②] 该法院基于两点理由得出了这一结论。

第一点理由是,原告主张的违反《马萨诸塞州工资法》的诉讼请求并非合同上的请求,除非该法律选择条款有明文规定或者其用语足够达到该效果,否则纽约州法院不会将该法律选择条款解释为非合同请求,而事实上该条款并没有达到该效果。因此,纽约州法院将会依据侵权冲突规则解决该冲突,特别是那些与调整行为有关的冲突。[③] 根据该规则,法院得出结论认为,纽约州法院将会适用马萨诸塞州法律,因为纽约州冲突法"指引适用侵权行为发生地法律",[④] 而且因为原告所有工作都是在马萨诸塞州完成的,所指控的行为——未支付工资——也发生于马萨诸塞州,而且马萨诸塞州"对诉讼结果拥有最大利益"。[⑤]

第二点理由是,根据合同法律选择原则。法院在没有考虑法律选择条款的情况下再次得出结论认为,纽约州法院将会根据纽约的"重力中心地方法"(Center of gravity approach)适用马萨诸塞州法律,因为"履行地位于马萨诸塞州,其他联系因素也没有指引适用其他任何州的法律,并且政府利益也集中于

---

① 967 N. E. 2d 580 (Mass. 2012). at 590.

② Ibid.

③ 967 N. E. 2d 580 (Mass. 2012), p. 591. (我们相信,纽约州法院会对当下纠纷适用侵权的法律选择规则。原告的请求基于一项对所有雇主行为进行监管的立法,该立法不仅针对被告。因此,工资法实现了调整其境内行为的利益。)

④ Ibid., at 593,援引了 Cooney v. Osgood Mach., Inc., 81 N. Y. 2d 66, 72, 612 N. E. 2d 277 (1993)。

⑤ Ibid.

马萨诸塞州”。[1]

两起佐治亚州案例也涉及相同的法律选择和法院选择的组合条款。在第一起案例克鲁普服务公司诉全部风险有限公司(Crump Ins. Services v. All Risks Ltd.)案[2]中,佐治亚州的受雇者与其马里兰州的雇主之间订立的雇佣合同包含一项马里兰法律选择和法院选择条款以及一项限制性协议,该协议根据佐治亚州法律为无效。佐治亚州法院指出,如果原告能够证明马里兰州法院会执行该限制性协议,则该法院选择条款将会被认为无法执行。然而,原告并未提供该证明。多数意见书于是认为,马里兰州法院将会适用马里兰州法律,但该法也会认为该限制性协议不可执行。一份协同意见书指出,马里兰州法院不会遵从马里兰州法律选择条款从而会适用佐治亚州实体法。因此,在任何情况下结果都会是一样的。法院最终认为该法院选择条款不可执行。

第二起佐治亚州判例是卡尔森诉欧博控股有限公司(Carson v. Obor Holding Co. LLC.)案,[3]该案中,一位佐治亚州受雇者和其佛罗里达州雇主之间的雇佣合同包含有佛罗里达法律选择和法院选择条款以及一项限制性协议,该协议根据佛罗里达州法律是无效的,但根据佐治亚州法律则为有效。佐治亚州法院指出,佐治亚州先例“认为公共政策可以作为一个排除法院选择条款的强制性理由……至少在这样的情况下,即在该选定法院进行诉讼可能产生未被佐治亚州既定公共政策的结果”。[4] 法院认为本案就是这样一起案件。法院认为,该法院选择条款不可执行,因为根据法律选择条款,佛罗里达法院将会适用佛罗里达州法律并会支持该限制性协议,而这会导致与佐治亚州公共政策相违背的结果。[5]

足球促进公司诉图巴案(Pro-Football Inc. v. Tupa)[6]是另一起雇佣案件,但该案涉及的是员工提起的赔偿问题。可以想见,该案中的法院选择条款同样

---

① 967 N. E. 2d 580 (Mass. 2012), at 594.

② 727 S. E. 2d 131 (Ga. Ct. App. 2012), reconsideration denied (Apr. 12, 2012).

③ 734 S. E. 2d 477 (Ga. Ct. App. 2012).

④ Ibid., p. 481.

⑤ 在 Becham v. Synthes USA, 482 F. App'x 387 (11th Cir. 2012)案中,法院认为,一项雇佣合同中包含的限制性条款也包含一项宾夕法尼亚州法律选择条款(但没有法院选择条款),该条款违反了佐治亚州公共政策,因此不可执行。该案也讨论了佐治亚州在该政策上的宪法和立法变化,但并没有溯及适用。

⑥ 51 A. 3d 544 (Md. 2012).

不受待见。一位职业足球运动员查尔斯·图巴和他的球队华盛顿红肤队之间的雇佣合同包含有弗吉尼亚州法院选择和法律选择条款。① 该足球队由一家马里兰州公司拥有,其比赛场地也位于马里兰州,但是其训练场位于弗吉尼亚州。查尔斯·图巴在马里兰州的运动场受伤,并向马里兰州劳工赔偿委员会提起了劳工赔偿请求。红肤球队以合同中的弗吉尼亚州法院选择条款为由对该委员会的管辖权提出质疑。图巴则援引马里兰州一项立法[第9-104(a)号法令],该法并未提及法院选择条款,但禁止任何取消受雇者权利或豁免雇主该法项下义务的协议并规定此类协议无效。②

马里兰州最高法院适用了该立法并支持了委员会的管辖权,法院指出:"如果认为法院选择条款构成了对第9-104号立法的例外,这就会违反对该项立法的基本解释原则。"③确实正如拉尔森(Larson)教授在一份被法院援引的摘要中所言,那些条款,"无论其目的是用于扩大本州工人赔偿立法的适用范围",还是用于"缩小其他州立法的适用范围",都是没有效果的。④ 这是因为工人的赔偿"并非双方当事人可以解决的私人事务,公众对该事务拥有深远的利益,这些事务不能被个人间协议所改变"。⑤ 这就是为什么"实践中所有工人赔偿立法都会强调禁止通过合同减损权利或利益"。⑥

2. 解释

在上述所有案例中,法院选择条款都包含有这样的用语,即授予所选择的州法院排他性管辖权。这一点很重要,因为在美国并没有这样一种推定,认为法院选择条款所赋予的是一种排他性管辖权。实际上,根据一些案例所反映的

---

① 另一起涉及Redskins及其他运动员的案件见Pro-Football, Inc. v. McCants,见本文四(二)部分的讨论。

② 该法规定,"相关雇员或雇主不得通过协议……(1)排除相关雇员或雇主彼此间根据本条所负之义务;(2)放弃相关雇员或雇主根据本条所享有之权利",任何相反之约定"违反规定者均为无效"。参见《马里兰州劳工赔偿法》第9-104(a)条。

③ See 51 A.3d at 549.[第9-104(a)条以简单明确的语言禁止通过协议排除雇主向劳工支付根据马里兰州法律应得的赔偿利益的义务。该条还禁止通过协议取消雇员依据马里兰州法律应当获得的赔偿利益。有观点认为,法院选择条款构成对第9-104条的例外,但该观点违反了立法解释的基本原则。]

④ Ibid.,援引了Larson, Workmen's Compensation Law, § 87.71 at 395 (1968 Supp.).

⑤ Ibid.

⑥ Ibid.,在一起涉及类似事由和其他运动员的案件中,Redskins俱乐部决定放弃对弗吉尼亚州法院选择条款的选择。参见Pro-Football, Inc. v. McCants, 51 A.3d 586 (Md. 2012)。参见本文四(二)部分。

情况,在美国约定俗成的做法恰恰相反——一项法院选择条款被认为仅具有许可性(permissive)而非排他性,除非其中包含有相反的用语。[①] 2012 年的一个案例是博兰德诉乔治·S. 梅国际公司案。[②] 在该案中,法院选择条款规定"管辖权授予伊利诺伊州"。让该条款起草者失望的是,马萨诸塞州法院认为该条款只是"允许而非要求诉讼在伊利诺伊州法院进行"。[③] 相反,根据在大多数欧洲国家适用的《布鲁塞尔第一条例》和《卢加诺公约》规定的制度,约定俗成的做法是相反的——一项法院选择条款被认为具有排他性(exclusive),除非其中包含相反用语。[④]

然而,如果上面所说的"相反用语"本身就模棱两可,那么上述约定俗成的做法也无济于事。这种情况的发生通常是因为该条款起草得比较草率。如果确实发生这种情况,那么该条款到底是排他性的还是许可性的,这个问题就必须通过司法解释来回答。如果法院选择条款没有伴随着一个法律选择条款,那么就应当根据法院地法律来进行。如果法院选择条款同时伴随着一个法律选择条款,那么问题就演变为:司法解释应当根据法院地法律来进行,还是根据法律选择条款所选定的法律来进行?美国法院的实践二者兼有,有些法院适用法

① See, e. g. , John Boutari & Son, Wines & Spirits, S. A. v. Attiki Imp. and Distrib. , Inc. , 22 F. 3d 51, 53 (2d Cir. 1994); Docksider, Ltd. v. Sea Technology, Ltd. , 875 F. 2d 762, 764 (9th Cir. 1989); Hunt Wesson Foods, Inc. v. Supreme Oil Co. , 817 F. 2d 75, 77 - 78 (9th Cir. 1987); Keaty v. Freeport Indonesia, Inc. , 503 F. 2d 955, 956 - 57 (5th Cir. 1974); Citro Florida, Inc. v. Citrovale, S. A. , 760 F. 2d 1231, 1231 - 32 (11th Cir. 1985).

② 969 N. E. 2d 166 (Mass. App. Ct. 2012).

③ Ibid. , at 168. McDonald v. Amacore Group, Inc. , 2012 WL 2327727 (unpublished, N. J. Super. Ct. App. Div. June 20, 2012),该案提供了一个不同的但起草的同样不规范的条款的例证。该条款规定:"本协议应受佛罗里达州法律支配,该州对本合同有关的事务引起的任何请求或纠纷具有排他性管辖权……"

④ 《布鲁塞尔第一条例》第 25 条规定:"当事人无论住所位于何地,如果同意某一成员国法院解决他们之间特定法律关系引起的纠纷,该法院即拥有管辖权,除非该协议根据该成员国法律在实质上无效或失效。除当事人另有约定外,该管辖权具有排他性。"《卢加诺公约》第 23 条之规定也与此相同。

院所在地法律，[1]有些法院则适用所选择的法律，前提是法律选择条款有效。[2]

Enquip Technologies Group v. Tycon Technoglass 案[3]是新近的一起涉及该问题的案例。[4] 该案中，一位意大利厂商和一家设在佛罗里达州的美国销售代理商签订的合同规定："本协议应受意大利法律支配并依该法解释。威尼斯法院对任何争议拥有管辖权。"[5]佛罗里达州公司在俄亥俄州起诉该意大利生产商违约且未支付佣金，因为该意大利公司的母公司总部设在俄亥俄州。法院认

---

① See, e. g., Wong v. PartyGaming Ltd., 589 F. 3d 821, 827 (6th Cir. 2009); Fru-Con Constr. Corp. v. Controlled Air, Inc., 574 F. 3d 527, 538 (8th Cir. 2009); Doe 1 v. Aol LLC, 552 F. 3d 1077, 1083 (9th Cir. 2009); Ginter ex. rel. Ballard v. Belcher, Prendergast & Laporte, 536 F. 3d 439, 441 (5th Cir. 2008); Phillips v. Audio Active Ltd., 494 F. 3d 378, 384 (2d Cir. 2007); P & S Bus. Machs. v. Canon USA, Inc., 331 F. 3d 804, 807 (11th Cir. 2003); Jumara v. State Farm Ins. Co., 55 F. 3d 873, 877 (3d Cir. 1995); Manetti-Farrow, Inc. v. Gucci America, Inc., 858 F. 2d 509, 513 (9th Cir. 1988); Golden Palm Hospitality, Inc v. Stearns Bank Nat'l Ass'n, 874 So. 2d 1231, 1234 - 1235 (Fla. Dist. Ct. App. 2004); Fendi v. Condotti Shops, Inc, 754 So. 2d 755, 757 - 758 (Fla. Dist. Ct. App. 2000); Yamada Corp. v. Yasuda Fire & Marine Ins. Co., Ltd., 712 N. E. 2d 926 (Ill. App. Ct. 1999).

② See, e. g., Abbott Laboratories v. Takeda Pharmaceutical Co. Ltd., 476 F. 3d 421, 423 (7th Cir. 2007); Yavuz v. 61 MM, Ltd., 465 F. 3d 418 (10th Cir. 2006); Jacobsen Constr. Co. v. Teton Builders, 106 P. 3d. 719, 723 (Utah 2005); Szymczyk v. Signs Now Corp., 168 N. C. Ct. App. 182, 606 S. E. 2d 728 (2005); Jacobson v. Mailboxes Etc. USA, Inc., 646 N. E. 2d 741 (Mass. 1995); Cerami-Kote, Inc. v. Energywave Corp., 773 P. 2d 1143 (Id. 1989); Simon v. Foley, W. D. N. Y. No. 07 - CV4766S, 2011 WL 4954790 (Oct. 18, 2011); Lanier v. Syncreon Holdings, Ltd., E. D. Mich. No. 11 - 14780, 2012 WL 3475680 (Aug. 14, 2012); Global Link, LLC. v. Karamtech Co., Ltd., 06 - CV - 14938, 2007 WL 1343684 (E. D. Mich. May 8, 2007); TH Agric. & Nutrition, LLC v. Ace European Group Ltd., 416 F. Supp. 2d 1054 (D. Kan. 2006).

③ 2012 WL 6737839 (unpublished, Ohio App. 2nd Dist., Dec. 28, 2012).

④ 在 Adams v. Raintree Vacation Exchange, LLC, 702 F. 3d 436 (7th Cir. 2012) 案中，合同条款规定："当事人在此同意受墨西哥城法律之约束和联邦地区法院之管辖，并明确放弃任何其他法院基于现在或将来之住所对他们具有的管辖权。"同上，第438页。尽管该条款用语太粗糙，但该法院选择条款具有排他性，不过该案涉及的是一个不同的问题——该条款能否被一个非签字方援用。法院认为，因为上述条文中包含了一个墨西哥法律选择条款，因此该问题本来应由墨西哥法律决定。但是，双方当事人均未援用墨西哥法律且双方都援用了法院地法律。法院最终认为当事人的行为表明，他们放弃了法律选择问题并同意地区法院适用法院地法："我们不明白，既然当事人双方均未提出要求，地区法院干吗要自寻烦恼地去寻求外国法律。合同当事人有充分自由去指定解释其合同的法律，也可以自由修改合同中做出的指定(视为修改合同)。由于当事人没有援用墨西哥法律且仅仅援引了联邦判例，他们已经放弃了对具有不同特点的墨西哥法律的信任，从而不能将其用于解释法院选择条款。"

⑤ Enquip Technologies, 2012 WL 6737839, p. *8.

为,由于法院选择条款附带有一个法律选择条款,该法院选择条款的含义应依据该法律选择条款所选定的法律予以确定,即意大利法律。法院认为:"法律选择条款可以被视为同一合同中的法院选择条款的含义的证据。正如被选择的法律用于解释该合同中任何其他条款的含义一样,它也应被用于解释该法院选择条款。"①

如前所述,意大利所遵守的《布鲁塞尔第一条例》规定,法院选择条款"具有排他性,除非当事人另有约定"。② 鉴于该项规定以及意大利最高法院的一项判决,俄亥俄州法院认为:"该法院选择条款在意大利法律中的含义是,威尼斯法院拥有排他性管辖权。"③法院接下来对其判决理由作了如下解释:

很清楚,对于"许可性——排他性"问题,我们没有将其作为法律选择问题处理。相反,我们只是将其作为合同解释问题。我们适用俄亥俄州合同解释法律来解释法院选择条款。俄亥俄州法律规定,法院选择条款的含义由当事人确定。根据当事人的法律选择条款的规定,当事人之间的协议应当由意大利法律来解释,我们认为,当事人希望的含义就是该法院选择条款在意大利法律中的含义。因此,我们确定了意大利法律对该条款用语所赋予的意义。然后,我们确定,意大利法律认为该法院选择条款具有排他性。④

但该案并未到此为止。其中一位原告的诉讼请求是被告违反了俄亥俄州一项立法,该立法规定,如果未能向在俄亥俄州境内从事销售的代理商支付佣金,将会支付 3 倍赔偿金。该项立法同时禁止任何非俄亥俄州法律选择条款和法院选择条款,并宣布任何排除该法规定的行为无效。法院不得不指出,尽管就原告的合同诉讼请求而言,法律选择条款和法院选择条款具有可执行性,而就原告针对未支付佣金而提起的 3 倍赔偿的法定诉讼请求而言,这些条款不具有可执行性。但是,这一结论"并不意味着应依据俄亥俄州法律来确定损害赔偿"。⑤ 法院解释道:

---

① Enquip Technologies, 2012 WL 6737839, at ∗5.

② Brussels I Regulation(Recast), L 351/1 O. J. (20.12.2012).

③ Enquip Technologies, 2012 WL 6737839, p. ∗9.

④ Ibid.

⑤ Ibid., at ∗10.

我们很不情愿地宣布,一份由意大利生产商和位于佛罗里达州的销售代理商在俄亥俄州境外谈判订立的合同要受俄亥俄州的一项立法的支配,该合同授权销售商在4个国家和所有美国州内进行销售——尤其是其中只有很小一部分销售涉及俄亥俄州,而且只有很少一部分销售对于所主张的法定诉讼请求有关联。的确,俄亥俄州对于该合同而言并不重要。①

在分析了《第二次冲突法重述》有关侵权冲突法的相关条文之后,法院认为,俄亥俄州并不具有最密切联系。的确,法院认为,“在三格可能的选项——俄亥俄州、佛罗里达州和意大利中,到底应适用谁的法律?俄亥俄州与该案件和当事人具有最不显著的联系”。② 法院指出,不需要在佛罗里达州和意大利法律之间进行选择,因为根据二者的法律,原告都不能获得3倍赔偿金。

(三)不包含法律选择条款的合同

Nordhues v. Maulsby 案③是一个少见而有趣的案例,其中涉及同一批牛的5次销售。A是密苏里州居民,在内布拉斯加州购买了190头小母牛,并将其托付给位于密苏里州的B照料。该托付行为的具体情形是——根据密苏里州法律而非内布拉斯加州法律——B有权出售该批小母牛。B将该批小母牛出售给密苏里州居民C,C将其出售给一家内布拉斯加公司D,D将该批小母牛迁移到内布拉斯加州,然后出售给内布拉斯加居民E,E又将其出售给另一位内布拉斯加居民F。根据实际审判该案的内布拉斯加法院的说法,“这些交易看上去‘最好地反映了资本主义’,因为每一位当事人都从中获益”。④

A是链条中的第一位所有人,他针对链条中的最后一位买家F提起了一项返还财物的诉讼。在2010年的诺伍德诉诺德哈斯案中,内布拉斯加州法院适用了内布拉斯加州法律,判决F向A返还该批小母牛。⑤

F又接着起诉向其出售小母牛的E,要求返还货款。E则接着起诉其前手卖家,依次向前溯及,直到B为止,因为B已经破产。这一次,同一家内布拉斯加法院认为应当适用密苏里州法律。法院承认,该案的核心问题是,B作为该

① Enquip Technologies, 2012 WL 6737839, at *11.

② Ibid., at *12.

③ 815 N. W. 2d 175 (Neb. Ct. App. 2012), review denied (June 27, 2012).

④ Ibid., at 184.

⑤ See Norwood v. Nordhue, No. A-09-1025, 2010 WL 2902345 (unpublished, Neb. Ct. App. July 13, 2010).

批小母牛的最初受托人是否有权出售它们。如果他有权,则所有随后的交易都有效,因为所有当事人都是合格的"商人",销售是以正常的商业途径进行的,所有买方都是善意购买并支付了公平的价款。法院认为,B 销售小母牛的权利由密苏里州法律支配,因为委托行为发生在密苏里州,委托人、受托人和 C(第一位从受托人手中购买小母牛的人)都是密苏里州居民。由于根据密苏里州法律,受托人有权出售小母牛,他的出售行为合法转让了所有权,所有随后进行的出售行为也同样如此,包括向最后一位买家 F 的出售。因此,F 无权向 E 追索价款。可以预见,F 以一事不再理原则为由提起抗辩,认为该判决违反了该法院先前在 Norwood 案中作出的判决,根据该判决,他必须向 A 返还小母牛,因为他并未取得合法所有权。然而,法院却拒绝考虑该项一事不再理抗辩,并认为其不合时宜。

在森林公园图片社诉统一电视网络公司(Forest Park Pictures v. Universal Television Network Inc.)案①中,所涉问题是一份"事实合同"的存在与否。在加利福尼亚州好莱坞举行的一次会议上,原告"抛给"被告一个电视连续剧的主意并提供了一份纲要。后来被告开发出一部电视连续剧,该剧与原告当初的主意非常近似。原告于是起诉被告——一家纽约州公司,向其索要赔偿。根据加利福尼亚州法律,"事实合同"可以被证明存在,即使无法证明存在价格协议。纽约州法律对于该问题没有规定。通过运用纽约州的"重力中心地方法",第二巡回法院认为应当适用加利福尼亚州法律,因为加利福尼亚州与案件拥有密切联系。②

附属长老教堂诉哈特兰长老会案③是一起发生于一家密苏里州本地教会(Colonial)和同一教派的全国教会之间的争端。该争端涉及的是在当地教会名下的不动产所有权,该不动产位于堪萨斯州和密苏里州。该当地教会并未签署全国教会章程,该章程规定,地方教会的所有财产都被视为供全国教会使用和受益的信托财产。堪萨斯州法律根据"服从规则"(rule of deference)会承认这

---

① 683 F. 3d 424 (2d Cir. 2012) (decided under New York conflicts law).

② Ibid., at 434. [本案中,几乎所有密切联系点都在加利福尼亚州:原告与被告之间的单独面谈在加利福尼亚州;至少部分履行(原告对其观点的书面和口头表达)发生在加利福尼亚州;书面文件位于加利福尼亚州;3 个原告中的两个是加利福尼亚州居民;被告的营业地尽管位于纽约州,但所有与合同有关的行为都发生在被告的加利福尼亚州办公室。]

③ 375 S. W. 3d 190 (Mo. Ct. App. W. D. 2012), transfer denied (Sept. 25, 2012).

样一种信托,根据该规则,世俗法院将会遵从一个“等级制教会”①作出的决定,如本案所涉及的全国教会。密苏里州则不会承认这种信托,因为根据密苏里州所奉行的“中立原则”,本案中根本不存在明示或默示的信托。②

密苏里州法院适用了密苏里州法律,支持了本地教会。法院指出,系争财产位于堪萨斯州境内对于本案而言并不重要,因为争端主要集中于两家教会之间的关系,因此,“只有法律关系的所在地才是至关重要的”。③ 本案并不涉及“堪萨斯州教会”而涉及的是一家密苏里州教会和一家全国教会,该全国教会也被法院视为一家本地组织,因为它由一家当地神学院作为代理人。法院决定采用合同法律选择原则解决该争端,因为“尽管本地教会和全国教会之间的关系不是由合同约束的,但当事人都同意它们彼此之间具有伙伴关系,因此可以类推适用合同的冲突法原则”。④ 根据《第二次冲突法重述》的合同法原则,法院认为应当适用密苏里州法律。⑤

斯科勤公司诉农业保险公司案⑥是一起非常复杂的案件,在争议当事人中,一方是一家加利福尼亚州被保险人及其澳大利亚分公司,另一方为一家拒绝赔偿的美国保险公司,案件涉及的是发生于澳大利亚的损失的保险。在该案的初期,加利福尼亚州法院曾根据《加利福尼亚州民法典》第 1646 条,认为应适用合同签订地伊利诺伊州法律,支持被保险人针对保险公司提起的所有诉讼请求,包括其所主张的对方的恶意保险行为。⑦ 此后不久,加利福尼亚州上诉法院在前线石油公司诉 RLI 保险公司案⑧中认为,《加利福尼亚州民法典》第 1646 条

---

① 375 S. W. 3d 190 (Mo. Ct. App. W. D. 2012), transfer denied (Sept. 25, 2012). at 197 – 98.

② Ibid., at 195 – 96.

③ Ibid., at 199.

④ Ibid., at 200.

⑤ Ibid. (“所有与本地的和国内的教会有关的事情都发生在密苏里州。从 1940 年到现在,本地教会都是一家密苏里州法人,在密苏里州处理国内教务……导致当事人成立信托的所有事情都发生于密苏里州……确实有些争议财产位于堪萨斯州,但这并没有将当事人关系的所在地转移到堪萨斯州。”)

⑥ 2012 WL 4244157 (unpublished, Cal. Ct. App. 4th Dist. Sept. 21, 2012).

⑦ 第 1646 条规定:“一份合同应当依据履行地法律和惯例进行解释;如果没有履行地,则根据订立地法律和惯例解释。”法院认为,第 1646 条要求适用伊利诺伊州法律,因为合同在伊利诺伊州订立而且不存在特定的履行地。

⑧ 63 Cal. Rptr. 3d 816 (Cal. Ct. App. 2nd Dist. 2007), review denied (Nov. 14, 2007), discussed in Symeonides, 2007 Survey at 296 – 99.

只适用于合同解释问题,其他冲突法问题应当根据加利福尼亚州的利益分析/比较损害方法予以解决。根据这一观点,斯科勒案的审理法院同意了被保险人要求的重审审理其针对保险人的恶意保险行为所主张的赔偿请求,该请求根据法院的解释并非属于合同的解释问题。根据加利福尼亚州法律,被保险人有权提起侵权诉讼,并要求损害赔偿和 3 倍赔偿以及律师费。根据伊利诺伊州法律,被保险人将获得律师费、其他费用和适当的罚金。

法院认为,应当适用加利福尼亚州法律,理由如下:(1)加利福尼亚州和伊利诺伊州都有支持被保险人的法律,因此,在所产生的虚假冲突中加州对于适用其法律具有更大的利益;①(2)如果伊利诺伊州有一项支持保险人的法律,则保险人未能证明伊利诺伊州对于在该案中适用其法律具有更高利益。②

(四)保险合同

在 NCR 公司诉运输保险公司案③中,所涉问题是保险合同是否涵盖被保险人位于威斯康星州的工厂所造成的环境污染。该保险人总部位于加利福尼亚州,被保险人总部位于俄亥俄州和佐治亚州并,在全球范围经营,而保险合同所包含的是其位于几个州的经营行为。保险人认为应适用俄亥俄州法律,而被保险人则主张适用威斯康星州法律。威斯康星州法院适用了该州法律。

法院认为,"威斯康星州的法律选择理论……历经复杂演变",尤其是在所采用的方法论上,到底是采用组合联系分析方法、影响因素选择分析方法还是二者兼用,一直存在分歧。④ 法院最终认为应当二者兼用,即第一步采用组合联系分析方法,第二步采用影响因素分析方法。如果与某个州的联系"如此有限和微不足道以致适用该州法律显属多此一举",⑤那么就不需要再采取第二步了。此外,"由于存在一种微弱的支持适用法院地法的推定,根据第一步所确定的与非法院地州的联系必须明显地比其他州更密切"。⑥

在采取第一步之前,法院解释说,在保险案件中,相关联系除了《第二次冲

---

① See Scholle, 2012 WL 4244157 at *12. 法院注意到,加州相比伊利诺伊州而言与诉讼程序具有更密切联系,因为保险人和被保险人之间的所有协商都发生在那里。

② Ibid. 法院注意到,保险人提出的欺诈指控是基于被保险人如何处理因澳大利亚发生的损失而提出的请求,而且"请求的任何方面都没有发生在伊利诺伊州或与该州有任何联系"。

③ 823 N. W. 2d 532 (Wis. Ct. App. 2012).

④ Ibid., p. 535.

⑤ Ibid.

⑥ Ibid.

突法重述》第188条对合同冲突所列举的那些以外,[①]还包括《冲突法重述》第193条所规定的"保险风险主要所在地",以及对侵权冲突而言重要的两种联系(致害行为发生地和损害结果发生地)。

法院接下来审查了所有这些联系,并总结道:(1)保险风险所在地明显支持威斯康星州;[②](2)谈判和缔约地不具有重要意义,因为这两个行为是通过位于伊利诺伊州的经纪人完成的;(3)履行地也不具有重要意义,或者不明显支持威斯康星州;[③](4)当事人住所稍微偏向于俄亥俄州,因为被保险人在签订保险合同时总部位于该州;(5)行为和损害都发生于威斯康星州。通过上述分析,法院认为,与俄亥俄州的联系"如此有限和微不足道以至于适用该州法律显属多此一举……尤其是……在存在一种微弱的支持适用法院地法的推定的情况下"。[④]

在斯考茨戴尔保险公司诉莫洛土地山谷有限责任公司案[⑤]中,所涉问题为:一份被保险人为阿肯色州公司的保险合同,保险标的是其位于田纳西州的家禽饲养场,该合同是否涵盖发生于田纳西州的环境污染?阿肯色州最高法院认为,该问题应依照阿肯色州法律确定(该法律支持被保险人),因为尽管被保风险位于田纳西州,但所有其他联系都指向阿肯色州,即"缔约地位于阿肯色州;谈判地位于阿肯色州;履行地位于阿肯色州;双方当事人住所位于阿肯色州;家禽饲养场虽然位于田纳西州,但法院认为阿肯色州法律应适用于合同"。[⑥]

在In re Liquidation of Integrity Ins. Co./Sepco Corporation案[⑦]中,争端发生于一家公司和一家保险公司之间,该公司的产品导致几个州的用户在很长时期内遭受严重损害,而该保险公司对该产品承担一段时期内的保险,但该保险

---

① 这些连结点包括:(1)缔约地;(2)合同谈判地;(3)履行地;(4)合同标的所在地;(5)当事人住所地、居所地、国籍、成立地和营业地。

② 法院注意到,由于保险单涉及被保险人在多个州的业务,任何州都不能被视为被保险风险的主要所在地,但法院也注意到《第二次冲突法重述》的评论,其中指出,在这种情况下,每一风险应被视为由独立保险单所投保。参见《第二次冲突法重述》第193条,评论f。

③ Ibid., at 538.

④ Ibid.

⑤ ___S. W. 3d ___, 2012 WL 1950247 (Ark. May 31, 2012).

⑥ ___S. W. 3d ___, 2012 WL 1950247 (Ark. May 31, 2012), at *3. 法院也注意到,在第一份保险单发出后而在田纳西州境内的风险发生前,该保险单被修改并包括了被保险人位于阿肯色州的家禽农场。

⑦ 49 A. 3d 428 (N. J. Super. Ct. App. Div. 2012).

公司正处于清算之中。当事人将其法律选择限于两个州——加利福尼亚州和新泽西州。其中,加利福尼亚州是作为被保险人的原告的住所地,而新泽西州是被告保险人的住所地。新泽西州采取的是一种按比例分摊方法(pro-rata approach),即保险人只对其所承担的保险期间内的风险负有赔偿责任;加利福尼亚州采取的是一种共同连带或"全额"方法,该方法允许被保险人从一家保险人那里获得整个保险期间内的所有损失赔偿,而该保险人然后再向其他有关保险人追索其应分担的赔偿。

新泽西州法院认为应当适用新泽西州法律。法院解释说,加利福尼亚州法律的适用会"严重违反新泽西州有关在清算程序中平等分配财产的政策",而适用新泽西州法律则"不会严重破坏"加利福尼亚州的政策,因为被保险人还可以从其他保险人那里获得赔偿。① 法院还指出,尽管被保险人期望适用其本州法律,但被保险人无法预见到该保险合同签订很多年以后,该州会采用这种"全额"赔偿方法。②

One Beacon American Ins. Co. v. Huntsman Polymers Corp. 案③也是一起有关石棉肺病的案例,该案中被保险的工厂所在地位于得克萨斯州,受害者长期暴露于石棉环境下的行为也发生于该州。不过,保险合同同时覆盖了位于其他州的工厂。被保险人是位于犹他州的公司,该公司从前手卖家(得克联斯州一家公司)那里得到该工厂,而在此之前,暴露行为已经发生很久了。保险人认为应当适用犹他州法律,而被保险人要求适用得克萨斯州法律。根据犹他州法律,保险人所应支付的被保险损失比例要比依据得克萨斯州法律所应支付的比例低得多。

根据《第二次冲突法重述》第 188 条和第 193 条,犹他州法院认为应适用得克萨斯州法律,因为得克萨斯州比犹他州与该案具有更密切的联系。法院认为,谈判和缔约地都不具有决定意义;履行地和主要营业地这两个联系因素同时指向得克萨斯州和犹他州,但它们最终更侧重于得克萨斯州;被保风险更集中于得克萨斯州。法院指出,被保风险所在地尽管不是完全决定性的,但具有明显的重要性,因为它至少主要位于一个州境内,并且鉴于没有其他州拥有更密切的联系,这种重要性就更显得突出了。尤其是犹他州并不具有更密切联

① 49 A. 3d 428 (N. J. Super. Ct. App. Div. 2012). at 439.

② Ibid.

③ 276 P. 3d 1156 (Utah Ct. App. 2012), cert. denied, 285 P. 3d 1229 (Utah 2012).

系,因为尽管该州是被保险人主要营业地和实际履行地,但该两个联系因素是在保险合同签订和暴露事件发生很久以后以及被保险人从其前手那里获得该工厂之前才出现的。[①]

四、侵权

(一)产品责任

安延果诉罗尔斯罗伊斯公司(Anyango v. Rolls-Royce Corp.)案[②]牵涉一个令人难以置信的故事。一位肯尼亚学生在不列颠哥伦比亚道路上行走时,一架直升机坠落在他头上,导致其死亡。他的父母在印第安纳州针对生产该直升机发动机的印第安纳州公司提起产品责任诉讼。初审法院以不方便法院原则为由驳回了该诉讼,印第安纳州上诉法院认为该案可能适用不列颠哥伦比亚法律,并维持了下级法院的判决。法院指出,在印第安纳州审理将会"成本高昂且浪费时间",而且会"不公平地给印第安纳州人带来陪审义务,因为印第安纳州与争端没有多大联系"。[③]

在印第安纳州最高法院,原告只对下级法院的一项不方便法院理由提出了抗辩——"不列颠哥伦比亚法院制度是有效而适当的,这一点毫无疑义。"[④]原告认为,如果诉讼在不列颠哥伦比亚进行,他们的过错致死诉讼本来应当"获得

---

① See 276 P. 3d 1156 (Utah Ct. App. 2012), cert. denied, 285 P. 3d 1229 (Utah 2012). pp. 1171 - 72. 在 2012 年审理的很多涉及保险冲突法的上诉案件中,以下几起案件应值得关注: Pacific Employers Ins. Co. v. Global Reinsurance Corp. of America, 693 F. 3d 417 (3d Cir. 2012) (case involving the issue of timely notice of risk occurrence; decided under Pennsylvania conflicts law); West American Ins. Co. v. RLI Ins. Co., 698 F. 3d 1069 (8th Cir. 2012) (action for bad faith insurance practices; decided under Missouri conflicts law); American Guarantee and Liability Ins. Co. v. U. S. Fidelity & Guar. Co., 668 F. 3d 991 (8th Cir. 2012) (action for bad faith insurance practices; decided under Missouri conflicts law); Morgan v. AmEx Assur. Co., 287 P. 3d 1038 (Or. 2012) (attorney fees); FC Bruckner Associates, L. P. v. Fireman's Fund Ins. Co., 944 N. Y. S. 2d 84 (N. Y. A. D. 1st Dept. 2012) (timely notice); Higgins v. West Bend Mut. Ins. Co., 85 So. 3d 1156 (Fla. Dist. Ct. App. 5th Dist. 2012) (action for bad faith insurance practices); TIG Ins. Co. v. Monongahela Power Co., 58 A. 3d 497 (Md. App. 2012) (coverage for asbestos liability); Asklar v. Gilb, 979 N. E. 2d 664 (Ind. Ct. App. 2012) (uninsured motorist coverage); Collins v. Downes, 83 So. 3d 1177 (La. Ct. App. 4th Cir. 2012) (uninsured motorist coverage)。

② 971 N. E. 2d 654 (Ind. 2012).

③ Anyango v. Rolls-Royce Corp., 953 N. E. 2d 1147, at 1152 (Ind. Ct. App. 2011).

④ Anyango, 971 N. E. 2d at 658.

七位数的赔偿额”。[1] 法院将这一点理解为是对下级法院所做的以下结论的抗辩,即不列颠哥伦比亚法律可以适用于本案,但经受住了这一“诱惑”。[2] 最高法院认为,“总而言之,所争议的并非是不列颠哥伦比亚法院的有效性和适当性,而是关于应当适用于原告所主张权利的实体法”。[3] 法院广泛援引了派伯尔航空公司诉莱诺案,[4]该案涉及的是同样的争议,最后法院得出如下结论:

> 尽管原告在加拿大可能获得的损害赔偿数额可能更小,尽管在那里的诉讼可能更昂贵和更困难,但法院认为不存在原告被剥夺获得救济的权利的危险……不列颠哥伦比亚是一个“适当”的法院。不列颠哥伦比亚法律允许原告在那里提起他们所主张的过错致死的诉因以获得实质性损害赔偿,尽管我们承认在数额上可能会少一些。[5]

耶尔顿诉PHI公司案[6]是另一起直升机坠毁事故案件。一架直升机在运载工人去一个位于路易斯安那州海岸的石油平台时发生坠毁事故,大多数乘客丧生。该案所涉及的只是这样一个问题:谁有权代表一位丧生的佛罗里达州居民提起过错致死的赔偿诉讼?该死者遗留下一个孩子和他的父母,他们都是佛罗里达州居民。根据路易斯安那州法律,死者的父母只有在死者没有留下尚存的配偶和子女时才可以提起过错致死的赔偿诉讼请求。根据佛罗里达州法律,所有的尚存近亲属包括其父母都有权从过错致死诉讼中获益。死者的母亲以死者父母和孩子的名义在佛罗里达州提起了过错致死诉讼。该孩子的母亲(与死者没有结婚)则在路易斯安那州以孩子的名义提起了一项并行的诉讼,并获得了赔偿。在佛罗里达州的诉讼被移交到路易斯安那州联邦地区法院,并根据佛罗里达州冲突法进行了审理。

地区法院名义上依据《第二次冲突法重述》而实际上采用了纯粹的联系计

---

① Anyango, 971 N. E. 2d at 658.

② 同上。法院认为:“我们抵抗住了诱惑,即对法律选择问题进行裁决,因为如果我们与初审法院和上诉法院的同事们得出同样的结论,即适用不列颠哥伦比亚省的法律,那将是决定性的。”

③ 同上。

④ 454 U. S. 235 (1981).

⑤ Anyango, 971 N. E. 2d at 661 -63.

⑥ 669 F. 3d 577 (5th Cir. 2012) (decided under Florida conflicts law), cert. denied, Nelson v. Aeronautical Accessories, Inc. , 133 S. Ct. 191 (U. S. 2012).

算方法(contact-counting),并认为路易斯安那州具有最密切联系,并适用了该州法律,最终驳回了该诉讼。第五巡回法院维持了地区法院的判决,但修改了地区法院的判决理由。该法院的判决理由值得在这里加以引用,因为该理论是一种令人厌恶的机械主义方法的典型例证:

> 正如被告指出的那样,几乎所有因素都倾向于适用路易斯安那州法律——除了死者尼尔森及其家庭居住于佛罗里达州之外。被告 PHI(直升机所有人)是一家路易斯安那州公司,总部位于路易斯安那州。该直升机在路易斯安那州维修和保养——任何过错行为都发生于这里。乘客在路易斯安那州登机,路易斯安那州也是直升机飞经的唯一州域,路易斯安那州也是预定的唯一飞行路径。证人也都居住于路易斯安那州,救援行动也在路易斯安那州进行。唯一的生存者耶尔顿先生也在路易斯安那州医院治疗。坠机事故中的每个人都是为一家路易斯安那州公司工作并居住于该州……①

基于上述理由,第五巡回法院认为:"事实非常清楚,路易斯安那州是唯一与坠机事故具有最密切联系的州。"②

同样"非常清楚"的是,这一判决理由是错误的。除了法院没有采纳的联系因素——即家庭住所位于佛罗里达州——以外,所有被法院采纳的联系因素都与法院所要解决的特定问题无关,该问题是:谁有权提起过错致死的诉讼?确定谁是过错致死诉讼受益人的规则,反映的是特定社会对于谁与死者更亲密、谁依赖于死者以及谁需要更多保护这些问题所做的价值判断。这些价值判断应当由死者及其受益人所生活的那个社会来做出,而不是死亡发生地的那个社会。在本案中,死者及其所有受益人(以及其他争端当事人,即孩子的母亲)生活在佛罗里达州。这是一起典型的虚假冲突,其中只有佛罗里达州对于适用其法律于特定案件拥有合法请求权。

在宠德斯诉英瑟奇 E & C 公司案③中,导致损害和最终死亡的产品是受害者在新墨西哥州一家电厂进行电焊工作时接触到的材料中所含有的石棉。受害者 1969 ~ 1974 年和 1977 ~ 1983 年一直在那里工作。在此期间,他居住于新

---

① 669 F. 3d at 584.

② Ibid.

③ 276 P. 3d 502 (Ariz. Ct. App. Div. 1 2012) review granted in part (Sept. 25, 2012).

墨西哥州。后来他移居到亚利桑那州,在那里他被诊断出患上间皮肤瘤,病因是他长期接触石棉。他在亚利桑那州针对几位被告提起诉讼,包括电厂所有者、经营者和设计者以及含有石棉的材料生产商。他的诉讼受到新墨西哥州管辖权立法的阻碍,但根据亚利桑那州法律则可行。根据《第二次冲突法重述》,亚利桑那州上诉法院认为应适用新墨西哥州法律,从而驳回了诉讼。

法院分析了《第二次冲突法重述》第 175 条,其中规定,过错致死诉讼应适用伤害发生地州法律,除非其他州拥有更密切联系。法院对伤害发生地到底是位于新墨西哥州还是亚利桑那州这一问题进行了仔细考虑,其中新墨西哥州是受害者接触石棉的地方,而亚利桑那州是石棉导致的疾病症状第一次明显出现的地方。法院认为,伤害发生于新墨西哥州,因为"他在该地长期吸入石棉纤维",并且"当时原告所主张的侵权行为对他已经产生了影响,而不能以疾病发作的时间为准,因为当原告在最终诊断前从一个地方迁移到另一个地方的过程中,疾病也在慢慢发展"。①

法院认为,根据《冲突法重述》第 6 条,原告未能证明亚利桑那州具有更密切联系,因此无法推翻这样一种假定,即新墨西哥州法律应当适用。法院还指出:(1)受害者在接触石棉期间居住于新墨西哥州;(2)新墨西哥州是"侵权行为的显著部分"发生地;(3)适用新墨西哥州法律将会"促进该州对那些在其境内生产和销售有缺陷产品的企业进行管理并制止此类行为"(即使该州法律并不禁止该行为),同时也会"保护生产商和受害当事人双方的合理预期,即新墨西哥州法律对于发生于该州的行为和伤害引起的诉讼都会适用"。②

法院也承认,亚利桑那州也拥有利益,即希望该州居民对于其所受伤害也会得到赔偿。但是法院认为,新墨西哥州的利益"受到更深的影响",因为如果新墨西哥州的管辖权立法"可以因为受害者在其疾病发作之前从一个州迁移到另一州从而轻易地被规避,即使侵权行为和伤害都发生于新墨西哥州,该立法

---

① 276 P. 3d 502 (Ariz. Ct. App. Div. 1 2012) review granted in part (Sept. 25, 2012). at 508. 其他涉及长期辐射引发损害的产品责任案件,参见 Gianvito v. Premo Pharmaceutical Laboratories, Inc., 93 A. D. 3d 546, 940 N. Y. S. 2d 272 (N. Y. A. D. 1st Dept. 2012), leave to appeal denied, 19 N. Y. 3d 812 (N. Y. 2012) (involving the estrogen drug Diethylstilbestrol or DES). See also Cornett v. Johnson & Johnson, 48 A. 3d 1041 (N. J. 2012) (discussed infra at VI; involving a drug-eluting arterial stent)。

② Ibid., at 509.

的适用范围将会受到限制而仅适用于由立法所特别限定的那些类型的诉讼”。①

在 Mitchell ex rel. Mitchell v. McNeilus Truck and Mfg. 公司案②中,伤害发生地州俄亥俄州也有一项授权立法(statute of repose),该法禁止原告对生产商提起产品责任诉讼。原告是一位俄亥俄州居民,他在为其密歇根雇主从事卡车司机工作时受伤。伤害是由一台“XC 装载机”造成的,该机器用于向卡车尾部装卸集装箱。一家明尼苏达州公司在明尼苏达州生产该设备,并向原告的密歇根雇主销售。明尼苏达州和密歇根州都没有“除诉期间法”,但法院只讨论了俄亥俄州和密歇根州法律。

法院根据密歇根州法律选择方法来解决法律冲突问题,根据该方法,密歇根法院“适用密歇根州法律,除非有‘合理原因’适用其他州法律”。③ 法院认为,有合理的理由“适用其他州法律”,并因此而适用了俄亥俄州“repose”立法,并禁止了该诉讼。法院的理由是,俄亥俄州“对于发生于其境内并造成该州居民受伤的事故拥有利益”。④ 显然,法院并未意识到俄亥俄州法律并没有保护本案所涉及的唯一的俄亥俄州居民——受伤的原告。相反,法院以俄亥俄州的利益为名保护了明尼苏达州的生产商,该生产商“雇用了 15 名俄亥俄州人并向俄亥俄州受雇者支付 70 万美元的薪金”。⑤ 法院解释说,俄亥俄州居民根本不会希望获得其雇主所属州(密歇根州)法律的保护,因为密歇根州并不愿意“向非本州居民提供比他们的母州所给予的更高的侵权赔偿权利”。⑥

异议意见书批评了多数意见书,认为其仅关注事故发生地,⑦而忽视了密歇

---

① 276 P. 3d at 509 - 510.

② 2012 WL 5233630 (Mich. Ct. App. Oct. 23, 2012) (unpublished).

③ Ibid., at *3 [quoting Sutherland v. Kennington Truck Service, Ltd., 454 Mich. 274, 286, 562 N. W. 2d 466 (1997)].

④ Ibid., at *5.

⑤ Ibid., at *6.

⑥ Ibid., at *7.

⑦ See Ibid., at *11 (Gleicher, P. J., dissenting). (“多数意见将关注点集中于俄亥俄州的事故发生地,这是弄错了,因为事故发生地与俄亥俄州立法的目的毫不相关。由于原告的产品责任请求关注的是背后的装载机是否存在设计缺陷,因此损害发生地并不是一个重要因素。被告在密歇根州向一位密歇根州雇员交付了一辆垃圾车。该车拥有密歇根州的许可牌照且须满足密歇根州的道路要求。该车同时在俄亥俄州被使用,但这并不能引起与产品责任诉讼有关的利益,因为该诉讼涉及的是设计、生产和销售。”)

根州适用该州产品责任法的利益,因为生产商是在密歇根州销售产品给一个该州公司,而该公司根据密歇根州法律授权和保险该产品,并且是向受害雇员支付密歇根州的劳工赔偿金。① 异议书指出,俄亥俄州对于适用其除诉期间立法并没有利益,因为该立法是"为了保护俄亥俄州产品生产商"而制定的,②并且"在本案中并没有一家俄亥俄州生产商承担责任风险"。③ 相反,密歇根州"拥有直接的绝对的利益"去"限制不安全产品向其境内的消费者销售"和"鼓励生产商涉及和销售安全产品"。④

柯尔贝格先锋公司诉贝尔格莱德钢铁储槽公司案⑤是一起产品销售商针对产品生产商提起的产品责任案件。⑥ 被告是明尼苏达州公司,其所生产的一种水泥贮存仓被销售给原告,一家南达科他州公司。销售两批次之后,该产品在蒙大拿州造成使用者受伤。受害者在蒙大拿州对南达科他州公司提起诉讼,而南达科他州公司又接着在明尼苏达州对生产商提起了赔偿诉讼。法院适用了蒙大拿州法律,根据该法律,销售商无权从生产商那里获得赔偿。上诉法院根据明尼苏达州的5点影响法律选择的考虑因素(five choice-influencing considerations)认为应当适用明尼苏达州法律,并判决销售商有权获得赔偿。

法院认为,第一点考虑因素(结果的可预见性)支持明尼苏达州法律,理由是:

在涉及明尼苏达州生产商的产品责任案件中适用明尼苏达州法律,可以让所有生产商和下游销售商都明了将会支配其交易的法律规则,无论他们是否位

① 2012 WL 5233630 (Mich. Ct. App. Oct. 23, 2012) (unpublished). Plc at *10.

② Ibid.

③ Ibid., at 12.

④ Ibid.

⑤ 823 N.W.2d 669 (Minn. Ct. App. 2012).

⑥ 其他涉及同样问题的案例,参见National Union Fire Ins. Co. of Pittsburgh, Pa. v. American Eurocopter Corp., 692 F.3d 405 (5th Cir. 2012)(根据得克萨斯州冲突法判决,根据《第二次冲突法重述》适用得克萨斯州法律,该案驳回了一家内华达公司的代位权人提起的分摊损失之诉,该公司的一架直升机在夏威夷坠毁,原告起诉被告得克萨斯公司,该公司为直升机提供配件和技术指导); Engine Components, Inc. v. A.E.R.O. Aviation Co., Inc., 2012 WL 666648 (Tex. Ct. App.-San Antonio Feb. 29, 2012, unpublished), review denied (Aug. 31, 2012)(针对得克萨斯州飞机发动机生产商提起的补偿之诉:原告是一家伊利诺伊州零售商,它向一家华盛顿州公司出售配件,飞机在华盛顿州坠毁,所有乘客遇难;根据《第二次冲突法重述》,法院适用了威斯康星州法律,该州法律与得克萨斯州法律不同,不允许提出补偿之诉)。

于明尼苏达州。这种可预见性可以鼓励下游销售商与明尼苏达州生产商进行交易。[1]

对于第二点考虑因素(维持州际秩序),法院驳回了生产商的观点,该观点认为,销售商从事了挑选法院行为。但法院同意说,该因素“稍微偏向于适用蒙大拿州法律”,[2]因为明尼苏达州法律的适用“将会明显忽视蒙大拿州的主权或妨碍人员和货物的州际流动”。[3] 第三点考虑因素(司法任务的简化)是中性的,因为明尼苏达州法律和蒙大拿州法律都很方便适用。[4]

第四点考虑因素(促进法院地政府利益)支持明尼苏达州法律的适用,因为适用该法律将会促进明尼苏达州两项重大利益:(1)“促进和解……因为其赔偿规则鼓励下游销售商与产品责任原告达成和解,因为该原告知道该和解金额将由产品生产商予以支付”;[5](2)“促使产品生产商对有缺陷的产品的成本承担责任”而不是将这些成本转嫁给销售商,因为该销售商只是被动地参与了交易链。[6] 蒙大拿州法律的适用则会阻扰第二项利益的实现,因此会“与明尼苏达州的公平和公正的观念相抵触”。[7]

法院指出,第五点考虑因素(适用更好的法律规则)已经“过时了”,在任何情况下,它“只有在其他四点因素都不起作用时”才会被适用。[8] 法院得出结论认为,在本案中不必要采用此点考虑因素,因为“前两点因素,即可预见性和法院利益,已经清楚地支持适用明尼苏达州法律”,并且其他两个因素是中性的。[9]

(二)劳动损害

威廉姆斯诉里昂与基博公司案[10]是一起针对主合同人提起的侵权诉讼,原告是分合同商的雇员,该雇员在从事雇佣合同范围内的工作时在爱达荷州受

---

① Kolberg-Pioneer, 823 N. W. 2d, p. 673.

② Ibid., p. 674.

③ Ibid.

④ Ibid.

⑤ Ibid., at 675.

⑥ Ibid.

⑦ Ibid.

⑧ Ibid., at 676.

⑨ Ibid. 法院同时指出,由于生产商不能确定其他州适用了与蒙大拿州类似的补偿规则,这一因素如果予以考虑,将会有利于明尼苏达州法律的适用。

⑩ 285 P. 3d 906 (Wash. Ct. App. 2012).

伤。尽管分合同商位于爱达荷州,但雇员和主合同商住所都在华盛顿州。该两个州的法律抵触严重:(1)爱达荷州法律免除主合同商对雇员的侵权责任,拒绝对承担50%以上过错的受害者提供侵权赔偿,并包含了一个总赔偿额的上限;(2)华盛顿州法律则不对主合同商提供豁免,且采用比较过失规则,而且不包含损害赔偿上限。华盛顿州上诉法院将这起案件定性为一起虚假冲突案件,其中只有华盛顿州对于适用其法律拥有利益,因此,只有该州法律支配所有上述问题。

对于豁免问题,法院认为:

> 很清楚,爱达荷州法律提供的豁免保护的是在爱达荷州境内营业的第三方当事人利益。相反,如果适用没有上述豁免的华盛顿州法律,则华盛顿州可以寻求获得完全赔偿的该州居民的利益,而且华盛顿州有能力监管该州公司。因此,尽管爱达荷州希望适用其本州法律于本案,但华盛顿州有更大的利益去监管一家华盛顿州公司以便对该州居民提供完全赔偿。[①]

至于赔偿金额,法院拒绝了被告的主张,该主张认为爱达荷州法律规定的赔偿上限是为了"鼓励像被告这样的公司到爱达荷州从事经营"。[②] 法院的驳回理由如下:

> 爱达荷州赔偿上限的目的是保护爱达荷州居民免于过高的责任保险费用。但本案的当事人是华盛顿州居民。爱达荷州法律并未体现出任何利益以保护在爱达荷州从事经营的华盛顿州公司。相反,华盛顿州对于保护该州公民获得充分法律救济的权利具有利益。[③]

最后,对于被告提出的爱达荷州的50%规则是一项调整行为的规则的主张,法院也予以驳回:"该规则并未对行为予以解释,而只是简单地否决了原告在特定情况下获得的赔偿。"[④]法院得出结论认为,华盛顿州"对于让华盛顿州

---

① 285 P.3d 912 (Wash. Ct. App. 2012).

② Ibid., at 913.

③ Ibid.

④ Ibid., at 914.

原告获得完全赔偿和阻止华盛顿州被告的侵权行为方面具有更大的利益”。[①]

瑞奇温诉杰克逊能源采购公司案[②]也是一起包含雇主豁免问题的案件。不过,该案与威廉姆斯案不同,其是由雇佣事故发生地州肯塔基州法院判决,该州实体法规定了该项豁免。此外,肯塔基州冲突法还以支持法院地法而扬名。无论是否“与肯塔基州存在密切联系——不必是最密切联系”,肯塔基州法律都适用。[③] 本案中,受害雇员及其雇主都居住于明尼苏达州,但肯塔基州是被告主合同商的住所地,同时也是雇佣事故发生地。根据这些情况,法院适用了与明尼苏达州法律不同的肯塔基州法律,并豁免了肯塔基州的主合同商,这一点也不让人奇怪。[④]

哈里斯诉巴拉德案[⑤]是一起代位求偿案件,发生在侵权人和受害的雇员的损害赔偿保险人之间,该保险人已经向雇员支付了保险赔偿金。受害雇员和保险人都居住于新不伦瑞克州,但雇佣事故发生于纽约州,该地同时也是侵权人的住所地。根据新不伦瑞克州法律,保险人在纽约州起诉侵权人,要求其承担保险人向受害雇员支付的保险金。侵权人主张,一项纽约州立法不允许此种赔偿请求。法院驳回了被告的主张,认为纽约州立法虽然排除了这种赔偿请求,但同时也规定,在任何情况下,都应当适用新不伦瑞克州法律。法院指出,“本案中相冲突的法律并不涉及真实的损失分担,而只涉及保险人的追偿权”,而且“与用于解决损失分担法律冲突问题的利益分析方法不同的是,雇主或保险人追偿支付给受雇者的工人赔偿保险金的权利应当适用保险金支付地法律,即法院地法律”。[⑥]

自由互助保险公司诉舒梅克案[⑦]是一起类似案件,涉及工人损害赔偿保险人向受害的雇员追索保险金,因为该雇员与侵权人达成了一份和解,该案也适用了雇佣关系发生地州(密西西比州)的法律,而不是事故发生地州(亚拉巴马

① 285 P. 3d 912 (Wash. Ct. App. 2012). at 914－915.

② ___ S. W. 3d ___, 2012 WL 4210050 (Ky. Ct. App. Sept. 21, 2012).

③ Foster v. Leggett, 484 S. W. 2d 827, 829 (Ky. 1972).

④ 2012年肯塔基州审理的适用《肯塔基州劳工赔偿法》的案例还有:Dallas Nat. Ins. Co. v. Board, ___ S. W. 3d ___, 2012 WL 1253277 (Ky. Ct. App. Apr. 13, 2012)(该案事故发生于北卡罗来纳州,但肯塔基州是雇员住所地和雇佣关系发生地)。

⑤ 953 N. Y. S. 2d 366 (N. Y. A. D. 3rd Dept 2012).

⑥ Ibid., at 367.

⑦ —So. 3d—4, 2012 WL 1925646 (Miss. Ct. App. May 29, 2012), reh'g denied (Oct. 30, 2012) cert. granted (Jan. 24, 2013, Ms. Sup. Ct.).

州)法律。这两个州对于追偿的比例有不同的规定。法院认为,密西西比州拥有更密切联系并应适用该州法律,该州法律规定了一个全额追偿比例。

有几起案件涉及相关州的劳工赔偿法令的地域或实体适用范围。① 在Pro-Football公司诉麦肯茨案②中,雇员是一位职业足球运动员,名叫达纳里恩·麦肯茨。他为"华盛顿红肤"球队踢球,③该球队虽然名字上有华盛顿字眼,但其实是一家马里兰州的公司,其主场也位于马里兰州,并且其总办公室和运营分部位于弗吉尼亚州。麦肯茨在马里兰州法院提起一项劳工赔偿诉讼,理由是他在弗吉尼亚州、宾夕法尼亚州和纽约州受到伤病。根据马里兰州《劳工赔偿法》[第9-203(a)号法],雇员在以下情况下属于该法地域适用范围之内:(1)在"本州内",也就是马里兰州内为雇主劳动;(2)雇主经常在本州内雇佣该雇员,但也偶尔、临时或不经常地在外州雇佣该雇员。④ 红肤球队则主张,麦肯茨不属于该立法的适用范围,因为他的大多数服务时间内都在弗吉尼亚州的训练营度过,并且每年只在马里兰州运动场踢8场球。⑤ 马里兰州上诉法院驳回了被告的观点,认为麦肯茨属于该上述立法的适用范围,因为他"经常受雇于"马里兰州境内。法院指出:

足球运动员与一家职业足球队之间雇佣合同的目的是在一家职业足球队踢球,而不是像上诉人所说的那样是为了训练。足球训练是为了实现目的——更好进行足球比赛——的手段,其本身并非目的。换句话说,职业足球团体并不会签下"已经训练好的队员",从而让他们可以练练举重和看看比赛录像就行

---

① 参见Knapp v. Hamm & Phillips Service Co., Inc., 824 N. W. 2d 785 (S. D. 2012)(认为一位在北达科他州受伤的为北达科他州雇主工作的工人60%的时间在北达科他州工作,35%的时间在南达科他州工作,因此不能适用南达科他州《劳工赔偿法》); Triad Transport, Inc. v. Wynne, 276 P. 3d 1013 (Okla. 2012)(认为卡车司机接受雇佣协议是在俄克拉荷马州,当时他确定了自己的态度,而不是当他在其他州接到要约之时;由于该协议是在俄克拉荷马州缔结,该司机受俄克拉荷马州劳工赔偿法约束); Baron v. Genlyte Thomas Group, LLC, 34 A. 3d 423 (Conn. App. Ct. 2012), cert. denied, 303 Conn. 939 (2012)(认为康涅狄格州与雇佣关系没有密切联系故不能对劳工的赔偿请求适用康涅狄格州法律;尽管雇员住所位于康涅狄格州,但雇佣合同在纽约州缔结,损害也发生于纽约州)。

② 51 A. 3d 586 (Md. 2012).

③ 另一起涉及Redskins俱乐部和其他运动员的案件见Pro-Football, Inc. v. Tupa,本文三(二)1部分将会讨论到。

④ West's Md. Code Ann. Lab & Empl., § 9-203(a)(2).

⑤ Redskins俱乐部撤销了他们早先对弗吉尼亚州法院的选择条款。

了。足球队员签约以后就被要求参加在弗吉尼亚州的训练,以便他们能够在比赛中好好发挥并取得胜利,并为球队赚取更多收益。雇佣足球队员的性质是由他所参加的比赛来决定的,而不是由他所参加的训练决定的,尽管训练也是重要的,但毕竟仍是附属性的。①

法院得出结论认为,因为麦肯茨"经常受雇于马里兰州",他为了训练或比赛而在其他州的出现"只是偶然或临时的"。② 他在弗吉尼亚州的训练时间是他在马里兰州受雇行为的"一个次要的、附属的结果",用立法术语来说就是"附属于"雇佣行为。③

(三)海事侵权

西班牙王国号诉美国船级社公司案④是一起非常有趣的案例,它涉及的是这样一个问题,即一家专门向船舶颁发适航证明的船级社是否应对船舶导致的第三人损害承担责任。该案中,第三人是西班牙政府,因为油船 Prestige 号在西班牙附近海域沉没,向海洋排放出大量石油,导致西班牙海岸遭受严重经济损失。普瑞斯提克号是由美国船级社(American Bureau of Shipping, ABS)进行审查并颁发适航证明的,美国船级社总部位于美国。西班牙在纽约联邦地区法院起诉美国船级社,要求适用美国海商法,并主张根据该法,如果船级社的行为属于"鲁莽"(reckless)而不仅是疏忽大意(negligent),则它必须对第三人承担责任。⑤ 第二巡回法院认为,该案应当适用美国海商法,但美国船级社并不承担责任,因为并不能证明其行为构成"鲁莽"。

对于法律选择问题,该法院援引先例认为,联邦最高法院在劳瑞森案和罗迪蒂斯案中对于人身损害案件所考虑的 8 点因素也同样适用于所有海事侵权

---

① 51 A.3d, at 595 -96.

② Ibid., at 596.

③ Ibid.

④ 691 F.3d, at 461 (2d Cir. 2012).

⑤ 西班牙认为,根据它进行的调查,船级社构成了海事安全链接的重要部分,通过这样的链接,无数当事人,从各个水手到世界各沿岸国,都受到保护以免受事故、海难、污染等类似事件的损害。正如西班牙所说,这些海岸国无法去检查每艘通过其海域的船舶是否适航,只有依赖于船级社以确保那些船舶的适航性。同上,第 463 页。

冲突(实际上甚至也适用于非侵权冲突)。[①] 法院认为其中 3 点因素不可适用或无关紧要,[②]并增加了第 9 点因素,即被告的住所。根据其他几点因素,法院得出结论认为,美国海商法应予适用。普瑞斯提克号悬挂的是巴哈马国旗,受害者是西班牙,船东居住于利比里亚,船舶经营者住所在利比里亚但成立于希腊。美国船级社总部位于美国。法院对船东和船舶经营者的联系因素没有予以看重,因为他们都不是本案的当事人,船旗国也一样。[③] 然后就只剩下过错行为地和被告住所地。

法院指出:(1)过错行为地"并非船舶沉没地,而是疏忽或鲁莽行为发生地";[④](2)根据西班牙政府的主张,"被告在美国的过错行为导致了 Prestige 号的沉没";[⑤](3)行为地"对管理当事人的行为具有最大利益"。[⑥] 法院因此认为:"由于 Lauritzen 案中所说的几个因素指向不同的方向,而被告的住所和过错行为地都明确倾向于美国法律的适用。"[⑦]

瓦斯克兹诉 YII 航运公司案[⑧]是一起海事人身伤害案件,该案导致了州和联邦法院的 5 份判决。原告住所位于多米尼加共和国,他在他所服务的轮船停泊在巴哈马时在船上受伤。该船归一家巴哈马公司所有,该公司主营业地位于巴哈马。原告首先在佛罗里达州法院根据《琼斯法案》和《联邦海商法》控告船东。该法院根据佛罗里达的不方便法院理论驳回了该指控,但没有对是否适用《琼斯法案》和《联邦海商法》作出判决。[⑨] 原告接着在联邦地区法院提起同一诉讼。该法院判定,根据一事不再理原则和并行的禁止反言原则以及罗克—费

---

① See Lauritzen v. Larsen, 345 U. S. 571 (1953); Hellenic Lines Ltd. v. Rhoditis, 398 U. S. 306 (1970). 这 8 项因素包括:(1)过错行为地;(2)船旗国法律;(3)受害当事人住所地;(4)船东住所地;(5)缔约地;(6)外国法院难以受理;(7)法院地法;(8)船东的运营基地。

② 法院排除了"缔约地"这一因素,因为该案不存在任何合同,另外"外国法院难以受理"和"法院地法"这些因素也不重要。

③ 参见 691 F. 3d at 697 (在船舶或其船东是当事人的案件中,无论船旗国法律多么重要……我们都找不到任何理由去适用船旗国法去替代那些与争议有更紧密联系的地区的法律,尤其是考虑到这样的事实,即船舶和船东都不是案件当事人的情况下)。该案援引了 Carbotrade S. p. A. v. Bureau Veritas, 99 F. 3d 86, 92 – 93 (2d Cir. 1996)。

④ 691 F. 3d at 467.

⑤ Ibid.

⑥ Ibid.

⑦ Ibid.

⑧ 692 F. 3d 1192 (11th Cir. 2012).

⑨ See Vasquez v. YII Shipping Co., 46 So. 3d 1235 (Fla. Dist. Ct. App. 4th Dist. 2010).

尔德曼理论,[①]原告无权提起联邦海事请求,并根据联邦不方便法院原则驳回了原告的诉讼。[②] 第十一巡回法院推翻了该判决,并发回地区法院重审。

第十一巡回法院解释说,佛罗里达州不方便法院原则和联邦不方便法院原则所涉及的问题并不一样。因此,原告的联邦法院诉讼并不是要推翻州法院的判决,因此罗克—费尔德曼理论并不适用,禁止反言原则也不适用。法院同时认为,一事不再理原则也不适用于本案,因为州法院判决并非是对案件是非曲直问题的判决。

实际上,佛罗里达州的不方便法院原则理论与联邦不方便法院原则理论至少在以下两个方面存在差别:

(1)根据联邦不方便法院理论,如果《联邦海商法》适用于案件,则该案就不得以不方便法院原则为由而驳回,而根据佛罗里达州的理论,即使根据 Lauritzen-Rhoditis 案中的联系因素应当适用《联邦海商法》,也可以用不方便法院原则驳回该案。

(2)尽管联邦理论和佛罗里达州的理论都将船东的营业地作为判断是否适用美国法律的因素,但佛罗里达州只考虑船东在佛罗里达州的联系因素以及那些与原告所受伤害有关的因素。相反,联邦理论则考虑该船东在全国范围内的联系因素,并包括那些与原告所受伤害无关的因素。

本案中,州法院只考虑了那些与船东有关,并且对适用不方便法院理论有意义的因素,即只有佛罗里达州内的因素以及与原告所受伤害有关的因素,比如导致原告受伤的船舶进入佛罗里达州 。然而,法院并没有考虑那些对于适用联邦不方便法院理论具有重要意义的因素,“例如,被告所拥有和租用的所有船舶往返于佛罗里达州的次数,或者被告是否在该地拥有雇员或办公室”。[③] 因此,法院总结道,联邦地区法院“对于这样一个显而易见的问题,即被告是否根据 Rhoditis 案在美国拥有‘实际运营基地’,赋予了佛罗里达州法院的判决以排除效果”。[④]

---

① See Rooker v. Fidelity Trust Co. , 263 U. S. 413 (1923)(认为联邦地区法院没有管辖权去判断州法院的判决是否违反联邦宪法,正确的程序是将州法院的判决上诉到联邦); District of Columbia Court of Appeals v. Feldman, 460 U. S. 462 (1983)(认为联邦地区法院和上诉法院都没有管辖权去审查哥伦比亚地区上诉法院是否错误地适用了该州有关律师准入的规则)。

② See Vasquez v. YII Shipping Co. Ltd. , 2011 WL 5119006 (S. D. Fla. Oct. 28, 2011).

③ 692 F. 3d at 1198.

④ Ibid.

根据上诉法院的命令,地区法院认为,原告未能证明船东在美国境内拥有一个"实质性"运营基地,而且任何其他Lauritzen案所要求的联系因素都不能证明应当适用美国法律。该法院于是在"沿用了"此前的不方便法院分析之后驳回了原告的诉讼。①

(四)恐怖主义与侵权

Leibovitch诉伊朗伊斯兰共和国案②是第一起对《外国主权豁免法》下的《2008年外国国家管辖权反恐怖主义例外修正案》(28 U. S. C. A. §1605A)进行解释的上诉案例。③ 该例外的最初文本于1996年通过,仅免除了指定的支持恐怖主义的外国国家所享有的豁免权,但并未给恐怖主义受害者创设一个私法上的诉权。因此,受害者只有在根据所适用的实体法享有一个诉因时才能求助于该例外。

2008年的修正案改变了1996年例外的这一"转嫁"特征,它针对那些外国国家创设了一个联邦私法诉权。然而,根据其第1605A(c)条,该私法诉权只能由"美国公民"和3类其他与此不相关的人享有。④ 与此相反,第1605A(a)条是一项更一般性的规定,他排除了支持恐怖主义的外国国家的豁免权,并规定"法院可以根据本条之规定审理一项诉讼,只要……原告或受害者曾经……是美国国民"。⑤

Leibovitch案起源于在以色列发生的由"伊斯兰吉哈德组织"实施的一起恐怖袭击事件。该袭击导致一位7岁儿童的死亡和她3岁大的妹妹以及同一辆货车中其他家庭成员的严重受伤。该3岁儿童受害者是美国公民,但其他所有受害者都是以色列公民。该家庭根据《外国主权豁免法》的反恐怖主义例外条

---

① Vasquez v. YII Shipping Co., Ltd., 2012 WL 6114840 (S. D. Fla. Dec. 10, 2012). 2012年度其他涉及还是人身伤害的案件还有In re BPZ Resources, Inc., 359 S. W. 3d 866 (Tex. App. - Hous. 14th Dist. 2012), reh'g overruled (Mar. 9, 2012), mandamus denied (May 7, 2012)(该案根据得克萨斯州FNC立法驳回了一位秘鲁原告针对其在秘鲁所受伤害而提起的诉讼); Keller Foundation/Case Foundation v. Tracy 696 F. 3d 835 (9th Cir. 2012)(涉及《海岸和港口工人赔偿法》); ACE American Ins. Co. v. M-I, L. L. C., 699 F. 3d 826 (5th. Cir. 2012)(涉及《外部大陆架法》)。

② 697 F. 3d 561 (7th Cir. 2012).

③ See 28 U. S. C. A. § 1602 et seq.

④ See 28 U. S. C. § 1605A(c). 该案认为:"外国……应对以下人员承担责任……(1)美国公民;(2)军队人员;(3)美国政府雇员;(4)第(1)、(2)、(3)款中所指人员的法定代表人。"

⑤ 28 U. S. C. § 1605A(a). 该款还包括军队人员和联邦雇员。

款针对伊朗提起了诉讼,理由是伊朗为《伊斯兰吉哈德组织》提供了物资上的支持和资金。联邦地区法院对该3岁儿童所遭受的伤害请求进行了审理,但以缺乏对事管辖权(subject matter jurisdiction)为由驳回了其他家庭成员提起的精神伤害请求,因为他们都不是美国公民。

第七巡回上诉法院对1996年例外及其司法解释和2008年的修正案进行了非常详尽的讨论,然后推翻了该判决的后一部分。法院声称,该家庭成员根据第1605A(c)条并不具有私法诉权。不过,法院认为,如果原告根据所适用的实体法,即以色列法律,享有针对伊朗的精神损害赔偿私法诉权,那么地区法院根据第1605A(a)条可以享有事项管辖权并审理该案件,因为只要受害者或原告是美国公民,第1605A(a)条就取消了伊朗的豁免权。正如法院所指出的那样,"国会在大量牵涉美国受害者的案件中取消了主权豁免,从而为美国原告创设了一项私法诉权"。①

里奇黎巴嫩加拿大银行案②是一起《外国人侵权法》(Alien Torts Statute, ATS)项下的诉讼,是由美国、以色列和加拿大公民针对黎巴嫩加拿大银行和美国快汇银行(AmEx)提起的,原告在黎巴嫩真主党对以色列发动的一系列火箭袭击事件中要么受伤,要么其家庭成员被杀害。原告主张,黎巴嫩加拿大银行有意地为真主党的一个分部沙希德基金开设银行账户,并以沙希德的名义进行了数十起国际转账交易,总额达数百万美元。这些转账交易使用了黎巴嫩加拿大银行在纽约美国快汇的代理行账户。该案的这一部分仅涉及美国快汇。③ 原告声称,美国快汇代表黎巴嫩银行和沙希德促成了这些交易,违反了对原告应负的法定关注义务兵导致了原告所受伤害。原告主张应适用以色列法律,而美国快汇主张适用纽约州法律。

审判庭认为,两个地方的法律之间没有差别,并适用了纽约州法律,根据该法律,美国快递并不对非顾客承担保护其免受其顾客实施的国际侵权伤害的义务。该法庭也认为,原告未能证明美国快汇的行为是其所受伤害的直接原因。

第二巡回法院维持了判决。法院认为,即使在纽约州法律和以色列法律之

---

① Leibovitch, 697 F.3d at 561.

② 672 F.3d 155 (2012).

③ 在一起并行诉讼中,第二巡回法院要求纽约州上诉法院审查以下问题:根据纽约"长臂法",纽约州是否对LCB拥有管辖权。See Licci v. Lebanese Canadian Bank, SAL, 673 F.3d 50 (2d Cir. 2012). 纽约州法院对此作出了肯定回答。参见 Licci v. Lebanese Canadian Bank, ___ N.E.2d ___, 2012 WL 5844997 (N.Y. Nov. 20, 2012)。

间存在冲突,也应适用纽约州法律,理由如下:

本案所提到的冲突涉及的是一条行为管理规则:银行保护第三人免受该银行客户实施的国际侵权行为伤害的义务。如果不同的行为调整规则确实存在冲突,行为发生地法律原则上应当适用,因为该地对于管理其境内的行为具有最大利益……

通过适用利益分析测试,我们认为纽约州对于本案拥有最大利益。所有由美国快汇实施的被指控的行为都发生在纽约州,美国快汇在纽约州拥有总部,并且在该地实施其代理服务。尽管原告所受伤害发生于以色列,并且以色列也是原告的住所地,但这些因素在冲突属于行为管理规则的情况下不起作用……我们认为,纽约州而非以色列对于调整纽约州银行在纽约州从事的行为具有更强的利益。①

(五)其他侵权冲突

在其他涉及侵权冲突的案件中,最重要的一起是由路易斯安那州最高法院审理的Arabie诉Citgo石油公司案。② 由于作者曾卷入此案,故在这里不方便进行评价,而只是简要介绍一下基本案情和判决结果。阿拉比案的原告是路易斯安那州居民,被告位于路易斯安那州的炼油设备发生泄漏,导致原告受到有毒化学物质伤害。被告住所位于俄克拉荷马州,后来迁移到得克萨斯州。与路易斯安那州法律不同,俄克拉荷马和得克萨斯州法律都包含有对侵权行为的惩罚性赔偿。如果该行为也发生于后两个州境内,则路易斯安那州法院将会判罚惩罚性赔偿,因为根据《路易斯安那州冲突法典》(本文作者起草),只要以下3个联系因素中任意两个因素位于某个州境内,即行为、损害或被告住所地,而且该州法律包含有惩罚性赔偿规定,则可以施加惩罚性赔偿。路易斯安那州法院认为,被指控的行为是根据被告在俄克拉荷马州和得克萨斯州的总部的命令而作出的,而不是根据其位于路易斯安那州炼油厂的下级雇员的命令作出的。法院根据俄克拉荷马州和得克萨斯州法律判处了惩罚性赔偿。上诉法院维持了判决。

路易斯安那州最高法院不同意初审法院所认定的事实,即被指控的行为发

① Lichi, 672 F. 3d at 158 (quotations and citations omitted).

② 89 So. 3d 307 (La. 2012) reh'g denied (May 04, 2012).

生于路易斯安那州境外,并推翻了下级法院的判决。最高法院同时决定将被告公司作为一家路易斯安那州企业,因为根据《路易斯安那州民法典》的一项条款的规定,在特定情形下可以如此认定。这样一来,因为所有联系因素都位于路易斯安那州境内,原告无权获得惩罚性赔偿。

也许是作为对阿拉比案判决的抗议,路易斯安那州原告针对发生于路易斯安那州的一起油井喷发事故在得克萨斯州法院而非路易斯安那州法院对得州被告提起了另一起类似诉讼曼特石油天然气公司案。① 然而,原告希望获得惩罚性赔偿的希望再次破灭,因为得州法院以不方便法院原则为由驳回了该案诉讼,法院认为路易斯安那州是更方便的法院地。

五、法律选择方法

从法律选择方法角度来看,2012 年是一个平凡的年度,因为没有任何一家州最高法院改变或修正其观点。因此,有关方法论的一节可能会有点无关紧要,正如下文的表格一样。不过,读者已经习惯于看到每年一个表格,即使该表格与以前的别无二致,这样可以让他们不必去参看以前的综述。为了读者的便利,这里就把 2011 年的方法论表格复制如下,需要提醒的是,其中包含了一些在以前的综述中详细论述过的说明。

表 4 各州及其所遵循的法律选择方法列表

州	传统方法	密切联系	第二次重述	利益分析	法院地法	更好的法	综合的现代方法
亚拉巴马	T+C						
阿拉斯加			T+C				
亚利桑那			T+C				
阿肯色		C				T	
加利福尼亚				T			C
科罗拉多			T+C				
康涅狄格			T+C				

① __ S. W. 3d ___, 2012 WL 5323584 (Tex. Ct. App. 1st Dist. Oct. 25, 2012).

续表

州	传统方法	密切联系	第二次重述	利益分析	法院地法	更好的法	综合的现代方法
特拉华			T + C				
哥伦比亚				T			C
佛罗里达	C		T				
佐治亚	T + C						
夏威夷							T + C
爱达荷			T + C				
伊利诺伊			T + C				
印第安纳		T + C					
艾奥瓦			T + C				
堪萨斯	T + C						
肯塔基			C		T		
路易斯安那							T + C
缅因			T + C				
马里兰	T + C						
马萨诸塞							T + C
密歇根			C		T		
明尼苏达						T + C	
密西西比			T + C				
密苏里			T + C				
蒙大拿			T + C				
内布拉斯加			T + C				
内华达		C	T				
新罕布什尔			C			T	
新泽西			T				C

续表

州	传统方法	密切联系	第二次重述	利益分析	法院地法	更好的法	综合的现代方法
新墨西哥	T+C						
纽约							T+C
北卡罗来纳	T	C					
北达科他		T					C
俄亥俄			T+C				
俄克拉荷马	C		T				
俄勒冈							T+C
宾夕法尼亚							T+C
波多黎各		T+C					
罗得岛	C					T	
南卡罗来纳	T+C						
南达科他			T+C				
田纳西	C		T				
得克萨斯			T+C				
犹他			T+C				
佛蒙特			T+C				
弗吉尼亚	T+C						
华盛顿			T+C				
西弗吉尼亚	T		C				
威斯康星						T+C	
怀俄明	T+C						
总计 52	T 10 C 12	T 3 C 5	T 24 C 23	T 2 C 0	T 2 C 0	T5 C 2	T 6 C 10

注:T=侵权案件;C=合同案件。

六、诉讼时效

在过去几年里,继续把诉讼时效识别为程序问题并适用法院地法(除少数例外)的州的数量已经逐渐减少。现在已经下降到27个州,略微占多数。剩下的24个州已经放弃了传统的识别为程序问题的做法,并通过其他方法来解决时效冲突。本部分讨论这几个州的一些案例。[①]

1973年新泽西州成为第一个放弃将诉讼时效识别为程序问题的州。在希弗勒诉联合皇家公司案[②]中,新泽西州最高法院认为,诉讼时效冲突应当按照在特定案件中解决其他(实体)冲突法问题的同样方法来解决。[③] 当时,法院在解决侵权冲突时采用的是利益分析方法。因此,在希弗勒案中,由于该案是一起侵权案,法院也通过利益分析来解决诉讼时效冲突问题。30多年来,该法院一直采用利益分析方法解决侵权案件中的诉讼时效冲突问题,包括产品责任案件。[④] 然而,2008年的P.V.诉坎普·杰茜案[⑤]是一起不涉及诉讼时效的侵权案件,新泽西州最高法院放弃了利益分析方法而改用《第二次冲突法重述》。

自从发生这一转向,新泽西州中级法院认为,新泽西州最高法院从此以后将遵循《第二次冲突法重述》以解决侵权案件中的诉讼时效问题。在皮科克诉卡索维奇、本森、托雷斯弗里德曼律师事务所案[⑥]中,该中级法院认为:"根据在P.V.诉坎普·杰茜案中的观点,'最密切联系'测试应被运用于解决侵权案件中的法律冲突问题,因此,我们认为,本州最高法院将会适用第142条的'最密

---

① 各州根据传统程序识别方法判决的案件还有 Ennenga v. Starns, 677 F. 3d 766 (7th Cir. 2012) (根据伊利诺伊州冲突法判决,适用了伊利诺伊州时效); In re Coudert Bros. LLP, 673 F. 3d 180 (2d Cir. 2012) (根据纽约州冲突法,依据纽约州的借用立法适用了康涅狄格州时效); Muto v. CBS Corp., 668 F. 3d 53 (2d Cir. 2012) (根据纽约州冲突法,依据纽约州的借用立法适用了宾夕法尼亚州时效); State ex rel. Old Dominion Freight Line, Inc. v. Dally, 369 S. W. 3d 773 (Mo. Ct. App. 2012) (根据密苏里州借用立法适用了堪萨斯州时效); Mindlin v. Zell, 2012 WL 3200718 (unpublished, Ohio Ct. App. 10th Dist. Aug. 7, 2012) (适用了俄亥俄州时效)。

② 305 A. 2d 412 (N. Y. 1973).

③ 自Heavner案之后,其他7个州采用了类似方法,即阿肯色州、加利福利亚洲、特拉华州、印第安纳州、密歇根州、罗得群岛和威斯康星州。

④ See, e. g., Gantes v. Kason Corp., 679 A. 2d 106 (N. J. 1996), discussed in Symeonides, 1996 Survey at 468 – 70; Rowe v. Hoffman-La Roche, Inc., 917 A. 2d 767 (N. J. 2007), discussed in Symeonides, 2007 Survey, at 273 – 75.

⑤ 962 A. 2d 453 (N. J. 2008), discussed in Symeonides, 2008 Survey, at 272 – 75.

⑥ 46 A. 3d 586 (N. J. Super. Ct. App. Div. 2012).

切联系'测试以确定诉讼时效的准据法。"①

皮科克案是一起因恶意诉讼引起的案件,原告是一位新泽西州居民,他起诉其以前的律师事务所,原因是该事务所对他提起的违约之诉,他声称该律师事务所的女性职员对他构成性骚扰。除了原告的住所外,其他所有相关因素都位于纽约。原告的诉讼已经超过了纽约州的 1 年诉讼时效,但还未超过新泽西州的 2 年诉讼时效。

新泽西州法院根据《第二次冲突法重述》第 142 条认为,纽约州法律应予适用从而驳回了该诉讼。第 142 条规定,诉讼时效冲突应根据第 6 条所规定的一般原则解决,但同时规定了两项推定规则:

一般情况下,除非案件有特殊的情形使以下结果不合理:

(1)法院将适用其自身的诉讼时效以阻止诉讼。

(2)法院将适用其自身的诉讼时效以允许诉讼,除非:

(a)继续诉讼不符合法院地的实体利益;

(b)该诉讼根据另一与当事人和案件有更密切联系的州的诉讼时效应被禁止。②

皮科克案属于上述第(2)项所规定的范围,因为新泽西州法院的诉讼时效规则允许该诉讼。该项规定有两个要求:第一,纽约州的时效法律禁止该诉讼,因此,需要看纽约州是否比新泽西州具有更密切联系。根据纽约州的多元联系因素,法院很容易给出了肯定回答。③ 第二,在新泽西州允许该诉讼是否不符合新泽西州的"实体利益"。为了回答该问题,法院援引了《第二次冲突法重述》的注释。其中规定:"如果原告住所位于法院地州,而被告的住所位于其他与该

---

① 46 A. 3d 586 (N. J. Super. Ct. App. Div. 2012). at 590. 法院同时注意到"该测试方法的适用与最高法院在 Heavner 案中采用的政府利益分析测试方法并无实质性差别"。另外一起适用了《第二次冲突法重述》(但不是第 142 条)解决时效冲突的新泽西州案件是 Schmidt v. Celgene Corp., 42 A. 3d 892 (N. J. Super. Ct. App. Div. 2012).

② Restatement (Second) § 142 (Rev. 1988). 以下 8 个州采用了第 142 条:亚利桑那州、佛罗里达州、爱达荷州、艾奥瓦州、马萨诸塞州、内布拉斯加州、俄亥俄州和西弗吉尼亚州。

③ Ibid., at 590 - 591. 法院认为:"该公司的主要办公地位于纽约州;原告是该办公室的合伙人;性骚扰发生在纽约州;原告的诽谤行为和导致原告恶意提起诉讼的律所的违约行为都发生在纽约州;上诉行为都因当事人在纽约州的商业关系而引起。因此……纽约州……相比新泽西州而言明显地与当事人和事件有更密切联系。"法院援引了《第二次冲突法重述》第 142(2)(b)条。

案有最密切联系的州……法院只有在极端和不寻常的情况下才可以接受该诉讼。”①法院认为:“新泽西州保护其居民免受因其在其他州的职业行为而导致的金融伤害的利益本身并不构成《第二次冲突法重述》第 142 条注释中所定性的‘极端和不寻常情况’,因此不以此为理由将新泽西州的诉讼时效规则适用于一起重心地位于纽约的复杂争端。”②

皮科克案几周后,新泽西州最高法院在科内特诉约翰逊和约翰逊(Cornett v. Johnson & Johnson)案③中审理了另一起诉讼时效冲突纠纷。但该法院并未采用《第二次冲突法重述》第 142 条。科纳特案是一起产品责任案件,原告是一位肯塔基州居民的遗孀,她丈夫在使用了一个药物洗脱动脉支架后死于动脉血栓,该支架是由新泽西州被告生产。肯塔基州采用 1 年的诉讼时效,新泽西州是 2 年。尽管两州的立法都附有一项证据开示规则,但该诉讼还是被肯塔基州时效规则禁止,而没有适用新泽西州时效规则。

法院适用肯塔基州法律驳回了诉讼。该结果并没有什么非同寻常之处,尽管它也偏离了新泽西州此前的判例,此前的判例对于针对新泽西州生产商的产品责任的案件通常都会提供一个宽容的法院。不同寻常的是,尽管两个州的法律在结果上虽然存在根本差异,但法院认为,“在新泽西州和肯塔基州之间并不存在法律冲突”,至少是“真实的冲突”。法院表面上以不同意义适用了该术语,而非其通常被接受的含义,但法院也指出,此种结果上的差异“并未产生这些州之间法律上的真实冲突,除非该差异与本州的公共政策发生严重抵触”。法院解释说:

> 这里各州诉讼时效规则之间的差异是各州所允许的受害者提起一项人身伤害诉讼的时间长短。在肯塔基州,立法规定 1 年就足够了;而在新泽西州,该期限是 2 年。这一差异并不牵涉本州的基本公共政策。两州的诉讼时效期限都能确保人身伤害诉讼能够得到及时解决,同时能够阻止那些已经过时的诉讼。

---

① Restatement (Second) § 142 (Rev. 1988). at 590. 法院援引了《第二次冲突法重述》第 142 条注释 g。

② Ibid. 法院同时援引了《第二次冲突法重述》的另一条文以支持适用纽约州法律。《第二次冲突法重述》第 155 条规定,因恶意诉讼引起的诉讼适用“诉讼程序提起或发生地州法律,除非根据案件的特殊情况,其他州根据第 6 条所规定的原则与案件和当事人拥有更密切的联系”。该案中,“提起的诉讼程序”发生在纽约州,而新泽西州并不拥有更密切联系。

③ 48 A. 3d 1041 (N. J. 2012).

麦克吉诉阿克尔国际律师事务所案①是根据路易斯安那州1991年《民法典》中的冲突规则进行审理的一起案件,该法典也取消了对诉讼时效的程序性识别。② 麦克吉案是一起过错致死诉讼,原告是得克萨斯州一位国民卫队队员的父母,该队员在美国军队驻伊拉克基地死于因路易斯安那州一位民间承包商的疏忽大意所导致的触电事故。该诉讼已经超过了路易斯安那州的1年诉讼时效,但尚未超过伊拉克的3年诉讼时效和附属的证据开示规则。

《路易斯安那州民法典》第3549条规定,在以下情况下,路易斯安那州法院对于已经超过诉讼时效的案件仍可进行审理:

1. 其他州的实体法可能适用于该案件,并且该诉讼在该州并未超过时效;

2. 在路易斯安那州继续该诉讼"从救济正义上(remedial justice)具有正当的理由值得予以考虑"。③

根据该条规定,法院必须要进行3点考虑:

首先,伊拉克法律是否支配该项诉讼。法院根据《民法典》第3543条对此作出了肯定性回答。该条规定,如果伤害行为和损害结果都发生于同一州(国)境内,该州法律将支配"与行为和安全标准有关的事项"。④ 法院同时指出,伊拉克临时联合政府发布的一项命令(第17号令)免除了美国的供应商受伊拉克法律程序的管辖,但并未免除被告供应商受美国法院的诉讼管辖。⑤

其次,该诉讼根据伊拉克法律是否超过诉讼时效。伊拉克的3年时效期限可能阻止该诉讼,但伊拉克还有一项证据开示规则,该规则可以让时效暂停计算,直到原告获知加害者的个人身份为止。法院认为,原告的诉讼根据该规则未过时效,因为他们未能获知该供应商牵涉其子的事故,直到一份拖延很久的军事调查报告得出结论为止。

最后,在路易斯安那州进行该诉讼是否"从救济正义上具有正当的理由值得予以考虑"。根据《民法典》的官方注释,法院对该问题给出了肯定性回答。

---

① 671 F.3d 539 (5th Cir. 2012) (根据路易斯安那州冲突法判决)。

② 关于路易斯安那州冲突法立法,参见 Symeon C. Symeonides, "Louisiana Conflicts Law: Two 'Surprises'", 54 *La. L. Rev.* 497 (1994).

③ La. Civ. Code Art. 3549(B)(1).

④ La. Civ. Code Art. 3543.

⑤ See McGee, 671 So. 2d, at 543-44. 法院进一步认为,尽管第17号命令排除了缔约人在与其合同条款和条件有关的事项上适用伊拉克法律,但该项排除并不适用于侵权问题。

法院的回答建立在以下两个因素之上:(1)原告对事件的拖延没有责任。因为伊拉克的特殊情况,他们未能获知有关该供应商的信息,直到军事调查完成之后。(2)没有其他替代性法院。伊拉克法院无济于事,一方面是因为上面提到的临时联合政府第17号命令免除了伊拉克法院对美国供应商的管辖权;另一方面是因为安全上的考虑。正如法院指出的那样:"考虑到美国通过流血和牺牲在伊拉克获得的安全上的所有进展,有理由避免把该国作为一个美国人可以起诉的理想的法院地。"①

CACV科罗拉多律师事务所诉史迪文斯案②是在俄勒冈州审理的一起案件,该州是7个采纳了《统一时效法律冲突法》的州之一。③ 该法采纳了这样一个前提,即诉讼时效期间是一个实体问题,该问题原则上应适用支配诉讼事实问题的同一法律。因此,该法规定,如果一项诉讼"实体上"受法院地以外的某州法律支配,该州的诉讼时效也应适用,④同时也包括其附属规则。⑤ 然而,该法也规定了在例外情况下可以适用法院地法。该法第4条规定,如果外国时效期限"与法院地时效期限实质上不同且无法为当事人提供公平的诉讼机会,或者对该诉讼的辩护造成了一项不公平的负担",⑥则可以适用法院地法。

CACV案涉及该项例外的适用。一家信用卡公司的代理人在俄勒冈州提起诉讼,要求一位俄勒冈州居民支付过期的信用卡债务。该诉讼根据俄勒冈州的6年诉讼时效尚未过期,但该信用卡协议包含一个特拉华州法律选择条款。法院认为,该条款使特拉华州的3年诉讼时效也被包含在内,⑦而这会导致该诉讼超过时效期限。然而,特拉华州还有一项暂停法规(rolling statute),它可以使诉讼时效针对特定的被告暂停计算,而本案中的被告就属于此类,该被告住所位于特拉华州境外而且不属于当地的送达程序的主体。这意味着特拉华州的诉讼时效可以保持无限期的暂停。反之,这就使《统一时效法律冲突法》中的例

---

① See McGee, 671 So. 2d, at 548.

② 274 P.3d 859 (Or. Ct. App. 2012), review denied, 352 Or. 377 (Sept. 13, 2012).

③ 另外6个州是科罗拉多州、明尼苏达州、蒙大拿州、内布拉斯加州、北达科他州和华盛顿州。

④ ORS 12.430 (根据UCLLA第2条)。

⑤ ORS 12.440(根据UCLLA第3条)。

⑥ ORS 12.450(根据UCLLA第4条)。

⑦ 对该问题的讨论,参见Symeonides, 2009 Survey, pp. 276 - 77 (discussing Avery v. First Resolution Management Corp., 568 F.3d 1018 (9th Cir. 2009), cert. denied, 130 S. Ct. 554 (U.S. 2009)。

外条款开始发挥作用,因为一项无限期暂停的时效期限“对该诉讼的辩护造成了一项不公平的负担”。经过认真而广泛的全方面讨论,法院认为应适用该例外条款。① 因此,原告的诉讼被认为应适用俄勒冈州的 6 年诉讼时效,从而未超过时效期限。②

威特尼诉 Guys 公司案③是一起根据明尼苏达州冲突法审判的案件,第八巡回法院认为,在明尼苏达州的 6 年诉讼时效和特拉华州的 3 年诉讼时效之间的冲突中不适用上述例外条款。法院认为该例外条款是一项“不公平的例外”,法院指出:“一项 3 年的诉讼时效与 6 年的诉讼时效相比,并没有什么不公平和不合理之处。”④法院认为,特拉华州时效适用于涉及一家特拉华州公司股份所有权的争端。法院指出,通过采纳《统一时效法律冲突法》,明尼苏达州已经放弃了“诉讼时效的家乡规则”,并“明确表示该州对于适用其自身的诉讼时效规则并没有强烈的政府利益”。⑤ 该法院也指出,明尼苏达州在解决其他法律冲突时运用更好法律方法并不会导致不同的结果。法院声称:

> 对于不同的诉因选择特定的诉讼时效期间这一问题,立法机关比法院更适合去评估相竞争的政策的比较优势。基于此,由于明尼苏达州和特拉华州立法机关自己已经对有关政策考量进行过权衡并采用了不同结论,所以我们不适合去评价这两种诉讼时效期限中哪一个代表了更好的法律规则。⑥

---

① See CACV, 274 P. 3d at 86. 法院认为:“俄勒冈州与特拉华州的时效期限之间的差别是明显巨大的,特拉华州的时效可以是无期限的,因为被告可以在特拉华州一直不接受送达。另外,特拉华州对原告诉讼请求设置的时效期限可能会被无限期撤销,这对被告针对原告的抗辩施加了一种明显的不公平负担。”

② 另两起涉及同样事实和争议并获得同样判决结果的俄勒冈州案例,参见 Unifund CCR Partners v. Porras, 275 P. 3d 992 (Or. Ct. App. 2012), review denied, 352 Or. 378 (Sept. 13, 2012); Unifund CCR Partners v. Deboer, 277 P. 3d 562 (Or. Ct. App. 2012), review denied, 352 Or. 378 (Sept. 13, 2012)。

③ 700 F. 3d 1118 (8th Cir. 2012) (根据明尼苏达州法律判决)。

④ 700 F. 3d 1118 (8th Cir. 2012).

⑤ Ibid.

⑥ Ibid., at 1124.

七、家庭关系

(一)婚姻

1. 同性婚姻或同性结合(Same-Sex Unions)

2012 年有两起联邦上诉法院判例,该判例根据《宪法第五修正案》的平等保护条款判决《婚姻保护法》(Defense of Marriage Act,DOMA)第 3 条违宪。第 3 条将联邦法上的"婚姻"定义为"只是一个男人和一个女人之间作为丈夫和妻子的法律结合"。[①] 这两个案例分别是马萨诸塞诉美国健康与人类服务部案[②]和温德索尔诉美国案。[③] 两起案件都不涉及《保护婚姻法》第 2 条,该条免除了各州给予姐妹州承认同性婚姻或同性结合的法律或判决以充分诚信的义务。[④] 两起案件都是在奥巴马政府宣布"其将不再为《保护婚姻法》的合宪性而在法院进行辩护,尽管其将继续执行该法"之后作出的。一个由美国联邦众议院议员组成的"两党合作法律顾问小组"(Bipartisan Legal Advisory Group,BLAG)在两起案件中为《保护婚姻法》的合宪性进行辩护。

在 Massachusetts 案中,第一巡回法院确认,在最高法院发展出来的关于合宪性的 3 项测试标准(严格审查、中间审查和合理基础)中,对于本案而言,适当性标准几乎介于后两者之间——该标准被幽默地定性为"合理基础 + 或中间审查 -"。[⑤] 法院声称,根据合理基础标准,原告无法胜诉。然而,法院提出了让

---

① Pub. L. No. 104 – 199, § 3(a) (1996), 110 Stat. 2419, codified as 1 U. S. C. § 7. ("在确定国会立法、规定或条例的意思时,或确定美国不同行政机关和机构的解释时,'婚姻'一词意味着只有男人和女人之间作为丈夫和妻子的法律结合,'配偶'一词仅指一个作为丈夫或妻子的异性人。")

② 682 F. 3d 1 (2012). 该案由 8 个在马萨诸塞州提起的关联诉讼构成。其中 7 个案件中,原告是马萨诸塞州同性婚姻当事人,他们抗议自己享受不到联邦给予异性夫妻的利益。第八个案件是由马萨诸塞州提起,挑战的是同性婚姻享受不到联邦项目基金如医疗基金的利益,该项目基金以 DOMA 对婚姻的定义相关联。

③ 699 F. 3d 169 (2d Cir. 2012), cert. granted, 2012 WL 4009654 (U. S. Dec. 7, 2012). 该案中,诉讼由一位加拿大同性婚姻的幸存配偶在纽约州提起,该配偶未能享受联邦遗产税法对配偶的减免。

④ See Pub. L. No. 104 – 199, § 2, codified as 28 U. S. C. § 1738C. 该条规定:"美国的任何州、领地或属地或印第安部落都不得被要求承认其他州、领地或属地或部落有关同性关系的公共立法、记录或司法程序,也不得承认根据该同性关系而主张的权利或提起的请求,即使该同性关系根据该其他州、领地或属地或部落法律被视为婚姻。"

⑤ Windsor, 699 F. 3d at 180.

《保护婚姻法》服从于比理性基础标准所要求的高度服从于国会更严格的审查标准的两点理由:第一,《保护婚姻法》对少数群体具有完全不同的影响;第二,《保护婚姻法》"广泛侵入一个自从建国时起就已经被授权给州管辖的领域——家庭关系"。① 法院认为,联邦最高法院在过去50年的判决"要求对涉及少数人群体利益的政府诉讼以及在传统上与州有关的联邦诉讼进行更严格的审查"。② 通过采用这种审查标准,法院审核并驳回了由《保护婚姻法》辩护者提出的各项理由:(1)"节省了珍贵的政府资源";③(2)"支持稳定婚姻背景下的子女抚养";④(3)"对同性恋在道德上的反对"。⑤

在温德索尔案中,第二巡回法院援用了适用于可疑分类的中间审查标准。⑥ 法院接着审查并驳回了《保护婚姻法》辩护者提出的四点理由。

第一点理由是维护婚姻统一定义的联邦利益。法院认为,这是一个没有说服力的理由,因为《保护婚姻法》是"对我们长期以来所信奉的联邦主义的史无前例的破坏,根据这种联邦主义,同性婚姻是唯一与州法不符的事情,而州法要求通过一项联邦规则以取得一致性"。⑦

第二点理由是《保护婚姻法》通过限制政府婚姻补贴受益人从而节省了政府资源。法院驳回了该理由,认为"将任何随意挑选出来的人群排除在某一政府项目之外确实节省了政府资源",但是这并不能为一种令人厌恶的歧视提供

---

① Massachusetts, 682 F.3d at 12.

② Ibid., at 16. 法院并没有依照联邦主义理论,而是认为,DOMA 并不违反第十修正案。Ibid., at 11－12. 法院认为:"无论是第十修正案还是开支条款(Spending Clause)都不能使 DOMA 失效;但最高法院此前依据联邦主义对联邦法律的挑战使更有必要对 DOMA 的合法性进行更细致的审查并减少通常情况下对它们的服从。"

③ Ibid., at 14. 法院指出,即使是真实的,这种节省也不能以一个历史上受到不公平待遇的团体的牺牲为代价。

④ Ibid., at 14－15. 法院指出,DOMA 不能阻止马萨诸塞州同性夫妻收养子女或阻止一位女性伴侣生养一个孩子并由同性伴侣二人共同抚养,它也不能提高异性夫妻的利益,因为他们之间的婚姻也可能无子女,或不稳定,或者二者兼有。法院认为,DOMA 对待同性夫妻的态度与它所声称的加强异性婚姻的结合和利益这一目标之间不存在任何必然联系。

⑤ Ibid., at 15. 法院认为,道德上的反对不能被援引来为立法上的歧视辩护。

⑥ See Windsor, 699 F.3d. at 181－82. 法院认为:"本案中,所有四点因素都证明需要进行详细审查:(1)同性恋者历史上遭受过虐待和歧视;(2)同性恋与贡献社会的智力和才能无关;(3)同性恋者是一个没有明显特异之处的可识别的群体,尤其是那些已经缔结同性婚姻的一部分人而言;(4)该群体仍然是政治上的弱势少数群体。"

⑦ Ibid., at 186.("对于联邦法律中是否有关于婚姻的一致或统一规则这一问题,可以说,婚姻事实上是国家的专属领域。")

辩护。[1] 此外,《婚姻保护法》"如此宽泛,涉及超过 1000 部联邦法律,因此,它在本质上已经不是与财政有关的事项"。[2]

第三点理由是《婚姻保护法》捍卫了传统的对婚姻的理解。法院驳回了该理由,认为"一个法律概念的古老血统并不能使一部法律免受缺乏理性基础的指责",[3]而且在任何情况下,《保护婚姻法》也违反了另一项传统,即把这些事项交由各州处理。[4]

最后,法院驳回了第四点理由,即《保护婚姻法》鼓励"负责任地生育"。法院解释说,《保护婚姻法》并没有该功能——"《保护婚姻法》并没有提供更多的理由证明异性夫妻会'负责任地生育'。《保护婚姻法》颁布之后,异性夫妻结婚和生育与否的动机与此前并无不同。"[5]

联邦最高法院发布了对温德索尔案的调卷令并要求当事人对以下两个附加问题提交书状和答辩:(1)是否行政分支与法院之间达成的如下协议认为《保护婚姻法》违宪,从而排除了最高法院对该案的管辖权;(2)两党联合法律顾问

① See Windsor, 699 F. 3d. at 186 - 187.

② Ibid., at 187.

③ Ibid.

④ Ibid.("即使保留下来的传统本身是一个重要目的,但 DOMA 并非实现该目的的一种方式。正如地区法院所言,由于同性伴侣是否可以结婚应由州来决定,因此严格来讲,DOMA 并没有坚持将婚姻制度视为一个男人和一个女人之间的结合。")

⑤ Windsor, 699 F. 3d. p. 188. 认为 DOMA 违反宪法的下级法院判例,参见 Golinski v. U. S. Office of Personnel Management, 824 F. Supp. 2d 968 (N. D. Cal. 2012), hearing in banc denied, 680 F. 3d 1104 (9th Cir. 2012); Dragovich v. U. S. Dept. of Treasury, 872 F. Supp. 2d 944 (N. D. Cal. 2012); Pedersen v. Office of Pers. Mngmt., 881 F. Supp. 2d 294 (D. Conn. 2012)。

小组是否拥有第3条上的诉权。①

在州法院有关同性婚姻的判例中,由马里兰州和马萨诸塞州最高法院审理的波特诉科万案②和埃利亚—万肯诉埃利亚案③值得一提。马里兰州的波特案是在马里兰州投票人进行全民公投以表决同性婚姻的合法性之前作出判决的。波特案是一起由两位女士提出的无异议离婚而引发的案件,该两位女士是在加利福尼亚州允许同性婚姻时在加利福尼亚州结婚的。下级法院否决了离婚申

---

① U. S. v. Windsor, 2012 WL 4009654 (U. S., Dec. 7, 2012). 关于这两个案例的讨论,参见 Symposium:"Defense of Marriage Act: Law, Policy, and the Future of Marriage", 81 Fordham L. Rev. 537 et. seq. (2012), 包括由 Joseph Landau 所做的前言。另见以下文章: Charles Fried, "The Solicitor General's Office, Tradition, and Conviction", 81 *Fordham L. Rev.* 549 (2012); Saikrishna Bangalore Prakash, "Missing Links in the President's Evolution on Same-Sex Marriage", 81 *Fordham L. Rev.* 553 (2012); Abner S. Greene, "Interpretive Schizophrenia: How Congressional Standing Can Solve the Enforce-but-Not-Defend Problem", 81 *Fordham L. Rev.* 577 (2012); Dawn Johnsen, "The Obama Administration's Decision to Defend Constitutional Equality Rather than the Defense of Marriage Act", 81 *Fordham L. Rev.* 599 (2012); Joseph Landau, "DOMA and Presidential Discretion: Interpreting and Enforcing Federal Law", 81 *Fordham L. Rev.* 619 (2012); Douglas NeJaime, "Cause Lawyers Inside the State", 81 *Fordham L. Rev.* 649 (2012); David Luban, "The Moral Complexity of Cause Lawyers Within the State", 81 *Fordham L. Rev.* 705 (2012); I. Bennett Capers, "Enron, DOMA, and Spousal Privileges: Rethinking the Marriage Plot", 81 *Fordham L. Rev.* 715 (2012); Nancy D. Polikoff, "Two Parts of the Landscape of Family in America": Maintaining Both Spousal and Domestic Partner Employee Benefits for Both Same-Sex and Different-Sex Couples, 81 *Fordham L. Rev.* 735 (2012); R. A. Lenhardt, "Integrating Equal Marriage", 81 *Fordham L. Rev.* 761 (2012); Lynn D. Wardle, "Involuntary Imports: Williams, Lutwak, the Defense of Marriage Act, Federalism, and 'Thick' and 'Thin' Conceptions of Marriage", 81 *Fordham L. Rev.* 771 (2012); Tobias Barrington Wolff, "Collegiality and Individual Dignity", 81 *Fordham L. Rev.* 829 (2012). See also William Baude, "Beyond DOMA: Choice of State Law in Federal Statutes", 64 *Stan. L. Rev.* 1371 (2012); Alexander Maugeri, "The Missing Ingredient: How Oft-Overlooked Modern Conflict of Laws Principles Will Dictate the Reach of Same-sex Marriage in America", 30 *St. Louis U. Pub. L. Rev.* 325 (2011); Robert E. Rains, "A Minimalist Approach to Same-sex Divorce: Respecting States That Permit Same-sex Marriages and States That Refuse to Recognize Them", 2012 *Utah L. Rev.* 393 (2012); Steve Sanders, "The Constitutional Right to (Keep Your) Same-sex Marriage", 110 *Mich. L. Rev.* 1421 (2012); Kenji Yoshino, "The Paradox of Political Power: Same-sex Marriage and the Supreme Court", 2012 *Utah L. Rev.* 527(2012); Note (J. A. Fraioli), "Having Faith in Full Faith and Credit: Finstuen, Adar, and the Quest for Interstate Same-sex Parental Recognition", 98 *Iowa L. Rev.* 365 (2012); Lauren Lombardo, "Does Heather Have Two Mommies? The Importance of Full Faith and Credit Recognition for Adoptions by Same-sex Couples", 39 *Fordham Urb. L. J.* 1301 (2012).

② 44 A. 3d 970 (Md. 2012).

③ 972 N. E. 2d 17 (Mass. 2012).

请,理由是该婚姻违反了马里兰州公共政策。州最高法院推翻了该判决。

最高法院回避了原告提出的宪法上的辩护理由,并根据礼让原则作出了判决。该法院指出,根据标准的法律选择规则,一项在缔结地有效的婚姻应在马里兰州得到承认,除非该婚姻与马里兰州的公共政策发生冲突。根据该项标准,马里兰州的判例已经承认了他州的普通法婚姻以及叔叔和侄女之间举行的被他州允许的婚姻。法院认为,同性婚姻也类似,本案并不满足被有意提高的"不一致"禁止标准,尤其是当我们看到近年来马里兰州通过的一系列成文立法已经给予了同性婚姻好几项其他方面的保护和利益时。法院指出,在公民投票表决之前,马里兰州立法可能把同性关系"定性为一种复杂的人格失调"。[①] 一方面,该立法将马里兰州婚姻的定义限定为异性间的结合;另一方面,它又通过了"一长串成文法律保护同性恋人士和同性伙伴免受雇佣、健康护理、遗产规划和其他方面(基于性取向和性关系上)的歧视"。[②]

埃利亚—万肯案也是一起离婚诉讼,不过该案同时包含一起同性婚姻和一起同性伙伴关系。当事人是一对在马萨诸塞州结婚的同性恋者。但是其中一人此前曾缔结了一项佛蒙特州的同性民事伴侣关系,而他在马萨诸塞州结婚时尚未取消该伴侣关系。该案的问题是,佛蒙特州的民事伴侣关系是否等同于一项婚姻,从而可以适用马萨诸塞州的多配偶婚姻(polygamy)立法。马萨诸塞州法院给出了肯定回答。

该法院认为,2000 年的佛蒙特州承认民事伴侣关系的法律规定,该伴侣关系具有不同于婚姻的法律地位,而 2009 年允许同性恋人结婚的法律也没有将民事伴侣关系转化为婚姻。然而,法院认为,从实践角度考虑,一项佛蒙特州民事伴侣关系在功能上等同于婚姻,在马萨诸塞州,婚姻被定义为"两个人自愿结合为配偶而排除任何其他人"。[③] 一项民事伴侣关系"要求通过一项法律上命令而成立,并通过一项法律命令……解散它,就像婚姻一样",所有与离婚有关的法律包括财产分割、配偶间的抚养以及子女监护等,"都同等适用于民事伴侣关系"。[④] 该法院还增加了一项现实的理由以支持其观点:

---

① Port, 44 A. 3d at 972.

② Ibid., at 972 – 973.

③ Elia-Warnken, 972 N. E. 2d at 33.

④ Ibid., at 33.

> 如果我们不承认原告的民事伴侣关系,他将拥有两个配偶,其中每一位都可以要求其承担同样的义务,如配偶或子女的扶养、遗产继承和健康保险……同样,原告也可以要求每一位配偶承担同样的义务。防止此类纠纷也是多配偶婚姻立法的目的之一。[①]

法院认为,因为佛蒙特州民事伴侣关系是婚姻的等价物,并且该伴侣关系在马萨诸塞州婚姻举行时尚未解除,因此,该婚姻自始无效。[②]

在边界线的另一边,亚利桑那州上诉法院在萨纳姆诉埃尔斯特罗姆案[③]中认为,一项加拿大同性婚姻违反了亚利桑那州的公共政策,因此可以根据亚利桑那州法律被宣布无效。法院曾驳回了一项要求取消该婚姻的无异议申请,理由是亚利桑那州法律禁止该婚姻,"不存在需要解除或宣布无效的对象"。[④] 实际上,亚利桑那州《宪法》规定:"只有一个男人和一个女人之间的结合才可以在本州内有效地成为或被承认为婚姻。"[⑤]上诉法院指出,该项规定表明了亚利桑那州强烈地反对同性婚姻的公共政策。但法院认为,发布一项无效宣告令符合而非违反该项政策。"从性质上来看",法院认为,"宣布一项婚姻无效的诉讼并不会承认其有效性;相反,它的前提假设就是该婚姻的无效性"。[⑥] 法院同时认为,法院有管辖权分割当事人的财产,并处理他们之间因婚姻无效而产生的财产请求权。

2. 传统婚姻

代理婚姻很少见,尽管有至少7个州和部分外国仍然承认该婚姻。[⑦] 奇安

---

① Elia-Warnken, 972 N. E. 2d at 34－35.

② In Hunter v. Rose, 975 N. E. 2d 857 (Mass. 2012);另一起同性离婚案件中,同一家法院根据礼让原则承认了加利福尼亚州一项同性伴侣关系等同于婚姻,它具有婚姻的所有附带事项,包括对伙伴存续期间所生子女的父母权。

③ 2012 WL 2864412 (Ariz. Ct. App. July 12, 2012).(该案未出版并被指明不具有先例效果)。

④ Ibid., at *1.

⑤ Ibid., at *2.

⑥ Ibid.

⑦ 代理婚姻在加利福尼亚州、科罗拉多州、蒙大拿州和得克萨斯州被承认,同样被《统一结婚和离婚法》第206(b)条接受,该法在亚利桑那州、佐治亚州、明尼苏达州、华盛顿州、科罗拉多州和蒙大拿州生效。该法参见 http://uniformlaws.org/Act.aspx?title=Marriage and Divorce Act, Model。

尼诉奇安尼案①就涉及此种婚姻。婚礼于 1993 年在刚果民主共和国(前扎伊尔)举行,男方和女方分别是诺尔和玛丽—路易丝。诺尔并未实际到场,他让其堂兄代表他出席,尽管诺尔本人通过电话参与了婚礼。婚礼以传统的刚果方式举行,并交换了嫁妆,包括一只活羊。之后不久,双方来到美国并作为夫妻在弗吉尼亚州和马里兰州一起生活了 18 年。诺尔在多个场合都将玛丽—路易丝视为他的妻子,包括在其申请移民、税收返还和填写各种保险表格时。当玛丽—路易丝起诉离婚时,诺尔则根据刚果法律否认该婚姻的有效性。

马里兰州法院认为该婚姻根据刚果法律有效,并认为承认该婚姻并不违背马里兰州公共政策。法院指出:(1)与其他国外婚姻,如普通法婚姻或叔叔与侄女间的婚姻(马里兰州法院已经承认了该婚姻,尽管不允许他们在马里兰州结婚)不同的是,代理婚姻并没有在马里兰州被明文禁止;(2)"远程婚姻现在越来越普遍",在有些情况下,如在与军队人员举行的婚姻中,其"可能是婚姻双方的唯一选择";②(3)代理婚姻"并不伤害夫妻任一方的自由权"。③

在迪安诉里塞尔案④中,所涉问题是,被澳大利亚法院的判决承认为"事实配偶"的原告是否可以被视为配偶,从而可以继承死者位于新墨西哥的财产。澳大利亚法院判决被新墨西哥州法院称为"一份洋洋洒洒 48 页的重要文献",该判决书非常详尽地阐明了澳大利亚的立法和判例以及原告与死者之间长达 20 年的关系:"一起生活和居住并经常一起旅游……已经在感情上相互依恋并彼此关心对方的健康和事业……相互卷入对方的商业和经济活动以及……他们相互之间及其朋友之间的公共关系之中。"⑤这一描述听上去像是一起普通法上的婚姻,而该婚姻只要是在一个允许该婚姻的州缔结,即可得到新墨西哥州的承认。

事实上,原告确实认为她的事实上的关系应当被作为"有效的婚姻关系"而在新墨西哥州得到承认,该关系"至少已经达到普通法婚姻的程度",并"具有普

---

① 56 A. 3d 311 (Md. App. 2012).

② Ibid., at 322. 法院也提到两位教授的建议,即各州应允许夫妻通过视频会议技术比如 Skype 进行结婚。

③ Ibid.

④ 285 P. 3d 678 (N. M. Ct. App. 2012), cert. denied (N. M., June 14, 2012).

⑤ Ibid., at 684.

通法婚姻的所有特征”,并且完全“等同于一起普通法婚姻”以至于排除了在新墨西哥州承认它的任何障碍。[①] 法院驳回了该主张,理由如下:

在确定某一关系是否属于普通法婚姻这一问题上,澳大利亚法院所进行的分析与美国很多州所采用的要素之间无论存在多少相似性,对我们的分析都无关紧要。礼让规则并不要求本法院去判断澳大利亚法院所面对的事实如果按照另一个地方的法律来衡量是否会导致得出这样一个结论,即在原告和死者之间存在普通法上的婚姻关系。相反,礼让原则要求我们承认普通法上的婚姻,只要其在缔结地有效……在本地,原告和死者之间并未结婚,这一事实毫无争议,我们在礼让基础上得不出他们已经结婚的结论。[②]

(二)其他家庭关系冲突

在家庭关系领域的其他冲突法案件中,读者可以关注一下脚注中引用的那些案件。它们涉及亲子关系、[③]子女抚养、[④]夫妻扶养[⑤]和子女监护[⑥]等问题。

---

① 285 P. 3d 678 (N. M. Ct. App. 2012), cert. denied (N. M., June 14, 2012). at 685.

② Ibid. 其他涉及外国婚姻的案例,参见 Bedard v. Corliss, 973 N. E. 2d 691 (Mass. Ct. App. 2012)(法院认为,尽管在墨西哥缔结的婚姻不应在马萨诸塞州被承认,但已故的妻子应当被禁止主张婚姻无效,因此其子女也同样被禁止提出该主张); Haltom v. Haltom, 2012 WL 1537839 (unpublished, Neb. Ct. App. May 1, 2012)(法院认为,丈夫无法证明其婚姻无效,因为其无法证明其妻子在墨西哥离婚的日期)。

③ DeBoer v. DeBoer, 822 N. W. 2d 730 (S. D. 2012).

④ Tisdale v. Bolick, 978 N. E. 2d 30 (Ind. Ct. App. 2012); Klayman v. Luck, 2012 WL 3040043 (Ohio Ct. App. 8th Dist. July 26, 2012), stay denied, 133 Ohio St. 3d 1488 (Ohio, Nov. 28, 2012); In re Marriage of Barth, 147 Cal. Rptr. 3d 910 (Cal. Ct. App. 4th Dist. 2012), reh'g denied (Nov. 8, 2012).

⑤ In re Marriage of Raymond, 151 Cal. Rptr. 3d 608 (Cal. App. 4th Dist. 2012), as modified on denial of reh'g (Jan. 02, 2013); Ya Mei Y. Chen v. Ming Chung Chen, 2012 WL 5471449 (unpublished, W. Va., Nov. 9, 2012).

⑥ In re T. L. B., 272 P. 3d 1148 (Colo. App. 2012); In re A. S. C. H., 380 S. W. 3d 346 (Tex. App. 2012); Fazzini v. Davis, 98 So. 3d 98 (Fla. Dist. Ct. App. 2d Dist. 2012); Bates v. Bates, 103 So. 3d 836 (Ala. App. 2012).

八、宪法案件

(一)《反伊斯兰法律修正案》

在 2011 年的综述中我们讨论过对俄克拉荷马州宪法的一项修正案,名为《反伊斯兰法律修正案》,该修正案在 2010 年 11 月的俄克拉荷马州全民公决中以 70% 得票率被通过。[①] 该项所谓的"拯救本州修正案"规定了俄克拉荷马州法院的以下几种情形:(1)不得寻求其他国家或其他文化的法律概念;(2)不得考虑国际法或伊斯兰法律;(3)只有在"必要时"且只有当该法律"不包括伊斯兰法律"时,才可以适用美国其他州的法律。[②]

该综述也讨论过阿瓦德诉奇里阿克斯案,[③]该案中,联邦地区法院认为,该修正案违反了《联邦宪法第一修正案》中的结社和自由行使(Establishment and Free Exercise clauses)条款,并发布了一项初步禁令,禁止执行该修正案直到对该案作出判决为止。2012 年第十巡回法院维持了该禁令。[④] 法院认为,为了确定俄克拉荷马州修正案的合宪性,应适用拉尔森案中的严格审查标准,该标准规定,在宗教间进行歧视的法律只有当其"完全是为了促进一项强制性的州利益"时,才可以得到支持。[⑤] 因此,俄克拉荷马州必须证明:(1)必须存在一项强制性政府利益;(2)该修正案"完全符合"该项强制性利益。接着,为了某一明显具有强制性的利益,该州必须确定一个该项修正案意图予以补救的"现实而具体的问题"。[⑥]

俄克拉荷马州无法确定这样一个问题。俄克拉荷马州官员"未能确定任何该修正案试图解决的现实问题,而且他们事实上也承认……他们知道任何一个例证,其中俄克拉荷马州法院曾经适用过伊斯兰法律或适用过其他国家或其他

---

① See Symeonides, 2010 Survey at, pp. 320 – 23.

② H. R. J. Res. 1056, Amending Oklahoma Constitution Art. 7, § 1 (Ariz. 2010). 该决议部分内容如下:法院……在行使其司法权力时,应当坚持和忠于美国宪法、俄克拉荷马宪法、美国法典、联邦政府依法制定的条例、已确立的普通法、俄克拉荷马成文法和依据该法制定的规则以及在必要情况下美国其他州的法律,前提是该其他州法律中不包括伊斯兰法律,并据此作出判决。法院不得寻求其他国家或文化的法律概念。尤其是法院不能考虑国际法或伊斯兰法律。

③ 754 F. Supp. 2d 1298 (W. D. Okla. 2010).

④ See Awad v. Ziriax, 670 F. 3d 1111 (10th Cir. 2012).

⑤ Larson v. Valente, 456 U. S. 228, 255(1982).

⑥ Awad, 670 F. 3d at 1129.

文化的法律信条,更别提这种适用是否曾经在俄克拉荷马州带来具体问题”。[1]他们只是规定了一个条文,简单地断言“俄克拉荷马州当然拥有一项强制性利益以确定在俄克拉荷马州法院该适用什么法律。”[2]法院认为:“这种一般性声明本身并不足以建立一项强制性利益”。[3] 因此,该修正案“说好听点是想当然”,无法支持一项“强制性利益”。[4]

先折一阵之后,俄克拉荷马州输掉了整个严格审查测试,该测试要求证明存在强制性利益,同时要求完全相符。法院说,“你不能去试戴一副手套看它合不合手,而实际上该手套已经丢失了”。[5] 不仅如此,法院还指出,该修正案肯定还会输掉第二局。法院认为:

> 计划中的修正案的目的远不只是阻止法院“适用”伊斯兰法律。该修正案禁止州法院“考虑”该法律……即使该州可以确定并证明一项理由以挑选出并在其法院限制伊斯兰法律,该修正案对伊斯兰法律的完全禁止很难说是一种狭义的修补。[6]

因为原告的反驳完全建立在第一修正案的基础之上,法院的判决也局限于此。然而,正如在2010年综述中所说,毫无疑问,俄克拉荷马州的修正案会违反联邦宪法的至上条款和大量其他条款,包括条约条款和外交事务权力以及充

---

① Awad, 670 F. 3d at 1130.
② Ibid.
③ Ibid.
④ Ibid.
⑤ Ibid., at 1120 - 1131.
⑥ Ibid., at 1131.

分诚信和正当程序条款。①

(二)其他宪法事务

因时间和空间的限制,本文无法讨论涉及其他宪法问题的案例,这些问题间接地与冲突法相关,如联邦针对影响移民的州法的优先权、②商业条款项下的优先权,③以及其他因国家在伊拉克④和阿富汗⑤的战争事务引发的大量宪法问题。

九、外国判决

托兰德遗产诉托兰德案⑥是一起涉及日本离婚判决和日本监护权判决的有

---

① See Symeonides, 2010 Survey at 322 – 23. 其他 2012 年发表的对俄克拉荷马宪法修正案以及对 Awad 案和相关问题的评论,参见 Robert E. Michael,"The Anti-Shari'a Movement—Unconstitutional Discrimination or Homeland Security?", 18 *ILSA J. Int'l & Comp. L.* 347 (2012); John T. Parry, "Oklahoma's Save Our State Amendment: Two Issues for the Appeal", 64 *Okla. L. Rev.* 161 (2012); Asthma T. Uddin & Dave Pantzer, "A First Amendment Analysis of Anti-Sharia Initiatives", 10 *First Amend. L. Rev.* 363 (2012); Comment (Yaser Ali), "Shariah and Citizenship-How Islamophobia Is Creating a Second-Class Citizenry in America", 100 *Cal. L. Rev.* 1027 (2012); Comment (Raman Singh), "A Holey Cause: Sharia as a Cultural Defense", 117 *Penn St. L. Rev.* 595 (2012); Note (Lee Tankle), "The Only Thing We Have to Fear Is Fear Itself: Islamophobia and the Recently Proposed Unconstitutional and Unnecessary Anti-Religion Laws", 21 *Wm. &Mary Bill Rts. J.* 273 (2012)。

② See Arizona v. U. S., 132 S. Ct. 2492 (U. S. 2012) (Arizona immigration law); U. S. v. Alabama, 691 F. 3d 1269 (11th Cir. 2012) (Alabama immigration law); Hispanic Interest Coalition of Alabama v. Governor of Alabama, 691 F. 3d 1236 (11th Cir. 2012) (same); Georgia Latino Alliance for Human Rights v. Governor of Georgia, 691 F. 3d 1250 (11th Cir. 2012) (Georgia immigration law); Dandamudi v. Tisch, 686 F. 3d 66 (2nd Cir. 2012) (New York pharmacists licensing law). See also Comment (Jonathan Futrell), "Aliens in a Foreign Field: Examining Whether States Have the Authority to Pass Legislation in the Field of Immigration Law", 63 *Mercer L. Rev.* 10771 (2012).

③ See Mabey Bridge & Shore, Inc. v. Schoch, 666 F. 3d 862 (3rd Cir. 2012) (Pennsylvania's "Steel Act" vs. federal "Buy America Act"); American Beverage Ass'n v. Snyder, 700 F. 3d 796 (6th Cir. 2012) (Michigan's returnable "bottle bill").

④ 参见 Al Shimari v. CACI Intern., Inc., 679 F. 3d 205 (4th Cir. 2012) (阿布格莱布监狱囚犯针对参与审讯的军队承包人提起的诉讼); Vance v. Rumsfeld, 701 F. 3d 193 (7th Cir. 2012) (美国公民提起的针对在伊拉克军事囚禁期间的虐待审讯行为的诉讼)。

⑤ 参见 U. S. v. Brehm, 691 F. 3d 547 (4th Cir. 2012), cert. denied, 2012 WL 5511064 (U. S., Dec. 10, 2012) (南非公民根据《军事域外管辖权法》对袭击英国驻阿富汗公民行为提起的诉讼); U. S. v. Siddiqui, 699 F. 3d 690 (2nd Cir. 2012) (保护美国官员和雇员免受伤害的成文法的域外适用问题); Hamdan v. U. S., 696 F. 3d 1238 (D. C. Cir. 2012) (2006 年《军事委员会法》对于 2006 年前发生的行为是否适用于关塔那摩囚犯)。

⑥ 286 P. 3d 60 (Wash. Ct. App. Div. 2 2012).

趣案件。该案事实如下:保罗是一位在日本服兵役的美国人,在日本娶了一位日本妻子悦子,并有一个女儿名叫埃莉卡。悦子获得了一项日本离婚判决,保罗的律师出席了该判决的法庭审判。该离婚判决将其女儿埃莉卡的监护权判给了悦子并命令保罗支付子女抚养费。后来悦子自杀身亡,一家日本法院指定埃莉卡的外婆作为其监护人,但保罗并未得到该案的出庭通知。悦子的继承人在保罗的现住所地提起诉讼,要求执行日本离婚判决中的子女抚养费。华盛顿州法院拒绝承认该判决,理由并非是该判决有问题,而是因为保罗未能收到后来的监护权诉讼的出庭通知。

法院指出,日本的离婚诉讼"允许进行充分和公平的审判,并导致一项日本的离婚判决,符合有效外国判决的要件"。① 然而,法院解释说,承认该离婚判决将会"忽视该监护诉讼程序在实践中和宪法上的危害结果……该监护诉讼在效果上……否定了我国法律明确承认的亲子关系"。② 该继承人提出,根据日本法律,保罗无权接收该监护程序的通知,但该监护判决并未排除保罗在日本法院寻求经常性探视权。即使如此,该法院仍指出:"保罗在日本获得探视权诉讼的机会'几乎为零',因为该监护诉讼已经造成了'既定事实'。"③上诉法院补充说,日本法院"在探视权诉讼中从不提供这样一种可能,即生物学上的父母应当获得探视权,尽管日本法院也将此作为一个重要事实"。④ 此外,即使保罗从日本法院获得探视权,"毫无争议的证据显示,日本法院很可能不会执行"。⑤ 法院得出结论认为:"执行日本的离婚判决将会侵犯保罗诉讼上获得送达的正当程序权利和听审的机会,以及华盛顿州保护亲子关系的政策和保罗作为一个父亲的实质性正当程序权利。"⑥

可以确定的是,法院的判决意味着保罗不会被强制支付由日本离婚判决判处的子女抚养费。该法院承认这一事实,但指出:"没人……阻止保罗自愿支付他应当为子女承担的部分或全部抚养费以及日本判决中的其他裁定。"⑦但是,即使保罗选择不支付,法院也肯定会认为这不是什么大不了的事情,因为它引

① 286 P.3d 66 (Wash. Ct. App. Div. 2 2012).
② Ibid.
③ Ibid.
④ Ibid.
⑤ Ibid.
⑥ Ibid., at 67.
⑦ Ibid., at 65.

用了广泛的证据显示在日本“支付子女抚养费是自愿的,因此并不指望人们会服从判决”,[①]而且“将近 66% 的父母从不支付子女抚养费”。[②] 因此,多一个不支付抚养费的案例又有什么大不了的呢!

普雷斯利诉 N. V. 马苏尼尔 · 费雷德林诉(Presley v. N. V. Masureel Veredeling)案[③]涉及对比利时判决的承认,该判决命令美国被告偿还他们向比利时原告所借的金钱。当事人曾签署了一份合资协议,其中包含一项比利时法律选择条款和 ICC 仲裁条款。他们同时约定:“在该合资协议框架范围内”,并“根据”其术语,[④]两份贷款协议包含有比利时法律选择条款,但不包含仲裁条款。相反,该协议包含了一项比利时法院的排他性管辖权条款。当美国当事人未能偿还该贷款时,比利时当事人在比利时对其提起了诉讼。被告出庭并对法院的管辖权提出了异议,并同时提出了反诉,指控对方违反了合资协议。被告提出的管辖权异议是以协议书中的仲裁条款为依据的,被告主张该条款应优先于贷款协议中的法院选择条款。比利时地方法院和上诉法院在对贷款问题作出判决之前先审查了该项异议并予以驳回,同时给出了详细理由。法院还拒绝了被告的反诉,认为其指控属于仲裁的范围。

当比利时原告试图在得克萨斯州寻求执行比利时的判决时,被告以比利时法院没有管辖权为由提出了异议。得克萨斯州法院驳回了该异议,认为比利时法院根据对贷款协议中的法院选择条款的适当解释享有案件管辖权,无论是依据比利时法律还是得克萨斯州法律都是如此。得克萨斯州法院也驳回了被告的观点,即比利时法院拒绝接受他们提出的反诉是对他们程序上和实体上正当程序权利的否定。[⑤]

---

① 286 P. 3d 66 (Wash. Ct. App. Div. 2 2012). at 67. (法院引用证据表明日本家庭法院无权执行子女抚养判决,并且日本家庭法院的命令被广泛承认为不可执行。)

② Ibid.

③ 370 S. W. 3d 425 (Tex. Ct. App. Houston 1st Dist. 2012).

④ Ibid. , at 427.

⑤ 有关承认姐妹州法院判决的判例,参见 Ya Mei Y. Chen v. Ming Chung Chen, 2012 WL 5471449 (unpublished, W. Va. Nov. 9, 2012) (子女抚养判决的时效); Fazzini v. Davis, 98 So. 3d 98 (Fla. Ct. App. 2nd Dist. 3, 2012) (探视权的修改); Weiss v. Weiss, 100 So. 3d 1220 (Fla. Ct. App. 2nd Dist. 2012) (婚姻财产的处分及法定利息); Master Finance Co. of Texas v. Pollard, 283 P. 3d 817 (Kan. Ct. App. 2012) (判决后利息); Thomson Inc. v. Continental Cas. Co. , 976 N. E. 2d 763 (Ind. Ct. App. 2012) (礼让和争点阻却); C. H. Robinson Worldwide, Inc. v. Lobrano, 695 F. 3d 758 (8th Cir. 2012) (一事不再理)。

十、杂项冲突案件

篇幅的限制使已经过长的本综述必须在此终止。不幸的是,这意味着我们无法再讨论几起涉及其他问题的冲突法案件,如外国法的证明、①司法文书送达、②证据、③律师费、④公司⑤以及财产⑥等方面的案件。出于同样的理由,本综述并不

---

① 参见 In re Griffin Trading Co. , 683 F. 3d 819 (7th Cir. 2012), reh'g and reh'g en banc denied (Aug. 7, 2012)(传唤的及时性、形式和适当性以及根据《联邦证据规则》第 44.1 条适用外国法的意图;法院认为,由于存在大量显而易见的外国因素,初审法院否决被告要求适用外国法的抗辩是滥用其裁量权);Shoen v. Shoen, 292 P. 3d 1224 (Colo. Ct. App. Div. V 2012)(认为原告无权要求适用亚利桑那州法律,因为原告一直未提出这一诉求,直到法庭根据法院地法对实质性问题作出裁决后才提出来);In re Estate of Pullen, 810 N. W. 2d 532 (Table), 2012 WL 5871443 (Iowa Ct. App. Jan. 19, 2012)(法院认为,由于原告未能证明内布拉斯加州法律,初审法院有权推定内布拉斯加州法律与艾奥瓦州法律相同,因此,初审法院适用艾奥瓦州法律是正确的);Adams v. Raintree Vacation Exchange, LLC, 702 F. 3d 436 (7th Cir. 2012)。

② 参见 New York State Thruway Authority v. Fenech, 94 A. D. 3d 17, 938 N. Y. S. 2d 654 (N. Y. A. D. 3rd Dept. 2012)(涉及《海牙民商事司法和非司法文书域外送达公约》)。

③ 参见 Washington v. State, 822 N. W. 2d 745 (Iowa Ct. App. 2012)(谋杀嫌疑人在另一州接受审讯期间所做的有罪声明是否可被采纳);HealthTronics, Inc. v. Lisa Laser USA, Inc. , 382 S. W. 3d 567 (Tex. Ct. App. -Austin, 2012)(证据是否足够支持律师费的权利)。

④ See Peace River Seed Co-Op. , Ltd. v. Proseeds Marketing, Inc. , 293 P. 3d 1058, 253 Or. App. 704 (2012); In re Volkswagen and Audi Warranty Extension Litigation, 692 F. 3d 4 (1st Cir. 2012); HealthTronics, Inc. v. Lisa Laser USA, Inc. , 382 S. W. 3d 567 (Tex. Ct. App. -Austin, 2012).

⑤ See In re All Cases Against Sager Corp. , 967 N. E. 2d 1203 (Ohio 2012); Villari v. Mozilo, 146 Cal. Rptr. 3d 556 (Cal. Ct. App. 2nd Dist. 2012); Lidow v. Superior Court, 141 Cal. Rptr. 3d 729 (Cal. Ct. App. 2nd Dist. 2012), review denied (Aug. 15, 2012); Anschutz Corp. v. Merrill Lynch & Co. , Inc. , 690 F. 3d 98 (2nd Cir. 2012); LaPlant v. Northwestern Mut. Life Ins. Co. , 701 F. 3d 1137 (7th Cir. 2012); Wachovia Securities, LLC v. Banco Panamericano, Inc. , 674 F. 3d 743 (7th Cir. 2012); Howell Contractors, Inc. v. Berling, 383 S. W. 3d 465 (Ky. Ct. App. 2012).

⑥ See Solomon v. Spielberg, 473 F. App'x 526, 2012 WL 1008667 (9th Cir. Mar. 27, 2012) (a dispute over ownership of the Norman Rockwell painting Russian Schoolroom); In re Estate of San Miguel, 2012 WL 425801 (unpublished, Tenn. Ct. App. Feb. 10, 2012), appeal denied (June 20, 2012) (rights and obligations of co-owners of immovable property).

涵盖管辖权案件、①外国主权豁免案件②以及联邦法律的域外适用案件。③ 对上述问题感兴趣的读者可以参考脚注中所指引的案例。

2013 年 1 月 7 日完成
西蒙 · C. 西蒙尼德斯
美国俄勒冈州塞伦市

---

① See Nuveen Mun. Trust ex rel. Nuveen High Yield Mun. Bond Fund v. WithumSmith Brown, P. C., 692 F. 3d 283 (3d Cir. 2012); Tire Engineering and Distribution, LLC v. Shandong Linglong Rubber Co., Ltd., 682 F. 3d 292 (4th Cir. 2012), cert. filed (Oct. 09, 2012); Pervasive Software Inc. v. Lexware GmbH & Co. KG, 688 F. 3d 214 (5th Cir. 2012); Myers v. Casino Queen, Inc., 689 F. 3d 904 (8th Cir. 2012), reh'g and reh'g en banc denied (Oct. 3, 2012); World Holdings, LLC v. Federal Republic of Germany, 701 F. 3d 641 (11th Cir. 2012); Licci v. Lebanese Canadian Bank, SAL, 673 F. 3d 50 (2d Cir. 2012); Licci v. Lebanese Canadian Bank, ___ N. E. 2d___, 2012 WL 5844997 (N. Y. Nov. 20, 2012); Abelesz v. OTP Bank, 692 F. 3d 638 (7th Cir. 2012); Mendel v. Williams, 53 A. 3d 810 (Pa. Super. Ct. 2012); Telesur v. DOT (SR), Inc., 100 So. 3d 1232 (Fla. Dist. Ct. App. 2nd Dist. 2012).

② See Terenkian v. Republic of Iraq, 694 F. 3d 1122 (9th Cir. 2012), reh'g en banc denied, 704 F. 3d 814 (9th Cir. 2013) (commercial activity exception); Rogers v. Petroleo Brasileiro, S. A., 673 F. 3d 131 (2d Cir. 2012) (commercial activity exception); EM Ltd. v. Republic of Argentina, 695 F. 3d 201 (2d Cir. 2012) (immunity from attachment); Habyarimana v. Kagame, 696 F. 3d 1029 (10th Cir. 2012) (head of state immunity); Abelesz v. Magyar Nemzeti Bank, 692 F. 3d 661 (7th Cir. 2012), mandamus denied, 695 F. 3d 655 (7th Cir. 2012) (expropriation exception).

③ See Carrier Corp. v. Outokumpu Oyj, 673 F. 3d 430 (6th Cir. 2012), reh'g and reh'g en banc denied (Apr. 30, 2012) (Sherman Act); Global Reinsurance Corp. U. S. Branch v. Equitas Ltd., 969 N. E. 2d 187, 18 N. Y. 3d 722 (N. Y. 2012) (New York antitrust statute (Donnelly Act)); Velez v. Sanchez, 693 F. 3d 308 (2d Cir. 2012) (Alien Tort Statute and Fair Labor Standards); Cedeno v. Castillo, 457 F. App'x 35 (2d Cir. Jan. 25, 2012) (RICO); U. S. v. Bellaizac-Hurtado, 700 F. 3d 1245 (11th Cir. 2012) (Maritime Drug Law Enforcement Act).

冲突法在美国法院(2013 年):第 27 次年度综述*

一、导论

本文是美国冲突法案例的第 27 次年度综述。① 此

---

* 原文载《美国比较法杂志》第 62 卷(2014 年),感谢西蒙·C. 西蒙尼德斯教授授予中文翻译和出版权。Copyright to the English original by Symeon Symeonides and the American Society of Comparative Law, Inc.

① 前 26 次年度综述分别参见:P. John Kozyris, "Choice of Law in the American Courts in 1987: An Overview", 36 *Am. J. Comp. L.* 547 (1988); Symeon C. Symeonides, "Choice of Law in the American Courts in 1988", 37 *Am. J. Comp. L.* 457 (1989); P. John Kozyris & Symeon C. Symeonides, "Choice of Law in the American Courts in 1989: An Overview", 38 *Am. J. Comp. L.* 601 (1990); Larry Kramer, "Choice of Law in the American Courts in 1990: Trends and Developments", 39 *Am. J. Comp. L.* 465 (1991); Michael E. Solimine, "Choice of Law in the American Courts in 1991", 40 *Am. J. Comp. L.* 951 (1992); Patrick J. Borchers, "Choice of Law in the American Courts in 1992: Observations and Reflections", 42 *Am. J. Comp. L.* 125 (1994); Symeon C. Symeonides, "Choice of Law in the American Courts in 1993 (and in the Six Previous Years)", 42 *Am. J. Comp. L.* 599 (1994); Symeon C. Symeonides, "Choice of Law in the American Courts in 1994: A View 'From the Trenches'", 43 *Am. J. Comp. L.* 1 (1995); Symeon C. Symeonides, "Choice of Law in the American Courts in 1995: A Year in Review", 44 *Am. J. Comp. L.* 181 (1996); Symeon C. Symeonides, "Choice of Law in the American Courts in 1996: Tenth Annual Survey", 45 *Am. J. Comp. L.* 447 (1997); Symeon C. Symeonides, "Choice of Law in the American

项综述是应美国法学院协会冲突法分会的要求而撰写的,①其目的在于为美国国内外的本专业教师和学生提供服务。②本综述的宗旨仍一如既往,意在提供信息而非明辨是非。不过,作者偶尔也会难以自控地发出少许批评意见。

本综述涵盖了美国州和联邦上诉法院从 2013 年 1 月 1 日至 12 月 31 日作出的裁决,以 2013 年 12 月 31 日午夜前发布在 Westlaw 数据库中的为准。③在符合这些条件的 1354 起案例中,本综述集中关注那些对于冲突法,尤其是对于法律选择的发展和理解而言具有新意的案例。

Courts in 1997", 46 *Am. J. Comp. L* 233 (1998); Symeon C. Symeonides, "Choice of Law in the American Courts in 1998: Twelfth Annual Survey", 47 *Am. J. Comp. L.* 327 (1999); Symeon C. Symeonides, "Choice of Law in the American Courts in 1999: One More Year", 48 *Am. J. Comp. L.* 143 (2000); Symeon C. Symeonides, "Choice of Law in the American Courts in 2000: As the Century Turns", 49 *Am. J. Comp. L.* 1 (2001); Symeon C. Symeonides, "Choice of Law in the American Courts in 2001: Fifteenth Annual Survey", 50 *Am. J. Comp. L.* 1 (2002); Symeon C. Symeonides, "Choice of Law in the American Courts in 2002: Sixteenth Annual Survey", 51 *Am. J. Comp. L.* 1 (2003); Symeon C. Symeonides, "Choice of Law in the American Courts in 2003: Seventeenth Annual Survey", 52 *Am. J. Comp. L.* 9 (2004); Symeon C. Symeonides, "Choice of Law in the American Courts in 2004: Eighteenth Annual Survey", 52 *Am. J. Comp. L.* 919 (2004); Symeon C. Symeonides, "Choice of Law in the American Courts in 2005: Nineteenth Annual Survey", 53 *Am. J. Comp. L.* 559 (2005); Symeon C. Symeonides, "Choice of Law in the American Courts in 2006: Twentieth Annual Survey", 54 *Am. J. Comp. L.* 697 (2006); Symeon C. Symeonides, " Choice of Law in the American Courts in 2007: Twenty - First Annual Survey", 56 *Am. J. Comp. L.* 243 (2008); Symeon C. Symeonides, "Choice of Law in the American Courts in 2008: Twenty - Second Annual Survey", 57 *Am. J. Comp. L.* 269 (2009); Symeon C. Symeonides, "Choice of Law in the American Courts in 2009: Twenty - Third Annual Survey", 58 *Am. J. Comp. L.* 227 (2010); Symeon C. Symeonides, "Choice of Law in the American Courts in 2010: Twenty - Fourth Annual Survey", 59 *Am. J. Comp. L.* 303 (2011); Symeon C. Symeonides, "Choice of Law in the American Courts in 2011: Twenty - Fifth Annual Survey", 59 *Am. J. Comp. L.* 291 (2012); Symeon C. Symeonides, "Choice of Law in the American Courts in 2012: Twenty - Sixth Annual Survey", 59 *Am. J. Comp. L.* 217 (2013)。

① 本次综述不代表美国法学院协会或其冲突法分会的观点。

② 由于本综述的读者群很大一部分来自外国学者,他们可能对美国法中的某些领域并不熟悉,因此本综述试图提供一些背景信息和解释,对于美国冲突法学者而言这些内容可能是不必要的。

③ 这些案例的分类是通过检索 Westlaw 2013 年的"Allstates""CTA"和"SCT"数据库进行的,并采用了 Westlaw 所使用的"冲突法"数据库中的关键代码。

2013 年度宣判并在 Westlaw 上公布的冲突法判例上升到 5419 起。[①] 表 5 显示了案件的分类：

表 5　2013 年冲突法判例

联邦最高法院	16 起	本综述所涉及的上诉案件共 1354 起
联邦上诉法院	599 起	
州最高法院和中级法院	739 起	
联邦地区法院	4065 起	本综述不涉及
所有案件	5419 起	

本综述在长度上超过此前 26 年中的任何一次，部分原因在于 2013 年比过去任何一年发生的冲突法案件都要多，但最主要的原因是 2013 年度发生了更多有价值的案件。以下是 2013 年度的一些焦点案件：

▷ 美国联邦最高法院作出了 5 项裁决，分别主张：

■《外国人侵权法》并不适用于完全发生在外国的行为和损害；[②]

■《保护婚姻法》(DOMA)第 3 条从联邦法角度对“婚姻”作出界定，从而将同性关系排除在外，该条规定根据第五修正案是违宪的；[③]

■《联邦仲裁法》优先于《谢尔曼法》的规定；[④]

■《版权法》中规定的“先卖规则”适用于版权作品在境外被复制并被首先出售；[⑤]

■《全国投票登记法》排除了亚利桑那州一项立法，该法对于投票登记时的国籍证明设置了更为严格的标准。[⑥]

▷ 第六起最高法院的判决解释了联邦法院在考虑审判地时，如果遇到法院选择条款应当采取的方法。[⑦]

▲ 两项联邦上诉法院的判决涉及在索马里沿岸的海盗行为，[⑧]还有几项判

---

① 除少数例外，Westlaw 并不并未收录各州一审案件。

② 参见本文七(一)部分。

③ 参加本文九部分。

④ 参见本文二(一)部分。

⑤ 参见下本七(八)部分。

⑥ 参见本文八部分。

⑦ 参见本文三(一)部分。

⑧ 参见本文七(二)部分。

决涉及民事和刑事案件中联邦立法的域外适用范围。①

▲ 有几项州法院的判决试图通过钻最高法院有关仲裁与法院选择条款的判决的空子而保护消费者、受雇者和其他弱方当事人。②

▲ 一系列有趣的案例分别涉及产品责任、其他跨境侵权、经济侵权和其他侵权冲突。③

▲ 一项裁决认为,执行日本法院的针对加利福尼亚州教会作出的侵权判决并非“州的诉讼”,因此不会引发根据宪法自由行使条款而进行的宪法审查,而且也不会违背美国和加利福尼亚州的公共秩序。④

▲ 一起案件中,法院认为,某州依据时效规则驳回诉讼是“依据事实问题”而作出的驳回,从而禁止在另一州依据相同理由再次起诉。⑤

▲ 一起案件中,法院根据《海牙诱拐儿童公约》对儿童的“惯常居所”和“过错”转移或扣留进行了解释。⑥

二、仲裁

(一)最高法院判决

正如在过去几年的综述中所讨论过的那样,美国最高法院继续推翻了几起州最高法院作出的判决,认为它们不符合联邦最高法院作出的对《联邦仲裁法》的没有多大说服力的扩张性解释。尤其是以下案例:

1. 在AT&T移动电话公司诉康塞普西翁案中,⑦最高法院反对进行集体仲裁,推翻了加利福尼亚州最高法院的一项裁决,该裁决认为一份消费者合同中的争端前集体仲裁弃权条款不可执行;

2. 在玛梅康护中心心诉布朗案中,⑧最高法院推翻了西弗吉尼亚州最高法院的一项裁决,该裁决认为,因一份护理院合同引起的过错死亡诉讼请求中的争端前仲裁条款不具有可执行性;

---

① 参见本文七(三)~(七)部分、(九)部分。

② 参见本文二(二)部分,三(二)部分。

③ 参见本文五部分。

④ 参见本文十三(一)部分。

⑤ 参见本文十二部分。

⑥ 参见本文十一部分。

⑦ 131 S. Ct. 1740 (U.S. 2011) (discussed in Symeonides, 2011 Survey, 324–28).

⑧ 132 S. Ct. 1201 (U.S. 2012) (discussed in Symeonides, 2012 Survey, 234–36).

3. 在尼特罗生命技术公司诉霍华德(Nitro – Lift Techs. , LLC v. Howard)案中,①最高法院推翻了俄克拉荷马州最高法院一项裁决,该裁决认为,一份雇佣合同中的争端前仲裁条款不具有可执行性,因为该合同中包含一项竞业禁止承诺,而该承诺被俄克拉荷马州法律禁止。

上述 3 个案件都涉及联邦法院针对州法诉讼请求享有的相对于州法院的优先权。相反,康普信贷公司诉格林伍德(CompuCredit Corp. v. Greenwood)案②则涉及《联邦仲裁法》和另一项联邦立法《信用修复组织法》之间的冲突,后者要求信用卡公司应告知持卡人享有起诉公司的"诉权",并禁止其放弃消费者保护条款。最高法院认为,"诉权"这一用语并未创设一项"在法院"起诉的权利,③并且该法律的不可放弃条款并不意味着一项"相反的国会命令",而该命令根据最高法院的先例对于制定一项超越《联邦仲裁法》的立法是必要的。

在 2013 年的美国快递公司诉意大利彩色饭店(American Express Co. v. Italian Colors Rest.)案中,④最高法院认为,《联邦仲裁法》同样优先于另一项联邦立法《谢尔曼法》。正如在 Concepcion 案中一样,该案也涉及集体仲裁放弃条款的可执行性。原告是一家餐馆老板,他起诉美国快递公司(Amex),主张被告的垄断行为违反了《谢尔曼法》第 1 条。原告认为,个人仲裁费用是被禁止的,⑤因此,如果支持集体仲裁放弃条款,将使被告得以免除反托拉斯法责任的私人执行并有效排除原告获得反托拉斯法的法定保护。

基于最高法院在三菱汽车案⑥判决书中的一句格言所确立的"法定权利的有效抗辩"概念,第二巡回法院接受了有利于原告的观点和三倍赔偿。⑦ 三菱汽

① 133 S. Ct. 500 (U. S. 2012) (discussed in Symeonides, 2012 Survey, 228 – 29).

② 132 S. Ct. 665 (U. S. 2012) (discussed in Symeonides, 2012 Survey, 223 – 24).

③ Ibid. , at 671.

④ 133 S. Ct. 2304 (U. S. 2013).

⑤ 原告的证据显示,一份专家意见的费用在几十万美元到 100 万美元,该意见书对于证明其反托拉斯请求至关重要;而对单独原告的赔偿最高只有 12,850 美元或在 3 倍惩罚赔偿的情况下是 38,549 美元。

⑥ See Mitsubishi Motors Corp. v. Soler Chrysler – Plymouth, Inc. , 473 U. S. 614 (1985).

⑦ See In re Am. Express Merchs. ' Litig. (Amex III), 667 F. 3d 204 (2d Cir. 2012), reh'g en banc denied 681 F. 3d 139 (2d Cir. 2012), rev'd by the Supreme Court decision discussed in the text (discussed in Symeonides, 2012 Survey 224 – 25); In re Am. Express Merchs. ' Litig. , 634 F. 3d 187 (2d Cir. 2011) (Amex II); In re Am. Express Merchs. ' Litig. , 554 F. 3d 300 (2d Cir. 2009) (Amex I), vacated by Am. Exp. Co. v. Italian Colors Rest. , 130 S. Ct. 2401 (U. S. 2010).

车案判决规定,当事人可以同意通过仲裁而非诉讼来行使其法定权利,但是“只有在将来的诉讼当事人可以有效地在仲裁庭主张其法定诉因的情况下”才可适用。① 三菱汽车案法院还在其被广为引用的脚注 19 中指出,如果某一仲裁协议被用来“放弃当事人获得反托拉斯法上的法定侵权救济”,该法院将会“毫不迟疑地宣告其……违反公共秩序”。② 第二巡回法院认为,在美国快递的合同中订立的集体仲裁弃权条款,显然具有三菱汽车案法院所承诺予以废除的效果,即“通过取消原告唯一合理可行的救济手段,使美国快递事实上被免除了反托拉斯法责任”。③

最高法院推翻了该判决,认为《谢尔曼法》并“未向每一项请求的抗辩都承诺一种有效的廉价的程序救济方式”,④因此,也没有包含一项“要求我们反对取消集体仲裁的国会命令”。⑤ 斯卡利亚大法官在其为法院撰写的意见书中承认了三菱汽车案判决书脚注 19 中所作的承诺,但他强调了“追诉的权利”(right to pursue)这一用语,并将承诺的范围限定于“禁止主张”⑥法定权利的条款。最高法院确实允许这种可能性,即三菱汽车案的承诺“可能包含仲裁有关的文书费用和行政费用,这些费用非常高昂,使仲裁庭很不实用”。⑦ 但是,最高法院认为:“证明一项法定救济所需的昂贵费用确实很不划算,但这一事实并不构成对主张该项救济的权利的限制。”⑧因此,集体诉讼弃权条款完全可以执行,因为它们“仅仅限制在两个合同当事方之间进行仲裁”,而不“限制”他们“主张其法定救济的权利”。⑨

在一份得到金斯伯格和布雷耶大法官支持的措辞尖锐的异议书中,卡根大法官将多数意见书的效果归纳为允许垄断者“利用其垄断权力订立一份有效排除其受害者所有法律救济的合同”,并“免除其自身的反托拉斯法责任——即使

---

① Mitsubishi Motors, 473 U. S. at 637 (emphasis added).

② Ibid., at 637, n. 19.

③ Amex III, 667 F. 3d at 211.

④ Am. Express Co. v. Italian Colors Rest., 133 S. Ct. 2304, 2309 (U. S. 2013).

⑤ Ibid.

⑥ Ibid., at 2310 (emphasis added).

⑦ Ibid., at 2310 – 11 (citing Green Tree Fin. Corp. – Ala. v. Randolph, 531 U. S. 79, 90 (2000)). For a 2013 case relying on this statement to hold an arbitration clause unconscionable, see Chavarria v. Ralphs Grocery Co., 733 F. 3d 916 (9th Cir. 2013) (discussed infra Part II. 2a).

⑧ Am. Express, 133 S. Ct. at 2311 (emphasis in original).

⑨ Ibid.

它事实上触犯了该法”。[1] 简言之,卡根大法官认为,多数意见书的观点是“奇烂无比”。[2]

确实太烂了!正如一位评论者所言,意大利彩色饭店案的结果“事实上排除了对执行一项仲裁协议中的集体弃权条款的最后一项貌似有理的司法限制”,[3]并“使很多标的额较低的法定请求权无法追诉,因此限制了联邦立法的私人执行”。[4] 意大利彩色饭店案、康普信贷案以及康塞普西翁案的综合效果是对大多数[5]针对公司提起的集团诉讼的一次沉重打击,这些公司在它们与消费者订立的合同中将仲裁和集团诉讼弃权条款纳入其中。大多数公司都会利用这一点,而且有一些公司已经这么干了。例如,在康塞普西翁案之后,“无线电话公司、银行、电脑销售商和电缆公司纷纷在其与消费者之间的合同中订立仲裁协议,其中包含标准化语言的集体仲裁弃权条款”,而且如“PlayStation、eBay、Xbox、Netflix 和 Paypal 这样的公司也修订了他们的仲裁协议以排除集体仲裁”。[6] 由于最高法院阻止各州采取行动,国会也不愿意或不能采取行动,消费者就没有多少救济途径可言了。

在康塞普西翁案之前就发生的牛津健康计划公司诉萨特(Oxford Health Plans LLC. v. Sutter)案中,[7]公司在其健康护理合同中尚未有机会修订其中的一般仲裁条款以排除集体仲裁。当纠纷发生后,当事人同意由仲裁员决定该条款是否允许进行集体仲裁,而仲裁员认为其允许。显然是受到了最高法院有关仲裁的判决中对商业的友好态度的鼓励,如斯多尔特—尼尔森公司诉动物饲养国际公司(Stolt – Nielsen S. A. w. AnimalFeeds Int'l Corp.)案,[8]该公司根据《联

---

① Am. Express, 133 S. Ct. at 2313 (Kagan, J., dissenting).

② Ibid.

③ Note, Class Actions-Class Arbitration Waivers-American Express Co. v. Italian Colors Restaurant, 127 *Harv. L. Rev*. 278, 278 (2013).

④ Ibid., at 283.

⑤ 少数得以幸免的集团诉讼参见本文二(二)2 部分。

⑥ Sarah Rudolph Cole, The Federalization of Consumer Arbitration: Possible Solutions, 2013 U. Chi. Legal F. 271, 273 n. 10 (2013). 作者提供了有关这一现象的丰富参考文献。Cole 教授还援引此前的研究证明了强制仲裁在某类合同中是如何流行。See, e. g., Ibid. [citing Theodore Eisenberg, Geoffrey P. Miller & Emily Sherwin, "Arbitration's Summer Soldiers: An Empirical Study of Arbitration Clauses in Consumer and Nonconsumer Contracts", 41 *U. Mich. J. L. Ref*. 871, 886 (2008)](该文指出,有92.9%的雇佣合同和76.9%的消费者合同包含有强制仲裁条款)。

⑦ 133 S. Ct. 2064 (U. S. 2013).

⑧ 559 U. S. 662 (2010)(认为只有当事人授权时,仲裁员才可以采用集体程序)。

邦仲裁法》第10(a)(4)条向联邦法院提起一项动议,要求宣布仲裁员作出的允许集体仲裁的裁决无效,因为该裁决超越了仲裁员的权力范围。地区法院否决了该动议,第三巡回法院维持原判,最高法院也在卡根大法官撰写的意见书中维持了原判。

最高法院注意到,本案与斯多尔特—尼尔森案不同,在该案中,仲裁员在没有任何合同的基础上作出了一项集体仲裁的裁决,而在本案中,仲裁员完全是在其合同授权范围之内将该合同解释为在其订立时允许进行集体仲裁。法院认为:

> 让法院认识到仲裁员的错误——甚至是很严重的错误还不够。只要仲裁员"有说服力地解释了合同——正如本案中那样,法院就用不着根据第10(a)(4)条更正其错误……该错误可能带来的代价是双方同意仲裁……但仲裁员的解释能够成立,无论是好是坏,或者很讨人厌。总之,(公司)选择了仲裁,就必须遵守这一选择……"①

从牛津健康计划案中,各公司得出的明显教训是在其合同中订入集体仲裁弃权条款,而不是任由仲裁员来决定这个问题。公司从康塞普西翁案中得出的一个不太明显的教训是不要太贪婪地订立单边仲裁条款,因为尽管该条款偏向于仲裁条款,但康塞普西翁案并不能完全排除《联邦仲裁法》的挽救条款。该条款规定,法院可以"根据法律规定的理由或出于公平的考虑解除合同",②如基于欺诈、强迫或显失公平等,从而宣告仲裁条款无效。正如下文所讨论的那样,很多州法院和下级联邦法院都基于显失公平理由而将单边仲裁条款宣告为无效。

(二)下级法院判决

1. 雇佣合同

索尼克—卡拉巴萨斯公司诉莫雷诺[Sonic - Calabasas A, Inc. v. Moreno (Sonic I)]案③是发生在康塞普西翁案之前的一起案件,该案中,加利福尼亚州最高法院公布了一项规则,即如果雇主以要求雇员放弃举行"伯尔曼听证会"的

---

① Oxford Health Plan, 133 S. Ct. at 2070 - 71.

② 9 U.S.C.A. § 2 (2013).

③ 247 P.3d 130 (Cal. 2011).

权利作为受雇的条件,则属于显失公平,且违反公共政策。“伯尔曼听证会”是由立法机关设立的一种争议解决机制,是为了帮助雇员获得未支付的薪金。美国最高法院根据康塞普西翁案推翻了该判决。根据最高法院的要求,加利福尼亚州最高法院不得不认为 Sonic I“违反了《联邦仲裁法》”,因为“强迫当事人举行伯尔曼听证会将会导致仲裁迟迟无法开始”。① 不过,加利福尼亚州最高法院同时指出:

> 州法院可以继续实施显失公平原则,该原则并不违反仲裁的根本特征(Concepcion,131 S. Ct. at p. 1748)。尽管法院并不会仅仅因为一项仲裁协议要求雇员举行“伯尔曼听证会”而拒绝执行强加于雇员并作为受雇条件的该项仲裁协议,此项仲裁协议如果是明显不合理地单方面维护雇主的利益,则也属于显失公平的。②

该法院将该案交由陪审团来裁定仲裁协议是否显失公平。该法院解释说,意大利彩色饭店案并不阻止以显失公平为由宣布该协议无效,理由如下:(1)意大利彩色饭店案并非优先性判例,因此,最高法院并未有机会来考虑各州在确保及时而充分支付薪金方面的历史政策权力;(2)与《谢尔曼法》不同,该法并未规定一个特殊的程序来解决反托拉斯请求,而加利福尼亚州立法确实提供了一个特别的可行机制(“伯尔曼听证会”)来促进薪金纠纷的解决;(3)各州对薪金请求权的保护并不违反仲裁的基本特征。③

在查瓦利亚诉拉尔夫斯杂货店(Chavarria v. Ralphs Grocery Co.)案④中,第九巡回法院依据的是联邦最高法院在意大利彩色饭店案中的声明。该声明指出,包含有高昂的案卷费和管理费的条款“可能”会导致一项仲裁协议不可执行,这构成一项理由,从而可以依据加州法律宣告该仲裁协议实质上显失公平。该仲裁协议要求雇员——一位熟食店的店员——预先支付一半的仲裁费,而不

---

① Sonic - Calabasas A, Inc. v. Moreno (Sonic II), 163 Cal. Rptr. 3d 269, 311 P. 3d 184 (Cal. 2013).

② Sonic II, 163 Cal. Rptr. 3d at 275 (internal citations and quotation marks omitted).

③ In Ferguson v. Corinthian Colls., Inc., 733 F. 3d 928 (9th Cir. 2013), the Ninth Circuit held that the FAA preempted California's Broughton - Cruz rule, which provided that claims for public injunctive relief could not be arbitrated.

④ 733 F. 3d 916 (9th Cir. 2013).

考虑到案情事实——该仲裁费每天高达7000美元至14,000美元。法院援引并肯定了地区法院对该协议的定性,即"一个范本,反映了雇主如何起草费用条款从而用价格把所有雇员排除在任何争议解决程序之外"。①

另一个主张实质性显失公平的理由是,该协议使用了狡猾的用语从而使雇主在大多数案件中都能够选择仲裁员,包括本案。此外,法院还发现,该协议在程序上也显失公平,因为雇主将其作为受雇的条件,②并且直到受雇3周后才向雇员提交了协议的副本。

法院解释说,康塞普西翁案认为《联邦仲裁法》优先于各州的对仲裁具有"不成比例的"不利影响的法律,但这"并不能被解读为使所有仲裁协议都不能被宣告无效,无论它们是多么显失公平,只要它们寻求仲裁的保护"。③ 法院解释说,该协议的无效并不意味着对仲裁的敌视,而只是反映了一种政策,即"仲裁程序必须公平"。④ 法院认为,毕竟,"如果州法不能要求仲裁协议必须有一定程度的公平性,就再没有其他途径能够阻止雇主订立一项仲裁条款使其自己的董事长成为其雇员提起的任何请求的仲裁员"。⑤ 法院总结道:

> 联邦法对仲裁的支持并不是要让仲裁程序偏向于具有更多支配权的当事方。加利福尼亚州有关显失公平合同的法律,正如本案中所适用的那样,并非敌视仲裁,而是反映了一种总体上的禁止滥用支配权的政策。⑥

---

① Chavarria, 733 F. 3d at 923(援引了地区法院的意见)。See also Ibid. at 927 (noting that the employer "has constructed an arbitration system that imposes non-recoverable costs on employees just to get in the door.") In Shamrock Foods Co. v. Munn & Assocs., Ltd., 392 S. W. 3d 839 (Tex. App. 2013), the court was prepared to hold the arbitration clause unconscionable on this ground but found that the evidence was insufficient to establish that the arbitration costs were prohibitive.

② 被告指出,文件中的相关表述是"请签名并签署日期……以表示您……同意……",并认为原告并没有签字,因为"'请'这一字眼表明它不是建议而是要求"。Chavarria, 733 F. 3d at 922 (emphasis added). 法院驳回了该主张。

③ Ibid., at 927.

④ Ibid.("当然,任何使本条款无效的州法都会对仲裁有一种不成比例的影响,因为该条款是专门针对仲裁的。但是如果换个角度来看,该条款的无效不知道是否有利于仲裁。它并非不利于仲裁;它只是规定仲裁必须公平。")

⑤ Ibid.

⑥ Ibid.

在哈里斯诉宾哈姆麦克凯琴公司(Harris v. Bingham McCutchen LLP)案①中,一份加利福尼亚州雇佣合同包含了一项仲裁条款和一项马萨诸塞州法律选择条款。加利福尼亚州雇员指控雇主歧视,并根据加利福尼亚州立法提起了诉讼。加利福尼亚州法院适用了马萨诸塞州有关可仲裁性的法律,②维持了初级法院的裁决,驳回了雇主要求强制仲裁的动议,因为该仲裁条款并未以"明晰而不具有误导性的术语"将康塞普西翁案之前一项马萨诸塞州判例③所要求的法定反歧视请求权包含在内。法院发现,康塞普西翁案并未排除此项结论,因为康塞普西翁案中一个脚注指出"各州仍可自由采取措施以表达其对附和合同的关注,比如要求附和仲裁协议中的集体仲裁免除条款必须以突出方式显示"。④法院得出结论认为,所引用的语言表明,美国最高法院"将会支持这里所提出的要求,及通过合同免除法定的反歧视诉讼权利必须明示才能被执行"。⑤

在奇诺内兹诉今日帝国(Quinonez v. Empire Today)案⑥中,一家全国性地面材料公司与一位加利福尼亚州地毯安装工人签署的合同中包含有一项仲裁条款、一项集体仲裁弃权条款、一项伊利诺伊州法律选择条款和法院选择条款。加利福尼亚州上诉法院认为,该仲裁条款在程序上显失公平,因为它被订入一份很长的"要么接受、要么放弃"的文件的第34条,而且是用英语写成,而讲西班牙语的工人并不理解它。该条款实体上也显失公平,因为它对该工人的所有请求都强迫进行仲裁,但雇主的大多数请求却被排除在外。法院拒绝尊重伊利诺伊州法律选择条款,理由是,根据加利福尼亚州先例,附和合同的弱方当事人可以

---

① 154 Cal. Rptr. 3d 843 (Cal. Ct. App. 2013), cert filed Sept. 17, 2013.

② 被告未能成功推翻他们自己起草的法律选择条款的有效性。

③ Harris, 154 Cal. Rptr. 3d, p. 847. 该仲裁条款规定:当事人之间的"任何法律争端"必须通过仲裁解决。法院驳回了被告的主张,即马萨诸塞州先例不适用于该诉讼请求,因为该请求是依据另一州的反歧视法规。

④ Ibid., at 849 (quoting AT&T Mobility LLC v. Concepcion, 131 S. Ct. 1740, 1750 n. 6 (U. S. 2011)).

⑤ Ibid. 雇主申请了调卷令。在Mendez v. Mid－Wilshire Health Care Ctr. 案中, 163 Cal. Rptr. 3d 80 (Cal. Ct. App 2013), 同一家加利福尼亚州法院认为,一份集体劳动合同中的仲裁条款并不足以包括雇员根据加利福尼亚州反歧视法提出的诉讼请求。In Parker v. K & L Gates, LLP, 76 A. 3d 859 (D. C. 2013), 原告(一位律师)认为,他根据联邦《雇佣中的年龄歧视法》针对其律所提起的诉讼请求不可仲裁,因为该请求并没有明确被仲裁条款包括在内。哥伦比亚特区上诉法院驳回了该观点,认为与集体劳动合同中的权利不同,"单独的仲裁协议无须做出'明确而无误的'声明"。Ibid., p. 868.

⑥ 2013 WL 1174141 (unpublished, A134448, Mar. 22, 2013) (Cal. Ct. App. 2013).

寻求规避该项条款,只要“证明执行该项条款会导致‘实质上的非正义’……或者在缔结该项合同时不公平地运用了不对等的权力”,并且该条款“在一方当事人的缔结该合同的意愿是以不正当的方式取得的情况下,如通过错误代理、强迫或不当影响等方式,将不会获得效力”。[①] 法院得出结论认为:“各种因素表明该协议显失公平,这使加利福尼亚州法律的适用实属必要。”[②]

在根据加利福尼亚州法律[③]审理的另一起雇佣合同案件布朗诉 MHN 政府服务公司(Brown v. MHN Gov't Servs., Inc.)案[④]中,华盛顿州最高法院认为,康塞普西翁案并不能阻止仲裁协议根据普遍适用的合同抗辩归于无效,如欺诈、强迫或显失公平。法院同时发现,该仲裁协议实体上显失公平,理由如下:(1)对于发起仲裁程序,该协议设置了一个很短的截止日期(6 个月),明显短于应适用的仲裁法的规定(3 年);(2)它允许雇主选择 3 位“中立”的仲裁员,而雇员只能从中选出 1 位最终的仲裁员;(3)它规定了一个费用转移安排,违反了应适用的雇佣法。[⑤] 法院认为,下级法院拒绝将显失公平条款分离开来,并认为全部仲裁协议不可执行,这不属于滥用裁量权。[⑥]

在弗莱玛诉哈里伯顿能源服务公司(Flemma v. Halliburton Energy Servs., Inc.)案[⑦]中,新墨西哥州最高法院认为,在得克萨斯州订立的一项仲裁协议实体上显失公平且具有误导性,因此违反了新墨西哥州的公共政策,从而不具有可执行性。该案中的雇员已经为哈里伯顿在其他州工作了好几年,当哈里伯顿寄给他仲裁协议作为续签雇佣合同的条件时,该雇员正在得克萨斯州工作。当他在新墨西哥州工作时,哈里伯顿解雇了他,他为这种报复性解雇而提起诉讼。

---

① 2013 WL 1174141. at *10 (internal citations and quotation marks omitted).

② 2013 WL 1174141 (unpublished, A134448, Mar. 22, 2013) (Cal. Ct. App. 2013).

③ 306 P.3d 948 (Wash. 2013).

④ 该合同包含一项加利福尼亚州法律选择条款。原告心理健康专家,被一家华盛顿州健康护理机构短期雇佣,专门为驻扎在华盛顿利福尼亚的军人提供咨询。原告主张,被告非法将他们认定为独立缔约方,因而拒绝按照华盛顿利福尼亚劳动法的强制要求向他们支付超时薪金。当事人并未反对加利福尼亚州法律的可适用性,法院对多数问题适用了该法,但并非全部。

⑤ 法院还认为该仲裁条款在程序上不合理,因为它没有明确说明该仲裁到底是适用 AAA 的劳动仲裁规则还是适用其商业仲裁规则。

⑥ In Hill v. Garda CL Nw., Inc., 308 P.3d 635 (Wash. 2013),华盛顿州最高法院认为,一份劳动合同中的仲裁协议不可执行,因为其中 3 个条款在实体上不合理:(1)对发起仲裁有 14 天的截止日期;(2)对拖欠工资的赔偿设置了 2 个月的截止日期;(3)有一个成本过高的费用分担条款。

⑦ 303 P.3d 814 (N.M. 2013).

法院接受了哈里伯顿的观点,即该仲裁协议是一份单边合同,并认为根据新墨西哥州合同履行地法规则,该协议在得克萨斯州缔结,当时雇员收到合同后正在继续为哈里伯顿工作。但是,法院援引了新墨西哥州的公共政策,认为该仲裁协议属于不合理的单边协议,因此是显失公平的。尤其是该协议允许哈里伯顿在启动仲裁程序前的任何时候,包括请求提起之后的任何时候,均可单方面修改合同条款。①

2. 消费者合同

甘迪诉 LDL 自由企业公司(Gandee v. LDL Freedom Enters., Inc.)案②是一位华盛顿州消费者和一家在华盛顿州营业的公司之间的一份债务清算合同引发的纠纷。该合同包含一项由 4 个句子组成的仲裁条款,其中 3 句被消费者指控为显失公平。第一句要求仲裁在加州进行。证据显示,如果包括前往加州的履行成本,仲裁员的费用将会超过消费者请求的金额。第二句是一项"败诉方支付"条款,它违反了《华盛顿州消费者保护法》,而该法适用于所有合同。第三句将应适用的 4 年的诉讼时效缩短为 30 天。

华盛顿州最高法院注意到,根据华盛顿州法律,一项合同条款如果是"单方面作成或过于严厉、违背良知、过分苛求或者过分残酷",③则属于实体上显失公平,因此,上述条款中的 3 个句子都属于显失公平。④ 法院同时认为,这些条款不可分割,⑤并且所有仲裁协议都不可执行,并允许消费者继续进行集体诉讼。法院认为其裁决并不违反康塞普西翁案,⑥因为该案中的仲裁协议并非实体上显失公平,并且仅因为其包含有一项集体诉讼弃权条款而遭到抗辩,而本案中

① 对于依照《纽约公约》执行国际海事劳动合同中的仲裁条款以及涉及人身损害请求的仲裁条款,参见 Singh v. Carnival Corp., ___F. App'x ___, 2013 WL 5788581 (11th Cir. Oct. 29, 2013)(印度水手,菲律宾仲裁条款,巴拿马法律选择条款); Quiroz v. MSC Mediterranean Shipping Co. S. A., 522 F. App'x 655 (11th Cir. 2013)。

② 293 P.3d 1197 (Wash. 2013).

③ Ibid. at 1199 (internal quotation marks omitted).

④ 根据华盛顿州法律,无论是程序上还是实体上的不合理都会导致合同无效。

⑤ Ibid., at 1201 -02. ("这里我们面对的是一个很短的只有 4 个条款的仲裁协议,其中 3 个条款都不合理。如果抛开这 3 个条款将会显著改变该仲裁条款的语气以及该条款所要实现的仲裁的性质。仲裁的地点、费用结构和期限等都会被改变。当事人所'同意'的仲裁就所剩无几了。表面上,这些不合理的条款遍布整个仲裁条款,如果将 3 个条文从总共 4 个条文中分开来将会要求从实体上对该仲裁协议进行重订。因此,该仲裁条款不能被从整个合同中分离。")

⑥ 该案是在 Italian Colors 案之前宣判的。

并未出现这种情况。[①]

史密斯诉杰姆集团公司(Smith v. Jem Grp., Inc.)案[②]也是一个根据华盛顿州冲突法和实体法裁判的案件,该案中,第九巡回法院认为仲裁条款程序上显失公平并因此无法执行。[③] 一位华盛顿州消费者与一家州外债务清算公司签署了一份长达21页的合同,其中包含一份4页的律师聘用协议,该协议中又包含一项隐藏在正常文本中的仲裁条款。该合同向消费者收取的费用远远超出了华盛顿州立法规定的最大收费金额。该消费者在华盛顿州提起一项推定的集体诉讼,而该公司则提起一项动议要求强制仲裁。该消费者在回复中指控该政策协议显失公平,初级法院同意该指控,第九巡回法院维持了该裁定。

被告辩称,原告指控的"关键"是该合同整体上无效,因为原告在最初的指控中并未挑战仲裁协议(原告仅在答复被告要求强制仲裁的动议时才提出该项挑战),并且根据伯克耶支票支付公司诉卡迪纳(Buckeye Check Cashing, Inc. v. Cardegna)案,[④]应由仲裁员而非法院来裁定仲裁条款的有效性。第九巡回法院驳回了该项意见,认为原告已经特别地对仲裁条款提出了抗辩,即使她并未在最初指控时提出。[⑤] 因此,应由法院而非仲裁员来裁定该仲裁条款的有效性。第九巡回法院认为初级法院正确裁定该条款根据华盛顿州法律在程序上显失公平。法院还认为,《联邦仲裁法》并不优先于华盛顿州的程序性显失公平法律,因为该法涉及的是仲裁协议的形成,且并未限制或过分妨碍仲裁。

费尼诉戴尔公司(Feeney v. Dell Inc.)案[⑥]是一起在康塞普西翁案之后而在

① 华盛顿州最高法院判决的其他有关仲裁的案例,参见 Saleemi v. Doctor's Assocs., Inc., 292 P.3d 108 (Wash. 2013) (affirming a lower court decision that held that a clause in a franchise contract between a Florida franchisor and a Washington franchisee that mandated arbitration in Connecticut was unconscionable and instead ordered arbitration in Washington); State, Dep't of Transp. v. James River Ins. Co., 292 P.3d 118 (Wash. 2013) (holding that the McCarran – Ferguson Act shielded from federal preemption a Washington statute that prohibited binding arbitration in insurance contracts)。

② 737 F.3d 636 (9th Cir. 2013).

③ 根据华盛顿州法律,无论是实体上还是程序上不合理都会导致该条款不可执行。

④ 546 U.S. 440 (2006).

⑤ Smith, 737 F.3d p. ______("当仲裁条款的无效性区别于合同争议时……我们原则上不会希望原告在指控中针对仲裁协议的有效性提起请求,因为此种请求原则上与原告的主要诉求无关。")

⑥ 989 N.E.2d 439 (Mass. 2013), abrogated by Machado v. System4 LLC, 993 N.E.2d 332 (Mass. 2013).

Italian colors 案之前提交到马萨诸塞州最高法院的案件。该案中,法院依据“法定权利有效抗辩”原理,宣告一家电脑生产商和顾客之间合同中的集体诉讼弃权条款无效。法院认为,康塞普西翁案并未排除这一观点,理由如下:

> 我们……认为……如果将《联邦仲裁法》解释为允许那些有效排除消费者因违反那些意图保护他们的联邦法和州法的过错行为导致的损害而获得赔偿的仲裁条款,则是违背国会意图的。我们不认为最高法院在康塞普西翁案中的判决肯定了这样的结果。因此,我们认为,如果一项仲裁协议包含一项集体诉讼弃权条款,而原告证明其实际上无法根据该协议的规定在仲裁中针对被告提起某项请求,并使他或她的请求得不到救济,则法院可以宣告该协议无效。[①]

马查多诉系统四公司案[②]是一起雇佣纠纷,该案中,马萨诸塞州最高法院重审了菲尼案中的理由,认为法院可以适当地宣告仲裁协议中的集体诉讼弃权条款无效,只要原告证明他或她实际上无法在仲裁中针对被告主张某项请求。[③]但是随后不久,美国最高法院在意大利彩色案中的相反意见迫使马萨诸塞州最高法院承认这一理由不成立,并撤销了菲尼案裁决。[④]

在莫腾森 v. 布雷斯南通讯公司案[⑤]中,一家网络经营商和一位蒙大拿消费者签订的合同中包含一项仲裁条款、一项集体诉讼弃权条款和一项纽约州法律选择条款。该消费者在蒙大拿提起一项推定的集体诉讼。初级法院根据蒙大拿州的“合理预期/基本权利”测试否决了被告要求强制仲裁的动议,该测试要求附和合同中的仲裁条款必须符合当事人的“合理预期”。[⑥] 法院认为该条款未能通过“合理预期/基本权利”测试,因为它实际上取消了当事人寻求陪审团和法院进行审判的基本宪法权利。第九巡回法院推翻了该裁决,认为蒙大拿的

---

① Feeney, 989 N. E. 2d at 441.

② 993 N. E. 2d 332 (Mass. 2013).

③ 不过,法院认为 Machado 案原告不能证明并推翻下级法院的裁决,该裁决依据公共政策理由认定集体弃权条款无效,而该理由已经被 Concepcion 案取代。

④ See Ibid. In McInnes v. LPL Fin., LLC, 994 N. E. 2d 790 (Mass. 2013), 马萨诸塞州最高法院遵循 Concepcion 案,推翻了下级法院的裁决,该裁决认为,某些请求根据州证券法不可仲裁。下级法院依据的是一个早期的马萨诸塞州先例,该先例并不涉及州际贸易。

⑤ 722 F. 3d 1151 (9th Cir. 2013).

⑥ Ibid., at 1156 - 57.

规则不符合康塞普西翁案,该案将《联邦仲裁法》解释为“赋予仲裁条款优先性(而不仅是平等性)。[1]

初级法院也认为,纽约州法律选择条款也不可执行,因为纽约州法律违反了蒙大拿州基本公共政策,而且蒙大拿州在保护蒙大拿州消费者方面要比纽约州拥有更大的利益。第九巡回法院同意蒙大拿州拥有更大利益,[2]但是认为,蒙大拿州的“合理预期/基本权利”测试所体现的蒙大拿州公共政策已经被联邦利益所取代,这意味着该测试不能作为拒绝尊重其他有效法律选择条款的理由。[3]

在信贷受理公司诉弗朗特案[4]中,一家西弗吉尼亚州法院否决了一项强制仲裁的动议,理由是该仲裁协议剥夺了当事人的陪审团审判权利,违反了西弗吉尼亚州《消费者保护法》,该法禁止放弃该条款。西弗吉尼亚州最高法院推翻了该裁决,理由是初级法院的观点等于是对仲裁的歧视对待,“因为一项仲裁协议实质上就是要求当事人放弃诉讼”,[5]这种歧视对待遭到康塞普西翁案和玛梅康护中心案的禁止。[6]

3. 其他合同

在施特劳斯贝格诉劳瑞尔康护公司案[7]中,一家护理院(被告)和一位病人(原告)之间的合同中有一项仲裁条款。初级法院同意了被告要求强制仲裁的动议,因为原告未能证明该条款显失公平。中级法院推翻了该裁决,认为在护理合同中,护理院(被告)有义务证明该仲裁条款并不显失公平。新墨西哥州最

---

① 722 F. 3d 1151 (9th Cir. 2013). at 1160 (emphasis added).

② See 722 F. 3d, at 1162(9th Cir. 2013). (“地区法院正确指出,蒙大拿州在纠纷中要比纽约州具有实质上更重要的利益。该合同是作为其欢迎套件的一部分在蒙大拿州被消费者接受的,该合同涉及在蒙大拿州向蒙大拿消费者提供服务。合同的事项和履行都几乎全部发生在蒙大拿州。”)

③ Ibid. (“由于蒙大拿州的合理预期/基本权利规则已被取代,我们认为它不能驳回当事人法律选择的基础。我们认为没有其他未被 FAA 取代的政策可以证明适用蒙大拿州法律的合理性。”)

④ 745 S. E. 2d p. 556 (W. Va. 2013).

⑤ Ibid. , p. 570.

⑥ 相反,在 Bd. of Trustees of Weirton Policemen's Pension & Relief Fund v. Jones Fin. Cos. , LLP, 2013 WL 6122602 (W. Va. Nov. 20, 2013)案中,同一家法院推翻了下级法院的强制仲裁命令,理由是,尽管 Marmet Health Care 案禁止单独对仲裁协议歧视对待,但它并未取消普通法上的抗辩,比如欺诈、强迫或显失公平等。法院将案件发回下级法院重审以确定该仲裁协议是否显失公平。南卡罗来纳州一项判决认为一份卡车购买合同中的仲裁条款显失公平而不可执行,参见 York v. Dodgeland of Columbia, Inc. 749 S. E. 2d 139 (S. C. Ct. App. 2013)。

⑦ 304 P. 3d 409 (N. M. 2013).

高法院推翻了该裁决,认为该观点已经被美国最高法院在康塞普西翁案和玛梅康护中心案中的裁决推翻,而且显失公平作为对履行合同的积极抗辩,必须由主张它的当事人举证。上诉法院根据重申令认为,仲裁条款实体上显失公平,因为它"要求对绝大多数由病人提起的请求进行仲裁,然而却排除了那些由护理院主张的几乎所有请求"。①

在 Noohi v. Toll Bros. ,Inc. 案②中,仲裁条款约束买方而非卖方。第四巡回法院适用了马里兰州法律,认为该条款因缺乏互惠考虑而显失公平。卖方认为应将销售合同作为整体考虑,故而仲裁条款有效。但是法院驳回了该观点。法院的理由是建立在马里兰州先前判例之上,该判例驳回了一项动议,即认为考虑基础合同时,应该将其中所包含的仲裁条款也考虑在内。在某种程度上,这是一个可分割性问题的一种答案。尽管在大多数案件中,可分割性问题并不利于主张仲裁无效的当事方,但这一次它却相反。③

三、法院选择条款

(一)最高法院判决

Atl. Marine Cponst. Co. , Inc. v. U. S. Dist. Court for W. Dist. Of Tex. 案④涉及的是,在联邦法院,应由哪一成文法或联邦规则来支配法院选择条款的

---

① Strausberg v. Laurel Healthcare Providers, LLC, 2013 WL 5741413 (N. M. Ct. App. Sept. 11, 2013). In Davidson v. A. G. Edwards & Sons, Inc. , 748 S. E. 2d 300 (Ga. Ct. App. 2013), reconsideration denied (Oct. 9, 2013), 法院认为,FAA 取代了佐治亚州法律,该法律将人身伤害排除在仲裁之外。

② 708 F. 3d 599 (4th Cir. 2013), cert. dismissed, 134 S. Ct. 48 (U. S.).

③ 涉及仲裁裁决的案例参见 Dewan v. Walia, ___ F. App'x ___ ,2013 WL 5781207, (4th Cir. Oct. 28, 2013), petition for certiorari filed, Dec. 13, 2013 (holding that arbitrator manifestly disregarded the law by holding employee's release enforceable, but still arbitrating his counterclaims); Henderson v. Summerville Ford – Mercury Inc. , 748 S. E. 2d 221 (S. C. 2013) (holding that an unsuccessful party in an arbitration proceeding may not prevent the confirmation of an award by paying the award prior to the confirmation proceeding); Mave Enterprises, Inc. v. Travelers Indemnity Company of Connecticut, 219 Cal. App. 4th 1408, Cal. App. 2 Dist. , Sept. 26, 2013, as modified (Oct. 23, 2013), review filed (Nov. 6, 2013) (holding that arbitration agreement was governed by procedural provisions of California Arbitration Act rather than the FAA, and that the arbitrator did not exceed his power in calculating award of attorney fees as damages and in calculating punitive damages award)。

④ 134 S. Ct. 568 (U. S. 2013).

执行?所涉争议是因一家弗吉尼亚州承包商和一家得克萨斯州分包商之间在得克萨斯州签订的建筑合同引起的。该合同包含一项法院选择条款,规定当事方之间的所有争议必须在弗吉尼亚州法院或联邦法院诉讼。分包商在得克萨斯州联邦地区法院起诉承包商。承包商要求驳回诉讼,认为该法院选择条款对得克萨斯州法院的选择根据《美国法典》第二十八章第 1406(a)条①是“错误的”,或者根据《联邦民事诉讼规则》第 12(b)(3)条是“不适当的”。② 承包商要求根据《美国法典》第二十八章第 1404(a)条③将案件移交给弗吉尼亚州联邦地区法院。得克萨斯州地区法院否决了该两项动议,第五巡回法院维持了该裁决。美国最高法院在由阿利托大法官作出的一项无异议意见书中,推翻了该裁决。以下是法院提出的几项主要理由:

(1)审判地是否“错误”或“不适当”,原则上应依据《美国法典》第二十八章第 1391 条来判断,该条“规定了向美国地区法院提交的所有民事诉讼的审判地”。④ 根据第 1391 条,得克萨斯州西区法院的审判地是适当的,因为“导致诉讼请求发生的事件或不作为的实体部分发生在那里”。⑤ 弗吉尼亚州法院选择条款并不使德州的审判地“错误”或“不适当”。因此,无论是《美国法典》第二十八章第 1406(a)条还是《联邦民事诉讼规则》第 12(b)(3)条,都不适用于本案。

(2)相反,执行一项法院选择条款的正确机制应该是:

(a)如果该条款指定了另一联邦法院,则根据《美国法典》第二十八章第 1404(a)条进行移交;

(b)如果该条款指定了一家非联邦(州或外国)法院,则适用“备用的”不方便法院原则[第 1404(a)条所依据的]。

---

① 28 U.S.C. § 1406(a) (2013) 规定,如果一个案件被“提交到错误的部门或地区”,则收到该案的地区法院应驳回起诉,或者“如果涉及公正的利益”,则应将该案移交给“本应受理该案”的地区或部门。

② 该规则规定,一个当事人可以基于“不当审判地”而要求驳回诉讼。

③ 28 U.S.C. § 1404(a) (2013)规定,“为了方便当事人和证人,出于公正的利益,地区法院可以将任何民事诉讼移交给任何其他本应受理该案的地区或部门或者移交给当事人一致同意的地区或部门”。

④ 28 U.S.C. § 1391(a)(1) (2013).

⑤ 28 U.S.C. § 1391(b)(2) (2013).

(3)在适用第1404(a)条时,“有效的法院选择条款在绝大多数案件中都应当被赋予决定性地位”,[1]而通行的第1404(a)条分析必须按照以下3种方式予以校正:

(a)原告的法院选择“不具有重要性”。[2] 此外,“如果当事人质疑法院选择条款,则原告应承担举证责任以证明将案件移交到当事人协议的法院是没有道理的”。[3]

(b)法院不应考虑有关当事人私人利益的理由,因为通过签署法院选择条款,当事人已经“放弃了主张所选择的法院对其本人或其证人不方便或不太方便的抗辩”。[4] 相反,法院可以考虑有关公共利益的理由,以及那些“很少能击败移交动议”的因素。[5]

(c)为了阻止原告进行制度博弈,对于将案件移交到此前所选择的法院的裁决并不导致将移交法院的法律选择规则一起移交。相反,作为对 Van Dusen/Ferens 规则[6]的例外,接受移交的法院将受到移交法院法律选择规则的约束。

(二)下级法院判决

人所共知的是,自从最高法院的不来梅诉扎帕塔离岸公司案[7]和嘉年华游轮公司诉夏特案[8]之后,联邦法院以及很多州法院对待法院选择条款都非常友好并乐于执行,甚至有时候显得过于极端。2013 年度并未出现很多极端的案

---

① Atl. Marine Const. Co., Inc. v. U.S. Dist. Court for W. Dist. of Tex, 134 S. Ct. at 574 (quoting Stewart Org., Inc. v. Ricoh Corp., 487 U.S. 22, 33 (1988)).

② Ibid., at 581.

③ Ibid. In re Broadcom Corp., 526 F. App'x 960, 2013 WL 17336487 (Fed. Cir. Apr. 23, 2013), cert. filed June 19, 2013, 该案是在 Atl. Marine 案之前宣判的,法院认为,处理法院选择条款的正确方法是根据第1404(a)条申请移交而不是根据第1406(a)条申请驳回。但是,该法院同时认为,初级法院要求申请方(被告)承担举证责任以证明将案件移交给之前选择的法院有正当的理由并最终否决了该申请,这并未滥用其自由裁量权。被告向最高法院申请了调卷令。

④ Atl. Marine, 134 S. Ct. at 582.

⑤ Ibid.

⑥ See Van Dusen v. Barrack, 376 U.S. 612 (1964) and Ferens v. John Deere Co., 494 U.S. 516 (1990) (holding that, in a transfer under § 1404(a), the transferee court must apply the choice-of-law rules of the transferor court).

⑦ 407 U.S. 1 (1972).

⑧ 499 U.S. 585 (1991).

例,但有一个例子,即彼得森诉波普公司案不同。[①] 该案中,亚利桑那州联邦地区法院在未举行证据听证会的情况下就宣布一项法院选择条款可以执行,该条款要求一位雇员在沙特阿拉伯对其雇主提起合同和侵权诉讼请求。

原告亲自出庭并以穷人的方式主张以下事实:在离开沙特阿拉伯之前,他签署了一份初步雇佣合同,该合同并不包含法院选择条款。在抵达沙特阿拉伯之后,雇主给他几分钟时间签署了第二份雇佣合同,其中包含一项沙特阿拉伯法院选择条款,否则他就不得不立即回到美国并自己承担费用。他签署了该合同。该雇主随后拿走了他的护照并拒绝归还,即使在他试图以安全和违反伦理道德为由提出辞职以示抗议之后,仍未有所改变。经美国领事馆干预,他在 3 个月之后拿回了护照,并返回家乡。他在指控书中附加了一份宣誓过的口供书,声明他在经济上没有能力前往沙特阿拉伯,而且一份美国国务院的报告也显示:

(1)沙特阿拉伯当局不会向他颁发返还沙特的签证;

(2)如果他真的返回沙特,他的雇主会在整个诉讼期间扣留他,因为该雇主"可以要求有关机关禁止其雇员离开该国直到争议解决为止,通常是为了强迫该雇员接受一份不利的和解协议,否则就会在没有任何和解协议的情况下被驱逐出境";[②]

(3)他不会在沙特得到公平审判,因为沙特司法机关"并不独立而且……受到权势人物的影响"。[③]

尽管如此,地区法院仍然在没有听证会的情况下,根据规则第 12(b)(3)条以不适当审判地为由驳回了诉讼。第九巡回法院推翻了该裁决。法院认为,原告的主张有充分证据支持,足够构成一项事实上的争议,即该法院选择条款是否可予执行。而且地区法院在没有听证会的情况下驳回诉讼,属于滥用自由裁量权。第九巡回法院要求重审该案,并指示初级法院举行这样的听证会以便确认:(1)该条款是否以欺诈或不正当手段订立;(2)在此种情况下执行该条款,

---

① 715 F. 3d 276 (9th Cir. 2013).

② Ibid., at 281.

③ Ibid.

是否会剥夺原告向法院起诉的权利。①

在国家工业集团(控股)诉卡利乐管理公司[Nat'l Indus. Grp. (Holding) v. Carlyle Inv. Mgmt. LLC]案②中,特拉华州最高法院运用了"可分割性"概念,该概念是在仲裁法中首先发展起来的。法院认为,一方当事人不能主张包含有法院选择条款的合同无效从而规避一项有效的法院选择条款,而合同无效的理由并不特别影响该条款本身。相反,当事人必须证明该法院选择条款本身无效。③

NIG 是一家科威特的全球性企业联合体,它向卡利乐投资管理公司发售的住房抵押担保证券投资了 2500 万美元,后者是一家大型私人证券公司。销售

---

① 法院同时指出,如果地区法院发现该条款可以执行,它也会审查其是否涵盖原告的侵权请求,这意味着该请求并不依赖于合同的解释。有关在雇佣合同中执行法院选择条款的案例,参见 In re Brown, _ _ _S. W. 3d ___ 2013 WL 6115855 (Tex. App. Nov. 21, 2013); Anosike v. Covenant Transp., Inc., 2013 WL 2298543 (Cal. Ct. App. May 24, 2013) (unpublished/noncitable); Ranjan v. Patni Computer Sys., Ltd., 2013 WL 3286240 (Cal. Ct. App. June 28, 2013) (unpublished/noncitable). 有关没有执行法院选择条款的雇佣案件参见 Lapolla Indus., Inc. v. Hess, 750 S. E. 2d 467 (Ga. Ct. App. 2013) (the contract contained Texas choice - of - forum - and - law clauses and non - compete covenants that were valid under Texas law but against Georgia public policy)。

② 67 A. 3d 373 (Del. 2013).

③ 2013 年其他得出相同判决结果的案件参见 In re Harris Corp., 2013 WL 1190238 (Tex. App. Mar. 20, 2013) (enforcing choice - of - forum clause and rejecting defendant's argument that, but for the plaintiff's misrepresentations, the defendant would not have signed the contract containing the clause); Brandt v. MillerCoors, LLC, 993 N. E. 2d 116 (Ill. App. Ct. 2013) (allegation that the contract containing the choice - of - forum clause was fraudulently induced was insufficient to render the clause unenforceable, absent any showing that the clause itself was also fraudulently obtained); Salehpour v. Just A Buck Licensing, Inc., 2013 WL 5533113 (Ohio Ct. App. Oct. 7, 2013) (unpublished) (same issue and same result in a case involving a franchise contract); In re Emex Holdings L. L. C., 2013 WL 1683614 (Tex. App. Apr. 18, 2013), application for mandamus filed (May 20, 2013) (same issue and result in joint venture agreement). For a case holding a choice - of - forum clause unenforceable because its inclusion in the contract was the result of a cut - and paste mistake and because the chosen forum was totally unrelated to the parties and the relationship, see Dunlap v. Starz Home Entm't, LLC, 2013 WL 2470080 (Cal. Ct. App. June 10, 2013) (unpublished/noncitable), as modified (June 12, 2013), review denied (Sept. 18, 2013). For a case enforcing a choice - of - forum clause that the drafter claimed was erroneously included in the contract when copying from another contract, see Espresso Disposition Corp. 1 v. Santana Sales & Mktg. Grp., Inc., 105 So. 3d 592 (Fla. Dist. Ct. App. 2013) ["(A)ny purported unilateral mistake resulted from an inexcusable lack of due care on the part of Appellee's counsel, thereby precluding relief under a theory of unilateral mistake"]。

协议包含了一项强制性特拉华州法院选择条款,并规定该协议受特拉华州法律支配,"除非受到州证券法或者向投资者的要约做出地的'蓝天法'的影响"。[①]当美国房产市场崩溃后,NIG 视图在科威特起诉卡利乐投资管理公司以便挽回损失,它声称,该销售协议根据科威特的"蓝天法"无效,因为卡利乐投资管理公司未被允许在科威特销售该证券。卡利乐投资管理公司在特拉华州提起反诉,要求发出禁令,禁止 NIG 在特拉华州之外提起任何诉讼。NIG 采取"不回应战术",法院于是作出缺席判决,准许了卡利乐投资管理公司的禁令申请。后来,NIG 提出一项动议要求撤销该禁令。

大法官法庭否决了该项动议,而特拉华州最高法院维持了该裁决。法院指出:(1)即使科威特的"蓝天法"应当适用并且会使销售协议无效,该无效也不会影响法院选择协议的有效性;(2)"NIG 根据科威特证券法享有的任何诉讼请求必须由特拉华州法院裁决而非科威特法院";[②](3)法院选择条款已经成为"州际和国际商业协议中重要的组成部分;(4)本案中,经验丰富的双方当事人经过长期谈判达成协议,认为特拉华州法院"符合他们的商业诉讼中的中立性和专业性标准"。[③] 法院得出结论认为,除了某些强制性和抵消性理由之外,法院选择条款应当被尊重,而本案不存在这些例外情形,而国际礼让也不反对确认此项禁令:

> 国际法院选择条款的执行并非礼让问题。它是一个合同的履行问题,并赋予当事人达成协议的实体权利法律效力。一项禁诉令是从人身上对违约当事人作出的命令,而非针对外国法院。[④]

在马吉 XXI 公司诉梵蒂冈(Magi XXI, Inc. v. Stato della Citta del Vaticano)案[⑤]中,第二巡回法院认为,合同的非签字方可以针对签字方执行一项法院选择条款,只要该非签字方与其他签字方和客观情形联系紧密,如能够预见到该非

① Nat'l Indus., 67 A. 3d at 377.
② Ibid., at 381.
③ Ibid., at 385.
④ Ibid., at 387.
⑤ 714 F. 3d 714 (2d Cir. 2013).

签字方会寻求执行该条款。[①] 法院注意到,其裁决"并不涉及"该签字方是否会针对非签字方执行该条款的问题。[②]

阿杰明诉雅虎公司(Ajemian v. Yahoo!, Inc.)案[③]涉及该问题,法院判决认为,一项法院选择条款不可针对合同当事方的继承人而执行。该争议的标的是一个雅虎的电子邮箱账号,它属于一位已死亡的马萨诸塞州居民,而雅虎公司拒绝将其交给其继承人。使用者在申请一个雅虎邮箱账号时,已经"被给予机会"去审查服务条款,即一份长达10页的文件,包含有一项加利福尼亚州法院选择条款和法律选择条款以及一项声明该账号不可转让和不可继承的条款。雅虎援引该法院选择条款要求驳回在马萨诸塞州法院进行的该诉讼。初级法院支持雅虎,但马萨诸塞州法院推翻了该裁定。

法院认为,雅虎并未证明该服务条款已经"合理地传递给"或者确实已经传递给了使用者,或者使用者已经接收到它们。法院区分了"点击打包"协议——该协议显示在用户的屏幕上并通过用户点击"我接受"而生效,和"浏览器打包"协议——该协议的条款和条件作为一个超链接被发送,通常是在屏幕的底端,用户被邀请去审查。法院认为,尽管在点击打包协议中,法院选择条款几乎统一得到执行,但没有案例去执行浏览器打包协议中的此类条款。[④] 法院认为,雅虎并未证明这是一个点击打包协议或该用户已经接受了该协议。

法院裁定,即使用户接受了该服务条款,针对一个非签字方如继承人来执行该条款也是不合理的。法院给出了以下补充理由:(1)马萨诸塞州遗嘱检验

---

① 该法院还认为,一项基础合同条款包含了侵权请求,而该请求依赖于合同关系的存在和合同的解释。有关非签字方不能针对签字方执行该条款的案件,参见 Venard v. Jackson Hole Paragliding, LLC, 292 P.3d 165 (Wy. 2013)。

② Maggi XXI, 714 F.3d at 723 n.10. In Fidelak v. Holmes European Motors, L.L.C., __ So. 3d ___, 2013 WL 6439231 (La. Dec. 10, 2013), a non－signatory sued a signatory who impleaded the other signatory who invoked the choice－of－forum clause. Relying on La. Code Civ. Proc. Ann. art. 1034 (2013), which provides that "an objection of improper venue may not be urged if the principal action has been instituted in the proper venue," the Louisiana court refused to enforce the clause. For a case upholding the enforcement of a choice－of－forum clause by an insurer against the insured's assignee, see Kostelac v. Allianz Global Corporate & Specialty AG, 517 F. App'x 670 (11th Cir. 2013).

③ 987 N.E.2d 604 (Mass. App. Ct. 2013).

④ In Bob Montgomery Chevrolet, Inc. v. Dent Zone Cos., 409 S.W.3d 181 (Tex. App. 2013),一家德州法院认为,一份书面合同中的一个句子将"补充条件和细节"通过超链接指向一家网站,这并不能使其被并入网站中发现的一份文件之中,而该文件包含一项法律和法院选择条款。

法庭拥有对物管辖权,而且死者或继承人与加利福尼亚州没有任何联系;(2)雅虎公司已经放弃了对账户的任何所有权(尽管它拒绝将其转交给死者继承人);(3)执行该法院选择条款不会使加州法院拥有对物管辖权(假定需要该管辖权)。

罗勒诉电视指南网络控股公司(Roller v. TV Guide Online Holdings; LLC)案[1]涉及的是一份浏览器打包协议。消费者在阿肯色州起诉电视指南公司,指控称当他们登入被告网站时,电视指南公司下载一些能够监视、获取和报告消费者网上活动信息的 cookies。电视指南公司请求驳回诉讼,认为消费者登录网页就意味着接受了加利福尼亚州的法院选择条款,该条款被置于该网站的“术语与条件”页面,它通过每一页面底部的超链接按钮而登录。阿肯色州最高法院驳回了该动议,认为电视指南公司未能证明它已将该条款通知了消费者。

四、法律选择条款

泰勒诉电子联络运营公司(Taylor v. E. Connection Operating, Inc.)案[2]是一个并不罕见的例子,该案中,法律选择条款的起草者试图规避该条款。[3] 起草者是一家马萨诸塞州公司,它雇用了一批纽约州居民作为该公司联络人在纽约工作。雇佣合同包含一项马萨诸塞州法院选择和法律选择条款。这些联络人在马萨诸塞州法院起诉该公司,声称该公司将他们定性为独立缔约方而非受雇者,并因此拒绝支付他们某些薪金和加班工资,从而违反了马萨诸塞州工资法。下级法院驳回了诉讼,认为该法并不适用于在马萨诸塞州境外工作的非马萨诸塞州居民。马萨诸塞州最高法院推翻了该裁定。

马萨诸塞州最高法院认为,根据马萨诸塞州法律选择条款,应适用马萨诸塞州法律来确定该法院选择条款的有效性,并得出结论认为:“既然被告出于自己的方便考虑起草了该法院选择条款……执行该条款就没有什么不公平和不

---

① 2013 Ark. 285 (2013).

② 988 N. E. 2d 408 (Mass. 2013).

③ For another 2013 case involving this phenomenon, see Ocon v. Thermoforming Sys. , 2013 IL App (1st) 121670 – U (Ill. App. Ct. June 10, 2013) (unpublished) (sale of heavy machinery by a Washington seller to an Illinois buyer contained a Washington choice – of – law clause and an indemnity clause that was unenforceable under Washington law). For a case invalidating an indemnity clause that was valid under the chosen law of Maryland but invalid under Texas law, see CMA – CGM (America), Inc. v. Empire Truck Lines, Inc. , ___ S. W. 3d ___, 2013 WL 3422666 (Tex. App. July 9, 2013) (holding that Maryland law violated a fundamental policy of Texas and Texas had a greater interest in applying its law).

合理的。"[①]法院认为,该法律选择条款本身也是可以执行的,因为即使纽约对于适用其法律拥有"更大利益",马萨诸塞州法律的适用也不会违反纽约州的"基本政策"。[②] 根据两个州的法律,一位声称独立的缔约方如果并不享有独立于其雇主的显著独立性,则应被视为一位雇员。尽管马萨诸塞州对"雇员"的定义比纽约州的定义范围更广,但这一区别并不等于在基本政策上有冲突。

被告还声称,马萨诸塞州工资法不能适用于非马萨诸塞州居民在马萨诸塞州之外从事的劳动,该法律选择条款也"不能使该法具有其本不具有的域外效力"。[③] 法院驳回了该项抗辩并指出,"如果对于某项立法的地域适用范围没有明确的限制,就不能推定其在特定情形下不能域外适用"。[④] 法院将本案与下级法院的一个案例进行了区别。该案认为,同一立法不适用于南部撒哈拉非洲地区。法院还区分了联邦法院的判例,从这些判例中得出了在国际案件中反对联邦立法不得域外适用的推定。法院指出:"鉴于没有明确的反对马萨诸塞州立法在美国之外适用的推论……我们认为不存在任何反对马萨诸塞州立法适用于发生在马萨诸塞州境外而位于美国境内的行为的推论。"[⑤]法院总结道:

> 鉴于当事人同意依据马萨诸塞州法律解释其合同,而且也没有明确的对马萨诸塞州法律地域适用范围的限制,并且也没有明显理由忽视当事人的法律选择,我们认为,马萨诸塞州的独立缔约方立法适用于原告提起的错误识别诉讼请求。[⑥]

弗朗西斯诉全州保险公司(Francis v. Allstate Ins. Co.)案[⑦]涉及的是更少见的法律选择条款。一份涉及加利福尼亚州居民的保险合同寄给位于加利福尼亚州的被保险人,其中规定所有根据保险单提起的诉讼请求都适用加利福尼亚州法律。但是有一项例外条款规定,如果诉讼请求是因发生于加利福尼亚州

---

① Taylor, 988 N. E. 2d at 410. 当然,即使没有法院选择条款,马萨诸塞州对于在该州境内有总部的被告公司也有属人管辖权。

② Ibid., at 412.

③ Ibid., at 413.

④ Ibid.

⑤ Ibid., 413 n. 9.

⑥ Ibid., at 414. 另一起案件也驳回了域外适用的主张并为了马萨诸塞州雇主所雇用的佛罗里达州雇员的利益而适用了同一法律。参见 Dow v. Casale, 989 N. E. 2d 909 (Mass. App. Ct. 2013). The contract did not contain a Massachusetts choice - of - law clause。

⑦ 709 F. 3d 362 (4th Cir. 2013).

境外的事故引起,则“可以适用事故发生地州法律,只要该州法律在缺乏合同法律选择条款的情况下可以适用”。① 在弗朗西斯案中,被保险人请求承保的事故发生于马里兰州,而被保险人的儿子在那里上学。②

由于马里兰州保险法规定可以承保而加利福尼亚州法律则相反,故此,被保险人在马里兰州提起了诉讼。因此,事故发生地州保险法是否适用的问题就应当依照马里兰州而非加利福尼亚州法律选择规则予以确定。对被保险人而言不幸的是,马里兰州采用的是合同缔结地规则。根据该规则,第四巡回法院很快就得出结论认为应适用加利福尼亚州法律,并否决了承保请求。

被保险人寻求采用反致例外规则,该规则是由马里兰州上诉法院在美国机动车手保险公司诉 ARTRA 集团公司(Am. Motorists Ins. Co. v. ARTRA Group, Inc.)案③中嫁接到合同缔结地规则之上的。根据该项例外,马里兰州法院对于在其他州缔结的合同应当适用马里兰州实体法,只要:

1. 马里兰州具有最密切联系,或者至少与合同有关事宜具有实质性联系;

2. 对于法院面临的事项,合同缔结地州不会适用其自己的实体法,而是会适用马里兰州实体法。④

弗朗西斯案法院认为,本案不符合任何上述条件,因为马里兰州并不拥有最密切联系,⑤而且加利福尼亚州将会适用其自己的法律。⑥

软径系统公司诉商业情报解决公司(Softpath Sys., Inc. v. Bus. Instelligence Solutions, Inc.)案⑦涉及一份合同,其中,纽约州的临时救助服务公司同意向一家新泽西州公司派出临时雇员。当新泽西州公司拖欠费用后,纽约州公司在新泽西州起诉,尽管合同中由其自己拟订的一项条款规定应在纽约州按照纽约州法律进行相关诉讼。新泽西州法院毫无偏见地驳回了该诉讼,因为

---

① 709 F. 3d 362 (4th Cir. 2013). at 369.

② 被保险人及其儿子在一起诽谤案中被起诉,后来被驳回,起因于该儿子的上学。

③ 659 A. 2d 1295, 1302 (Md. 1995) (discussed in Symeonides, 1995 Survey at 183 – 86).

④ 659 A. 2d, at 1304.

⑤ See Francis, 659 A. 2d at 370 n. 6. (“马里兰州不仅与被保险人是否有义务根据加利福尼亚州合同进行抗辩的问题没有最密切联系,而且也与其毫无关系,除了导致执行该义务的企图发生的事件偶然发生在马里兰州以外。”)

⑥ Ibid. (“没有理由支持这样的主张,即纵然保险单中的法律选择条款要求适用加州法律解决因给协议产生的所有争议,但加利福尼亚州让然不适用其自己的实体法而适用马里兰州实体法。”)

⑦ 2013 WL 68717 (N. J. Super. Ct. App. Div. Jan. 8, 2013).

纽约州公司未按新泽西州法律在新泽西州登记。法院驳回了纽约州法律选择条款使新泽西州法律不可适用的抗辩理由,因为该项法律包含一项基本政策,而且新泽西州对于适用该法律具有更大的实体利益。[①]

在帕克威银行信托公司诉西弗科维奇(Parkway Bank and Trust Co. v. Zivkovic)案[②]中,所涉问题为借方是否可以通过一项法律选择条款来提前放弃亚利桑那州《反超额担保法》的保护。借方是亚利桑那州居民,贷方是一家伊利诺伊州公司,弃权条款以及一项伊利诺伊州法律选择条款包含在一项信托契约之中,该信托设在借方的亚利桑那州房产上,作为对贷款的担保。伊利诺伊州法律与亚利桑那州法律不同,允许放弃《反超额担保法》。亚利桑那州法院认为,亚利桑那州反超额担保法包含有一项明显的公共政策,因为除了保护消费者免受金融危机之外,它还通过将不充分的担保风险转嫁给贷方,防止对担保物溢价估值,从而预防经济不景气的加剧。这一意见明确表明,伊利诺伊州法律的适用将会违反亚利桑那州的基本政策,这对于确定是否尊重伊利诺伊州法律选择条款而言是一个至关重要的考虑因素。[③]

在沃尔布雷奇阿尔丁格尔公司诉安格鲁艾福瑞特建筑公司(Walbridge Aldinger Co. v. Angelo Iafrate Const. Co.)案[④]中,密歇根州承包商和印第安纳州分包商签订的一份在印第安纳州施工的合同,其中包含一项密歇根州法律选择条款和法院选择条款。当承包商在密歇根州起诉分包商时,分包商援引印第安纳州法律进行了抗辩。该法律规定:"印第安纳州境内的不动产改造合同中的条款如果使该合同受其他州法律支配或者要求在其他州进行诉讼,则为无效。"[⑤]密

---

① 2013 年度其他包含法律选择条款的雇佣合同案例,参见 Dill v. Cont'l Car Club, Inc., 2013 WL 5874713 (Tenn. Ct. App. Oct. 31, 2013) (holding that despite a Florida choice - of - law clause in an employment contract between a Florida employer and a Tennessee employee for work in Tennessee, Tennessee law applied to determine the enforceability of non - compete covenants but holding the covenants enforceable); Aon Risk Servs. v. Cusack, 102 A. D. 3d 461, 958 N. Y. S. 2d 114 (2013) (conflicting New York and California lawsuits between former employer, quitting employee, and new employer); Tradesman Int'l., Inc. v. Black, 724 F. 3d 1004 (7th Cir. 2013)。

② 304 P. 3d 1109 (Ariz. Ct. App. 2013) (as amended on reconsideration, Aug. 28, 2013).

③ 法院要求初级法院重申以确定亚利桑那州法律在没有法律选择条款的情况下是否可以根据《第二次冲突法重述》第 188 条而予以适用。初级法院此前曾认为可以,但该观点错误地建立在此前的借款合同,当时借款人居住在伊利诺伊州。

④ 2013 WL 3836228 (Mich. Ct. App. July 25, 2013).

⑤ Ibid., at *3.

歇根州法院用一句话作答:"一项印第安纳州立法使一项法律选择条款根据印第安纳州法律无效,这一事实并不阻止密歇根州法院适当地行使其根据密歇根州享有的管辖权。"①该案并未援引任何印第安纳州法律。

索罗科诉 LegalZoom. com 公司(Solotko v. LegalZoom. com, Inc.)案②反映出,如果一家公司在其跨州合同中采用完全一致的法律选择条款,那么它会很容易受到集团诉讼的袭击,尽管在该案中有关公司竭力避免该风险。该公司在其与50个州的所有消费者的网上合同中都加入了一项加利福尼亚州法律选择条款。其中,一位消费者在得克萨斯州对该公司提起推定的集团诉讼,声称该公司严重违反了加利福尼亚州法律。他声称,根据加利福尼亚州法律选择条款,加州法律应支配所有集团诉讼原告的请求,因此满足了集团诉讼证书所必需的一项普遍性要求。

得克萨斯州初级法院否决了该集团诉讼证书,上诉法院予以维持。根据得克萨斯州法院所采用的《第二次冲突法重述》第 187 条第(2)项,法院裁定应由原告来证明加州法律的适用不会违反任何其他在适用法律方面比加利福尼亚州拥有"更大实体利益"的州的"基本政策"。原告未能提供这一证明。③

---

① 2013 WL 3836228 (Mich. Ct. App. July 25, 2013). at *3.

② 2013 WL 3724770 (Tex. App. July 11, 2013), review denied (Dec. 13, 2013).

③ 本年度没有发生任何有意义的不包含法律选择条款的合同冲突案件。唯一的例外是涉及保险合同冲突的案件。由于篇幅限制,本综述不讨论保险冲突。需要说明一点的是,在汽车保险冲突案件中,大多数适用的是保险合同地缔结地州法律(比如保单交付地和被保险人居住地),而不是事故发生地。See, e. g., N. H. Ins. Co. v. Hill, 516 F. App'x 803 (11th Cir. 2013); State Farm Mut. Auto. Ins. Co. v. Hodgkiss – Warrick, __ S. W. 3d ___, 2013 WL 5406623 (Ky. 2013); Nelson v. Nelson, 409 S. W. 3d 629 (Tenn. Ct. App. 2013), appeal denied (Aug. 13, 2013); Allstate Fire & Cas. Ins. Co. v. Moore, 993 N. E. 2d 429 (Ohio Ct. App. 2013); Griffin v. Safeway Ins. Co., 2013 WL 3947104 (La. Ct. App. July 29, 2013); Alfa Mut. Ins. Co. v. Thornton, 125 So. 3d 330 (Fla. Dist. Ct. App. 2013), reh'g denied (Dec. 2, 2013); Bandy v. Bevins, 2013 WL 44027 (Ky. Ct. App. Jan. 4, 2013), review denied (Sept. 18, 2013). But see Ward v. Nationwide Assurance. Co., 2013 WL 5051677 (Ky. Ct. App. Jan. 4, 2013) (applying the law of the accident state and forum, under the public policy exception). For cases involving insurance coverage for environmental pollution, see Doe Run Res. Corp. v. Certain Underwriters at Lloyd's London, 400 S. W. 3d 463 (Mo. Ct. App. 2013), reh'g denied (May 23, 2013), transfer denied (June 25, 2013); N. Assurance. Co. of Am. v. Thomson Inc., 996 N. E. 2d 785 (Ind. Ct. App. 2013); Water Applications & Sys. Corp. v. Bituminous Cas. Corp., 986 N. E. 2d 124 (Ill. App. Ct. 2013). For other insurance conflicts, see Mid – Continent Cas. Co. v. Eland Energy, Inc., 709 F. 3d 515 (5th Cir. 2013) (breach of duty of good faith and fair dealing); Jimenez v. Monadnock Const., Inc., 970 N. Y. S. 2d 577 (N. Y. App. Div. 2013) (disclaimer of coverage); Windmill Nursing Pavilion, Ltd. v. Cincinnati Ins. Co., __ N. E. 2d ___, 2013 IL App (1st) 122431 (Ill. App. Ct. 2013) (late notice); Ill. Nat. Ins. Co. v. Zurich Am. Ins. Co., 969 N. Y. S. 2d 11 (N. Y. App. Div. 2013) (duty to defend); QBE Ins. Corp. v. Adjo Contracting Corp., ___ N. Y. S. 2d ___ (N. Y. App. Div. 2013) (duty to defend).

五、侵权

(一)产品责任

宠德斯诉因塞奇E&C公司(Pounders v. Enserch E&C, Inc.)案①是一起典型的产品责任案件,该案因石棉辐射而引起。辐射事故发生在新墨西哥州的发电厂,受害者是一位新墨西哥州居民,他已经在那里担任了10年的电焊工。他后来移居到亚利桑那州,在那里生活了20年后,被诊断出患上间皮瘤——一种与石棉辐射有关的肺癌。他在亚利桑那州提起产品责任诉讼,并在其死后由其遗孀继续进行,被告是发电厂使用的锅炉和水泵生产商以及发电厂建设公司。新墨西哥州的10年诉讼时效阻止了该诉讼,但亚利桑那州的诉讼时效并不阻止。亚利桑那州最高法院认为,应适用新墨西哥州诉讼时效,从而驳回了该诉讼。

该法院花了好几页篇幅试图识别出损害发生地州,最终仅把该连结点视为偶然。确实,在涉及辐射导致伤害性后果的案件时如何准确认定伤害的时间和地点,不同法院一直有分歧,因为所导致的伤害直到很多年以后才显现出来。一些法院认为,伤害结果在辐射的时间和地点发生,②而另一些法院认为伤害发生于出现时和出现地。③ 法院对《第一次冲突法重述》中的"最后事件"规则进行了长篇探讨,该规则被《第二次冲突法重述》有意保留并被亚利桑那州采用。法院最后采纳了后一观点。因此,亚利桑那州是伤害地州,但是根据《第二次冲突法重述》第175条,只有当另一州根据第145条所列举的连结点和第6条所列举的原则并不具有更密切联系的情况下,才能适用伤害发生地州法律。

法院考察了第145条规定的连结点,并很快排除了伤害地和受害者住所地。伤害发生地位于亚利桑那州只是偶然性的,法院解释道,因为受害者"在离

---

① 306 P.3d 9 (Ariz. 2013).

② See, e.g., Ins. Co. of N. Am. v. Forty-Eight Insulations, Inc., 633 F.2d 1212 (6th Cir. 1980); Wyeth v. Rowatt, 244 P.3d 765 (Nev. 2010). In Clair v. Monsanto Co., 412 S.W.3d 295 (Mo. Ct. App. 2013), reh'g and/or transfer denied (Aug. 22, 2013),该案是加利福尼亚州居民在密苏里州提起的产品责任诉讼,起因是发生在加利福尼亚州的多氯化联苯暴露事故,法院认为加利福尼亚州法律支配原告的请求。但是本案中,暴露事故和伤害发生地都在加利福尼亚州。

③ See, e.g., Rice v. Dow Chem. Co., 875 P.2d 1213 (Wash. 1994); Celotex Corp. v. Meehan, 523 So.2d 141 (Fla. 1988).

开新墨西哥州之后本可以迁移到任何地方”。[①] 受害者的住所位于亚利桑那州也“不具有重要意义”,法院说,因为“他在遭受辐射后可以随时移居到任何地方”。[②] 实际上,他善意地移居到了亚利桑那州。他死亡前已经在那里生活了20 年,他的遗孀(现在的原告)仍然生活在那里。法院同时也排除了“密切联系地”这一连结点,因为受害者并非受雇于被告,法院认为,唯一可行的连结点是行为地,该地被认为位于新墨西哥州。作为行为地,新墨西哥州在原告的过失死亡诉讼中拥有“更大的利益”。[③]

但是随后,法院认识到该结论不能仅依据对物理连结点的认定和排除来获得,于是又进一步讨论了第 6 条规定的各项原则。法院认为,唯一重要的第 6 条原则是法院地和其他相关州的政策,即新墨西哥州。法院认识到,法院地州亚利桑那州“对于其居民遭受伤害后获得公正的赔偿以及制止伤害其居民拥有利益”,[④]但是法院认为,新墨西哥州拥有更为重大的利益。新墨西哥州对于“保护其从事不动产改造的企业不用在经过一定年限之后继续承担责任”拥有利益,这也包括州外企业如被告,因为这种保护“促进了本周居民获得工作和州外企业提供产品和服务的机会”。[⑤]

标准火灾保险公司诉福特汽车公司(Standard Fire Ins. Co. v. Ford Motor Co.)案[⑥]是根据密歇根州的法院地法规则作出的判决,但是法院竭力避免适用法院地法,该法不利于当地被告福特汽车公司。福特公司在密歇根州设计并生产的一辆汽车在田纳西州行驶时发生了火灾,导致房屋受损。法院适用了田纳西州的 10 年除斥期间(statute of repose),禁止车主的产品责任诉讼,而该诉讼根据密歇根州的时效期间仍是有效的。

根据密歇根州的法院地法规则,密歇根州法院应当适用密歇根州法律,“除非存在合理理由另行处理”。[⑦] 为了确定是否存在此项理由,法院采用了“两步走”方法。

法院首先要明确是否有任何外州对于适用其法律拥有利益。如果没有他

---

① Pounds, 306 P. 3d at 14.

② Ibid., at 15.

③ Ibid.

④ Ibid., at 16.

⑤ Pounds, 306 P. 3d at 16. (internal quotation marks omitted).

⑥ 723 F. 3d 690 (6th Cir. 2013).

⑦ Sutherland v. Kennington Truck Serv., Ltd., 562 N. W. 2d 466, 471 (Mich. 1997).

州拥有此种利益,则推定适用密歇根州法律的规则就不能被排除。如果某个外州对于适用其法律拥有利益,则法院必须确定密歇根州的利益是否强制要求适用密歇根州法律而不论外州利益如何。[①]

法院发现,本案中,田纳西州对于适用其法律确实拥有利益,而密歇根州却没有,因此就推翻了适用法院地法的推定。法院解释道:

(1)田纳西州"对于适用其除斥期间法律以保护像福特这样的生产商免受任意性法律责任拥有显著的实体利益",因为福特"在田纳西州从事实质性生产并雇佣大量田纳西居民",而且该车主"是一位田纳西州居民并在田纳西州遭受财产损害,该损害是由在田纳西州注册和投保的汽车瑕疵导致的"。[②]

(2)密歇根州对于适用其法律则不具有利益,因为密歇根州"仅仅是法院地州和福特公司总部所在地",并且"对于向一位田纳西州居民提供比田纳西州法律规定的更大的侵权赔偿权利并不拥有利益"。[③]

法院没有解释为什么田纳西州对于向福特公司提供其母州并不提供的保护拥有利益,并因此而否决向一位田纳西州居民提供赔偿。而且密歇根州并不"仅仅"是福特总部所在地,而且是过错行为发生地——设计和生产失误以及未能提出警告之地。即使如此,法院回归到侵权行为地时代,仍认为密歇根州并非"过错发生地",因为它不是"导致责任产生的最后事件发生地"。[④]

唯一可以让人们对该法院不提出过分指责的理由在于这是一家联邦法院,而且位于跨界管辖区,因此必须遵守密歇根州法院的先例。正如本综述读者所知道的那样,密歇根州法院的态度早就声名狼藉:只要有利于本地当事人,它就适用密歇根州法律;而只要不利于外地当事人,它就找出一个"莫须有"的理由适用外州法律。实际上,正如该法院所指出的,有3个密歇根州判例都在类似

① Sutherland v. Kennington Truck Serv., Ltd., 562 N.W.2d 466, 471 (Mich. 1997).

② Standard Fire, 723 F.3d. at 697.

③ Ibid., at 698. 意见书的最后,法院认为"福特在密歇根州的商业活动少于在田纳西州"而且"密歇根州在本案中的利益被低估了",但是法院认为"密歇根州的利益并不足以强制要求适用密歇根州的法律以替代田纳西州法律"。Ibid., at 699.

④ Ibid., at 698.

情况下达到了同样的结果。[①] 只有一件类似案例取得了相反结果,[②]但那是一起联邦法院案例,而本案法院不得不回避它。[③] 即便如此,该法院本来可以对正当的法律选择分析过程少造成一些损害,只要它不再重复州法院判例中对于州利益的错误分析。上述所有理由都可以被援引来证明本案应适用田纳西州法律,而田纳西州的利益并非其中之一。

(二)纽约州的跨境侵权

纽约州上诉法院曾经启动并引领了美国的冲突法革命,但是却从来没有机会来对行为和结果分别发生于不同州的侵权冲突提供明确答案。自从该法院在1963年的巴布科克诉杰克逊(Babcock v. Jackson)案[④]中推翻了侵权行为地规则以来,它所遇到的大多数侵权冲突案件涉及的都是州内侵权。在纽梅尔诉库纳尔(Neumeier v. Kuehner)案[⑤]中,该法院为乘客法冲突案件确立了明确的法律选择规则,该案从定义上仅涉及州内侵权。而舒尔茨诉美国斯科茨男孩公司(Schultz v. Boy Scouts of Am., Inc.)案[⑥]将该规则扩展到其他损失分配冲突案件。尽管在舒尔茨案中所涉及的侵权具有显著的跨境因素,但法院仍将其作为州内侵权对待,同意了当事人的观点,将"侵权行为地"认定在纽约。[⑦] 法院

---

① See Mitchell ex rel. Mitchell v. McNeilus Truck & Mfg., Inc., 2012 WL 5233630 (Mich. Ct. App. 2012) (discussed in Symeonides, 2012 Survey, 265 – 66); Hall v. Gen. Motors Corp., 582 N. W. 2d 866 (Mich. Ct. App. 1998) (discussed in Symeonides, 1998 Survey, 375 – 77); Farrell v. Ford Motor Co., 501 N. W. 2d 567 (Mich. Ct. App. 1993) (discussed in Symeonides, 1993 Survey, 628 – 69).

② See Mahne v. Ford Motor Co., 900 F. 2d 83 (6th Cir. 1990) (discussed in Symeonides, 1993 Survey, 629 – 30).

③ See Standard Fire, 723 F3d at 696 ("[I] it is apparent that our opinion in Mahne . . . accorded the [lex fori] presumption greater weight than have subsequent decisions of the Michigan courts").

④ 191 N. E. 2d 279 (N. Y. 1963).

⑤ 286 N. E. 2d 454, 457 – 58 (N. Y. 1972).

⑥ 480 N. E. 2d 679 (N. Y. 1985).

⑦ Schultz 案涉及的是发生在纽约州和新泽西州两个州的侵权行为,导致在该两个州产生损害,但主要是在新泽西州。法院没有讨论行为和损害之间的分离问题从而导致 Meumeier 规则的适用,而是直接指示纽约州为"侵权行为地",从而为原告提供了一个主张适用纽约州法律的抗辩机会。但这一指示并不影响哪一项 Neumeier 规则适用于本案或本案的结果。对于被告 Boy Scouts 而言,如果能确定侵权发生在新泽西州而不是纽约州,将会使该案成为一个虚假冲突案件从而导致适用新泽西州法律,因为双方当事人都居住于该州。对于被告 Franciscan Brothers 而言,如果确定侵权发生在新泽西州,根据第三项 Neumeier 规则也会导致适用新泽西州法律,而不是像实际判决结果那样回避了该规则。

指出:

> 对于侵权行为地,双方当事人和异议人都明确认定其在纽约州,因为被告的大多数行为都在这里进行。根据传统规则,过错发生地支配案件中的所有实体问题,但是如果被告的过失行为发生在另一个辖区,并且原告所受伤害发生于另一地,则过错发生地将被认为是在足以导致行为人承担责任的最后事件发生地。因此,本案的行为地被认为是原告所受伤害发生地。①

无论是在针对斯科茨男孩公司案的诉讼还是针对弗朗西斯肯斯案的诉讼中,法院都没有适用纽约州法律,但是很多下级法院都明显忽视了"根据传统规则"这一斜体字表述,②它们认为,上述援引的段落意味着对于所有《纽梅尔规则》不能覆盖或未能解决的案件,都要回到侵权行为地法规则。③

这种误解可能影响以下结果:(1)在所有行为规制类型的跨境侵权中,因为《纽梅尔规则》不适用于此类侵权;(2)在某些跨境损失分配冲突中,其中《纽梅尔规则》会导致相反的结果。④ 2013年判决的两个案子反映出法院在根据纽约冲突法解决第一类跨境侵权冲突时遇到的困难。这两个案子涉及针对在纽约州经营的银行提起的诉讼,原告是在以色列发生的恐怖主义袭击受害者家庭。该家庭主张,银行为制造该次袭击的恐怖主义组织的转账提供服务,违反了对他们应承担的法定义务。根据以色列法律,银行在这种情况下应负责任,而根据纽约州法律,银行对于其客户实施的国际侵权行为并不对非客户承担法律义务。

在第一起案件中,即里奇诉黎巴嫩加拿大银行[Licci ex rel. Licci v.

---

① 480 N. E. 2d 679 (N. Y. 1985). at 682 – 83 (internal citations omitted) (emphasis added).

② 斜体字用语表明,Schultz案法院只论述了早就被法院抛弃的传统规则,而没有针对跨境侵权宣布一项"规则"。

③ See, e. g., Bankers Trust Co. v. Lee Keeling & Assocs., Inc. 20 F. 3d 1092 (10th Cir. 1994) (decided under New York conflicts law; loss – distribution case involving the internal conflict between Neumeier Rule 2(a) and 2(b)); Venturini v. Worldwide Marble & Granite Corp., 1995 WL 606281 (S. D. N. Y. 1995), Mihalic ex rel. Estate of Johnson v. K – Mart of Amsterdam, 363 F. Supp. 2d 394 (N. D. N. Y 2005).

④ For discussion of these contradictions, see Symeon C. Symeonides, The American Choice – of – Law Revolution: Past, Present, and Future 108 – 14 (2006).

Lebanese Canadian Bank, SAL (Licci I)]案,[①]第二巡回法院认为应适用纽约州法律,而非以色列法律。尽管损害发生在以色列,但是法院认为纽约州"对于管理其境内的行为具有最大的利益"。[②] 第二起案件艾尔马里亚赫诉中国银行案[③]中,纽约州上诉法院没有同意第二巡回法院的意见,认为应适用以色列法律来解决类似情形。[④] 上诉法院承认纽约州对于监管在纽约州营业的银行具有利益,并补充说,"由于成为多次恐怖主义袭击的目标",纽约州"对于打击恐怖主义包括其金融业务具有巨大利益"。[⑤] 但是,法院认为,作为原告的住所地和损害发生地,以色列"对于保护其国民和居民具有强烈的利益,因为这些人成为以色列境内恐怖主义袭击的打击目标",[⑥]而且该利益要比纽约州的利益更大。[⑦]

上诉法院随后解释了为什么它不同意第二巡回法院适用纽约州法律的意见,指出第二巡回法院"没有考虑到这一规则,即如果原告和被告位于不同国家,则导致损害的最后事件发生地是以色列,应被视为具有更大利益"。[⑧] 上诉法院从上面提到的 Schultz 案的引文中摘取了上述"规则"。[⑨]

在里奇 2 号[Licci ex rel. Licci v. Lebanese Canadian Bank, SAL (Licci II)]案[⑩]中,第二巡回法院获得第二次机会来考虑该案件,并维持了其之前在里奇 1 号案中对纽约州冲突法的解释。第二巡回法院认为,纽约州上诉法院"错误地适用了舒尔茨规则,未能从冲突法目的对两种不同类型的侵权法规则做出区分",并且"将舒尔茨规则理解为'损害发生地'"。[⑪] 第二巡回法院注意到纽约上诉法院遇到的是因跨境侵权引起的行为管理冲突,因此不同意纽约州上诉法

---

① 672 F. 3d 155 (2012) (discussed in Symeonides, 2012 Survey, 276 - 77).

② Licci, 672 F. 3d at 158.

③ 971 N. Y. S. 2d 504 (N. Y. App. Div. 2013).

④ 原告主张,被告中国银行从其纽约州分行转移了大量资金到一个中国账户并明知该笔资金会被转移给在以色列的一个恐怖组织。

⑤ Elmaliach, 971 N. Y. S. 2d at 514.

⑥ Ibid.

⑦ Ibid., at 516 ("我们认为原告的损害地以色列对于适用其法律具有更大利益,因此以色列法律应适用于本案"),法院还否决了被告要求根据不方便法院原则驳回该诉讼并在中国打官司的动议。

⑧ Ibid., at 515 - 16.

⑨ See supra text at note 175.

⑩ _F. 3d_, 2013 WL 5700963 (2d Cir. 2013).

⑪ Ibid., at _ *3.

院的观点,即在该类冲突中“通常或始终”适用损害发生地法律。[①] 相反,第二巡回法院认为,在跨境行为管制冲突中,“所指控的过错行为发生地通常应具有优先的利益,以保护当事人的合理预期,这些当事人信赖该地的法律来调整他们的主要行为并具有一种警示效果,即对于未来的类似行为也会适用该法律”。[②]

最终,纽约州上诉法院将不得不对该问题给出回答。至少,在该法院给出权威答案之前,学术界可以探讨一下正确答案。看上去,第二巡回法院和纽约州上诉法院都各自答对了一半。上诉法院的错误在于其从舒尔茨案的格言中推理出了一个损害发生地规则。而第二巡回法院的正确之处在于它没有考虑该格言并采用了一种更自由的解释方法。然而,出于同一原因,上诉法院的错误在于它认为损害发生地州的法律应当始终支配跨境行为管制冲突,而第二巡回法院的观点也是错误的,它认为,必要行为地州相对于损害发生地州而言对于适用其法律拥有更大利益。该问题的正确答案取决于该两个国家(州)法律的目的。

第二巡回法院的观点只是在某些案件中是正确的,在这些案件中,行为地州要比损害发生地州具有更高的行为标准,并且侵权行为人的行为违反了第一个州的标准而没有违反第二个州的标准。根据利益分析的推理,这些案件代表着虚假冲突范式,因为只有行为地州对于适用其法律具有利益。该州对于适用其行为管制规则来管理和制止发生在其境内的违法行为具有利益,即使损害结果发生于其境外。实际上,这些规则如果不能被适用于境外的损害,其有效性将会大打折扣。相反,损害地州对于适用其更为宽容的行为管制规则并不具有相反的利益,因为这些规则是用来保护其境内而非境外的行为的。实际上,正如一份详尽的调查报告所显示的那样,在所有放弃了侵权行为地规则的州的法院判决中,涉及这种类型的 83% 的案件都适用了行为地州法律。[③]

相反,纽约州上诉法院的观点也只在某些案件中是正确的,在这些案件中,行为地州并不认为侵权人的行为构成侵权,但是损害地州认为是侵权,或者比

---

① _F. 3d_, 2013 WL 5700963 (2d Cir. 2013). at _ *5.

② Ibid., at _ *4 (quoting Schultz v. Boy Scouts of Am., 480 N. E. 2d 679, 684 - 85 (N. Y. 1985)).

③ See Symeon C. Symeonides, "Choice of Law in Cross-Border Torts: Why Plaintiffs Win and Should", 61 *Hastings L. J.* 337, 353 - 61 (2009).

行为地州设置了更为苛刻或更高的标准。这些案件反映了真实冲突范式,因为每个州对于适用其法律都有利益。行为地州对于保护发生在其境内并在那里合法的行为具有利益,而损害地州对于防止在其境内被视为非法的行为在其境内造成损害也具有利益。为了平衡,适用损害地州倾向于原告的法律是合适的——只要满足这种情形,即侵权人应当预见到损害会在该州发生,并且可能适用该州法律。前述调研报告已经发现,在 87% 的此类案件中,已经放弃了行为地规则的美国法院适用了损害地州的有利于原告的法律,但是在所有此类案件中,在该州发生的损害都是客观上可预见的。①

再回到里奇案和艾尔马里亚赫案,如果事实上纽约州法律并不认为银行的行为构成侵权,但是以色列法律认为其构成,则两个案件都属于上面提到的第二类型,也就是真实冲突类型。在此类案件中,正确的法律选择分析应当集中关注银行是否已经预见到会在以色列发生损害。如果答案是肯定的,则以色列法律的适用完全是合理而适当的。

上述分析表明,行为地州法律应当支配行为管制冲突,除非损害结果发生于其他州,而且该州拥有更高的行为标准,并且损害在该州的发生具有客观上的可预见性。显然,这是一种倾向于原告的结果,因为它会导致适用两个法律中具有更高行为标准的任何一个。但是,这恰恰就是那些非传统州的绝大多数美国法院所采取的,无论它们采用的是哪种现代方法。而且这也是过去 50 年来绝大多数国家制定的冲突法法典所采用的规定。正如晚近一项研究报告显示的那样,在 73 国立法中,有 52 国(大约 71%)在此期间规定适用行为地国或者结果地国法律中有利于受害者的那一个。它们要么直接选择二者中有利的一个,要么允许侵权受害者在二者中挑选一个。② 美国的两个州路易斯安那

---

① See Symeon C. Symeonides, "Choice of Law in Cross-Border Torts: Why Plaintiffs Win and Should", 61 *Hastings L. J.* 368 – 74 (2009).

② For documentation and discussion, see Symeon C. Symeonides, Codifying Choice of Law Around the World: an International Comparative Analysis 59 – 67 (2014). 其中一些法典只对某些类型的跨境侵权采用了这种选择,但一些法典甚至没有规定上面提到的可预见性抗辩。

州[①]和俄勒冈州[②]就属于此类情形。

(三)过错死亡损害和受益人

《第二次冲突法重述》有两个独立的条款来规定:(1)谁可以提起过错死亡诉讼;(第179条)(2)如何在受益人之间分配过错死亡赔偿金。(第177条)两个条文都指向第175条,该条规定,应适用损害地州法律,“除非考虑到特定情形,其他某些州根据第6条规定的原则具有更密切联系”。[③] 在解释“除非”条款时,《第二次冲突法重述》的评论规定,如果死者和受益人居住于同一州,则“至少在通常情况下,该州的过错死亡法律应用来确定谁能够提起诉讼”,[④]以及“赔偿金……应如何分配”。[⑤] 席普斯诉美国(Schippers v. United States)案[⑥]和肖利诉凯尔希(Showley v. Kelsey)案[⑦]均涉及这些问题,但是两个案子都没有适用死者和所有受益人居住地州法律。

席普斯诉美国案涉及4起根据《联邦侵权请求法》提起的过错死亡诉讼,被告是联邦政府,案件因两位佛罗里达州居民在得克萨斯州的直升机坠毁事故中死亡而引起,该直升机从位于得克萨斯州的联邦航空交通控制中心接收到错误信号。两起诉讼由死者代理人提起,第三起诉讼由一位死者的成年女儿提起,第四起则由另一位死者的母亲提起。[⑧] 根据佛罗里达州法律,两位独立原告不

---

① La. Civ. Code Ann. art. 3543 (2013) 规定了行为地州法律的适用,除非损害发生地州有更高的行为标准而且损害发生于该州是客观上可预见的,该种情况下应适用损害发生地州法律。该规定有一些例外。参见其起草人的讨论:Symeon C. Symeonides, Louisiana's New Law of Choice of Law for Tort Conflicts: An Exegesis, 66 *Tul. L. Rev.* 677, 713-14 (1992)。《波多黎各》草案第40条内容也大体相同。

② 俄勒冈州新立法第15.440(c) (2013)条规定,在跨境侵权中(产品责任除外),适用行为地法律。但该条同时允许适用损害发生地法律,只要(1)侵权人的行为“使人能够预见到损害会在该州发生”;(2)受害者“正式通过诉状或修正的诉状要求适用该州法律”。此时,该请求“应当被认为包括了所有针对特定被告的诉讼请求和事项”。Ibid. 该条款允许一项例外。参见其起草人的讨论:Symeon C. Symeonides, "Oregon's New Choice-of-Law Codification for Tort Conflicts: An Exegesis", 88 *Ore. L. Rev.* 963, 1022-32 (2009)。

③ Restatement (Second) of Conflict of Laws § 175 (1971) [hereinafter Restatement (Second)].

④ Ibid., § 179 cmt. c.

⑤ Ibid., § 177 cmt. b.

⑥ 715 F.3d 879 (11th Cir. 2013) (FTCA action decided under Texas conflicts law).

⑦ 991 N.E.2d 1017 (Ind. Ct. App. 2013).

⑧ 前两起诉讼在佛罗里达州提起,后两起则在得克萨斯州提起,但被移交到佛罗里达州并和前两起案件一起审理。

符合过错死亡诉讼的起诉条件,该诉讼只能由死者代理人提起,但他们可以在一定程度上参与诉讼。同样,无论是继承人还是独立原告,都不能要求获得死者的死亡前痛苦赔偿金(遗留诉讼)。根据得克萨斯州法律,两位独立原告有资格以自己的名义提起过错死亡诉讼并获得全部损害赔偿。此外,他们以及继承人还可以获得死者的死前痛苦赔偿金。地区法院对于所有问题都适用了佛罗里达州法律,两位独立原告上诉,而继承人接收了和解。

在上诉审理中,联邦政府主张,独立原告缺乏"诉讼能力",因为根据《联邦民事诉讼规则》第 17 条,本案应由原告住所地佛罗里达州法律支配。法院同意这一认定,①但是认为《联邦侵权请求法》取代了该规则,要求准据法必须根据过失行为地或结果发生地州的冲突法来选择,也就是得克萨斯州冲突法。② 法院随后根据得克萨斯州所采用的《第二次冲突法重述》来确定准据法。法院没有专门援引《第二次冲突法重述》有关过错死亡诉讼的规定(第 175 条、第 177 条、第 179 条)或最重要的第 6 条规定的政策,而是仅考虑了第 145 条所规定的 4 个连结点。其中两个连结点(过失行为和所导致的死亡)发生在得克萨斯州。法院还将第三个连结点也认定在得克萨斯州(当事人之间的关系),而没有解释它所考虑的到底是哪一关系。只剩下当事人的住所。法院并未以被告(联邦政府)的住所为准,但是考虑到了被告的观点,即应由佛罗里达州法律支配,因为所有原告和死者的住所都在该地。根据第十一巡回法院的先例,法院驳回了该观点,理由是:

尽管所有受益人都居住于佛罗里达州,但佛罗里达州对于在这个特定案件中适用其法律并没有什么利益。因为有限的潜在受益人限制了赔偿额——本案中看上去会出现这一情况,只要佛罗里达州法律适用于损害赔偿,并且因为限制受益人的"唯一目的"是保护被告——如果被告不是本州居民就不会适用之,因此,原告的住所在法律选择分析中不会被赋予重要意义。

总之,在《第二次冲突法重述》第 145 条规定的"最密切联系测试"中,有 3 项因素都明确指向得克萨斯州,而第四项因素"应被忽视",并且考虑到本案的特定情形可以不用关注。因此,得克萨斯州法律既适用于责任,也适用于损害

---

① 协同意见书认为该问题并非独立原告是否有能力起诉的问题,而是他们是否有诉因的问题。

② See Richards v. United States, 369 U. S. 1, 9 (1962).

赔偿。①

因此,得克萨斯州以3:1取胜,但是法院的分析并不合理。例如,“限制受益人的‘唯一目的’是保护被告”,这一说法并不总是正确的。有时候,排除某些受益人往往是为了有利于剩下的受益人(有时候是为了继承人利益),这样可以提高后者获得的赔偿比例,而不用增加被告的赔偿额。确实如此,例如,在针对死者的死前痛苦的遗留诉讼之中。相反,将某些受益人包括在内可能会取代其他受益人。本案并没有产生两组受益人之间相互竞争的情形,但是它确实导致了两组受益人之间的不公平待遇。两位独立原告根据得克萨斯州法律获得死者的痛苦赔偿金,而另一组通过继承来获得赔偿金的家庭成员则只能得到佛罗里达州法律规定的较少的赔偿金

与席普斯案不同,肖利案代表的是两组过错死亡受益人之间直接竞争的情形:死者的丈夫是一方,死者的女儿则是另一方(他并非其丈夫的亲生女儿)。双方以及死者的住所都位于印第安纳州。另一个涉及的州是罗得群岛,因为一位罗得群岛的被告生产的产品导致了死者在印第安纳州的死亡,而且该丈夫在那里起诉了生产商。生产商同意提供29.2万美元的和解金。根据印第安纳州法律,所有这些赔偿金都属于丈夫,而根据罗得群岛法律则属于女儿。

印第安纳州法院受理了受益人之间的争议,认为应适用罗得群岛法律解决该款项的分配。法院依据印第安纳州的一项先例,援引了一份商业文摘的表述:

> 人们普遍承认,如果要解决的问题涉及救济和程序问题,则法院地法律应予适用,除非该救济是由外州法律所规定,而该法律正是需要执行的权利的基础,而该救济又需要单独予以执行,以至于执行时必须保持该实体权利的完整性。②

法院得出结论认为,该“例外”条款适用于本案,因为赔偿金的分配独立于

---

① Schippers, 715 F. 3d at 890 (footnote omitted).

② Showley v. Kelsey, 991 N. E. 2d 1017, 1020 (Ind. Ct. App. 2013) (quoting Matter of Estate of Bruck, 632 N. E. 2d 745, 748–49 (Ind. Ct. App. 1994) (quoting 15A Corpus Juris Secundum, Conflict of Laws § 9)).

赔偿金本身。为什么?因为罗得岛法律(与印第安纳州法律不同)允许惩罚性赔偿,并且法院推定该和解协议也包括该损害赔偿。法院认为:"因为赔偿金只能根据罗得群岛法律而存在,其分配不能被分开来处理而必须由罗得群岛的法律予以执行以便保持其所依赖的实体权利的完整性。"①

一位持异议的法官指出,"在两位受益人之间",女儿"更值得同情"。② 但是又认为,根据印第安纳州的法律选择方法以及上文所援引的《第二次冲突法重述》,程序应适用印第安纳州法律,因为印第安纳州既是损害发生地也是死者和所有受益人的住所地。而且如果罗得群岛的诉讼程序继续进行,则罗得群岛法院可能会适用印第安纳州法律。

实际上,对个别当事人的同情不能否定一项事实,即本案是一起典型的虚假冲突案件,其中只有印第安纳州对于适用其法律具有合法利益。有关过错死亡受益人的规则反映了特定社会对于谁与死者更为亲近以及谁遭受最大损失的价值判断。这些价值判断可能属于死者和受益人所生活的那个社会,而非其他社会,即使某个受益人似乎更值得同情也不例外。

瓦兰达诉瓦德纳公司(Waranka v. Wadena Ins. Co.)案③并不涉及受益人之间的竞争。无论是根据死者妻子及其丈夫的住所地威斯康星州法律,还是根据丈夫在一次雪上汽车事故中死亡地密歇根州的法律,死者的妻子都是唯一的受益人。而且争议集中于损害赔偿的数额,根据密歇根州法律赔偿额要比威斯康星州法律高。本案几乎与著名的休斯诉费特(Hughes v. Fetter)案④是一致的。威斯康星州过错死亡法律由两项于1857年生效的条款组成。第一条现为《威斯康星州立法》第893.03条,首次为过错死亡规定了一项诉因,但是却规定"该诉讼仅能因本州内发生的死亡而提起"。⑤ 第二条现为《威斯康星州立法》第895.04条,规定了该诉讼的受益人以及可获得的损害赔偿和时效。

---

① Showley, 991 N. E. 2d at 1021. 法院还指出,根据印第安纳州法律,"如果死者没有遗留配偶……则只赔偿医疗、殡葬和遗产管理费用;而根据罗得群岛法律,过错死亡诉讼可以为幸存者而非死者及其配偶的利益而提起"。然而本案中存在幸存的配偶,尽管他在妻子死后的和解期间去世。

② Ibid., at 1024 (Brown J., dissenting). 因为在此期间死者的丈夫也去世,其他可能的接收者是其另一次婚姻所生的儿子。

③ 832 N. W. 2d 133 (Wis. Ct. App. 2013).

④ 341 U. S. 609 (1951).

⑤ Wis. Stat. § 895.03 (2013).

威斯康星州初级法院和上诉法院都同意,因为第895.03条的地理限制,妻子根据威斯康星州法律并无诉因,而且根据Hughes案,威斯康星州必须给予密歇根州过错死亡法律充分信任。该两个法院对于是否适用第895.04条存在分歧。初级法院认为应适用,被告上诉,上诉法院推翻了原裁定。在审查了该两条的历史和它们被几个威斯康星州判例解释的方式之后,上诉法院认为,该两个条款是一个单独立法包的一部分,其目的在于一起适用,并仅适用于威斯康星州发生的死亡。本案中,由于死亡发生于密歇根州,因此,《威斯康星州立法》第895.03条不能适用,因而也不能适用第895.04条。故此,密歇根州过错死亡法律既适用于原告的诉因,也适用于该损害赔偿的受益人和数额。

(四)外国损害和不方便法院

科特兹诉宫廷酒店公司(Cortez v. Palace Resorts, Ins.)案①是一个有趣的案例,其中,佛罗里达州最高法院非同寻常但却正确地推翻了下级法院的不方便法院裁决。原告是一位加利福尼亚州居民,在被告位于墨西哥的度假地受伤。②佛罗里达州是被告的主要营业地,并且原告提供了可信的证据表明其所受伤害是被告在佛罗里达州的行为造成的。尽管有这些佛罗里达州连结点,初级法院还是以不方便法院原则为由驳回了诉讼,理由是原告没有资格选择该法院,因为她不是佛罗里达州居民。

佛罗里达州最高法院推翻了该裁决,认为"除非原告来自另一个国家,原告最初的法院选择始终应得到尊重"。③ 实际上,法院说:"很难理解为什么一个美国原告对美国法院的选择会被排斥而让位于一个外国法院,从而有效地否决该原告向一家美国法院起诉。"④法院认为,一个美国公民"不能被逼迫在一个外国法院起诉,除非有强烈的相反利益,而在本案中并不存在这样的利益足以

---

① 123 So. 3d 1085 (Fla. 2013), reh'g denied (Oct. 1, 2013).

② For another case involving injuries occurring in Mexico, see Day v. Amor Ministries, 2013 WL 709660 (Ariz. Ct. App. Feb. 26, 2013). 原告是一位亚利桑那州自愿者,他在为其亚利桑那州教会机构(被告)服务期间在墨西哥受伤。法院适用了亚利桑那州法律。

③ Cortez, 123 So. 3d at 1096 (emphasis added).

④ Ibid., at 1094.

打破平衡并偏向于佛罗里达州被告”。①

下级法院的第二个错误在于它将本案视为“与佛罗里达州毫无联系”,尽管本案所涉的“行为是因在佛罗里达州的行为而引起”,②并且佛罗里达州被告“在迈阿密拥有运营、管理和市场总部”。③ 法院指出,佛罗里达州拥有很多利益以提供法院,包括“确保源自佛罗里达州且违反了佛罗里达州法定义务的伤害行为能够合理地在佛罗里达州法院被审理”的利益,以及“允许一位美国公民(原告)在美国法院针对美国公司提起一项诉讼,尤其是该诉讼与佛罗里达州的联系也证明了佛罗里达州对本案花费时间和司法资源的正当性时”。④

在另外两起由佛罗里达州联邦法院审理的源自外国度假地的伤害案件中,美国原告却没有这么好的运气。在第一起案件麦克莱恩诉万豪国际公司[McLane v. Marriott Intern. ,Inc. (McLane Ⅱ)]案⑤中,地区法院两次依据不方便法院原则驳回了在哥斯达黎加受到伤害的美国原告的诉讼。⑥ 第十一巡回法院推翻了地区法院的裁决,认为支持原告选择法院的推定“当原告是美国公民时是最强烈的,地区法院也没有能够指出任何非同寻常的例外情形或显示任何极端不公正的现象,从而在事实上否决一个美国公民向一家美国法院起诉”。⑦

---

① Cortez, 123 So. 3d at 1096 (emphasis added). (“在否决一个美国公民向该国法院起诉之前,审查法院必须要求提供非正常极端情况的证据,并应确信不会出现实体上的不公正”。) In Kisano Trade & Invest Ltd. v. Lemster, ___ F. 3d ___, 2013 WL 6501170 (3d Cir. 2013), 原告是一位以色列人,主张其对美国法院的选择应当像美国原告一样得到同样尊重,因为一项美国和以色列之间的条约规定,任一国家的国民都可根据国民待遇原则向法院起诉。根据第二巡回法院的一起先例,第三巡回法院驳回了该主张,认为该外国公民“最多仅有权获得像生活在国外的美国公民在美国法院起诉时那样的待遇”, Ibid. , p. 3. 法院解释说,国民待遇原则的核心“并不在于当事人的国籍或居所,而是法院的便利性”,之所以给予外国原告的选择更低尊重“并非出于排外,而仅仅是不认为该项那是一种便利的选择”。Ibid. , at ＊3, ＊4.

② Cortez, 123 So. 3d at 1096.

③ Ibid. , at 1097 (internal quotation marks omitted).

④ Ibid. ,法院还怀疑墨西哥对于特定诉因是否规定了适当的可供选择的法院。

⑤ ___ F. App' x ____2013 WL 6482012 (11th Cir. 2013).

⑥ 第二起案件, Goldstein v. Hard Rock Cafe Int' l. (USA), Inc. , 519 F. App' x 653 (11th Cir. 2013), 涉及一位在多米尼加共和国酒店受伤的美国公民,该案中,第九巡回法院维持了下级法院的不方便法院裁决。从该案中还不太清楚,是否佛罗里达州与案件有任何联系,除了管辖权上的连结之外。原告勉强承认多米尼加共和国提供了适当的可用法院。

⑦ McLane v. Los Suenos Marriott Ocean & Golf Resort (McLane I), 476 F. App' x 831, 833 (11th Cir. 2012), reversing McLane v. Marriott Int' l. , Inc. , 777 F. Supp. 2d 1302 (S. D. Fla. 2010).

根据巡回法院的重申指示,地区法院重申了其早先的不方便法院理由,[①]但这一次它提供了对Gilbert-Reyno案中的不方便法院测试中的公共利益和私人利益因素的更详尽的分析。[②] 第十一巡回法院维持了驳回诉讼的裁定,未发现滥用裁量权的情况。除其他理由之外,佛罗里达州并不拥有其在Cortez案中所拥有的联系,即使宾馆的责任存在,也是派生的,因为原告是在一艘渔船上时在工作场所受到的伤害,该渔船由一个与宾馆有松散附属关系的人经营,而此人以及其他证人都不能被强迫在美国作证。

迪费德里科诉万豪国际公司(DiFederico v. Marriott Int'l., Inc.)案[③]是一起过错死亡诉讼,原告是美国国务院的一位美国私人供应商的遗孀,该供应商在巴基斯坦伊斯拉马巴德万豪宾馆发生的一次恐怖主义袭击中死亡,该宾馆由一家巴基斯坦特许经营人经营。该遗孀在该特许经营人万豪的主营业地马里兰州提起诉讼,主张万豪对于伊斯拉马巴德宾馆的安全有完全的支配权,但是却未能提供足够的安全。初级法院依据不方便法院原则驳回了诉讼并主张诉讼应在巴基斯坦进行,但第四巡回法院推翻了该裁定。法院提出了两点推翻裁定的理由:第一,巴基斯坦的诉讼时效已经过期,因此使巴基斯坦法院无法接受该案。万豪确实提出了一项放弃诉讼时效的抗辩,但是巴基斯坦的时效并不允许被放弃。[④] 根据此前的纳维里亚公司(Compania Naviera)案提供的例外,[⑤]原告不能蓄意作出一项策略性决定以允许外国的诉讼时效过期,从而使外国法院不能被利用以便避免在其所期望的法院被不方便法院原则驳回诉讼。本案中,没有证据表明原告蓄意图谋以避免使案件在巴基斯坦进行。

第二,初级法院并未给予原告选择其"家乡法院"的"高度尊重",在涉及美国公民的案件中,就是"任何美国的联邦地区法院"。[⑥] 法院说:"一个美国原告的选择只有当被告证明对被告造成的压力和烦恼超过了对原告的便利的比例,

---

① See McLane v. Marriott Intern., Inc., 2013 WL 1810649 (S. D. Fla. Apr. 30, 2013), affirmed by the opinion discussed in the text.

② See Piper Aircraft Co. v. Reyno, 102 S. Ct. 252 (U. S. 1981); Gulf Oil Corp. v. Gilbert, 67 S. Ct. 839 (U. S. 1947).

③ 714 F. 3d 796 (4th Cir. 2013).

④ 该法规定,"任何在规定的时效期间之后的诉讼……均应被驳回,即使当事人未提出时效抗辩"。Ibid., at 801 (援引了巴基斯坦诉讼时效法, Act No. IX of 1908)。

⑤ See Compania Naviera Joanna SA v. Koninklijke Boskalis Westminster NV, 569 F. 3d 189 (4th Cir. 2009).

⑥ DiFederico, 714 F. 3d at 803.

而这种便利显然很微不足道甚至根本不存在时,才能被排除。"①

第四巡回法院随后权衡了吉尔维特—莱诺(Gilvert - Reyno)案不方便法院测试中的所有私人和公共利益因素。在权衡"当事人的便利"因素时,法院指出了如果被迫去巴基斯坦诉讼,原告可能遭受的担心和感情上的伤害。例如,证据显示,在巴基斯坦旅行的美国人面临高度风险,并且建议原告将不得不雇佣昂贵的保镖。法院得出结论认为,"强迫一位寡妇及其子女到一个导致其家庭成员死亡的同一个充满风险的地方是违背正义的"。②

法院认为,其他不方便法院因素,如证据材料的获得、强制程序的可得性和证人费用以及让当地纠纷就地解决的本地利益等,并不足以支持驳回诉讼。法院注意到,"在万豪的法律主场起诉是绝对方便的",并且"鉴于美国人承认并使用万豪商标,美国人对于解决与万豪有关的纠纷也具有本地利益"。③

最后,关于法律选择问题,法院认为,根据马里兰州(法院地)采用的侵权行为地规则,法院应该适用巴基斯坦法律。但是,法院对初级法院认为的适用巴基斯坦法律会是一项"令人畏惧的麻烦任务"④的观点提出了质疑。尽管适用外国法律会是一项负担,"但是在进行全面考察时还不足以因此而把天平推向有利于万豪的一方……这恰恰就是美国法官日常工作的一部分"。⑤

西格尔诉君悦全球公司(Siegel v. Global Hyatt Corp.)案⑥与迪费德里科案有类似的事实和情节,但是结果却完全不同。在约旦阿曼的 Hyatt 宾馆发生的起恐怖袭击事件的受害者家属在君悦特许经营方的总部所在地伊利诺伊州库克县起诉君悦宾馆特许经营方,声称君悦在伊利诺伊州作出的决定导致安曼君悦宾馆的不安全,尽管该宾馆是由一家约旦特许经营上经营的。与迪费德里科案可能的不同之处在于,西格尔案原告不是美国公民,尽管该案并未披露他们的住所,而只是说他们并非库克县居民。初级法院认为,不方便法院原则的所有私人利益和公共利益要素都倾向于驳回诉讼而倾向于在约旦法院诉讼,而

---

① DiFederico, 714 F. 3d at 803.

② Ibid., at 805.

③ Ibid., at 807.

④ Ibid.

⑤ Ibid., at 808. In Boyle v. Starwood Hotels & Resorts Worldwide, Inc., 973 N. Y. S. 2d 728 (N. Y. App. Div. 2013),法院根据不方便法院原则驳回了一起因在国外酒店发生的伤害而提起的诉讼。但是,原告是外国人。一位法官持有异议,理由是在其他国家没有可供利用的法院。

⑥ 2013 IL App (1st) 112832 - U (Ill. App. 1st Dist. Sept. 26, 2013).

且中级法院也维持了该裁决。法院认为,该案应适用约旦法律,这一结论的理由无非是,伊利诺伊州遵循的是《第二次冲突法重述》,而且原告案件的关键是君悦在伊利诺伊州的行为。[①]

在李斯比诉PACCAR公司(Lisby v. PACCAR,Inc.)案[②]中,一家华盛顿州初级法院设置了一个不同寻常的条件,依不方便法院原则驳回诉讼,支持了得克萨斯州的原告——被告放弃适用得克萨斯州诉讼时效法而适用华盛顿州时效法的约定。李斯比案是一起产品责任诉讼,原告是一位得克萨斯州居民的遗孀,该居民在得克萨斯州发生的一起卡车翻车事故中死亡,而该卡车是位于华盛顿州的被告公司在该州设计的。被告同意放弃适用得克萨斯州《诉讼时效法》,该法会禁止诉讼,而没有放弃得克萨斯州《除斥期间法》(statute of repose),该法同样禁止诉讼。相反,根据华盛顿州使用年限的《除斥期间法》,该诉讼仍在有效期间之内。华盛顿州上诉法院推翻了下级法院裁决,并要求初级法院取消对除斥期间设置的条件。

该法院区分了诉讼时效和除斥期间,前者通常被认为是程序事项,而后者通常被认为是实体事项,并可以通过标准法律选择分析来进行选择。法院认为,该分析应当由得克萨斯州法院根据其自己的规则来进行,而不是由驳回诉讼的法院进行。华盛顿州法院不应当"将华盛顿州法律适用到得克萨斯州法院",并且不能运用不方便法院原则"来作为扩展华盛顿州实体法适用范围的工具"。[③] 该法院注意到要求被告放弃另一法院地诉讼时效法的理由是得克萨斯该法"可能会使诉讼正在原告所选择的法院进行的时候就已过诉讼时效",[④]而本案中得克萨斯州《除斥期间法》禁止诉讼在华盛顿州法院提起,实际上是在事故发生前。应当明确的是,这意味着如果得克萨斯州法院要适用得克萨斯州《除斥期间法》,则原告将会得到一个"根本得不到任何救济"的结果,而根据

---

① In Nat'l Football League v. Fireman's Fund Ins. Co., 157 Cal. Rptr. 3d 318 (Cal. Ct. App. 2013),一起涉及保险赔偿纠纷的案件,当事双方是全国橄榄球联盟及其保险人,涉及一位联盟球员的脑部损伤,加利福尼亚州上诉法院认为:(1)一个跨州的未注册机构如全国橄榄球联盟不能当然地被推定为方便在加利福尼亚州法院起诉而仅因为其部分成员居住于加利福尼亚州;(2)加利福尼亚州给予非居民原告的法院选择"充分尊重",但是并不承认存在一种强烈的支持该选择的规定;(3)要求根据不方便法院原则停止诉讼的当事人不必主张加利福尼亚州是一个严重不方便的法院。

② __ P. 3d _, 2013 WL 6759224 (Wash. Ct. App. Dec. 23, 2013).

③ Ibid., at _ *5.

④ Ibid., at _ *4.

Reyno 案判例,这将会影响到其他替代法院审理案件的正当性。[①] 华盛顿州法院拒绝了这种推理:

一个替代性法院不能提供令人满意的救济,这并非什么特例。得克萨斯州法院经常审理产品责任案件。没有理由认为得克萨斯州不能为原告提供满意的救济,只要其确实有道理。确保原告有一个法院地能够对纠纷明断是非并提供救济不应当与附带的条件相冲突,该条件使原告将会在法律选择问题上获得一个有利的判决。得克萨斯州对于原告来说是一个适当的法院地,无论得克萨斯州法院决定适用哪一个《除斥期间法》。[②]

(五)经济侵权

在 AT&T 移动电话公司诉 AU 光电公司(AT&T Mobility LLC v. AU Optronics Corp.)案[③]中,第九巡回法院认为,对于发生在加利福尼亚州的固定价格行为,加利福尼亚州适用其《反托拉斯法》(《卡特怀特法》)符合宪法正当程序条款,即使该价格固定产品的销售并不发生在加利福尼亚州。原告是多家蜂窝电话公司,它们从外国生产商和销售商(被告)那里购买了液晶显示器仪表盘用于蜂窝电话,价值几十亿美元。原告认为被告进行人为操纵致使 LCD 价格上涨,并提供了证据证明有一部分操纵行为发生在加利福尼亚州。

初级法院规定,加利福尼亚州不能适用其《反托拉斯法》,除非该固定价格的货物出售到加利福尼亚州。第九巡回法院推翻了该裁定。法院援引了最高法院的先例,包括全州保险公司诉海牙(Allstate Ins. Co. v. Hague)案,[④]该案法院认为:"如果某州实体法以宪法允许的方式被选择,该州必须具有一个或一系列密切联系并产生州的利益,并且其法律的选择既不能武断,也不能违反基本公平。"[⑤]该法院认为,涉嫌操纵行为部分发生于加利福尼亚州"并非微不足道

---

① See Piper Aircraft Co. v. Reyno, 454 U.S. 235, 254 (1981).("我们并不认为法律可能发生的不利改变不应在不方便法院审查中成为一个重要的权衡因素。当然,其他法院能够提供的救济明显不充分或不令人满意,以至于根本不能将其视为一种救济,那么法律的不利改变可以被认为具有实质上的重要性;地区法院可以认为驳回诉讼不会有利于公正。")

② Lisby, __ P.3d ___, 2013 WL 6759224, at __ *4.

③ 707 F.3d 1106 (9th Cir. 2013).

④ 449 U.S. 302 (1981).

⑤ Allstate Ins. Co., 449 U.S. at 312 - 13.

和忽略不计”,[①]而是满足了Allstate案测试的部分连结点。

加利福尼亚州也满足全州保险公司案测试所要求的利益部分,因为《卡特怀特法》的目的并非(或不限于)补偿消费者,而是要确保自由竞争:“《卡特怀特法》……惩罚……违反者的主要目的是促进自由竞争。它像一般反托拉斯法一样,是为了保护竞争,而非保护竞争者。私人损害救济只是一个工具,通过它来实现促进竞争的目标。”[②]加利福尼亚州“对于保护其商业环境免受欺诈行为损害也具有合法的强制利益”,并且适用该法来处理发生在加州境内的违反竞争的行为也会增强该法的目标,即“提高对违反竞争行为的有效审查,针对违反该法的行为执行该州反托拉斯法,并确保剥夺任何非法获取的利益”。[③]

未来选择投资管理公司诉特里蒙特集团控股公司(FutureSelect Portfolio Mgmt.,Inc. v. Tremont Grp. Holdings, Inc.)案[④]是在贝恩尼·马多夫的声名狼藉的庞济诈骗术被揭穿之后发生的由受害投资者提起的多起诉讼案件之一。[⑤]本案中,一位来自华盛顿州的投资者起诉一家纽约州投资公司(一个“种子基金”),该公司将投资者的钱财注入贝恩尼·马多夫,同为被告的还有一家纽约州的审计公司,它们被指控进行虚假陈述和其他违反华盛顿州证券法的行为。

华盛顿州法院认为,《第二次冲突法重述》关于解决华盛顿州和纽约州法律冲突问题[⑥]的条款并非第145条,而是第148条,前者适用于一般侵权行为,而后者适用于虚假陈述请求,并且是对第145条规定的连结点的特别修正。

第148(1)条规定支持“原告的诉讼发生地州,也就是虚假陈述实施地和被接收地州”。[⑦] 这一规定并不适用于此,因为被告是在纽约进行虚假陈述而原告是在华盛顿州收到该陈述。第148(2)条规定,如果原告的诉讼发生于虚假陈述实施地之外的另一州,该州法院应适用具有最密切联系的那一州的法律,该

---

① AT & T Mobility, 707 F. 3d at 1113 (quoting Allstate).

② AT & T Mobility, 707 F. 3d. at 1112 (internal quotation marks omitted).

③ Ibid. at 1112 - 13.

④ 309 P. 3d 555 (Wash. Ct. App. 2013).

⑤ For other unsuccessful lawsuits filed be investors in foreign feeder funds against Madoff's bankers, see In re Herald, 730 F. 3d 112 (2nd Cir. 2013); In re Herald, ___ F. App'x _ _ _, 2013 WL 5048291 (2d Cir. Sept. 16, 2013).

⑥ One of the differences between the two laws was that, unlike the (WSSA), New York's securities law did not authorize a private action.

⑦ See Restatement(second) § 148(1).

州应通过考虑该条所列举的连结点来确定。①

第 148 条的评论指出:(1)“当损失属于金钱性质时”,原告的住所“具有实质上的重要性”;②(2)如果所列举的两个连结点(被告住所除外)全部位于一个州,“这在大多数情况下通常会导致适用该州法律”。③ 这些评论证明了法院所作的分析,因为华盛顿州具有 3 个连结点——原告的住所、原告接收到虚假陈述并信赖它们的地点。法院认为,华盛顿州是最密切联系地,其法律既支配虚假陈述诉讼,也支配证券欺诈诉讼。

马尼斯卡尔科诉兄弟国际(美国)公司[Maniscalco v. Brother Intern. (USA) Corp.]案④是一起集团诉讼,原告是南卡罗来纳州居民,被告是在新泽西注册的日本打印机全国经销商。原告声称,该经销商违反了新泽西州的《消费者欺诈法》,理由是被告对打印机的质量进行了虚假陈述。法院只发现两州法律之间存在一个区别:南卡罗来纳州与新泽西州不同,不允许消费者欺诈诉讼以集团诉讼方式进行。第三巡回法院没有讨论该问题是否属于一个程序冲突问题,就将其作为一个实体问题依照《第二次冲突法重述》第 148 条进行了裁决,根据该条,应适用新泽西州法律(法院地法)。

被告辩称,根据第 148 条第(1)款,应优先适用虚假陈述“被做出和被接收到”⑤的地点的法律,因此应适用南卡罗来纳州法律,因为虚假陈述是在那里“做出”的。法院驳回了这一论点,接受了原告的主张,即该陈述是从新泽西州做出,但更可能是从日本做出的。法院认为,与新泽西州的这一个唯一的连结点不足以支持选择新泽西州法律,因为南卡罗来纳州有两个连结点(不包括原告住所,该住所被被告的新泽西州住所抵消)。南卡罗来纳州是原告接收到该

① These contacts are: (a) the place, or places, where the plaintiff acted in reliance upon the defendant's representations, (b) the place where the plaintiff received the representations, (c) the place where the defendant made the representations, (d) the domicil, residence, nationality, place of incorporation and place of business of the parties, (e) the place where a tangible thing which is the subject of the transaction between the parties was situated at the time, and (f) the place where the plaintiff is to render performance under a contract which he has been induced to enter by the false representations of the defendant. Restatement (Second) § 148(2).

② Restatement(second) § 148 cmt. i.

③ Id. § 148 cmt. j.

④ 709 F.3d 202 (3d Cir. 2013) (decided under New Jersey conflicts law).

⑤ Restatement(second) § 148(1) (emphasis added).

陈述并予以信赖的地点。根据对《第二次冲突法重述》第 148 条的一个评注,[①] 法院认为,这两个连结点创造了一个更强烈的推定,它支持南卡罗来纳州法律。接来下,法院根据第 6 条列举的原则审查了这一推定。

法院认为,第 6 条分析支持这一推定,因为南卡罗来纳州对于适用其法律具有更大的利益,[②]即便该法并不保护南卡罗来纳州消费者。这里是法院提出的几点理由:

> 第一,州际礼让的利益支持适用每个原告自己的法律。对每个潜在的州外原告适用新泽西州法律将会违反每个原告州的政策……第二,当事人的利益也支持适用南卡罗来纳州法律,因为在各当事人之间唯一的连结点发生在南卡罗来纳州,因此有理由推定他们期望适用南卡罗来纳州法律。第 3 项第 6 条因素可能对两个州都不支持。消费者欺诈法服务于双重目的:一方面,补偿受损害的消费者——这可能支持适用南卡罗来纳州法律;另一方面,也禁止公司的非法行为——这可能支持适用新泽西州法律……最后,也是最重要的,南卡罗来纳州要求适用其法律以保护其消费者的利益超越了新泽西州保护其境外消费者免受消费者欺诈的利益。[③]

法院承认,新泽西州对于禁止其境内的公司总部实施违法行为也具有利益,但是指出,该利益应通过包含州内原告和其他与新泽西州有连结点的诉讼来实现,“而不需要向全国范围的消费者集团诉讼大开方便之门,这些集团诉讼都是由州外原告提起的,涉及的都是与新泽西州无关的交易,除了被告总部所在地之外”。[④]

在 W 皮肤病咨询公司诉维他工业公司(W. Dermatology Consultants, P. C.

---

① 《第二次冲突法重述》第 148 条,评论 j。(“如果任意两个因素,除了被告住所、注册地或营业地之外,位于同一个州内,大多数情况下该州法律就应当适用”。)

② Maniscalco, 709 F3d at 209.

③ Ibid., at 209 - 10.

④ Ibid., at 210. In Hood ex rel. Miss. v. JP Morgan Chase & Co., 737 F. 3d, p. 78 (5th Cir. 2013),密西西比州针对 6 家信用卡公司在州法院提起 6 项政府监护诉讼,认为它们强迫消费者接受自己不想要的产品,从而违反了密西西比州消费者保护法。第五巡回法院认为该诉讼根据《集团诉讼公平法》不应移交给联邦法院,因为该公司有义务提供而未能提供证据证明每个原告的诉讼请求超过了 75,000 美元,并且争议的总金额超过 500 万美元。

v. VitalWorks, Inc.)案中,[①]一位新墨西哥州的医疗软件和硬件的买方起诉一位康涅狄格州卖方,指控被告违反了康涅狄格州《不公平交易法》。卖方在一个加利福尼亚州的医学会议上展示其软件,并随后在原告位于新墨西哥州的医院展示,在那里双方签订了合同,硬件在那里交付,软件也被安装。被告的软件服务员工位于亚拉巴马州。康涅狄格州初级法院支持了新墨西哥州原告,依据是一项法律选择条款,其中规定该合同"应根据康涅狄格州法律进行解释"。[②]

上诉法院推翻了该裁决。法院认为,上述条款只适用于合同的解释而不适用于其他合同事项,更不适用于侵权问题,如由《不公平交易法》调整的不公平交易行为。法院还认为,根据《不公平交易法》本身的条款,该法也不适用于本案,因为该法只适用于"本州内的广告、销售、租赁,为销售或租赁进行的报价行为,或任何服务和财产的分配,无论该财产是有形财产还是无形财产、动产还是不动产或混合财产,或者任何其他商品、货物或有价物"。[③] 而被告并未在康涅狄格州内从事任何上述行为。

法院随后很耐心地根据通常的法律选择分析来对上述结论进行了分析。法院认为,康涅狄格州最高法院的先例仅在那些采用侵权行为地规则会导致"武断而不合理结果"的案件中才采纳了《第二次冲突法重述》。[④] 而本案中,法院认为,对于适用新墨西哥州法律并没有什么武断和不合理的地方,因为新墨西哥州作为损害发生地"并非是原告偶然路经该州而导致的,而是由于原告在那里从事正常的商业经营"。[⑤]

但法院也做了另一项妥协,决定根据《第二次冲突法重述》第 145 条和第 6 条来审查法律冲突,以便证明其早先的观点,即应适用新墨西哥州法律。在审查第 145 条规定的连结点时,法院认为新墨西哥州不仅是损害发生地,而且是行为地,因为在那里"商品被安装,服务被提供,培训被实施"。[⑥] 即使是当事人的关系也集中于新墨西哥州,因为"在新墨西哥州,原告审查并签署了合同,开始了该关系",而"合同约定的货物和相伴的服务也是在新墨西哥州被交付、安

① 78 A. 3d 167 (Conn. App. Ct. 2013).
② 78 A. 3d 167 (Conn. App. Ct. 2013). at 189.
③ Ibid., at 187 (emphasis by the court).
④ Ibid., at 190 (quoting O'Connor v. O'Connor, 519 A. 2d 13 (Conn. 1986)).
⑤ Ibid., at 191.
⑥ Ibid., at 192.

装和履行的”。[①] 法院认为,被告公司总部位于康涅狄格州的事实并不具有很大价值,因为该公司后来被一家密苏里州公司并购。

在对合同进行这样一种创造性解读之后,对第 6 条各项原则的讨论只能得出同样的结论。例如法院解释说,康涅狄格州的政策不受牵连,因为《康涅狄格州不公平交易法》“仅限于在康涅狄格州内的交易和商业……而该交易和商业并不发生于康涅狄格州”。[②] 同样,法院推测认为,尽管有康涅狄格州法律选择和法院选择条款,但“并没有合理预期该合同相关行为会受康涅狄格州法律支配”。[③]

在琼斯诉克林奇(Jones v. Clinch)案[④]中,弗吉尼亚州居民因在马里兰州进行的一起眼球移植手术而起诉一位马里兰州眼科医生,指控对方违反了哥伦比亚特区的《消费者保护法》。原告在哥伦比亚特区提起诉讼,该州与马里兰州不同,并不将医生排除在《消费者保护法》之外。但是哥伦比亚特区与案件的唯一联系是该医生播放了一段被指控具有欺骗性的广告而原告在哥伦比亚特区驾车时听到了该广告。特区法院认为该广告并非欺骗性,但是,即便如此,也不足以证明应适用哥伦比亚特区法律,因为马里兰州与本案有大量更有意义的连结点。

托马斯诉 UBS 股份公司(Thomas v. UBS AG)案[⑤]是一起很有趣的集团诉讼案,它导致波斯纳法官作出了另一份有趣的裁决,该裁决维持了下级法院对事实的驳回。原告起诉瑞士最大的银行 UBS,要求对方偿还原告因未能披露其银行账户而受到的税收罚金,并向他们支付税款。原告主张,USB 劝诱他们开设银行账户,随后 却未能对他们的税收责任提供建议。初级法院从事实问题上驳回该诉讼,而没有首先确定该诉讼是否符合集团诉讼的条件。第七巡回法院维持了该裁定,并由波斯纳法官撰写了一份意见书。

波斯纳法官注意到,原告没有指明应适用哪一法律,并且也没有明确约定适用联邦法律或瑞士法律。波斯纳认为,直接依据一般普通法原则进入事实问题而不考虑法律选择问题,这是可以接受的。他对于事实问题的结论是很犀利

---

① 78 A.3d 192 (Conn. App. Ct. 2013).

② 18 A.3d 192(Conn. App. Ct. 2013).

③ Ibid., at 193.

④ 73 A.3d 80 (D.C. 2013).

⑤ 706 F.3d 846 (7th Cir. 2013).

的。摘录如下:

原告是税收骗子,对于税收骗子而言,向国内税收局隐瞒其收入,然后向提供情报者(本案中是UBS)追讨他们受到的罚金……①

原告认为……银行应当阻止他们违反法律。这就像是起诉一个人的父母要求其承担自己支付的税收罚款,理由是其父母没能将其培养成一个诚信的人,使他不会去避税从而被处以罚金……②

本案,包括上诉,都很滑稽。我们奇怪,UBS为何没有要求对原告及其集团诉讼律师施加制裁。③

(六)雇佣侵权

2013年的几起案件涉及雇主或其保险人追偿其支付给受害员工的赔偿金的权利的准据法,该员工已经从导致其受害的第三人那里获得了损害赔偿。《第二次冲突法重述》第185条对于该问题非同寻常地作出了明确规定:

如果根据某州劳工赔偿法,一位雇员已经获得了损害赔偿,则应由该州法律确定支付了赔偿金的人对于该雇员就同一损害针对第三人所获得的任何侵权或过错死亡赔偿所享有的利益。④

在莫德诉达科他卡车分销商(Moad v. Dakota Truck Underwriters)案中,⑤爱荷华州最高法院决定在一起涉及爱荷华州与南达科他州法律冲突的案件中采用《第二次冲突法重述》第185条。该雇主和雇员均居住于南达科他州,而雇佣关系也在那里成立,但是雇员在爱荷华州受伤并在那里申请劳工赔偿利益。法院注意到,"尽管冲突规则很难完美,但第185条在大多数案件中都提供了一个

---

① 706 F. 3d 850 (7th Cir. 2013).

② Ibid., at 851.

③ Ibid., at 850. 另一位联邦法官将本案区别于另一起涉及UBS账户持有人的案件,并对Thomas的意见书提出了如下评论:意见书认为,因为原告最终坦白并偿付了欠款就认为他们不是故意的"税务骗子",这是难以令人置信的。意见书也许预先假定,典型的国际离岸投资客户……或者受过高等教育的联邦法官都擅长诡辩。但是这种人很可能会陷入国际大型银行投资发展策略的圈套,其他人明显不同的个人情况(如技巧和受过良好家政训练和教育的家庭主妇等)可以确保有不同的结论(或者根本就不会)……Le Bars v. UBS AG, 2013 WL 1819803, at *5 (W. D. Pa. Apr. 29, 2013) (internal quotations are fromThomas).

④ Restatement (Second) § 185.

⑤ 831 N. W. 2d 111 (Iowa 2013).

明确的裁判规则……以及处理工作地伤害的有效方法”,该条款“优先于最密切联系原则的更开放的考虑方法”。①

在宾夕法尼亚州保险公司诉尼斯(Ins. Co. of State of Pa. v. Neese)案中,②雇主和雇员都居住于俄克拉荷马州,雇佣关系也在那里订立,雇员家庭根据俄克拉荷马州法律获得了劳工赔偿金。该雇员在得克萨斯州的一起劳动事故中死亡,根据得克萨斯州法律而非俄克拉荷马州法律,雇主的保险人对于雇员家庭的过错死亡赔偿拥有代位求偿权。得克萨斯州法院认为,根据《第二次冲突法重述》第185条应适用俄克拉荷马州法律。Holley v. Ace Am. Ins. Co. 案③包含有相同事实,除了该案是在俄克拉荷马州起诉,并且雇员家庭根据得克萨斯州法律接受了劳工赔偿金。俄克拉荷马州最高法院认为,雇主的保险人不拥有代位求偿权,因为俄克拉荷马州立法并不允许。3位法官并不同意多数意见书对俄克拉荷马州法律的解释,并主张法院应遵照第185条,根据该条应适用得克萨斯州法律,而得克萨斯州法律允许代作求偿权。

在自由互助保险公司诉混合运输实质材料公司(Liberty Mut. Ins. Co. v. Transit Mix Concrete & Materials Co.)案④中,一位得克萨斯州雇主的得克萨斯州雇员在得克萨卡纳市的阿肯色州部分的工地上受伤,并根据得克萨斯州法律接受了劳工赔偿金。该雇员针对阿肯色州的第三方侵权人提起了一项侵权诉讼,而雇主的保险人在得克萨斯州起诉该侵权第三人,要求追偿其支付给受害员工的赔偿金。得克萨斯州上诉法院维持了不方便法院裁决,驳回了诉讼,支持案件在阿肯色州起诉。法院认为保险人的诉讼是雇员人身诉讼的衍生,并认为应适用阿肯色州法律,因为保险人没有反驳《第二次冲突法重述》第146条支持损害发生地的推定。法院考虑了第145条和第6条,而非第185条。在分析了当事人的预期后,法院指出:

得克萨卡纳是一个位于得克萨斯州和阿肯色州边境的城市。在这个城市,有合理的预期认为大多数公司将会在两个州经营。因此,任何合理的保险经营

---

① 831 N. W. 2d 111 (Iowa 2013). at 117. The court remanded the case to the trial court with instructions to apply section 185.

② 407 S. W. 3d 850 (Tex. App. 2013).

③ ___P. 3d ___, 2013 WL 5728104 (Okla. Oct. 22, 2013).

④ 2013 WL 3329026 (Tex. App. June 28, 2013), review denied (Oct. 18, 2013).

者都可以预见到其顾客可能将会在多州经营,并因此而调整费率或条件。考虑到像得克萨卡纳这样的边境城市的性质,我们不认为本案中适用阿肯色州法律将会导致一位得克萨斯州居民承担不公平责任。因为这一责任是一个合理的预期,因此,它不是不公平责任。①

在威尔森诉印象地板公司(Wilson v. Image Flooring, LLC)案②中,雇佣发生在另一个跨境城市 Kansas 市的堪萨斯州部分,但所有当事人都来自密苏里州。一位密苏里州雇主的密苏里州雇员在堪萨斯州伤害了另一位密苏里州居民(原告)。原告依照雇主责任原则在密苏里州起诉该雇主。密苏里州并不限制原告获得赔偿,并采用一种纯粹比较过错规则。根据该规则,即使原告自身过错超过被告的过错,原告也可以获得赔偿。堪萨斯州则限制非经济损害赔偿,并采用一种修正的比较过错规则。根据该规则,如果原告的过错与被告的过错相当或高于被告的过错,则不能获得赔偿。

密苏里州法院认为,本案应适用密苏里州法律,因为《第二次冲突法重述》第 146 条的侵权行为地规则不予适用,理由是所有当事人都居住于密苏里州,并且冲突仅限于损失分配问题。法院认为,比较过错规则和法定损害分析"是用来解决损害发生之后的事情,如赔偿问题",③而且尽管过失问题应当依照侵权发生地州法律解决,因为该州具有"占优势的利益,但当涉及赔偿权利问题时却并非如此"。④ 法院总结道:

如果问题涉及的是赔偿权问题而不是责任问题,则当事人的住所就成为一个更重要的连结点,因为各州对于将其自己的损害赔偿有关的法律适用于其本州居民具有最大利益,但是对于将这些法律适用于非居民却没有利益……

本案中,尽管堪萨斯州是损害发生地,导致损害的行为发生地和当事人关系发生地,但这些连结点只有当所涉冲突涉及行为规则或责任问题时,才具有更重要意义。但是,如果冲突涉及的是赔偿规则或赔偿问题,当事人的住所就

---

① 2013 WL 3329026 (Tex. App. June 28, 2013), review denied (Oct. 18, 2013). at *7.

② 400 S. W. 3d 386 (Mo. Ct. App. 2013), reh' g and/or transfer denied (Apr. 30, 2013), transfer denied (June 25, 2013).

③ 400 S. W. 3d 386 (Mo. Ct. App. 2013).

④ Ibid.

是最重要的连结点。因此,当事人都居住于密苏里州的事实表明,密苏里州对于争议有关的问题具有最重要的联系——比较过错法律和法定损害分析。①

在联邦保险公司诉劳工赔偿上诉理事会(Fed. Ins. Co. v. Workers' Comp. Appeals Bd.)案②中,所涉问题是一位职业篮球运动员是否有权根据加利福尼亚州法律对于其多年积累的膝盖劳损接受劳工赔偿,即使她仅在加利福尼亚州参加国34场比赛中的1场。法院从宪法和冲突法角度对此给出了否定的回答。后来,加利福尼亚州修订了其《劳工赔偿法》,使那些在加利福尼亚州比赛时间不到其工作时间20%的运动员无法援用该法。③

(七)其他侵权

特纳诉肖特卡特莫里斯公司(Tener v. Short Carter Morris, LLP)案④是一起法律职业过失诉讼,被告是一家得克萨斯州律师事务所,该所在得克萨斯州离婚诉讼中是原告的代理人。原告诉称,该律所未能说服离婚法院适用科罗拉多州法律而不是得克萨斯州,法律以确定夫妻中哪一方有权获得一幢科罗拉多州房产的增值价值。原告的妻子和她的独立基金以31.5万美元的价格购买了该房产,但在离婚时该房产价值250万美元,根据科罗拉多州法律,增值部分应属于"婚姻财产",应当在夫妻二人之间分配。法院认为,尽管原告有不同观点,但在其妻子提出离婚前,他和他妻子都居住于得克萨斯州超过2年,得克萨斯州法律要求得克萨斯州离婚法庭适用得克萨斯州法律,尽管涉及的是非得克萨斯州的不动产。⑤ 显然,根据得克萨斯州法律,全部科罗拉多州房产都应被认定为

---

① 400 S.W.3d 386 (Mo. Ct. App. 2013).

② ___ Cal. Rptr. 3d ___, 221 Cal. App. 4th 1116, 2013 WL 6240421 (Cal. Ct. App. Dec. 3, 2013).

③ For other cases involving the issue of entitlement to worker's compensation benefits, see Anglin v. Dunbar Armored, Inc., 742 S.E.2d 205 (N.C. Ct. App. 2013); Springer v. J.B. Transp., Inc., 77 A.3d 179 (Conn. App. Ct. 2013); Dallas Nat. Ins. Co. v. Bd., 2013 WL 3155846 (Ky. June 20, 2013). For a case involving retaliatory discharge of an employee, see Carrillo v. Tifco Indus., Inc., ___ F. App'x ___, 2013 WL 5462232 (5th Cir. Oct. 2, 2013). For a case involving tortious interference with employment relationship, see St. Jude Med. S.C., Inc. v. Biosense Webster, Inc., 2013 WL 5508389 (Minn. Ct. App. Oct. 7, 2013).

④ 2013 WL 4007802 (Tex. App. Aug. 6, 2013).

⑤ 得克萨斯州立法规定:法院应将配偶一方独立的不动产和动产,无论其位于何处,判给另一方:(1)该配偶居住于其他州期间获得的并且当该配偶获得该财产时如果居住于本州,该财产本应属于其个人财产…… Tex. Fam. Code Ann. § 7.002(b) (2013).

妻子的独立财产,离婚法庭所要考虑的是如何处理该财产。由于该立法强行规定了这样的结果,该律所未能成功辩护以达到不同结果,这并非职业过失。法院维持了对律所有利的判决。

布拉德诉 MRA 控股公司(Bullard v. MRA Holding, LLC)案①涉及的是一位佐治亚州居民提起的滥用肖像权诉讼,理由是原告的录像镜头和照片经过其同意被带到佛罗里达州后,未经其同意在全美国被销售。② 在回答联邦法院的证明问题时,佐治亚州最高法院同意认为,"100 多年来,佐治亚州在侵权案件中都坚持侵权行为地规则",③而且"侵权行为地就是遭受的伤害发生地而非行为实施地,或者……是使行为人对被控侵权行为承担责任所必需的最后事件发生地"。④ 本案中,原告在佐治亚州遭受损害,因此应适用佐治亚州法律,该法律允许提起该诉讼。⑤

田纳西士麦那镇诉佐治亚州市政燃气局(Town of Smyrna, Tenn. v. Mun. Gas Auth. Of Ga.)案⑥是有一个田纳西州小镇在田纳西州联邦法院提起的诉讼,被告是一个佐治亚州公共机构,被控违反合同、违反田纳西州《消费者保护法》、违反信托义务和不当得利。法院认为,根据法律选择条款,合同问题应适用佐治亚州法律,根据该法,被告享有主权豁免。法院认为,该条款并不适用于非合同诉讼请求,该请求依照田纳西州冲突法,应适用田纳西州法律,而田纳西州应作为一个礼让问题处理佐治亚州的主权豁免。

奎林诉费雷克斯(Quirion v. Veilleux)案⑦是一起人身伤害和丧失配偶权诉讼,原告是一位魁北克驾车人,他在一起发生于缅因州的事故中受伤,当时,一片夹板从另一位魁北克居民驾驶的卡车上坠落并击中原告的挡风玻璃。当缅因州初级法院裁定损害赔偿问题适用魁北克法律时,原告提起中间上诉,认为

---

① 740 S. E. 2d, pp. 622, 625 (Ga. 2013).

② 原告 14 岁,在佛罗里达州春假期间,她向两位不认识的男子暴露乳房,并明知他们在拍摄她。该两名男子向被告公司出售了录像带,被告未经原告允许将该录像剪辑放在一部录像片中在全国出售,并将原告的照片作为封面。

③ Ibid., p. 750.

④ Ibid., pp. 750 – 51 (internal quotation marks omitted).

⑤ For an action by "Sam Moore, 'The Legendary Soul Man'", against a movie producer alleging trademark dilution, violation of his right of publicity and false light invasion of privacy, see Moore v. Weinstein Co., LLC, __ F. App'x ___, 2013 WL 5832375 (6th Cir. Oct. 31, 2013).

⑥ 723 F. 3d, p. 640 (6th Cir. 2013).

⑦ 65 A. 3d, p. 1287 (Me. 2013).

如果适用魁北克法律,将意味着“他的案件的末日……因为他可能获得的赔偿还不足以支付其诉讼费用”。法院否决了他的要求,并得到缅因州最高法院支持。

六、法律选择方法

从法律选择方法角度来看,2013 年是一个平凡的年度,因为没有任何一家州最高法院改变或修正其观点。因此,有关方法论的一节可能会有点无关紧要,正如下文的表格一样。不过,读者已经习惯于看到每年一个表格,即使该表格与以前的别无二致,这样可以让他们不必去参看以前的综述。为了读者的便利,这里就把 2012 年的方法论表格复制如下,需要提醒的是,其中包含了一些在以前的综述中详细论述过的说明。

表 6 各州及其所遵循的法律选择方法列表

州	传统方法	密切联系	第二次重述	利益分析	法院地法	更好的法	综合的现代方法
亚拉巴马	T + C						
阿拉斯加			T + C				
亚利桑那			T + C				
阿肯色		C				T	
加利福尼亚				T			C
科罗拉多			T + C				
康涅狄格			T + C?				
特拉华			T + C				
哥伦比亚				T			C
佛罗里达	C		T				
佐治亚	T + C						
夏威夷							T + C
爱达荷			T + C				
伊利诺伊			T + C				

续表

州	传统方法	密切联系	第二次重述	利益分析	法院地法	更好的法	综合的现代方法
印第安纳		T + C					
艾奥瓦			T + C				
堪萨斯	T + C						
肯塔基			C		T		
路易斯安那							T + C
缅因			T + C				
马里兰	T + C						
马萨诸塞							T + C
密歇根			C		T		
明尼苏达						T + C	
密西西比			T + C				
密苏里			T + C				
蒙大拿			T + C				
内布拉斯加			T + C				
内华达		C	T				
新罕布什尔			C			T	
新泽西			T				C
新墨西哥	T + C?						
纽约							T + C
北卡罗来纳	T	C					
北达科他		T					C
俄亥俄			T + C				
俄克拉荷马	C		T				
俄勒冈							T + C

续表

州	传统方法	密切联系	第二次重述	利益分析	法院地法	更好的法	综合的现代方法
宾夕法尼亚							T + C
波多黎各		T + C					
罗得岛	C					T	
南卡罗来纳	T + C						
南达科他			T + C				
田纳西	C		T				
得克萨斯			T + C				
犹他			T + C				
佛蒙特			T + C				
弗吉尼亚	T + C						
华盛顿			T + C				
西弗吉尼亚	T		C				
威斯康星						T + C	
怀俄明	T + C						
总计 52	T 10 C 12	T 3 C 5	T 24 C 23	T 2 C 0	T 2 C 0	T5 C 2	T 6 C 10

注:T = 侵权案件;C = 合同案件。

七、联邦法律的域外适用

(一)吉奥贝(Kiobel)案和《外国人侵权法》(ATS)

在广为期待的吉奥贝诉皇家荷兰石油公司案(Kiobel v. Royal Dutch

Petroleum Co.)案①中,联邦最高法院认为,《外国人侵权法》不能域外适用。《外国人侵权法》赋予联邦法院"对于任何外国人仅仅针对违反国际法或美国缔结之条约的侵权行为而提起的民事诉讼"具有管辖权。②《外国人侵权法》颁布于 1789 年,在 1980 年前很少被使用。③ 此后,联邦法院时常将其适用于涉及域

---

① 133 S. Ct. 1659 (U. S. 2013). What follows is a bare description of the Kiobel decision. A critique may be tempting, but it is beyond the scope of this Survey. But, as one would expect, Kiobel has already generated extensive academic commentary, to which the reader is kindly referred. See, e. g., Kenneth Anderson, "Kiobel v. Royal Dutch Petroleum: The Alien Tort Statute's Jurisdictional Universalism in Retreat", 2013 *Cato Sup. Ct. Rev.* 149 (2013); Donald I. Baker, "Extraterritoriality and the Rule of Law: Why Friendly Foreign Democracies Oppose Novel, Expansive U. S. Jurisdiction Claims by Non-resident Aliens under the Alien Tort Statute", 28 *Md. J. Int'l L.* 42 (2013); Kedar S. Bhatia, "Reconsidering the Purely Jurisdictional View of the Alien Tort Statute", 27 *Emory Int'l L. Rev.* 447 (2013); Alison Bensimon, "Corporate Liability under the Alien Tort Statute: Can Corporations Have Their Cake and Eat it Too?" 10 *Loy. U. Chi. Int'l L. Rev.* 199 (2013); Anthony J. Colangelo, "Kiobel: Muddling the Distinction Between Prescriptive and Adjudicative Jurisdiction", 28 *Md. J. Int'l L.* 65 (2013); Anthony J. Colangelo, "The Alien Tort Statute and the Law of Nations in Kiobel and Beyond", 44 *Geo. J. Int'l L.* 1329 (2013); Vivian Grosswald Curran, "Extraterritoriality, Universal Jurisdiction, and the Challenge of Kiobel v. Royal Dutch Petroleum Co.", 28 *Md. J. Int'l L.* 76 (2013); Jaye Ellis, "The Alien Tort Statute as Transnational Law", 28 *Md. J. Int'l L.* 90 (2013); Jonathan Hafetz, "Human Rights Litigation and the National Interest: Kiobel's Application of the Presumption Against Extraterritoriality to the Alien Tort Statute", 28 *Md. J. Int'l L.* 107 (2013); Jules Lobel, "The Contradiction Between Alien Tort Statute Jurisprudence and the Continued Immunity of U. S. Officials for Acts of Torture Committed Abroad", 28 *Md. J. Int'l L.* 129 (2013); Craig Martin, "Kiobel, Extraterritoriality, and the 'Global War on Terror'" 28 *Md. J. Int'l L.* 146 (2013); Note, "Alien Tort Statute-Extraterritoriality-Kiobel v. Royal Dutch Petroleum Co.", 127 *Harv. L. Rev.* 308 (2013); Jide Nzelibe, "Contesting Adjudication: the Partisan Divide over Alien Tort Statute Litigation", 33 *Nw. J. Int'l L. & Bus.* 475 (2013); Austen L. Parrish, "Kiobel, Unilateralism, and the Retreat from Extraterritoriality", 28 *Md. J. Int'l L.* 208 (2013); Marco Simons, "Kiobel v. Royal Dutch Petroleum: A Practitioner's Viewpoint", 28 *Md. J. Int'l L.* 28 (2013); David L. Sloss, "Kiobel and Extraterritoriality: A Rule Without a Rationale", 28 *Md. J. Int'l L.* 241 (2013); Ralph G. Steinhardt, "Kiobel and the Multiple Futures of Corporate Liability for Human Rights Violations", 28 *Md. J. Int'l L.* 1 (2013); Beth Stephens, "Extraterritoriality and Human Rights after Kiobel", 28 *Md. J. Int'l L.* 256 (2013); Matteo M. Winkler, "What Remains of the Alien Tort Statute after Kiobel?" 39 *N. C. J. Int'l L. & Con. Reg.* 171 (2013); Ingrid Wuerth, "Kiobel v. Royal Dutch Petroleum Co.: The Supreme Court and the Alien Tort Statute", 107 *Am. J. Int'l L.* 601 (2013).

② 28 U. S. C. § 1350 (2013).

③ See Filartiga v. Pena-Irala, 630 F. 2d 876 (2d Cir. 1980).

外行为的案件。[①] 在吉奥贝案中,最高法院却突然而随意地宣告了这种做法的终结。

吉奥贝案的背景行为发生在尼日利亚。根据原告指控,几家荷兰、英国和尼日利亚公司(被告)支持并协助尼日利亚政府实施了侵犯人权的行为,从而违反了国际法。在一份出人意料的裁决中,第二巡回法院驳回了指控,理由是国际法并不承认公司责任。[②] 由于有6起其他巡回法院判例都不同意第二巡回法院关于公司责任的意见而且都作出了相反裁决,[③]因此,最高法院发布了调卷令。经过口头答辩,法院要求当事人针对域外效力问题提交书面意见书,并决定在该基础上对该案进行裁决,而对于不同巡回法院有关公司责任的分歧置之不理。[④]

罗伯茨大法官在撰写的意见书中指出,《外国人侵权法》中没有任何地方打破"反域外适用推定"。所使用的"外国人"一词并不意味着域外适用,因为"这种影响到外国人的违法行为既可以发生在美国境内也可以发生在美国境外"。[⑤] 至于"任何民事诉讼"这一用语也并不意味着其适用于发生在境外的侵权,"因为像'任何'或'每一'这样的一般性术语并没有推翻反域外适用推定"。[⑥]

法院追溯了《外国人侵权法》的历史后指出,"《外国人侵权法》的历史背景

---

① See, e.g., Flomo v. Firestone Nat'l Rubber Co., LLC, 643 F.3d 1013, 1025 (7th Cir. 2011) ("[N]o court to our knowledge has ever held that [the ATS] doesn't apply extraterritorially.").

② See Kiobel v. Royal Dutch Petroleum Co., 621 F.3d 111 (2d Cir. 2010) (discussed in Symeonides, 2010 Survey, at 316).

③ See Doe VIII v. Exxon Mobil Corp., 654 F.3d 11, 41 (D.C. Cir. 2011), vacated on other grounds by Doe v. Exxon Mobil Corp., 527 Fed. App'x 7 (D.C. Cir. 2013); Aziz v. Alcolac, Inc., 658 F.3d 388 (4th Cir. 2011); Flomo, 643 F.3d at 1020 - 21; Sarei v. Rio Tinto, PLC, 671 F.3d 736 (9th Cir. 2011), vacated on other grounds in light of Kiobel by Rio Tinto PLC v. Sarei, 133 S. Ct. 1995 (U.S. 2013); Sinaltrainal v. Coca - Cola Co., 578 F.3d 1252 (11th Cir. 2009); Beanal v. Freeport - McMoran, Inc., 197 F.3d 161 (5th Cir. 1999).

④ But see Doe I v. Nestle USA, Inc., ___F.3d___,___, 2013 WL 6670945, at *1 (9th Cir. Dec. 19, 2013) (interpreting Kiobel as "suggesting in dicta that corporations may be liable under ATS so long as presumption against extraterritorial application is overcome").

⑤ Kiobel, 133 S. Ct. at 1665.

⑥ Ibid.

也没有表明国会……有意图……为发生在另一主权范围内的行为提供一个诉因”。[①] 法院注意到,当国会通过该法时,布莱克斯通已经确定了违反国际法的 3 项基本罪行:(1)违反安全通行权;(2)侵犯外国使节的权利;(3)海盗。前两项罪行“都没必要域外适用”,[②]就在国会通过《外国人侵权法》之前不久,在美国曾发生两起涉及第(2)项罪行的事故。法院认为,这些临时事件“不足以支持这样的主张,即国会希望该法提供一项针对发生在国外的违反国际法行为的诉因”。[③]

第(3)项罪行,即海盗,从定义上来看就具有域外效力,因为它“是典型发生在公海上的行为,不属于美国或任何其他国家的管辖范围”。[④] 然而,对于海盗适用美国法律“并不代表着把美国的主权意志强加于发生在其他国家境内的行为,因此也不能产生直接的外交政策上的后果”。[⑤] 海盗是“谁都可以打击的对象”,并且“是一种自成一类的行为”。《外国人侵权法》允许针对海盗在公海上的行为提起侵权诉讼,“并不能证明《外国人侵权法》上的诉因也适用于发生在其他国家领域内的行为”。[⑥]

法院驳回了这种观点,即国会通过《外国人侵权法》是为了“针对国际法的执行提供一个独一而且友好的法院地”。[⑦] 在引用了约瑟夫·斯托瑞(Joseph Story)的表述“任何国家都不曾试图成为全世界的法庭”[⑧]之后,法院指出,如果美国试图将《外国人侵权法》适用于外国发生的行为,那么其他国家“也可能以在美国或其他国家违反国际法为由将美国公民送上它们的法庭”。[⑨] 反对域外适用推定通过“防止我国法院引发此种严重的外交政策后果”,[⑩]保护了美国不受这样的事情影响。

法院接下来回到案件事实,并注意到所有相关行为都发生在其他国家境

---

① Kiobel, 133 S. Ct. at 1668 - 69.

② Ibid., at 1666.

③ Ibid., at 1667.

④ Ibid.

⑤ Ibid.

⑥ Ibid.

⑦ Ibid., at 1668.

⑧ Ibid. (quoting United States v. The La Jeune Eugenie, 26 F. Cas. 832, 847 (No. 15,551) (C. C. Mass. 1822)).

⑨ Ibid., at 1669.

⑩ Ibid.

内,认为“即使诉讼请求有一部分涉及美国领域,也必须具有充分的说服力以推翻反域外适用推定”。① 本案中被告仅在美国有商业存在,这显然不足以达到这一要求。

肯尼迪大法官在一份简短的协同意见书中表示,在法院意见和理由不涉及的一些案件中,对于“严重违反国际法原则”的行为,可以对《外国人侵权法》做一种不太严格的解释。在这些案件中,“对反域外适用推定的适当执行可以要求进一步的技巧和解释”。②

布雷耶大法官在一份由金斯伯格、索托马约尔和卡根大法官加入的协同意见书中则更进了一步指出,《外国人侵权法》的适用应符合以下条件:

(1)被控侵权行为发生在美国领土;(2)被告是美国公民;(3)被告的行为实质上对重要的美国国家利益造成不利影响,这包括防止美国变成一个虐待者和其他人类公敌的“安全港”(不受民事和刑事责任追究)的显著利益。③

巴林图诺诉戴姆勒公司(Balintulo v. Daimler AG)案④也是一起《外国人侵权法》案件,由南非种族隔离制度期间的违反人权行为而引起,其中一些被告是美国公司。基于该事实,原告援引了以上案例中法院意见书中最后一段表述⑤以及布雷耶大法官的协同意见书,主张吉奥贝案并没有排除《外国人侵权法》的适用,因为被告的美国国籍“涉及”美国,且具有“显著说服力”以排除反域外适用推定。⑥

第二巡回法院驳回了该观点,指出原告“明显采取了布雷耶大法官所表述的观点”,但该观点并不代表多数意见书的观点。⑦ 多数意见书“并未说明被告的国籍对于反域外适用推定具有重要意义”,而且多数意见书要求诉讼请求“涉及”美国也只是法律格言而已。⑧ 根据第二巡回法院的意见,吉奥贝案采用一种“明线”测试方法(bright－line test),“反复重申《外国人侵权法》禁止针对发生

---

① Kiobel, 133 S. Ct. at 1669.

② Ibid. (Kennedy, J., concurring).

③ Ibid., at 1671 (Breyer, J., concurring).

④ 727 F.3d 174 (2d Cir. 2013).

⑤ See supra text accompanying note 315.

⑥ Balintulo, 727 F.3d at 189.

⑦ Ibid. The Balintulo opinion was written by Judge Cabranes, the same judge who wrote the superseded Second Circuit opinion in Kiobel, which had held that international law does not recognize corporate liability.

⑧ Ibid., at 190.

在境外的行为提起的诉讼”。[①]

(二)海盗

对大多数美国人谈及的“海盗”,可能会使人们想起琼尼·戴普(Johnny Depp)对于杰克·斯尼罗(Jack Sparrow)船长的滑稽描述,而不是引发对国际打击海盗行为的关注,该行为很久以前就已经被文明国家宣布为人类的公敌。在世界上一些不稳定地区,海盗非常严重,在这些麻烦水域,打击海盗的行动已经进行,既有成功的,也有不力的。[②]

哥伦比亚地区巡回法院在美国诉阿里(United States v. Ali)案[③]的判决书中,就是这样开头的,该案是 2013 年上诉到巡回法院的两起海盗案件之一。[④]被告是一位索马里公民,他参与了有关释放在索马里附近公海上被索马里海盗绑架的丹麦船舶的赎金谈判。尽管被告深深卷入了海盗活动,但他们行为仅限于索马里领土和领水,而且并未扩展到公海上。被告受到《反海盗法》(18 U. S. C. § 1651)的指控,包括支持和帮助实施海盗活动,以及共谋实施海盗行为。

根据宪法的界定和惩治条款[⑤]而颁布的第 1651 条规定:“无论是谁,在公海上实施国际法所定义的海盗罪行,并随后被押至美国或在美国被发现的,应被

① Balintulo,727F. 3d. at 190. (emphasis in original).

② United States v. Ali, 718 F. 3d 929, 932 (D. C. Cir. 2013).

③ 718 F. 3d 929 (D. C. Cir. 2013), reh' g en banc denied (Aug. 21, 2013).

④ For a 2012 case, see United States v. Dire, 680 F. 3d 446 (4th Cir. 2012), cert. denied, Dire v. United States, 133 S. Ct. 982 (U. S. 2013) (discussed in Eugene Kontorovich, "Piracy on the High Seas: United States v. Dire", 107 *Am. J. Int' l L.* 644 (2013)); Note, "Criminal Procedure - Extraterritorial Application of Fifth Amendment - Fourth Circuit Finds Understanding of Spoken Words Adequate to Secure Valid Waiver of Miranda Rights by Somali Pirates - United States v. Dire", 126 *Harv. L. Rev.* 619 (2012); Note (Ashley Bane), "Pirates Without Treasure: The Fourth Circuit Declares That Robbery Is Not an Essential Element of General Piracy", 37 *Tul. Mar. L. J.* 615 (2013); Samuel Shnider, "Universal Jurisdiction over 'Operation of a Pirate Ship': The Legality of the Evolving Piracy Definition in Regional Prosecutions", 38 *N. C. J. int' l L. & Com. Reg.* 473 (2013).

⑤ See U. S. Const. art. I, § 8, cl. 10 (providing that Congress shall have power "[t]o define and punish Piracies and Felonies committed on the high Seas, and Offences against the Law of Nations"].

终身监禁。"[①]被告声称,由于他并未在公海上行动,国际法并不允许以海盗罪追究他。法院支持了他的有关共谋指控的辩解,但并未接受有关支持和帮助实施海盗行动的辩解。

为了确定国际法是如何界定海盗的,法院引用了《联合国海洋法公约》。美国尚未批准该公约,但已经通过同意一项相关的安理会决议而将该公约关于海盗的定义接受为一项习惯国际法原则。该公约第 101 条将海盗定义为公海上的"一系列暴力或监禁等不法行为",但也包括"任何……有意帮助"[②]该不法行为的行为,即使该帮助行为并不发生在公海上。根据该条款,法院认为美国可以起诉被告帮助,或按照美国术语,支持和协助海盗行为。

但法院也认为,美国不能指控被告共谋实施海盗行为,理由如下:(1)《联合国海洋法公约》第 101 条并没有将共谋包括在海盗的定义中;(2)域外适用海盗法(18 U. S. C. § 371)会违背反域外适用推定和可爱的贝蒂号案(Charming Betsy)推定,该推定建议,不得将联邦法律解释为违反国际法。[③]

第二起海盗案件是美国诉史宾(United States v. Shibin)案,[④]它涉及类似案情。被告是另一位索马里人,他没有参与公海上的海盗行为,但参与了释放一艘德国和一艘美国船舶的赎金谈判。第四巡回法院维持了他的支持和协助海盗的罪名,采用了与哥伦比亚特区巡回法院在阿里案中相同的理由。

但上述两个案例的区别在于,在阿里案中,被告是主动来到美国的,[⑤]而在史宾(Shibin)案中,被告是被强迫带往美国的。他被当地索马里警察机关逮捕并被移交给 FBI,随后被马上押解到美国。他主张,由于在索马里和美国之间没有引渡条约,他被移交到美国是非法的,因此,美国法院对其缺乏属人管辖权。法院驳回了该观点,认为根据科尔—弗里斯比(Ker - Frisbie)理论,[⑥]被告被抓

---

① 18 U. S. C. § 1651 (2013) (emphasis added).

② UNCLOS, art. 101(c), Dec. 10, 1982, 1833 U. N. T. S. 397, 436.

③ See Murray v. Schooner Charming Betsy, 6 U. S. (2 Cranch) 64 (1804).

④ 722 F. 3d 233 (4th Cir. 2013), petition for cert. filed Oct. 18, 2013.

⑤ Ali 先生应一封邮件邀请来到美国参加一个教育大会,因为他在此期间被任命为索马里国教育部长,索马里国是索马里境内一个自封的国家。联邦公诉人发出了该邀请并在杜勒斯机场逮捕了他。

⑥ See Frisbie v. Collins, 342 U. S. 519, 522 (1952); Ker v. Illinois, 119 U. S. 436, 444 (1886).

捕和提交至法院的方式“原则上”对于法院的属人管辖权不具有影响。① 法院同时注意到上述反海盗法律中的这一术语,即“被带往美国或在美国被发现”,其中并未要求被告在美国出现必须是自愿的。

(三)劫持人质

在阿里案和史宾案中,两位被告同时被指控犯了《美国法典》第 18 卷第 1203 条的劫持人质罪。该条规定:“无论是谁,*无论在美国境内还是境外*,(劫持人质)将受到惩罚……只要罪犯在美国被发现。”②显然,斜体字强调的术语否定了反域外适用推定。可爱的贝蒂号(Charming Betsy)推定也不适用,因为其功能是指导对联邦法律的解释,而不是限制国会对域外行为的管辖权。最后,该法律规定符合国际法,因为该法是对 1979 年 12 月 17 日《反劫持人质公约》③的实施。

因此,被告所剩的唯一理由就是对他们的刑事起诉违反了美国的正当程序条款。Ali 案法院驳回了该理由,认为只要被告能够合理理解并预期到其行为被禁止,正当程序条款就得到了满足。本案中,劫持人质受到普遍谴责,《反劫持人质公约》的广泛被接受已经证明了这一点(尽管索马里尚未加入该公约),这充分表明,劫持人质是被禁止的行为,而被告应当能够预期到他会被追究刑事责任。④

(四)证券交易法

在莫里森诉澳大利亚国民银行(Morrison v. Nat'l Austl. Bank Ltd.)案⑤中,最高法院将 1934 年的《证券交易法》的反欺诈条款[第 10(b)条]的地域适用范围限定为“在本地登记的证券的交易和在本地对其他交易所证券的交

① For a possible exception to this doctrine in cases of "outrageous" police conduct, see United States v. Umeh, 527 Fed. App'x 57 (2d Cir. 2013) (discussed infra at text accompanying note 353).

② 18 U.S.C. § 1203 (2013) (emphasis added).

③ T.I.A.S. No. 11,081.

④ See United States v. Ali, 718 F.3d, at 944-47. Shibin 案被告并未主张该项宪法抗辩,但他未能成功地反驳将其在索马里对 FBI 的招供纳入证据。Shibin 案被告还被判违反海事导航罪行,触犯了 18 U.S.C. §§ 2280。

⑤ 130 S. Ct. 2869 (U.S. 2010) (discussed in Symeonides, 2010 Survey, 306-11).

易”。[1] 在美国诉维拉(United States v. Vilar)案[2]中,第二巡回法院认为,根据莫里森案,第10(b)条在刑事诉讼中和在民事诉讼中具有同样的地域适用范围。[3]

第二巡回法院指出,“一般规则是,反域外适用推定适用于刑事法律,第10(b)条也不例外”。[4] 该推定“是解释一项立法的方法,它在所有案件中都有相同含义……而不是一项用来适用于每个案件特定事实的规则”。[5] 一项立法“要么适用于域外,要么不适用”,既然最高法院已经将第10(b)条解释为只适用于登记在美国证交所的证券和在美国境内交易的证券,“如果根据第10(b)条提起刑事诉讼从而允许政府惩罚域外行为,则‘将会建立……危险的原则,即法官可以在不同案件中赋予同一项立法文本不同的含义’”。[6]

正如在2010年综述中所提及的,莫里森案之后不久,国会修订了《证券交易法》,以确保证券交易委员会可以针对“发生在美国境外但对美国境内产生可预见的实质性影响的行为”继续有权执行第10(b)条。[7] 由于该修正案是对莫里森案的反应,而该案涉及的是民事执行,因此,人们会认为国会只针对民事执行。但是该修正案的文本并没有包含这样一个限制,并且根据第二巡回法院在维拉案中的逻辑,一项立法“要么域外适用,要么不适用”,无论是在民事案件中还是在刑事案件中都一样。因此,在最后的分析中,维拉案在将来的证券欺诈刑事诉讼中的影响会受到限制。维拉案留给我们的是这一明确而普遍的声明,即反域外适用推定必须在刑事案件和民事案件中具有同等效力。该声明将在未来的案件中得到检验。

(五)《反腐败法》(Rcketeer Influenced and Currpt organizations Act,RICO)

在美国诉许超凡(United States v. Chao Fan Xu)案[8]中,第九巡回法院接受

---

① Morrison, 130 S. Ct. at 2884.

② 729 F.3d 62 (2d Cir. 2013). For extensive discussion of this case, see David Keenan & Sabrina P. Shroff, “Taking the Presumption Against Extraterritoriality Seriously in Criminal Cases after Morrison and Kiobel”, 45 *Loy. U. Chi. L.J.* 71, 96 et. seq. (2013).

③ Vilar 案被告在 Morrison 案之前被判几项证券欺诈罪行。他们随后反驳该项指控,理由是被指控的行为发生在域外因此根据第10(b)条不构成犯罪。法院支持了指控,认为被告在国内证券交易中实施了欺诈。

④ Vilar, 729 F.3d. at 74.

⑤ Ibid.

⑥ Ibid., at 44－74 (quoting Clark v. Martinez, 543 U.S. 371, 386 (2005)).

⑦ Dodd－Frank Wall Street Reform and Consumer Protection Act, Pub. L. No. 111－203, 124 Stat. 1376 (2010).

⑧ 706 F.3d 965 (9th Cir. 2013), as amended on denial of reh’g (Mar. 14, 2013).

了这样的前提,即《反腐败法》[①]不能域外适用,但认为该法适用于同时在美国和中国从事有组织犯罪行为的被告。被告从中国银行盗取了大量金钱,并使用伪造护照和签证逃往美国并假结婚,在拉斯维加斯和其他类似地点挥霍其非法获取的钱财。法院在确定RICO的调整对象时否决了"企业"标准或"神经中枢"标准,而采用了"行为"标准。通过采用后一标准,法院认为"被告的犯罪计划,包括被告在美国境内违反美国移民法的行为,属于该法调整范围"。[②] 因此,对被告的定罪"并非基于RICO的不适当的域外适用,而是……基于被告在美国境内实施的特种犯罪行为"。[③]

(六)毒品交易

美国诉劳伦斯(United States v. Lawrence)案[④]涉及的是《美国法典》第21卷第959(b)条的域外适用问题,该条款禁止在飞机上持有或转让非法毒品。第959(b)条特别规定:"任何美国公民在任何飞机上,或任何人在任何美国公民拥有的或在美国登记的飞机上……购买……或为了销售目的……而持有"非法毒品,"都是违法的"。[⑤] 第(c)款规定:"本条适用于在美国属地管辖之外进行的生产或销售行为。"[⑥]

被告是一个运送团队,他们从美国飞往南美洲,将毒品带往那里,然后不经过美国直接飞往欧洲。其中一个被告是美国公民,在巴拿马登上开往瑞士的飞机前被逮捕。他的被捕导致其他运送人(都是美国人)及其头目(一位外国人)在美国相继被捕和被指控,被告提出几项理由作为答辩,包括上面提到的立法不适用于在美国境外拥有并试图在美国境外销售非法毒品的行为。

第五巡回法院驳回了该抗辩理由,并支持了所有指控。法院认为:(1)该立法的用语和国会的意图都排除了反域外适用推定;(2)该立法的域外适用符合国际法,包括美国参加的国际条约;(3)对美国被告的指控符合立法管辖权的国籍原则;(4)对外国居民的指控符合保护原则。

---

① See Racketeer Influenced and Corrupt Organizations Act (RICO), 18 U.S.C.A. § 1961 et seq. (2013).

② Chao Fan Xu, 706 F.3d at 979.

③ Ibid.

④ 727 F.3d, p.386 (5th Cir. 2013).

⑤ 21 U.S.C. § 959(b) (2013).

⑥ Ibid. § 959(c).

在美国诉乌梅(United States v. Umeh)案[①]中,可适用的条款是《美国法典》第21卷第959(a)条,该款规定,任何人试图销售非法毒品,并且"目的在于使其非法进口到美国"或者"明知其将被非法进口到美国",应属非法。[②] 被告是外国人,在利比亚与地下代理商进行面向美国市场的可卡因交易谈判时被当地警方逮捕。他们被带往美国,并被指控通过从南美洲到非洲再到欧洲最后到美国的路线进行毒品交易,并合谋违反上述立法。

被告答辩称,对他们的指控违反宪法,因为他们的行为缺乏与美国必要的联系。法院驳回了该抗辩,并指出根据可适用的先例,对域外行为的起诉符合正当程序,只要该行为"以美国公民或利益为对象或威胁到美国安全或政府职能",并且该被告"明知该毒品将被出口到美国仍然继续进行毒品交易,该行为明显属于上诉判例的适用范围"。[③]

被告同时还根据"残暴行为例外"原则挑战对他们的指控,该原则是对Ker－Frisbie原则的例外。他们辩称,他们在利比亚被捕后,遭到美国特工的殴打。法院认为,该项例外不适用,因为"法律上早有定论,无论是警方的残暴行为还是政府官员的诱骗行为,都不构成对管辖权的挑战"。[④]

(七)外国性旅游法

在美国诉斯洛克(United States v. Stokes)案[⑤]中,被告被泰国引渡到美国并面临《美国法典》第18卷第2423(c)条的指控。根据该条款,任何美国人或外国居民,"到外国进行商务或居留旅行,无论是临时还是经常性的,如果从事了任何非法性行为",都将受到最多30年的监禁。[⑥] 起诉方后来撤回了此项指控,

---

① 527 Fed. App'x 57 (2d Cir. 2013), cert. denied, Umeh v. United States, 134 S. Ct. 464 (U.S. 2013).

② 21 U.S.C. § 959 (a) (2013). Subsection (c) provides that "[t]his section is intended to reach acts of manufacture or distribution committed outside the territorial jurisdiction of the United States". Ibid. § 959 (c).

③ Umeh, 527 Fed. App'x at 63. For a case upholding a conviction under 21 U.S.C. § 960 (production of illegal drugs for importation to the U.S.), see United States v. Garcia, ___ Fed. App'x ___, 2013 WL 5225395 (11th Cir. 2013).

④ Umeh, 527 Fed. App'x at 63－64 (citing United States v. Alvarez－Machain, 504 U.S. 655, 662 (1992)).

⑤ 726 F.3d 880 (7th Cir. 2013), cert. denied, Stokes v. United States, 2013 WL 5845262 (U.S. Dec. 2, 2013).

⑥ 18 U.S.C.A. § 2423(c) (2013).

因为该条第(c)款是在被告抵达泰国后才实施的。相反,起诉方指控被告违反了第 2423(b)条,该款在该期间内有效,根据该条款,任何美国人或外国居民,“如果为了……与不满 18 岁的人发生任何性行为或者企图从事该行为,并为此而旅行到外国,只要该性行为发生在……美国,则构成犯罪”,[①]都将会受到 15 年的监禁。

被告反驳对他的该项指控,认为根据条约法上的“特定罪行”原则,被引渡的人不能因为在引渡请求书中特别列明的罪行之外的其他罪行而受到指控。尚不清楚该项原则是否赋予被告一种可执行的人身权,但是法院并未处理该问题,因为美国和泰国之间的引渡条约规定,引渡国可以放弃该原则,而泰国确实在该案中放弃了。法院同时驳回了被告的其他抗辩,即该法违反了对外商业条款,以及该法将“纯粹的思想”规定为犯罪。[②]

被告还根据第四修正案对搜查其泰国居所的行为提出了抗辩。法院认为,该搜查行动是美国和泰国执法机构的联合行动,认为第四修正案“原则上”适用于此类联合行动。但是第四修正案规定的授权要求以及对授权条款的扩展,都不适用于美国特工在境外的搜查行动。相反,此类搜查应遵循第四修正案的合理性原则。法院认为,该项搜查是以合理方式进行的。[③]

(八)版权法

在科特森诉约翰威利和桑斯公司(Kirtsaeng v. John Wiley & Sons, Inc.)案[④]中,最高法院解决了各联邦巡回法院之间的一个分歧,认为《版权法》中规定的“首先销售”(first sale)原则也适用于在国外合法复制并在国外首先销售的作品。“首先销售”原则是对《版权法》第 106(3)条所规定的版权人排他性权利

---

① 18 U.S.C.A. § 2423(b) (2013).2002 年的一项修正将该款适用于“任何非法性行为”,并将其刑罚提高到 30 年监禁。

② In United States v. Lunsford, 725 F.3d 859 (8th Cir. 2013),法院认为《性罪犯登记和通知法》并未要求被判刑的性犯罪者(1)在菲律宾登记,他在被判刑后移居那里,因为该法并不适用于域外;或者(2)通知密苏里州当局,在他前往菲律宾之前一直住在那里,因为密苏里州不再是他的住所地。

③ For a similar holding regarding evidence collected in a search in the United Kingdom, see United States v. Vilar, 729 F.3d 62, 85 – 86 (2d Cir. 2013).

④ 133 S. Ct. 1351 (U.S. 2013). For in depth discussion of this case, see Note, "Copyright Act of 1976 – First Sale Doctrine – Kirtsaeng v. John Wiley & Sons, Inc.", 127 *Harv. L. Rev.* 348 (2013).

的一项限制。[①] 该法第109(a)条将"首先销售"原则定义为"尽管有第106(3)条的规定",特定复制品的拥有人"根据本条进行合法复制的",有权在未经版权人同意的前提下销售或处置该复制品。[②]

科特森案所涉问题是,上面斜体字强调的用语的含义到底是指在美国境内合法复制,还是指在任何地方合法复制。在一份由布雷耶撰写的以6:3作出的意见书中,最高法院采用了第二种观点,认为版权作品(经过版权人允许的)如果是在境外复制并在境外首先销售,则该作品的买方可以在美国境内销售该作品。

原告(John Wiley & Sons. Inc.)是一家美国学术教科书出版商,授权一家亚洲出版商在美国境外复印并销售某些教科书。被告科特森是留美泰国人,在泰国购买了这些书籍并在美国销售。地区法院认为,科特森侵犯了原告的版权,并不得援引"首先销售"原则作为抗辩,因为"首先销售"原则并不适用于在境外出版的图书,即使获得了版权人的允许也不例外。第二巡回法院维持了该裁定,而最高法院推翻了该裁定。

最高法院的理由是,第109(a)条的语言以及"首先销售"原则的普通法历史都没有任何地理上的限制。该用语"合法制作"意味着"经过版权人的允许而制作"。而"根据本条款"这一用语并不意味着"只要该条款可用",而是"依照本条款",也就是说按照本条款(美国版权法)的规定。这并不意味着未经授权的图书在境外被复制就可以在美国销售,从而使版权人不受保护。实际上,该法其他条款明确规定了此种保护。但在本案中,这些图书已经被授权,因为版权人John Wiley & Sons.,Inc.公司已经将该权利授予外国出版商,尽管禁止其在美国销售。因此,该图书是"依照本法合法制作"的图书,因为它们是经过版权人许可而制作的,即使它们是在外国制作。确实,合同禁止其在美国销售,这对外国出版商有约束力,但对于从外国出版商那里购买图书的任何其他人却没有约束力。基于"首先销售"原则,该购买者有权将该书再次销售到任何地点,包括美国。

(九)兰哈姆法(商标)

联邦财政部索杰兹普罗多进口企业诉SPI斯皮瑞兹公司(Fed. Treasury

---

① See 17 U.S.C. § 106(3) (2013).

② Ibid. § 109(a) (emphasis added).

Enter. Sojuzplodoimport v. SPI Spirits Ltd.)案[①]涉及一项有关“Stolichnaya”的美国商标所有权争端,Stolichnaya 是一种原产于苏联的著名伏特加品牌。该争端一方当事人是 FTE——一家俄罗斯政府控股的公司,另一方是一家俄罗斯公司,该公司在苏联解体后不久获得了美国商标,但是其所有权随后被一家俄罗斯法院宣告为无效。FTE 在联邦地区法院根据《兰哈姆法》起诉该公司侵犯商标权,认为根据俄罗斯法律,FTE 是美国商标的唯一合法所有人。第二巡回法院裁决认为,尽管俄罗斯法律决定谁拥有商标,但美国法律决定谁有权根据《兰哈姆法》提起一项侵权诉讼。该法规定,只有商标登记人有权提起一项侵权诉讼,[②]并将“登记人”定义为包括登记人的“法定代理人……和受让人”。[③] 法院认为,FTE 并非登记人或者受让人,因此无权提起一项侵权诉讼。[④]

(十)外交事务优先权

在 2009 年的案例冯萨尔诉帕萨帝纳诺顿西蒙艺术博物馆(Von Saher v. Norton Simon Museum of Art at Pasadena)案[⑤]中,第九巡回法院认为,加利福尼亚州将其《诉讼时效法》扩张适用于“1929 ~ 1945 年纳粹迫害时期被没收的……大屠杀时代艺术品”的做法是违宪的,是对联邦政府外交权力的干涉。因此,加利福尼亚州立法应当根据外交优先权理论被废除。

在冯萨尔(Von Saher)案之后,加利福尼亚州颁布了一项新的规定,对于起诉“博物馆、艺术馆、拍卖行或交易商”以追讨在过去 100 年内被盗或被转移的“艺术品”的诉讼设置了一个 6 年的诉讼时效期间。[⑥] 卡西尔诉蒂森—博内米萨收藏基金(Cassirer v. Thyssen - Bornemisza Collection Found)案[⑦]就涉及这项

---

① 726 F. 3d 62 (2d Cir. 2013), petition for cert. filed (Dec. 4, 2013).

② 15 U. S. C. A. § 1114(1) (2013).

③ Ibid. § 1127.

④ For a case involving patent infringement, see Power Integrations, Inc. v. Fairchild Semiconductor Int'l., Inc., 711 F. 3d 1348 (Fed. Cir. 2013), reh'g and reh'g en banc denied (May 28, 2013), petition for cert. filed (Aug. 23, 2013) (noting that United States patent law does not operate extraterritorially to prohibit infringement abroad, and even indirect infringement, which can encompass conduct occurring elsewhere, requires underlying direct infringement in the United States).

⑤ 578 F. 3d 1016 (9th Cir. 2009), as amended in 592 F. 3d 954 (9th Cir. 2010), cert. denied, 131 S. Ct. 3055 (U. S. 2011) (discussed in Symeonides, 2009 Survey, 292 - 93).

⑥ Cal. Code Civ. Proc. § 338 (c) (3) (2013). The six - year period begins from the claimant's actual discovery of the whereabouts of the stolen or taken artwork and other information necessary for pursuing the claim.

⑦ 737 F. 3d, p. 613, 2013 WL 6403082 (9th Cir. 2013).

新法规。一幅皮萨罗绘画作品在 1939 年被纳粹占有,其原主人的继承人起诉一家西班牙博物馆,该博物馆于 1976 年购买了该画。原告的诉讼按照新的 6 年诉讼时效仍然在合理期间内,但按照加利福尼亚州的普通 3 年诉讼时效则已过期。地区法院驳回了该诉讼,认为新的诉讼时效对应的是被冯萨尔案判为违宪的立法,因此已经被废除。

第九巡回法院不同意该观点,认为新的时效并不仅限于大屠杀时期艺术作品,而是适用于“任何”过去 100 年内被盗的艺术作品。它适用于“表面上与外交事务无关的一类艺术作品”,并且“不要求该诉讼是因战争期间的损害而提起,或因其他任何可能牵涉联邦政府外交事务权力的特定来源而引起的法院认为”。[①] 法院认为新诉讼时效并未被取消,故要求地区法院重审该案以确定新诉讼时效的溯及适用是否会导致违反正当程序而剥夺博物馆的财产。

在 2012 年的案例莫夫塞辛诉维多利亚保险公司(Movsesian v. Victoria Versicherung AG)案[②]中,第九巡回法院认为,加利福尼亚州将诉讼时效扩展适用于因 1915 ~1923 年亚美尼亚大屠杀受害者人身保险单而引发的诉讼侵犯了联邦政府的外交事务权力,因此应当被撤销。2013 年第九巡回法院审理了另一起涉及亚美尼亚大屠杀受害者和诉讼时效的案件,即戴尔曼吉案诉德意志银行(Deirmenjian v. Deutsche Bank AG)案。[③] 但是这一次,判决不是根据外交事务优先权而作出的。戴尔曼吉安案是一起推定的集团诉讼,原告是一批具有亚美尼亚血统的加利福尼亚州人,被告是几家在土耳其营业的银行。原告声称,该银行在亚美尼亚大屠杀之后扣留了原告账户中的金钱。土耳其的 10 年除斥期间禁止该诉讼,但是加利福尼亚州《民事诉讼法典》第 348 条规定,对于“因追讨存放在银行的金钱或其他财产而提起的诉讼”“没有时效限制”,[④]因此,该诉讼根据该法仍然未过诉讼时效。

第九巡回法院根据加州的比较损害方法来解决这一冲突问题,认为土耳其法律应予适用,该诉讼应被禁止。法院认为,加利福尼亚州对于适用其法律以便为居住在加州的侵权受害者提供救济具有利益,“即使在导致伤害的行为发

---

① 737 F. 3d, p. 613, 2013 WL 6403082 (9th Cir. 2013). at ___ *4.

② 670 F. 3d 1067 (9th Cir. 2012), cert. denied, Arzoumanian v. Munchener Ruckversicherungs-Gesellschaft Aktiengesellschaft AG, 133 S. Ct. 2795 (U. S. 2013).

③ ___ Fed. App'x ___, 2013 WL 6407025 (9th Cir. 2013).

④ Cal. Code Civ. Proc. § 348 (2013).

生在加利福尼亚州境外亦然”,而土耳其对于“限制其境内营业的公司的责任”也具有利益。① 然而,法院解释说,根据另一起涉及越南移民的第九巡回法院判例,加利福尼亚州的利益并不具有足够的“实质性”,因为“这些加利福尼亚州居民寻求从外国银行追回银行资产,而这些居民将该资产存入银行时还居住在国外,并且在此后才移居到加利福尼亚州”。② 相反,“考虑到法院长期以来表示出来的对外国管制行为的尊重……土耳其对于适用其法律管制其境内行为、阻止挑选法院以及管制针对在其境内营业的公司提起的诉讼都具有利益,而且该利益超过了加利福尼亚州所拥有的利益”。③

八、移民

联邦法院继续对反对无证外国人的州法进行打击。亚利桑那州诉亚利桑那跨部落委员会(Arizona v. Inter Tribal Council of Ariz, Inc.)案④是近两年来联邦最高法院第二起针对亚利桑那州此类法律的判例。在 2012 年的亚利桑那州诉美国(Arizona v. United States)案⑤中,最高法院认为,联邦法律优先于亚利桑那州法律的 3 个条款:(1)将未遵守联邦外国人登记要求的行为视为州法上的轻微罪行;(2)将未经批准的外国人在亚利桑那州就业视为轻微罪行;(3)授权州和地方官员不经批准即可逮捕被怀疑从事任何犯罪行为的人,只要该罪行可能使该人逃离美国。

跨部落委员会(Inter Tribal Council)案涉及另一项亚利桑那州法律,该法要求选民在登记选民时提供国籍证明并在投票时提供身份证。最高法院认为,该项法律也违反了联邦法律,即 1993 年《全国选民登记法》。该法是根据美国《宪法》第 1 条第 4 款第 1 项的选举条款的授权而制定的,其中要求各州“接受并采用”一个统一的联邦表格来对联邦选举的选民进行登记。联邦表格只要求申请人声明其属于美国公民,并承诺伪证处罚。亚利桑那州法律则要求选民登记官

---

① Deirmenjian, _ Fed. App'x at_, 2013 WL 6407025, at *2.

② Ibid. at _ *3 (citing Huynh v. Chase Manhattan Bank, 465 F.3d 992, 1002 (9th Cir. 2006)). For another case involving a Vietnamese immigrant's unsuccessful attempt to recover funds deposited in a Saigon bank before the collapse of South Vietnam, see Chau Kieu Nguyen v. JP Morgan Chase Bank, NA, 709 F.3d 1342 (11th Cir. 2013), cert. denied, 134 S. Ct. p.111 (U.S. 2013).

③ Deirmenjian, _ Fed. App'x at _, 2013 WL 6407025, at _ *3.

④ 133 S. Ct. 2247 (U.S. 2013).

⑤ 132 S. Ct. 2492 (U.S. 2012).

员“拒绝”任何没有附上书面国籍证明的登记申请,包括联邦表格,该表格并不附有一份书面国籍证明。法院认为,亚利桑那州法律要求提供联邦表格并不要求的国籍证明,与《全国选民登记法》不一致,因而应当被该法废除,该法要求各州“接受并采用”联邦表格。①

在索勒河谷公司诉维亭(Valle del Sol Inc. v. Whiting)案②中,第九巡回法院维持了一项预先禁令,禁止执行另一项亚利桑那州法律,该法律规定,“运送或转移或者试图运送或转移一位外国人到亚利桑那州,以便该外国人非法进入美国”属于违法行为。③ 法院认为,原告诉讼请求的事实很有说服力,即联邦移民法无论是在适用领域还是在发生冲突时都优先于亚利桑那州法律。④

在美国诉南卡罗来纳州(United States v. South Carolina)案⑤中,第四巡回法院以类似的优先权理由维持了另一项禁令,推翻了一项南卡罗来纳州的法律。该法除了宣布藏匿非法外国人的行为属于犯罪行为之外,还将非法外国人隐瞒、躲避和藏匿以避免被查出的行为以及任何外国人不持有外国人登记卡的行为都宣布为重罪。法院注意到该法实质上“将非法居留视为犯罪,是一种明显违反联邦法律的做法”,而联邦法律把这种情况作为民事事件处理,⑥因此法院认为:

> 我们很难想象,一个非法居留的外国人,如果要过上普通的日常生活,如何才能避免违反该项法律。简单地待在自己的房间里将会被视为试图“躲避”检查。在工作结束之后乘坐公共汽车或驾车回家将会被视为“运送”自己到藏匿地以躲避检查。这些条款的范围如此宽泛,违反了 Arizona 诉 United States 案确

---

① For a full discussion of this case, see Samuel Issacharoff, “Beyond the Discrimination Model on Voting”, 127 *Harv. L. Rev.* 95 (2013); Note, “Elections Clause – Federal Preemption of State Law-Federal Voter Registration – Arizona v. Inter Tribal Council of Ariz., Inc.”, 127 *Harv. L. Rev.* 198 (2013).

② 732 F.3d 1006 (9th Cir. 2013).

③ Ariz. Rev. Stat. Ann, § 13 – 2929 (2013).

④ In Lopez – Valenzuela v. Cnty. of Maricopa, 719 F. 3d 1054 (9th Cir. 2013), a different panel of the Ninth Circuit held that federal law did not preempt an Arizona constitutional provision and implementing statute that prohibited state courts from setting bail for detainees who were in the United States illegally.

⑤ 720 F.3d 518 (4th Cir. 2013).

⑥ Ibid., at 530.

立的规则,即非法居留不是犯罪行为。①

在州诉萨拉比(State v. Sarrabea)案②中,路易斯安那州最高法院认为,联邦移民法优先于一项路易斯安那州法律,该法律规定,外国学生或非定居的外国人在路易斯安那州驾车而没有携带能够证明他们在美国合法居留的文件的,属于重罪。法院认为,在亚利桑那州将没有证明文件而居留予以定罪的法律和路易斯安那州将没有证件而驾车予以定罪的法律之间没有多大区别。二者都被联邦法律排除,联邦法律不允许各州将不携带登记证书的行为作为犯罪对待。③

最后,在斯达夫管理公司诉吉美内兹(Staff Mgmt. v. Jimenez)案④中,艾奥瓦州最高法院认为,没有身份证明的外国人可以根据艾奥瓦州《劳工赔偿法》接受康复期补贴。法院认为,尽管《联邦移民改革和管制法》禁止雇佣无身份证明的劳工,但它并不使这种雇佣合同无效或作废,它也不禁止支付康复期补贴。法院解释说,《联邦移民改革和管制法》的目的是禁止雇佣无身份证明的劳工,而不是减少对他们的劳动保护。如果使劳动合同无效,将会鼓励雇主雇佣无身份证明的劳工而不用向受伤的劳工支付补贴,从而将破坏《联邦移民改革和管制法》。

---

① 720 F. 3d 518 (4th Cir. 2013). 529. In Lozano v. City of Hazleton, 724 F. 3d 297 (3d Cir. 2013), petition for cert. filed, Oct. 24, 2013, the Third Circuit held that federal immigration law preempted a city ordinances regulating the employment of unauthorized aliens and the provision of rental housing to them within the city limits.

② ___ So. 3d ____, 2013 WL 5788888 (La. 2013).

③ Two more Louisiana cases involving the same issue have reached the same result. See State v. Martinez, 124 So. 3d 638 (La. Ct. App. 2013); State v. Osbaldo, 124 So. 3d 640 (La. Ct. App. 2013).

④ 839 N. W. 2d 640 (Iowa 2013).

九、婚姻保卫法(Defeuse of Marriage Act,DOMA)

在美国诉温德索尔(United States v. Windsor)案①中,美国最高法院根据第五修正案认为《婚姻保卫法》第3条违宪。第3条是《婚姻保卫法》的纵向条款,它从联邦法的目的将婚姻定义为"只是一个男人和一个女人之间作为丈夫和妻子的一种法律结合"。② 温德索尔案并不涉及第2条,它是《婚姻保卫法》的横向条款,它规定各州没有义务对于姊妹州承认同性婚姻或结合的法律或判决给予充分诚信。③

由肯尼迪大法官撰写的有5位成员支持的多数意见书相比下级法院的论证丰富的意见书来说显得逊色不少,该下级法院意见书虽然得出了相同的结

---

① 133 S. Ct. 2675 (U. S. 2013). W. Burlette Carter, "The 'Federal Law of Marriage': Deference, Deviation, and Doma", 21 *Am. U. J. Gender Soc. Pol'y &L.* 705 (2013); Benjamin P. Edwards, "Welcoming a Post - DOMA World: Same - sex Spousal Petitions and Other Post - Windsor Immigration Implications", 47 *Fam. L. Q.* 173 (2013); Anthony C. Infanti, "The Moonscape of Tax Equality: Windsor and Beyond", 108 *Nw. U. L. Rev. Colloquy* 110 (2013); Courtney G. Joslin, "Windsor, Federalism, and Family Equality", 113 *Colum. L. Rev. Sidebar* 156 (2013); Michael J. Klarman, "Windsor and Brown: Marriage Equality and Racial Equality", 127 *Harv. L. Rev.* 127 (2013); Andrew Koppelman, "Why Scalia Should Have Voted to Overturn DOMA", 108 *Nw. U. L. Rev. Colloquy* 131 (2013); Douglas Nejaime, "Windsor's Right to Marry", 123 YALE L. J. ONLINE 219 (2013); Meg Penrose, "Something to (Lex Loci) Celebrationis?: Federal Marriage Benefits Following United States v. Windsor", 41 *Hastings Const. L. Q.* 41 (2013); Susannah W. Pollvogt, "Windsor, Animus, and the Future of Marriage Equality", 113 *Colum. L. Rev. Sidebar* 204 (2013); Kathleen Tipler, "Obama Administration's Non - defense of DOMA and Executive Duty to Represent", 73 *Md. L. Rev.* 287 (2013); Elizabeth B. Wydra, "Reading the Opinions - and the Tea Leaves - in United States v. Windsor", 2013 *Cato Sup. Ct. Rev.* 95 (2013); Ernest A. Young & Erin C. Blondel, "Federalism, Liberty, and Equality in United States v. Windsor", 2013 *Cato Sup. Ct. Rev.* 117 (2013); Howard M. Zaritsky, "Estate Planning Implications of the Supreme Court's DOMA Decision", 40 *Est. Plan.* 12 (2013).

② Pub. L. No. 104 - 199, § 3(a), 110 Stat. 2419 (1996). (codified as 1 U. S. C. § 7). ("在确定任何国会立法或任何美国行政机关及其代理者颁布的任何规则、条例或解释的含义时,'婚姻'这一用语仅意味着一个男人和一个女人作为丈夫和妻子的一种法律结合,'配偶'一词仅指作为丈夫或妻子的一位异性人。")

③ Ibid. § 2 (codified as 28 U. S. C. § 1738C). ("美国的任何州、属地或领地,或印第安部落,都不得被要求给予任何外国国家、属地和领地或部落的涉及同性之间关系并依照该地法律被视为婚姻的公共法令、档案或司法程序,或者因该关系而产生的权利或亲情,以法律效力。")

论,但提供了更专业的理由证明了《婚姻保卫法》违宪。① 法院一开始指出,“从历史和传统上,对婚姻的定义和管理……一直被视为各个州的管辖权限之内”,但同时又指出,国会“可以对夫妻间的权利和特权作出规定”。② 对于《婚姻保卫法》问题,法院认为,该法“否决了长期以来所建立起来的规则,即婚姻相关的权利、利益和义务对于各州境内的所有已婚夫妻而言都是统一的,尽管在各个州之间,在宪法的保证范围内,它们会有所不同”。③

这种“联邦对各州权力的干涉”可以从联邦主义基础上导致《婚姻保卫法》违宪,但是法院认为,没有“必要”依照该理由裁决该案,因为“各州定义婚姻关系的权利在本案中具有核心意义而无须借助于联邦主义原则”。④ 一个州决定给予某一类人结婚的权利“赋予了他们一种尊严和极为重要的地位”,⑤而《婚姻保卫法》“以相反的目的来使用这种由各州定义的分类——限制和剥夺,并伤害各州试图保护的同一类人”。⑥ 这样一来,根据第五修正案,《婚姻保卫法》就“违反了适用于联邦政府的基本的正当程序和平等保护原则”。⑦《婚姻保卫法》“非同寻常地背离了这种传统,即承认和接受各州对婚姻的定义……试图剥夺同性夫妻的利益和责任,而这种利益和责任与他们的婚姻在联邦范围内的承认息息相关”。⑧《婚姻保卫法》的主要影响在于“试图识别出一小部分需要由

---

① See Windsor v. United States, 699 F. 3d 169 (2d Cir. 2012) (discussed in Symeonides, 2012 Survey, 287 – 88); see also Massachusetts v. U. S. Dep't. of Health and Human Servs., 682 F. 3d 1 (1st Cir. 2012) (discussed in Symeonides, 2012 Survey, 285 – 87).

② Windsor, 133 S. Ct. at 2689 – 90. 根据该原则,法院认为在 Hillman v. Maretta, 133 S. Ct. 1943 (U. S. 2013)案中,《联邦雇员集体人寿保险法》取代了弗吉尼亚州一项相反的立法。《联邦雇员集体人寿保险法》规定,被保险的联邦雇员死亡后,其保险利益应支付给该雇员生前以特别格式指定的受益人。该弗吉尼亚州法律则规定,如果被指定的受益人是雇员配偶,如果此后离婚的,则该指定无效,即使该雇员未能改变受益人。Hillman 案中正好出现了这种情况。法院认为,“婚姻关系的管理传统上属于州法范围”,而存在“一项婚姻关系上反对州法优先权的推定”,而且“在宪法至上条款宣布该法被废除之前,家庭法和家庭财产法必须对联邦利益产生重大的明确而实质性损害”。Ibid., at 1950. 但是,“家庭法并非完全被排除在联邦优先权原则之外”,并且“调整婚姻关系经济利益的州法……必须让位于明显相冲突的联邦法律”。Ibid. 法院认为本案涉及明显相冲突的联邦和州法律。

③ Windsor, 133 S. Ct. at 2692.

④ Ibid.

⑤ Ibid.

⑥ Ibid.

⑦ Ibid., at 2693.

⑧ Ibid.

各州核准的婚姻并使它们不平等”,它的主要目的在于“制造不平等”。[①] 它“挑选出一类人,他们被某个州认为无权得到承认和保护”,并“拒绝承认他们拥有一种被各州认为体面而高贵的身份”,从而“剥夺他们的能力”并“将那些人视为生活在一种不被他人尊重的婚姻关系当中”。[②]

出于这些理由,法院认为:“《婚姻保卫法》剥夺了受到第五修正案正当程序条款保护的个人自由,该条款要求禁止剥夺任何人获得法律平等保护的权利。”[③]

法院指出,“本意见书及其观点仅限于那些合法的婚姻”,也就是那些根据各州法律合法的婚姻。[④] 其中的负面含义就是,该意见书并不能用来推翻那些禁止同性婚姻的州法。斯卡利亚大法官在其不同意见书中表达了深深的怀疑,认为“其他鞋子的落地”只是时间问题。[⑤] 他认为,多数意见书“不可避免地”将会“对于那些拒绝同性婚姻法律地位的州法得出同样的结论”。[⑥] 斯卡利亚指出,多数意见书正式“宣布任何反对同性婚姻的人都是人类体面的敌人”,从而给那些反对各州限制同性婚姻法律的人提供了很好的武器。[⑦] 斯卡利亚预测说,一家法院如果“认为国会不合理且充满憎恨地剥夺同性夫妻的‘人格’和‘尊严’”,则肯定也会“同样地被各州立法者不合理且充满憎恨地不承认前面提到的那种‘人格’和‘尊严’”。[⑧]

斯卡利亚大法官还提到了“由于缺乏一个统一的关于婚姻的联邦定义而导致的法律选择难题”。[⑨] 他假设了以下情况:

> 假设两个女人在阿尔巴尼(纽约)结婚并随后依据亚拉巴马州,该州并不承认任何同性之间的婚姻有效。当该夫妻要求下一期联邦税收返还时,应当被视为一个整体吗?从联邦法的角度,应适用哪一州的法律:他们的婚姻举行地州

---

① Windsor, 133 S. Ct. at 2694.
② Ibid., at 2695 -96.
③ Ibid., at 2695.
④ Ibid., at 2696.
⑤ Ibid., at 2710 (Scalia, J., dissenting).
⑥ Ibid., at 2709.
⑦ Ibid., at 2710.
⑧ Ibid.
⑨ Ibid., at 2708.

(该州承认其婚姻)还是住所地州(该州不承认该婚姻)?(答案是否取决于他们是否正好在阿尔巴尼旅游?)这些问题是否应被作为联邦普通法来解决,或者需要借助于某个州的法律选择规则?如果是,又是哪一州?①

在其不同意见书中,罗伯茨大法官认为,多数意见书"不可否认地"建立在"联邦主义"的基础之上,因为其"核心话题"是联邦政府对于州婚姻法领域的干预。② 阿利托大法官在其不同意见书中则指出,《婚姻保卫法》第3条并不侵犯州的职权,因为该条"并不阻止各州承认同性婚姻或者向同性夫妻提供州法上的任何权利、特权、利益或义务",而只是"确定了某一类别的人,联邦法律对他们扩展了一些特别利益并对他们施加了一些特别限制"。③

在温德索尔案之后,加利福尼亚州、新泽西州、新墨西哥州和犹他州法院④都宣布该州禁止同性婚姻的法律违宪,而特拉华州、夏威夷州、伊利诺伊州、明尼苏达州和罗得岛州的立法者投票使同性婚姻合法化。因此,到2013年年底,有18各州及哥伦比亚特区已经使同性婚姻合法化,⑤而仍有32个州继续禁止同性婚姻。

十、婚姻财产制

罗伯茨诉洛克(Roberts v. Locke)案⑥涉及一对夫妻在一个州离婚而在另一个州拥有财产的普通情节,以及同样普通的神话,即离婚法院对于裁决大妻对外州不动产的各自权利却没有管辖权。确实,一家法院对于变更外州不动产的

---

① Windsor, 133 S. Ct. at 2708.

② Ibid., at 2697 (Roberts, C. J., dissenting).

③ Ibid., at 2720 (Alito, J., dissenting).

④ See Perry v. Brown, 725 F.3d 968 (9th Cir. 2013); Perry v. Brown, 725 F.3d 1140 (9th Cir. 2013); Garden State Equality v. Dow, 79 A.3d 1036 (N.J. 2013); Griego v. Oliver, ___ P.3d ___, 2013 WL 6670704 (N.M. Dec. 19, 2013); Kitchen v. Herbert, ___ F. Supp. 2d ___, 2013 WL 6697874 (D. Utah. Dec. 20, 2013), stay denied, Kitchen v. Herbert, 2013 WL 6834634 (D. Utah, Dec. 23, 2013). An appeal is expected in the last case.

⑤ In addition to the states listed in the text, the following states had previously legalized same-sex marriages: Massachusetts (2004), Connecticut (2008), Iowa (2009), Vermont (2009), New Hampshire (2010), New York (2011), Maine (2012), Washington (2012), and Maryland (2013).

⑥ 304 P.3d 116 (Wyo. 2013).

权利没有直接的对物管辖权。[①] 但是,如果一家法院对于夫妻双方拥有属人管辖权,则该法院就可以裁决他们对于外州不动产的相应权利,而且如果需要,可以命令他们进行必要的财产转让。[②] 正如怀俄明州最高法院所言:

100多年来,人们已经确立了白纸黑字的规则,即一家法院对于位于该法院之外州的不动产的权利无权进行直接确定和施加影响。然而,同样明确的是,对于一个人具有管辖权的衡平法院可以直接针对该人的域外不动产采取行动,包括要求该人以特定方式对该财产采取措施或停止采取措施……在离婚诉讼中,对于当事人拥有属人管辖权的怀俄明州法院可以命令夫妻中的一人将其对于不动产的利益转让给另一人,即使该财产位于另一国家也不例外。[③]

在罗伯茨案中,所涉财产是位于哥斯达黎加的一块海滨土地和公寓。怀俄明州法院要求离婚夫妻出售该财产,偿付婚姻债务,然后再分割财产。妻子并未对该命令提出上诉,但是她妨碍或阻挠任何出售该房产的努力。法院认为她藐视法庭。她对藐视法庭的命令提出上诉,认为根据哥斯达黎加《民事诉讼法典》,哥斯达黎加法院对于"裁决与位于该地的动产或不动产的所有权或其他权利有关的纠纷"拥有排他管辖权。[④] 据此,她认为怀俄明州法院没有管辖权作出任何涉及哥斯达黎加财产的判决。怀俄明州最高法院指出,该妻子没有正确举证哥斯达黎加法律,并正确指出:

即使(该妻子的)有关哥斯达黎加法律的陈述是正确的,我们也看不出这些条款与怀俄明州的规则有什么不同,该规则规定,该州法院有权作出一项裁决以确定或直接影响位于其他州或外国的不动产的权利。我们看不出为什么哥斯达黎加法律的这些条款会导致怀俄明州要求本州境内的离婚当事人转让其

---

① See Fall v. Eastin, 215 U.S. 1 (1909).

② In Aurelio v. Camacho, 2012 MP 21, 2012 WL 6738437 (N. Mariana I. Dec. 31, 2012), 北马里亚纳群岛最高法院认为:(1)对一位违反了北马里亚纳群岛劳工法的菲律宾公民有属人管辖权的下级法院也有管辖权命令她向其北马里亚纳群岛雇员转让财产;(2)北马里亚纳群岛的住宅法规定联排别墅不被债权人扣押,该法不能域外适用;(3)联排别墅的出售必须遵守菲律宾法律,该法不允许非菲律宾公民拥有菲律宾不动产。

③ Roberts, 304 P.3d at 120.

④ Ibid.

外国财产以便实现其婚姻财产的公平分配的命令无效。①

法院还指出,该妻子的态度与其早先的态度不一致,当时她曾要求离婚法院将哥斯达黎加的财产分配给她。法院支持了该项藐视法庭的命令,并同时要求该妻子根据一项法院规则支付丈夫的费用和律师费,该项规则允许支付该费用,"只要一项上诉状缺乏令人信服的理由且没有充分的权威以支持一项过错请求"。②

十一、儿童监护与扶养

1980 年《海牙国际性诱拐儿童民事事项公约》第 1 条要求每一缔约国:

(a)确保被错误转移或滞留在其他缔约国的儿童迅速返还;

(b)确保根据缔约国法律取得的监护权和探视权在其他缔约国得到有效尊重。③

该公约第 3 条规定,对儿童的返还或滞留是"错误的",只要:

(a)违反了儿童被转移或滞留前经常居所地国法律所规定的……监护权;且

(b)在转移或滞留时该权利实际上被行使……或者假如在没有转移或滞留的情况下本来会被行使。④

在查芬诉查芬(Chafin v. Chafin)案⑤中,亚拉巴马州的联邦地区法院认为,儿童的经常居所地国在苏格兰,并同意了母亲将儿童返还到苏格兰的请求。该

---

① Roberts, 304 P. 3d at 120 – 21.

② Ibid., at 122. For other cases involving marital property conflicts, see Tener v. Short Carter Morris, LLP, 2013 WL 4007802 (Tex. App. Aug. 6, 2013) (discussed supra at V. 7); In re Marriage of Wright, 2013 WL 6633957 (Wash. Ct. App. Dec. 16, 2013) (applying Washington law in distributing goodwill of a Washington husband's Alaska surgical practice); Davis v. Gravois, 125 So. 3d 541 (La. Ct. App. 2013) (applying Michigan law to retroactively divide husband's military pension, but also applying Louisiana prescription law, barring claims for pension payments older than ten years).

③ Convention of 25 October 1980 on the Civil Aspects of International Child Abduction, art. 1.

④ Ibid., art. 2.

⑤ 133 S. Ct. 1017 (U.S. 2013).

母亲返回苏格兰并获得了临时监护权和一项临时禁令,禁止其父亲将该儿童从苏格兰转移。该父亲对地区法院的命令提起上诉,但第十一巡回法院驳回了该上诉,理由是:既然儿童已经被带回到一个外国,美国法院就没有权力提供救济了。

最高法院推翻了该裁决并发回重审,认为该案并非无意义,因为该父亲曾寻求推翻地区法院作出的认为该儿童经常居所地位于苏格兰的裁决,并要求发布命令将该儿童返还到美国。法院认为,假设地区法院无权根据该公约发布一项再返还命令,那么该项救济是否还会有效的问题就只是一个事实问题,并非无实际意义,而且该父亲获得成功的前景与是否有实际意义的调查无关。即使苏格兰会否决一项再返还命令,该案也不会毫无疑义,因为美国法院会继续对母亲拥有属人管辖权并可以要求她归还该儿童,否则将给予制裁。如果母亲选择藐视该命令,则该命令的执行可能会不确定,但是该不确定性并不必然导致案件无意义。根据再审要求,第七巡回法院维持了地区法院的判决,支持了该母亲的请求。①

雷德蒙诉雷德蒙(Redmond v. Redmond)案②同样涉及儿童"经常居所地"的确定,③以及对他的转移或滞留根据该公约是否属于"错误"。该儿童的母亲是一位美国人,其父亲是爱尔兰人,双方未结婚(他们的共同姓氏是一个偶然),但长期同居。该儿童出生后前8个月与父母一起在爱尔兰生活,2007年被其母亲带到美国伊利诺伊州。当时其父亲根据爱尔兰法律并无监护权,因为在爱尔兰未婚父母在法律上并不被承认为父母。

3年半后即2011年,一家爱尔兰法院同意的父亲的监护请求和该儿童的共同监护权,并命令该儿童继续待在爱尔兰。该母亲参与了该诉讼并将该儿童带在身边。法院允许她将儿童带回伊利诺伊州以准备将其送回爱尔兰,但条件是她必须宣誓承诺在固定日期将该儿童带回来。该母亲和儿童返回伊利诺伊州后滞留在那里。8个月后,父亲在伊利诺伊州基于该公约提起了一项请求,主张该母亲"错误地滞留"该儿童于美国,损害了他被爱尔兰法院承认的监护权。地

---

① See Chafin v. Chafin, ___ F.3d ___, 2013 WL 6654389, (11th Cir. Dec. 18, 2013).

② 724 F.3d 729 (7th Cir. 2013), reh'g denied (Aug. 29, 2013).

③ 该案对"经常居所"的概念进行了详细探讨。将住所区别与居所的精彩讨论,参见 Grange Ins. Co. of Michigan v. Lawrence, 835 N.W.2d 363 (Mich. 2013) (holding that a minor child of divorced parents may only have one domicile, and that a child custody order conclusively establishes that domicile)。

区法院同意其请求并命令将儿童送还到爱尔兰。

第七巡回法院推翻了该裁定。法院认为:

(1)2007 年当母亲带着孩子从爱尔兰回到伊利诺伊州时,她根据爱尔兰法律是唯一的法定监护人,并拥有排他的权利以决定该儿童生活在何处;

(2)因此,她将儿童从爱尔兰带走的行为根据公约并非"错误";

(3)当 2011 年爱尔兰的监护命令做出时,该儿童已经固定生活在伊利诺伊州,该地已经成为他在公约上的"经常居所地";

(4)因为该儿童在经常居所地位于伊利诺伊州,根据该公约第 3 条的规定,他回到伊利诺伊州并没有"违反儿童被转移或滞留之前的经常居所地法律所规定的……监护权"。

伊斯特布鲁克(Easterbrook)法官发布了一份质疑意见书,对整个案情表示遗憾,并谴责了该母亲的不当行为。① 他还指出,尽管在该儿童出生时爱尔兰未授予该父亲监护权,但伊利诺伊州法律已经授予他某些监护权利。因此,根据伊利诺伊州法律,该母亲 2007 年将儿童带到伊利诺伊州的行为"可以被认为"是非法的。"而且如果伊利诺伊州法律将该儿童在伊利诺伊州的居留视为非法,那么他在伊利诺伊州度过的时间怎么能够导致其获得伊利诺伊州的'经常居所'呢?"②

---

① Redmond, 724 F. 3d at 748 (Easterbrook, C. J., dubitante) ("该母亲不仅要收爱尔兰判决的约束……而且还承诺遵守该判决。她的承诺是获得允许携带其孩子前往伊利诺伊州的实质要件……她违背了其承诺并藐视了爱尔兰判决。爱尔兰认为她逃避司法(她对法庭的藐视是显然的),这也使得她很难在伊利诺伊州……获得法定监护权。她不仅仅是违反了一项有效司法命令和她自己的承诺,更关键的是她表示她不会遵守任何有利于该儿童父亲的命令。任何法律制度都不会允许'正面我赢,反面你输'的方法……她让自己成了一个在任何州或国家都无法获得有利待遇的人。").

② Ibid., at 749. For other child custody cases, see, e. g., In re NC, 294 P. 3d 866 (Wyo. 2013) (认为怀俄明州初级法院正确地根据《统一儿童监护管辖权和执行法》行使了紧急管辖权,因为该法院认为儿童在德州遭到母亲男友的虐待。但是初级法院突破了紧急管辖权的限制,因为法院的做法似乎是它拥有初始监护管辖权,尽管德州法院尚未放弃其正在行使的管辖权); In re Adoption of H. C. H., 304 P. 3d 1271 (Kan. 2013); Thompson v. Fairfax Cnty. Dep't. of Family Servs., 747 S. E. 2d 838 (Va. Ct. App. 2013); Ashkii v. Kayenta Family Court, ___ Am. Tribal Law ___, 2013 WL 5486806 (Navajo Aug. 19, 2013).

琼斯诉琼斯(Johns v. Johns)案①是一起根据阿肯色州的儿童扶养令在田纳西州执行儿童扶养拖欠费用的诉讼。该诉讼根据田纳西州的10年诉讼时效已经过期,但根据阿肯色州的时效尚未过期,阿肯色州法律规定,儿童扶养判决的执行没有时间限制。田纳西州法院认为,该命令根据联邦《儿童扶养令充分诚信法》可以被执行,该法规定,在根据儿童扶养令执行抚养费的诉讼中,"法院可以适用法院地州或发布命令的法院所在地州的诉讼时效,以更长的那一个为准"。②

在亚当斯—斯米里辛斯基诉斯米里辛斯基(Adams - Smyrichinsky v. Smyrichinsky)案③中,肯塔基州一家法院认为,根据《统一州际家庭扶养法》(UIFSA),肯塔基州法律适用于一份印第安纳州儿童扶养令的修改,因为在此期间,所有当事人都移居到肯塔基州,印第安纳州法院已经放弃了管辖权,而肯塔基州成为"当事州",因为该命令在那里登记。④

十二、诉讼时效

按照一位发表不同意见的法官的说法,普雷塞辛吉尔公司诉大陆发动机公司(Precision Gear Co. v. Cont'l Motors, Inc.)案⑤是"一个经典的例证,它反映出,法院在试图解决被称为法律冲突的司法噩梦问题时经常陷入混乱而难以自拔"。⑥ 该案涉及一起因发生在俄克拉荷马州的致命的小型飞机坠毁事故而引起的赔偿纠纷,该事故因飞机引擎故障引起。引擎生产商在之前的一起亚拉巴马州的过错死亡诉讼中和受害者家庭达成了和解,随后在本案中起诉引擎中所使用的齿轮的生产商,要求其承担赔偿责任。

所争议的问题是应适用哪一诉讼时效,而该问题又取决于对赔偿请求的定性,是侵权还是准合同?亚拉巴马州对于侵权赔偿诉讼规定了2年诉讼时效,

---

① 2013 WL 6050939 (Tenn. Ct. App. Nov. 15, 2013).

② 28 U.S.C. § 1738B(h) (2013) (emphasis added).

③ _S.W.3d _, 2013 WL 6037306 (Ky. Ct. App. 2013).

④ Hussein - Scott v. Scott, 298 P.3d 179 (Alaska 2013),该案涉及婚姻扶养,事件发生地为佛罗里达州,而法院地为阿拉斯加州。根据《统一州际家庭扶养法》阿拉斯加州最高法院认为佛罗里达州法律决定丈夫扶养义务的期限。

⑤ _So.3d_, 2013 WL 3481949 (Ala. 2013).

⑥ Ibid., at_ *7 (Murdock, J., dissenting) (quoting Forsyth v. Cessna Aircraft Co., 520 F.2d 608, 609 (9th Cir. 1975)).

而对于准合同赔偿请求规定了 6 年诉讼时效。亚拉巴马州对于侵权采用侵权行为地法规则,对于合同采用合同缔结地法规则,而对于诉讼时效则采用传统上的识别方法,将其识别为程序问题,这导致诉讼时效应适用俄院地法律,而本案中不存在例外情形。

初级法院认为,按照侵权行为地法规则,对于受害者和侵权人之间的过错死亡诉讼应适用俄克拉荷马州法律,而对于侵权人之间的损害赔偿分配问题到底是侵权还是准合同问题,也应适用俄克拉荷马州法律。由于俄克拉荷马州法律将本诉讼请求视为合同,初级法院认为该诉讼请求应适用亚拉巴马州的 6 年诉讼时效,根据该时效,该诉讼请求尚未过期。亚拉巴马州最高法院"同意初级法院的观点,即赔偿或补偿应适用侵权行为发生地州法律"。[①] 但是在审查了其他州的权威做法包括第二次冲突法重述之后,法院认为,"就诉讼时效而言,诉讼请求的识别应按照法院地法律",[②]而且俄克拉荷马州的识别是不恰当的。法院认为,由于亚拉巴马州法律将其识别为侵权,亚拉巴马州关于侵权的 2 年时效应予适用,从而禁止该诉讼。

持不同意见的法官表达了他的不同意见:

> 如果我们依靠另一州的法律来决定诉因的存在与否以及该诉因的性质,我们如何能否定该法对于该诉因性质的规定呢——合同还是侵权?
>
> 既然已经确定本案应适用俄克拉荷马州实体法,我不明白在随后的分析中如何能够否定该法对于该诉因到底是由合同引起还是由侵权引起所作的规定呢?诉讼时效本身可能是程序性规则……但诉讼时效所决定的诉讼请求的性质问题则是典型的实体问题。由于我认为俄克拉荷马州法律将本案所涉的赔偿请求问题定性为合同请求(尤其是根据准合同理论),我必须认为亚拉巴马州的 6 年诉讼时效……应予适用。[③]

米德兰基金公司诉施里克(Midland Funding, LLC v. Schlick)案[④]是一起发生在信用卡公司和信用卡持有者之间的纠纷,该信用卡持有人账户发生违约。

---

① _ So. 3d _, 2013 WL 3481949 (Ala. 2013). at _ *3 (internal quotation marks omitted).

② Ibid., at _ *4.

③ Ibid., at _ *3 (internal quotation marks omitted). at _ *9 (Murdock, J., dissenting).

④ 2013 WL 6223571 (Minn. Ct. App. Dec. 2, 2013).

当该公司在明尼苏达州起诉该持卡人要求偿还该账户时,该债务人声称,由于信用卡协议中有一个新罕布什尔州法律选择条款,因此,法院应适用新罕布什尔州法的 3 年诉讼时效,该时效禁止本案诉讼。一项明尼苏达州先例允许当事人明示选择外州诉讼时效。根据该先例,明尼苏达州法院驳回了该债务人的观点,认为法律选择条款中没有明示包括诉讼时效,因此,明尼苏达州法院只能适用被选择州的实体法。该法院还认为,明尼苏达州的借用时效规则(该规则导致适用新罕布什尔州更短的诉讼时效)并不改变这一结果,因为该借用时效规则是在本案诉讼请求发生后才生效的,不能溯及既往。因此,本诉讼根据明尼苏达州的 6 年诉讼时效是有效的。①

在埃尔比诉莫瓦蒂斯医药公司(Irby v. Novartis Pharm. Corp.)案②中,法律选择条款十分特别。它规定:"(1)原告未能发出警示、涉及缺陷、违反默示担保、疏忽和消费者欺诈诉讼请求等事项,适用弗吉尼亚州实体法;(2)新泽西州法律支配所有程序性或证据争议。"③埃尔比案是一起产品责任纠纷,原告是弗吉尼亚州居民,被告是新泽西州制药公司。当事人在纠纷发生后达成了上述条款,原告在新泽西州提起诉讼。

显然,原告的律师并不知道在 1973 年的希弗纳诉统一皇家公司(Heavner v. Uniroyal, Inc.)案④中,新泽西州最高法院就"否定了'诉讼时效通常属于程序法问题这一普通法上的规则',认为该规则'根本上不合逻辑且理由不充分'",⑤并适用了另一州的诉讼时效禁止了一起类似的产品责任诉讼。根据希弗纳案的判决,埃尔比案法官认为,弗吉尼亚州的诉讼时效应予适用,并驳回了该诉讼。"当事人要求适用新泽西州程序法的协议"并没有推翻新泽西州 40 年的司法先例,即适用诉因发生地州的诉讼时效,只要案件不涉及新泽西州的实

① For a case finding inapplicable the forum's borrowing statute because the cause of action accrued within, rather than outside, the forum state, see Abel v. Austin, 411 S. W. 3d 728 (Ky. 2013).

② 2013 WL 2660947 (N. J. Super. Ct. App. Div. June 14, 2013).

③ Ibid., at *1 (emphasis added).

④ 305 A. 2d 412 (N. J. 1973).

⑤ Irby, 2013 WL 2660947, at *2 (quoting Heavner, 305 A. 2d at 415, 416).

质利益。[1]

传统上,根据诉讼时效理由驳回一件诉讼被认为"不是从实体上"(not on the merits)驳回诉讼,因此,它并不禁止当事人在另一个有更长诉讼时效的州另行起诉。这一原则在那些将诉讼时效识别为程序问题的法院地州首先受理的案件中被顽固坚持。相反,该原则所依赖的前提会遭到弱化,只要该州像新泽西州那样采取一种实体性识别方法。纽曼诉克林茨曼(Newman v. Krintzman)案[2]值得一提,就是因为它背离了该原则,即使首先受理案件的法院地州纽约州是一个继续对诉讼时效采用程序性识别的州,尽管该州在其他所有方面都是一个先驱者。

在纽曼案中,开始的诉讼是在纽约州法院提起,该法院认为,纽约州的6年诉讼时效禁止该诉讼。[3] 原告于是在马萨诸塞州联邦地区法院就同一争议再次起诉,认为其诉讼请求受马萨诸塞州的20年诉讼时效支配。法院驳回了该观点,第一巡回法院维持了该裁定。法院的理由是,纽约州法院根据诉讼时效驳回该诉讼是"从实体上"驳回诉讼,因此禁止原告在马萨诸塞州再次提起同一诉讼。法院援引了史密斯诉罗塞尔塞奇学院(Smith v. Russell Sage College)案,该案是纽约州上诉法院1981年审理的一起家庭案件,法院在该案中指出:

> 诉讼时效尽管通常被认为是程序性的,从实践角度来看,也可以说是实体性的……因为它的介入就像救济那样经常,其引起的差别就像生或死对于权利的影响一样……依据它而驳回诉讼至少和依据实体问题禁止再次起诉非常类似,尤其是当驳回第一次诉讼的动议被作为简易判决而提起时,根据该简易判

---

① Irby, 2013 WL 2660947, at *2 (quoting Heavner, 305 A.2d at 415, 416). For another case following New Jersey's substantive characterization and applying another state's statute of limitations, barring the action, see McHale v. Kelly, 527 Fed. App'x 149 (3d Cir. May 30, 2013) (decided under New Jersey conflicts law). For a case decided under Restatement (Second) § 142 and applying non-forum statute of limitations barring the action, see Lynch v. Stop & Shop Supermarket Co., LLC, 84 Mass. App. Ct. 1118 (Mass. App. Ct. Nov. 6, 2013).

② 723 F.3d 308 (1st Cir. 2013).

③ 在纽约州初级法院,当事人只辩论了纽约州的6年时效是否已经到期。原告的观点被驳回后,在上诉中声称他们的请求应该依照马萨诸塞州的20年时效。上诉法院维持了初级法院适用纽约州6年时效的裁决而未提及原告要求适用马萨诸塞州诉讼时效的请求,上诉法院指出:"我们考虑到原告的其他主张但认为它们都是徒劳的。" Ibid., at 3019-10.

决,法院在当事人的控辩之外考虑当事人的意见。①

在阮洲桥诉JP摩根大通银行(Chau Kieu Nguyen v. JP Morgan Chase Bank, NA)案②中,原告是一位越南南方公民的女儿,在大通银行西贡分行存有金钱。1975年4月24日西贡被越南北方占领前6天,大通银行关闭了西贡分行而未通知其储户。2006年3月2日,原告向大通银行纽约办公室去信要求支付其父亲在该银行账户中的存款。大通银行拒绝支付,声称其无法找出证明原告父亲银行账户的记录。2011年3月23日,原告在佛罗里达州起诉大通银行,要求其偿付其信函中列明的款项。佛罗里达州的诉讼时效为5年,但法院认为,纽约州的6年诉讼时效应予适用,因为比佛罗里达州拥有更为密切的联系。

原告主张,其诉讼仍在有效期内,因为6年的诉讼时效是从她向大通银行发出请求函时开始计算。根据纽约州法律,当提出了请求时,诉讼时效并不开始计算,直到银行拒绝该请求时才开始,但是,如果不可能提出请求或提出请求不起作用时,也可以不提出该请求。此时,当诉因产生时才开始计算诉讼时效。大通银行则主张,本案中,鉴于关闭西贡银行的特殊情况,该请求是徒劳的。根据1917年俄国革命时期发生的一起先例,法院接受了大通银行的观点,认为"如果持有存款的外国分行已经不再营业,则此一项请求是徒劳的,因为向一家已经关闭的分行提出请求根本不可能也毫无意义"。③ 法院指出"本案中提出请求同样是徒劳的",而且"由于不需要提出请求……当大通银行违反其合同时就开始计算诉讼时效……也就是当西贡分行关闭之时,即1975年4月24日"。④ 因此,原告的诉讼已经过期。

十三、判决

(一)外国判决

大野直子诉大岛优子(Naoko Ohno v. Yuko Yasuma)案⑤涉及两个问题:(1)一个新奇的问题,即承认和执行外国作出的针对教会的判决是否属于"国家

---

① Smith v. Russell Sage College, 429 N. E. 2d 746, 750 (N. Y. 1981) (internal quotation marks omitted).

② 709 F. 3d 1342 (11th Cir. 2013), cert. denied, 134 S. Ct. 111 (U. S. 2013).

③ Ibid., at 1347.

④ Ibid., at 1347 – 47.

⑤ 723 F. 3d 984 (9th Cir. 2013).

行为”,加利福尼亚州从而违反了美国和加利福尼亚州宪法上的宗教自由条款;(2)一个普通的问题,即该判决是否违反了美国或加利福尼亚州的公共政策。第九巡回法院作出了一份内容详尽、说理充分的意见书,给出了否定的答案。

原告是日本公民,定居在日本,在日本法院获得了一份针对加利福尼亚州教会及其首席牧师的侵权判决,该牧师是加利福尼亚州居民。日本法院认为,该牧师从加州打电话给位于日本的原告,同时在该教会位于日本的职员的协助下,利用原告脆弱的心理条件,非法引诱她将其所有财产捐献给该教会,从而违反了日本《民法典》中的侵权条款。地区法院认为,该判决根据加利福尼亚州《统一外国金钱判决承认法》可以执行。该教会提出上诉。

教会在上诉中主张,执行日本判决相当于是国内的“国家行为”,该行为会引发宪法上宗教条款的审查。第九巡回法院驳回了该主张,认为由于通常情况下美国法院的判决构成政府行为,而“本案中地区法院的判决适用了加利福尼亚州《统一法》——该立法本身就是政府行为的结果——从而构成了需要宪法审查的国家行为”。① 然而,法院认为,这并不意味着“所涉及的日本金钱损害判决的实体内容……应被归因于地区法院根据统一法执行该判决的结果,从而需要宪法审查”。② 第九巡回法院注意到“承认和执行外国金钱判决不同于在一审中作出该项判决”,③法院认为:

> 地区法院赋予在日本作出的判决法律效力,并不意味着它参与了被教会认为违宪的该诉讼——也就是说,判断教会宗教学说的正确或错误或者对于宗教表达的后果追究责任。由于未参与其中,我们认为地区法院在本案中承认和执行日本的损害判决并不会导致外国法院的裁决成为本地的“国家行为”从而需要宪法审查。④

法院随后根据最高法院在鲁格尔诉埃德蒙德林石油公司(Lugar v.

---

① 723 F. 3d 984 (9th Cir. 2013). at 994.

② Ibid.

③ Ibid., at 993; see also id. at 992. (“我们并未涉及这一问题,即一旦诉讼在本地提起,与日本判决平行的本地判决根据宪法宗教条款是否违宪。”)

④ 723 F. 3d 984 (9th Cir. 2013).

Edmondson Oil Co.)案[①]中所采用的双管齐下方法来对其结论进行检验。第一步,先考虑行使一项由州所创设的或由州设置的行为规则所创设的,或者由一个代表州的人所创设的权利或特权所导致的剥夺宪法权利是否应承担责任。法院认为,本案不满足这一项,因为"所主张的宪法损害的来源是……日本侵权法,是由日本政府机构创设并执行的",因此,"所主张的剥夺宪法权利不能被视为是由本地政府机构或个人所设置的影响权利、特权或行为规则"。[②] 地区法院承认该项判决"并没有适用侵权法……也没有对该案的事实进行再审或者对教会的损害责任进行重新评估"。[③] 相反,"本案所适用的侵权法是日本法律,而不是加利福尼亚州法律",而且"该法的内容也与本州行为者无关"。[④] 因此,该法适用于"教会所抗辩的行为(所有该行为都发生于日本或特别针对日本的原告)并非是行使本州的权力"。[⑤]

第二步,需要考虑被指控剥夺权利的当事人是否具有本地行为者或代表本地政府机构的行为者的资格。这里,被指控剥夺权利的当事人是日本法院,该法院并非联邦或加利福尼亚州政府机构。尽管在加利福尼亚州执行了日本法院的判决,加利福尼亚州法院对日本法院提供了一些帮助,但这并不是帮助"实施该判决所涉及的行为并被教会认为构成违反第一修正案权利,也就是对其宗教信仰内容的司法审查和对其宗教表达的后果追究责任"。[⑥] 事实上,统一法要求法院承认一项合格的外国判决"而无须审查该判决背后的实体事项"。[⑦] 这种"对判决背后的实体事项的强制性中立态度"反驳了这种观点,即美国法院是日本法院的同谋者,共同限制了教会的宗教自由。[⑧]

法院承认,可能存在一些情形,即执行诉讼的性质要求美国法院对于外国判决的执行采取一种积极的态度,或者对其采取持续的监督,从而导致美国法院成为共同行为者。比如,法院提及外国禁令的执行,因为该禁令"直接强制或

---

① 457 U.S. 922, 937-42 (1982). The Ninth Circuit also tested its conclusion against the seminal civil rights case Shelley v. Kraemer, 334 U.S. 1 (1948).

② Naoko Ohno, 723 F.3d at 994.

③ Ibid., at 995.

④ Ibid.

⑤ Ibid.

⑥ Ibid., at 996.

⑦ Ibid.

⑧ Ibid., at 997.

禁止一方当事人的诉讼,并且因此可以被视为将本地法院的许可放置在外国法院命令之后"。[①] 然而,这种情形在本案中并不存在,因为本案涉及的是"执行一项命令以支付预先确定的一定数额的金钱"。[②]

法院随后讨论了教会的另一观点,即日本判决中所包含的诉因违反了加利福尼亚州或美国的公共政策。法院首先引用了大量案件中的格言警句——比如"天生邪恶、卑劣或不道德,并违背了先前的道德观念""敌对的""敌视的"和"暴虐的"——这些描述为公共政策建立了一个很高的门槛。[③] 接着,法院区分了本案和其他案件,如 Telnikoff 案[④]和 Bachchan 案,[⑤]那些案件依据公共政策将英国的诽谤判决认定为不可执行。在那些案件中,法院解释说,英国的诽谤法直接针对言论自由,而且是以一种"毫无疑问"的方式[⑥]"违反了美国宪法提供给新闻媒体的保护"。[⑦]

相反,本案判决所适用的日本侵权法是一项具有一般适用性的法律,而且并非是专门针对宗教自由而订立的。"对于故意或过失伤害他人权利或受保护利益的行为提供损害赔偿,加利福尼亚州的这一公共政策并未被违背",法院说,并且"加利福尼亚州侵权法——以及美国侵权法——也是这么规定的"。[⑧] 美国法院"承认对宗教所引起的行为的责任",并且宗教条款"并不禁止对宗教团体及其成员提起侵权诉讼请求,只要法院认为该诉因并不要求法院对宗教信仰的有效性进行判断,或者干预教会进行自我管理或雇佣的自主决定权"。[⑨] 本案中,日本法院明确否定了对教会信仰的审查,并承认宗教团体的引诱捐赠行为合法,并在日本受到保护而不追究责任。因此,第九巡回法院得出结论认为,"日本判决的诉因与本地法律原则远没有那么大的分歧,以致违背公共政策,它

---

① Naoko Ohno, 723 F. 3d. at 1000.

② Ibid.

③ Ibid., at 1002, 1003.

④ Telnikoff v. Matusevitch, 702 A. 2d 230 (Md. 1997).

⑤ Bachchan v. India Abroad Publ'ns. Inc., 585 N. Y. S. 2d 661, 665 (N. Y. Sup. Ct. 1992).

⑥ Naoko Ohno, 723 F. 3d at 1005.

⑦ Ibid., at 1004. 法院指出,联邦言论自由法(《确保我们的永久而既定的宪法遗产法》,该法纳入了 Telnikoff 案和 Bachchan 案的判决结果)和加利福尼亚州的对应立法并不适用于所有被控与第一修正案不一致的外国判决,它们"关注的仅仅是诽谤诉讼和'美国作者和出版人的第一修正案权利'"。Ibid.

⑧ Ibid., at 1006.

⑨ Ibid.

原则上与加利福尼亚州法律所承认的那些诉因类似,尽管其可能更为宽泛”。[①]

法院接着审查了教会提出的另一个观点,即日本判决本身而不是其背后的诉因违反了公共政策。教会认为,日本判决包含了对教会宗教信仰有效性的判断。法院驳回了教会的该主张,认为其并未得到记录的支持,并且将本案和英国的诽谤判决做了区分。[②] 教会的第二项抗辩是,施加侵权责任导致教会的传教受到很大负担,这么做缺乏一种强迫性州利益。法院驳回了该主张,认为教会无法证明由日本判决所施加的负担“侵犯了受保护的宗教信仰”,而不是“仅仅侵犯了该信仰所伴随的行为”,[③]或者该负担超过了政府管理侵权行为的利益。第九巡回法院指出:“我们不相信加利福尼亚州法院不能认为该州有利益去许可侵权责任以便保护易受侵害的个人免受不当影响、滥用信任以谋取金钱利益、欺诈,这种利益具有足够的强制性,并超过了任何施加给教会的负担。”[④]法院最后认为:

> 总之,日本判决不能被认为属于少数因为违反公共政策而必须被拒绝执行的判决。无论是所适用的法律还是特定的判决都不违反宗教条款所包含的公共政策,它们并非天生邪恶、卑劣或不道德,并违反了先前的道德观念,以致需要被拒绝执行。[⑤]

威尔德(In re Wilde)案[⑥]涉及这样一个问题,即外国做出的刑事定罪能否成为根据《哥伦比亚特区律师规则》强行剥夺律师资格的理由。[⑦] 该规则规定,如果因为涉及“道德败坏”的“严重罪行”而在“哥伦比亚特区境外或任何联邦

---

① Naoko Ohno, 723 F.3d. at 1008.

② Ibid., at 1010 (“执行一项诽谤的判决,而该判决的做出没有考虑到当事人的恶意要素,这是直接违反宪法原则的,因为它仅以内容来惩罚言论。相反,在那些涉及受保护的宗教行为的诉讼中,如果缺乏故意的事实而判处侵权责任,则不会引发与法律原则的这种冲突”)。

③ Ibid., at 1011; see also Ibid. at 1011－12 (“教会的行为可能是基于宗教信念,但这不能免除它承担因其伤害行为所应承担的侵权责任”)。

④ Ibid. at 1012 (internal quotation marks omitted).

⑤ Ibid. at 1013 (internal quotation marks omitted).

⑥ 68 A.3d 749 (D.C. 2013).

⑦ For cases involving convictions by courts in sister states, see infra text accompanying notes 494－501.

法院被定罪”,则可施加该项处罚。① 被告是哥伦比亚特区律师协会成员,因在飞往韩国的飞机上从另一位乘客那里偷窃 1100 美元而被一家韩国法院定罪。

哥伦比亚特区上诉法院将上面引用的条款解释为不包括外国法院。法院援引了斯麦尔诉美国(Small v. United States)案,②该案中,最高法院认为,一项日本作出的有罪判决并非联邦法律意义上的有罪判决,该联邦法律规定,那些实施了应被判处 1 年以上监禁的罪行而“在任何法院被定罪”的人如果持有枪支则为非法。最高法院认为“外国的定罪在重要方面都不同于本地定罪”。比如,对于本地法律允许或仅给予轻微处罚的行为,外国可能会给予定罪,或者“定罪是由某个法律制度做出,而该法律制度与美国对公平的理解不一致”。③

不过,上诉法院还认为:(1)尽管该外国的定罪不具有自动的再诉禁止效力,但它可以被援引作为哥伦比亚特区律师协会初始惩戒程序的基础;(2)该律师协会可以对外国法院的事实和法律判断赋予决定性效力,只要该律师协会确定这么做是公平而合理的。

穆拉格西诉卡西林加姆(In re Marriage of Murugesh and Kasilingam)案④涉及两起相对抗的离婚诉讼,第一起由丈夫在印度提起,第二起由妻子在两天后在伊利诺伊州提起。当事人在印度缔结了印度教婚姻,随后移居到伊利诺伊州。在离婚诉讼前他们在那里生活了 10 年。丈夫请求根据伊利诺伊州法律驳回伊利诺伊州的诉讼程序,该法律允许法院驳回一项诉讼,只要相同当事人就相同事实已经提起了另一项诉讼。法院驳回了该请求,认为该法并不适用于在外国同时进行的离婚请求。法院解释说,该法的目的是避免重复诉讼,但是本案中这种重复是不可避免的,因为伊利诺伊州在此种情形下不太可能承认一项印度的离婚判决。⑤

法院还拒绝了丈夫的另一项要求,以不方便法院原则驳回伊利诺伊州诉讼的动议,认为所有私人利益和公共利益要素都不支持驳回诉讼。最后,法院还拒绝了丈夫依据国际礼让驳回诉讼的观点。法院认为:(1)伊利诺伊州对于当

---

① In re Wilde, 68 A. 3d at 752.

② 544 U. S. 385 (2005) (discussed in Symeonides, 2005 Survey, 577 –78).

③ Ibid., at 387.

④ 993 N. E. 2d 1109 (Ill. App. Ct. 2013), reh'g denied (Sept. 9, 2013), appeal pending (Nov. Term 2013).

⑤ Ibid., at 115. (“如果一项外国判决在伊利诺伊州不被承认,伊利诺伊州法院必须审理该纠纷。此时,诉讼竞合是不可避免的。”)

事人及其离婚具有显著而实质的利益,因为双方当事人都是伊利诺伊州居民;(2)丈夫通过在印度起诉而挑选法院完全是为了利用对其有利的印度教婚姻法;(3)印度不会承认伊利诺伊州的离婚,因此,根据互惠原则,伊利诺伊州也不会承认印度的判决。

在弗莱姆公司诉沃德林克国际控股公司[Flame S. A. v. Worldlink Intern. (Holding) Ltd.]案①中,原告是一家瑞士公司,在英国获得了一份针对外国公司的判决,该外国公司在纽约州登记经营。原告已经使该判决得到了纽约州联邦地区法院的承认。现在原告请求纽约州法院执行联邦地区法院的裁决,被执行人是萨摩亚、中国香港特别行政区和加拿大的几家公司,它们被原告认为是被告的变体公司。法院根据不方便法院原则驳回了该诉讼。法院指出:(1)与联邦法律不同,纽约州的不方便法院法律并不绝对要求存在一家可替代的法院;(2)任何情况下,原告有义务证明不存在可替代的法院;(3)原告未能证明萨摩亚、中国香港特别行政区和加拿大是不适当的替代法院。法院同时指出,公司注册地(萨摩亚、中国香港特别行政区和加拿大)法律分别支配被告"公司的面纱"是否应当被"刺穿",而这需要适用外国法律并支持驳回诉讼。

(二)姊妹州判决

菲利浦莫里斯美国公司诉道格拉斯(Philip Morris USA, Inc. v. Douglas)案②是一起集团诉讼的延续,原告是佛罗里达州烟民及其幸存者,被告是几家在美国生产香烟的大型烟草公司。在该集团诉讼的初始阶段,一个陪审团裁决认为,烟草公司违反了注意义务,生产了不合格香烟并隐瞒了关键信息。但是陪审团并未裁决该烟草公司是否对于集团诉讼的单个成员负有损害赔偿责任。佛罗里达州最高法院支持陪审团的裁决,但是没有接受该集团诉讼。③ 该诉讼团体的成员于是在联邦和州法院提起单独指控。佛罗里达州最高法院后来裁决,陪审团在集团诉讼中的裁决对于针对烟草公司所裁定的共同事项具有既判效力,而后来的单独诉讼中所剩下未解决的事项只有因果关系和损害赔偿问题。④

---

① 967 N. Y. S. 2d 328 (N. Y. App. Div. 2013), leave to appeal denied, ___ N. E. 2d ___, 2013 WL 6067977 (N. Y. Nov. 19, 2013).

② 110 So. 3d 419 (Fla. 2013), cert. denied, 134 S. Ct. 332 (U. S. 2013).

③ See Engle v. Liggett Grp., Inc., 945 So. 2d 1246 (Fla. 2006).

④ See Walker v. R. J. Reynolds Tobacco Co., 110 So. 3d 419 (Fla. 2013), cert. denied, 134 S. Ct. 332 (U. S. 2013).

在联邦法院的这一单独诉讼中,被告雷诺兹(R. J. Reynolds)公司主张,既判力的适用违反了它对于正当程序的宪法权利,因为陪审团在本案中的裁决是如此模棱两可,以致不可能知道陪审团是否认为每家烟草公司对于任何品牌的香烟或任何单独原告都实施了过错行为。联邦地区法院驳回了该观点,被告提起上诉。第十一巡回法院维持了该裁决,认为雷诺兹在佛罗里达州的集体诉讼中有充分而公平的机会接受听审,而且根据佛罗里达州法律适用既判力规则并不会导致对财产的武断剥夺。

在库佩尔诉格拉塞尔(Cooper v. Glasser)案①中,田纳西州最高法院认为,田纳西州的诉讼请求排除法对于附加的州法诉讼请求采用一种自愿的驳回方法来确定一份联邦法院判决的效力。该法院认为,田纳西州法律对于原告在联邦法院的州法诉讼请求的第二次自愿驳回并没有给予诉讼请求排除效力。

在布朗诉加内特(Brown v. Garrett)案②中,华盛顿州上诉法院认为,得克萨斯州对于一位华盛顿州的二手汽车中间商拥有管辖权,该中间商通过 eBay 向一位得克萨斯州购买者销售一辆汽车,因此,针对该得克萨斯州中间商的一份缺席判决应当在华盛顿州被赋予充分诚信。由于未能在得克萨斯州法院出庭,该中间商未能援引汽车销售协议中的一项华盛顿法院选择条款,因此未能利用该条款来抗辩华盛顿州的判决。在希望之窗公司诉麦克莱恩(Hope's Windows, Inc. v. McClain)案③中,情况则相反。纽约州卖方和密苏里州买方之间的合同包含了一项纽约州法院选择条款。在密苏里州买方缺席的情况下,纽约州卖方在纽约州获得了一项针对买方的缺席判决,并寻求在密苏里州执行。密苏里州初级法院拒绝执行,认为纽约州对于密苏里州买方没有属人管辖权。密苏里州上诉法院推翻了该裁决。法院认为,即使在没有法院选择条款的情况下纽约州没有管辖权,纽约州也可以通过该条款获得管辖权(买方没有对此提出抗辩)。

在布莱克威尔诉哈斯拉姆(Blackwell v. Haslam)案④中,所涉问题是,一个被指控在佐治亚州实施了毒品犯罪的人后来获得了豁免并被明确允许在佐治亚州持有枪支,当他随后移居到田纳西州之后,他是否在田纳西州也有权持有

---

① ___ S. W. 3d ___, 2013 WL 6174469 (Tenn. 2013).

② 306 P. 3d 1014 (Wash. Ct. App. 2013).

③ 394 S. W. 3d 478 (Mo. Ct. App. 2013).

④ 2013 WL 3379364 (Tenn. Ct. App. June 28, 2013), appeal denied (Oct. 16, 2013).

枪支？在其被豁免时,田纳西州法律规定,被判重罪的人,即使获得豁免,也不能持有枪支。随后的修正案则允许获得豁免的犯人持有枪支,只要该罪行不是暴力犯罪。根据该项修正案,田纳西州上诉法院要求初级法院重审该案以便确定该被告在佐治亚州的罪行是否属于暴力犯罪。

法院认为,如果答案是肯定的,则田纳西州不能允许该被告在田纳西州持有枪支,因为“对佐治亚州恢复被告的持枪权予以充分诚信会直接违背田纳西州的强烈公共政策,该政策反对恢复一位被判重罪的人的持枪权”。① 在本案中,“要求田纳西州尊重佐治亚州恢复持枪权的决定……等于是要求田纳西州在一个非常关注的问题上过分地牺牲自己的利益——保护公共安全和阻止犯罪”。② 显然,田纳西州法院承认了充分诚信条款可以允许公共政策例外,③《第二次冲突法重述》也同样如此,④尽管最高法院从未支持这一点,并且其先前的判例似乎否定了这一点。⑤

在州诉卡斯帝诺—阿尔瓦雷斯(State v. Castillo - Alvarez)案⑥中,被告被判在艾奥瓦州实施了绑架罪行并导致受害者在明尼苏达州被害,但艾奥瓦州上诉法院推翻了该定罪,认为其违反了艾奥瓦州的迅速审判规则。此后,一家明尼苏达州法院判处被告参与了对受害者的谋杀行为,并对绑架提供了协助和支持。明尼苏达州一项法律规定,如果一项行为根据明尼苏达州和其他州法律构成犯罪,则无论其在其他州是“被定罪还是被开释”,“都不能阻止该罪行在明尼苏达州被提起刑事诉讼,除非法律和事实上的因素都一致支持”。⑦ 明尼苏达州最高法院认为,该立法并不阻止被告在明尼苏达州的刑事诉讼,因为他在艾奥瓦州的定罪已经被推翻,因此可以假定,这已经等同于被开释。法院同时认为,

---

① 2013 WL 3379364 (Tenn. Ct. App. June 28, 2013), appeal denied (Oct. 16, 2013). at * 17.

② 2013 WL 3379364 (Tenn. Ct. App. June 28, 2013), appeal denied (Oct. 16, 2013). [quoting Restatement (Second) of Conflict of Laws § 103 cmt. B (1971)].

③ See Seiller & Handmaker, LLP v. Finnell, 165 S. W. 3d 273, 276 - 77 (Tenn. Ct. App. 2004).

④ See Restatement (Second) of Conflict of Laws § 103 (1971).

⑤ See, e. g., Fauntleroy v. Lum, 210 U. S. 230 (1908); Yarborough v. Yarborough, 290 U. S. 202 (1933).

⑥ 836 N. W. 2d 527 (Minn. 2013).

⑦ 2013 WL 3379364 (Tenn. Ct. App. June 28, 2013), appeal denied (Oct. 16, 2013). at 533 [quoting Minn. Stat. § 609.045 (2013)].

明尼苏达州宪法上的双重追诉条款并不阻止该刑事起诉,因为就像美国宪法中的对应条款一样,该条款允许继续进行本州的刑事诉讼,只要被告的行为同时违反了两个州的法律。

最后,法院需要判断,自从被告在得克萨斯州被逮捕后,FBI 和艾奥瓦州司法官对他的询问所得出的证据是否在明尼苏达州被许可采纳。该询问没有电子记录,而明尼苏达州法律要求该记录(但得克萨斯州和艾奥瓦州法律不要求)。明尼苏达州法院认为,由于该询问是为了艾奥瓦州的审判而进行的(即使后来也被用于明尼苏达州的审判),并且没有明尼苏达州官员参与,所以艾奥瓦州是与该案联系最密切的州。法院认为,该证据在明尼苏达州可以被采纳,因为它在最密切联系的州也可以被采纳,而明尼苏达州对于采纳该证据并没有相反的更强烈的公共政策。

在赫尔姆斯诉温特(Holmes v. Winter)案①中,所涉问题是:纽约州是否有义务发布一张传票,要求一位纽约州新闻记者在科罗拉多州的一起刑事诉讼中出庭(涉及奥罗拉枪击案),在那里,她可能会被强迫要求披露秘密线人的姓名,否则将会被视为藐视法庭。根据《刑事案件中保护证人安全出庭统一法》规定,答案应当是肯定的,因为纽约州和所有其他州都采纳了该法。然而,根据纽约州宪法中所隐含的强烈公共政策以及 1970 年《保护新闻秘密法》,纽约州上诉法院对该问题作出了否定回答。法院将本案与一起早先的案例进行了区分,该案中,法院认为新闻记者的特权应当由请求州裁定。法院认为,本案中,请求州科罗拉多州的法律相对于纽约州的法律而言,对新闻记者的保护远远不够。法院认为:

作为一位纽约州的新闻记者,当她作出保密承诺并继续遵守该承诺时,她明知并有权相信我们的《保护新闻秘密法》所提供的绝对保护。考虑到本案的情况以及纽约州和科罗拉多州法律的巨大差异,她有权要求在传票发出前在纽约州对《保护新闻秘密法》事项进行裁决,即使它涉及的是其他州法院所需要的证据。因此,我们认为,从纽约州法院发出一张传票,要求一位新闻记者到另一州出庭,而在那里,她可能会被强行要求披露被承诺保密的证据来源,这将会违反我们的强烈的公共政策——这是一项普通法律,是立法和宪法上的传统,它

① ___ N. E. 2d ___, 2013 WL 6410422 (N. Y. Dec. 10, 2013).

在本州发挥了重要作用,使本州成为全国乃至全世界的媒体之都。①

十四、杂项冲突案件

限于篇幅,以下脚注中提到的案例以及其他很多案例在这里无法一一讨论。这些案件包括一项涉及得克萨斯州和俄克拉荷马州之间在红河盆地的州际水权分配合同的最高法院裁决,②一项伊利诺伊州最高法院涉及州际商业条款的裁决,③一项加利福尼亚州最高法院涉及公司冲突的裁决,④一项特拉华州最高法院涉及信托的裁决,⑤大量联邦上诉法院涉及主权豁免问题的裁决,⑥几项州和联邦法院涉及海事冲突的法律选择裁决,⑦以及一些涉及律师费的案件。⑧

2013 年 12 月 31 日午夜

西蒙 · C. 西蒙尼德斯

---

① ___ N. E. 2d ___, 2013 WL 6410422, (N. Y. Dec. 10, 2013). at ___. 法院特地驳回了异议意见书的观点,该观点认为本案应根据《第二次冲突法重述》第 139 条裁定。

② See Tarrant Reg'l Water Dist. v. Herrmann, 133 S. Ct. 2120 (U. S. 2013).

③ See Performance Marketing Ass'n, Inc. v. Hamer, 998 N. E. 2d 54 (Ill. 2013) (holding that an Illinois law that required out - of - state retailers to collect Illinois sales taxes was preempted by federal law).

④ See Greb v. Diamond Int'l. Corp., 295 P. 3d 353 (Cal. 2013).

⑤ See In re Peierls Family Inter Vivos Trusts, 77 A. 3d 249 (Del. 2013).

⑥ See, e. g., Rubin v. Islamic Republic of Iran, 709 F. 3d 49 (1st Cir. 2013); Blue Ridge Invs., L. L. C. v. Republic of Arg., 735 F. 3d 72 (2d Cir. 2013); In re Terrorist Attacks on Sept. 11, 2001, 714 F. 3d 109 (2d Cir. 2013); Hansen v. PT Bank Negara Indon. (Persero), 706 F. 3d 1244 (10th Cir. 2013); Skanga Energy & Marine Ltd. v. Petroleos de Venez. S. A., 522 F. App'x 88 (2d Cir. 2013); Universal Trading & Inv. Co., Inc. v. Bureau for Representing Ukrainian Interests in Int'l & Foreign Courts, 727 F. 3d 10 (1st Cir. 2013); Sachs v. Republic of Austria, ___ F. 3d ___ (9th Cir. 2013); Triple A Intern., Inc. v. Dem. Rep. of Congo, 721 F. 3d 415 (6th Cir. 2013), reh'g and reh'g en banc denied (Aug. 06, 2013), cert. denied, 134 S. Ct. 644 (U. S. 2013); Heiser v. Islamic Republic of Iran, 735 F. 3d 934 (D. C. Cir. 2013); Bell Helicopter Textron, Inc. v. Islamic Republic of Iran, 734 F. 3d 1175 (D. C. Cir. 2013); de Csepel v. Republic of Hung., 714 F. 3d 591 (D. C. Cir. 2013), reh'g en banc denied (June 4, 2013); Santivanez v. Estado Plurinacional De Bol., 512 F. App'x 887 (11th Cir. 2013), cert. denied, 134 S. Ct. 158 (U. S. 2013).

⑦ See Lobo v. Celebrity Cruises, Inc., 704 F. 3d 882 (11th Cir. 2013), cert. denied, 134 S. Ct. 61, (U. S. 2013).

⑧ See Alaska Rent - A - Car, Inc. v. Avis Budget Grp., Inc., ___ F. 3d ___, 2013 WL 4779709, (9th Cir. 2013), cert. denied, 134 S. Ct. 644 (U. S. 2013); St. Jude Med. S. C., Inc. v. Biosense Webster, Inc., 2013 WL 5508389 (Minn. Ct. App. Oct. 7, 2013).

冲突法在美国法院(2014 年):第28 次年度综述*

一、导论

本文是美国冲突法案例的第28 次年度综述。① 此

---

* 原文载《美国比较法杂志》第63 卷(2015 年),感谢西蒙 · C. 西蒙尼德斯教授授予中文翻译和出版权。

① 前27 次年度综述分别参见P. John Kozyris, "Choice of Law in the American Courts in 1987: An Overview", 36 *Am. J. Comp.* L. 547 (1988); Symeon C. Symeonides, "Choice of Law in the American Courts in 1988", 37 *Am. J. Comp.* L. 457 (1989); P. John Kozyris & Symeon C. Symeonides, "Choice of Law in the American Courts in 1989: An Overview", 38 *Am. J. Comp.* L. 601 (1990); Larry Kramer, "Choice of Law in the American Courts in 1990: Trends and Developments", 39 *Am. J. Comp.* L. 465 (1991); Michael E. Solimine, "Choice of Law in the American Courts in 1991", 40 *Am. J. Comp.* L. 951 (1992); Patrick J. Borchers, "Choice of Law in the American Courts in 1992: Observations and Reflections", 42 *Am. J. Comp.* L. 125 (1994); Symeon C. Symeonides, "Choice of Law in the American Courts in 1993 (and in the Six Previous Years)", 42 *Am. J. Comp.* L. 599 (1994); Symeon C. Symeonides, "Choice of Law in the American Courts in 1994: A View 'From the Trenches'", 43 *Am. J. Comp.* L. 1 (1995); Symeon C. Symeonides, "Choice of Law in the American Courts in 1995: A Year in Review", 44 *Am. J. Comp.* L. 181 (1996); Symeon C. Symeonides, "Choice of Law in the American Courts in 1996: Tenth Annual Survey", 45 *Am. J. Comp.* L. 447 (1997); Symeon C. Symeonides, "Choice of Law in the American Courts in 1997", 46 *Am. J. Comp.* L 233 (1998); Symeon C. Symeonides,

项综述是应美国法学院协会冲突法分会的要求而撰写的,[①]其目的在于为美国国内外冲突法专业的师生提供服务。[②]本综述的宗旨仍一如既往,意在提供信息而非明辨是非。不过,作者偶尔也会难以自控地发出少许批评意见。

本综述涵盖了美国州和联邦上诉法院从 2014 年 1 月 1 日至 12 月 31 日作出的裁决,以该期间发布在 Westlaw 数据库中的为准。[③]在符合这些条件的 1204 起上诉判例中,本综述集中关注那些对于冲突法,尤其是对法律选择问题的发展和理解而言具有新意的案例。

"Choice of Law in the American Courts in 1998: Twelfth Annual Survey", 47 *Am. J. Comp.* L. 327 (1999); Symeon C. Symeonides, "Choice of Law in the American Courts in 1999: One More Year", 48 *Am. J. Comp*. L. 143 (2000); Symeon C. Symeonides, "Choice of Law in the American Courts in 2000: As the Century Turns", 49 *Am. J. Comp*. L. 1 (2001); Symeon C. Symeonides, "Choice of Law in the American Courts in 2001: Fifteenth Annual Survey", 50 *Am. J. Comp*. L. 1 (2002); Symeon C. Symeonides, "Choice of Law in the American Courts in 2002: Sixteenth Annual Survey", 51 *Am. J. Comp*. L. 1 (2003); Symeon C. Symeonides, "Choice of Law in the American Courts in 2003: Seventeenth Annual Survey", 52 *Am. J. Comp*. L. 9 (2004); Symeon C. Symeonides, "Choice of Law in the American Courts in 2004: Eighteenth Annual Survey", 52 *Am. J. Comp*. L. 919 (2004); Symeon C. Symeonides, "Choice of Law in the American Courts in 2005: Nineteenth Annual Survey", 53 *Am. J. Comp*. L. 559 (2005); Symeon C. Symeonides, "Choice of Law in the American Courts in 2006: Twentieth Annual Survey", 54 *Am. J. Comp*. L. 697 (2006); Symeon C. Symeonides, "Choice of Law in the American Courts in 2007: Twenty-First Annual Survey", 56 *Am. J. Comp*. L. 243 (2008); Symeon C. Symeonides, "Choice of Law in the American Courts in 2008: Twenty-Second Annual Survey", 57 *Am. J. Comp*. L. 269 (2009); Symeon C. Symeonides, "Choice of Law in the American Courts in 2009: Twenty-Third Annual Survey", 58 *Am. J. Comp*. L. 227 (2010); Symeon C. Symeonides, "Choice of Law in the American Courts in 2010: Twenty-Fourth Annual Survey", 59 *Am. J. Comp*. L. 303 (2011); Symeon C. Symeonides, "Choice of Law in the American Courts in 2011: Twenty-Fifth Annual Survey", 60 *Am. J. Comp*. L. 291 (2012); Symeon C. Symeonides, "Choice of Law in the American Courts in 2012: Twenty-Sixth Annual Survey", 61 *Am. J. Comp*. L. 217 (2013); Symeonides, "Choice of Law in the American Courts in 2013: Twenty-Seventh Annual Survey", 62 *Am. J. Comp*. L. 223 (2014).

① 本综述不代表美国法学院协会或其冲突法分会的观点。

② 由于本综述的读者群很大一部分来自外国学者,他们可能对美国法中的某些领域并不熟悉,因此本综述试图提供一些背景信息和解释,对于美国冲突法学者而言,这些内容可能是不必要的。

③ 这些案例的分类是通过检索 Westlaw 2014 年的"Allstates""CTA"和"SCT"数据库进行的,并采用了 Westlaw 所使用的"冲突法"数据库中的关键代码。

2014 年宣判并在 Westlaw 上公布的冲突法判例共 4826 起。① 表 7 显示了案件的分类:

表 7 2014 年冲突法判例

联邦最高法院	11 起	本综述所涉及的上诉案件共 1204 起
联邦上诉法院	421 起	
州最高法院和中级法院	772 起	
联邦地区法院	3622 起	本综述不涉及
共计	4826 起	

以下是本年度的一些焦点案件:

■ 联邦最高法院作出了一项有关一般管辖权的判决,这是经过 30 年沉默之后在 3 年内作出的第二起此类判决。②

■ 有 7 起涉及《外国人侵权法》的案件,其中原告是外国人,被告是美国人,原告指控被告协助并唆使实施了在美国境外发生的违反国际法的行为。③

■ 有一起案件涉及一位美国边防巡逻兵越境射击一位墨西哥男孩,另一起案件涉及美国商人 Alan Gross 在古巴被逮捕和监禁。④

■ 56 份法院裁决认定 26 个州的禁止同性婚姻的法令违宪,有一份裁决支持了 4 个州的禁令。⑤

■ 一起得克萨斯州案件承认了一项加利福尼亚州法院判决,该判决宣告一项同性婚姻中的两名男子为一个孩子的父母,该孩子是通过人工授精由一位代孕母亲分娩的。⑥

■ 又一项排外的立法出台,这是 4 年来的第八部禁止适用外国法律的法令。⑦

---

① 该数字包括所有发布在 Westlaw 上的联邦地区法院和特别下级联邦法院的判例以及少数初审法院的判例。

② 参见本文一部分。

③ 参见本文二(二)部分。

④ 参见本文二(一)部分。

⑤ 参见本文三(八)1 部分。

⑥ 参见本文三(九)部分。

⑦ 参见本文三(五)部分。

■ 7起涉及行为管制冲突的侵权案件，它们适用的是侵权地法律而不是当事人共同住所地法律。①

■ 一起州最高法院案件采纳了少数法院的观点，拒绝采用法院选择条款的可分性原理；另几起案件中则讨论了在合同包含有法律选择条款的情况下法院选择条款的解释和有效性的准据法问题。②

■ 一起加利福尼亚州最高法院案件中法官认为《联邦仲裁法》(FAA)并不能优先于一项加利福尼亚州立法而适用，该立法禁止通过合同放弃雇员针对雇主违反州劳动法的行为提起"代表诉讼"的权利，针对缔约当事人是否可以通过选择州法中的"非联邦"条款从而规避《联邦仲裁法》的优先权，有两起案件分别给出了不同答案。③

■ 一起纽约州案件承认了一项外国判决，尽管纽约州对该判决债务人并不享有对人管辖权，该债务人在纽约州也没有任何财产；一起宾夕法尼亚州案件赋予一项纽约州判决充分诚信；一起华盛顿特区案件则拒绝这么做，不仅是因为纽约州没有管辖权。④

■ 其他一些有趣的案件分别涉及产品责任、其他侵权、含有法律选择条款和不含有法律选择条款的合同、保险合同、诉讼时效、代理婚姻、离婚、夫妻财产和继承等。

二、管辖权

本综述一般不涉及管辖权问题，但在例外情况下也偶尔简要介绍一下，尤其是当联邦最高法院发话的时候。2014年就是这样的情况。经过30年的沉默，⑤最高法院在3年内连续作出了两个有关一般管辖权的判决：2011年的固特异轮胎公司诉布朗(Goodyear Dunlop Tires Operation, S. A. v. Brown)案⑥和

---

① 参见本文三(一)1部分。

② 参见本文三(三)2部分。

③ 参见本文三(三)3部分。

④ 参见本文四(一)2～3部分。

⑤ See Helicopteros Nacionales de Colombia, S. A. v. Hall, 466 U. S. 408 (1984).

⑥ 131 S. Ct. 2846 (U. S. 2011), discussed in Symeonides, 2011 Survey, at 298－99.

2014 年的戴姆勒公司诉鲍曼(Daimler AG v. Bauman)案。[①][②] 在戴姆勒案中,金斯伯格大法官负责撰写了八票多数的判决书,其中明确说,她在 Goodyear 案中所提到的"实质上的家"这一核心术语并非仅仅是一个修辞手法,而是意在表达这样一个要求,即外国企业与法院地之间的联系必须足够强且连贯,从而体现出了一种几乎和住所一样强烈的关联性。用金斯伯格的话说,问题的关键"不在于一家外国企业与法院地的联系是否可以被认为具有一定程度的'持续性和系统性'",而在于这些联系是否"具有如此的'持续性和系统性',以至于让人认为它事实上以法院地州为其家乡"。[③] 尽管金斯伯格解释说"家乡"这一要求并不意味着一家企业"仅仅服从于其成立地州法院或者其主营业地州法院"[④]的一般管辖,但看上去很清楚的是,对于原告而言,很难找到另一个能够满足这一条件的法院地。

戴姆勒案是一起关于《外国人侵权法》的诉讼,原告是阿根廷人,被告是德国企业戴姆勒公司。原告声称,在阿根廷军事独裁期间,戴姆勒公司通过其阿根廷子公司伙同阿根廷警方实施了侵犯人权的行为。[⑤] 本案不符合特别管辖权,因为被诉侵权行为并非发生在法院地加利福尼亚州境内,而且戴姆勒本身与加利福尼亚州也没有满足一般管辖权标准的足够联系。然而,第九巡回法院

---

① 134 S. Ct. 746 (U. S. 2014).

② 法院还审理了一起特别管辖权的案子,参见 Walden v. Fiore, 134 S. Ct. 1115 (U. S. 2014)。法院认为,内华达州在宪法上无权管辖一起内华达州居民针对一位警官提起的侵权诉讼,该警官在佐治亚州实施了故意行为(包括提供一份由联邦机关出具的虚假宣誓书)并导致原告在内华达州受伤害。被告知道原告居住在内华达州并在那里受害。法院查明被告与内华达州没有其他联系,因此认为无论是上述明知还是伤害发生在佐治亚州的事实都不足以使法院通过"最低联系"标准获得管辖权。参见前引,at 1125 – 24。下级法院的管辖权案例参见 Freidrich v. Davis, 767 F. 3d 374 (3rd Cir. 2014)(认为不在美国居住的美国公民就涉外管辖而言属于"无国籍人",不受其前住所地州宾夕法尼亚州的管辖); Midland Funding, LLC v. Mizinski, 355 Wis. 2d 475 (Wis. App. 2014), review denied, 855 N. W. 2d 697 (Wis. 2014)(认为由于威斯康星州对于一位威斯康星州债务人的得克萨斯州雇主拥有对人管辖权,因此,威斯康星州也有权针对该雇主发布一项对人扣押令要求该雇主将该债务人的一部分薪金拨付给原告,并且无须对其薪金拥有对物管辖权)。

③ Daimler AG, 134 S. Ct. at 761 (U. S. 2014) (emphasis added) (internal quotations are from Goodyear).

④ Ibid., at 760 (emphasis in original).

⑤ 该案原告指控对方违反《外国人侵权法》和 TVPA,同时还包括根据加利福尼亚州法律和阿根廷法律提起的过错死亡和故意精神伤害赔偿请求。在 Koibel 案否决了《外国人侵权法》的域外效力以及"Mo-hamad v. Palestinian Authority, 132 S. Ct. 1702 (U. S. 2012)案"将企业排除在 TVPA 适用范围之外以后,本案继而依据阿根廷法律和加利福尼亚州提起诉讼。

认为加利福尼亚州可以行使一般管辖权,因为梅赛德斯—奔驰(美国)公司与加利福尼亚州有联系,该公司是戴姆勒的子公司,并且在特拉华州注册成立,其主要营业地位于新泽西州。第九巡回法院认为,梅赛德斯—奔驰(美国)公司与加利福尼亚州的联系,足以使其服从加利福尼亚州的一般管辖权①(戴姆勒公司并未挑战该观点)。根据代理理论,②这些联系也可以归之于戴姆勒公司,从而使戴姆勒公司也要服从于加利福尼亚州的管辖权。

最高法院推翻了该裁决。最高法院赞同特别管辖权和一般管辖权之间的区分,认为一个子公司"在该子公司经营地发生的行为引起的诉讼中可以被认为是其母公司的代理人,但对于发生在别处的行为不能这样认为"。③ 尽管法院"没有就是否援用一般管辖权情境下的代理理论作出判断",④但几乎没有掩饰其对该理论的怀疑。法院关注的是戴姆勒公司本身与加利福尼亚州的联系。通过将这些联系与戴姆勒公司"全球范围内"⑤的联系加以比较,法院发现这些联系并没有什么特别之处,因为戴姆勒公司通过梅赛德斯—奔驰(美国)公司成为加利福尼亚州市场最大的高级轿车供应商,法院据此认为,戴姆勒公司与加利福尼亚州的联系是"微不足道的"。法院认为:

> 即使我们可以推定梅赛德斯—奔驰(美国)公司的家就在加利福尼亚州,并且进一步推定梅赛德斯—奔驰(美国)公司与加利福尼亚州的联系可以归之于戴姆勒公司,我们仍然没有理由让戴姆勒公司服从于加利福尼亚州的一般管辖权,因为戴姆勒与加利福尼亚州之间的松散联系无法让人认为其以该地为家。⑥

法院进一步解释说,如果让加利福尼亚州来管辖这一"发生于阿根廷"的案

---

① MBUSA 是戴姆勒公司的独家进口商和梅赛德斯—奔驰汽车在美国的分销商。它有多家设立在加利福尼亚州的分店,是加利福尼亚州市场最大的豪华车供应商,占据美国新车销售量 10% 的份额。MBUSA 在加利福尼亚州销售额占戴姆勒全球销售额的 2.4%。Daimler, 134 S. Ct. at 752.

② 该理论依据的是一个不太流行的标准,而没有采纳其他联邦中级法院所遵循的标准,该标准认为,只有当分支机构被其母公司严密操控以至于与其合为一体时,该分支机构的管辖权连接因素才可以被转嫁于其母公司。Ibid., at 759.

③ Ibid., at 759.

④ Ibid.

⑤ Ibid., at 761.

⑥ Ibid., at 760.

件,将会是对管辖权"过分的"和"令人难以接受的粗暴的"滥用,将会赋予美国法院一种"全球管辖权"。[①] 考虑到本案的"跨国背景",这种扩张的管辖权将会不利于"国际友好关系"和礼让,因为其他国家并不采纳这样一种"不受限制的对人管辖方法"。[②]

索托马约尔大法官在其独立出具的协同意见书[③]中,将多数意见书的观点总结为"并不是戴姆勒公司与加利福尼亚州之间的联系太少,而是它与其他法院地的联系太多"。[④] 按照索托马约尔的观点,这种比较并不为最高法院过去的司法实践所支持,以前的判例关注的"仅仅是被告在本州内的联系的强度,而不是这些联系相对于被告与其他州之间的联系的相对强度。"[⑤]金斯伯格大法官对此并不同意,她指出,一般管辖权要求"对一家公司的全部活动进行评估,包括国内的和世界范围的",在不同地点经营的公司"不可能被认为在所有这些地点都有家"。[⑥]

三、域外效力[⑦]

(一)跨境射击和《联邦侵权赔偿法》

近年来发生了如此多的警察枪击事件,因此毫不奇怪其中一起会跨越国境线。在赫尔南德兹诉美国案(Hernaudez v. U. S.)中就出现了这种情况,[⑧]而且

---

① Daimler, 134 S. Ct. at 761.

② Ibid., at 763.

③ 索托马约尔大法官赞同该判决,但不同意其理由。她认为,戴姆勒认同MBUSA受制于加利福尼亚州的普通管辖权,这才是决定性的,如果MBUSA以加利福尼亚州为"家乡""则只要MBUSA的联系和利益被视为其自身的联系和利益,对戴姆勒就必须同样对待"。Ibid., at 770 (Sotomayor J., concurring). 不过,索托马约尔认为,"无论戴姆勒与加利福尼亚州的联系有多强,该州行事管辖权都没有道理,只要本案涉及的是外国原告因外国的行为而起诉一家外国被告,并且存在一个更适当的其他法院"。Ibid., at 764. 索托马约尔认为,与中级法院不同,最高法院以前从未采用过合理性标准来判断普通管辖权,这一点与特别管辖权相反。Ibid., at 764 – 65.

④ Ibid., at 764.

⑤ Ibid., at 767.

⑥ Ibid., at 761 (Ginsburg, J.)

⑦ "域外效力"(extraterritoriality)这一术语被用于描述在与外国有联系的案件中联邦成文法(以及联邦普通法)适用的范围。虽然这些案件与法律选择案件被分开来讨论(参见本文三部分),但这并不意味着域外效力案件不会牵涉到法律选择问题。事实上它们确实会牵涉到。区别在于在这些案件中,国会被推定为已经对法律做出了选择,法院的任务是要通过各种方式的法律解释来弄清楚国会所做的选择。

⑧ 757 F. 3d 249 (5th Cir. 2014), reh'g en banc granted, 771 F. 3d 818 (5th Cir. 2014).

这还不是第一起这样的事件。① 一位美国边境巡逻兵站在美国—墨西哥边境的美国一侧向对面射击,打死了一名15岁的墨西哥男孩,当时他正在边境的墨西哥一侧玩耍。该男孩的父母根据美国《联邦侵权赔偿法》(Federal Torts Claim Act,FTCA)起诉美国政府。②

《联邦侵权赔偿法》第1346(b)条放弃了美国政府对于其雇员的伤害行为享有的主权豁免,"只要美国政府,如同一个自然人一样,根据行为或过错发生地法律需承担责任"。③《联邦侵权赔偿法》第2680(k)条规定,第1346(b)条对主权豁免的放弃并不适用于"任何在外国发生的行为引起的赔偿请求"。④ 美国最高法院在40多年前的两个理由很不充分的判例中对斜体字部分进行了解释。在理查德诉美国案(Richard v. U. S.)⑤中,法院解释说,第1346(b)条中的"行为或过错发生地法律"是指行为发生地的"全部法律"(whole law),而不是损害结果地的法律。在"索萨诉阿尔瓦雷斯—麦琴案"⑥中,法院将第2680(k)条中的"在外国发生的行为引起的赔偿请求"解释为"损害或伤害发生在外国的赔偿请求"。⑦

赫尔南德兹案有所不同,它涉及的行为发生在美国,而损害发生在墨西哥,而索萨案所涉及的行为在美国境内预谋,但在墨西哥实施,而且损害也发生在墨西哥。该案涉及的是几位墨西哥人根据美国联邦当局的指令在墨西哥境内绑架一位墨西哥公民。根据"总部理论",第九巡回法院认为,第2680(k)条的外国例外并不适用,因为绑架行为是"根据美国政府官员的计划"⑧而实施的,并且"所有的指令"都在美国境内作出。⑨ 最高法院推翻了第九巡回法院的裁

---

① 757 F. 3d 249 (5th Cir. 2014), reh'g en banc granted, 771 F. 3d 818 (5th Cir. 2014). at 269 n. 9 (列举了3年内发生的3起事故,其中边境巡逻人员从边境向对方开枪导致墨西哥边境一方有3人被杀).

② See 28 U. S. C. A. § § 1346(b), 2671 - 2680.

③ 28 U. S. C. A. § 1346(b) (emphasis added).

④ 28 U. S. C. § 2680(k) (emphasis added).

⑤ 369 U. S. 1 (1962).

⑥ 542 U. S. 692 (2004) (discussed in Symeonides, 2004 Survey, at 906 - 30, 936 - 38).

⑦ Sosa, 542 U. S. at 704 (emphasis added).

⑧ Alvarez-Machain v. United States, 266 F. 3d 1045, at 1055 - 56 (9th Cir. 2001) vacated and replaced with Alvarez-Machain v. United States, 331 F. 3d 604 (9th Cir. 2003), which was reversed by the Supreme Court case discussed in the text.

⑨ Alvarez-Machain v. United States, 331 F. 3d 604 at 638 (9th Cir. 2003), reversed by the Supreme Court case discussed in the text.

决,拒绝采用总部理论,理由是该理论"试图完全取消外国例外",因为"即使是那些滑落与摔倒的案件……也可以……以未经培训或未经警告为理由而被重新包装成总部理论的请求权"。① 不过,最高法院的观点要比这种解释更宽泛。法院认为,"《联邦侵权赔偿法》的外国例外禁止依据在外国遭受的损害而提出赔偿请求,而不管侵权行为或过错发生在哪里"。②

在赫尔南德兹案中,上述斜体字部分对于原告的请求至关重要。根据该表述,发生在美国境内的开枪行为是无关紧要的,也不存在任何"未经训练"的情形。面对这一难题,原告主张,除了行为之外,损害也发生在美国境内,因为"一旦枪支举起并瞄准而且手指已经扣动扳机,就没必要再等到子弹发射并造成伤害"。③ 第五巡回法院指出,"在任何时候(受害者)都位于墨西哥",因此驳回了上述观点,认为伤害"是在外国造成"的,因此,原告的请求"受到索萨案中的外国例外的限制"。④

该法院还驳回了原告的《外国人侵权法》请求。⑤ 法院认为,即使认为美国政府违反了国际法上禁止"滥杀无辜"的原则,原告也必须证明美国政府明确放弃了针对该赔偿请求的主权豁免。此种放弃"必须明确地规定在成文法之中且不能默示推定",法院认为,"《外国人侵权法》中没有任何条款表明国会有意放弃美国的主权豁免"。⑥

赫尔南德兹案原告还针对射杀其孩子的美国边防官提出了一项比文斯(Bivens)诉讼,⑦指控其违反了受害者在《宪法》第四修正案和第五修正案下的宪法权利。该边防官援引了限制豁免理论进行抗辩,根据该理论,公务员的行为如果没有明显违反一个有理性的人应当了解的现行法律或宪法权利,则他不承担民事责任。他抗辩说,不存在违反宪法的行为,因为任何宪法伤害都发生

① Sosa, 542 U.S. at ___, 124 S. Ct. at 2749.

② Sosa, 542 U.S. at 712, 124 S. Ct. 2739 (emphasis added).

③ Hernandez, 757 F.3d 258.

④ Ibid.

⑤ 28 U.S.C. § 1350.

⑥ Hernandez, 757 F.3d 258 (internal quotation marks omitted). 其他巡回法院也采用相同观点。See, e.g., Tobar v. United States, 639 F.3d 1191, 1196 (9th Cir. 2011); Gold-star (Pan.) S.A. v. United States, 967 F.2d 965, 968 (4th Cir. 1992); Sanchez-Espinoza v. Reagan, 770 F.2d 202, 207 (D.C. Cir. 1985).

⑦ Bivens v. Six Unknown Named Agents of Federal Bureau of Narcotics, 403 U.S. 388 (1971).

在墨西哥,而且美国宪法并不保护外国人在美国境外遭受的伤害。第五巡回法院同意被告有关第四修正案的抗辩理由,但不同意其有关第五修正案的抗辩理由。

对于第四修正案,第五巡回法院认为,应当适用最高法院在美国诉费尔杜哥－乌尔奎德兹案(U. S. v. Verdugo-Urquidez)①中以5∶4作出的判决。该案中,法院认为,第四修正案"目的并不是要限制联邦政府针对美国境外的外国人提起的诉讼"②,只要该诉讼与美国之间"不存在显著的主动联系"③。当然,最高法院后来在布迈迪恩诉布什案④中放弃了这一形式主义的解释,而采用了一种功能主义的个案分析方法来确定宪法的域外适用问题。第五巡回法院认定费尔杜哥—乌尔奎德兹案与布迈迪恩案的结论是一致的,因而认为本案中第四修正案不能域外适用。在认定Hernandez与美国之间缺乏显著的主动联系因而不能援引第四修正案之后,法院接着讨论了有关这条2000英里长的边境的治安管理问题以及"允许在我国的国际边境进行更广泛的搜查权"的可能性。⑤法院认为:

> 根据最高法院的指令并考虑到国家的边境利益,我们认为,就本案情形而言——发生在我国境外的抓捕活动并涉及一个外国人——第四修正案并不适用。⑥

法院接下来讨论了第五修正案的可适用性,该修正案的实质内容是"防止政府采取那些'泯灭良知'或者干涉'法定自由概念所固有的权利'的行为。"⑦法院注意到,费尔杜哥－乌尔奎德兹案将第四修正案的域外适用仅限于与美国有密切联系的人,而没有限制第五修正案的适用,而第五修正案保护的是"任何人",法院于是按照布迈迪恩案所确立的因素审查了第五修正案的可适用性。

法院发现,赫尔南德兹案的受害者身份和事故的发生地都倾向于支持适用

---

① 494 U. S. 259 (1990).
② Ibid.
③ Ibid., at 271.
④ 553 U. S. 723 (2008) (discussed in Symeonides, 2008 Survey, at 317－19).
⑤ Hernandez, 757 F3d at 266.
⑥ Ibid., at 267.
⑦ Ibid. (quoting United States v. Salerno, 481 U. S. 739, 746 (1987)).

第五修正案。与布迈迪恩案和埃森特拉格尔案①中所涉的“敌方战士”和“外国敌人”不同,赫尔南德兹是一个在被占区或战场之外被杀死的平民。在上述案例中所涉及的“遥远的地点”也不同,“边境巡逻队跨越边境使用武力”,②而且他们也“不是临时地”出现在那里。③ 他们是“‘经常性’边境关系中起主导作用的经常性参与者”。④ 因此,尽管美国对墨西哥一方的边境缺乏形式上的控制或事实上的主权,但是“联邦机构的固定存在和经常性穿越边境而无须对方同意的行动足以支持承认宪法在某些方面的适用”。⑤

法院还解释说,反对适用第四修正案的现实考量对于第五修正案并不起作用,因为它们适用不同的标准。第四修正案保护公民免受不合理的搜查和逮捕,而第五修正案保护公民免受泯灭良知的武断行为的迫害。法院解释说,“需要满足后一标准的非同寻常的程度阻碍了保护行为满足该标准”。⑥ 法院注意到,“自我保护的国家利益”促使法院的判决限制第四修正案的适用,“而这对于确定一个外国人是否有权免受武断的、泯灭良知的跨境行为的损害则无关紧要”。⑦ 法院注意到被告“在实施被诉的违宪行为时处于美国境内”,而联邦机构已经被要求尊重美国境内的外国人享有第五修正案规定的权利。法院因此解释说,第五修正案在本案中的适用“将不会强迫政府机构改变其行为”。⑧ 相反,它只会“出生一种强烈的效应,告知联邦官员不得在这种新的类似情形下实施武断的伤害行为”。⑨

法院最终认为,“一个非美国公民在美国境外因为美国境内的官员武断的执法行为而遭受伤害时,他可以援引第五修正案提供的保护”。⑩

法院还决定,“如果一个位于境外的人针对美国境内的联邦执法机构泯灭良知地跨越我国国境滥用武力的行为根据第五修正案主张免受野蛮身体伤害

① Johnson v. Eisentrager, 339 U. S. 763 (1950).
② Hernandez, 757 F. 3d at 269.
③ Ibid., at 270.
④ Ibid.
⑤ Ibid.
⑥ Ibid.
⑦ Ibid., at 271.
⑧ Ibid.
⑨ Ibid.
⑩ Ibid., at 272.

的权利,则在此种特别情形下可以扩张提起一项比文斯诉讼”。[①]

3 位法庭成员中有 1 位不同意法院对第五修正案的裁决意见。第五巡回法院裁决进行全席重审。

“格罗斯诉美国案”[②]是另一起《联邦侵权赔偿法》诉讼。原告是美国国际发展局的一位美国承包商,他在古巴遭到逮捕和判刑,理由是他参与了“美国政府意图推翻革命的颠覆计划”。[③] 该承包商认为其在古巴被捕是因为没有得到美国国际发展局的适当警告和培训,他和妻子于是起诉美国政府,要求补偿其“‘因被错误逮捕和随后的错误监禁’而受到的经济损失,包括‘其业务上所受到的破坏’、收入损失、律师费和医疗费等”。[④] 为了避免适用《联邦侵权赔偿法》第 1346(b)条规定的外国例外条款,原告主张其经济损失“全部发生在美国境内”且“不是因在古巴遭受的……损害而导致的”。[⑤] 华盛顿特区法院认为这只是“另一种援引总部理论否决索萨(Sosa)案的方式”,因而否决了原告的理由,并强调他们所受的经济损失都是派生的而非直接损失,因为这些损失是因为原告在古巴“被错误逮捕和持续监禁”而导致的。[⑥]

原告还主张,外国例外条款适用于他们是违宪的,因为该条款区分了两类美国公民,即在国外受损的人和在美国境内受损的人。原告争辩说,该项例外“唯一表达的目的”是要避免适用外国法律,该目的在他们的案件中不会实现,因为该案受美国法支配。[⑦] 特区巡回法院驳回了该论点,认为最高法院在索萨案中“再次确认了国会并未规定只有当牵涉到外国法律的时候才适用该项例外”。[⑧] 法院随后又根据“理性基础”测试标准驳回了原告的平等保护抗辩。[⑨]

2014 年 12 月 17 日奥巴马总统宣布恢复与古巴的外交关系,格罗斯先生被从古巴监狱释放回到美国。2014 年 12 月 23 日,他和联邦政府达成了一项 320 万美元的和解协议。

---

① Hernandez, 757 F. 3d at 277. 法院强调,其裁决仅限于这种特别情形。法院说:“比如,我们并不建议出现一起 Bivens 诉讼,其中武装人员被指控违反个人权利。”Ibid. , at n. 14.

② 771 F. 3d 10 (D. C. Cir. 2014).

③ Ibid. , at 11.

④ 771 F. 3d 10 (D. C. Cir. 2014)(quoting plaintiffs' brief) (emphasis added by court).

⑤ Ibid. , at 12.

⑥ Ibid. , at 13.

⑦ Ibid.

⑧ Ibid. (emphasis added).

⑨ Ibid. , at 14 – 15.

(二)吉奥贝案之后的《外国人侵权法》

在我们 2013 年的综述中探讨过的“Kiobel 诉皇家荷兰石油公司案”①中,美国最高法院认为:首先,《外国人侵权法》②应当受到反域外适用推定的限制。其次,原告未能推翻该项推定,理由包括:(1)“所有相关行为都在美国境外发生”;(2)被告与美国的联系“仅仅是公司存在”而没有其他因素。③ 然而,最高法院仍然为《外国人侵权法》的诉讼之门留了一条缝,它建议原告可以推翻该项推定,只要他们的诉讼请求“牵涉到美国领域之内……并且有迫切必要性这么做”。④

吉奥贝案之后,很多下级法院都试图明确哪些《外国人侵权法》诉讼请求“牵涉到美国领域之内……并且具有迫切的必要性”以推翻该项推定。⑤ 与吉奥贝案同期审理的很多类似案件里面,有 7 起案件被提交到 4 个联邦上诉法院。所有这 7 起案件中,实际侵权人都是外国人,他们在美国境外实施了侵权行为,但是在 6 起案件中,被告都是美国公司或个人,他们被诉帮助或唆使实际侵权人。⑥ 其中 4 起案件中,第二、⑦第九⑧和第七⑨巡回法院都判决认为原告并未推翻反域外适用推定。在两起案件中,第二和第四巡回法院认为原告推翻了

---

① 133 S. Ct. 1659 (U. S. 2013), discussed in Symeonides, 2023 Survey, at 281 – 85.

② See 28 U. S. C. § 1350 (“The district courts shall have original jurisdiction of any civil action by an alien for a tort only, committed in violation of the law of nations or a treaty of the United States.”).

③ Kiobel, 133 S. Ct. at 1669.

④ Ibid.

⑤ Ibid.

⑥ 在第七起案件中,被告是一位美国居民而拥有孟加拉国籍。See Chowdhury v. Worldtel Bangladesh Holding, Ltd., infra note 4.

⑦ See Chowdhury v. Worldtel Bangladesh Holding, Ltd., 746 F. 3d 42 (2nd Cir. 2014), cert. denied, 135 S. Ct. 401 (U. S. Oct. 2014). (一位孟加拉原告提起的《外国人侵权法》诉讼,原告声称孟加拉警方在其贸易伙伴唆使下对其实施了拘押和酷刑折磨,该贸易伙伴是一位具有美国长期居民身份的孟加拉公民。法院认为不应适用《外国人侵权法》,因为所有相关行为都发生在孟加拉。)

⑧ See Mujica v. AirScan Inc., 771 F. 3d 580 (9th Cir. 2014).

⑨ See Baloco v. Drummond Co., Inc., 767 F. 3d 1229 (11th Cir. 2014); Cardona v. Chiquita Brands Intern., Inc. 760 F. 3d 1185 (11th Cir. 2014). (哥伦比亚公民针对两家美国公司提起的《外国人侵权法》诉讼,原告声称被告协助哥伦比亚准军事组织在哥伦比亚实施谋杀和酷刑行为;法院判决认为原告未能推翻反域外适用推定,因为“原告并未主张酷刑行为发生在美国境内,或者任何其他构成《外国人侵权法》项下侵权的行为有效达到或涉及美国领土”。Ibid., at 1191.)

上述推定,但是第二巡回法院以其他理由驳回了原告诉讼请求,而第四巡回法院将案件提交给陪审团对政治问题理论的相关事实问题进行判断。[①] 在第七起案件中,第九巡回法院也把案件发回下级法院,但似乎采取了一种更柔和的标准试图推翻反域外适用推定。[②] 这些案件将在下文分别探讨。

1. 侯赛因统治下的伊拉克

马斯塔法诉雪佛龙公司案[③]是由第二巡回法院的卡布拉雷斯法官[④]审理的一起案件,该案采取了最具扩张性(也是最有说服力)的判断标准来适用《外国人侵权法》。该判断标准看上去更接近于阿利托大法官在吉奥贝案中发表的协同意见书中的观点,而不是多数意见书的观点。马斯塔法案的原告是伊拉克人,他指控被告(雪佛龙公司——一家美国石油公司和 BNP Paribas,一家法国银行)帮助萨达姆·侯赛因政权规避联合国对伊拉克实施的石油和食品制裁,从而协助和唆使侯赛因政权在伊拉克对原告及其家人实施了侵犯人权的行为。[⑤]

该案中,原告试图将最高法院在吉奥贝案意见书中采取的最低指引与该法

---

① See Mastafa v. Chevron Corp., 770 F.3d 170 (2d Cir. 2014), discussed infra; Al Shimari v. CACI Premier Technology Inc., 758 F.3d 516 (4th Cir. 2014).

② See Doe I v. Nestle USA, Inc., 766 F.3d 1013 (9th Cir. 2014), discussed infra.

③ 770 F.3d 170 (2nd Cir. 2014).

④ 卡布拉雷斯法官也是第二巡回法院吉奥贝案意见书的撰写者,该案认为,公司不得承担违反国际法的责任,因此它们不能根据《外国人侵权法》被起诉。在吉奥贝案中,两个被告都是公司。卡布拉雷斯法官注意到,最高法院在吉奥贝案中"并未触及——既未质疑也未修正——有关公司在《外国人侵权法》项下责任的问题,而该问题在第二巡回法院所做的吉奥贝案判决中构成核心问题。Id. at 177. 由于法院以其他理由拒绝了丁斯塔法案,因此没有必要再去重新审查该问题。Ibid., at 179, n.5. 其他巡回法院曾认为或推断,公司可以承担违反国际法的责任。See Doe I v. Nestle USA, Inc., 766 F.3d 1013 (9th Cir. 2014); Doe v. Exxon Mobil Corp., 654 F.3d 11, 57 (D.C. Cir. 2011), vacated on other grounds by 527 Fed. Appx. 7 (D.C. Cir. 2013); Sarei v. Rio Tinto, PLC, 671 F.3d 736, 761 (9th Cir. 2011) (en banc, vacated on other grounds by, 133 S. Ct. 1995 (U.S. 2013)); Doe v. Exxon Mobil Corp., 654 F.3d 11, 41 (D.C. Cir. 2011), vacated on other grounds, 527 Fed. Appx. 7 (D.C. Cir. 2013); Flomo v. Firestone Natural Rubber Co., 643 F.3d 1013, 1020-21 (7th Cir. 2011).

⑤ 在 Republic of Iraq v. ABB AG, 768 F.3d 145 (2nd Cir. 2014)案中,战后成立的伊拉克新政府根据 RICO 和《外国人腐败行为法》(FCPA)起诉 Chevron、BNP 和其他 50 家公司,指控它们勾结侯赛因政权规避联合国的制裁和石油换食品计划。法院认为,相同罪行原则是对 RICO 民事请求的一项有效抗辩,侯赛因政权所犯的任何过错都可以转嫁到伊拉克新政府身上。法院还认为,FCPA 并不创设一项私人诉权。

院在莫里森诉澳大利亚国民银行案"中所适用的"焦点标准"(focus test)结合起来,[①]第二巡回法院发展出了一项判断标准以确定原告如何可能推翻反域外适用推定。在莫里森案中,最高法院关注的是推定立法所要调整的"地域活动"或"关系"。[②] 在该案中,该立法(证券交易法)的焦点是"在美国境内购买和销售证券"而不是"欺诈行为在哪里发生"。[③] 而在《外国人侵权法》案件中,第二巡回法院解释说,焦点应当在于"被原告指控直接违反国际法的被告的行为或者……被告协助和唆使其他人违反万国法的行为"。[④] 这一段话包含两部分,人们可以将其称为地域性和实体性。首先,法院必须确定上述行为是否"牵涉到"美国领土,而且"有迫切必要性"取代反域外适用推定;其次,法院必须至少首先予以确定该行为是否事实上构成对特别的、普遍的和义务性国际法规范的违反,从而属于《外国人侵权法》的实体调整范围。[⑤]

在做出这些判断时,"无论是被告的美国国籍还是他们在美国境内的存在,都无关紧要"。[⑥] 法院也知道其他巡回法院有不同观点,但是该法院"不同意这种意见,即被告的美国国籍应发挥作用"。[⑦] 法院认为,一项《外国人侵权法》上的指控不能"仅因为一位美国公民偶然地实施了被诉侵权行为"而"被挽救",也不能仅因为违法者"是一位外国公民而非美国公民"而遭败诉。[⑧]

法院发现,本案中被指控的行为满足了上述判断标准中的地域性部分。也就是说,该行为牵涉到美国领土并有充分必要性取代反域外适用推定。至于雪佛龙公司,关键因素既不是其成立地也不是其总部所在地位于美国境内,这二者都"不重要",[⑨]重要的是其在美国境内实施的帮助萨达姆·侯赛因政权逃避联合国制裁的协助和唆使行为。[⑩] 至于 BNP 银行,关键因素是其在纽约州的银

---

① 561 U. S. 247 (2010), discussed in Symeonides, 2010 Survey, at 306 - 11.

② Ibid., at 266.

③ Ibid.

④ Mastafa, 770 F. 3d at 185.

⑤ Ibid., at 185 - 86.

⑥ Ibid., at 188.

⑦ Ibid., at 189 (emphasis added).

⑧ Ibid.

⑨ Ibid., at 190.

⑩ Ibid. (描述了 Chevron 公司通过在美国的中介人融资购买 200 万桶伊拉克石油,并在美国收取所获得的利润。)

行设施和交易,这些设施和交易导致了萨达姆政权对联合国制裁的逃避。[①]

不过,法院认为两家公司在美国境内的行为都未能满足上述标准中的实质性部分,因为该行为不符合第二巡回法院用来判断《外国人侵权法》下协助和唆使责任的犯意(mens rea)标准。根据该标准,协助人必须提供"实际的帮助"并对犯罪行为的实施发挥了"实质性效果",而且该人是"故意地"实施该行为以完成该项罪行。[②] 本案中,原告不得不举证一些事实证明被告"故意实施一些行为以推进(侯赛因政权)违反人权的行动……而不是被告是否仅仅知道该侵权行为正在发生,并且被告的经营活动使该行为得以发生"。[③] 因此,被告"故意藐视(联合国)制裁制度以谋取利益或者他们明知其行为违反……国际法"的事实"并不重要"。[④] 原告未能提出一些特殊的事实能够证明被告"故意协助和唆使萨达姆·侯赛因政权实施违反习惯国际法的行为"。[⑤]

2. 侯赛因之后的伊拉克

在阿尔希马里诉CACI第一技术公司案[⑥]中,原告是一些外国人,他们在伊拉克阿布格莱布监狱内遭到为被告工作的美国审讯人员的酷刑折磨,而被告是为美军服务的几家承包商。[⑦] 由于本案与美国具有一些密切的联系,但同时又由于第四巡回法院遵循了一种更宽泛的判断《外国人侵权法》适用范围的标准,对于原告而言就更容易推翻反域外适用推定。法院并未引用莫里森案中的"焦点标准"并取而代之地认为吉奥贝案"宽泛地规定,'诉讼请求'而非被诉酷刑行为必须牵涉到美国领土且具有充分必要性"。[⑧] 这种对诉讼请求的强调意味着法院"必须考虑到所有导致《外国人侵权法》诉讼请求的事实,包括当事人的

---

① Mastafa, 770 F. 3d at 190 - 191.

② Ibid., at 191 (quoting in Presbyterian Church of Sudan v. Talisman Energy, Inc., 582 F. 3d 244, at 277 (2d Cir. 2009) (emphasis added by Mastafa court).

③ Mastafa, 770 F. 3d at 193 (quotations omitted) (emphasis in original).

④ Ibid. (emphasis in original).

⑤ Ibid.

⑥ 758 F. 3d 516 (4th Cir. 2014).

⑦ 原告没有根据1991年《酷刑受害者保护法》(Trafficking Vic-tims Protection Act, TVPA)获得救济,因为TVPA不适用于企业被告,并且就个人被告而言,只有当酷刑"是在任何外国实际上的或表面上的政府机构或表面合法的权力支配之下所实施……"该法才提供救济。Pub. L. No. 102 - 256, 106 Stat. 73, note following 28 U.S.C. § 1350 (emphasis added).

⑧ Al Shimari, 758 F. 3d at 527 (emphasis added).

身份和他们与诉因之间的关系”。[①]

为了证明采用“这一宽泛术语并非偶然”,法院援引了阿利托大法官的协同意见书,该意见书采用了一种“更有限制的”标准(没有被吉奥贝案多数意见书采纳),该标准所关注的仅是国内的酷刑行为。[②] 第四巡回法院认为本案符合吉奥贝案的“牵涉到”术语,因为本案与美国领土具有“实质性联系”,[③]并足以推翻《外国人侵权法》的反域外适用推定。法院提供了一长串这种联系的名单,不仅包括那些审讯人员及其委托人的国籍和注册地,也包括在美国境内的一些明显行为,这些行为相对默示地证明了阿布格莱布监狱的酷刑——或者试图掩盖该酷刑。[④]

然而,这还不是原告案件的终结。被告认为,那些审讯人员是按照美国军方的指示行事的。因此,本案可能涉及非司法的政治问题。法院于是将本案提交给陪审团要求其对事实进行调查,以便判断是否具有司法性。

3. 童工

在 Doe I 诉美国雀巢公司案[⑤]中,原告是一些以前的童工,他们被迫在象牙海岸采摘可可豆。他们针对 4 家美国公司提起《外国人侵权法》诉讼,声称这些公司通过以下方式协助和唆使使用童工:(1)该象牙海岸的农场主提供金融和非金融援助;(2)游说美国国会阻止实施取缔此种行为的立法。

在尼尔森法官撰写的一份意见书中,第九巡回法院维持了早先的判决意见,认为这些公司应当承担责任,因为它们违反了“普遍而绝对的”或者适用于“所有行为者的”国际法规范,如禁止使用奴隶。[⑥] 法院认为,被告的行为符合协助和唆使责任中的更严格的“目的”标准。因此,法院没有去判断是否只要明知违反国际法就足够了。[⑦]

法院还决定,在本案的此项环节中不去判断域外效力问题,而是把本案提

---

① Al Shimari, 758 F. 3d at 527 (emphasis added).

② Ibid.

③ Ibid., at 529.

④ Al Shimari, 758 F. 3d. at 530 - 31.

⑤ 766 F. 3d 1013 (9th Cir. 2014).

⑥ Ibid., at 1022.

⑦ Ibid., at 1024. (“我们认为,原告的主张满足了更严格的目的标准,并因此主张了一项因协助和支持奴隶制而引发的诉讼请求,它支持了这种推论,即被告不仅通过与已知的侵犯人权者经商牟利……而且他们还试图通过支持违反国际法而实现自己的目的。”)

交陪审团,从而允许原告补充相关记录。不过,对于吉奥贝案是否引入了莫里森案中的"焦点标准",该法院并不赞同第二巡回法院的观点。法院认为,吉奥贝案"选择使用'牵涉到'这一术语而不是'焦点'这一术语",并且"既然焦点标准用来判断国会的立法意图,它就不能被用于《外国人侵权法》诉讼请求,因为这是普通法诉讼请求,依据的是国际法规范"。①

4. 哥伦比亚谋杀案

巴洛科诉德拉蒙德(Baloco v. Drummond)公司案②是因为一家美国矿业公司德拉蒙德公司在哥伦比亚所雇佣的3位工会领导人在哥伦比亚被谋杀而引发的一起案件。谋杀案是由哥伦比亚的准军事武装实施的,该武装团体负责为德拉蒙德公司提供保安服务。受害者的子女针对德拉蒙德公司及其两个主要雇员提起了一项《外国人侵权法》诉讼,声称被告直接资助了某些准军事武装团体的活动并与其合谋实施了谋杀行为。

法院采纳了所谓的莫里森案中的"焦点标准"并驳回了该项《外国人侵权法》诉讼请求,认为原告未能推翻反域外适用推定。法院注意到被告的美国国籍并不具有"重要意义",③同时还认为被告在美国境内的行为也不重要。法院解释说,即使被告在美国境内的决定可以被认为是"相关行为"的一部分,但该指控仍然理由不足,因为"被告和(准军事武装团体)之间并没有明确的协议去为了德拉蒙德公司的利益而杀死3位公会领导人"。④ 总之,仅"意图支持"准军事武装团体并不"必然导致在美国境内的行为直接导致谋杀",也没有明确证据显示"存在一项明确的报酬条件表明德拉蒙德公司会资助(准武装团体)的活动作为……实施该谋杀的交换"。⑤ 最终,法院认为,"问题并非是该谋杀是否'牵涉到'美国",而是该谋杀是否"牵涉到美国领土"。⑥ 此外,即使该谋杀牵涉到美国"领土",它们也没有"充分的必要性去取代反域外适用推定"。⑦

---

① 766 F.3d 1028 (9th Cir. 2014).

② 767 F.3d 1229 (11th Cir. 2014).

③ 767 F.3d. 1236 (11th Cir. 2014).

④ Ibid. (emphasis added). 有人质疑,即使原告可以证明存在口头"协议",本法院也会要求它以书面做成并盖章。

⑤ Ibid. (emphasis added).

⑥ Ibid. (quoting Kiobel, 133 S. Ct. at 1669) (emphasis added by Baloco court).

⑦ Ibid., at 1238.

5. 哥伦比亚爆炸事件

穆吉卡诉空气扫描(Mujica v. AirScan)公司案①是第九巡回法院在Doe I案之后审理的另一起案件,该案显示出,关于如何适用吉奥贝案中的模糊标准的争议不仅存在于不同巡回法院之间,而且存在于同一巡回法院的不同法庭之间。与Doe I案不同而与第二巡回法院的马斯塔法案和阿利托(Alito)大法官在吉奥贝案中的协同意见一致,穆吉卡案法庭关注的是被告在国内的行为本身是否构成了违反国际法。被告是一家美国石油公司及其私人保安公司(AirScan),后者也是一家美国公司。原告是哥伦比亚公民,代表哥伦比亚一批非武装平民起诉,他们遭受到了哥伦比亚空军的炸弹袭击。根据原告指控,被告协助哥伦比亚空军进行攻击,向其提供目标信息以及其他情报。

在比比(Bybee)法官撰写的意见书中,法院认为原告的诉讼请求"并未牵涉到美国领土,不足以取代反域外适用推定",因为该诉讼请求"全部依据的是发生在哥伦比亚境内的行为",②而且被告虽然都是美国公司,但这并非充足联系。原告主张一些被告的行为发生在美国境内,并请求法院允许补充相关证据,但法院未予同意,这引起了一位异议法官的抗议。该异议书也不同意多数意见书仅关注发生在美国的侵权行为而不关注原告的"诉讼请求",而后者是吉奥贝案所使用的术语。异议书认为,这种错误的关注导致多数意见书"从根本上忽视了被告的美国国籍,而这是原告《外国人侵权法》诉讼请求的基本要素,它导致适用《外国人侵权法》,这是该法的自然含义,而非域外适用。③

6. 州法诉讼请求

当《外国人侵权法》的大门关闭时,人们自然会期盼人权侵权受害者会更频

---

① 771 F.3d 580 (9th Cir. 2014).

② 771 F.3d. at 596 (quotations omitted).

③ Ibid., at 618 (Zilly, J., concurring in part and dissenting in part). 异议书指出,"除非《外国人侵权法》请求是以替代性责任为前提,违反国际法的被告居住在美国期间必须在我国境内实施至少一件行为",多数意见书将美国国籍仅仅当作"一个因素"而"回避了这样一个问题,即哪一行为或者哪些行为足够建立管辖权"。异议意见书认为"如果《外国人侵权法》诉讼是针对一家本地公司或者其他美国国民而提起,而不管其基础行为是否发生于美国境内,根据《外国人侵权法》就可以行使管辖权"。Ibid., at 618 - 19 (footnotes omitted).

繁、更持续地去援引州法。[①] 出于这一理由,穆吉卡案意见书中涉及原告州法诉讼请求的那一部分相对于其驳回《外国人侵权法》诉讼请求的那一部分而言,具有更为重要的意义。原告根据加利福尼亚州法律提出了过错死亡和故意实施精神伤害的诉讼请求。法院驳回了这些请求,因为按照司法礼让理论(相对于立法礼让理论),这些请求是不可诉的。这一理论类似于不方便法院原则,但是它更具有政治性,而且缺乏后一理论所具有的安全性。通过不允许在美国诉讼,法院将其裁决建立在美国和哥伦比亚的利益之上,同时认为哥伦比亚法院具有"适当性",尽管这样的法院根本不再存在,就算以前曾经存在过。

法院认识到,美国"对于支持国际人权规范具有利益",并且"对于其本国企业在境外的善意行为具有某种程度的利益"。[②] 然而法院注意到,"美国并不是对其国民(包括自然人和法人)在境外的所有行为都加以监视和管制"。[③] 法院还认识到,加利福尼亚州"对于为其本州企业的受害者提供一个法院地具有显著利益";[④]但这是"一种对良好企业行为的一般利益,如果原告不是加利福尼亚州居民,其诉讼请求涉及境外发生的事件,并且其中一个被告(AirScan)并非一个加利福尼亚州居民企业的话,就不应被过分强调"。[⑤]

最后,法院指出,加利福尼亚州对于提供一个法院地所具有的利益"绝不能超越美国在相反方向的明确倾向"。[⑥] 美国国务院非常明确地在两份利益声明和一份法庭之友意见书中表达了这一倾向,它建议法院驳回该诉讼以便保护美国的利益,并维持与一个同盟国的友好关系。[⑦] 哥伦比亚政府也在两份交涉书

---

① For extensive discussion of this expected trend, see P. Borchers, "Conflict-of-Laws Considerations in State Court Human Rights Actions", 3 *U. C. Irvine L. Rev.* 45 (2013); A. Colangelo & K. Kiik, Spatial Legality, "Due Process, and Choice of Law in Human Rights Litigation Un-der U. S. State Law", 3 *U. C. Irvine L. Rev.* 63 (2013); P. Hoffman & B. Stephens, "International Human Rights Cases under State Law and in State Courts", 3 *U. C. Irvine L. Rev.* 9 (2013); C. Keitner, "State Courts and Transitory Torts in Transnational Human Rights Cases", 3 *U. C. Irvine L. Rev.* 81 (2013); A. Parrish, "State Court International Human Rights Litigation: A Concerning Trend?", 3 *U. C. Irvine L. Rev.* 25 (2013); C. Whytock, D. Childress & M. Ramsey, "After Kiobel—International Human Rights Litigation in State Courts and Under State Law", 3 *U. C. Irvine L. Rev.* 1 (2013).

② Mujica, 771 F. 3d at 609 (emphasis added).

③ Ibid.

④ Ibid., at 610.

⑤ Ibid. (quotation marks omitted).

⑥ Ibid., at 611.

⑦ Ibid., at 609 - 11.

中表达了要求驳回该诉讼的意见,其中一份交涉书声称,如果不驳回“将会影响哥伦比亚和美国之间的关系”。①

鉴于两个国家的利益都倾向于驳回诉讼,剩下的问题就是在哥伦比亚的法院是否可供利用以及该法院是否适当。但法院将二者视为一个问题,即适当性。事实上,原告在哥伦比亚已经没有法院地可供利用,因为哥伦比亚法律要求原告同时起诉所有被告。原告起诉了哥伦比亚政府而没有起诉美国被告,因为担心他们的安全,他们不得不逃离该国。法院不相信此种担心,并认为哥伦比亚法院实际上是适当的——“原告在起诉哥伦比亚政府的时候本来应该同时在哥伦比亚起诉被告,但是他们没有选择这么做”,哥伦比亚法律可能禁止他们的诉讼这一事实“并不导致哥伦比亚法院成为不适当法院”。② 因此,原告只能责怪自己,“无法从被告那里获得救济的原因是原告未能在哥伦比亚起诉被告而不是因为哥伦比亚法律制度的不适当”。③

(三)其他国际案件

由于篇幅的限制,不允许我们详细讨论 2014 年其他一些有趣的国际案件。它们包括涉及《证券交易法》④《期货交易法》⑤《谢尔曼法》和《对外贸易反托拉

---

① Mujica, 771 F. 3d at 611.

② Ibid., at 614.

③ Ibid., at 609.

④ See City of Pontiac Policemen's and Firemen's Ret. Sys. v. UBS AG, 752 F. 3d 173 (2nd Cir. 2014)(认为,根据 Morrison 案,该法的反欺诈条款并不适用于外国发行人在外国市场上发行的股票的购买者提起的诉讼,即使那些股票在美国市场交叉上市,因为仅仅在美国境内发布一项购买境外市场上发行的外国证券的命令并不足以要求购买者在美国承担不可推卸之责任);Parkcentral Glob-al Hub Ltd. v. Porsche Auto. Holdings SE, 763 F. 3d 198 (2nd Cir. 2014)(认为该法的反欺诈条款并不适用于发生在美国境内的以证券为基础的 SWAP 交易,而适用于那些指向外国证券并且其价格被认为受到美国境外发生的事件操纵的交易)。

⑤ See Loginovskaya v. Batratchenko, 764 F. 3d 266 (2nd Cir. 2014)(认为根据该法第 22 条提起的私人诉权仅限于美国境内的日用品交易引发的诉讼)。

斯促进法》[①]《多德—弗兰克法》[②]《反腐败组织法》[③]《外国主权豁免法》[④]《反恐

---

① See Lotes Co. , Ltd. v. Hon Hai Precision Industry Co. , 753 F. 3d 395 (2nd Cir. 2014) [推翻了此前第二巡回法院在 Filetech S. A. v. France Telecom S. A. , 157 F. 3d 922 (2nd Cir. 1988)案中的一项判决并接受了第七和第三巡回法院的观点,该观点认为,FTAIA 的要求是实质性要求而非管辖权要求;驳回了第九巡回法院对 FTAIA 中的“间接效果”的定义,第九巡回法院认为其含义是被告所抗辩的行为的“间接影响”;法院支持了第七巡回法院更为宽松的标准,它将“直接”解释为“合理的前后相连的因果链”]; Motorola Mobility LLC v. AU Optronics Corp. , _ _ _F. 3d_ _ _, 2014 WL 6678622 (7th Cir. 2014)(认为被告向原告子公司销售固定价格的 LCD 面板的行为并不会引起《谢尔曼法》项下的反托拉斯诉讼请求,因为尽管对美国国内商业产生影响,FTAIA 禁止原告以其外国子公司的名义获得损害赔偿,这些子公司需要去寻求其本国法律的救济);United States v. Hsiung, 758 F. 3d 1074 (9th Cir. 2014)(支持了对台湾公司的定罪,因为该公司参与了对销往美国的 LCD 面板的价格固定犯罪共谋行为;法院还认为被告的“进口”行为不属于 FTAIA 的适用范围而属于《谢尔曼法》的适用范围)。

② See Liu Meng-Lin v. Siemens AG, 763 F. 3d 175 (2nd Cir. 2014)(认为该法的反报复条款对于中国雇员针对德国母公司提起的诉讼请求不能域外适用,该母公司的证券在其国内股票市场上市)。

③ See European Community v. RJR Nabisco, Inc. , 764 F. 3d 129 (2nd Cir. 2014), reh' g en banc denied, 764 F. 3d 149 (2nd Cir. 2014) [认为:(a) 如果一项 RICO 请求权取决于违反了一项成文法,而该法并未推翻 Morrison 案的反域外适用推定,则 RICO 不得域外适用;(b)如果一项 RICO 请求权取决于违反了一项成文法,而该法明确指出了国会希望域外适用的意图,RICO 就可以适用于域外的行为——但是仅限于该成文法规定的范围——即使所导致的损害发生在境外;法院还认为,欧盟应被识别为《外国主权豁免法》下的一个“外国国家”]。

④ See Republic of Argentina v. NML Capital, Ltd. , 134 S. Ct. 2250 (U. S. 2014)(驳回了阿根廷的观点,即《外国主权豁免法》第 1609 条所规定的实施豁免包括了证据开示协助执行豁免;法院还认为《外国主权豁免法》中没有哪一条豁免了外国的判决债务人在判决后提供其域外财产信息的义务); Export-Import Bank of the Republic of China v. Grenada, 768 F. 3d 75 (2nd Cir. 2014)(认为,在格林纳达登记成立的航空公司、游轮公司和航运公司在美国境内收税并非“被用于”商业活动,因此它们不能享受《外国主权豁免法》所规定的商业活动例外); Odhiambo v. Republic of Kenya, 764 F. 3d 31 (D. C. Cir. , 2014, reh' g en banc denied (Oct. 29, 2014)(认为肯尼亚承诺支付金钱报酬以换取未披露税收信息的行为在美国境内没有直接效力,因此,信息提供者指控肯尼亚违反承诺不支付款项的请求不属于《外国主权豁免法》中商业例外的适用范围); Gates v. Syrian Arab Republic, 755 F. 3d 568 (7th Cir. 2014), reh' g and reh' g en banc denied (Jul. 17, 2014)。

怖主义法》[①]的域外适用以及国家行为理论[②]和其他涉及国际公约解释的案件。[③]

四、法律选择

(一)侵权

1. 共同住所案件和交通事故

正如笔者在他处所分析过的那样,[④]由州最高法院审理的绝大多数没有采用侵权行为地法规则的案件(42 件中有 33 件)都涉及的是侵权人和被侵权人住所位于同一州内(或在同一州内有关联企业),而侵权行为发生于另一州内。除了一起案件之外,所有这些案件都适用的是共同住所地法。随后,又有 18 起共同住所案件提交到各州最高法院,并且也没有采用侵权行为地法规则,因而,在后侵权行为地法(post-lex loci)时代,上诉到各州最高法院的适用共同住所地法的案件总数达到了 60 起。在这 60 起案件之中,有 51 起(占 85%)适用的是

---

① See Weiss v. National Westminster Bank PLC, 768 F. 3d 202 (2nd Cir. 2014)(认为该法适用于域外行为;但是为了让一位恐怖主义受害者从一家被指控向恐怖主义组织提供了实质性支持的英国银行获得赔偿,原告必须证明该银行事实上知道或者有意地不在乎该账户持有人为该恐怖组织提供了实质性支持);United States v. Yousef, 750 F. 3d 254 (2d Cir. 2014), cert. denied, 135 S. Ct. 248 (U. S. 2014)(支持将向指定外国恐怖主义组织提供实质性支持的人定罪;认为被告的有罪抗辩取代了另一主张,即在某项刑事法律域外适用之前,该指控并未在他的行为和美国之间建立适当联系,而这时正当程序条款所要求的)。

② See Republic of Ecuador v. Dassum, 146 So. 3d 58 (Fla. App. 2014), reh' g denied (Sep. 16, 2014)(认为国家行为理论的域外效力例外并不禁止厄瓜多尔针对前银行官员提起的损害赔偿诉讼,该诉讼起因于这些官员在厄瓜多尔的过错行为和疏忽造成厄瓜多尔银行受损)。

③ See Bond v. United States, 134 S. Ct. 2077 (U. S. 2014)(认为一项实施《禁止发展、生产、储存和使用化学武器并销毁化学武器公约》并禁止任何人拥有和使用化学武器的联邦立法不适用于一位遭遗弃的妻子试图用化学品伤害其丈夫的情人的业余行为); Bank of New York v. Yugoimport, 745 F. 3d 599 (2nd Cir. 2014)(确定竞合权利的诉讼,涉及的是前南斯拉夫一家机构开设的存款账户中的基金的所有权;根据《维也纳条约法公约》解释解释前南斯拉夫各个共和国之间的继承协议;认为该机构是前南斯拉夫的一个"代理机构"并且该账户中的基金根据该协议应该在各个新共和国之间分割)。

④ For citations and discussion, see Symeon C. Symeonides, The American Choice-of-Law Revolution: Past, Present and Future, 145 - 59 (2006); Peter Hay, Patrick J. Borchers & Symeon C. Symeonides, Conflict of Laws, 884 - 92 (5th ed. 2010).

共同住所地法,而不管法院遵循的是哪种法律选择方法。①

但是需要强调的是,所有这些案件都涉及相冲突的损失分担规则(相对于行为管制规则),无论相关法院是否采用该术语。相反,如果案件涉及的是相冲突的行为管制规则,则美国法院仍然继续适用行为和损害发生地州法律。②2014年的几起上诉案件就体现了这种区分。

莫尔顿诉史帝芬斯案③就是其中之一。该案起因于发生在伊利诺伊州的一起汽车相撞事故,当事人是两名印第安纳州居民,他们分别驾驶着自己的印第安纳州牌号的汽车。相撞事故起因于被告违反了伊利诺伊州交通规则超速行驶,并在离交叉路口不到100英尺的地方超车。法院认为,印第安纳州的冲突法规则是推定适用损害发生地州法律,除非该州的联系并不显著,据此,应当适用伊利诺伊州法律。④

在上诉程序中,原告徒劳地试图证明当事人家乡州印第安纳具有更密切联系,最终导致伊利诺伊州交通事故发生的关键行为在事故之前就在印第安纳州发生了。原告主张:(1)被告司机患有障碍性睡眠窒息症,而他在取得印第安纳州驾照时欺诈性地隐瞒了这一关键事实,从而得以驾驶着导致事故的商用车;(2)该司机的印第安纳州雇主(同时也是被告)因过失未能对印第安纳州的驾驶员进行适当培训和监管。上诉法院驳回了这些意见,认为发生于印第安纳州的这些行为"仅仅因(驾驶员)在伊利诺伊州发生事故才构成法定过失",⑤并且"如果(驾驶员)没有在(伊利诺伊州境内)驾车中产生上述过失,就没有必要进

① See Symeonides, Revolution, 150 - 57. 这些案件中的大多数(60件中的34件)都涉及"Babcock v. Jackson模型",其中,当事人共同住所地法律所给予的赔偿高于行为地和损害地法律所给予的赔偿。除了一件案件之外,其他所有案件都适用了当事人共同住所地法。其他26件案子涉及"反Babcock模型",其中,共同住所地法要比行为地和损害地法对损害赔偿给予更严格的禁止或限制。26起案例中有18起(69%)都适用了共同住所地法。

② See Symeonides, Revolution, 213 - 220.

③ 13 N.E.3d 533 (Ind. App. 2014), reh'g denied (Oct. 14, 2014).

④ In Woodward v. Taylor, 2014 WL 4988188, No. 70949 - 6 - I (Wash. App. Oct. 6, 2014). 当事人是华盛顿州一辆汽车的驾驶员和乘客,涉及一起发生在爱达荷州的单车交通事故,该车超过了雪地条件下的速度限制。乘客对驾驶员的诉讼按照华盛顿州诉讼时效尚未过期,但是按照爱达荷州诉讼时效已经过期。华盛顿州所采用的《统一时效冲突法》要求适用"诉讼实体上所依据"的法律所属州的诉讼时效。华盛顿州法院认为,原告的诉讼请求依据的是被告违反了爱达荷州交通规则,因此"所依据的"是爱达荷州法律,故此应当适用爱达荷州诉讼时效,该诉讼被禁止。

⑤ In Woodward v. Taylor, 2014 WL 4988188, No. 70949 - 6 - I (Wash. App. Oct. 6, 2014). at 541.

行此次诉讼了”。[①] 法院认为:

> 因为驾驶员在撞车前操纵汽车的行为才是判断责任应当关注的焦点,并且该行为应当受到事故发生地州的道路交通规则的约束……因此,适用侵权行为地规则的推定仍然是有效的且未被推翻……该行为必须由伊利诺伊州交通规则支配,因为“当人们出门在外时不会把家乡的法律带在身上,而是应当遵守他们行为地州的法律”。[②]

法院指出,即使原告反驳行为地法推定,也仍然要依据印第安纳州法律选择方法中的其他要素适用伊利诺伊州法律,因为印第安纳州的法律选择方法是衡量其他连结点,如行为地、当事人住所地及当事人之间的关系。法院认为,除了住所地,其他两个连结点都指向伊利诺伊州法律:(1)当事人之间的关系“仅仅因在伊利诺伊州发生事故而发生”;(2)被告的行为“主要在伊利诺伊州”,并且“必须受到他过失行为地州即伊利诺伊州的支配”。[③] 法院援引了印第安纳州最高法院在下列案件中的声明:

> 如果行为地州有一项法律规定了侵权人或受害人在特定情形中应如何行事,法院将会适用该标准而不是当事人住所地法律。事实上,这种对行为地州的行为管制法的优先倾向是绝对化的,甚至远远超越其他相关州的法律。法院在现实上承认,行为管制是对正常的以利益分析为基础的法律选择方法的例外……这在印第安纳州也是如此。[④]

另一起共同住所案件是曼森诉克格罗维茨案,[⑤]它涉及印第安纳州居民,争议问题是原告的过失分担(contributory negligence)。当事人分别是同一辆汽车的驾驶员和乘客,他们在南达科他州发生交通事故。被告(驾驶员)认为原告(乘客)应分担过失,因为原告曾承诺在长途驾驶期间让驾驶员保持清醒但未能

---

① In Woodward v. Taylor, 2014 WL 4988188, No. 70949 - 6 - I (Wash. App. Oct. 6, 2014). at 540.

② Ibid., at 541 (quoting Simon v. U. S., 805 N. E. 2d 798, at 806 (Ind. 2004)).

③ Ibid., at 542.

④ Ibid. (quoting Simon v. U. S., 805 N. E. 2d 798 at 807 n. 12).

⑤ 19 N. E. 3d 823 (Ind. App. 2014).

履行承诺。印第安纳州遵循的是纯粹比较过失规则,该规则按照每个人过错的百分比来分配责任。南达科他州遵循的是修正的过失分担规则,该规则仅仅允许原告在其过失相对于被告明显轻微的情况下才分担责任。印第安纳州法院认为,南达科他州法律应当适用,因为被告没有反驳依据印第安纳州法律选择判例所建立的侵权行为地法推定。法院解释说:

> 人们不会在旅行时把家乡法律随身携带,而是应适用他们行为地州的法律……汽车事故发生地州法律支配事故发生时驾驶员的行为……因为(驾驶员)在事故发生前操作汽车的行为才是判断责任所应关注的焦点,该行为受事故发生地州交通规则的支配,我们认为,侵权行为地法推定应予适用且未被推翻。①

帕洛特诉塞弗斯卡车(Parrott v. Severs Trucking)公司案②是一起过错死亡诉讼,原告是一位密苏里州居民,其丈夫在一起发生于俄克拉荷马州的交通事故中受伤后接受了一起膝盖手术,但在手术后心脏病发作身亡。被告是另一位密苏里州居民,他驾驶的汽车在上述交通事故中与原告丈夫的汽车相撞。被告的雇主位于密苏里州,同时也被起诉。初审法院认为,根据《第二次冲突法重述》第145条规定,密苏里州具有最密切联系,于是根据密苏里州一项立法作出了陪审团指示,该项立法要求驾驶员"以最大限度的谨慎"驾驶。

密苏里州上诉法院推翻了该裁决并要求对该案重新审理。上诉法院认为,陪审团指示应当根据俄克拉荷马州立法作出,该立法仅要求"正常谨慎"驾驶。法院根据密苏里州立法的字面意思作出了裁决,该项立法适用于"在本州(即密苏里州)道路和高速公路上"开车的人员。③ 即使没有上述字句,根据通常的法律选择分析也能得出相同结论。

---

① 19 N. E. 3d 828. 另一起案件也认为行为地法推论未被驳回,see Denton v. Universal Am-Can, Ltd., 2014 IL App (1st) 13－2905－U (Ill. App. Nov. 19, 2014)(涉及发生在印第安纳州的多车相撞事故,当事人来自多个州)。

② 422 S. W. 3d 478 (Mo. App. 2014) reh'g and/or transfer denied (Feb. 28, 2014), transfer de-nied (Apr. 29, 2014).

③ Ibid., at 483.

兰克瑙诉波尔斯(Lankenau v. Boles)案①中,争议问题是被告驾驶员是否可以以受害乘客未系安全带为由进行抗辩。宾夕法尼亚州是事故发生地州,该州禁止提供未系安全带的证据。纽约州是法院地和原告及一位被告驾驶员的住所地,该州允许考虑原告未系安全带的情形,但只能用于计算损害赔偿和减轻原告所承担的赔偿。出于这一理由,纽约州法院将纽约州的规则认定为损失分配规则而非行为管制规则。法院认为,纽约州法律支配该问题,因为宾夕法尼亚州对于适用其法律具有"最小利益",而纽约州则相反,它是双方当事人的住所地。②

巴荣诉路易斯安那塞福威公司案③是一起共同住所地案件,该案争议的问题显然是家庭内部的损失分担豁免。路易斯安那州是当事人的共同住所地,该州允许家庭内部诉讼,而阿肯色州作为事故发生地州则禁止这么做。原告援引路易斯安那州《1991 年冲突法》第 3544 条,该条对损失分担采用了共同住所地规则。路易斯安那州法院接受了该主张,但是其显然更愿意援引判例而非法典。法院的裁决理由是,1973 年的一起类似案例就适用了路易斯安那州法律,该案被认定为是一个虚假冲突案件,其中只有路易斯安那州法对于适用其法律拥有利益。

2. 过错死亡立法

普通法律师都知道,英国普通法一直不承认过错死亡诉讼,直到 1846 年议会通过了《坎贝尔公爵法》后,才允许此种诉讼。在此后的几十年里,大多数美国州也相继通过了本州立法允许过错死亡诉讼,但通常都对其施加某些限制,如更短的诉讼时效或对赔偿数额规定上限。1857 年威斯康星州通过了一项此类立法,共有两条。第 1 条创设了一项发生在威斯康星州的过错死亡的诉因,而第 2 条限制了赔偿数额。此后,该两个条文被修正并重新编号,其中第 1 条变成了威斯康星州第 895.03 号立法,而第 2 条则变成了威斯康星州第 895.04 号立法。但上述斜体字的地域限制仍然被保留在第 895.03 号立法中,而赔偿数额限制也保留在第 895.04 号立法中,尽管数额已经被提高。

---

① 119 A. D. 3d 1404, 990 N. Y. S. 2d 394 (N. Y. A. D. 2014), re-argument denied, 120 A. D. 3d 1612 (N. Y. A. D. Sept. 26, 2014).

② 990 N. Y. S. 2d at 396. The other defendant, the driver of the other car, was from New Jersey, which also allowed the seat belt defense.

③ 2014 WL 6465373, ___ So. 3d ___, (La. App. Nov. 19, 2014).

休斯诉费特案[①]中,一家威斯康星州法院根据第 895.03 号立法中的上述斜体字条文拒绝对一起发生在伊利诺伊州的过错死亡案件提供法院地。美国最高法院推翻了该案裁决,认为充分诚信条款要求威斯康星州为伊利诺伊州的过错死亡立法所承认的诉讼提供法院地。

瓦兰卡诉瓦德纳保险公司案[②]涉及类似情形——一起发生于密歇根州的过错死亡案件,但是当事人都是威斯康星州居民。[③] 威斯康星州法院承认,根据休斯案,威斯康星州必须为依照密歇根州立法所提起的诉讼提供一个法院地。但是在瓦兰卡案中的问题是,该诉讼是否要受到第 895.04 号立法中的赔偿限额的约束,或者该赔偿是否应当根据密歇根州法律确定,而该州不存在此种限额。

威斯康星州最高法院支持了密歇根州立法。法院解释说,由于两个威斯康星州法律条文是同时颁布的,并且处理的是同一问题,它们要么被一起适用,要么一起都不适用。[④] 换句话说,仅适用其中之一将会导致一种不适当的分割,尽管法院并未采用该术语。由于第 895.03 号立法仅适用于发生在威斯康星州的死亡事件,它的姊妹条款第 895.04 号立法也应当仅适用于发生在威斯康星州的死亡事件。[⑤] 此外,由于第 895.04 号条文是威斯康星州唯一限制过错死亡赔偿数额的条款,而该条款又不适用,因此,就赔偿数额而言,在威斯康星州法律和密歇根州法律之间就“不存在冲突”。密歇根州立法“就是唯一可适用的立法,根据该立法,依据发生在密歇根州的死亡事故而提起的过错死亡诉讼可以在威斯康星州进行”。[⑥] 鉴于密歇根州立法并不限制赔偿数额,原告有权根据该立法获得赔偿,而且不受威斯康星州立法的限制。

3. 虚假陈述

《第二次冲突法重述》第 148 条规定,虚假陈述的诉讼应适用该虚假陈述“被作出和接受地州”的法律,除非其他州具有更密切联系。如果虚假陈述在一

---

① 341 U. S. 609 (1951).

② 847 N. W. 2d 324 (Wis. 2014).

③ 死亡事件因发生在密歇根州的一起雪车事故而引起,雪车驾驶员来自威斯康星州。

④ See 847 N. W. 2d at 331. (“鉴于威斯康星州立法第 895.03 条和第 895.04 条是同时出台并且处理的是同一问题,即过错死亡,因此它们必须被一起解读。因而,我们认为威斯康星州立法第 895.04 条不能与第 895.03 条分开对待。”)

⑤ Ibid. (“威斯康星州立法第 895.03 条仅仅为发生于威斯康星州的死亡事件提供了诉因,因而不能适用于此处。由于威斯康星州立法第 895.04 条不能与第 895.03 条分开,其中的损害赔偿时效也不能适用于原告的诉讼”。)

⑥ Ibid. , at 333.

州内作出而在另一州内被接受,则法院在确定最密切联系的州时应考虑到几个连结因素,包括该陈述作出地和接受地、原告根据被告的陈述实施行为的地点、当事人住所地、成立地和营业地等。

在未来选择投资管理公司诉特雷蒙特集团控股公司案①中,华盛顿州最高法院采纳了第 148 条的规定。该案原告是华盛顿州居民,被告是纽约州居民,被告说服原告向 Bernie Madoff 臭名昭著的庞氏计划投资了 1.95 亿美元。原告根据华盛顿州证券法可以提起私人诉讼,但根据纽约州法律则没有私人诉因。法院指出:(1)华盛顿州对于保护该州投资者免受欺诈和虚假陈述损害拥有利益,而纽约州对于管理该州证券销售商在其他州从事欺诈和虚假陈述行为具有利益,华盛顿州的利益要远远超过纽约州的利益;(2)如果没有明显证据表明纽约州与争议具有更密切联系,则不应适用纽约州法律。法院将该案发回下级法院重审,并要求其确定这两个州中哪一个具有更密切联系。

简威诉布朗案②涉及另一个庞氏计划,即阿兰·斯坦福(Allen Stanford)计划。该计划主要集中在得克萨斯州并从该州向外发行,但操纵该计划的团体名义上在安提瓜(Antigua)登记注册。初审法院并未适用《第二次冲突法重述》第 148 条,但是认为该案是一起虚假冲突案件,应当适用得克萨斯州法律。被告上诉,认为根据第 148 条应当适用安提瓜法律。第五巡回法院维持原判,并认为:(1)进行虚假冲突分析并不与得克萨斯州法院适用《第二次冲突法重述》相矛盾。(2)这是一起虚假冲突案件,理由如下:(a)安提瓜与案件没有实际联系,而且对于适用其法律也没有利益;(b)得克萨斯州是该计划的运营中心和部分被骗的投资者的家乡州,对于适用其欺诈性交易法具有实质利益。③

格兰达尔斯基诉奎斯特诊疗公司案④是一起全国范围的集团诉讼,原告是来自几个州的消费者,被告是一家新泽西州公司,欺诈行为在新泽西州进行,并被这些消费者在其家乡州接受和据以执行。第三巡回法院认为,根据第 148 条,消费者家乡州具有最密切联系,并应适用这些州法律。法院维持了地区法院的判决,驳回了该集团诉讼,因为原告未能举证证明这些州法律之间没有很

---

① 331 P.3d 29 (Wash. 2014).

② 767 F.3d 430 (5th Cir. 2014) (decided under Texas conflicts law).

③ 法院还认为,在得克萨斯州法律和其他受害投资者家乡州法律之间不存在冲突,因为那些州与得克萨斯州一样采用相同的《统一欺诈交易法》。

④ 767 F.3d 175 (3rd Cir. 2014) (decided under New Jersey conflicts law).

大区别且都允许进行管理上的细分。

APA 费用评估诉讼案[①]涉及的是另一起集团诉讼。该案在哥伦比亚特区进行,原告是总部位于哥伦比亚特区的一家全国性非营利组织的加利福尼亚州会员。原告主张,该组织隐瞒了将部分会员费用于游说活动的事实,从而对他们构成了误导。原告根据加利福尼亚州法律享有私人诉因,但根据哥伦比亚特区法律则不享有。法院认为,这是一起真实冲突案件,因为加利福尼亚州对于保护其居民免受欺诈显然具有利益,而哥伦比亚特区对于保护总部位于该州的非营利组织也具有利益。根据哥伦比亚特区判例,法院援引了《第二次冲突法重述》第 145 条和第 148 条,认为加利福尼亚州法律和哥伦比亚特区法律二者难分伯仲,因此作为折中,适用了法院地法律,即特区法律。

4. 恶意保险行为

肯尼迪诉林业员独立命令(Kenney v. Independent Order of Foresters)案[②]是一起因恶意保险行为引发的案件,该案中的保险单是由一家加拿大保险公司出售给一位弗吉尼亚州居民的。购买保险后,被保险人及其妻子(被指定的受益人)移居到西弗吉尼亚州。8 年后,被保险人死亡,其妻子在西弗吉尼亚州起诉保险公司,主张对方不履行保险赔偿,构成恶意行为。被告要求适用弗吉尼亚州法律,该法律未提供诉因,而原告要求适用西弗吉尼亚州法律,该法律提供了诉因。

根据西弗吉尼亚州判例,第四巡回法院将该妻子的诉讼请求识别为侵权之诉,该诉因不适用保险单中包含的弗吉尼亚州法律选择条款。法院随后认为,根据西弗吉尼亚州在其他侵权案件中所遵循的侵权行为地法规则,应适用西弗吉尼亚州法律,因为损害在该州发生。法院承认,西弗吉尼亚州法院在某些保险冲突案件中偶尔也会遵循《第二次冲突法重述》,因而也适用了《第二次冲突法重述》第 145 条并得出了相同结论。法院认为,第 145 条中所列的 4 个连结点中没有一个指向弗吉尼亚州,而其中 3 个连结点都指向西弗吉尼亚州,因此应当照顾该州保护其居民的政策。正如法院所说:“西弗吉尼亚州对其法律的

① 766 F. 3d 39 (D. C. Cir. 2014).
② 744 F. 3d 901 (4th Cir. 2014).

偏爱符合其公共政策,这超过了对弗吉尼亚州法律的礼让。”[①]

卡利斯诉联合遗产保险公司(Callies v. United Heritage Property & Cas. Ins. Co.)案[②]中,被保险人是一对夫妻,当他们居住在俄勒冈州时,从一家艾奥瓦州保险公司购买了一份保险合同,包括了他们在俄勒冈州的房屋和“位于全世界”的个人财产。[③] 后来,被保险人决定移居到亚利桑那州,并在那里购买了一幢新房屋。他们将其随身物品放在一辆租来的卡车里开往亚利桑那州,中途停在一家汽车旅馆时被盗。他们起诉其艾奥瓦州保险公司。出乎意料的是,保险公司不仅没有赔偿其损失,反而对他们发起欺诈调查。结果,丈夫精神崩溃,并住进了俄勒冈州一家精神病院,被保险人在被盗几个月后就返回了俄勒冈州。他们于是在亚利桑那州以恶意保险行为为由针对保险公司提起了侵权诉讼。亚利桑那州和艾奥瓦州均允许该诉讼,而俄勒冈州法律只允许违约诉讼。根据《第二次冲突法重述》第 145 条规定,初审法院认为应适用俄勒冈州法律并驳回了诉讼。

亚利桑那州上诉法院援引同意条款推翻了判决,认为应适用亚利桑那州法律并允许该诉讼。法院认为:(1)损害发生在亚利桑那州而不是俄勒冈州,该丈夫在亚利桑那州因保险人的行为遭受精神压力,而俄勒冈州只是被保险人在该行为发生前后的住所地;(2)关键行为是保险人在艾奥瓦州作出的决定,该州法律与亚利桑那州是相同的;(3)在损害发生时,被保险人居住在亚利桑那州而保险人居住在艾奥瓦州,因此也倾向于适用亚利桑那州法律;(4)最根本的关系不是保险合同所建立的关系而是在恶意行为发生时所形成的关系,这也指向亚利桑那州法律。

法院随后审查了《第二次冲突法重述》第 6 条的政策并认为,这些政策都倾向于适用亚利桑那州法律。法院驳回了保险人的辩解理由,即当事人的预期指向俄勒冈州法律。法院指出,“保险合同的语言本身特别规定,合同标的包含了世界各地的个人财产”。[④] 法院注意到,亚利桑那州“对于确保其居民在亚利桑

---

① Ibid., at 910. In York v. Property & Cas. Ins. Co. of Hartford, 2014 WL 5840217, ___ Fed. App'x. ___ (4th Cir. 2014),另一起恶意保险行为案件中,同一家法院采用了相同的分析方法,但是其结论认为,无论是根据侵权行为地法规则还是根据第二次《冲突法重述》,都应适用肯塔基州而非西弗吉尼亚州法律。肯塔基州是被保险人的住所地,而西弗吉尼亚州是事故发生地。肯塔基州法律对于恶意行为规定了更高的证据标准,而被保险人无法满足该标准。

② 2014 WL 1048846 (Ariz. App. March 18, 2014).

③ Ibid., at *1.

④ Ibid., at *7.

那州所遭受的损害获得全部赔偿"和"阻止针对其居民的非法行为"具有"强烈利益"。① 相反,俄勒冈州的利益是"有限的",因为"被保险人行为发生时是亚利桑那州居民,行为发生在俄勒冈州之外,侵权人在爱达荷州登记注册"。②

威廉姆斯诉自由互助保险公司(Williams v. Liberty Mut. Ins. Co.)案③中,受害者是一位密西西比州居民,他在密西西比州为一家亚拉巴马州企业工作时受伤。他要求获得密西西比州的工人赔偿金,但其雇主的保险公司拒绝支付该赔偿金。该雇员在密西西比州以恶意保险行为为由起诉保险公司。亚拉巴马州的《工人赔偿法》中的绝对救济条款禁止提起该诉讼。相反,密西西比州法律中的相应条款却允许该诉讼,理由是该诉讼是因该工人的雇佣关系之外的保险人实施的独立侵权行为而引起的。

地区法院将其识别为违约之诉,并认为根据《第二次冲突法重述》第 188 条和第 193 条,应适用亚拉巴马州法律,从而禁止该诉讼。第五巡回法院推翻了该判决,认为根据密西西比州判例,这是一起侵权之诉,它独立于雇佣关系。法院适用了《第二次冲突法重述》第 145 条,认为应适用密西西比州法律,并允许该诉讼。

5. 恶意诉讼

美国国家银行委员会(Ex parte U. S. Bank Nat. Ass'n)案"④是一起因恶意诉讼引起的案件,原告是一位亚拉巴马州居民,因发生在华盛顿州的一起所谓的恶意诉讼而提起本案诉讼。亚拉巴马州允许此种情形下的诉讼,而华盛顿州则不允许。亚拉巴马州遵循的是侵权行为地法规则,而且颇引以为傲。⑤ 实际上,亚拉巴马州最高法院援引了臭名昭著的亚拉巴马州判例"亚拉巴马 G. S. R. 公司诉卡罗尔案"⑥并将其视为"基本判例"。⑦ 由于卡罗尔案判决认为侵权行为地就是损害发生地(所谓的"最后事件"),本案也遵循同样结果。

不出所料,当事人对于何为最后事件以及该事件发生在何处有不同意见。

---

① 2014 WL 1048846 (Ariz. App. March 18, 2014). at *9.

② Ibid.

③ 741 F. 3d 617 (5th Cir. 2014)(根据密西西比州冲突法裁判)。

④ 148 So. 3d 1060 (Ala. 2014).

⑤ Ibid., at 1069:"'侵权行为地法规则已经在亚拉巴马州被采纳了将近 100 年'"[quoting Fitts v. Minnesota Min. & Mfg. Co., 581 So. 2d 819 at 820 (Ala., 1991)]。

⑥ 11 So. 803 (Ala., 1892).

⑦ Ex parte U. S. Bank, 148 So. 3d at 1070.

被告认为,最后事件也就是损害发生在华盛顿州,因为被提起的恶意诉讼在那里被驳回。相反,原告认为,由于在恶意诉讼中所遭受的损害是经济方面的,损害应该发生在该经济损失被感觉到的地方,本案中应该是亚拉巴马州,即原告住所地。

亚拉巴马州最高法院同意被告的意见,并驳回了原告的"感觉到经济损害"的观点:"在本案中,'创设了诉权的事实'是有利于原告的恶意诉讼的终止,而这发生在华盛顿州。因此,侵权行为地法原则要求华盛顿州法律支配原告的恶意诉讼请求。"①

(二)产品责任

斯科特诉福特汽车公司案②是发生在加利福尼亚州的一起产品责任案件,被告福特公司是一家密歇根州公司。原告是加利福尼亚州一位汽车服务站的主人,他因暴露于刹车隔板中含有的石棉从而感染上间皮瘤,该刹车隔板是由福特公司在密歇根州生产的。所涉的法律选择问题是,原告是否可以依据加利福尼亚州法律主张惩罚性赔偿,而密歇根州法律不允许惩罚性赔偿。在一份解释详尽的意见书中,加利福尼亚州法院支持适用本州法律。该意见书令人吃惊的地方在于,它认为本案根本不是一起真实冲突案件,而是一起虚假冲突案件,其中只有加利福尼亚州对于适用其法律有利益。不过,法院详细解释了为什么密歇根州对于适用其法律不具有利益。

比如,法院驳回了福特公司的抗辩理由,即密歇根州不允许惩罚性赔偿的目的是为了保护密歇根州被告免于接受过高的责任。法院指出,密歇根州法院从未表达过这种利益,他们适用该州法律也是针对在密歇根州打官司的所有被告,无论其住所在哪里。③ "即使密歇根州曾经表达过要保护其本州居民的营业免受惩罚性赔偿",法院解释说,密歇根州"也没有正当的利益将该意图施行于

---

① Ex parte U. S. Bank, 148 So. 3d at 1070 – 71 (quoting Carroll). 有一起案件认为,经济损害引起的诉讼发生在原告居住并且遭受经济损害影响的州, see Norex Petroleum Ltd. v. Blavatnik, 23 N. Y. 3d 665, 16 N. E. 3d 561 (2014), discussed infra at ___。

② 224 Cal. App. 4th 1492, 169 Cal. Rptr. 3d 823 (Cal. App. 2014), as modified on denial of reh'g (Apr. 23, 2014), review denied (Jul. 09, 2014).

③ See 169 Cal. Rptr. 3d at 834 ("这种利益曾经被密歇根州法院计算过。密歇根州禁止惩罚性赔偿的规定平等适用于所有被告,无论其住所地在哪一州。因此,居住在密歇根州的被告在密歇根州法院并不能比居住在其他地方的个人和公司享受跟高的惩罚性赔偿保护")。

加利福尼亚州”。[①] 像福特这样的一家在很多州经营的公司“通常被要求了解和遵守其从事经营的州的法律”,并且不可能把其家乡州的“管理制度”随身携带。[②] 因此,法院认为,密歇根州“对于保护其本州居民公司免受惩罚性赔偿不具有利益,即使这些公司选择在那些允许施加惩罚性赔偿的州内经营”。[③]

法院还驳回了福特公司的另一观点,即密歇根州对于管制发生在其境内的行为的后果具有利益,如刹车隔板是在本州内设计和生产的或者未能在本州内提出警告等。法院指出,密歇根州“从未把这当作禁止惩罚性赔偿的动机”,而且密歇根州法院“并非仅仅根据行为发生在州内而排除惩罚性赔偿”。[④] 在任何情形下,法院解释说,如果允许惩罚性赔偿的各州打算“引进密歇根州的政策,因为未能予以警告的行为是由一家住所地位于密歇根州的公司在该州内所为”,那么福特公司就会有效地“在全国范围内获得免受惩罚性赔偿的保护,因为其总部所在地州认为惩罚性赔偿是一种可怜的公共政策”。[⑤] 由于密歇根州“有权建立一项统一规则适用于所有选择在那里经营的企业”,密歇根州“就没有正当的利益在一个姊妹州法院实施该项政策”。[⑥]

在考虑了密歇根州否决惩罚性赔偿的判例之后,法院得出结论认为,否决的理由是“表达一种有关法院在裁决民事纠纷中的适当地位的特别观点:补偿而非惩罚……宣示了一种公共政策,它反映的是将惩罚性赔偿作为一种非刑事行为的法律救济手段的智慧”。[⑦] 法院认为,密歇根州有强烈的利益去见到它的政策观点在“其本州法院”被执行,但是它“没有多大利益去见到该政策在加利福尼亚州法院得到实施”。[⑧]

另外两起产品责任案件也涉及针对福特公司的惩罚性赔偿诉讼请求。其中一起案件驳回了福特公司的观点,并允许根据事故发生地州法律给予惩罚性

---

① See 169 Cal. Rptr. 3d at 835.

② Ibid. (quotations omitted).

③ Ibid., 835 -36.

④ See 169 Cal. Rptr. 3d. at 836 (emphasis added).

⑤ Ibid., at 834.

⑥ Ibid.

⑦ Ibid.

⑧ Ibid.

赔偿,[1]而另一起案件接受了福特公司的观点并适用了密歇根州法律,否决了惩罚性赔偿。[2] 第三起案件起诉的是另一家汽车制造商,但涉及的仅是损害赔偿。法院适用了有利于被告的原告家乡州法律,因为原告在该地购买和持有其汽车。[3] 在另一起案件中,一架得克萨斯州生产的直升机在墨西哥坠毁,导致所有墨西哥乘客死亡。法院适用了得克萨斯州有利于原告的法律。[4] 在另一起案件中,一架在佛罗里达州制造的飞机在葡萄牙坠毁,法院推翻了初审法院以不方便法院为由驳回原告产品责任诉讼请求的裁决。[5]

温特诉诺瓦蒂斯医药(Winter v. Novartis Pharmaceuticals)公司案[6]中,生产商要求适用其家乡州法律,即新泽西州法律,该法禁止惩罚性赔偿;而原告要求适用其家乡州法律,即密苏里州法律,该法允许惩罚性赔偿。新泽西州是被告生产和包装该案中致害药品的地方,而密苏里州是原告使用该药品并遭受损害的地方。被告认为,新泽西州"与惩罚性赔偿有最密切联系,因为该州是所有包装和上市行为的发生地"。[7] 第八巡回法院适用了密苏里州法律,驳回了该观点。理由如下:

> 密苏里州是损害发生地州,这可以推定该州为最密切联系地州……在密苏

---

① See Linert v. Foutz, 2014 WL 4975233, ____ N. E. 3d ___, (Ohio App. Sept. 25, 2014)(适用了俄亥俄州法律,在一起涉及生产于密歇根州、销往俄亥俄州并在该地造成一位俄亥俄州警官受伤的汽车的案件中,该州允许惩罚性赔偿)。

② See Caballero v. Ford Motor Co., 2014 WL 2900959 (Del. Super. June 24, 2014)(适用了密歇根州法律并否决了惩罚性赔偿,该案涉及一辆在密歇根州设计而在密苏里州生产并销售的汽车,该车在墨西哥的杜兰多州,造成几位居住在其他州的墨西哥公民死亡)。

③ Wood v. Navistar, Inc., 2014 IL App (1st) 130960 - U (Ill. App. June 23, 2014),该案是一起因发生在加利福尼亚州的损害导致的产品责任诉讼,但是相关合同分散在几个州。涉案产品是拖拉机挂车,该挂车由总部位于伊利诺伊州的被告公司设计并在印第安纳州制造,但是其关键部件起重柄是在加拿大安装到拖拉机上的。原告是一位得克萨斯州居民,在得克萨斯州购买并保有该拖拉机,但其受伤地在加利福尼亚州,当时因起重柄脱离导致他从拖拉机驾驶室跌落。原告在伊利诺伊州起诉并要求适用伊利诺伊州损害赔偿法,而被告要求适用得克萨斯州法律。法院依照第二次《冲突法重述》认为得克萨斯州具有更密切联系并适用了得克萨斯州法律。

④ See Artega v. Bell Helicopter Textron, Inc., 2014 WL 2600092 (Del. Super., June 10, 2014).

⑤ See Bochetto v. Piper Aircraft Co., 94 A. 3d 1044 (Pa. Super., June 09, 2014) re-argument denied (Aug. 7, 2014).

⑥ 739 F. 3d 405 (8th Cir. 2014).

⑦ Ibid., at 410.

> 里州,被告的销售代表未能警告原告的医生,这使其至少成为导致损害的部分行为发生地州。新泽西州对于其公司适用其惩罚性赔偿法律具有利益,但是……密苏里州具有强烈的利益去适用其惩罚性赔偿法律,以判断在密苏里州经营并损害了密苏里州居民的公司的行为。新泽西州的利益相对于密苏里州的利益而言,并不能打破适用损害发生地法律的密苏里州推定。①

在海诉STL国际公司案②中,争议问题是相冲突的诉讼时效规则。原告提起的产品责任诉讼已经超过了得克萨斯州的诉讼时效,该州是原告家乡州和损害地,但是该诉讼并未超过华盛顿州的诉讼时效,该州是法院地州和被告主营业地州。然而,华盛顿州采用了《统一时效冲突法》,该法将诉讼时效视为一个实体问题。除了一些本案中不适用的例外,该法规定,支配诉讼实体问题的法律也支配其时效期限。因此,华盛顿州法院必须判断实体问题的准据法。

发生问题的产品是一个跷跷板式倒立平台,它由华盛顿州的被告在华盛顿州设计,生产地在中国,在得克萨斯州的一个体育用品展会上由另一个被告展出。原告在使用该平台时受伤。法院根据《第二次冲突法重述》第145条和第146条认为实体问题应适用得克萨斯州法律,因此决定适用得克萨斯州诉讼时效规则,从而驳回了该诉讼。

法院发现,第145条的3个连结点都指向得克萨斯州法律。伤害地和行为地都发生在那里,因为最关键的行为并非该产品的设计,而是得克萨斯州的店主在其店内展出时未能使该平台处于安全状态。同样,最关键的联系也不是原告和生产商之间的关系(因为原告从未购买该产品),而是原告和得克萨斯州店主之间的关系,该关系也集中在得克萨斯州境内。法院还认为,政策上的考量也支持适用得克萨斯州法律,法院列举了华盛顿州的借用立法,该法要求驳回那些根据诉讼提起地州法律不合时宜的诉讼。

(三)合同

1. 法律选择条款

由于人们一般推定雇主和雇员之间存在不平等的讨价还价能力,相对于一般合同,法院通常会更加谨慎地对待雇佣合同中的法律选择条款,尤其是当所

---

① See 169 Cal. Rptr. 3d at 834. 另一起涉及可移植医疗器具并允许惩罚性赔偿的案例,参见Barba v. Carlson, 2014 WL 1678246 (Del. Super. April 8, 2014)。

② 180 Wash. App. 1026, No. 43877-1-II (Wash. App. Apr. 15, 2014).

涉及的各州政策有显著不同的情况下。布朗和布朗公司诉约翰逊案[①]就是一个很好的例子,因为所涉两个州之间的政策冲突就像红色州和蓝色州那样尖锐。一位佛罗里达州雇主和一位纽约州雇员之间的一份纽约雇佣合同包含一项佛罗里达州法律选择条款和 3 份限制性竞业禁止协议。根据纽约州法律,该竞业禁止协议因对雇员不公平而无效。相反,佛罗里达州法律明确禁止法院去考虑一份竞业禁止协议对雇员是否苛刻的问题。此外,该法律还规定,法院对一份竞业禁止协议的解释必须"有利于对寻求执行该协议的人的所有合法利益给予合理保护";并且"不应援引任何合同解释规则来要求法院针对原告或针对协议起草人狭义地解释一项竞业禁止协议"。[②] 纽约州法院毫不犹豫地裁定,佛罗里达州法律对于纽约州的公共政策而言是"十分可憎的",并认为该法律选择条款和竞业禁止协议不可执行。[③]

埃克森美孚公司诉德里南案[④]提供了一个相反的案例。该案涉及美孚公司(总部在得克萨斯州)与一位得克萨斯州居民之间的雇佣合同,该雇员已经为美孚公司工作了 30 年。该合同包含有一项纽约州法律选择条款和一项权利丧失条款,其中规定,如果该雇员接受了有竞争关系的另一家雇主的雇佣,那么他将丧失某些延期履行的奖金和股票期权。该条款根据纽约州法律是可执行的。根据《第二次冲突法重述》第 187 条和德桑蒂斯诉威肯哈特公司案,[⑤]得克萨斯州上诉法院认定该条款是一项竞业禁止条款并认为其违反了得克萨斯州公共政策,因而是不合理且不可执行的。

得克萨斯州最高法院推翻了该裁决。

首先,法院认为,尽管纽约州与该合同没有"实质性联系",但该项选择具有"合理的基础",理由如下:(1)纽约州拥有一个发育良好的雇佣市场和激励机制以及证券交易市场;(2)选择纽约州法律可以确保平等对待美孚公司在所有州的雇员激励计划。"统一性对于选择纽约州法律是一个有价值的目标和符合

---

① 115 A. D. 3d 162, 980 N. Y. S. 2d 631 (N. Y. App. Div. 2014), re-argument denied, leave to ap-peal granted, 117 A. D. 3d 1506 (N. Y. App. Div. 2014).

② FLA. ST《外国人侵权法》. § 542.335[1][h]。

③ Brown & Brown, 980 N. Y. S. 2d at 638.

④ ____ S. W. 3d ____, 2014 WL 4782974 (Tex. 2014), petition for reh'g filed (Oct. 15, 2014).

⑤ 793 S. W. 2d 670 (Tex. 1990).

逻辑的理由,而且也是《第二次冲突法重述》所承认的目标”,法院说。[①]

其次,法院认为,得克萨斯州相比纽约州而言,对于适用其法律具有“更密切联系”和“实质上更大利益”。尽管如此,法院认为,纽约州法律的适用并不违反得克萨斯州的“根本公共政策”。法院将其观点建立在两个因素之上:第一个,DeSantis 认为,不可执行的该权利丧失条款并不是一项竞业禁止协议。法院解释说,在一项非供款式利润分享计划中的权利丧失条款和竞业禁止条款之间存在区别,“因为此种计划并不限制雇员将来的受雇权利”;它们只是“强迫雇员在二者之间进行选择,一个是不受前雇主的限制与前雇主进行竞争,一个是接受雇员不用交付任何款项的退休计划”。[②] 第二个,得克萨斯州的政策在 DeSantis 案以来的 24 年里已经发生了变化:

> 由于得克萨斯州目前已经拥有很多世界最大企业,我们的政策已经不再是家长式的那样去考量对得克萨斯州雇员的平等对待……而是转而去考量企业是否能够在其所有雇员的雇佣合同中保持统一性,无论某个雇员是得克萨斯州人还是纽约州人。[③]

根据这一理由,法院认为,该权利丧失条款根据得克萨斯州法律是否可以执行的问题应该“择日另行裁定”。但是,即使其无法执行,也不会改变结果,因为得克萨斯州对该问题的法律并没有反映一种根本公共政策:“鉴于(该条款的)执行问题适用得克萨斯州法律和纽约州法律会分别导致不同的结果……我们无法得出结论认为此种情况下适用纽约州法律会‘违反得克萨斯州根本政策’。”[④]

在布利尔诉雷根特通信公司案[⑤]中,所争议的问题是法律选择条款是否也

---

① 793 S. W. 2d 670 (Tex. 1990). at ＊11.

② Drennen, _S. W. 3d at_ ＊8.

③ Ibid. at ＊8 (footnote omitted).

④ Ibid. at ＊9. 在雇佣合同中执行了法律选择条款的其他得克萨斯州案例。参见 Cameron Intern. Corp. v. Guillory, 445 S. W. 3d 840 (Tex. App. 2014)(执行了法律选择条款,因为得克萨斯州并没有比被选择的州更大的实质利益;因此没有必要去审查被选择的法律是否违反得克萨斯州的公共政策);Ennis, Inc. v. Dunbrooke Apparel Corp., 427 S. W. 3d 527 (Tex. App. 2014)(认为上诉人未能证明在没有法律选择条款的情况下合同应当适用被选择的州以外的其他法律;因此,法院不需要再去根据《第二次冲突法重述》第 187(2)条审查支持法律选择条款的其他条件)。

⑤ 12 N. E. 3d 299 (Ind. App., 2014), transfer denied, 18 N. E. 3d 1005 (Ind. 2014).

涵盖了被选择的州的诉讼时效。该条款规定,该合同适用弗吉尼亚州法律“而不包括该州冲突规范”。[①] 当事人按照通常做法将上述被引用的表述纳入法律选择条款之中,以便避免反致的可能性和随之可能出现的复杂性和循环论证。然而,印第安纳州法院对于该段表述的含义和目的却有完全不同又完全错误的观点。

法院认为,上述被引用的表述“并不是要将该法律选择条款仅限于对实体法的选择”,相反,其目的是要“在确定适用哪一法律时排除所有的冲突法条款”。[②] 因此,该句话“不仅是要把实体问题,而且也要把程序问题都置于被选择的州法的支配之下”。[③] 依据这一理由,法院认为,法律选择条款包括弗吉尼亚州的诉讼时效,根据该时效规则,该诉讼应被禁止。法院解释该条款的理由建立在其他州的两个同样错误的联邦地区法院判例基础之上。在其中一个案例中,法院并未援引任何权威观点。[④] 在另一个案例中,法院承认对于该结论没有任何权威观点。[⑤]

2. 法律选择与法院选择条款

如果某一法院选择条款是通过欺诈、强迫、意思表示错误或其他不适当的方式造成的,则该条款不可执行。但是,如果包含有该条款的合同是欺诈的产物,但是没有证据显示该条款本身是欺诈的产物,则该如何处理?此时该条款是否可以执行?

尽管这听上去有点违反直觉,但是大多数法院对这个问题的回答都是肯定的。他们会执行这样的条款,除非挑战者证明该条款本身,而不仅合同是欺诈

---

① Brill, 12 N. E. 3d at 305.

② Ibid. at 307 (quoting OrbusNeich Med. Co. v. Boston Scientific Corp., 694 F. Supp. 2d 106, at 113 (D. Mass. 2010)) (emphasis in original).

③ Ibid., at 308.

④ See OrbusNeich Med. Co. v. Boston Scientific Corp., 694 F. Supp. 2d 106 (D. Mass. 2010).

⑤ See American Ins. Co. v. Frischkorn, 173 F. Supp. 2d 514, at 520 (S. D. W. Wa 2001). (“对各州和联邦判例法的搜寻都没有找到任何案例,其中对这一语言做过解释。”)

的产物。[①] 这种证明很难成功,因为这些条款通常并不是通过特别的谈判缔结的。[②] 因此,这样的挑战往往不能成功。

这一观点的根据是联邦最高法院在 M/S 不来梅诉查帕塔离岸公司案[③]和谢尔克诉阿尔伯特—卡尔沃公司案[④](以及包含仲裁条款的案件)[⑤]中的裁决,它们赋予了法院选择条款一种几乎不容置疑的有效性推定。遵循这一观点的各个法院都发展出了一些战略上和政策上的理由来支持该观点。但是针对每个观点也都有针锋相对的对立观点。毕竟,如果法院选择条款是合同的一部分而合同是欺诈的产物,则整个合同也都是无效的,合同的所有部分包括法律选择条款当然也都是无效的。

从概念上来看,唯一能够使该观点符合逻辑的办法是进行这样的解释,即法院选择条款并非包含该条款的合同的一部分,相反,它是一个独立的合同,即便它事实上不是。这种拟制——因为它是一种拟制——的恰当术语并非通常

---

① See, e. g., Afram Carriers, Inc. v. Moeykens, 145 F. 3d 298, 301 (5th Cir. 1998); Haynsworth v. Corporation, 121 F. 3d 956, 963 (5th Cir. 1997); Riley v. Kingsley Underwriting Agencies, Ltd., 969 F. 2d 953, 960 (10th Cir. 1992); Rucker v. Oasis Legal Finance, L. L. C., 632 F. 3d 1231 (11th Cir. 2011); Provence v. Nat'l Carriers, Inc., 360 S. W. 3d 725, 729 (Ark. 2010); Edge Tele-com, Inc. v. Sterling Bank, 143 P. 3d 143 P. 3d 1155, 1162 (Colo. App. 2006); Nat'l Indus. Grp. (Holding) v. Carlyle Inv. Mgmt. L. L. C., 67 A. 3d 373 (Del. 2013); AMS Staff Leasing NA, Inc. v. Superior Court, 2004 WL 1435928, at *2 (Cal. App. June 28, 2004); Holeman v. Nat'l Bus. Inst., Inc., 94 S. W. 3d 91, 102 (Tex. App. 2002); In re Harris Corp., 2013 WL 2631700, at *5 (Tex. App. June 4, 2013); Brandt v. MillerCoors, LLC, 993 N. E. 2d 116 (Ill. App. 2013); Salehpour v. Just A Buck Licensing, Inc., 2013 WL 5533113 (Ohio App. Oct. 7, 2013).

② In Tucker v. Cochran Firm-Criminal Defense Birmingham L. L. C., ___ P. 3d ___, 2014 WL 7157047 (Okl. 2014), 该案中,一家律师事务所和一位俄克拉荷马州居民为了在俄克拉荷马州轻罪法庭进行法律代理而签订的律师费协议中包含一项加利福尼亚州法律选择条款。在随后的针对该律师事务所的不当行为诉讼中,该顾客主张该条款未经协商。他指出一个事实,即有几个合同条款都要求签上他的姓氏首字母以表明他的意思,但该条款却没有留下地方让他签字。实际上,干嘛要在俄克拉荷马州聘请律师呢。

③ 407 U. S. 1, at 15 (1972). ("正确的做法是执行该法院条款,除非 Zapata 能够明确证明执行该条款将会不合理和不公平,或者该条款因欺诈或显失公平而无效。")

④ 417 U. S. 506, at 519 n. 14 (1974) ("如果该条款被订入合同是欺诈或强迫的产物",则该条款不可执行)。

⑤ See Prima Paint Corp. v. Flood & Conklin Mfg. Co., 388 U. S. 395 (1967); Buckeye Check Cashing, Inc. v. Cardegna, 546 U. S. 440 (2006); Nitro-Lift Technologies, L. L. C. v. Howard, 133 S. Ct. 500 (U. S. 2012).

所使用的“可分性”这一术语,“可分性”是指可以被分开,但是“独立的”这一术语是指该条款独立存在于合同本身。如果该条款被视为独立的,则其命运独立于主合同。因此,如果主合同因欺诈而无效,则其无效性并不及于该条款。

这种逻辑显得不太自然,正因如此,一些法院采取了其他的解释方法:如果包含有法院选择条款的合同因欺诈或其他类似原因而无效,则法院不会执行该条款,即使没有证据显示该条款本身无效。[①] 其中一家代表这种少数观点的法院是犹他州最高法院,其代表性判例是能源债权公司诉卡塔里斯特投资集团公司案,[②]该案说理很充分。该法院还给出了两项条件。首先,挑战该条款的当事人必须“举证证明导致欺诈性诱导订立合同的特定情形”。[③] 其次,初审法院在决定是否执行该条款之前会考虑针对欺诈主张举行一个证据听证会,即使这意味着“在大多数情况下,当事人可能会被迫在退出诉讼程序的举证阶段之前就不得不提起诉讼”。[④]

在能源债权案中,合同中除了一项法院选择条款之外还包含一项英国法律选择条款。有意思的是,犹他州法院在讨论法院选择条款时并未援引英国法律,相反,法院根据法院地法进行了裁决。

相反,在圣地亚哥煤气电力公司诉吉尔伯特案[⑤]中,蒙大拿州最高法院甚至没有考虑法院地法。该合同中包含一项加利福尼亚州法律选择条款和法院选择条款,法院面对的问题是该法院选择条款到底是强制性的还是许可性的。法院认为,加利福尼亚州法律选择条款是有效的,因此裁决“依照加利福尼亚州法律解释该法院选择条款”。[⑥] 在讨论了大量加利福尼亚州判例之后,法院认为该条款是强制性的,因为该条款规定,当事人“一致同意在加利福尼亚州圣地亚哥市……进行……所有诉讼程序”。[⑦] 法院解释说:

---

① See, e. g. , Farmland Indus. , Inc. v. Frazier-Parrott Commodities, Inc. , 806 F. 2d 848, 851 - 52 (8th Cir. 1986); DeSola Grp. , Inc. v. Coors Brewing Co. , 199 A. D. 2d 141, 141 - 42, 605 N. Y. S. 2d 83 (N. Y. App. Div. 1993); SRH, Inc. v. IFC Credit Corp. , 619 S. E. 2d 744, 746 (Ga. App. 2005); Lamb v. MegaFlight, Inc. , 26 S. W. 3d 627, 631 (Tenn. App. 2000).

② 325 P. 3d 70 (Utah 2014).

③ Energy Claims, 325 P. 3d at 86.

④ Ibid.

⑤ 329 P. 3d 1264 (Mont. 2014).

⑥ Ibid. , at 1268.

⑦ Ibid. , at 1266 (emphasis added).

如果认为一个人可以一方面同意在圣地亚哥“进行所有”诉讼程序,但同时又在其他地方起诉,则这显然是违反逻辑的……“进行所有诉讼程序”这一表述特别限制了当事人只能向某一单个法院(强制性)进行诉讼活动,而不仅是说多个法院中的任一个都可以行使管辖权(许可性)。①

尽管人们可以反对这一理由,但困难的问题是,法院在判断法院选择条款时到底应该遵循谁的“逻辑”——是法院自己的逻辑,还是被选择的法院的逻辑?另一个问题是,是否所涉问题不同,答案就会不一样?例如,在吉尔伯特案中那样所涉的是解释问题,或者在能源债权案中那样涉及的是该条款的执行问题。没有哪家法院进行这种区分。事实上,在能源债权案中,犹他州法院不仅在确定可执行性问题时适用了犹他州法律,而且在解释该条款时也一样,比如在判断该条款是否足够宽泛以涵盖侵权诉讼时。②

其他很多法院也未能进行此种区分,有的是因为案件只涉及其中一个问题,有的是因为法院没有发现有什么区别。例如,在雷迪安特技术公司诉弗莱恩霍克媒体集团公司案③中,原告主张被告在引诱订立合同时有欺诈行为,该问题显然是可执行问题,而不是解释问题。尽管双方当事人都依据法院地法进行辩论,但法院认为,该问题应依照法律选择条款中所选定的法律予以确定。法院将执行问题和解释问题混为一谈,并解释说:“如果像本案中这样,案件涉及法院选择条款的执行,而合同包含一项法律选择条款,则当事人所选择的法律调整法院选择条款的解释问题。”④

其他法院都清楚地看到了这种区分,⑤包括第二巡回法院审理的马丁内兹诉布隆伯格公司案。⑥ 这是一起因雇佣合同引起的联邦问题案件,该合同包含了一项英国法律选择条款和法院选择条款。法院区分了后一条款的可执行问题和解释问题,如该条款是否具有强制性或许可性,或者某些当事人或某些案

① 329 P. 3d 1264 (Mont. 2014). at 1270 - 71.

② See Energy Claims, 325 P. 3d at 82.

③ 439 S. W. 3d 238 (Mo. App. 2014).

④ 439 S. W. 3d 240 (quotation marks omitted, emphasis added).

⑤ See, e. g., Yavuz v. 61 MM, Ltd., 465 F. 3d 418 (10th Cir. 2006); Albemarle Corp. v. Astra-Zeneca UK Ltd., 628 F. 3d 643 (4th Cir. 2010); Phillips v. Audio Active Ltd., 494 F. 3d 378 (2nd Cir. 2007).

⑥ 740 F. 3d 211 (2nd Cir. 2014).

件是否属于其适用范围等。法院认为:(1)法律选择条款中选定的实体法,即英国法,支配法院选择条款的解释问题;(2)法院地法,即联邦法律,支配法院选择条款的可执行性问题。根据英国法律,原告提出的雇佣歧视诉讼属于法院选择条款的适用范围,根据联邦法律,该条款可以执行。

法院花费了大量笔墨去解释一些根本不需要过多解释的问题,例如,为什么由法院地法/联邦法律来支配可执行性问题。

> 联邦法律必须支配一项法院选择条款的最终执行问题以确保一家联邦法院(根据不来梅案)不会去执行这样一项条款,如果"协议选择的法院如此困难和不方便,以至于(抗辩方当事人)出于各种现实的目的被剥夺了出庭的机会",或者"如果执行,则会违背诉讼进行的强烈公共政策,无论该政策是立法还是司法判决所宣示的"。①

接着,法院解释了为何应当由被选择的法律来支配法院选择条款的解释问题。法院认为,适用法院地法律:

> 会损害法院选择条款所具有的可预见性……它赋予了一项法院选择条款在联邦法院更宽或更窄的范围,而这种范围超出了本来的意图,从而违背了当事人的预期……(同时)将一项本来根据当事人所选择的法律应该被解释为许可性的条款转化成了强制性条款,或者相反。②

法院在区分法院选择条款的可执行性和解释时,还"根据 Erie 案所发展出来的程序规则和实体规则之间的区分理论做出了说明"。③ 法院选择条款的可执行性是一个程序问题,该问题必须适用法院地法(联邦法),而合同的解释问题则是"Erie 案意义上的实质问题"。④

在杰克逊诉支付日金融公司案⑤中,第七巡回法院承认:"大多数联邦上诉

---

① 740 F. 3d 218 (quoting Bremen, 407 U. S. at 18).

② Ibid., at 220.

③ Ibid., at 211 (2nd Cir. 2014).

④ Ibid.

⑤ 764 F. 3d 765 (7th Cir. 2014).

法院都主张,一项法院选择条款的可执行性问题涉及联邦程序,因此应当适用联邦法。”[①]但是,第七巡回法院采取了不同的方法:

> 出于简便的理由,在判断法院选择条款的有效性和含义时……应根据支配包含该条款的合同的其他方面的法律,而不是去让法院在同一案件中适用两套不同的法律。[②]

因此,在包含一项法律选择条款的合同中,“法律选择条款中所选择的法律应用来确定法院选择条款的有效性”。[③] 本案中,涉及的是伊利诺伊州消费者和位于南达科他州夏延河苏族部落印第安人保留区的借贷人之间的网上借贷合同,其中的法律选择条款规定,该合同适用该印第安人保留区法律,并且“不受任何其他法律的约束”。[④] 但是,由于该保留区没有关于法院选择协议的法律或判例,法院因而遵循该保留区的实践,援用联邦法。根据联邦法,法院认为该借贷协议中包含的仲裁条款(被法院认为类似于法院选择条款)不可执行,因为它们在程序上和实体上都不公平且具有迷惑性。该条款要求“由夏延河苏族部落的授权代理人根据该地区消费者争端解决规则进行仲裁”。[⑤] 而记录显示,该部落地区没有官方仲裁机构,也没有消费者争端解决规则。

在GDG收购公司诉伯利兹政府案[⑥]中,佛罗里达州的一家电信设备公司和伯利兹政府之间签订的一份合同中,含有一项放弃政府豁免权的条款、一项佛罗里达州法律选择条款和一项排他性佛罗里达州法院选择条款。尽管有上述条款,地区法院还是驳回了该公司针对伯利兹政府提起的违约之诉,理由是不方便法院原则和国际礼让原则。

第十一巡回法院推翻了该裁决,批评地区法院在对不方便法院原则进行分析时没有对法院选择条款给予足够重视,而该条款一旦可以执行,将会发挥“决定性作用”。[⑦] 根据最高法院在亚特兰大海洋建设公司诉得克萨斯州西区美国

---

① 764 F. 3d, at 774 (quotation marks omitted).

② Ibid. at 774 -75 (quotation marks omitted).

③ Ibid. at 775.

④ Ibid. at 770.

⑤ Ibid. at 776.

⑥ 749 F. 3d 1024 (11th Cir. 2014).

⑦ Ibid. ,at 1028.

地区法院案[1]中的判决,同意订立法院选择条款的当事人“放弃了以不方便为由挑战事先选择的法院的权利”,[2]因此,第十一巡回法院注意到,一项有约束力的法院选择条款“要求法院去发现不方便法院原则的私人要素完全有利于被选择的法院”。[3] 法院将案件发回地区法院重审,并要求其审查该条款的可执行性。如果该条款可以执行,则地区法院“必须发现不方便法院原则的私人要素完全支持被选择的法院”,并且必须要审查公共利益因素,同时要“理解到在除了少数极端案件以外的几乎所有案件中……公正的利益要求支持当事人的协议”。[4]

第十一巡回法院还指责地区法院在这样一起普通商业合同案件中援用国际礼让来驳回诉讼,尤其是本案中美国的利益与外国的司法权是针锋相对的时:

> 美国对于确保根据合同法原则执行有效债务具有强烈利益,尤其是对于继续执行外国对美国债权人的债务……在联邦法院诉讼有利于在涉及美国当事人的争端中执行在美国领土上达成和履行的协议,从而维护美国的利益。[5]

3. 仲裁条款

在 AT&T 移动公司诉康塞普西翁案[6]中,美国最高法院认为《联邦仲裁法》排除了加利福尼亚州法院在探索银行诉高等法院案[7]中确立的先例,该案宣称,在消费者合同中,集体仲裁弃权条款不可执行。珍特利诉高等法院案[8]是一起在康塞普西翁案之前发生的案件。该案中,加利福尼亚州最高法院同样认为,雇佣合同中某些集体仲裁弃权条款不可执行。与此类似,在一起 Concepcion 案之后发生的案件,全国劳动关系委员会(National Labor Relations Board, NLRB)认为:(1)《全国劳动关系法》禁止在涉及薪水的诉讼中执行雇佣合同中订立某

---

① 134 S. Ct. 568 (U. S. 2013), discussed in Symeonides, 2013 Survey, 240 – 42.
② GDG Acquisitions, 749 F. 3d 1028 (quoting Atlantic Marine).
③ Ibid., at 1029.
④ Ibid. (quoting Atlantic Marine).
⑤ Ibid., at 1032 (quotation marks omitted).
⑥ 131 S. Ct. 1740 (U. S. 2011), discussed in Symeonides, 2011 Survey, 324 – 27.
⑦ 113 P. 3d 1100 (Cal. 2005).
⑧ 165 P. 3d 556 (Cal. 2007).

些集体诉讼条款;(2)该项禁令不受《联邦仲裁法》中的救济条款的影响;(3)若非如此,则《全国劳动关系法》优先,因为该法后于《联邦仲裁法》生效。[①]

在伊斯卡尼亚诉洛杉矶CLS运输公司案[②]中,加利福尼亚州最高法院认为,根据康塞普西翁案,《联邦仲裁法》也优先于珍特利案,而全国劳动关系委员会声称的《全国劳动关系法》优先于《联邦仲裁法》的观点是错误的。[③]

(1)其他"代表"诉讼

伊斯卡尼亚案还涉及另一种类型的集体诉讼——"代表诉讼",该诉讼是加利福尼亚州《私人出庭检察官法》所许可的。该法允许雇员针对其雇主对该雇员及其同事实施的违反《劳动法典》的行为以州政府的名义提起民事惩罚诉讼。重要的是,如果胜诉,则75%的罚金归属州政府,剩下的25%在受害的雇员之间进行分配。在伊斯卡尼亚案中,雇佣合同不仅禁止集体诉讼和集体仲裁,而且还禁止"代表诉讼"。法院认为,后一禁令违反了加利福尼亚州的公共政策,因为雇员根据《私人出庭检察官法》提起代表诉讼的权利不能被事先排除。

法院还审查了《联邦仲裁法》是否排除了此种观点,并给出了否定答案。法院的理由是,《联邦仲裁法》适用于私人纠纷,而《私人出庭检察官法》诉讼"并非雇员和雇主之间的纠纷……(而是)雇主和州政府之间的纠纷,州政府直接或通过代理人指控……雇主违反了劳动法典"。[④] "从根本上来讲,它是一起法律执行诉讼,目的是为了保护公共的而非私人利益。"[⑤]法院认为:"无论是《联邦仲裁法》的文本或立法历史还是最高法院对该立法的解释,都主张《联邦仲裁

---

① See D. R. Horton Inc. & Cuda, 357 NLRB No. 184, 2012 WL 36274, (NLRB 2012).

② 327 P. 3d 129 (Cal. 2014), cert. filed (Sept. 22, 2014).

③ 第二、第五和第八巡回法院在该问题上也得出了相同结论。参见 Sutherland v. Ernst & Young, LLP 726 F. 3d 290, 297 fn. 8 (2nd Cir. 2013); D. R. Horton, Inc. v. NLRB, 737 F. 3d 344 (5th Cir. 2013); Owen v. Bristol Care, Inc. 702 F. 3d 1050, 1053 - 1055 (8th Cir. 2013)。

④ Iskanian, 327 P. 3d 151.

⑤ Ibid. (quotation marks omitted).

法》目的在于通过支持雇员进行罚金诉讼,从而限制各州加强其公共执行的能力。"①

(2)双方同意的集体仲裁

康塞普西翁案的多数意见书尽管难以掩饰其对集体仲裁的敌视态度,但它并没有将双方同意的集体仲裁宣布为非法。康塞普西翁案认为:"集体仲裁如果是由探索银行案单方面规定而不是双方协商同意的,则违反《联邦仲裁法》。"②因此,一项进行集体仲裁的协议并不违反《联邦仲裁法》。

不过,加入一份合同含有法律选择条款并选择了某州法律,而该法禁止集体仲裁弃权条款。此时,还能进行集体仲裁吗?第一反应可能是说"不",因为与联邦最高法院判例一样,《联邦仲裁法》成了某州法律的一部分,并排除了禁止期权条款的那一部分法律。但是如果当事人采用了更有针对性的法律选择条款,该条款虽然选择了某州法律,但专门指出被《联邦仲裁法》所排除的那一部分除外,则此时又该如何呢?《联邦仲裁法》是否允许此种挑选呢?同样,第一反应是"不"。但是,如果如上所述的那样,《联邦仲裁法》允许双方同意的集体仲裁,该协议是否就有所不同呢?

这些问题都是难题,处理该问题的两个法院分别给出了相矛盾的答案。它们分别是第九巡回法院审理的墨菲诉直接电视公司案③和加利福尼亚州上诉法院审理的伊姆伯吉亚诉直接电视公司案④。正如两个案件名称所示,它们都涉及同一个被告,一家卫星电视服务商 DirectTV 公司。该公司与消费者签订的合同中含有一项相同的第 9 条,该条禁止集体仲裁。然而,第 9 条同时规定,如果

---

① Iskanian, 327 P. 3d at 152. 2014 年其他州最高法院审理的涉及仲裁条款的案件参见 Speece v. Allied Professionals Ins. Co., 853 N. W. 2d 169 (Neb. 20104)(认为《联邦仲裁法》并不排除一项内华达州立法,该立法在某些保险合同中禁止仲裁条款);Caplin Enterprises, Inc. v. Arrington, 145 So. 3d 608 (Miss. 2014)(认为借款人和贷款人之间合同中的仲裁条款是单方面条款,具有强迫性因而是不公平的);Smith v. Express Check Ad-vance of Mississippi, LLC, ___ So. 3d ___, 2014 WL 4923169 (Miss. 2014)(认为雇佣合同中的竞业禁止协议中的仲裁条款并非单边条款因而并非实质上不公平);Venture Cotton Co-op. v. Freeman, 435 S. W. 3d 222 (Tex. 2014)(认为一位棉花种植者放弃法定的获得律师费的权利的条款违反了公共政策因而无效,但是该弃权条款独立于该仲裁协议的其他部分)。

② AT&T Mobility LLC v. Concepcion, 131 S. Ct. 1740, at 1751 (U. S. 2011).

③ 724 F. 3d 1218 (9th Cir. 2013).

④ 225 Cal. App. 4th 338, 170 Cal. Rptr. 3d 190 (Cal. App. 2d Dist., 2014), review denied (Jul. 23, 2014), certiorari filed (Oct. 21, 2014).

“贵州”——也就是消费者所在州——的法律“认为免除集体仲裁的协议不可执行,则第 9 条全部不可执行”。①

两个案子都涉及加利福尼亚州消费者。由于加利福尼亚州的《消费者法律救济法》禁止集体弃权条款,因此,第 9 条不可执行,而该条中包含的禁止集体仲裁的协议也不可执行。在此情形下,该消费者是否还能够与直接电视公司进行仲裁呢?第九巡回法院对此给予了否定的回答,而加利福尼亚州法院则给予了肯定答案。

第九巡回法院解释如下:

> 《联邦仲裁法》第 2 条根据康塞普西翁案的判决要求执行禁止集体程序的仲裁协议,该条是加利福尼亚州和所有其他州的法律。《消费者协议》选择适用州法并不意味着联邦法律不可适用,因为我们的法律制度中有一项基本原则……要求“美国宪法、法律和条约是每个州法律的一部分,如同该州自己的法律和宪法一样……因此,(消费者)所提出的辩论意见,即当事人希望由州法来调整直接电视提出的仲裁条款的可执行性,即使所涉州法违反联邦法也不例外,显然是荒谬的。如果联邦法律要求执行一项合同,则它根据州法不可能无法执行,因为联邦法律是各州的最高法律”……《消费者协议》第 9 条规定,只有当“贵州法律”不允许集体弃权条款时,该仲裁协议才不可执行,而加利福尼亚州法律根据康塞普西翁案所解释的《联邦仲裁法》恰恰不允许该条款。②

在 Imburgia 案中,加利福尼亚州上诉法院认为,上述解释“没有说服力”。③法院的理由主要有以下几点:①第九巡回法院认为合同当事人无权游离于《联邦仲裁法》之外,这种观点“并非权威观点”;②合同当事人有权选择被法院认为是“非联邦法”的州法;③这恰恰就是当事人在本案中所做的选择;④该选择间接地导致了与一项协议集体仲裁的条款相同的结果,也就是康塞普西翁案所允许的双方同意的集体仲裁。

这或许并不是本案的最终结论,因为被告已经提请联邦最高法院调卷审理。

---

① Murphy, 724 F. 3d 1224.

② Ibid. , at 1226 (quotation marks and footnotes omitted).

③ Imburgia, 170 Cal. Rptr. 3d 197.

4. 不包含法律选择条款的合同

至少有 3 个州(加利福尼亚州、蒙大拿州和俄克拉荷马州)仍保留了 19 世纪制定的成文冲突法规则,该规则起源于 1865 年的《戴维·达德利·菲尔德民法典》,而且可以进一步追溯到斯托瑞(Story)和肯特(Kent)。[①] 该规则规定:"合同应根据其履行地法律和惯例进行解释;或者如果该合同并不具有一个履行地,则根据合同订立地法律和惯例。"[②]尽管 3 个州在其他方面都放弃了传统的方法,但它们不可能完全否定这一传统规则。它们对某些特定合同或合同事项继续适用该规则,尽管有些不太情愿。[③]

因此,加利福尼亚州将该规则适用于合同解释问题。对其他问题,加利福尼亚州适用利益分析方法,除非当事人选择了准据法,此时,法院适用《第二次冲突法重述》第 187 条。[④] 在凯利诉蒂特斯案[⑤]中,涉及的是一份口头合同,原告默示地选择了加利福尼亚州法律。事实上,如果能够证实,一项默示的选择会使该案件适用第 187 条。然而,原告无法提供任何客观证据证明当事人双方意图适用加利福尼亚州法律。尽管作为一个加利福尼亚州人,原告可以推定适用加利福尼亚州法律,但另一当事人离开加利福尼亚州已经 10 年,并且在合同缔结时已经加入墨西哥国籍。

法院认为,没有必要再去判断本案要解决的到底是合同的解释问题还是有

---

① See Ca. Civ. Code § 1646 (enacted in 1872); MT. ST《外国人侵权法》. 28 - 3 - 102 (enacted in 1895); OK. ST《外国人侵权法》. 15 § 162 (enacted in 1890). For Story's and Kent's formulation, see Joseph Story, Conflict of Laws 325 (7th ed. 1872) ("无论是书面合同还是口头合同,如果能够在其他地方得到履行,在该地的通行规则与当事人的预期目的相一致,即合同及其有效性、性质、义务以及解释都应适用履行地法律"); 2 James Kent, Commen-taries on American Law 622 (12th ed. 1873) ("当事人的权利应当由他们所希望的法律或者由公正地推断出来的他们希望受约束的法律来判断")。

② Ca. Civ. Code § 1646. The rule is identical in the other two states.

③ 因此,俄克拉荷马州将该规则适用于普通合同,而将《第二次冲突法重述》适用于保险合同,将《统一商法典》适用于货物销售合同。参见 Harvell v. Good-year Tire & Rubber Co., 164 P. 3d 1028 (Okla. 2006); See Bohannan v. Allstate Ins. Co., 820 P. 2d 787 (Okla. 1991); Ysbrand v. DaimlerChrysler Corp., 81 P. 3d 618 (Okla. 2003), cert. de-nied, 542 U. S. 937 (U. S. 2004); Bernal v. Charter County Mut. Ins. Co., 209 P. 3d 309 (Okla. 2009). For California and Montana, see text infra。

④ See Frontier Oil Corp. v. RLI Ins. Co, 63 Cal. Rptr. 3d 816 (Cal. App. 2 Dist. 2007), review denied (Nov. 14, 2007); Nedlloyd Lines B. V. v. Superior Court, 834 P. 2d 1148 (Cal. 1992).

⑤ 2014 WL 6698787 (Cal. App. Nov. 26, 2014) (unpublished).

效性问题,因为在任一案件中,都要适用墨西哥法律。如果所涉问题是解释问题,则根据上述成文法规则应适用墨西哥法律,理由是墨西哥是合同履行地或者合同是在墨西哥订立的。[①] 如果所涉问题是有效性,则应根据利益分析来选择准据法。然而,该利益分析也会导致适用墨西哥法律,因为合同是在墨西哥订立和履行的,应当推定该国利益大于加利福尼亚州利益。

如果合同特别规定了履行地,则蒙大拿州法院适用上述成文法规则。如果没有规定履行地,则只要合同包含有法律选择条款,蒙大拿州法院就会适用《第二次冲突法重述》第187条,如果合同不包含法律选择条款,则适用《第二次冲突法重述》第188条。在米切尔诉州农场保险公司案[②]中,法院认为,如果一份保险合同指定了合同履行地为诉讼提起地,则被保险人获得判决的地点就是履行地。在泰德曼管理服务公司诉戴维斯案[③]中,保险合同规定保险范围为"世界任何地点"。法院认为,上述引文使蒙大拿州成为可以考虑的履行地,因此导致适用蒙大拿州法律,因为本案缘起于在蒙大拿州的诉讼。

托尔诉塔兰鲍姆(Toll v. Tannenbaum)案[④]也涉及一份口头合同。该合同涉及一位岳父及其女婿之间的几百万美元的交易。当翁婿关系因其女儿女婿离婚而结束时,前岳父在宾夕法尼亚州起诉前女婿,要适用该州法律,根据该法律,该合同只要有证据即可执行。而被告主张适用纽约州法律,该法律要求合同必须以书面形式(《防止欺诈法》)。

根据《第二次冲突法重述》,法院认为应当适用纽约州法律,因此该合同无效。法院援引了第188条来讨论合同的法律选择问题,但是法院认为该合同中并没有指明适用任一州的法律。因此,法院审查了第6条中列举的政策,并认为这些政策都指向纽约州法律。法院的理由如下:(1)适用纽约州法律会促进"确定性、可预见性和结果的一致性",因为大多数州都像纽约州一样要求这种合同用书面实行订立,而宾夕法尼亚州属于"极少数";[⑤](2)特定法律领域如合同法所依赖的基本政策也有利于纽约州法律,因为"用书面订立合同不仅可以

---

① 该合同规定,原告将帮助被告撤销他的强奸罪指控并使其从一家墨西哥监狱获释,当合同订立时该被告正被监禁在该监狱。

② 68 P.3d 703 (Mt. 2003).

③ 330 P.3d 1139 (Mt. 2014).

④ __ Fed. Appx. _ _ _, 2014 WL 7172327 (3rd Cir. 2014) (decided under Pennsylvania conflicts law).

⑤ Ibid. at __ *5.

防止欺诈和伪证,还可以防止法院因为个人记忆有误或因缺乏证人而犯错"。此外,还可以"确保当事人小心谨慎行事"。①

法院认为,适用纽约州法律"具有最大意义",原因如下:

(1)"纽约州《防止欺诈法》的政策胜过宾夕法尼亚州在本案中试图执行口头协议而保护原告的利益";②

(2)纽约州法律的适用将会:(a)"保护当事人的合理预期";(b)"促进该州的相关利益";(c)"促进可预见性和合同法所蕴含的基本政策"。③

VLM 食品贸易国际公司诉伊利诺伊州贸易公司案④涉及的是一份销售合同,当事人双方分别是一位加拿大农业供应商和一位伊利诺伊州农产品分销商。所涉问题是,在伊利诺伊州买方接受合同后由加拿大卖方提交的发票中所包含的律师费条款是否构成合同的一部分,并因此而约束买方。地区法院对该问题给出了肯定答案,将其视为《统一商法典》第 2 - 207 条项下的"形式争论"问题。

第七巡回法院推翻了该裁决,认为美国和加拿大都加入了《联合国国际货物销售合同公约》,本案应适用该公约。如本案所示,只要双方当事人营业地位于不同的公约缔约国,则应适用该公约,除非当事人明确排除该公约。由于当事人并未排除该公约,故该公约应予适用,而且该公约针对本案所涉问题的规定(第 19 条)明显不同于《统一商法典》第 2 - 207 条。法院将该案发回地区法院重审,并要求其适用《联合国国际货物销售合同公约》。

(四)法律选择方法

正如一位评论家所注意到的,过去的综述"已经很久都不再报告方法论上的大发展,很大程度上是因为根本没有什么新发展"。⑤ 的确,自从 2000 年在侵权领域和 1996 年在合同领域之后,没有哪个州放弃传统方法,从 2008 年以来,

---

① __ Fed. Appx. ___, 2014 WL 7172327 (3rd Cir. 2014) (decided under Pennsylvania conflicts law).

② Ibid.

③ Ibid.

④ 748 F. 3d 780 (7th Cir. 2014).

⑤ Ralf Michaels, "After the Revolution-Decline and Return of U. S. Conflict of Laws", 11 *Ybk. Priv. Int' L L.* 11, at 13 (2009).

也没有哪个州从一种现代方法转到另一种方法。[①] 少数几个坚持传统方法的州不愿意放弃旧方法的理由在别处已经讨论过了。[②] 无论如何,尽管在方法论上不再有什么发展,但为了读者的方便,2013年的方法论表格仍然列在下面,如表8所示。

表8 各州及其所遵循的法律选择方法列表

州	传统方法	密切联系	第二次重述	利益分析	法院地法	更好的法	综合的现代方法
亚拉巴马	T+C						
阿拉斯加			T+C				
亚利桑那			T+C				
阿肯色		C				T	
加利福尼亚				T			C
科罗拉多			T+C				
康涅狄格			T+C?				
特拉华			T+C				
哥伦比亚				T			C
佛罗里达	C		T				
佐治亚	T+C						
夏威夷							T+C
爱达荷			T+C				
伊利诺伊			T+C				
印第安纳		T+C					
艾奥瓦			T+C				

① For specifics, see Symeon C. Symeonides, The Choice-of-Law Revolution: Fifty Years after Currie, __ *U. Ill. L. Rev.* ___ (forthcoming 2015).

② See Symeonides, *Revolution*, supra note ___, at 51-58.

续表

州	传统方法	密切联系	第二次重述	利益分析	法院地法	更好的法	综合的现代方法
堪萨斯	T+C						
肯塔基			C		T		
路易斯安那							T+C
缅因			T+C				
马里兰	T+C						
马萨诸塞							T+C
密歇根			C		T		
明尼苏达						T+C	
密西西比			T+C				
密苏里			T+C				
蒙大拿			T+C				
内布拉斯加			T+C				
内华达		C	T				
新罕布什尔			C			T	
新泽西			T				C
新墨西哥	T+C?						
纽约							T+C
北卡罗来纳	T	C					
南达科他		T					C
俄亥俄			T+C				
俄克拉荷马	C		T				
俄勒冈							T+C

续表

州	传统方法	密切联系	第二次重述	利益分析	法院地法	更好的法	综合的现代方法
宾夕法尼亚							T + C
波多黎各		T + C					
罗得岛	C					T	
南卡罗来纳	T + C						
南达科他			T + C				
田纳西	C		T				
得克萨斯			T + C				
犹他			T + C				
佛蒙特			T + C				
弗吉尼亚	T + C						
华盛顿			T + C				
西弗吉尼亚	T		C				
威斯康星						T + C	
怀俄明	T + C						
总计 52	T 10 C 12	T 3 C 5	T 24 C 23	T 2 C 0	T 2 C 0	T5 C 2	T 6 C 10

注:T = 侵权案件;C = 合同案件。

(五)排外与无知

2010 年俄克拉荷马州开各州之先河,通过了一项宪法修正案,禁止任何伊斯兰法律以及任何外国法律和国际法。① 正如 2010 年综述所预言的那样,该修正案未能通过宪法第一修正案的违宪审查。②

① For citation and discussion, see Symeonides, 2010 Survey, at 320 – 23.

② See Awad v. Ziriax, 670 F. 3d 1111 (10th Cir. 2012).

起草者从头再来,使尽了一切办法来重新起草该修正案以便使其看上去显得中性一点。实际上,于 2013 年作为一项成文法新出台的文本并没有提及伊斯兰法。但毫无疑问的是,该新法背后的动机与原先的宪法修正案毫无二致,即保护俄克拉荷马州法院免受某些非西方法律的“毒害”。该立法禁止俄克拉荷马州法院在作出判决时“全部或部分依据某一外国法律,而该法律未能授予有关当事人……与美国宪法和俄克拉荷马州宪法所赋予的相同的自由、权利和特权”。[①] 该立法还禁止具有相同效果的法律选择条款和法院选择条款,但它将公司和其他法人排除在其适用范围之内。[②]

确实,传统的公共政策例外长期以来都被允许用来排除那些与法院地基本正义和自由观念不一致的外国法律的适用,尤其是当其与宪法中所蕴含的理念相违背时。起草者显然知道这一基本道理,这表明他们的真实目的并非是要重申传统的公共政策观念,而是要“以立法的语言”发出一个信号,表明某些外国法律要比其他一些外国法律更例外。

截至目前,另有 7 个州也步俄克拉荷马州的后尘颁布了类似的法律:路易斯安那州(2010 年)、[③]田纳西州(2010 年)、[④]亚利桑那州(2011 年)、[⑤]堪萨斯州(2012 年)、[⑥]南达科他州(2012 年)、[⑦]北卡罗来纳州(2013 年)[⑧]和亚拉巴马州(2014 年)。[⑨] 这些新立法都有相同的内容,因为它们都来自同一个渊源:过去 10 年里兴起的一个反伊斯兰运动所起草的一种“示范法”。但有些州对该示范法进行了增减。

比如,亚拉巴马州的修正案是其中最长的(共 963 个单词),其中提到了亚拉巴马州的“独有的公共政策”,该政策“建立在美国宪法的基础之上,受到美国宪法第十修正案的保护”,并“通过禁止任何人要求亚拉巴马州法院适用和执行外国法律”来保护亚拉巴马州公民的“独特权利”。[⑩] 尽管该项禁令看上去只适

---

① 12 Okl. St. Ann. § 20. B.

② See 12 Okl. St. Ann. § 20. C – E.

③ See La Rev. Stat. 9:6001.

④ See T. C. A. § § 20 – 15 – 101 to 20 – 15 – 106.

⑤ See A. R. S. § § 12 – 3101 to 12 – 3103.

⑥ See Kan. Code Civ. Proc. § § 60 – 5101 to 60 – 5108.

⑦ See S. D. C. L. § 19 – 8 – 7.

⑧ See N. C. G. S. A. § 1 – 87. 13 to 1 – 87. 19.

⑨ See N. C. G. S. A. § 1 – 87. 13 to 1 – 87. 19.

⑩ Ala. Const. Art. I, § 13. 50(b) (1), (4), (6).

用于"当外国法律的适用将会导致违反亚拉巴马州宪法和美国宪法所保障的权利之时",[①]但其他条款并没有包含这种限制。例如,该修正案通过一种经典的步步为营策略,试图免除亚拉巴马州法院承担的宪法上对姊妹州法律或判决予以充分诚信的义务。该修正案公然规定:"如果其他州的公共文书、记录或司法程序违反了亚拉巴马州的公共政策,则亚拉巴马州将不会给予充分诚信。"[②]它隐含这样一种推定,即亚拉巴马州"独特的公民们"的愿望可以高于其他州的公民以及联邦宪法的精神,而这除了证明亚拉巴马州的"独特性"之外,别无其他。

与此相反,亚利桑那州的立法是第二短的。[③] 但它在极端性方面毫不相让。它禁止亚利桑那州法院适用外国法律,"只要其违反了本州宪法或美国宪法所保障的权利,或者与美国或本州的法律相冲突"。[④] 具有讽刺意味的是,通过这样的立法条文,亚利桑那州自己处于与土库曼斯坦相同的地位。当土库曼斯坦在苏联解体之后获得独立时,其废除了苏维埃时代的《民法典》,该法典包含有一章冲突法。此后,土库曼斯坦通过了一部新的《民法典》并以该国领导人名字命名,该法典不包含冲突法规则。根据一位权威学者的解释,取消冲突规则"意味着土库曼斯坦法律成为唯一的准据法"。[⑤]

上述各州的立法需要更多的探讨,但不适合在本综述中进行这种讨论(或者它们根本不值得讨论)。幸运的是,已经有太多的学术文献深入讨论了这些

---

① Id. § 13.50(b)(7).

② Id. § 13.50(i). See also id. at § 13.50(b)(8)("如果姊妹州的公共文件、档案和其他州的司法程序违反了亚拉巴马州的公共政策,亚拉巴马州不会也不应当对其给予充分诚信")。

③ 最短的立法是南达科他州的立法,该法规定:"任何法院、行政机关或其他政府机关都不得执行任何宗教法典的任何条款。" S. D. C. L. § 19-8-7.

④ A. R. S. § 12-3103 (emphasis added).

⑤ William E. Butler (ed. & transl.), Turkmenistan Civil Code of Saparmurat Turkmen-Bashi, viii (1999).

立法在宪法上和其他方面的问题。①

(六)保险合同

1. 机动车保险合同

本部分所讨论的案例涉及的是被保险人和保险人之间因为发生在被保险人购买保险时住所地州之外的交通事故而引起的纠纷。这些纠纷是合同纠纷,法院也是将其作为合同纠纷处理的。除了一件案件之外,其他所有案件中,事故都发生在法院地州,并且该州都有一部支持被保险人的法律,但所有这些案

① See, e. g., Abdullahi A. An-Na'im, "Banning Sharia Is A 'Red Herring': The Way Forward For All Americans", 57 *St. Louis U. L. J.* 287 (2013); Jaron Ballou, "Sooners vs. Shari'a: The Con-stitutional and Societal Problems Raised by the Oklahoma State Ban on Islamic Shari'a Law", 30 *Law & Ineq.* 309 (2012); Amara S. Chaudhry-Kravitz, "The New Facially Neutral 'Anti-Shariah' Bills: A Constitutional Analysis", 20 *Wash. & Lee J. Civil Rts. & Soc. Just.* 25 (2013); Martha F. Davis, "Shadow and Substance: The Impacts of the Anti-International Law Debate on State Court Judges", 47 *New Eng. L. Rev.* 631 (2013); Muhammad Elsayed, "Contracting into Religious Law: Anti-Sharia Enactments and the Establishment and Free Exercise Clauses", 20 *Geo. Mason L. Rev.* 937 (2013); Sarah M. Fallon, "Justice for All: American Muslims, Sharia Law, and Maintaining Comity Within American Jurisprudence", 36 *B. C. Int'L & Comp. L. Rev.* 153 (2013); Peter Hay, "The Use and Determination of Foreign Law in Civil Litigation in the United States", 62 *Am. J. Comp. L.* 213 (2014); Jeremy Grunert, "How do you Solve a Problem Like Sharia? Awad v. Ziriax and the Question of Sharia Law in America", 40 *Pepp. L. Rev.* 695 (2013); Samir Islam, "The Negative Effects of Ill-Advised Legislation: The Curious Case of the Evolution of Anti-Sharia Law Legislation into Anti-Foreign Law Legislation and The Impact on the CISG", 57 *How. L. J.* 979 (2014); Ross Johnson, "A Monolithic Threat: The Anti-Sharia Movement and America's Counter-Subversive Tradition", 19 *Wash. & Lee J. Civil Rts. & Soc. Just.* 183 (2012); Kimberly Karseboom, "Sharia Law and America: The Constitutionality of Prohibiting the Consideration of Sharia Law In American Courts", 10 *Geo. J. L. & Pub. Pol'y* 663 (2012); Saeed A. Khan, "Sharia Law, Islamophobia and the U. S. Constitution: New Tecton-ic Plates of the Culture Wars", 12 *U. Md. L. J. Race, Relion, Gender & Class* 123 (2012); Eun-Jung K. Kim, "Islamic Law in American Courts: Good, Bad, and Unsustainable Uses", 28 *Notre Dame J. L. Ethics & Pub. Pol'y* 287 (2014); Sara Prasatik, "Assessing the Viability of State In-ternational Law Prohibitions", 35 *Hous. J. Int'L L.* 465 (2013); Asifa Quraishi-Landes, "Rumors of the Sharia Threat are Greatly Exaggerated: What American Judges Really Do with Islamic Family Law in their Courtrooms", 57 *N. Y. L. Sch. L. Rev.* 245 (2012/2013); Lee Tankle, "The On-ly Thing We Have to Fear is Fear Itself: Islamophobia and the Recently Proposed Unconstitu-tional and Unnecessary Anti-Religion Laws", 21 *Wm. & Mary Bill Rts. J.* 273 (2012); Sarah To-py, "Sharia Law in the Sooner State and Beyond: How the First Amendment Impacts the Fu-ture of Anti-Sharia Law Statutes", 80 *U. Cin. L. Rev.* 617 (2011); Asma T. Uddin & Dave Pantzer, "A First Amendment Analysis of Anti-Sharia Initiatives", 10 *First Amend. L. Rev.* 363 (2012); Asma Uddin, "The First Amendment: Religious Freedom for All, Including Muslims", 20 *Wash. & Lee J. Civil Rts. & Soc. Just.* 73 (2013).

件都没有适用该法律。[①] 需要注意的是,这些案例都得出了同样的结果,尽管它们依据的是4种不同的法律选择方法:传统方法、《第二次冲突法重述》、路易斯安那州法典和肯塔基法院地方法。

瓦尔德诉全国保险公司案[②]采用的是肯塔基方法。一位弗吉尼亚州居民驾驶的汽车在弗吉尼亚州上了保险并停在该州车库,后来在肯塔基州发生交通事故。该居民在肯塔基州起诉其保险公司,要求其根据肯塔基州法律承担不足额驾车人险。根据弗吉尼亚州法律,他无权要求获得该保险,因为他按照本案情形不能被认定为不足额保险人。肯塔基州上诉法院在其一审裁决中认为,尽管通常情况下应适用弗吉尼亚州法律,但其适用会违背肯塔基州公共政策。

但是,肯塔基州最高法院推翻了该裁决,依据的是另一起类似判例,该案中,法院拒绝采用公共政策。法院解释说,尽管肯塔基州确实有"强烈的公共政策"去保证发生在肯塔基州高速公路上的汽车事故受害者得到完全赔偿,但该政策只涉及侵权责任的承担;"对于不足额驾车人险的承担问题,没有这样一项类似的公共政策"。[③] 法院接着说:

> 一份在肯塔基州订立的合同不会被作为公共政策问题而得到执行,这并不必然意味着执行这样一份在订立地有效的合同就违反了公共政策。如果肯塔基州法律不同于姊妹州法律这一事实足以要求适用肯塔基州法律,那么就不再存在法律选择问题,因为肯塔基州法律在肯塔基州法院始终会得到适用。在合同按照订立地法律有效的情况下,如果拒绝执行该合同,肯塔基州拒绝执行的公共政策必须非常重大,必须充分体现本地政策且有合理理由,其目的是保护本州人民的道德、安全或福祉。[④]

---

① 结果相同的其他判决参见:Grange Property and Cas. Co. v. Tennessee Farmers Mut. Ins. Co., 445 S. W. 3d 51 (Ky. App. 2014), as modified (Sept. 26, 2014)(根据《第二次冲突法重述》判决且结果相同;理由是"重要的交易不是事故本身而是保险合同所规定的UM条款的解释",Ibid. at 56); Unitrin Direct/Warner Ins. Co. v. Brand, 993 N. Y. S. 2d 37 (N. Y. App. Div. 2014)(根据纽约州的重力中心地方法得出相同结果); Boyett v. Redland Ins. Co., 741 F. 3d 604 (5th Cir. 2014)(根据保险单签发地州UM法规的字面分析和政策分析得出相同结论); Travelers Prop. Cas. Co. of Am. v. Moore, 763 F. 3d 1265 (11th Cir. 2014)(根据佐治亚州的合同订立地法规则判决)。

② 2014 WL 7339238, NO. 2012-CA-000809-MR (Ky. App. Dec. 24 2014).

③ State Farm Mut. Auto Ins. Co. v. Hodgkiss-Warrick, 413 S. W. 3d 875, at 887 (Ky. 2013).

④ State Farm Mut. Auto Ins. Co. v. Hodgkiss-Warrick, 413 S. W. 3d 875, at 882 (Ky. 2013) (quotation marks omitted).

该理由准确反映了传统的公共政策理论,因而毫不令人吃惊。但令人吃惊的是它出自这样一家法院,该法院曾经认为肯塔基州法律“不能被毫无理由地替代”,而且无论肯塔基州是否拥有“密切联系”——不需要有最密切联系——该理由都不满足。①

无论如何,上诉法院得到了新指示。法院认为,弗吉尼亚州法律应予适用,而且该法的适用不违反肯塔基州公共政策。

在威尔克森诉州农场相互汽车保险公司案②中,被保险人是加利福尼亚州居民,她从被告那里购买了两份保险,随后移居新墨西哥州,并在那里发生交通事故。保险单中包含“反累积条款”(anti-stacking clause),该条款根据加利福尼亚州法律有效,但根据新墨西哥州法律无效。新墨西哥州法院区分了两种情形,一种是事故受害者和侵权人的保险人之间的纠纷,另一种是事故受害者和她自己的保险人之间的纠纷。法院认为,前者属于侵权纠纷,应适用事故发生地法律,而后者属于合同纠纷,应适用合同订立地法律。③ 鉴于累积问题属于合同解释问题,法院认为,该问题应适用被保险人购买保险单的地点的法律,也就是加利福尼亚州法律,除非该法律的适用违反新墨西哥州的基本政策。根据新墨西哥州先例,法院认为,新墨西哥州允许累积的规则并不包含这种基本政策。法院维持了初审法院的裁决,支持了保险人的请求。

在霍西尔诉汽车交换相互保险俱乐部(Hoosier v. Interinsurance Eexchange of Auto. Club)案④中,被保险人在购买保单时是加利福尼亚州居民,但随后移居得克萨斯州,3 个月后在阿肯色州发生交通事故。被保险人告知了保险人她已移居得克萨斯州,保险人也开具了一份新的收据并标注了地址变更。所争议的问题是不足额驾车人险所承担的保险金额。被保险人要求适用得克萨斯州法律,而保险人主张适用加利福尼亚州法律。双方当事人都没有要求适用阿肯色州法律。下级法院认为应适用加利福尼亚州法律,因为被保险人依据得克萨斯州法律并不能使该保单转变成一份得克萨斯州保单。

---

① Foster v. Leggett, 484 SW 2d 827, at 829 (Ky. 1972).

② 329 P. 3d 749 (N. M. App. 2014), cert. denied, 328 P. 3d 1188 (N. M. 2014).

③ Wilkeson, 329 P. 3d at 750 (“通常,当一起事故发生于一州而保险合同订立于另一州时,为了确定所适用的适当法律,事故发生地法律用于确定原告是否有权从过错方获得赔偿,而合同订立地法律用于解释合同的条款”)。

④ 2014 Ark. 524, 2014 WL 7004724 (2014).

阿肯色州最高法院推翻了该裁决,认为得克萨斯州法律应予适用。该法院援用了《第二次冲突法重述》第193条,该条规定应适用“在保单生效期间当事人双方所理解的被保险风险主要所在地”州的法律,除非其他州具有更密切联系。法院认为,由于被保险人已经告知保险人她移居得克萨斯州的事实,而且保险人也签发过一份新的声明并标注了地址的变更,因此,得克萨斯州就成为被保险人风险的主要所在地,而保险人未能证明加利福尼亚州具有更密切联系。

在格林诉美国汽车协会汽车和财产保险公司案[①]中,被保险人住所位于南卡罗来纳州,但她在佛罗里达州投保了汽车险,因为她经常前往该州探望父母。她在南卡罗来纳州发生一起交通事故,并由于她自身过失导致她的两名未成年子女受伤。该子女在南卡罗来纳州起诉其母亲的保险人。保单中包含一项家庭成员例外条款,该条款根据佛罗里达州法律有效,并将与被保险人同住的家庭成员所受伤害排除在保险之外。原告主张适用南卡罗来纳州法律,依据是该州的侵权行为地法规则。被保险人认为,如果适用佛罗里达州法律将家庭成员排除在外,会违反南卡罗来纳州的公共政策,因为该州与佛罗里达州不同,已经废除了家庭内部豁免理论。

南卡罗来纳州最高法院驳回了原告主张。法院认为,本案是一个合同纠纷,根据合同行为地规则应适用保单订立地法律,即佛罗里达州法律。法院解释说:“事故发生于南卡罗来纳州的事实并不能导致佛罗里达州合同的有效性从适用合同行为地法规则转变为适用侵权行为地法规则。”[②]法院还认为,南卡罗来纳州废除了家庭内部豁免规则并不“创立一项公共政策来禁止执行有效的家庭成员例外条款”,该条款是在另一州订立的保单中所包含的。[③] 这仅意味着原告的子女可以起诉,如果她愿意,“但是该保单并不能为她提供保险赔偿”。[④]而且合同中所约定的保险赔偿例外条款也不违反南卡罗来纳州公共政策。

果进高尔夫保险公司诉费恩里希案[⑤]涉及相同的争议和类似的案情。内华达州最高法院根据《第二次冲突法重述》得出了相同的结论。被保险人在密西

---

① 756 S. E. 2d 897 (S. C. 2014).

② Green, 756 S. E. 2d at 899.

③ Ibid.

④ Ibid.

⑤ 327 P. 3d 1061 (Nev. 2014).

西比州居住期间购买的一份保单对登记在该州的一辆汽车投保,其中包含一项家庭成员例外条款,该条款根据密西西比州法律有效,另外还包含一项密西西比州法律选择条款。被保险人移居到内华达州几天后发生了单车事故,并导致其子女受伤。在被保险人和其保险人之间的诉讼中,内华达州的联邦地区法院认为,家庭成员例外条款违反了内华达州公共政策。第九巡回法院将公共政策问题提请内华达州最高法院裁断,该法院回复认为,家庭成员例外条款并不违反内华达州公共政策。法院援引了一项内华达州立法证明其结论,而当事人双方和联邦法院都忽略了该项立法。该立法支持了涉及内华达州汽车保险的家庭成员例外条款。①

通用事故保险公司诉莫塔拉案②也是根据《第二次冲突法重述》来裁判的,该案也是唯一不在事故发生地州审理的案件。该案事故发生在新泽西州而法院地在康涅狄格州,后者是被保险人居住地和汽车保单购买地,涉案汽车也停放在该州。所争议的问题也是不足额驾驶人险的承保范围。新泽西州法律支持被保险人,而康涅狄格州法律支持保险人。康涅狄格州最高法院认为应适用康涅狄格州法律,因为康涅狄格州是被保风险主要所在地州,并且被保险人也反驳《第二次冲突法重述》第 193 条要求适用该州法律的推定。第 188 条中所列举的大多数连结点也都指向康涅狄格州,而且第 6 条中所列举的各项原则也支持适用康涅狄格州法律。

霍林斯诉阿戴尔(Hollins v. Adair)案③是依据路易斯安那州 1991 年冲突法立法所判的案件。一位密西西比州居民在密西西比州为其该地登记的汽车购买了一份保险,该车在路易斯安那州发生事故。根据本案事实,被保险人根据路易斯安那州法律有权获得不足额机动车保险赔偿,但根据密西西比州法律却无权获得。法院比较了路易斯安那州的利益和密西西比州的利益,前者的利益是确保对发生在其境内的事故受害者获得赔偿,并对本地健康保健提供者提供医疗费用补偿;而后者的利益是管理其保险产业,并确保在该州订立的合同的信誉。法院还注意到,该保险合同包含有一项密西西比州法律选择条款;不足额机动车险的保险费依据的是密西西比州法律,而如果适用路易斯安那州法

---

① 关于后来第九巡回法院适用密西西比州法律作出的判决,参见 Progressive Gulf Ins. Co. v. Faehnrich, 752 F. 3d 746 (9th Cir. 2014)。

② 101 A. 3d 942 (Conn. 2014).

③ 2014 WL 2547977, 2013 - 1622 (La. App. June 3, 2014).

律,则“将导致一项密西西比州合同被撤销”。[①] 法院认为,经过权衡,密西西比州“对于统一适用其调整保险合同的法律具有更大的实质性利益,这种利益要高于路易斯安那州对于在该州受到伤害的外州居民提供保险救济的利益。”[②]

2. 其他保险合同

美国旅行者财产保险公司诉弗莱克斯蒂尔案[③]和德士古公司(美国)诉斯蒂德伐斯特保险公司案[④]涉及的是商业责任保险合同项下的保险赔偿问题。两个案子都适用了有利于被保险人的法律,支持了保险赔偿。第一起案件依照《第二次冲突法重述》第193条——该条是对责任保险的专门规定——并适用了被保险标的主要所在地州法律。第二起案件适用了第188条——关于合同的一般规定——并适用了被保险人主营业地和保单购买地州法律。

弗莱克斯蒂尔案发生在一位艾奥瓦州被保险人和几位其他州的保险人之间,所涉争议是环境污染的保险赔偿。该污染是被保险人位于印第安纳州的工厂生产所造成的。印第安纳州法律规定应该赔偿,但艾奥瓦州法律则相反。根据第193条之规定,艾奥瓦州法院适用了印第安纳州法律,因为被保险风险主要位于印第安纳州(被保险人的10家工厂中有9家都位于印第安纳州,只有1家位于艾奥尔州)。法院认为,根据第188条也会得出同样结果。

德士古案争议发生在一位得克萨斯州被保险人和一位伊利诺伊州保险人之间,所涉争议是惩罚性赔偿是否属于被保险范围。一家科罗拉多法院判决被保险人支付150万美元的惩罚性赔偿给一位员工,该员工在被保险人位于科罗拉多州的石油钻井平台工作时受伤。保险人援引了科罗拉多州法律拒绝提供保险赔偿,因为该州法律禁止对惩罚性赔偿提供保险。被保险人在得克萨斯州起诉保险人并要求适用得克萨斯州法律,该法允许当事人针对惩罚性赔偿获得保险赔偿。

法院同意被保险人意见并作出了相应判决。法院注意到,本案中,保险单覆盖的是位于不同州的风险,因此,法院没有关注风险的所在地,而是关注保险合同及其与所涉州的联系。换句话说,尽管法院没有这么说,得克萨斯州法院遵循的是《第二次冲突法重述》第188条,而不是第193条。本案中,第188条

---

① 2014 WL 2547977,5(La. App. June 3,2014),at * 5.

② Ibid., at *4.

③ 847 N. W. 2d 237 (Table) (Iowa App. 2014).

④ ___ S. W. 3d ___, 2014 WL 4257737 (Tex. App. 2014).

指向的是得克萨斯州法律,因为被保险人的主要营业地位于得克萨斯州,并且保险合同谈判地和购买地也都在那里。尽管法院承认科罗拉多州的政策反对为惩罚性赔偿提供保险,但它还是认为科罗拉多州的利益并不"高于"得克萨斯州利益,因为"本案适用科罗拉多州法律将会导致一份合同无效……而适用得克萨斯州法律则会支持该合同"。[①]

美国全国保险公司诉康内斯托加财产处分信托案[②]涉及的是一份人寿保险合同,保险人是一家得克萨斯州保险公司,被保险人是一位纽约州居民,保险额高达 1000 万美元。被保险人 4 年后死亡,保险人拒绝向受益人的受托人支付保险赔偿,理由是该保单是作为一种"始于陌生人的人寿保险"(STOLI)计划的一部分,具有欺诈性。[③] 受让人在得克萨斯州起诉保险人并援引了纽约州法律,根据该法律,保险人在保险合同中特别规定的 2 年异议期限后不得取消该保险合同。保险人主张新泽西州是谈判地点,另外还有其他一些连结点指向该州,因此要求适用新泽西州法律,该法允许以欺诈为由撤销合同。双方当事人都没有要求适用得克萨斯州法律,但是法院注意到该州法律实质上与纽约法律相同。

法院驳回了保险人要求适用《第二次冲突法重述》第 188 条(针对合同和侵权的一般规定)的主张,相反,法院适用了第 192 条,该条专门针对人寿保险合同。第 192 条建立了一项推定,它支持适用被保险人申请订立保险合同时的住所地州法律。该项推定可以被推翻,只要能证明其他州根据第 6 条所规定的原则具有更密切联系。鉴于保险人未能推翻该项推定,法院维持了有利于原告的判决。

德马尔科诉斯托达德(DeMarco v. Stoddard)案[④]涉及的是一份医疗事故保险合同,保险人位于罗得岛,被保险人是一位足科医生,该医生声称其 51% 的医疗行为发生在罗得岛。实际上,他的几乎所有医疗行为都在新泽西州进行。他给一位新泽西州居民进行了一场不成功的足部手术,最终导致该居民在新泽西州对该医生及其保险人提起了一场医疗事故诉讼。随后不久,该保险人又在罗

---

① ___ S. W. 3d ___, 2014 WL 4257737 (Tex. App. 2014). at __ *5.

② 442 S. W. 3d 589 (Tex. App. 2014), petition for review filed (Oct. 13, 2014).

③ STOLI 计划 (stranger-oriented life insurance) 通常是指一位老年人以自己的生命投保一份人寿保险,其目的是将其转让给第三人以获取现金。

④ 84 A. 3d 965 (N. J. Super. A. D. 2014), leave to appeal granted, 94 A. 3d 908 (N. J. 2014).

得岛起诉该医生并获得了一项过错损害赔偿判决,该判决认为保险合同无效,因为被保险人虚假陈述。判决还认为保险人没有义务在新泽西州的诉讼中向被保险人提出答辩或向其支付赔偿。

再回到新泽西州的医疗事故诉讼,第一个问题是罗得岛的判决是否对新泽西州病人具有约束力。新泽西州法院给出了否定答案,因为罗得岛对该病人没有管辖权,并且该判决也没有宣称对他有约束力。第二个问题是保险人是否有义务向新泽西州境内进行的外科手术支付保险赔偿,该手术发生在无效宣告之前。经过仔细讨论,法院认为应适用新泽西州法律,而根据该法律应该支付保险赔偿。法院解释说,保险人了解这样的事实,即该医生的医疗活动至少有49%发生在新泽西州,他从那里邮寄保险费,而且新泽西州的病人"从来不敢冒险到新泽西州之外"去寻求医疗服务。① 新泽西州最高法院同意了上诉申请。②

(七)诉讼时效

布特勒诉布特勒(Boutelle v. Boutelle)案③是一起侵权案件,起因于发生在蒙大拿州的一起单车交通事故并且只涉及怀俄明州当事人。其中一位受伤乘客在怀俄明州起诉驾驶员。其诉讼根据在怀俄明州的 4 年诉讼时效期仍有效,但根据蒙大拿州的 3 年诉讼时效已经过期。怀俄明州有一项标准借用立法规定:"如果根据引起诉因的事件发生地州法律诉讼被禁止,则在本州也被禁止"。④ 初审法院适用了该立法,并认为原告的诉因在蒙大拿州引起,因此,该诉

---

① 84 A. 3d at 980.

② 在涉及保险冲突的大量上诉案例中,读者可能感兴趣的还有:George K. Baum & Co. v. Twin City Fire Ins. Co., 760 F. 3d 795 (8th Cir. 2014)(认为援用贸易术语构成一项默示的法律选择协议,这属于纽约法律的特例);Central Power Systems & Services, Inc. v. Universal Underwriters Ins. Co., 319 P. 3d 562 (Kan. Ct. App. 2014)(认为保险人的抗辩义务必须由合同缔结地法律而非合同履行地法律决定);and G. M. Sign, Inc. v. Pennswood Partners, Inc., 9 N. E. 3d 49 (Ill. App. 2014), appeal pending (Sept. Term 2014)(涉及"传真风暴",也就是发送大量垃圾传真,是否构成一种"事件/事故"或"财产损害")。

③ 337 P. 3d 1148 (Wyo. 2014).

④ 337 P. 3d 1148 (Wyo. 2014). p. 3d 1152 (quoting Wyo. Stat. Ann. § 1 - 3 - 117). 其他涉及借用法规的案例参见:Benton v. Cracker Barrel Old Country Stores, Inc., 436 S. W. 3d 632 (Mo. App. 2014), reh'g and/or transfer denied (June 05, 2014), transfer denied (Aug. 19, 2014)(认为:起因于一起伊利诺伊州事故的诉讼被伊利诺伊州诉讼时效所禁止,该诉讼时效根据堪萨斯州借用规则应予适用);Grothe v. Grothe, 337 P. 3d 72 (Kan. App. 2014)(认为根据两个相关州的法律,一起违约之诉在承诺人死亡之前不得提起,法院地的借用规则不得适用,因为该诉讼根据两个州的法律都未过时效)。

讼被该州的 3 年诉讼时效所禁止。

在上诉程序中,原告提出了两点理由:

第一点是反致。她主张法院应当适用蒙大拿州的全部法律,包括其法律选择规则。由于蒙大拿州已经放弃了侵权行为地法,其冲突法规则将会导致适用怀俄明州法律,该州是当事人的共同住所地州。怀俄明州最高法院驳回了该观点,认为反致是一个"令人讨厌的"理论,该理论"已经被很多美国权威观点抛弃"。[①] 法院解释说,"怀俄明州的借用立法本身是一项法律选择立法",接受反致理论将会"有悖于怀俄明州立法所做的法律选择",并将会导致"一种循环论证,而这正是主流观点反对反致理论的原因"。[②] 蒙大拿州的冲突规则将会反致回怀俄明州法律,"而该州法律又包括怀俄明州的借用立法,该立法又会再次指引适用蒙大拿州法律,以此类推,陷入一种无限循环"。[③]

第二点理由更为直接。她主张,怀俄明州应该放弃侵权行为地法规则而采用"《第二次冲突法重述》所规定的利益分析方法"。[④] 该方法会导致这样一个结论,即她的诉因"形成于"当事人的共同住所地怀俄明州,从而导致适用怀俄明州的借用立法。法院"拒绝了她的建议",[⑤]没有放弃侵权行为地法规则,但也没有特别维护该规则。相反,法院认为原告的理由不适用于本案的情形。法院注意到,"在法院准备对一起案件进行冲突法分析之前,必须首先存在冲突"。[⑥] 法院认为,本案中,"怀俄明州的借用立法选择了诉因形成地州的诉讼时效,这就已经解决了冲突问题"。[⑦] 针对诉因形成地的特定问题已经不再有冲突,因为根据两个州的法律,一项侵权诉因产生于"过失发生地"。[⑧] 由于"针对原告的诉因发生于何处的问题已经不再有冲突",也就"不再有必要诉诸《第二次冲突法重述》的利益分析方法去解决该问题的冲突"。[⑨]

诺瑞克斯石油有限公司诉布拉瓦特尼克斯案[⑩]涉及的是纽约州的借用立法

---

① Boutelle, 337 P. 3d at 1154 (quoting 16 Am. Jur. 2d Conflict of Laws § 6 (2014)).

② Ibid.

③ Ibid.

④ Ibid.

⑤ Ibid., at 1155.

⑥ Ibid.

⑦ Boutelle, 337 P. 3d at 1154 (quoting 16 Am. Jur. 2d Conflict of Laws § 6 (2014)).

⑧ Ibid.

⑨ Ibid., at 1155 – 56.

⑩ 23 N. Y. 3d 665, 16 N. E. 3d 561 (2014).

和“挽救”立法之间的关系。前者借用了诉讼“进行”地州的诉讼时效,只要该时效期间比纽约州的短。而后一“挽救”立法则规定,如果法院不是在实质问题上驳回了一项及时提起的诉讼,则原告可以在驳回之后6个月内再次提起该诉讼。

该案中,一家成立于加拿大阿尔巴塔省的公司在纽约州联邦法院针对几位俄罗斯被告提起诉讼。[①] 该诉讼无论依照纽约州的诉讼时效还是依照阿尔巴塔省的诉讼时效都没过期,而依照纽约州的借用立法应该适应阿尔巴塔省诉讼时效。[②] 在诉讼拖延了将近10年之后,联邦法院以非实质性理由驳回了该诉讼。之后不到1个月,原告又在纽约州法院重新提起该诉讼。被告认为该再诉案件已过诉讼时效,理由如下:(1)根据纽约州的借用立法,法院应适用阿尔巴塔省诉讼时效;(2)阿尔巴塔省没有挽救立法,因此应当依据其诉讼时效驳回该诉讼。也就是说,被告认为,纽约州的借用立法应当被适用两次:首先,用于确定原始诉讼的时限;其次,用于确定再诉的时限。

初审法院接受了该观点,但纽约州上诉法院推翻了其裁决,认为该借用立法只能被适用一次,即用于确定初始诉讼的时限。法院解释道:“既然原告及时地在纽约提起了联邦法院诉讼,该借用立法的目的是阻止挑选法院,而该目的已经实现,该立法也就不再起作用了。”[③]这就意味着不会有第二次“借用”阿尔巴塔省法律。因此,“阿尔巴塔省是否有一项挽救立法都无关紧要”。[④]

在所有涉及诉讼时效的案件中,最有趣的是那些将诉讼时效当作实体问题对待的案件。其中包括两起由华盛顿州依照《统一时效法律冲突法》[⑤]审理的案件;一起依照《第二次冲突法重述》第145条(侵权)而不是依照第142条(时效冲突)审理的新泽西州案件;[⑥]第十一巡回法院依照佛罗里达州冲突法审理

---

① 原告声称,被告过错地剥夺了原告在一家俄罗斯石油公司的多数股份,该公司在西伯利亚西部的一个利润丰厚的油田拥有丰富的探明储量。

② 正如先前所示,该借用法规指引的是诉因“发生”地州法律。法院指出,本案中,诉讼发生于阿尔巴塔省,因为所指控的损害是经济损失,根据纽约州判例,经济损害发生在原告住所地以及原告遭受的损害的经济影响地。

③ Norex Petroleum, 23 N. Y. 3d p. 679.

④ Norex Petroleum, 23 N. Y. 3d p. 679.

⑤ See Woodward v. Taylor, 2014 WL 4988188, No. 70949 - 6 - I (Wash. App. Oct. 6, 2014), discussed supra at ___; and Hai v. STL Int'l, Inc., 180 Wash. App. 1026, No. 43877 - 1 - II (Wash. App. Apr. 15, 2014), discussed supra at ___.

⑥ See Singh v. Pilot Gas Station, 2014 WL 1577816 (N. J. App. Div. April 22, 2014).

的案件,其中法院认为佛罗里达州将时效视为实体问题,因此,合同中的法律选择也包括被选择州的诉讼时效。①

(八)婚姻

1. 同性婚姻

最高法院在美国诉温德索尔案②中宣布《保卫婚姻法》第 3 条违宪,因为该条从联邦法的角度将婚姻的定义仅限于一个男人和一个女人之间。正如预期的那样,此后,颠覆同性婚姻禁令的运动在各州取得了可观的进展。按照这样的进展速度,看来该运动席卷全国的时间指日可待。即便是一位主张各州禁止同性婚姻的法律符合宪法的法官也认为,“问题不是美国法律是否允许同性恋者结婚,而是什么时候以及什么方式”。③

自从温德索尔案于 2013 年 6 月 26 日宣判以来,联邦和各州法院已经做出了 56 项判决,宣告了 26 个州的禁止同性婚姻的法律违宪。其中,36 项裁决由联邦地区法院做出,5 项裁决由联邦上诉法院做出,15 项裁决由各州法院做出。在温德索尔案之前,只有 9 个州和哥伦比亚特区实现了同性婚姻的合法化。④ 而在温德索尔案之后,又有 26 个州通过法院判决或立法的方式允许了同性婚姻。⑤ 截至 2014 年

---

① See Perez v. Fedex Ground Package Sys., Inc., ___ Fed. App'x. ___, 2014 WL 4825250 (11th Cir. 2014).

② 133 S. Ct. 2675 (U. S. 2013), discussed in Symeonides, 2013 Survey, 299 - 302.

③ Sutton, J., in DeBoer v. Snyder, 772 F. 3d 388, at 395 (6th Cir. 2014).

④ 按照时间顺序,这些州分别是:Massachusetts (May 17, 2004), Connecticut (Nov. 12, 2008), Iowa (Apr. 24. 2009), Vermont (Sep. 1, 2009), New Hampshire (Jan. 1, 2010), District of Columbia (March 3, 2010), New York (June 24, 2011), Washington (Dec. 9, 2012), Maine (Dec. 29, 2012), and Maryland (Jan. 1, 2013)。

⑤ 按照时间顺序,在 Windsor 案之后使得同性婚姻合法化的州分别是:California (June 28, 2013), Delaware (July 1, 2013), Rhode Island (Aug. 1, 2013), Minnesota (Aug. 1, 2013), New Jersey (Oct. 21, 2013), Hawaii (Dec. 2, 2013), New Mexico (Dec. 19, 2013), Oregon (May 19, 2014), Pennsylvania (May 20, 2014), Illinois (June 1, 2014), Indiana (Oct. 6, 2014), Oklahoma (Oct. 6, 2014), Utah (Oct. 6, 2014), Virginia (Oct. 6, 2014), Wisconsin (Oct. 6, 2014), Colorado (Oct. 7, 2014), Nevada (Oct. 9, 2010), West Virginia (Oct. 9, 2014), North Carolina (Oct. 10, 2014), Idaho (Oct. 13, 2014), Alaska (Oct. 17, 2014), Arizona (Oct. 17, 2014), Wyoming (Oct. 21, 2014), Kansas (Nov. 12, 2014), Montana (Nov. 19, 2014), and South Carolina (Nov. 20, 2014)。

年底,已有 35 个州和哥伦比亚特区将同性婚姻合法化。① 对同性婚姻禁令的司法挑战在剩余的其他州仍在继续进行。

只有一个联邦巡回法院背道而驰。在德波尔诉斯耐德(DeBoer v. Snyder)案②中,第六巡回法院支持了其管辖区内 4 个州的同性婚姻禁令,即肯塔基州、密歇根州、俄亥俄州和田纳西州。该项裁决造成了"巡回法院之间的分裂",也使联邦最高法院有可能发布调卷令以解决这一分裂局面。另有 3 家巡回法院已经安排了在 2015 年上半年举行听证会,对下级法院废除 6 个州和波多黎各的同性婚姻禁令的裁决进行复审。③

如果一家法院认为其管辖区内某个州禁止同性婚姻的法令违宪,即使涉及外州同性婚姻,该法院也会自动忽略其中的宪法问题和法律选择问题。④ 尽管《保卫婚姻法》第 2 条允许(但并未要求)各州拒绝承认同性婚姻,但法院也不会考虑宪法问题。但是,该条规定确实在宪法上存在疑问,即国会不能允许违宪的歧视待遇。如果一个州不能歧视州内的同性婚姻,那么它也不能歧视外州的同性婚姻。在任何情况下,除了宪法问题,这些裁决也都忽视了法律选择问题。一个允许在其境内举行同性婚姻的州没有合法的公共政策理由去拒绝承认其他州或其他国家的类似婚姻或结合。

相反,如果法院支持某个州的同性婚姻禁令,认为其没有违宪,该法院会认为拒绝承认外州或外国的同性婚姻是符合宪法的。2014 年唯一一起支持同性婚姻禁令的上诉案件德波尔诉斯耐德案⑤就采取了这种观点:"如果某个州将婚姻定义为一个男人和一个女人之间的关系是符合宪法的,那么该州在对待其

---

① 按照字母顺序,这些州分别是:Alaska, Arizona, California, Colorado, Connecticut, Delaware, Hawaii, Idaho, Illinois, Indiana, Iowa, Kansas, Maine, Maryland, Massachusetts, Minnesota, Montana, Nevada, New Hampshire, New Jersey, New Mexico, New York, North Carolina, Oklahoma, Oregon, Pennsylvania, Rhode Island, South Carolina, Utah, Vermont, Virginia, Washington, West Virginia, Wisconsin, and Wyoming。

② 772 F. 3d 388 (6th Cir. 2014).

③ 第五巡回法院听审来自路易斯安那州、密西西比州和得克萨斯州的上诉;第七巡回法院听审来自亚拉巴马州、佛罗里达州和佐治亚州的上诉;第一巡回法院听审来自波多黎各的上诉。

④ 事实上,在宣告州禁止同性婚姻的法律违宪的一些案例中,大多数原告都包括了外州婚姻,法院也没有区分州内婚姻和外州婚姻。See Bostic v. Schaefer, 760 F. 3d 352 (4th Cir. 2014); Latta v. Otter, 771 F. 3d 456, (9th Cir. 2014); Kitchen v. Herbert, 755 F. 3d 1193 (2014).

⑤ 772 F. 3d 388 (6th Cir. 2014).

他州或其他国家缔结的婚姻时也坚持该定义同样是合宪的。”[①]该法院注意到,原告“聪明地”没有主张该州的禁令违反充分诚信条款,因为该条款“并未要求一州适用另一州法律而违反其本州的合法公共政策”。[②] 相反,原告依据正当程序和平等保护条款来挑战该项禁令。然而,由于该法院在确定合宪性时采取了最为宽泛的“合理联系”原则,因此法院草草了结了这一挑战。法院总结道:“一州不能不合理地坚持其自身对婚姻的定义而毫不顾及其他州所采用的定义。”[③]

从冲突法角度来看,还存在一种折中办法:如果一个州不允许在其境内举行某种婚姻,则它可以选择承认此种婚姻,只要该婚姻在其缔结地州或国家有效。例如,在各州对待堂兄妹之间的婚姻时就是这么处理的,或者,就像下一节中所要探讨的“普通法婚姻”和代理婚姻中那样。不过,此种折中办法在那些强烈反对同性婚姻的州内就无法用于处理同性婚姻案件。当然,如果所有对同性婚姻的禁令都被宣布违宪,则这些都可以成为模拟案例了。

2. 其他婚姻

通常的规则是,如果婚姻在举行地有效,则在其他地方也被视为有效,除非违反公共政策。但是根据《第二次冲突法重述》第 283 条,这一规则反过来推理就不成立了。在举行地州无效的婚姻仍有可能被视为有效,只要该婚姻在另一个具有更密切联系的州内被认为有效,如在当事人结婚时的共同住所地州。两起 2014 年的案例就涉及这两种情形。

第一个案子是奇安尼诉奇安尼(Tshiani v. Tshiani)案,[④]该案中,马里兰州最高法院承认了一起由代理人举行的外国婚姻。[⑤] 婚礼于 1993 年在刚果民主共和国(前扎伊尔)举行,新郎和新娘分别是诺尔和玛丽—路易丝。但是诺尔并未亲自出席婚礼,而是通过电话参加并由他的堂兄代替出席。婚礼按照传统的刚果方式举行,并交换了嫁妆,包括 1 头活羊。此后不久,玛丽—路易丝到美国

---

① 772 F. 3d 418 (6th Cir. 2014).

② Ibid. (quoting Nevada v. Hall, 440 U. S. 410, 422 (1979)).

③ Ibid., at 419.

④ 81 A. 3d 414 (Md. 2013).

⑤ 代理婚姻在加利福尼亚州、科罗拉多州、蒙大拿州和得克萨斯州被承认,同时也被《统一结婚和离婚法》第 206(b)条所承认,该法在 Arizona, Georgia, Minnesota, Washington, Colorado 和 Montana 州生效。See Uniform Marriage and Divorce Act, available at http://uniformlaws. org/Act. aspx? title = Marriage and Divorce Act, Model.

投奔诺尔。他们以夫妻名义一起生活了 18 年,一开始在弗吉尼亚州,后又移居马里兰州。诺尔在很多场合都正式将玛丽—路易丝列为其妻子,包括在其移民申请、收入税返还和一些保险表格中。当玛丽—路易丝申请离婚时,诺尔主张其婚姻依照刚果法律无效。

法院首先认定该婚姻依照刚果法律有效,随后认为,承认该婚姻并没有与马里兰州的公共政策相抵触。法院注意到,"'抵触'这一禁止标准被故意设置得很高"。[①] 法院将该婚姻与马里兰州法院已经承认的其他外国婚姻进行了比较,尽管那些婚姻也不可能在马里兰州举行,包括普通法婚姻、叔叔和侄女间的婚姻以及近来的同性婚姻等。[②] 本案中的婚姻并未达到抵触的禁止标准,理由是法院要求另择日期对另一问题进行审理,即马里兰州本地法律是否允许代理婚姻。不过,法院还是正确地区别了本案和阿里姆诉阿里姆案。[③] 该案中,同一个法院拒绝承认了一起巴基斯坦的 talaq(一种单方面离婚方式),因为它"剥夺了妻子的宪法权利"。[④]

第二起案例是波诺罗夫斯卡娅诉斯德克罗夫(Ponorovskaya v. Stecklow)案。[⑤] 该案涉及的是相反情形:一桩婚姻依照举行地墨西哥法律无效,但是在当事人双方住所地纽约州却有效。法院将该婚姻的婚礼描述为"一位在因特网上充当普遍生命教会牧师专门为朋友和亲戚举办婚礼的纽约州牙医在墨西哥海滩胜地举办的'虚假的犹太式'婚礼"。[⑥] 该婚礼当事人双方都完全知道该婚礼并不符合墨西哥法律的任何形式要求,而且证据也显示他们只是把该婚礼当作"象征性的"而非真实的,无论是当时还是在他们回到纽约州之后都如此。他们的关系持续了 4 年,然后该妻子在纽约州起诉离婚并主张该婚姻依照纽约州法

---

① Tshiani, 81 A.3d at 425 (quotation marks omitted).

② See Port v. Cowan, 44 A.3d 970 (Md. 2012), discussed in Symeonides, 2012 Survey at 289 __.

③ 947 A.2d 489 (Md. 2008), discussed in Symeonides, 2008 Survey, pp. 312 – 13.

④ Tshiani, 81 A.3d at 426. Bangaly v. Baggiani, __ N.E.3d ___, 2014 IL App (1st) 123760 (Ill. App. 2014). 该案也涉及代理婚姻。婚礼在马里兰州举办。新郎生活在纽约州但由他的弟弟带他出席了婚礼。新娘随后移居纽约州,后来又移居伊利诺伊州并在当地发生的一起交通事故中死亡。因其在伊利诺伊州的过错死亡而发生的诉讼中,法院认为,该婚姻根据马里兰州法律有效而且也不违反伊利诺伊州公共政策。因此,除了死者的父母和 8 名兄弟姐妹外,该丈夫也有权参与该过错死亡诉讼。本案对外国法的证明问题和专家相冲突的证言的权衡问题进行了很好的讨论。

⑤ 987 N.Y.S.2d 543 (N.Y. Supr. 2014).

⑥ 978 N.Y.S. 2d 543(N.Y. Supr. 2014). at 544.

律有效。她援引了一项早被遗忘的制定于 1907 年的纽约州成文法《婚姻关系法》第 25 条,该法规定,一项婚姻即使没有婚姻证书也有效,只要该婚姻“举行了隆重的仪式”。①

先决问题是依照哪一法律判断该婚姻是否“举行了隆重的仪式”。如果适用墨西哥法律,则该婚姻显然无效。如果适用纽约州法律,下一个问题是主持婚礼的那个牙医是否有资格。法院对该牙医是否真的是一个牧师以及所谓的普遍生命教会是否是一个真正的教会都表示怀疑,但是法院不得不接受这一事实,即该牙医确实有资格在纽约主持婚礼,就如同其他一些人那样通过因特网支付一笔费用获得某种委任状。

这又引出另一个问题,即《婚姻关系法》第 25 条是否具有域外效力。两个权威证据支持肯定观点。首先是《第二次冲突法重述》第 283 条第 1 款,该款规定,婚姻的有效性依照与夫妻和婚姻有最密切联系的州的法律确定。该州显然是纽约州,因为那里是当事人长期而持续的居住地。法院拒绝适用该条,认为“它违反了纽约州大多数判例,对纽约法院没有约束力”。②

其次是法拉奇案,③该案是纽约州中级法院审理的。其中,法院认为,两位纽约州居民在新泽西州举办的婚礼构成了在纽约州有效的婚姻,尽管当事人双方并未获得新泽西州法律所要求(纽约州《婚姻关系法》第 25 条并不要求)的婚姻证书。波诺罗夫斯卡娅案法官将该案与法拉奇案作了区别,其中一个理由是:在新泽西州举行的婚礼是由一位熟知伊斯兰法律的阿訇主持的严肃婚礼。将法拉奇案排除在外之后,法院就可以严格地将“神秘的”《婚姻关系法》第 25 条解释为“仅仅适用于在最极端情况下”在纽约州境外举办的婚礼,而本案中情况并非如此。④ 这一解释使法院可以回到其他纽约州判例中形成的一般规则,也就是婚姻的有效性适用婚姻举行地法。因为该婚姻在墨西哥无效,所以在纽

---

① Ibid. 实际上,该立法并不包含“properly”这一副词。它规定:“本条规定不得被解释为可以因未获得婚姻证书而宣告任何成年人之间已举办过结婚仪式的婚姻无效”。DRL § 25.

② Ibid., p. 552.

③ 900 N. Y. S. 2d 340 (N. Y. App. Div. 2010).

④ Ponorovskaya, 987 N. Y. S. 2d at 555.

约州也同样无效。[①]

3. 离婚

奥福尔诉塞洛塔(Ofer v. Sirota)[②]涉及一份婚前协议中的法院选择条款的执行,该条款授予以色列法院拥有离婚的排他性管辖权。妻子在纽约州法院起诉,她认为,如果强行到以色列诉讼,她将失去胜诉的机会,原因如下:(1)以色列法律不允许无过错离婚;(2)按照犹太法规定,"get"(犹太法离婚)需要丈夫的同意,而其丈夫拒绝同意,尽管按照婚前协议丈夫有义务同意。

法院以婚前协议中的法院选择条款为由驳回了该诉讼。法院注意到,尽管在以色列的诉讼将会"面临更大挑战",但原告在那里也会有获胜机会,而其丈夫拒绝同意"get"的问题也会"得到以色列法院的处理"。[③] 法院解释说,原告"因为纽约州法律可能会有利于她获得无过错离婚从而逃避以色列的法律制度"是"不合适的",尤其是她作为一个以色列公民"充分了解以色列离婚由犹太法律调整"。[④] 纽约州"对于通过民事诉讼消除任何对再婚的妨碍具有强烈而重大的公共政策",但这并不能排除该法院选择条款,"因为原告并不会在被选择的法院被剥夺胜诉机会"。[⑤]

在唐利和卡拉兹婚姻(In re Marriage of Townley and Carraz)案[⑥]中,丈夫是一位前伊利诺伊州居民,他和妻子结婚 6 年来一直生活在爱尔兰,但他选择在伊利诺伊州而不是爱尔兰提起离婚诉讼。他提出的在伊利诺伊州起诉的理由是,爱尔兰法律不允许离婚,除非当事人 5 年里有 4 年分居。法院并未对其表示同情。法院认为,应当以不方便法院原则驳回该诉讼,因为原告与伊利诺伊州的联系已经淡化,而且他提出的"在伊利诺伊州能够比在爱尔兰更快获得离

---

① In Cooney v. W. C. A. B. (Patterson UTI, Inc.), 94 A. 3d 425 (Pa. Cmwlth. 2014), reargument denied (Aug. 01, 2014),原告作为一名死亡工人的遗孀要求劳工赔偿,依据是怀俄明州的普通法婚姻。法院驳回了该诉讼请求,因为怀俄明州并不承认普通法婚姻,而且当事人离开怀俄明州之后所生活的宾夕法尼亚州作为法院地州也不承认该婚姻。类似的涉及普通法婚姻和税收利益的案例参见 Estate of Booth v. Director, Division of Taxation, 427 N. J. Tax 600 (N. J. Tax. 2014).

② 984 N. Y. S. 2d 312 (N. Y. A. D. 2014).

③ Ibid., at 313.

④ Ibid.

⑤ Ibid.

⑥ IL App (4th) 130935 – U (Ill. App. 2014).

婚的理由在法院的不方便法院分析中不值得考虑”。①

(九)父亲身份

贝尔维克诉瓦格纳(Berwick v. Wagner)案”②是一件涉及同性伴侣之间父亲身份的有趣案子。贝尔维克和瓦格纳一直都是得克萨斯州居民,2003年在加拿大结婚,并于2005年在加利福尼亚州登记为婚姻伴侣。2005年他们与一位加利福尼亚州已婚妇女达成了一项由该妇女为他们生一个孩子的代孕协议。该妇女被植入贝尔维克的精子和别人捐赠的卵子形成的胚胎,并成功怀孕生子。在孩子出生前,当事人双方获得了一份加利福尼亚州法院关于父亲身份的判决,该判决宣布:(1)贝尔维克和瓦格纳分别是该孩子的父母,而代孕妇女及其丈夫并非该孩子的法定父母;(2)要求医院将贝尔维克登记为出生证上的父亲而将瓦格纳的名字登记在母亲一栏。

贝尔维克和瓦格纳带着孩子回到得克萨斯州并一直共同生活到2008年,直到贝尔维克于当年解除两人之间的关系。瓦格纳试图寻求在得克萨斯州承认加利福尼亚州法院的亲子关系判决。贝尔维克提出异议,认为根据得克萨斯州法律,一个孩子只有一位父亲,且代孕协议不可执行,除非父母是两位异性已婚人士。③

有趣的是,法院没有提到《保卫婚姻法》,也没有去讨论得克萨斯州禁止同性婚姻法令的合宪性或公共政策问题。法院也没有提到联邦地区法院在6个月前作出的一项判决,该判决宣布得克萨斯州禁止同性婚姻的法令违宪。④ 相反,法院直接驳回了瓦格纳的观点,认为其“(1)在冲突法上违反了充分诚信的宪法原则;(2)忽视了现有的得克萨斯州法律,根据该法律,外州判决有权获得充分诚信而无须考虑公共政策”。⑤ 法院认为,宪法上的充分诚信条款要求承认加利福尼亚州的亲子关系判决。

---

① IL App(4th)130935_U(ill. App. 2014). at *7.

② ___ S. W. 3d ___, 2014 WL 4493470 (Tex. App. 2014).

③ 瓦格纳认为:(1)法院地的公共政策对于执行姊妹州的判决并不是合法的抗辩;(2)任何情况下,本案并不涉及得克萨斯州反对同性婚姻的公共政策,因为:(a)加利福尼亚州法律并不要求代孕协议下的委托父母必须已婚;(b)亲子关系判决只处理了该两名男子与该儿童之间的关系,而未处理他们相互之间的关系。

④ See De Leon v. Perry, 975 F. Supp. 2d 632 (W. D. Texas 2014).

⑤ Ibid., at *5.

西蒙斯诉西蒙斯(State ex rel. Simons v. Simons)案①是一起儿童扶养纠纷,其中的被告被依法推定为涉案儿童的法定父亲,尽管他并非该儿童的生物学父亲。该父亲在该儿童于路易斯安那州出生时与其母亲结婚,在出生证上该儿童被冠以该父亲的姓氏。路易斯安那州法律规定,母亲的丈夫被推定为婚姻期间所生子女的父亲。该夫妻后来在路易斯安那州离婚,离婚判决列明了婚姻期间他们所生的两名子女,但没有将涉案儿童列入。该母亲和该儿童继续居住在路易斯安那州,而被告则移居到俄勒冈州。

8 年后,母亲根据《统一州际家庭扶养法》所规定的程序向俄勒冈州法院申请儿童扶养令。俄勒冈州一项法律规定,一个人如果"依照法律已经被确定为"一名儿童的父亲或母亲,则他或她在儿童扶养程序中不得以主张其并非该儿童父母作为抗辩。② 被告认为,该项法律不适用于他,因为他从未被任何一家法院确定为该儿童的父亲。法院驳回了该意见,理由是路易斯安那州的法律推定相当于"依照……法律"已经确定他就是该儿童的父亲。③ 法院还驳回了被告的另一项抗辩意见,即路易斯安那州离婚判决书表明他并非该儿童的父亲,因为该判决并未将该儿童包括在他们夫妻的另两名子女一起。法院最终维持了初审法院发布的扶养令。

(十)婚姻财产

在哈斯曼诉哈斯曼(Hussemann ex rel. Ritter v. Hussemann)案④中,所涉问题是一项婚后协议的可执行性,该协议中,夫妻双方放弃了对对方的所有财产请求权。该协议订立于佛罗里达州,当时以及此后 14 年内,该夫妻一直居住于该州。之后,夫妻移居到艾奥瓦州,7 年后丈夫未留下遗嘱去世。妻子要求继承其遗产,主张其根据艾奥瓦州法律享有可选择性共有权。该遗产管理人援引婚后协议作为抗辩,该协议根据佛罗里达州法律有效,而根据艾奥瓦州法律无效。然而,该协议包含一项佛罗里达州法律选择条款,因此不应适用佛罗里达州所采用的《第二次冲突法重述》第 187 条。

艾奥瓦州最高法院认为,就算在没有法律选择条款的情况下适用艾奥瓦州法律,艾奥瓦州也不满足第 187 条所要求的两项排除适用法律选择条款的条

① 336 P. 3d, p. 557 (Or. App. 2014).

② Ibid., at 560 (quoting Or. Rev. Stat. § 110.381).

③ Ibid., at 560 - 61.

④ 847 N. W. 2d 219 (Iowa 2014).

件。首先,佛罗里达州对于确保该项协议“以符合其自身法律的方式得到承认和执行”具有“重大利益”。[①] 艾奥瓦州对于适用其法律并没有“实质上更大的”利益。其次,佛罗里达州法律的适用并不违反艾奥瓦州的“根本政策”。法院解释说,“从公共政策角度来看”,艾奥瓦州不执行婚后协议的政策“并不具有优先性”。[②] 最后,法院指出:

> 达成这样一份协议并非什么罪行。不存在民事惩罚。不能因为订立这样一份协议而起诉某人。最多,我们的法院可以拒绝执行这样的协议。此外,如果这样的协议在当事人结婚前不久而不是婚后不久就已经签订,那么它肯定是有效的。[③]

法院接下来的解释有所进步,因为它说,佛罗里达州法律的适用符合当事人的预期:

> 在我们这个不断变动的社会,当事人如果在其家乡州订立了一份合同并依据该合同在该地生活了 14 年之久,他们显然不会预见到该合同仅仅因为他们移居到另一州而无效。大多数人在决定是否移居到艾奥瓦州时,肯定不会先去咨询一位遗嘱检验律师。[④]

在 M 诉 M 案[⑤]中,一位西班牙人和一位意大利人在西班牙签订了一项婚姻财产协议,该协议排除了西班牙的共同财产制而约定了分别财产制。过了 1 年多,双方在多米尼加共和国结婚,并于 2 年后移居到纽约州。分居 4 年后,妻子起诉离婚并要求扶养费和分割财产。丈夫援引婚前财产协议,但他面临的问题是该协议无论根据西班牙法律还是多米尼加共和国法律都无效。法院并未解释该协议根据纽约州法律是否有效。不过,就算该协议依照纽约州法律有效,也不会有什么不同结果,因为纽约州与该案的联系并不比该案与西班牙或

---

① 847 N. W. 2d 226(Iowa 2014).

② Ibid.

③ Ibid.

④ Ibid.

⑤ 44 Misc. 3d 1210(A), 2014 WL 3673321 (N. Y. Supr. 2014).

多米尼加共和国的联系更为强烈。法院最终认为,该协议无效。[①]

在沙恩诉卡恩(Shaheen v. Khan)案[②]中,当事人是印度人,他们在印度结婚并举行了穆斯林婚礼。他们在该地签订了一份协议,其中包含一项“mahr”条款,规定丈夫在离婚后应支付给妻子一定数额的金钱。丈夫后来移居到路易斯安那州,妻子3年后也投奔那里。路易斯安那州法律规定,居住于路易斯安那州的夫妻应采用共同财产制,无论其结婚时住所或婚姻举行地在哪里。夫妻移居到路易斯安那州后1年之内(无法院证明)或者1年之后(有法院证明)可以选择不受该制度约束。因为该夫妻没有及时作出选择,妻子五年后起诉离婚时就获得了一项共同财产制的请求权。丈夫对该请求权提出抗辩,认为在印度订立的“mahr”合同反映了该夫妻建立分别财产制的意愿,因此没有共同财产可以分割。法院认为不存在此种共同意愿,驳回了丈夫的抗辩。法院认为,夫妻从妻子投奔路易斯安那州的丈夫之日起就适用路易斯安那州的共同财产制。

(十一)继承

2014年宣判的两起上诉案件表明了不动产继承中财产所在地规则的不可挑战性,即使财产所在地州与当事人或其继承人没有任何联系。第一起案件是伯伊德遗产(In re Estate of Boyd)案,[③]该案当事人是居住在得克萨斯州的继承人,争议的财产是位于俄克拉荷马州的矿产权益。被继承人的遗嘱将其所有遗产留给其中一位继承人而未提及任何其他继承人。一家得克萨斯州法院检验了该遗嘱,并宣布其中列明的继承人为遗嘱的“唯一的继承人”。当该继承人请求获得被继承人在俄克拉荷马州的矿产权益时,其他3位继承人在俄克拉荷马州提出异议,要求各自获得一份继承份额。他们依据的是一项俄克拉荷马州立法,其中规定,遗嘱中未被提及的继承人仍然享有一份继承份额,除非存在故意的犯罪行为。该遗嘱继承人则主张,俄克拉荷马州法院应给予得克萨斯州法院的遗嘱检验判决充分诚信并宣布其为唯一继承人。

俄克拉荷马州法院驳回了充分诚信抗辩。法院指出:“其他州的裁定如果试图处分位于俄克拉荷马州的土地的衡平法权利,则属于无效裁定,因为对物

① In J. R. v E. M., 44 Misc. 3d 1211(A), 2014 WL 3583512 (N. Y. Supr. 2014),法院认为,生活在纽约州的一位西班牙公民和一位秘鲁公民之间的夫妻财产协议签订于纽约州的西班牙领事馆,不应适用西班牙法律(丈夫的主张),而应适用纽约州法律,据此该协议无效。

② 142 So. 3d 257 (La. App. 2014).

③ 321 P. 3d 1001 (Ok. App. 2014).

的裁判管辖区专属于该物之所在地法院。”①法院还指出,俄克拉荷马州一项采用了物之所在地法规则的立法规定:“涉及本州内不动产的遗嘱的有效性和解释,适用本州法律。”②法院认为,根据该立法,俄克拉荷马州法律应予适用,并维持了有利于该 3 名被遗漏的继承人的判决。

莫尔诉朗格曼(Mohr v. Langerman)案③是一起继承纠纷,涉及一个位于艾奥瓦州的农场,当事人双方分别是死者的遗孀和他的亲生子。在死者移居到亚利桑那州之前,他和艾奥瓦州或许还有点联系,而本案争端双方当事人与艾奥瓦州一点联系都没有。该遗孀是一位亚利桑那州居民,而该儿子出生于亚利桑那州,定居于加利福尼亚州,并被一份亚利桑那州的亲子关系判决承认为死者的亲生子。该儿子主张适用亚利桑那州法律来判断他是否死者的继承人。艾奥瓦州法院简单地驳回了该项主张,认为“不动产的继承适用该不动产所在地州法律,无论死者住所位于何处”。④

(十二)杂项冲突案件

1. 住所

在希尔诉辛辛那提保险公司案⑤中,艾奥瓦州最高法院认为,一位前艾奥瓦州居民移居到佛罗里达州后,尽管每年在艾奥瓦州打临时工 150 天以上,但就保险关系和其他目的而言,他已经是一位佛罗里达州居民。该案中对住所以及住所和居所的区别有着十分精彩的讨论。

2. 对法律选择问题的放弃

在威廉姆斯诉巴斯夫催化剂公司(Williams v. BASF Catalysts LLC)案⑥中,第三巡回法院赞同了其他巡回法院的观点,认为一位当事人如果没有在初审法院提出法律选择问题,就不能在上诉审程序中再次提出该问题。

3. 埃里猜想

在布雷奇维尔康复中心有限公司诉州农场火灾和意外灾害公司案⑦中,伊利诺伊州最高法院认为,如果位于姊妹州的一家联邦地区法院根据埃里公司诉

① 321 P. 3d 1001 (Ok. App. 2014). at 1006.
② 321 P. 3d 1001. (quoting 84 Okl. St. Ann. § 20).
③ 2014 WL 5243364 (Iowa App. Oct. 15, 2014).
④ Ibid., at *3.
⑤ __ N. E. 3d ___, 2014 WL 5285445 (Ohio 2014).
⑥ 765 F. 3d 306 (3rd Cir. 2014).
⑦ 10 N. E. 3d 902 (Ill. 2014).

汤普金斯案[1]做出一项预测,认为该州最高法院将会按照与伊利诺伊州法律不同的方式解决一个法律问题,则该项预测本身并没有在两个州法律之间形成真实的冲突从而要求进行法律选择分析。

4. 公司

在雷尔纳诉普林斯(Lerner v. Prince)案[2]中,一家纽约州法院认为,一位股东代表一家特拉华州公司针对该公司董事和经理提起的代表诉讼中,能否进行证据开示的问题属于实质问题而非程序性问题。因此,该问题应由特拉华州法律支配而不是依照内部事务理论解决。

5. 跨州监听

在州诉阿特斯(State v. Ates)案[3]中,新泽西州最高法院认为,新泽西州的监听立法不具有域外禁止效力。该立法允许新泽西州警察对州外当事人之间的电话通话进行监听,前提是警方有证据表明某项犯罪行为有可能在新泽西州发生从而获得法院的许可令,并且"监听点"(也就是监听站)位于新泽西州境内。最高法院认为,由于"蜂窝电话固有的移动性",向其他州申请法院令是不现实的,因此,在任何情况下,"只要手持移动的话的被监听人跨过州境,法院令就失去效力"。[4]

6. 纳粹掠夺的艺术品和外交事务优先权

在冯萨尔诉帕萨德那的诺顿西蒙艺术博物馆案[5]中,原告起诉一家加利福尼亚州的博物馆,要求其返还一件绘画作品,该作品于第二次世界大战期间在荷兰被"纳粹"强行购买,后被美军缴获,并根据美国的对外返还政策交还给荷兰政府。第九巡回法院认为,允许受理本案并不会与联邦政府的外交行为相抵触。

7. 商业条款

在斯万森诉正直预付款公司(State ex rel. Swanson v. Integrity Advance, LLC)案[6]中,一家明尼苏达州法院认为,商业条款并不禁止明尼苏达州去管理一家特拉华州的网上发薪日贷款人,该贷款人向一位明尼苏达州借款人收取

① 304 U.S. 64 (1938).

② 119 A.D.3d 122, 987 N.Y.S.2d 19 (N.Y. App. Div. 2014).

③ 86 A.3d 710 (N.J. 2014), cert. denied, 135 S.Ct. 377 (U.S. 2014).

④ 86 A.3d at 712, 713.

⑤ 754 F.3d 712 (9th Cir. 2014), cert. filed (Nov. 10, 2014).

⑥ 846 N.W.2d 435 (Minn. App. 2014), review granted (Jun. 17, 2014).

1369%的利息。在清算市场委员会公司诉哈默案①中,伊利诺伊州最高法院认为,商业条款取代了一项伊利诺伊州法律,该法律要求州外网络零售商向伊利诺伊州上交销售税,只要它们与某个伊利诺伊州当事方签订了合同,而该当事方在其网站上发布一个链接,该链接会把网络用户链接到该零售商的网站。

8. 不方便法院

除了本综述前面所讨论过的那些不方便法院案例之外,读者们或许还希望了解大量的依照不方便法院原则驳回诉讼的案例②,以及少数推翻了不方便法院原则的案例。③

五、外国(州)判决的承认

(一)外国判决

1. 统一法

截至 2014 年年底,已有 20 个州采纳了《2005 年统一外国金钱判决承

---

① 998 N. E. 2d 54 (Ill. 2013).

② See, e. g. , Martinez v. E. I. DuPont de Nemours and Co. , Inc. , 86 A. 3d 1102 (Del. 2014)(在杜邦阿根廷子公司经营的纺织厂工作的阿根廷工人因受石棉辐射而提起的诉讼); Mashreqbank PSC v. Ahmed Hamad Al Gosaibi & Bros. Co. , 12 N. E. 3d 456 (N. Y. 2014)(迪拜银行针对沙特银行提起的涉外商业交易诉讼); Richardson v. Newman, 439 S. W. 3d 538 (Tex. App. 2014)(股东代表一家瑞士公司针对其董事提起的派生诉讼,指控其董事在墨西哥湾石油泄漏事故中的行为给公司造成重大损失); DePuy Orthopaedics Inc. v. Brown, 10 N. E. 3d 567 (Ind. App. 2014)(弗吉尼亚州和密西西比州原告针对印第安纳州生产商提起的产品责任诉讼); Huani v. Donziger, __ N. Y. S. 2d, 2014 WL 5071880 (N. Y. Supr. 2014)(厄瓜多尔几个机构之间的纠纷,涉及一份厄瓜多尔判决的执行,该判决被告是一家美国石油公司); Aldana v. Del Monte Fresh Produce N. A. , Inc. , 741 F. 3d 1349 (11th Cir. 2014)(危地马拉的禁止性立法)。

③ See, e. g. , Espinoza v. Evergreen Helicopters, Inc. 337 P. 3d 169 (Or. App. 2014)(秘鲁原告因发生在秘鲁的坠机事故针对美国公司提起的产品责任诉讼); Bochetto v. Piper Aircraft Co. , 94 A. 3d 1044 (Pa. Super. 2014), re-argument denied (Aug. 07, 2014)(葡萄牙原告因发生在葡萄牙的直升机坠机事故针对美国公司提起的产品责任诉讼); Miller v. Provident Advertising and Marketing, Inc. , __ So. 3d ___, 2014 WL 2735194 (Miss. App. 2014), reh' g denied (Oct 14, 2014)(田纳西州居民因发生在密西西比州的事件导致的精神错乱对佛罗里达州居民提起的诉讼); State ex rel. North River Ins. Co. v. Chafin, 758 S. E. 2d 109 (W. Va. 2014)(西弗吉尼亚州煤矿工人提起的产品责任诉讼)。

认法》。[①] 但其中只有 2 个州(亚拉巴马州和印第安纳州)此前还采纳了 1962 年的《统一外国判决承认法》。还有 15 个州采纳了旧法而没有采纳新法。[②] 因此,共有 35 个州要么采纳了旧法,要么采纳了新法。新法修正了旧法的语言并弥补了旧法的一些空白,但并未作实质性修改。某些州对统一法的文本作了某些变通。本部分所讨论的所有案件都来自这些采纳了旧法或新法的州,尽管有些案件不属于该两部法律的适用范围,这些案件涉及外国离婚或扶养令。

2. 被请求法院的管辖权

尽管两部法律都详细规定了受案法院所必需的管辖权基础,但任一部法律都没有明文规定被请求承认外国判决的法院的管辖权。与新法相配套的官方评论规定,该法并不涉及“受理(一起承认诉讼)的充分管辖区依据”问题,并且该法对于判例法中既有的观点分歧也不“发表意见”。现有的观点分歧包括:(1)一些法院坚持谢费尔诉海特纳(Shaffer v. Heitner)案[③]的规定,并认为只要债务人的财产出现在承认地州就足以构成管辖权基础,即使该财产与所涉判决书无关;(2)另一些法院要求对判决债务人拥有对人管辖权。《第三次外交关系法重述》[④]和美国法学会起草的《外国判决承认与执行法》[⑤]都采取这种观点,即 Shaffer 案类型的管辖权基础就足够了。

对债务人不享有对人管辖权的州和债务人没有财产的州境内的法院,是否

---

① 这些州分别是 Alabama, California, Colorado, Delaware, District of Columbia, Hawaii, Idaho, Illinois, Indiana, Iowa, Michigan, Minnesota, Montana, Nevada, New Mexico, North Carolina, Oklahoma, Oregon, Virginia, and Washington. See http://www. uniformlaws. org/LegislativeFactSheet. aspx? title = Foreign%20Money%20Judgments%20Recognition%20Act。

② 这些州或地区分别是 Alaska, Connecticut, Florida, Georgia, Maine, Maryland, Massachusetts, Missouri, New Jersey, New York, North Dakota, Ohio, Pennsylvania, Texas, and U. S. Virgin Islands。

③ See Shaffer v. Heitner, 433 U. S. 186, 210 n. 36 (1977).

④ See Restatement (third) of Foreign Relations Law § 481 (1987), cmt. h. [“关于民事诉讼司法管辖权的规则,即第 421 条,也适用于执行外国判决的诉讼和程序。然而,根据第 421 条(k)项(以及现行美国法律),一个州可以基于财产位于法院地而取得司法管辖权,前提是该财产与诉讼请求有合理联系。执行判决的诉讼通常可以在被告财产被发现地提起,此时不需要诉讼和财产之间或者被告与法院之间存在任何必要联系。”]

⑤ See American Law Institute, Recognition and Enforcement of Foreign Judgments: Analysis and Proposed Federal Statute § 9(b) (2006) [“根据本法承认或执行判决的诉讼可以在适当的州或联邦法院提起,只要:(1)该判决债务人在法院的属人管辖权之下;或(2)属于判决债务人的财产位于该地”。]

可以承认一项针对该债务人的外国判决?对此问题,只有两个州——得克萨斯州①和纽约州②的法院做出了肯定性回答。③ 最近的一个案例是 PJSC 阿布扎比商业银行诉萨德贸易、商业和金融服务公司案,④该案是纽约州中级法院审理的。该法院认为,一项外国判决只要在其他地方可以被承认,就可以在纽约州被执行,即使纽约州对该判决债务人并不享有对人管辖权或者该债务人在纽约州并不拥有财产。法院指出,“纽约传统上对于外国法院作出的金钱损害赔偿判决的执行一直就比较慷慨大方”,⑤同时认为:

一位寻求在纽约州承认一项外国金钱判决的当事人(无论该判决来自姊妹州还是外国国家)不需要为纽约州法院建立一个对判决债务人行使对人管辖权的基础,因为在纽约州的统一法中并没有这样一项要求,而且在美国宪法的正当程序条款中也没有任何关于管辖权的基本要求。⑥

法院解释说,由于需要确保外国法院在第一个地点拥有适当管辖权以保护被告正当程序权利,因此,纽约州法院“不应被要求在一起辅助性的执行诉讼中提供进一步保护”。⑦

法院认为,根据纽约州法律,“不方便并非不承认的一个理由”,⑧因此,下级法院正确地否定了债务人要求依据不方便法院理由驳回诉讼的动议。债务人“不会遇到困难,因为没有什么可抗辩的”,法院解释说,因为“事实问题是在

① See Beluga Chartering B. V. v. Timber S. A., 294 S. W. 3d 300 (Tex. App. 2009); Haaksman v. Diamond Offshore (Bermuda), Ltd., 260 S. W. 3d (Tex. App. 2008); Cantu v. Howard S. Grossman, P. A., 251 S. W. 3d 731 (Tex. App. 2008).

② See Lenchyshyn v. Pelko Elec., Inc., 723 N. Y. S. 2d 285 (N. Y. App. Div. 2001). For a federal case from Iowa, see Pure Fishing, Inc. v. Silver Star Co., Ltd., 202 F. Supp. 2d 905 (N. D. Io-wa 2002).

③ See also Emilio Bettoni, Recognition and Enforcement of Foreign Money Judgments de-spite the Lack of Assets, 10 N. Y. U. J. L. & BUS. 155 (2013).

④ 986 N. Y. S. 2d 454 (N. Y. App. Div. 2014).

⑤ 986 N. Y. S. 2d at 457 (quoting CIBC Mellon Trust Co. v. Mora Hotel Corp., 100 N. Y. 2d 215, 221, (2003), cert. denied, 540 U. S. 948 (2003)).

⑥ Ibid. at 457 – 58 (quotation marks omitted).

⑦ Ibid., at 459.

⑧ Ibid.

英国裁决的,而且……也没有不方便的证人或必要的证据抗辩该法院的管辖权”。①

法院还认为,尽管债务人目前在纽约州没有财产,但承认该判决的决定“将来”会对债权人有利,②只要债务人“以后携带财产进入本州”。③ 从现实角度来看,债务人在这样的情况下不可能会携带财产进入纽约州。不过,正如后面两个案例所显示的那样,纽约州判决的实际价值是债权人可以援引充分诚信条款以便在债务人拥有财产的其他美国州内执行判决。

3. 判决套利

揭示“判决套利”④这一现象的第一起案例是渣打银行诉阿马德·哈马德·阿尔哥塞比和布洛斯公司案。⑤ 一份巴林法院作出的金额高达2500万美元的判决书持有人在纽约州获得了对该判决的承认,⑥随后又在宾夕法尼亚州提起诉讼,要求该法院承认纽约州法院的承认判决。宾夕法尼亚法院同意了该请求。法院指出,这是一项“有效的纽约判决”,该判决“在该州通过了上诉审查”,而且承认一项外州判决“并非什么大不了的事情”。⑦ 根据通行的观点,法院认为:“按照美国宪法、充分诚信法、(宾夕法尼亚州)执行法,纽约州判决作为一个法律问题,与纽约州法院作出的其他判决一样,有权在宾夕法尼亚州获得充分诚信。”⑧法院驳回了债务人要求“对纽约州判决的有效性进行独立调查”的申请,并要求对其进行“强化的”公共政策审查。⑨ 法院引用了最高法院的声明,即对于姊妹州的“判决的充分诚信不允许有公共政策上的例外”,⑩然后指出,宾夕法尼亚州必须承认姊妹州的判决,即使它们违反本州的公共政策也不

---

① 986 N. Y. S. 2d at 457.

② Ibid., at 458.

③ Ibid., at 459.

④ See Gregory H. Shill, “Ending Judgment Arbitrage: Jurisdictional Competition and the Enforcement of Foreign Money Judgments in the United States”, 54 *Harvard Int'l L. J.* 459, (2013).

⑤ 99 A. 3d 936 (Pa. Super. Ct. 2014).

⑥ See Standard Chartered Bank v. Ahmad Hamad Al Gosaibi & Bros. Co., 957 N. Y. S. 2d 602 (N. Y. Sup. Ct. 2012).

⑦ 99 A. 3d at 943.

⑧ Ibid.

⑨ Ibid., at 945.

⑩ Ibid. (quoting Baker by Thomas v. General Motors Corp., 522 U. S. 222, at 233 (1998)) (emphasis omitted).

例外。

第二起案例是阿马德·哈马德·阿尔哥塞比和布洛斯公司诉渣打银行案[①]。该案涉及的是与上文所述相同的纽约州判决(以及相同的巴林判决)。但是这一次,该判决的债权人试图在哥伦比亚特区获得承认。这一次的结果却大相径庭:哥伦比亚特区上诉法院拒绝承认纽约州判决。

法院的部分依据是纽约州法院在承认巴林判决时对于债务人并不享有管辖权。特区法院解释说:"如果一个法院承认境外判决的权力不受任何管辖权的限制,那么一个州宽松的标准可能违反其他州的严格限制的政策",并且"如果赋予纽约州判决的充分诚信义务——作为一个法律问题——不必要而且事实上也没有受制于对人管辖权",那么特区的政策"可能会受到损害"。[②]

不过,法院拒绝承认的理由远远不止是纽约缺乏管辖权。出于现实的目的,法院拒绝认为本案涉及的是与外国判决相反的纽约判决。法院错误地推断认为"最高法院的判例……从未禁止……审查纽约州做出的判决",[③]于是进行了审查,并发现"实际上,该判决是一项外国判决",[④]只不过"披上了……姊妹州判决的外衣"。[⑤] 法院认为,"宪法要求给予充分诚信并不适用于这种情形"。[⑥]

法院对该领域的法律做足了功课,比较了纽约州和哥伦比亚特区的利益:

> 如果一个州仅仅是承认一项外国判决,它就没有利益去援用充分诚信原则……特区在本案中的利益很明显高于纽约所拥有的利益。因此,如果特区选择对巴林判决进行重新审查,各州之间的和谐与正常交往不会受到影响。换句话说,拒绝承认纽约的判决不会违背充分诚信条款的目的。[⑦]

法院解释说,如果不这样判,则将使判决债权人去寻求"在每一个提供了最

① 98 A.3d 998 (D.C. 2014).
② Ibid., 1007.
③ Ibid.
④ Ibid., at 1008.
⑤ Ibid., at 1007 (quotations omitted).
⑥ Ibid., at 1008.
⑦ Ibid., at 1006 (quotations omitted).

宽松标准的州”承认外州判决,并进一步“在全国执行那些判决”。① 法院认为,这一问题“并非仅仅是理论上的假设”,因为在纽约州“立法上拒绝承认的理由要远远少于哥伦比亚特区”。② 法院列举了一条关键条文作为这一差别的证据,也就是纽约州的一项立法条文(依据的是旧的统一法)以及哥伦比亚特区的一项法律条文(依据的是新的统一法)。③ 不过,有一个例外,④即两项法律条文之间的差异大多是用语上的,无论如何,本案并不涉及这些差异。

4. 诉讼时效

佣金进出口公司诉刚果共和国案⑤是一起承认英国判决的案件,该英国判决确认了一份法国仲裁裁决的效力。该仲裁裁决在2000年作出,一家英国法院于2010年确认了其效力。要求承认该裁决的诉讼是2011年在哥伦比亚特区提起的。该案争议问题是该诉讼是否已过诉讼时效。《哥伦比亚特区承认法》第15-369条规定,承认外国判决的诉讼必须于该判决在其作出地国期满之前或者在该判决在其作出地国生效后15年内提出,以两个时间中较早者为准。根据该条规定,承认英国判决的诉讼尚未过期,因为根据英国法律,一项判决在作出之日后6年内有效。

不过,被告援引了《联邦仲裁法》第207条作为抗辩,该条规定,确认一项仲裁裁决效力的诉讼,如果该仲裁裁决属于《纽约公约》的适用范围,则必须在裁决作出之日起3年内提出。被告主张,《联邦仲裁法》第207条优先于《特区承认法》第15-369条,因此,本案诉讼已过诉讼时效,因为它是在仲裁裁决做出后11年才提出。

法院驳回了被告的主张,但还远不止此。法院注意到,第207条只提到仲裁裁决而未提到判决。法院认为:“国会并未打算去关注承认和执行仲裁裁决之外的事项。”⑥法院解释说,“国会不可能打算把它对《纽约公约》的实施扩展

---

① 98 A.3d 1007(D.C.2014). at 1006.

② Ibid., at 1007.

③ Ibid., at 1002 (referring to “significant differences” between N.Y. C.P.L.R. § 5304 and D.C. CODE § 15-364).

④ 新法将外国法院缺乏事项管辖权列为不予承认的强制性理由,而旧法将其作为一项任意性理由。另外,纽约州立法包含一项反诽谤条款,而该条款在特区立法中不存在,但是该条款通过联邦言论自由法而成为特区的法律。

⑤ 757 F.3d 321 (D.C. Cir. 2014).

⑥ 757F.3d 321 (D.C. Cir,2014) at 329.

到仲裁裁决和判决而又不提到后者”。[1] 法院还指出,在仲裁裁决和法院确认该裁决的判决之间存在明显区别。在美国,联邦法律解决仲裁裁决的确认问题,本案争议并非确认法国仲裁裁决的效力,该裁决已经并入到英国判决中了。本案争议是承认英国判决问题。

5. 刑事判决

在哈瓦德斯基普朗迈斯洛夫控股公司诉科维尼(Harvardsky Prumyslovy Holding, A. S. – V Likvidaci v. Koveny)案[2]中,法院认为,捷克刑事法院的一项判决判令捷克公司的一位前职员向公司支付 4.1 亿美元作为对其严重过失的“受害赔偿”,可以在纽约州得到承认,也可以通过扣押被告在一家纽约州银行的 2200 万美元款项而得到执行。被告主张,由于捷克的判决是由刑事法院作出的,包含有“刑事处罚”,因此不能根据统一执行法得到执行。法院驳回了该主张,认为判断该判决是否民事或刑事判决,关键是看“该判决的目的,而非作出该判决的法院”。[3] 该判决并非刑事判决,因为它的目的“并非是要维护公共正义,而是要补偿受害者”。[4] 它的目的是“赔偿实际受害者的损失”。[5]

相反,在美国诉巴西共和国案[6]中,所涉及的一份巴西判决明显是一份刑事判决。该判决因被告在巴西违反巴西《禁毒法》而遭到刑事指控而引起。该判决要求扣押被告在美国银行账户上的 680 万美元款项,因为它是被告从事非法毒品交易的所得。第二巡回法院认为,该巴西判决明显是一份刑事判决,是因被告违反国家的罪行而作出的,“刑事规则”禁止其在本诉讼程序中被执行。[7]

6. 扶养令

在 E. H. 案[8]中,涉及的是得克萨斯州总检察长根据《统一州际外国(州)扶养法》申请登记一份以色列的儿童扶养令,并据此将其作为一份得克萨斯州判

---

① 757F. 3d 321 (D. C. Cir, 2014). at 332.

② 983 N. Y. S. 2d 240 (N. Y. App. Div. 2014).

③ Ibid., at 242.

④ Ibid., at 243.

⑤ Ibid.

⑥ 748 F. 3d 86 (2nd Cir. 2014).

⑦ 不过,一项联邦法律(28 U. S. C. § 2467)规定了对刑事规则的一个例外,它允许美国总检察长基于外国国家的请求按照一项双边互惠扣押协助条约的规定,请求法院执行一项外国扣押判决。巴西与美国签订了此项条约。第二巡回法院将此案发回地区法院重申并要求其给予巴西时间以遵守该程序。

⑧ ___ S. W. 3d ___, 2014 WL 5380088 (Tex. App. 2014).

决予以执行。以色列属于 UIFSA 所规定的“互惠国”,并被认定为一个“国家”。不过,法院认为:(1)得克萨斯州被告在以色列诉讼程序中没有得到适当送达;(2)该被告未参加该程序;(3)以色列法院对他没有管辖权。根据上述理由,法院驳回了上述申请。法院指出:

> 尽管我们承认儿童最佳利益这一重要政策,但我们不同意该政策是决定执行一项儿童扶养令的“唯一标尺”,因为发布该执行令的法院对于被执行方缺乏对人管辖权或者违反了该当事人的正当程序权利。①

冈萨雷斯—阿尔皮萨诉格里非斯(Gonzales-Alpizar v. Griffith)案②涉及哥斯达黎加的一项过失赔偿判决,该判决要求一位内华达州被告向其哥斯达黎加前妻支付夫妻扶养费和子女抚养费。由于哥斯达黎加并没有被《统一州除外国扶养法》认定为“互惠国”,因此,内华达州最高法院根据礼让原则审查了哥斯达黎加判决的可执行性。尽管内华达州采纳了旧统一法和新统一法,但法院决定援用美国《第三次外交关系法重述》第 482 条。被告主张,他在访问哥斯达黎加期间未得到适当送达,因为他不懂西班牙语,而且他拒绝了哥斯达黎加法警试图递交给他的文书。法院拒绝了该观点,引述了初审法院的认定,即被告“被合理地告知了原告向其送达了某些形式的法律文书”。③

但是,法院拒绝承认哥斯达黎加判决中要求支付夫妻扶养费的部分裁决。理由是原告未能向哥斯达黎加法院披露在她和被告之间存在一项婚前协议,当事人在该协议中放弃了任何赡养费或夫妻抚养费的请求权。这一瑕疵构成了夫妻扶养令中的诱导性欺诈,根据《外交关系法重述》,这属于不承认的理由。因此,法院认为,哥斯达黎加的判决在夫妻抚养费方面不能得到承认。但是就子女抚养费方面,法院认为还存在事实上的不清晰,因此要求下级法院重审。

7. 程序公正

在威尔福尔茨公司诉莱斯提沃(Weir Foulds L. L. P. v. Restivo)案④中,判决债务人反对承认一项加拿大判决,理由是加拿大法院是通过简易法庭审理该

---

① ___ S. W. 3d ___, 2014 WL 5380088 (Tex. App. 2014). at *6.

② 317 P. 3d 820 (Nev. 2014).

③ 371 D. 3d 827(Nev. 2014) at 827.

④ 2014 WL 1345497, No. 13CA010349 (Ohio App. March 24, 2014).

案的而未能提交陪审团。他据此主张,该判决不符合正当程序原则,并违反了俄亥俄州公共政策。俄亥俄州法院驳回了该项主张,并裁定加拿大判决可以得到承认和执行。法院指出,"在民事案件中能够负担得起陪审团的,美国只是例外而非常例",①尽管加拿大在民事案件中也采用陪审团,但加拿大法院决定不采用陪审团的决定并不导致其所作出的判决不符合美国的正当程序标准。

在上海商业银行有限公司诉张案②中,涉及的是对一份中国香港特别行政区判决的承认,债务人提出了几项反对意见,涉及中国香港特别行政区司法制度和某些程序的公正性。华盛顿州法院驳回了这些异议,理由包括:(1)债务人未能证实其对公正性的一般指控;(2)其主要异议——中国香港特别行政区法院要求其支付高额担保费(650 万美元)——并不涉及他作为被告的此项判决,而是涉及另一起他作为原告的发生在相同当事人之间的另一起诉讼案件。③

在托兰德遗产案④中,华盛顿州最高法院推翻了华盛顿州中级法院的一项裁决,该裁决在 2012 年的综述中曾被评述过。⑤ 后一法院拒绝承认一项日本双边程序中作出的离婚、监护和子女抚养裁决,因为丈夫未能收到随后发生的监护程序的送达通知。最高法院认为,"初审法院将其裁决……完全建立在分别进行的监护程序之上,这是一个法律错误,且构成滥用裁量权"。⑥

8. 海事法

第二巡回法院⑦和第四巡回法院⑧认为:(1)联邦海事管辖权扩及于执行外国海事判决的诉讼,无论作出该判决的外国法院是否为专门的海事法院;(2)应由美国法律而非外国法律来判断外国判决所涉及的诉讼请求是否属于海事请求。两个案件都涉及英国判决,所裁决的争议是因远期货运协议(Forward

① 2014 WL 1345497, No. 13CA010349. at *5 (quotation marks omitted).

② 2014 WL 4198391, No. 70526 - 1 - I (Wash. App. Aug. 25, 2014).

③ 由于担心其安全,判决债务人没有抗辩银行对他的指控。相反,他对银行提起了另一个诉讼,主张欺诈和证券请求权。该诉讼仍在进行中,但是由于他是非居民原告,中国香港特别行政区法院命令对其提供事后安保。

④ 329 P. 3d 878 (Wash. 2014).

⑤ See Symeonides, 2012 Survey at ___.

⑥ In re Estate of Toland, 329 P. 3d at 885.

⑦ See D' Amico Dry Ltd. v. Primera Maritime (Hellas) Ltd., 756 F. 3d 151 (2nd Cir. 2014).

⑧ See Flame S. A. v. Freight Bulk Pte. Ltd., 762 F. 3d 352 (4th Cir. 2014)。

Freight Agreemen,FFA)而引起,该协议在美国法下被识别为海事请求。[①]

(二)姊妹州判决

涉及承认姊妹州判决的案件具有更高的可预见性,首先是因为这方面的法律已得到解决,留给司法裁量的空间很小。由于篇幅限制,[②]这里不允许讨论这方面的案件,但是感兴趣的读者可能希望了解一下今年的案件总量。这包括涉及子女抚养、[③]子女监护、[④]离婚、[⑤]欺诈作为拒绝承认的抗辩、[⑥]诉讼时

---

① 其他2014 年涉及外国判决承认的案例参见:Derr v. Swarek, 766 F. 3d 430 (5th Cir. 2014) (拒绝承认一份德国判决,该判决向败诉的当事人收取费用,因为德国法院没有赋予此前的密西西比州针对相同当事人之间争议做出的判决以既判力); Landauer Ltd. v. Joe Monani Fish Co. , Inc. , 8 N. E. 3d 839 (N. Y. 2014) (承认了英国一份过错赔偿判决,该判决由一家英国法院做出,该英国法院根据法院选择条款拥有排他性管辖权;同时还拒绝了判决债务人的主张,即他未收到适当送达); Montebueno Marketing, Inc. v. Del Monte Corporation - USA, 570 Fed. App' x. 675 (9th Cir. 2014) (拒绝承认一份菲律宾判决,该判决违反了仲裁协议)。

② 2013 年的综述共计 100 页。为了尊重本刊编辑的意见,作者同意将本年度的综述缩短。

③ See Holdaway-Foster v. Brunell, 330 P. 3d 471 (Nev. 2014) [认为:(1)《儿童扶养令充分诚信法》应溯及适用;(2) 内华达州对于儿童抚养问题拥有持续的、排他的管辖权;(3) 夏威夷没有管辖权去修改此前的内华达州儿童抚养令; In re Martinez, ___ S. W. 3d ___, 2014 WL 5151282 (Tex. App. 2014)] [认为:根据《统一州际家庭抚养法》,发布最初儿童抚养令的纽约州法院保有持续的、排他的管辖权,因此得克萨斯州没有管辖权去修改该命令; Pahnke v. Pahnke, 88 A. 3d 432 (Vt. 2014)] (认为:佛蒙特州根据《统一州际家庭抚养法》拥有管辖权去修改密歇根州支付令,因为债务人与佛蒙特州拥有足够联系并满足了正当程序要求); Collins v. Dept. of Health and Family Servs. ex rel. Paczek, __ N. E. 3d ___, 2014 IL App (2d) 130536 (Ill. App. 2014) (认为:根据《统一州际家庭抚养法》,只要债务人、债权人和儿童不再居住于伊利诺伊州,发布扶养令的伊利诺伊州法院丧失了持续的排他性管辖权以修改子女扶养令;但是在其他州获得管辖权之前,伊利诺伊州作为发布扶养令的州,保有执行该命令的管辖权)。

④ See S. K. C. v. J. L. C. , 94 A. 3d 402 (Pa. Super. 2014) (认为初审法院在思考其是否保有排他性、持续性管辖权以修改其此前发布的儿童监护令时,根据《统一儿童监护管辖权法》可以不考虑法院选择条款)。

⑤ See Kelley v. Kelley, 147 So. 3d 597 (Fla. App. 2014) (认为儿子不能挑战其父亲的内华达州离婚判决的有效性,因为内华达州法律禁止夫妻本人以外的其他当事人发起挑战)。

⑥ See DOCRX, Inc. v. EMI Services of North Carolina, LLC, 758 S. E. 2d 390 (N. C. 2014) (认为充分诚信条款排除了运用实质性欺诈来拒绝承认亚拉巴马州判决); Kelley v. Kelley, 147 So. 3d 597 (Fla. App. 2014) (认为实质性欺诈不是一项用于对抗一份内华达州离婚判决的合法抗辩)。

效、[1]执行管辖权[2]等。

2014 年 12 月 31 日完成
西蒙·C. 西蒙尼德斯

---

① See Peabody v. DiMeglio, ___ N. W. 2d __, 306 Mich. App. 397 (Mich. App. 2014)(认为一起执行一份被并入一份弗吉尼亚州离婚判决书的财产调解协议的诉讼应适用密歇根州的 10 年诉讼时效而非支配合同诉讼的 6 年诉讼时效); National Enterprises Inc. v. Hughes, 757 S. E. 2d 524 (Table)(N. C. App. 2014)(2007 年一家北卡罗来纳州法院认为,执行一份 1995 年佛罗里达州判决的诉讼根据北卡罗来纳州的 10 年诉讼时效已过期;2012 年,债权人根据佛罗里达州的 20 年诉讼时效再次获得该项判决并随后在北卡罗来纳州申请执行新判决;法院认为这是关于新判决的新诉讼,该判决取代了旧判决,根据北卡罗来纳州的 10 年诉讼时效尚未过期)。

② See Arbor Farms, LLC v. GeoStar Corp., 853 N. W. 2d 421 (Mich. App. 2014)(该案认为,由于密歇根对于判决债务人在密歇根的财产拥有管辖权,法院无须对债务人享有对人管辖权)。

冲突法在美国法院(2015年):第29次年度综述*

一、导论

本文是美国冲突法案例的第29次年度综述。① 此

---

* 原文载《美国比较法杂志》第64卷(2016年),感谢西蒙·C.西蒙尼德斯教授授予中文翻译和出版权。Copyright to the English original by Symeon Symeonides and the American Society of Comparative Law,Inc.

① 前28次年度综述分别参见:P. John Kozyris,36 *Am. J. Comp. L.* 547(1988);Symeon C. Symeonides,37 *Am. J. Comp. L.* 457(1989);P. John Kozyris & Symeon C. Symeonides,38 *Am. J. Comp. L.* 601(1990);Larry Kramer,39 *Am. J. Comp. L.* 465(1991);Michael E. Solimine,40 *Am. J. Comp. L.* 951(1992);Patrick J. Borchers,42 *Am. J. Comp. L.* 125(1994);Symeon C. Symeonides,42 *Am. J. Comp. L.* 599(1994);Symeon C. Symeonides,43 *Am. J. Comp. L.* 1(1995);Symeon C. Symeonides,44 *Am. J. Comp. L.* 181(1996);Symeon C. Symeonides,45 *Am. J. Comp. L.* 447(1997);Symeon C. Symeonides,46 AM. J. COMP. L 233(1998);Symeon C. Symeonides,47 *Am. J. Comp. L.* 327(1999);Symeon C. Symeonides,48 *Am. J. Comp. L.* 143(2000);Symeon C. Symeonides,49 *Am. J. Comp. L.* 1(2001);Symeon C. Symeonides,50 *Am. J. Comp. L.* 1(2002);Symeon C. Symeonides,51 *Am. J. Comp. L.* 1(2003);Symeon C. Symeonides,52 *Am. J. Comp. L.* 9(2004);Symeon C. Symeonides,52 *Am. J. Comp. L.* 919(2004);Symeon C. Symeonides,53 *Am. J. Comp. L.* 559(2005);Symeon C. Symeonides,54 *Am. J. Comp. L.* 697(2006);Symeon C. Symeonides,56 *Am. J. Comp. L.* 243(2008);Symeon C. Symeonides,57 *Am. J. Comp. L.* 269(2009);Symeon C. Symeonides,58 *Am. J. Comp. L.* 227(2010);Symeon C. Symeonides,59 *Am. J. Comp. L.* 303(2011);Symeon C. Symeonides,60 *Am. J. Comp. L.* 291(2012);Symeon C. Symeonides,61 *Am. J. Comp. L.* 217(2013);Symeonides,62 *Am. J. Comp. L.* 223(2014);Symeon C. Symeonides,63 *Am. J. Comp. L.* 299(2015);Symeon C. Symeonides,64 *Am. J. Comp. L.* (2016).

项综述是应美国法学院协会冲突法分会的要求而撰写的,[①]其目的在于为美国国内外冲突法专业的师生提供服务。[②] 本综述的宗旨仍然一如既往,意在提供信息而非臧否是非。不过,作者偶尔也会情不自禁地发出少许批评意见。

本综述涵盖了美国州和联邦上诉法院从 2015 年 1 月 1 日至 12 月 31 日作出的裁决,以 2016 年 1 月 10 日前发布在 Westlaw 数据库中的为准。[③] 在符合这些条件的 1219 起上诉判例中,本综述集中关注那些对于冲突法,尤其是对法律选择问题的发展和理解而言具有新意的案例。

2015 年裁决并在 2016 年 1 月 10 日前在 Westlaw 上公布的冲突法判例共 4756 起。[④] 表 9 显示了案件的分类。其中大多数案件是由联邦地区法院裁决的,它们未被包含在本综述之内。

表 9　2015 年冲突法判例

<table>
<tr><td>联邦最高法院</td><td>5 起</td><td rowspan="3">本综述所涉及的
上诉案件共 1219 起</td></tr>
<tr><td>联邦上诉法院</td><td>416 起</td></tr>
<tr><td>州最高法院和中级法院</td><td>798 起</td></tr>
<tr><td>联邦地区法院</td><td>3537 起</td><td>本综述不涉及</td></tr>
<tr><td>共计</td><td>4756 起</td><td></td></tr>
</table>

以下是本年度综述所要讨论的一些焦点案件:

■ 3 起联邦最高法院判决,其中,第一起宣告所有反对同性婚姻的州法违宪,第二起是对《外国主权豁免法》中的商业例外条款的解释,第三起则对仲裁领域州法的范围进行了限制;

■ 第二巡回法院的一项判决复活了该法院的理论,即公司不对违反国际法的行为承担《外国人侵权法》上的责任;另两项判决则认为,所涉及的违法行为并没有"很明显地……触及和牵涉到美国领土";[⑤]

---

① 本综述不代表美国法学院协会或其冲突法分会的观点。

② 由于本综述的读者群很大一部分来自外国学者,他们可能对美国法中的某些领域并不熟悉,因此本综述试图提供一些背景信息和解释,对于美国冲突法学者而言这些内容可能是不必要的。

③ 这些案例的分类是通过检索 Westlaw 2015 年的"Allstates""CTA"和"SCT"数据库进行的,并采用了 Westlaw 所使用的"冲突法"数据库中的关键代码。

④ 该数字包括所有发布在 Westlaw 上的联邦地区法院和特别下级联邦法院的判例以及少数初审法院的判例。

⑤ Kiobel v. Royal Dutch Petroleum Co. ,133 S. Ct. 1659,1669(2013).

■ 两起案件拒绝对域外违反第四修正案的行为和域内违反第五修正案的行为提起 Bivens 诉讼,还有几起案件支持刑法的域外适用;

■ 几起案件拒绝(也有几起案件没有拒绝)执行法律选择条款和法院选择条款或仲裁条款,这些条款试图剥夺雇员或消费者本来享有的不可放弃的权利;

■ 纽约州上诉法院的一起案件解释了为什么一份退休计划书中的纽约州法律选择条款并不包含一项隐含在纽约州实体继承法中的冲突规则;

■ 几起案件涉及法院选择协议的准据法这一“先有鸡还是先有蛋”的问题;

■ 一项新泽西州判决涉及“缺陷出生”和“缺陷生活”的诉讼,另有几起案件涉及医疗渎职行为、法律渎职行为、欺诈贸易行为、感情疏离以及交通事故,还有一些涉及隆胸手术和医药用品的产品责任案件;

■ 第一起允许在另一州根据“契约婚姻”结婚的夫妻离婚的案件,还有一起得克萨斯州案件承认了一项巴基斯坦的伊斯兰婚姻(talaq);

■ 一项亚拉巴马州最高法院判决拒绝承认一对同性夫妻在佐治亚州的收养行为,理由是佐治亚州法院错误地适用了该州关于事务管辖权的法律;

■ 特拉华州的一起案件认为,充分诚信条款要求承认另一姊妹州的判决,该判决承认了一项外国法院的判决;

■ 一起承认外国判决的案件遭到挑战,理由是该外国未能提供公正的法庭或程序上不符合正当程序原则。

二、域外效力与联邦法和外国法之间的冲突

(一)第四修正案和第五修正案

2014年的综述讨论了赫尔南德兹诉美国案,①该案起因于一位15岁的墨西哥男孩在墨美边境墨西哥一侧玩耍时被一位站在边境美国一侧的美国边境巡逻官枪杀。在2014年的案件中,第五巡回上诉法院的陪审团裁决:(1)驳回了男孩父母根据《联邦侵权赔偿法》②对美国提出的诉讼请求,因为该法并未放弃美国政府对于在外国发生的损害的主权豁免,即使该行为发生在美国境内;(2)驳回了男孩父母根据《外国人侵权法》③提起的诉讼请求,因为该法并未表

---

① 757 F. 3d 249(5th Cir. 2014),affirmed in part and reversed in part by the opinion discussed in the text;discussed in Symeonides,2014 Survey 305 – 10;Brittany Davidson,“Shoot First,Ask Later:Constitutional Rights at the Border after Boumediene”,64 *Am. U. L. Rev.* 1547(2015).

② 28 U. S. C. § § 1346(b)(1).

③ 28 U. S. C. § 1350.

明国会有意放弃美国政府对于违反国际法行为的豁免权;(3)驳回了该父母针对美国边境巡逻官提出的侵犯第四修正案规定的受害者权利的比文斯诉讼请求;①(4)允许该父母根据第五修正案针对该巡逻官提出的比文斯诉讼请求。

在全席重审后,第五巡回上诉法院对原告的诉讼请求给予了最后一击。法院维持了陪审团针对原告的上述前三点裁决,但是却推翻了唯一对其有利的关于第五修正案域外效力的第四点裁决。② 法院同意陪审团的观点,认为该巡逻官"在赫尔南德兹没有武力也没有构成威胁的情况下使用了过度的、致命的暴力手段,确实侵害了赫尔南德兹根据第五修正案享有的权利"。③ 但是,法院认为,那些权利"并没有被法律规定得十分明确"。④ 法院指出,尽管联邦最高法院在布迈迪恩诉布什案⑤中的裁决似乎支持原告的诉讼请求,但是该法院的意见明确地仅限于该法院所面对的事实情形。因此,第五巡回法院认为:

> 该意见书并未直接表明,法院是否会扩张一项不同的宪法条款——第五修正案的地域适用范围,尤其是当损害不是发生在美国所控制之下的土地上,而是发生在毫无争议的外国领土上且超出了美国的属地主权范围时。⑥

在梅夏尔诉海根博塔姆案⑦中,原告是一位美国公民,他声称自己受到一位 FBI 官员的扣押、审讯和酷刑折磨,期间,他被秘密拘留在非洲国家长达 4 个月。他从未被指控犯罪。在他被释放后,他返回到美国并提起一项比文斯诉讼,指控该官员侵犯了他第四修正案的权利。特区巡回法院在其 2:1 作出的判决书中认为:

> 我们正面临着反恐和刑事侦查相融合的范式转换过程中,因此,我们在一个非传统的情境下要依赖于一个熟悉的架构。任何法院都没有在一个涉及国

① See Bivens v. Six Unknown Named Agents of Fed. Bureau of Narcotics,403 U. S. 388(1971).

② See Hernandez v. U. S. ,785 F. 3d 117(5th Cir. 2015),cert. filed(NO. 15 – 118),84 U. S. L. W. 3060 (July 23, 2015), and docketed (July 27, 2015). For a recent discussion of this issue, see Guinevere E. Moore & Robert T. Moore, The Extraterritorial Application of the Fifth Amendment: A Need for Expanded Consti-tutional Protection,46 ST. MARY'S L. J. 1(2014).

③ Hernandez. 785 F. 3d at 120.

④ Ibid.

⑤ 553 U. S. 723(2008).

⑥ Hernandez,785 F. 3d,at 121.

⑦ 804 F. 3d 417(D. C. Cir. 2015).

家安全和外交政策的情形下去支持一个比文斯诉讼请求。而且尽管因错误地执行犯罪调查而导致的比文斯救济是很普遍的,但是域外适用确是闻所未闻的。我们认为,在这种全新的情况下,也就是官员的行为发生在恐怖调查过程之中,而且那些行为发生在海外,很多特定因素都不支持承认一个金钱赔偿的诉讼请求。①

法院强调"本案中的域外因素是决定性的",②并指出:(1)《联邦侵权赔偿法》明文排除了针对联邦官员发生于外国的行为而提起的诉讼请求;(2)《酷刑受害人保护法》③也只是针对外国官员提供了一个诉因,而非针对美国官员;(3)吉奥贝案和莫里森案都肯定了"反域外适用推定是一项既定原则,即使在考虑法定救济时,最高法院也会对其予以适用"。④ 法院还认为:

如果国会规定了一个一般侵权的诉因用于联邦官员实施的侵犯第四修正案的行为(也就是所谓的法定比文斯诉讼),那么在没有明显证据表明国会试图让该法域外适用的情况下,该诉因也不会适用于联邦官员在境外的侵权行为……无论国会保持沉默的原因是为了我国主权,还是为了尊重他国主权,在缺乏国会明确意图的情况下,都要对域外适用保持克制。⑤

法院还认为,原告的美国国籍不能超越"允许一项比文斯诉讼而带来的国家安全和外交政策上的敏感性",因为"最高法院从来没有表示过在国籍优先于其他在创设一项比文斯救济方面保持克制的特别因素"。⑥

科内里亚·皮拉德法官在一份不同意见书中回答了多数意见书对于域外适用问题的讨论:

■《联邦侵权赔偿法》之所以没有允许对于发生在外国的损害行为提供诉因,是因为国会不愿意让美国根据外国法律承担责任。而"当美国宪法而不是

---

① 804 F. 3d 418(D. C. Cir. 2015).

② Ibid., at 425.

③ 28 U. S. C. § 1350 Note.

④ Meshal, 804 F. 3d at 425(citing Kiobel v. Royal Dutch Petroleum Co., 133 S. Ct. 1659, 1664, (2013); Morrison v. National Aus-tralia Bank Ltd., 561 U. S. 247, 130 S. Ct. 2869, 2877(2010)).

⑤ Ibid.

⑥ Ibid., at 427.

任何外国法律适用于判决时”,这一考量因素“不应被采用”。①

■《酷刑受害人保护法》并未允许针对美国官员的诉因,这一事实“可能确实反映出国会知道针对美国官员已经存在根据比文斯提出的救济手段”。② 我们难以想象,如果外国和美国官员共同对原告实施酷刑,“国会就会希望他……针对外国官员……享有一项救济,而针对实施同样酷刑的美国人则没有机会享有平行的救济”。③

■《反酷刑公约》④和其他条约都禁止美国参与酷刑,并要求其提供救济,包括赔偿。国务院也承认该公约对于发生在境外的行为也对美国具有约束力,并引用了比文斯案来向联合国证明酷刑受害者可以根据该公约起诉美国要求赔偿。⑤

■ 多数意见书的解释“导致了一个令人费解的结论:民事救济适用于所有酷刑受害者,但是美国公民在美国境外遭受美国官员的酷刑却除外”。⑥ 尤其是:(1)一位美国公民遭受外国官员的酷刑可以根据《酷刑受害人保护法》提起诉讼;(2)一位外国人在美国境内遭受美国官员的酷刑可以根据《联邦侵权赔偿法》和《外国人侵权法》提起诉讼;(3)一位外国人在美国境外遭受美国官员酷刑可以根据《外国人侵权法》提起诉讼。但是一位美国公民在美国境外遭受美国官员酷刑时,却得不到任何救济。“如果认为国会选择性地拒绝给予在国外遭到美国官员折磨的美国人法律救济,而这种救济是所有其他人都享有的,这种看法是毫无意义的。更有道理的观点是,国会承认公民对于所遭受的这种过错对待可以根据比文斯先例享有救济。”⑦

(二)《外国人侵权法》和《酷刑受害者保护法》

最高法院在其 Kiobel 案意见书中建议说,原告可以推翻《外国人侵权法》所遵循的反域外适用推定,只要他们的诉讼请求“触及或牵涉到美国领土……(并且)具有足够的强度”。⑧ 自那以后,很多下级法院都试图去确定到底哪些

---

① Meshal, 804F. 3d at 437 (Pillard, J., dissenting).

② Ibid., at 438.

③ Ibid.

④ Convention against Torture and Other Cruel, Inhuman or Degrading Treatment or Punishment, Dec. 10, 1984, S. Treaty Doc. No. 100-20 (1988), 1465 U. N. T. S. 85.

⑤ Meshal, 804 F. 3d at 438-39.

⑥ Ibid., at 439.

⑦ Ibid., at 439-40.

⑧ Kiobel v. Royal Dutch Petroleum Co., 133 S. Ct. 1659, 1669 (2013) (“即使当诉讼请求触及并牵涉到美国领土,它们必须要有足够的力量去取代反域外适用推定”)。

《外国人侵权法》诉讼符合这一标准,学术界也一再对此问题进行了探讨。①

---

① 本年度讨论这一问题的美国文献,参见 Roxanna Altholz,"Chron-icle of a Death Foretold:The Future of U. S. Human Rights Litigation Post-Kiobel", 102 *Cal. L. Rev.* 1495 (2014); Brady Bizarro, "'Vigilant Doorkeeping':Post-Kiobel Corporate Accountability under the Alien Tort Statute for Negligence and Violations of the International Prohibition on Nonconsensual Medical Experimentation",33 *B. U. Int' l L. J.* 493(2015);Donald E. Childress,"Is an International Arbitral Tribunal the Answer to the Challenges of Litigating Transnational Human Rights Cases in a Post-Kiobel World?",19 *Ucla J. Int' l L.* & FOREIGN AFF. 31(2015); Anthony J. Colangelo & Christopher R. Knight, "Post-Kiobel Procedure: Subject Matter Jurisdiction or Prescriptive Jurisdiction?", 19 *Ucla J. Int'l L. & Foreign Aff.* 49 (2015); Anthony J. Colangelo,"International Law in U. S. State Courts: Extraterritoriality and 'False Con-flicts' of Law",48 *Int'l L.* 1 (2014); Ross J. Corbett, "Kiobel, Bauman, and the Presumption against the Extraterritorial Application of the Alien Tort Statute",13 *Nw. U. J. Int' l Hum. Rts.* 50(2015); Ursula T. Doyle, "The Evidence of Things Not Seen: Divining Balancing Factors From Kiobel's 'Touch and Concern' Test",66 *Hastings L. J.* 443 (2015); Anna Grear & Burns H. Weston, "The Betrayal of Human Rights and the Urgency of Universal Corporate Accountability: Reflections on a Post-Kiobel Lawscape",15 *Hum. Rts. L. Rev.* 21(2015);Ivana Isailović,"Reframing the Kiobel Case: Political Recognition and State Jurisdiction", 38 *Suffolk Transnat' l L. Rev.* (2015);Pierre N. Leval,"Beyond Kiobel: The Future of Human Rights Litigation in US Courts",19 *Ucla J. Int' l L. & Foreign Aff.* 1(2015);Daphne Lin,"Reaction to:'Lex Internationalis: Kiobel, Empires, and the Color of Human Rights'",7 *Geo. J. L. & Mod. Critical Race Persp.* 107 (2015);Alex S. Moe, "A Test by Any Other Name: The Influence of Justice Breyer's Concurrence in Kiobel v. Royal Dutch Petroleum Co.",46 *Loy. U. Chi. L. J.* 225(2014);Paul D. Mora,"The Alien Tort Statute after Kiobel: The Possibility of Unlawful Assertions of Universal Civil Jurisdiction Still Remains", 63 *Int' L & Comp. L. Q.* 699(2014);P. Sean Morris,"Lex Internationalis: Kiobel, Empires, and the Color of Human Rights",7 *Geo. J. L. & Mod. Critical Race Persp.* 71 (2015); Stewart Pollock, "A Political Embarrassment: Jurisdiction and the Alien Tort Statute, Foreign Sovereign Immunities Act, and Political Question Doc-trine",51 *Cal. W. L. Rev.* 225(2015);Jordan B. Redmon,"Alien Torts in Foreign Courts: Responsible Re-strictions on Extraterritorial Application of the Alien Tort Statute",84 *Miss. L. J.* 1329 (2015);Vassilis P. Tzevelekos,"Reconstructing the Effective Control Criterion in Extraterritorial Human Rights Breaches: Direct Attribution of Wrongfulness, Due Diligence, and Concurrent Responsibility",36 *Mich. J. Int' l L.* 129(2014);Peter Weiss,"ATS Lives: Al Shimari Survives Kiobel",19 *Ucla J. Int' l L. & Foreign Aff.* 19(2015);Ernest A. Young,"Universal Jurisdiction, the Alien Tort Statute, and Transnational Public-Law Litigation after Kiobel",64 *Duke L. J.* 1023(2015). For foreign and comparative perspectives, see, e. g., Lorand Bartels,"The EU's Human Rights Obligations in Relation to Policies with Extraterritorial Effects",25 *Eur. J. Int' l L.* 1071 (2014); Enzo Cannizzaro, "The EU's Human Rights Obligations in Relation to Poli-cies with Extraterritorial Effects: A Reply to Lorand Bartels",25 *Eur. J. Int' l L.* 1093 (2014); Arturo J. Carrillo & Annalise K. Nelson, "Comparative Law Study and Analysis of National Legislation Relating to Crimes against Humanity and Extraterritorial Jurisdiction",46 *Geo. Wash. Int' l L. Rev.* 481(2014);Sean E. D. Fairhurst & Zoë Thoms,"Post-Kiobel v. Royal Dutch Petroleum Co.: Is Canada Poised to Become an Alternative Jurisdiction for Extraterritorial Human Rights Litigation?",52 *Alberta L. Rev.* 389 (2014); Jody A. Kirshner, "A Call for the EU to Assume Jurisdiction over Extraterritorial Corporate Human Rights Abuses",13 *N. W. U. J. Int' l Hum. Rts.* 1(2015).

除了 2014 年综述中探讨过的 7 起上诉法院案件之外,[①]2015 年又有几起案件提交到各上诉法院。其中之一是无名氏诉德拉蒙德公司案,[②]该案原告代表 100 多位哥伦比亚公民,他们在哥伦比亚长期内乱期间被名为 AUC 的准军事武装杀害。被告德拉蒙德公司是一家美国矿业公司,其高级管理人员也被列为共同被告。原告指控这些被告雇佣 AUC 为该公司在哥伦比亚的矿业经营提供安全保护,而受害者就是因为这种关系被杀害。原告声称,被告从美国境内资助、指导并协助 AUC 在哥伦比亚境内实施了滥杀无辜的行动。另一起案件是巴洛科诉德拉蒙德公司案,[③]涉及同样的事实和被告,但受害者不同(被 AUC 直接列为打击对象的工会领导人)。该案中,第十一巡回法院的另一个审判庭认为,原告未能推翻反域外适用推定。

无名氏案的审判庭得出了相同的结论。该法院认为,被告的美国国籍是一个"重要的"[④]因素,但是"并不足以"[⑤]推翻反域外适用推定。法院注意到原告的观点,即本案涉及重大的美国利益,因为美国政府曾经将 AUC 列为"外国恐怖组织",而被告在之后仍然持续地向 AUC 付款。法院将这一点视为"重要"因素,但是得出结论认为它"并不足以'强有力地'推翻该推定"。[⑥]

法院解释说:(1)该推定可以被推翻,"只要相关行为发生在境内,并且这种主张能够得到最低程度的事实证明";[⑦](2)对"相关行为"的考察"包括决策作出地——与实际的屠杀行为发生地相反"。[⑧] 然而,法院认为,被告从美国资助和指导 AUC 在哥伦比亚的行动并非"足以推翻该推定的国内行为",因为"所声称的决策行为位于境内……并不能超过原告声称的其他行为发生在境外"。[⑨]法院总结其结论如下:

---

① See Symeonides, 2014 Survey, supra note 1, at 311 – 19.

② 782 F. 3d 576(11th Cir. 2015).

③ 767 F. 3d 1229(11th Cir. 2014)(discussed in Symeonides, 2014 Survey 316 – 17).

④ Doe, 782 F. 3d at 595. ("If the defendants are U. S. citizens, some of the foreign policy concerns that the presumption against extraterritorial application is intended to reduce may be assuaged or inapplicable, since we would not be haling foreign nationals into U. S. courts to defend themselves. Additionally, the acts of U. S. citizens may impact the United States, whether their actions occur extraterritorially or within the United States, particularly if those actions include international law violations.").

⑤ Ibid., at 596.

⑥ Ibid., at 597.

⑦ Ibid., at 598.

⑧ Ibid., at 597.

⑨ Ibid., at 598.

尽管我们认为被告的美国国籍和法人地位、原告诉讼请求所包含的美国利益以及所声称的美国境内的行为，对于判断原告的诉讼请求是否具有美国视角并触及和牵涉美国领土具有重要意义，但是我们必须认为，所有这些情形中，这些因素都不足以取代反域外适用推定。①

法院还维持了陪审团作出的驳回原告针对某些个人被告提起的TVPA诉讼请求的裁决，但是也纠正了该法院在解释TVPA时对国际法的错误援用。上诉法院指出：

(1)《酷刑受害者保护法》的解释应根据其文本、立法史和美国法的一般原则；(2)美国法中所承认的责任理论也适用于《酷刑受害者保护法》原告；(3)本法院在判断责任的协助和唆使理论时所采用的犯罪意图标准(mens rea)是现成知识；(4)指挥责任理论是一项可供采用的责任理论，取决于所声称的权力和控制的程度。②

在巴林图洛诉福特汽车公司案③中，第二巡回法院也认为，原告未能推翻《外国人侵权法》不域外适用的推定。该案中，原告是一些南非种族隔离时期人权犯罪的受害者。他们起诉福特汽车公司和IBM公司，理由是这些被告协助和支持南非种族隔离政府实施了那些犯罪行为。

原告认为，福特汽车公司向南非警方提供了特种车辆，使他们能够进行种族隔离，福特公司还与南非政府分享了关于反种族隔离运动和工会积极分子的情报。法院认为，这些行为是福特公司在南非的子公司所为且发生在南非，不应被归咎于母公司，因为“认为福特公司应当对其南非子公司的行为承担直接责任的观点……违背了公司法上牢固树立的原则，这些原则将母公司与其子公司视为法律上独立的实体”。④

至于IBM公司，原告声称该公司设计了一些特殊的软件和其他技术，它们对于种族隔离制度下的种族分离以及对南非黑人剥夺国籍起到了关键作用。法院认为，该行为发生在美国并且“看上去似乎‘触及并牵涉到’美国，并有显著

① Doe,782F. 3d at 600.

② Ibid., at 605.

③ 796 F. 3d 160(2nd Cir. 2015).

④ Ibid., at 168.

的强度以取代反域外适用推定”。[①] 不过,法院认为,该行为不符合第二巡回法院在确定协助和支持责任时采用的犯罪意图(mens rea)要件,该要件与其他巡回法院所遵循的标准不同,“侧重于目的而非仅仅是认识”。[②] 按照该法院的说法,“该公司……最多只是认识到其行为可能会方便南非政府的种族隔离政策,但是……仅仅认识到而没有证明其目的,并不足以确定适当的犯罪意图从而要求其承担协助和支持的责任”。[③]

在阿拉伯银行外国人侵权法诉讼案[④]中,所涉问题是《外国人侵权法》上的公司责任。在吉奥贝 1 号案[⑤]中,第二巡回法院的一个审判庭以 2:1 的票数通过了加布拉内斯法官撰写的意见书,认为公司不能根据《外国人侵权法》承担责任,因为习惯国际法并不承认公司责任的概念。这确实是一个新理论。除了对国际法的解读混乱之外,该理论建立在一个似是而非的假设之上:在执行《外国人侵权法》时,国会求助于国际法而不是国内法来定义什么是“违反”国际法,以及什么人可以成为违法者(另外,或许还包括“外国人”的定义)。在一个更实际的层面,该理论意味着,正如波斯纳法官在其他案件中所观察到的那样,“一个海盗可以根据《外国人侵权法》被起诉,但是一个名叫印度洋海盗公司的海盗公司却不能”。[⑥]

毫不奇怪,其他 6 个曾经处理过这个问题的巡回法院或明或暗地采用了相反的观点。[⑦] 第二巡回法院的另一个审判庭也承认:“吉奥贝 1 号案现在似乎有点逆流而动。”[⑧]最高法院接受了调卷令以审查这个独立的逆流者,但是在经过口头辩论后,最高法院却要求当事人就另一个问题提交意见书——域外效力——并最终以此为基础在吉奥贝 2 号案[⑨]中作出了判决。从技术上来看,吉

---

① 796 F. 3d 160(2nd Cir. 2015). at 169.

② Ibid., at 167.

③ Ibid., at 170.

④ 808 F. 3d 144(2d Cir. Dec. 8,2015).

⑤ Kiobel v. Royal Dutch Petroleum Co.,621 F. 3d 111(2d Cir. 2010),*affd on other grounds*,133 S. Ct. 1659(2013).

⑥ Flomo v. Firestone Nat. Rubber Co.,643 F. 3d 1013,1017(7th Cir. 2011).

⑦ See Doe VIII v. Exxon Mobil Corp.,654 F. 3d 11(D. C. Cir. 2011),vacated on other grounds,527 F. App'x 7(D. C. Cir. 2013);Al Shimari v. CACI Premier Tech.,Inc.,758 F. 3d 516(4th Cir. 2014);Beanal v. Freeport-McMoran,Inc.,197 F. 3d 161(5th Cir. 1999);Flomo v. Firestone Nat. Rubber Co.,643 F. 3d 1013(7th Cir. 2011);Doe I v. Nestle USA,Inc.,766 F. 3d 1013(9th Cir. 2014);Doe v. Drummond Co.,Inc.,782 F. 3d 576(11th Cir. 2015).

⑧ In re Arab Bank,808 F. 3d at 151.

⑨ Kiobel v. Royal Dutch Petroleum Co.,138 S. Ct. 1659(2013).

奥贝2号案并未推翻吉奥贝1号案。这意味着吉奥贝1号案中公司不承担责任的理论仍然是第二巡回法院的有效法律,除非其被该法院全席判决推翻或者被最高法院推翻。对这一实践唯一的例外是当一项最高法院的干预判决对该法庭判决的正确性提出质疑时。

在阿拉伯银行案中,所涉问题是最高法院在吉奥贝2号案中的干预判决是否对吉奥贝1号案有关《外国人侵权法》下的公司责任问题的判决的正确性提出质疑?第二巡回法院的一个审判庭——其组成法官都没有参加过吉奥贝1号案的审理——认为,“吉奥贝2号案确实在几个方面挑战了吉奥贝1号案”。[①] 该审判庭给出了以下三个理由:第一,最高法院在吉奥贝2号中声明,仅是公司在美国存在并不足以推翻反域外适用推定,这意味着具有其他美国因素的公司有可能推翻该推定,因此可以承担公司责任。第二,吉奥贝2号案中包含了对索萨案[②]的解释,即“根据国际法只有该行为被禁止,而由国内法来规定应给予的救济以及所针对的当事人”。[③] 第三,“吉奥贝1号案和吉奥贝2号案有可能会用来限制联邦法院根据《外国人侵权法》享有的管辖权,而该管辖权超出了国会在通过该法时所赋予的范围”,并将受伤害的原告置于“一个很小的盒子里”。[④]

尽管有这些理由,阿拉伯银行案的审判庭还是决定不偏离吉奥贝1号案的观点,以示“对3位法官组成的审判庭判决的尊重”。[⑤] 相反,审判庭决定“留待(第二巡回法院)全席审判庭或者将来的最高法院复审来推翻吉奥贝1号案判决,如果其确实不再有用”。[⑥]

(三)其他联邦立法

除了《外国人侵权法》和《酷刑受害人保护法》之外,其他涉及联邦法域外

---

① In re Arab Bank, 808 F. 3d at 155.

② See Sosa v. Alvarez-Machain, 542 U. S. 692 (2004) (discussed in Symeonides, 2004 Survey, 925 - 30, and 935 - 38).

③ In re Arab Bank, 808 F. 3d at 155.

④ Ibid., at 156.

⑤ Ibid., at 157.

⑥ Ibid. 2016 年 5 月 9 日,第二巡回法院驳回了全席再审。参见 In re Arab Bank, PLC Alien Tort Statute Litigation, Nos. 13 - 3605, 13 - 3620, 13 - 3635, 13 - 4650, 13 - 4652, 2016 WL 2620283。

适用的案件中,也有一些值得关注。[①]

1. 海盗

宪法授权国会“定义并惩罚海盗和在公海上进行的严重罪行”。[②] 国会通

---

① 除了正文中讨论的这些案件以外,参见圆括号中标注的以下涉及联邦立法适用的案例:U. S. v. Georgiou,777 F. 3d 125(3rd Cir. 2015),cert. denied,2015 WL 3933646(U. S.,Nov. 02,2015)(Securities Exchange Act and Wire Fraud statute);Lay v. U. S.,___ Fed. App'x. ___ 2015 WL 4880144(6th Cir. Aug. 17,2015)(Investment Adviser Act);European Communi-ty v. RJR Nabisco, Inc.,783 F. 3d 123(2nd Cir. 2015),cert. granted,136 S. Ct. 28(U. S. 2015)(RICO);Hourani v. Mirtchev,796 F. 3d 1(D. C. Cir.,2015)(RICO);WesternGeco L. L. C. v. ION Geophysical Corp.,791 F. 3d 1340(Fed. Cir. 2015),reh'g en banc denied,___ Fed. App'x ___(Fed. Cir. Oct. 30,2015)(Patent Act);Carnegie Mellon University v. Marvell Technology Group,Ltd.,___ F. 3d ___(Fed. Cir. 2015); reh'g en banc denied,___ F. 3d ___(Fed. Cir. Nov. 17,2015)(Patent Act);Abbas v. Foreign Policy Group,LLC,783 F. 3d 1328(D. C. Cir. 2015)(Anti-SLAPP Act);U. S. v. Straker,800 F. 3d 570(D. C. Cir. 2015),reh'g en banc denied(Nov. 12,2015),cert. docketed(U. S.,Nov. 27,2015)(Hostage Taking Act)。For samples from this year's literature on the extraterritoriality of federal statutes other than the ATS,see,e. g.,Franklin A. Gevurtz,"Determining Extraterritoriality",56 *Wm. & Mary L. Rev.* 341(2014);Anneka Huntley,"RICO's Extraterritoriality after Morrison:Where Should We Go from Here?",66 *Hastings L. J.* 1691(2015);Na-than Lee,"The Extraterritorial Reach of United States Securities Actions after Morrison v. National Aus-tralian Bank",13 *Rich. J. Global L. & Bus.* 623(2015);Annalisa M. Leibold,A.,"Extraterritorial Applica-tion of the FCPA under International Law",51 *Willamette L. Rev.* 225(2015);Edward M. Morrison,"Ex-traterritorial Avoidance Actions:Lessons from Madoff",9 *Brook. J. Corp. Fin. & Com. L.* 268(2014);Mel-vin L. Otey,"Why RICO's Extraterritorial Reach is Properly Coextensive with the Reach of its Predicates",14 *J. Int'l Bus. &L.* 33(2015);Elizabeth A. Rowe & Daniel M. Mahfood,"Trade Secrets,Trade,and Extra-territoriality",66 *Ala. L. Rev.* 63(2015);Jeffrey M. Schmitt,"Making Sense of Extraterritoriality:Why California's Progressive Global Warming and Animal Welfare Legislation does not Violate the Dormant Commerce Clause",39 *Harv. Envtl. L. Rev.* 423(2015);Ned Schultheis,"Warrants in the Clouds:How Ex-traterritorial Application of the Stored Communications Act Threatens the United States'Cloud Storage Industry",9 *Brook. J. Corp. Fin. &Com. L.* 661(2015);Clyde Spillenger,"Risk Regulation,Extraterritoriali-ty,and Domicile:The Constitutionalization of American Choice of Law",1850 – 1940,62 *Ucla L. Rev.* 1240(2015);Anna Su,"Speech beyond Borders:Extraterritoriality and the First Amendment",67 *Vand. L. Rev.* 1373(2014). For foreign perspectives,see,e. g.,Joanne Scott,"The New EU Extraterritoriality",51 *Common Mkt. L. Rev.* 1343(2014);Dan J. B. Svantesson,"A Jurisprudential Justification for Extraterritoriality in(Private) International Law",13 *Santa Clara J. Int'l L.* 517(2015);Spiros Tassis. & Margarita Peristera-ki,"The Extraterritorial Scope of the'Right to Be Forgotten'and How This Affects Obligations of Search Engine Operators Located Outside the EU",2 *Eur. Networks L. &Reg. Q.* 244(2014);Nyongesa M. Wabwile,"Transnational Corruption,Violations of Human Rights and States'Extraterritorial Responsi-bility:A Case for International Action Strategies",8 *Afr. J. Legal Studies* 87(2015).

② U. S. Const. art. I, § 8,cl. 10.

过制定几部法律来行使这一授权,其中一部法律将美国的属地管辖权界定为包括"公海""其他任何不属于特定国家管辖……的海域"以及"不属于任何国家管辖的任何地点,只要所涉罪行是由一位美国公民实施或者针对一位美国公民实施的"。[①]

美国诉拜勒案[②]就涉及"公海"的定义。两名索马里海盗因为在离索马里海岸30海里的海域谋杀了4位美国公民而被判有罪。他们辩称,谋杀地点并不是在公海上,理由如下:(1)索马里1972年颁布的一项法律将其领海扩展到200海里;(2)联合国《海洋法公约》承认一国领海之外的专属经济区,但是仅限于领海基线以外200海里之内。[③]

根据美国法和国际法,法院驳回了两人的辩护意见。法院解释说,专属经济区仅是公海的一部分,其中,沿海国享有特定的经济权利但并不是主权,法院指出,1972年索马里的立法已经被索马里后来所参加的《联合国海洋法公约》所取代,该公约将领海限定在12海里。与其他161个国家不同,美国并未批准《联合国海洋法公约》。但是,美国承认12海里的表述是"对习惯国际法的准确反映",而且在任何情况下,"美国的政策都不会去支持超过12海里领海的主张"。[④]

2.《海事毒品法律执行法》

《海事毒品法律执行法》禁止拥有其目的在于"在美国管辖下的轮船上"进行散发的管控物质,该法规定"无国籍船舶"也包括在内。[⑤] 该法规定,"某人图谋或共谋违反"上述条款的,与实际犯法者同罪。[⑥] 在美国诉巴勒斯塔斯案[⑦]中,一位哥伦比亚公民被指控共谋在一艘无国籍船舶上销售可卡因,该船舶在公海上被扣押,尽管该人"不在船上"且其行为发生在哥伦比亚境内。该人援引了反域外适用推定以及可爱的贝蒂号案[⑧]关于故意遵守国际法的推定,他主张

① 18 U.S.C. § 7(1),(7)(2001).

② 782 F.3d 159(4th Cir.2015),cert. denied,136 S.Ct.179(U.S.2015).

③ U.N. Convention on the Law of the Sea, art. 57, opened for signature Dec. 10,1982,1833 U.N.T.S.397(1994年11月16日生效)。

④ Beyle,782 F.3d,p.167.

⑤ 46 U.S.C. § 70503(a)(2006);46 U.S.C. § 70502(c)(1)(A)(2008).

⑥ 46 U.S.C. § 70506(b)(2010).

⑦ 795 F.3d 138(D.C.Cir.2015),reh'g en banc denied(Oct.19,2015).

⑧ Murray v. Schooner Charming Betsy,6 U.S.(2 Cranch)64(1804).

上述《海事毒品法律执行法》中的共谋条款不能域外适用于他在哥伦比亚境内的行为。

哥伦比亚特区巡回法院驳回了他的主张,认为这些推定只是作为一种解释工具用于反对对国会全力的限制,它们不能通过援引国会的明确指示而被辩驳。一项包含域外适用意图的立法必须被如此适用,即便它违反了国际法也不例外,因为"无论如何,国会不受国际法的约束"。① 本案中,《海事毒品法律执行法》中的实体条款包含了明确的语言要求其域外适用,尽管其中的共谋条款不包含这样的语句,但是共谋是一种辅助行为,而"辅助行为的域外适用……与其背后的犯罪规定几乎一致"。②

被告还主张,《海事毒品法律执行法》的适用违反了正当程序条款,③因为政府未能证明其境外的行为与美国之间存在联系。特区巡回法院没有采用其他一些巡回法院的观点,那些法院认为正当程序条款包含了对联邦刑法域外适用的限制,④特区巡回法院则没有明确回答这一问题。"即使推定存在正当程序的限制",法院说,"《海事毒品法律执行法》的域外适用在本案中也不会与其相抵触"。⑤ 法院解释说,关键的问题不在于"联系",而是在于"该法的适用对于被告而言是否属于武断或根本上不公平"。⑥ 在列举了被告一系列以美国毒品市场为目标的行为(根据其自己的招供)之后,法院认为《海事毒品法律执行法》的适用在本案中"既不武断,也不会造成根本上的不公平"。⑦

3.《性旅游法》和外国商业条款

《美国法典》第十八章第 2423(c)条规定:"任何美国公民……到外国从事

---

① Ballestas,795 F. 3d at 144(internal quotation marks omitted).

② Ibid. (internal quotation marks omitted). See also Ibid. ["如果所适用的刑事立法的域外适用范围有疑问,则(反域外适用的)推定被推翻,并且对于该立法中的其他从属犯罪行为也有同等效力。"]

③ U. S. Const. amend. V.

④ See, e. g. , United States v. Brehm, 691 F. 3d 547, 552 - 54(4th Cir. 2012); United States v. Ibarguen-Mosquera, 634 F. 3d 1370, 1378 - 79(11th Cir. 2011).

⑤ Ballestas, 795 F. 3d at 148.

⑥ Ibid. (internal quotation marks omitted).

⑦ Ibid. In United States v. Walton, _ Fed. App' x. _, 2015 WL 9300383 (11th Cir. Dec. 22, 2015),被告在公海上的一艘无国籍船舶上被拘捕,他主张 MDLEA 违反宪法,因为宪法的重罪条款并没有赋予国会权力去禁止国际水域的毒品交易,如果没有证据显示其与美国有任何联系。第十一巡回法院根据其此前判例驳回了该主张,认为 MDLEA 所禁止的行为不需要与美国有联系,因为普遍原则和保护原则支持其域外适用。

境外商业或居住旅行……如果与另一人从事非法性行为,则应按照本章规定判处罚金或30年以下监禁,或者两者并处。”①早期的版本还惩罚那些到境外“专门为了”从事非法性行为而从事商业旅行的美国公民。2002年国会删除了上述斜体字术语,因为在很多情况下很难证明当事人意图。该法惩罚非法性行为,并区分了“商业”和“非事业”非法性行为。②

在美国诉博林格尔案③中,被告被指控与海地的未成年人从事非商业非法性行为。被告到海地旅行本来是出于其他目的。他根据对外商业条款④来挑战国会制定上述法律条文的权力。第四巡回法院驳回了他的抗辩。

法院首先详细讨论了是否需要引入最高法院的州际商业判例来解释对外商业条款,随后采纳了洛佩兹案⑤中所提出的国会可以行使权力的3种类型中的前两类,并以此作为“有用的出发点”。⑥ 该两种类型为:(1)“对外商业管道的运用”;(2)“对外商业的工具,或者对外商业中的人或事”。⑦ 但是法院认为,洛佩兹案中的第三类——允许管理“实质性影响到州际商业的行为”——“并不适当”,⑧因为对对外商业的管理如同外交事务一样,需要“统一的联邦声音和广泛的权力”。⑨ 为了替代洛佩兹案中的第三类型,法院采用了“确实影响到对外商业的行为”⑩这一术语。

通过采用刚才引用的那一术语,法院支持了该法,认为“有充分的理由相信禁止美国公民在境外与儿童进行非商业性行为对于性旅游和商业性产业具有显著影响”。⑪ 法院认为,如果不这样,将会允许美国公民“通过离开美国领土并旅行到一个对滥性行为缺乏法律监管的国家,从而有效地规避任何警察权……不受任何惩罚——这样一个现实对于我们在世界上的地位毫无疑问有

---

① 18 U. S. C. § 2423(c).
② See 18 U. S. C. § § 1591,2246,2423(f).
③ 798 F. 3d 201(4th Cir. 2015).
④ U. S. Const. ,art. 1, § 8, cl. 3.
⑤ Bollinger,798 F. 3d at 215.
⑥ United States v. Lopez,514 U. S. 549,558(1995).
⑦ Bollinger,798 F. 3d at 215(quoting Lopez,514 U. S. at 558).
⑧ Ibid.
⑨ Ibid. , at 212.
⑩ Ibid. , at 216.
⑪ Ibid. , at 218.

严重后果,可能会影响外交甚至商业关系”。①

法院还驳回了被告的观点,即国会不应该去管理发生在其他国家境内的行为。法院指出,国籍原则允许一个国家对其本国国民发生在境外的行为适用其本国法律而不会侵犯其他国家的主权,并且“如果一个美国公民在外国从事活动,则美国通过其国籍的延伸也会牵涉到与该国的行为中去”。②

(四)《外国主权豁免法》

《外国主权豁免法》禁止针对外国国家及其代理人或机构提起诉讼,除非该诉讼属于该法规定的特别例外情形。这些例外之一就是商业活动例外,它在某些情形下取消了主权豁免,即“诉讼是基于(based on)一项外国国家在美国境内实施的商业活动”。③

在奥地利铁路公司诉萨克斯案④中,最后结论取决于前文的含义。原告是

---

① Bollinger,298F. 3d at 219.

② Ibid. , at 214. In State v. Sumulikoski,110 A. 3d 856(N. J. 2015),新泽西州最高法院认为,新泽西州没有管辖权去追究两位新泽西州教师的责任,该教师在组织学校学生去德国旅行期间担任领队并在德国与其未成年学生发生性关系。

③ 28 U. S. C. § 1605(a)(2)(emphasis added). For other 2015 cases involving the FSIA's commercial activity exception, see, e. g. , Global Technology, Inc. v. Yubei(XinXiang) Power Steering System Co. ,Ltd. ,___ F. 3d ____,2015 WL 7964418(6th Cir. Dec. 7,2015); Singh ex rel. Singh v. Caribbean Airlines Ltd. ,798 F. 3d 1355(11th Cir. 2015), petition for cert. filed 84 U. S. L. W. 3306 (Nov. 17,2015), docketed(Nov. 20,2015); Schoeps v. Freistaat Bayern,611 Fed. App'x 32(2d Cir. 2015), petition for cert. filed(No. 15 - 447), 84 U. S. L. W. 3202(Oct. 6,2015), docketed(Oct. 8, 2015); Intercontinental Industries Corp. v. Wuhan State Owned Industrial Holdings Co. ,Ltd. ,619 Fed. App'x 592(9th Cir. 2015), as amended on clarification(Aug. 19,2015); EM Ltd. v. Banco Central De La Republica Argentina,800 F. 3d 78(2d Cir. 2015); Ezeiruaku v. Bull,617 Fed. App'x 179(3d Cir. 2015); Architectural Ingenieria Siglo XXI, LLC v. Dominican Republic, 788 F. 3d 1329(11th Cir. 2015). For cases involving the expropriation exception, see Helmerich & Payne Intern. Drilling Co. v. Bolivarian Republic of Venezuela, 784 F. 3d 804(D. C. Cir. 2015), reh'g en banc denied(Jul. 30, 2015), petition for cert. filed(No. 15 - 423), 84 U. S. L. W. 3202(Oct. 5,2015), and petition for cert. filed(No. 15 - 698), 84 U. S. L. W. 3327(Nov. 25, 2015); Mezerhane v. Republica Bolivariana de Venezuela,785 F. 3d 545(11th Cir. 2015), petition for cert. filed, 84 U. S. L. W. 3202(Oct. 2,2015), docketed(Oct. 2,2015). For cases involving the arbitration exception, see Chevron Corp. v. Ecuador,795 F. 3d 200(D. C. Cir. 2015), reh'g en banc denied(Sep. 28,2015); Belize Social Development Ltd. v. Government of Belize,794 F. 3d 99(D. C. Cir. 2015), reh'g en banc denied(Sep. 28,2015). For cases involving other exceptions, see Bennett v. Islamic Republic of Iran, 799 F. 3d 1281(9th Cir. 2015) (exception from attachment); Mohammadi v. Islamic Republic of Iran, 782 F. 3d 9(D. C. Cir. 2015) (terror-ism exception).

④ 136 S. ct. 390(2015).

一位加利福尼亚州居民,在网上从一家马萨诸塞州的旅行社那里购买了一张欧铁通票用于在欧洲境内的火车旅行。原告在奥地利因斯布鲁克境内登火车时不慎坠落在铁轨上并遭受重伤,该火车是由被告运营的,被告是一家由奥地利政府所有的企业。原告起诉该公司,认为自己的诉讼请求是"基于"被告公司在美国境内向原告销售火车票的行为引起的,而这一行为属于《外国主权豁免法》中商业活动例外的适用范围。第九巡回法院同意了原告的请求,理由是欧铁火车票的销售是一项在美国境内实施的商业活动,并构成了原告的诉讼请求所依赖的一个"实质性要件"。[①]

美国联邦最高法院推翻了该裁决。法院援引了其早期判例沙特阿拉伯诉尼尔森案,[②]该案认为,"基于"这一要件关注的必须是"控诉的要旨",也就是导致原告实际受到伤害的行为,而不是后来引起杀害的之前的行为。[③] 在尼尔森案中,原告在美国境内被招聘,但是导致其受到实际伤害的行为发生在沙特阿拉伯。法院认为不适用商业活动例外,因为原告指控的要旨是发生在沙特的伤害。本案与此类似,法院认为,"构成原告诉讼要旨的行为明显发生在境外。原告所有的诉讼请求都取决于发生在奥地利的悲剧事件,也就是在奥地利的过错行为和危险环境,它们导致了在奥地利遭受到伤害"。[④] 根据这一标准,"欧铁火车票的销售构成该诉讼请求的唯一要素,这一事实并不足以证明该诉讼请求是'基于'该销售行为,从而构成商业活动例外"。[⑤]

三、法律选择

(一)合同

1. 订有法律选择和法院选择条款的合同

(1)导论

某些合同包含有一项法律选择条款和一项法院选择条款(通常都指向同一

① 737 F. 3d 584,602(9th Cir. 2013).

② 507 U. S. 349(1993).

③ Sachs,136 S. Ct. at 395(quoting Nelson,507 U. S. at 357).

④ Ibid., at 396.

⑤ Ibid., at 395.

国家),[①]或者包含一项法律选择条款和一项仲裁条款(少数情况下包含所有 3 项条款)。某些合同仅包含上述一项条款。本部分讨论的是包含一项法律选择条款的案件,[②]而不讨论那些仅包含一项法院选择条款或一项仲裁条款的案件,除非它们引起了重大的法律选择问题。

法律选择条款和法院选择条款的结合并指向同一个国家能够极大确保所选择的法院能够执行该法律选择条款。如果其他法院受理了该案,则不一定能够保证该法院会尊重其中的法院选择条款,并告知当事人向所选择的法院起诉。不过,鉴于美国法院非常支持这样的条款,这一比率还是很高的。[③] 对于仲裁条款而言,比率会更高,因为最高法院在诸如康塞普西翁案[④]等案件中对《联邦仲裁法》[⑤]的解释已经显著降低了法院根据州法宣告该条款无效的概率。

因此,通过将法律选择条款和法院选择条款相结合,当事人可以规避那些未被选择的国家的法律对另一方当事人提供的保护。这种组合在雇佣合同和消费者合同中正变得越来越普遍。这就是为什么一些外国的法律制度直接保护消费者、雇员和其他一些被推定为弱方的当事人,其方法就是在涉及这些当

---

① 在过去几年里,笔者只见过少数几起案例,其中的法院选择条款和法律选择条款指向不同的国家。参见 Rucker v. Oasis Legal Finance, L. L. C. ,632 F. 3d 1231 (11th Cir. 2011) (contract containing Illinois forum selection and Alabama choice-of-law clauses); Intermetals Corp. v. Hanover Int'l AG für Industrieversicherungen, 188 F. Supp. 2d 454, 458 (D. N. J. 2001) (contract containing Austrian forum selection clause and English choice-of-law clause)。

② 因为这里讨论的大多数案件都不支持法律选择条款,读者可能会有这样一种印象,即美国法院对这些条款怀有敌意。事实上情况恰恰相反。大多数案件通常都执行这种法律选择条款,但都没有专门讨论。但是这些案件都不太有趣。相反那些拒绝执行法律选择条款的案件通常都包含有长篇的说理分析,这也是为什么这些案例被本综述经常提到。

③ See Symeon C. Symeonides, Choice of Law: Oxford Commentaries on American Law, (2016) (hereinafter Oxford Commentaries).

④ 563 U. S. 333 (2011). For other recent examples, see Marmet Health Care Ctr. , Inc. v. Brown, 132 S. Ct. 1201 (2012) (reversing a West Virginia judgment that had held unenforceable a pre-dispute arbitration clause encompassing wrongful-death claims arising from a nursing home contract); Nitro-Lift Techs. , L. L. C. v. Howard, 133 S. Ct. 500 (2012) (reversing an Oklahoma judgment that had held unenforceable a pre-dispute arbitration clause in an employment contract that contained a non-compete covenant prohibited by an Oklahoma statute).

⑤ 9 U. S. C. § §2.

事人的合同中,对当事人意思自治施加一些一般性的或特别的限制。[①] 例如,在欧盟,《罗马Ⅰ条例》规定,法律选择协议不能剥夺在没有该协议的情况下,一个“被动的”消费者或一个雇员依据所应适用的法律——准据法——中的强制性规定所享有的保护。[②] 此外,《布鲁塞尔第一条例》规定,事先作出的不利于消费者或雇员的法院选择条款不可执行,从而进一步确保提供该保护。[③]

相反,“美国法原则上更加鼓励商业交易并反对管制”,[④]它并没有特别挑出一些弱方当事人加以保护。例如,《第二次冲突法重述》就疏于监管,它只规定了一条意思自治条款(第187条)适用于所有合同,而没有针对不同类型的合同或事项规定不同的规则,而对于不包含法律选择条款的合同,它却是这么做的。[⑤] 第187条对意思自治原则只设置了两项灵活的限制:①合同与被选择的国家要有“实质性关系”或者其他“合理理由”,这些条件很容易满足;②另一项要求是被选择的法律的适用不能违反准据法的“根本政策”。[⑥]《统一商法典》也只对当事人意思自治设置了一个条文,即第1－301条,该条甚至要比《第二

---

① For extensive comparative references and discussion, see Symeonides, Codifying Choice of Law Around the World: An International Comparative Analysis 110－70(2015); See Symeon C. Symeonides, Choice of Law: Oxford Commentaries on American Law, (2016) (hereinafter Oxford Commentaries). at 410－14.

② See Regulation (EC) No. 593/2008 of the European Parliament and of the Council of 17 June 2008 on the Law Applicable to Contractual Obligations (Rome I), [2008] OJ L 177/6, arts. 6(2), 8(1). In consumer contracts, the state of the lex causae is the state in which the consumer has her habitual residence, if the other party pursues commercial or professional activities in that state or directs such activities to that state or to several states including that state. Rome I, art. 6(1). In employment contracts, the state of the lex causae is ordinarily the state in which (or from which) the employee habitually works, unless the contract is more closely connected with another state. Rome I, art. 8(2－4).

③ See Articles 19 and 23 of Regulation (EU) No. 1215/2012 of the European Parliament and of the Council of 12 December 2012 on Jurisdiction and the Recognition and Enforcement of Judgments in Civil and Commercial Matters (Recast) (hereafter "Brussels I Regulation"), L 351/1 O. J. (Dec. 20, 2012).

④ Patrick J. Borchers, "Categorical Exceptions to Party Autonomy in Private International Law", 82 *Tul. L. Rev.* 1645, 1659 (2008).

⑤ 参见《第二次冲突法重述》第187条,美国法学会1971年版。

⑥ 第三个条件是准据法所属州必须对于适用其法律具有比所选择的州“实质上更大的利益”,但在多数案件中,该项条件被纳入准据法的识别过程之中了。

次冲突法重述》第187条更为简洁和灵活。① 2001年曾尝试把消费者作为保护对象,但是面对商业利益的强烈反对而又最终予以否定。②

幸运的是在某些州,成文法填补了部分空白。正如笔者在其他地方介绍过的那样,③某些调整消费者、劳动、特许交易或保险合同的实体立法中包含了"地方化条款",它强行要求那些与该州有特别联系的合同必须适用该法。这些立法中,有一些明确禁止放弃该州法律,要么是直接,要么是间接地通过合同选择另一州法律;另一些州还禁止将管辖权赋予另一州法院的法院选择条款。④ 这些地方化条款实际上就是单边类型的冲突规则。如果可以适用,它们就极大地降低了法院对法律选择进行分析的必要性。《第二次冲突法重述》第6条确认了这一基本观点,它规定,法院"将遵循其本州有关法律选择的立法规定",并且"当没有这种立法规定时"才适用《第二次冲突法重述》。⑤ 因此,如果诉讼发生于一个有此种立法的州,则该法院的工作就是要去确定该案是否属于特定立法的适用范围。如果诉讼发生于另一个州,则该立法的适用就取决于法院地州与其法律选择规则或方法之间的联系。下文将讨论涉及两种情形的案件。

(2)法律选择与法院选择条款

A. 雇佣合同

费杜罗诉阿连特集团公司案⑥是一起包含了法律选择条款和法院选择条款的雇佣合同案件,其中,一位雇主试图规避未被选择的州的法律对雇员所提供的法律保护。该雇主是一家建立在得克萨斯州的公司——雇用了原告,一位加利福尼亚州居民,在加利福尼亚州从事文书工作。合同包含一项得克萨斯州法律选择条款和法院选择条款。该雇员代表具有类似情形的一些雇员在加利福尼亚州法院提起了一项集体诉讼,声称该雇主未能支付超时工资和假期工资,

---

① 《统一商法典》(2008年修订)第1-301条第a款规定:"如果一项交易与法院地州和其他州或国家有合理联系,当事人可以同意适用该法院地州或其他州或国家的法律支配其权利与义务"。U.C.C. § 1-301(a).因此,对于该条款所支配的合同,与被选择州具有"合理联系"就成为允许合同法律选择条款的唯一明示要件。

② See Eugene F. Scoles, Peter Hay, Patrick J. Borchers & Symeon C. Symeonides, Conflict of Laws 986-87(4th ed. 2004).

③ See Symeon C. Symeonides, Codifying Choice of Law Around the World: an International Comparative Analysis, 294-299(2015)(hereinafter Symeonides, Codifying Choice of Law).

④ 包含该立法的案例参见本文二(二)1(1)部分。

⑤ Restatement(Second) of Conflict of Laws § 6(1) and (2).

⑥ 187 Cal. Rptr. 3d 613(Cal. Ct. App. 2015).

且未提供工间餐,违反了加利福尼亚州《劳动法典》。其所包含的条款是不可撤销的,但是加利福尼亚州《劳动法典》并未明确禁止非加利福尼亚州的法律选择条款和法院选择条款。但是,加州法院采取的是这样的原则,即一份加利福尼亚州雇佣合同中的非加利福尼亚州法院选择条款不可执行,除非当事人申请执行该条款,而且雇主要承担义务去证明在被选择州提起的诉讼不会从实质上缩减雇员在加利福尼亚州法下所享有的不可剥夺的权利。

在费杜罗案中,雇主主张:①得克萨斯州法院选择条款并非放弃雇员的加利福尼亚州权利,而只是当事人协议在其他地方法院针对该权利进行诉讼;②得克萨斯州法律选择条款并不等于弃权,因为“大多数”[①]得克萨斯州法院不会执行该条款,相反,它们会适用加利福尼亚州法律。法院驳回了第二项抗辩理由,认为其“纯属投机取巧”,[②]并对其第一项抗辩理由作出以下结论:

> 雇佣协议中的法院选择条款有可能违反一项反对弃权的立法,该立法目的在于保护加利福尼亚州居民免受不符合《劳动法典》标准的商业活动的影响。如果该法院选择条款被执行,则它就会要求原告在得克萨斯州去解决其《劳动法典》规定的薪金问题。而在该州,雇佣协议中的法律选择条款将会要求法院适用得克萨斯州法律,除非得克萨斯州法院决定不去执行该法律选择条款。因此,为了防止该法院选择条款被利用来放弃原告不可放弃的《劳动法典》权利……被告必须证明执行该法院选择条款绝对不会缩减原告的实体权利。[③]

法院继续认为,被告可以承担举证责任,“但只能通过证明外州法院要比加利福尼亚州能够提供相同的或更多的权利,或者外州法院将会对实体诉讼请求适用加利福尼亚州法律”。[④] 法院认为,被告并未承担该举证义务从而让该诉讼

① 187 Cal. Rptr. 3d at 616,627,628(Cal. Ct. App. 2015).

② Ibid., at 627.

③ Ibid., at 621.

④ Ibid., at 626.

继续下去。①

阿查亚诉微软公司案②涉及微软公司英格兰分公司及其华盛顿州总公司与一位微软前雇员之间的雇佣合同,该雇员是根据与微软公司之间的一项协议而被其分公司雇佣的。该雇员在伦敦工作,并向位于比利时的上司汇报工作,但是该合同包含一项瑞士法院选择条款和法律选择条款。该雇员根据华盛顿州《反歧视法》③起诉微软公司,声称其遭到比利时上司的性别歧视。微软公司援引瑞士法院选择协议提出驳回起诉的动议。华盛顿州法院驳回了该动议。法院将微软公司视为原告事实上的雇主,并推断认为,就该动议而言,歧视行为发生在华盛顿州。法院指出,根据华盛顿州法律,"免于歧视的权利是不可谈判的,并且不能在合同中被放弃",而"根据该法院选择条款和法律选择条款,原告根据华盛顿州《反歧视法》享有的权利将不会被承认"。④ 法院认为,执行该条款将会违反华盛顿州的公共政策。⑤

卡多尼诉兴旺银行案⑥涉及的是一家得克萨斯州银行与其所收购的俄克拉荷马州银行前主管之间的雇佣合同。该合同包含了得克萨斯州法院选择条款和法律选择条款以及竞业禁止条款,该条款根据得克萨斯州法律是无效的。当4 位前主管跳槽到一家竞争对手之后,得克萨斯银行在得克萨斯州提起诉讼,要求执行该竞业禁止条款。根据《第二次冲突法重述》第 187 条,⑦第五巡回法院认为在没有法律选择条款的情况下,合同应当适用俄克拉荷马州法律,于是比较了两个州的政策——"得克萨斯州的观念是优先考虑当事人的合同自由,而俄克拉荷马州则强调赚钱谋生和竞争的权利"。⑧ 法院认为,俄克拉荷马州对于

① In Taylor v. California Voices, LLC, 2015 WL 5766713 (Cal. Ct. App. Oct. 1, 2015) (unpublished/noncitable),宾夕法尼亚州雇主和一位加州雇员之间的合同中包含一项宾夕法尼亚州法律选择条款和法院选择条款。但是原告针对被告提起的主张并未涉及《加利福尼亚州劳动法典》中的任何不可放弃条款。加利福尼亚州法院以此为理由区别了 Verdugo 案并认为该法院选择条款可以执行。

② 354 P. 3d 908 (Wash. Ct. App. 2015).

③ Wach. Rev. Code § 49. 60.

④ Acharya, 354 P. 3d at 914.

⑤ Ibid. ("阻止华盛顿州原告执行华盛顿州法律违反公共政策。") See also ibid. at 915 ("在指定的法院诉讼,加上法律选择条款,使得原告不能根据 WLAD 主张其被歧视的诉讼请求。华盛顿州的公共政策要求 WLAD 规定的权利不能被合同放弃")。

⑥ 805 F. 3d 573 (5th Cir. 2015) (decided under Texas conflicts law).

⑦ 参见《第二次冲突法重述》第 187 条。

⑧ Cardoni, 805 F. 3d at 576.

适用其法律要比得克萨斯州具有更大的利益,并审查了第187条第2款第3句,焦点是适用得克萨斯州法律是否违反俄克拉荷马州的“基本政策”。法院对非竞争协议问题作出了肯定回答,而对竞业禁止协议则作出了否定回答。①

在布朗和布朗公司诉强生案②中,一位佛罗里达州雇主和一位纽约州雇员之间签订的一份纽约州雇佣合同包含一项佛罗里达州法律选择条款和3项非竞争条款。根据纽约州法律,对于保护雇主的合法利益而言,超出必要限度的条款或者对于雇员而言强人所难的条款,都属无效。相反,一项佛罗里达州立法则禁止法院去考虑一项限制性条款对于雇员是否过于苛刻。而且该立法还规定:①法院在解释一份协议时必须“有利于对于申请执行的当事人所谋求的所有合法商业利益提供合理保护”;②法院“不应援引任何要求法院对限制性协议进行狭义解释的合同解释规则来反对限制或者反对合同的起草者”。③ 纽约州上诉法院认为佛罗里达州立法违反了纽约州的公共政策,并要求重审该案已确定该协议根据纽约州法律是否可以执行。

B. 消费者合同

Wise v. Zwicker & Associates, P. C. 案④起因于一份信用卡合同,当事人双方是一位俄亥俄州消费者和一家犹他州信用卡公司。该合同包含一项犹他州法律选择条款和一项单边律师费条款。该条款规定在消费者违约的情况下,由该消费者承担公司的律师费。该条款根据犹他州法律是有效的,但是根据俄亥俄州法律则无效。该消费者违约后,信用卡公司要求其支付债务和律师费。该消费者则根据《联邦公平讨债实践法》针对律师提起一项集体诉讼,因为该法禁止采用“任何错误的、欺诈的或误导性代理或途径来讨债”,或者采取“不公平的或不合理的方式进行讨债”。⑤ 被告是否适用了错误的或误导性方式(以及原告是否享有《联

---

① In Parker v. Schlumberger Technology Corporation, ___ S. W. 3d ____, 2015 WL 5460401 (Tex. App., Sept. 17, 2015),一家得克萨斯州公司与一家俄克拉荷马州公司之间的合同包含一项得克萨斯州法律选择条款,一项仲裁条款和一项竞业禁止条款,该条款根据得克萨斯州法律有效。得州法院适用了得克萨斯州法律,认为俄克拉荷马州对于适用其法律并不比得克萨斯州具有实质上更大的利益。法院准许了一项要求强制仲裁的动议并针对该俄克拉荷马州公司的核心雇员签发了一份临时禁令以执行该竞业禁止条款。

② 34 N. E. 3d 357(N. Y. 2015).

③ FLA. STAT. § 542.335(1)(h).

④ 780 F. 3d 710(6th Cir. 2015)(decided under Ohio conflicts law), reh'g en banc denied(Apr. 23, 2015), cert. filed(No. 15 - 111), 84 U. S. L. W. 3057(July 22, 2015).

⑤ 15 U. S. C. § § 1692e-f.

邦公平讨债实践法》项下的诉讼请求)取决于犹他州法律还是俄亥俄州法律适用于律师费问题。也就是说,这取决于犹他州法律选择条款的可执行性。

第六巡回法院根据《第二次冲突法重述》第 187 条[①]检验了这一问题,该条一直得到犹他州法院的遵守。该法院认为,"执行信用卡中的费用转换条款违反了俄亥俄州的基本政策",并指出,一项规则"如果是为了保护一个人免受滥用优势定价权,则将被解释为反映了一个州的基本政策"。[②] 该规则"保护了像原告那样的消费者免受信用卡发行人的优势定价权"。[③] 不过,根据法院此前的先例,法院不能确定本案是否符合根据第 187 条废除一项法律选择条款的另外两个条件:(a)在没有该法律选择条款的情况下,俄亥俄州法律是否会被适用;(b)俄亥俄州对于适用其法律是否具有比犹他州更大的实体利益。法院要求地区法院对该案重审以确定这些问题。

第一洲际银行诉 Ahn 案[④]也是一起律师费纠纷。一份借款合同的一方当事人是一家佐治亚州银行,另一方当事人是一位加利福尼亚州居民,合同包含一项佐治亚州法律选择条款和一项单边律师费条款,要求借款人在违约情况下支付银行的律师费。加利福尼亚州《民法典》第 1717 条允许法院将该条款转化为一项双边条款,并要求向合同有理的一方当事人支付律师费。本案中,银行在加州法院起诉借款人,但遭到失败。根据第 1717 条,借款人有权获得律师费,除非该条不予适用,因为存在佐治亚州法律选择条款。第九巡回法院认为应适用第 1717 条,并维持了向借款人支付律师费的判决。根据《第二次冲突法重述》第 187 条,法院认为:①在没有佐治亚法律选择条款的情况下,加利福尼亚州法律应予适用;②第 1717 条包含了加利福尼亚州的一项基本政策;[⑤]③加利福尼亚州对于适用其法律具有比佐治亚州更大的实体利益。[⑥]

在斯塔基诉风投公司案[⑦]中,原告在网上订了一张到加拉帕戈斯群岛度假

---

① 参见《第二次冲突法重述》第 187 条。

② Wise, 780 F. 3d at 716.

③ Ibid.

④ 798 F. 3d 1149(9th Cir. 2015)(decided under California conflicts law).

⑤ Ibid., at 1157(指出第 1717 条是"立法政策的一部分,目的在于通过允许补偿胜诉时的律师费,使消费者和其他可能处于不利谈判地位的人能够通过司法程序保护其权利")。

⑥ Ibid., at 1158("由于借用者是加州居民并且可能成为一项非互惠律师费条款的吃亏方,加利福尼亚州对于适用其法律支配本案中的律师费纠纷具有实体利益……我们认为,加利福尼亚州对于在本案中维护其根本政策相对于佐治亚州适用其法律而言具有实质上更大的利益")。

⑦ 796 F. 3d 193(2d Cir. 2015).

旅游的票。她从旅行社收到的确认电子邮件通知她说,她的票应适用隐含在一个超链接文件中的术语与条件,该超链接被提示给她阅读。该文件中包含一项法院选择条款,授予安大略法院排他性管辖权。像大多数消费者一样,原告并未点击该超链接。原告从加拉帕戈斯群岛返回后起诉了位于纽约州的被告,声称该公司一位员工在她旅游期间对她进行了性侵犯。法院驳回了她关于法院选择条款不可执行的观点,并维持了对她的诉讼请求予以驳回的判决。法院认为,该公司的电子邮件"明确提示她去关注"通过超链接给出的预定条款和条件,而且该法院选择条款已经通过超链接文件"合理地传输给"她,法院将这种方式与打印出来的宣传手册中的交叉指引条款相类比。[①] 法院指出,因为该公司在各个大陆都开展旅游业务,"对它来说,选择唯一的一个法院来审理消费者诉讼是合理的"。[②] 法院驳回了原告反对执行该条款的所有其他理由。

(3)法律选择条款和反致

作为法律人都知道,如果合同各当事方同意缔结一项法律选择条款约定某州法律作为合同准据法,则该项选择不包括某州的冲突规则,除非各当事方另有约定。[③] 当事方在合同中订立法律选择条款的主要理由是为了避免不确定性,这种不确定性至少在美国是其司法选法过程中难以避免的。如果把所选择州的冲突法包括在内,就有悖于这一理由,因为这会导致反致,从而带来额外的不确定性。这就是为什么大多数冲突法立法和所有国际公约,包括《第二次冲突法重述》,都规定合同的法律选择都推定排除了被选择国(州)的冲突法。事实上,欧盟的《罗马Ⅰ条例》所采用的反对反致的规则更加"一刀切",它甚至不允许当事人另行通过约定来排除这种推定。[④]

在美国,对于什么是冲突规则似乎有一种误解。有些人似乎认为,所有的冲突规则都只存在于判例法之中,或者存在于明确以"冲突法"命名的成文法之中。当然,在美国,确实大多数冲突法规则都存在于判例法之中,只有2个州(路易斯安那州和俄勒冈州)已经颁布了专门针对法律选择的成文法。但是,正如在本部分导论中所说,很多实体法之中包含有"地方化条款",该条款被认定

---

① Ibid., at 197.

② Ibid., at 198.

③ See, e.g., Restatement(Second) § 187(3)("在没有相反意愿表示的情形下,所指引的是被选择法律所属州的本地法律")。

④ 参见《罗马第一条例》, art. 20. For documentation, see Symeonides, Codifying Choice of Law, 138－40.

为单边类型的冲突法规则。[①] 另一些实体法立法包含有双边法律选择规则。[②] 例如,《统一遗嘱检验法典》包含有 1 条单边规则(第 1－301 条)和 3 条双边规则(第 2－401 条、第 2－506 条和第 2－703 条)。[③]

因此,即使在美国,成文法冲突法规则,尤其是单边规则,并非像普通法律师所推断的那样罕见。例如,纽约州的《不动产、权力和信托法》第 3－5.1 条包含了很多这样的规则,其标题也恰如其分地被称为"调整与其他法域有关联的遗嘱的规则"。其中的一项规则,即第 3－5.1(b)(2)项规定:"对个人财产的遗嘱处分的实质有效性、效果、撤回或变更,以及该财产在没有被遗嘱处分的情况下被转让的方式等,均依照死者死亡时住所地法律确定。"[④]该项规则在牧师和教士受益理事会诉斯诺(Ministers and Missionaries Benefit Board v. Snow)案[⑤]中成为争议的焦点。

该纠纷发生在一位已亡故的科罗拉多居民的两任妻子之间,所涉及的是死者退休金计划中的死亡利益的受益权。该计划是由 MMBB 管理的,该公司是一家位于纽约州的非营利法人。该计划的入伙协议中包含一项纽约州法律选择条款。在其入伙表格上,死者将其第一任妻子指定为第一受益人,将其父亲指定为补充受益人。在其与第一任妻子离婚并与第二任妻子结婚后,他也未修改该指定。根据科罗拉多继承法,离婚会导致前述指定行为无效。但是根据纽约州法律,离婚只会导致对其第一任妻子的指定无效。因此,本案的结果取决于法院到底适用科罗拉多法律还是纽约州法律。纽约州法律选择条款本来可以很容易地回答这一问题,除非该条款因某些理由被宣告无效,如违反公共政策,但在本案中这一抗辩理由并未被提出。但是,第二任妻子主张,该法律选择条款包含了上述引用的《不动产、权力和信托法》第 3－5.1(b)(2)项,而该项规则要求适用科罗拉多法律。这样一来,该项抗辩理由的有效性就取决于《不动产、权力和信托法》第 3－5.1(b)(2)项是否属于冲突规则。

---

① 一项单边法律选择规则只规定立法州法律的适用范围,而不是外国法的适用范围。它表明,由于这些案件与立法州具有联系,它们由该州实体法支配,但不包括这一问题,即那些没有联系的案件应适用哪一州的法律。

② 一项双边法律选择规则同时规定了立法州和外州法律的适用范围。它规定,一个案件如果与某个州具有联系,则适用该州法律,无论其是法院地州还是外州。

③ 《统一遗嘱认证法典》第 1－301 条适用于那些位于立法州实体法的地域范围之内的案件。第 2－401 条规定,应适用支配免税财产和津贴的法律所属州的法律;第 2－506 条规定适用支配遗嘱形式的法律;第 2－703 条规定适用支配管理文件含义和效果的法律。

④ N. Y. EPTL § 3－5.1(b)(2).

⑤ 45 N. E. 3d 917(N. Y. Dec. 15,2015).

纽约州上诉法院给出了肯定回答,但是鉴于有一份很强烈的不同意见,该法院不得不对该问题作出超乎寻常的长篇解释。法院主要依据的是IRB巴西再保险公司诉伊内帕尔投资公司(IRB-Brasil Resseguros,S. A. v. Inepar Invs.,S. A.)案,①该案中的法院认为,一项纽约州法律选择条款不包含纽约州的普通法冲突规则。斯诺案法院认为,《不动产、权力和信托法》第3－5.1(b)(2)项应当被同样处理,因为它"只是把一项长期存在的普通法冲突规则法典化了而已"。② 但是,冲突规则的普通法起源无关紧要。重要的是其功能。实体法和冲突法之间的区别在于,冲突法是"指示性"法律,而非"处分性"法律。③ 它本身并不处理一个案件的是非曲直,而仅仅是指出应适用哪一实体法。行使这一功能的规则就是冲突规则,不管它存在于判例法还是成文法之中,即使该成文法的目的并非是把普通法成文化。

法院很好地解释了它为什么不把纽约州法律选择条款解释为包含《不动产、权力和信托法》第3－5.1(b)(2)项,该项规定会导致适用科罗拉多法律:

> 我们应当对合同语言采用最合理的解释以反映当事人所意愿且明示的法律选择……如果不这样做——去适用纽约州成文的冲突法原则,即使这样会导致适用另一州的实体法,也会违背在合同中订立这样一个法律选择条款的根本目的,也就是避免法律冲突的分析并节约时间和费用。这样的解释还会违背并否定当事人的意愿,违反合同解释的基本原理。④

在这个特别的案件中,法院解释说,这样的解释将会导致适用很多不同州的法律,这取决于该退休计划成员在其死亡时的住所地。这将会产生问题,因为这些成员是"牧师和教士,他们很有可能比常人更经常迁移,并且可能生活在世界各地,而不仅仅是在不同的州"。⑤ 相反,"适用纽约州的关于利益分配的

---

① 982 N. E. 2d 609(N. Y. 2012), cert denied, 133 S. Ct. 2396(U. S. 2013)(discussed in Symeonides, 2012 Survey, pp. 245－46).

② Snow, 45 N. E. 3d at 921. See also id, at 922(EPTL 3－5.1(b)(2)只是代表了普通法的一项冲突法原则,该原则已被写入立法之中)。

③ Hans Dolle, Internationales Privatrecht 2(1968)("国际私法不是裁判法而是指引法")。

④ Snow, 2015 WL 8677172 _ at * _.

⑤ Snow, 2015 WL 8677172 _ at 923.

实体法将会带来稳定性、确定性、可预见性和方便性”。[①]

(4)其他案件

其他一些涉及法律选择条款范围的案件还有:

* 两起案件认为,该条款并不包括所选州的诉讼时效,法院地州认为诉讼时效是程序问题;[②]

* 一起案件认为,该条款并不包括所选州的欺诈立法,法院地州认为该立法属于程序问题;[③]

* 几起案件认为,该条款的用语足以[④]或不足以[⑤]涵盖当事人的侵权请求权,该请求权是基于当事人的合同关系而引起或者与合同关系相关联。

(5)被成文法禁止的条款

米切尔公司诉洛基快运管道公司(Michels Corp. v. Rockies Express Pipeline, L. L. C.)案[⑥]是一起涉及成文实体法的案件,正如前文所提到过的,[⑦]该法包含有强制适用本州法律的地方化条款。当诉讼发生于该州时,法院的工

---

① Ibid.

② See Czewski v. KVH Industries, Inc., 607 F. App'x 478 (6th Cir. 2015) (decided under Michigan conflicts law); Pivotal Payments Direct Corp., v. Planet Payment, Inc., 2015 WL 9595285 (Del. Super. Dec. 29, 2015).

③ See East Point Business Park, LLC v. Private Real Estate Holdings, LLC, No. 45A05 - 1412 - MF - 584, 2015 WL 9589768 (Ind. App. Dec. 31, 2015).

④ See Masters Grp. Int'l, Inc. v. Comerica Bank, 2015 MT 192, 380 Mont. 1, 352 P. 3d 1101 ("The... Agreement 'shall be governed and controlled in all respects by the laws of the State of Michigan... including interpretation, enforceability, validity and construction."), reh'g denied (Aug. 4, 2015); Bentley v. Equity Trust, No. 14CA010630, 2015 - Ohio - 4735, 2015 WL 7254796 (Ct. App. Nov. 16, 2015) ("This Agreement... shall be governed by and construed under the applicable laws of the State of Ohio."); Tonerize, L. L. C. v. PLR IP Holdings, L. L. C., 2014 WL 7723568 (N. J. Super. Ct. App. Div., Feb. 2, 2015) ("This Agreement shall be governed by and construed in accordance with the law of the State of Minnesota... [and] Courts located in the State of Minnesota shall have exclusive jurisdiction of any dispute related to this Agreement or the breach thereof."), cert. denied, 221 N. J. 565 (2015); Commercial Money Ctr. v. Safeco Ins. Co. of America, 605 F. App'x 609 (9th Cir. 2015) ("[T]he obligations, rights and remedies of the parties under this agreement shall be determined in accordance with the laws of the state of Nevada.").

⑤ See Family Endowment Partners, L. P. v. Sutow, 33 Mass. L. Rptr. 120 (Super. Ct. 2015) (the clause provided that the agreement "shall be governed by, and construed in accordance with, the laws of the Commonwealth of Massachusetts").

⑥ 2015 - Ohio - 2218, 34 N. E. 3d 160 (Ohio Ct. App. 2015).

⑦ 参见本文二(二)1(1)部分。

作就仅限于确定该案是否属于该特别法的适用范围之内。该案中,法院地俄亥俄州有一项立法禁止在维修俄亥俄州不动产的建筑合同中订立非俄亥俄州的法院选择和法律选择条款。该案所涉合同的双方当事人是一家堪萨斯州公司和一家威斯康星州公司,合同包含一项堪萨斯州法院选择和法律选择条款。堪萨斯州公司主张该立法仅限于至少一方当事人是俄亥俄州人的合同。法院审查了该立法的语言和立法史,并将其与其他州的类似立法进行了比较(某些州的立法包含了此种限制),然后驳回了这一主张,并认为该条款不可执行。①

加利福尼亚州《民事诉讼法典》第410.42条,同样禁止在合同中订立非加利福尼亚州的法院选择条款,如果该合同是"在主营业所位于加利福尼亚州的承办方和次承办方之间订立,其目的是建造位于加利福尼亚州的公共或私人房屋"。② 在维他设计与景欢建筑公司诉HKS建筑公司(Vita Planning and Landscape Architecture, Inc. v. HKS Architects, Inc.)案③中,一家加利福尼亚州景观设计事务所为一家加州酒店建造与一家得克萨斯州建筑事务所签订了一份合同,其中包含一项得克萨斯州法院选择条款(但没有法律选择条款)。加利福尼亚州一家法院拒绝适用第410.42条,理由是该案不是一起承办方和次承办方之间的合同,而是一份设计专业人员之间的合同。上诉法院推翻了判决,认为当事人满足了承办方和次承办方的定义。法院认为,得克萨斯州法院选择条款不可执行。

奥哈拉诉格罗布斯医疗公司(O'Hara v. Globus Medical, Inc.)案④是一起发生在一家宾夕法尼亚州公司所生产的医疗器械在路易斯安那州的批发商的两家路易斯安那州销售代表之间的纠纷。两家销售代表与分销商之间的合同,包含一项宾夕法尼亚州法律选择条款和竞业禁止条款,该条款根据宾夕法尼亚州法律是有效的。一项路易斯安那州立法则禁止在雇佣合同中订立竞业禁令以及非路易斯安那州的法院选择和法律选择条款。该批发商主张该立法并不

---

① In Overton v. Westgate Resorts, Ltd., L. P., 2015 WL 399218 (Tenn. Ct. App., Jan. 30, 2015), appeal denied (June 15, 2015), cert. denied, 2015 WL 5443864 (U. S. Nov. 9, 2015),一项田纳西州消费者保护立法禁止在根据该法提起的案件中采用非田纳西州法院选择条款。法院根据该法废除了一项佛罗里达州法院选择条款。法院还认为,该条款之所以无效,是因为它是被告欺诈诱使原告订立的合同的一部分。法院驳回了被告的观点,该观点认为原告应当举证证明被告有欺诈行为以诱使其接受该条款。

② Cal. Code Civ. P. § 410.42.

③ 192 Cal. Rptr. 3d 838 (Cal. Ct. App. 2015), review filed (Nov. 5, 2015).

④ _2014-1436 (La. App. 1 Cir. 8/12/15) 181 So. 3d 69, reh'g denied (Sep. 23, 2015), writ denied, 2015-1944 (La. Nov. 30, 2015), 182 So. 3d 939.

适用于批发合同。路易斯安那州法院驳回了该主张,认为根据正当解释原则,该立法也适用于此类合同。法院也据此认为法律选择条款不可执行。

(6)支配法院选择条款的法律

有一个问题美国法律尚没有明确答案,即法院选择条款的有效性、可执行性和解释应当依照哪一州的法律?该问题在不同的情形下会有不同结果:(a)诉讼是在法院选择条款所指定的法院提起,还是在其他法院提起?(b)合同在法院选择条款之外是否还包含有法律选择条款?美国法院在不同情形下得出了不同的结论,国际上也有不同观点,笔者在其他地方曾进行过讨论。[①] 其中最困难的情形如下:

(a)合同包含了一项法律选择条款和一项法院选择条款;

(b)诉讼在法院选择条款所指定的州之外的另一州法院提起。

在上述情形下,法院选择条款到底适用哪一州的法律,这一问题被法院形容为一个"先有鸡还是先有蛋"的问题。[②]

在过去的 20 多年里,大多数案例都自觉或不自觉地适用了受理案件的法院地法律,[③]但也有一小部分案例适用了法律选择条款所指定的法律。[④] 近年来,少数案件区分了可执行性问题和解释问题,前者适用法院地法,而后者适用被选择的法律。[⑤] 2015 年笔者只发现了一起适用了被选择的法律的案件,[⑥]一

---

① Symeonides, Oxford Commentaries, See Symeon C. Symeonides, Choice of Law: Oxford Commentaries on American Law, (2016) (hereinafter Oxford Commentaries). at 442 – 60.

② Beilfuss v. Huffy Corporation, 2004 WI App 118, 1 9, 685 N. W. 2d 373, 376 (characterizing as the "chicken or the egg" problem the question of whether to "construe each clause separately and, if so, in what order"). The court examined first the choice-of-law clause and found it unenforceable because the chosen law of Ohio would enforce a non-compete agreement that violated Wisconsin's public policy in a case that otherwise would be governed by Wisconsin law. That being so, the court reasoned, it would be unreasonable to enforce a forum selection clause that would send the parties to an Ohio court, which would enforce the choice-of-law clause.

③ For citations and representative samples, Symeonides, Oxford Commentaries, See Symeon C. Symeonides, Choice of Law: Oxford Commentaries on American Law, (2016) (hereinafter Oxford Commentaries). at 448 – 49.

④ Ibid., at 449 – 52.

⑤ Ibid., at 452 – 56.

⑥ See Medical Transcript v. Walker Rural Health, No. 2130901, 2015 WL 5192201 (Ala. Civ. App. Sept. 4, 2015)(适用了合同所选择的新泽西州法律并认为新泽西州法院选择条款可以执行)。

起同时适用了被选择的法律和法院地法律的案件。① 其他所有案件都适用了法院地法,无论是对该条款的可执行性问题②还是解释问题③,概莫能外。④ 看上

---

① See Roberts v. TriQuint Semiconductor, Inc. ,364 P. 3d 328(en banc)(Dec. 10,2015)(适用了合同选择的特拉华州法律并认为特拉华州法院选择条款根据该法有效,然后适用了俄勒冈州法律并认为该条款根据该法可以执行)。

② See Verdugo v. Alliantgroup, L. P. ,187 Cal. Rptr. 3d 613(Cal. Ct. App. 2015)(discussed supra);Brown & Brown, Inc. v. Johnson, 34 N. E. 3d 357(N. Y. 2015)(discussed supra);Wise v. Zwicker & Associates, P. C. ,780 F. 3d 710(6th Cir. 2015)(discussed supra);First Intercontinental Bank v. Ahn,798 F. 3d 1149(9th Cir. 2015)(discussed supra);Acharya v. Microsoft Corp. ,354 P. 3d 908(Wash. Ct. App. 2015)(适用了华盛顿州法律认为一项合同中的瑞士法院选择条款不可执行,该合同中还包含了瑞士法律选择条款);McArthur v. Kerzner Int'l Bahamas Ltd. ,607 Fed. App'x 845(11th Cir. 2015)(根据佛罗里达州冲突法裁决;适用了佛罗里达州法律并认为包含了巴哈马法律选择条款的合同中的巴哈马法院选择条款可以执行);Carter's of New Bedford, Inc. v. Nike, Inc. ,790 F. 3d 289(1st Cir. 2015)(根据马萨诸塞州冲突法裁决;适用了马萨诸塞州法律并认为包含了俄勒冈州法律选择条款的合同中的俄勒冈州法院选择条款可以执行);Cohn Law Firm v. YP Southeast Advertising & Publishing, LLC, 2015 WL 3883242(Tenn. Ct. App. June 24,2015)(适用了田纳西州法律并认为包含了佐治亚州法律选择条款的合同中的佐治亚州法院选择条款可以执行);Carfaro v. Blue Haven Pools Northeast, Inc. ,2015 WL 1980705(N. J. Super. Ct. App. Div. ,May 5,2015)(适用了新泽西州法律并认为包含了宾夕法尼亚州法律选择条款的合同中的宾夕法尼亚州法院选择条款可以执行);Bad Ass Coffee Co. of Hawaii, Inc. v. Royal Aloha Intern. ,LLC, 2015 UT App 303,365 P. 3d 161(Utah Ct. App. Dec. 24,2015)(适用了犹他州法律确定佐治亚州法院选择条款是否可以执行,该条款被认为是通过欺诈获得)。

③ See America First Fed. Credit Union v. Soro,359 P. 3d 105,(Nev. 2015)(适用了内华达州法律并认为犹他州法院选择条款是任意性的而非强制性的);Michaluk v. Credorax(USA), Inc. ,164 So. 3d 719(Fla. Dist. Ct. App. 2015)(适用了佛罗里达州法律,认为一项同时包含马耳他法律选择条款的合同中的马耳他法院选择条款是任意性的而非强制性的);Rieth Riley Const. Co. , Inc. v. Ecopath Contracting LLC, 2015 WL 3604633,(Mich. Ct. App. June 9,2015)(适用了密歇根州法律并认为,一项同时包含亚利桑那州法律选择条款的合同中的亚利桑那州法院选择条款是任意性的而非强制性的);Sheldon v. Pinto Technology Ventures, L. P. ,477 S. W. 3d 411(Tex. Comm'n App. 2015)(适用了得克萨斯州法律判断一份同时包含特拉华州法律选择条款的合同中的特拉华州法院选择条款的范围);Richtek USA, Inc. v. uPI Semiconductor Corporation, 195 Cal. Rptr. 3d 430(Cal. Dist. Ct. App. Nov. 24, 2015)(适用了加利福尼亚州法律并认为,一项中国台湾地区法院选择条款是强制性的)。

④ See In re Longoria,470 S. W. 3d 616(Tex. Comm'n App. 2015)(适用了得克萨斯州法律并认为,在一份包含墨西哥法律选择条款的合同中的墨西哥法院选择条款可以执行,并确定了该条款的范围);Tonerize, L. L. C. v. PLR IP Holdings, L. L. C. ,2014 WL 7723568(N. J. Super. Ct. App. Div. Feb. 2,2015),cert. denied,221 N. J. 565(2015)(适用了新泽西州法律以确定一份同时包含明尼苏达州法律选择条款的合同中的明尼苏达州法院选择条款是否可以执行及其适用范围;法院认为该法院选择条款可以执行并驳回了原告的观点,即该合同是通过欺诈获得因此该法院选择条款也是欺诈的产物)。

去似乎法院所在地法占据绝对优势,以致在至少一起案件中双方当事人都一致约定适用法院所在地法。[①]

2. 法律选择条款与仲裁条款

(1)最高法院的最新声明

在直接电视公司诉青博吉亚(DIRECTV, Inc. v. Imburgia)案[②]中,美国联邦最高法院推翻了一项加利福尼亚州上诉法院的裁决,该裁决在 2014 年的综述中曾讨论过,作者曾不同意第九巡回法院对该问题的意见。[③] 该案所涉合同当事方分别是一家卫星电视服务商 DirecTV 和一位加利福尼亚州的消费者。合同第 9 条规定了强制仲裁,并禁止集体仲裁。然而,第 9 条还规定,如果"贵州",即本案中的加利福尼亚州,"认为本协议排除集体仲裁的规定不可执行,则第 9 条全部不可执行"。[④] 合同第 10 条规定,第 9 条"应受《联邦仲裁法》支配"。[⑤] 奇怪的是,法院并未讨论第 10 条,而是集中关注第 9 条。

加利福尼亚州《消费者法律救济法》[⑥]禁止在消费者合同中放弃集体仲裁。在 2005 年的探索银行诉商业法院(Discover Bank v. Superior Court)案[⑦]中,加利福尼亚州最高法院认为,这些条款不可执行。由于本案所涉合同是在 2007 年订立的,因此,第 9 条根据其自身规定而自始无效,DirecTV 不能强迫原告接受仲裁。但是,在 2011 年,当音博吉亚案的当事人还在诉讼过程中时,联邦最高法院在康普西翁案[⑧]中认为,《联邦仲裁法》[⑨]取代了探索银行案的规则。该法院的原文是"集体仲裁如果是由探索银行单方面制定的,而不是双方协议的结

---

① See Carfaro v. Blue Haven Pools Northeast, Inc., 2015 WL 1980705 at ＊4 (N. J. Super. Ct. App. Div., May 5, 2015) (指出:"当事人的律师已经在我们面前声明新泽西州的法律——作为诉讼地州——支配该合同中的法院选择条款……是否可以执行的问题",而实际上,所有的意见书都没有援引宾夕法尼亚州有关法院选择条款在该州是否可以执行的判例法")。

② 136 S. Ct. 463, 2015 WL 8546242 (U. S. 2015).

③ See Imburgia v. DirecTV, Inc., 170 Cal. Rptr. 3d 190 (Cal. Ct. App., 2014), review denied (Jul. 23, 2014), reversed by the decision discussed in the text; Murphy v. DirecTV, Inc., 724 F. 3d 1218, 1226 - 1228 (9th Cir. 2013) (discussed in Symeonides, 2014 Survey 345 - 47).

④ Imburgia, 136 S. Ct. at ___, 2015 WL 8546242 at ＊6.

⑤ Ibid., at 466.

⑥ Cal. Civ. Code § § 1751, 1781 (a).

⑦ 113 P. 3d 1100 (Cal. 2005) (discussed in Symeonides, 2005 Survey 324 - 27).

⑧ 563 U. S. 333 (2011) (discussed in Symeonides, 2011 Survey 324 - 27).

⑨ 9 U. S. C. § § 2.

果,则违背了《联邦仲裁法》”。[①] 换句话说,康塞普西翁案认为,一州不能强迫一方当事人参与集体仲裁,只要该协议禁止仲裁。

然而,康塞普西翁案并不禁止一份允许集体仲裁的协议,同样也不禁止一份不允许仲裁的协议。毕竟,“仲裁是一件‘自愿而非强迫’的事情”。[②] 抛开其复杂的用语不谈,音博吉亚案中直接电视案的合同第9条就属于这样的一份协议。在该合同于2007年起草之时,该协议毫无疑问是完全有效的。问题是它在2011年的Concepcion案判决之后是否还是有效。最高法院给出了否定答案,该意见书由布耶尔大法官撰写,并得到5位大法官支持。金斯伯格大法官提交了不同意见书,并得到索托马约尔大法官的支持,她认为多数意见书超越了康塞普西翁案的裁决。

多数意见书首先承认,《联邦仲裁法》“允许仲裁合同当事人选择某一法律支配其全部或部分条款,包括支配集体仲裁弃权条款可执行性的法律”,并且“在原则上”,当事人可以选择“将其合同受制于中国西藏的法律、革命前的俄罗斯法律,或者是加利福尼亚州包括探索银行案规则在内的法律(只要本案中所涉及的),即使该规则根据康塞普西翁案已经无效”。[③] 不过,多数意见书认为,音博吉亚案中的选择是无效的,因为其“包含了无效的加利福尼亚州法律”,[④]该项法律已经在4年后被最高法院“宣布无效”。[⑤] 法院认为,加利福尼亚州法院的相反观点没有“把仲裁合同与其他合同同等对待”,没有“对促进仲裁的联邦政策给予合理关注”,因此“被《联邦仲裁法》取代”。[⑥]

人们很容易接受多数意见书的观点(这并非是因为人们没有别的选择),但不太容易被其理由说服。多数意见书声称它依据的是加利福尼亚州法院对加利福尼亚法律选择条款的解释,因为“加利福尼亚州法院是该法的最终权威”。[⑦] 但是,多数意见书没有直接地、更明确地说明为什么该解释根据康塞普西翁案无效,而是花了很多篇幅去质疑该解释的可信性。多数意见书提出了6

---

① Concepcion, 563 U.S. at 348 (emphasis added).

② Imburgia, 136 S. Ct. at 473 [Ginsburg, J., dissenting (quoting Stolt-Nielsen S.A. v. AnimalFeeds Int'l Corp., 559 U.S. 662, 681 (2010)].

③ Ibid., at 468.

④ Ibid., at 469.

⑤ Ibid., at 470.

⑥ Ibid., at 471 (internal quotation marks omitted).

⑦ Ibid., at 468.

点理由认为该解释无效,但是几乎所有理由得出的结论都是加利福尼亚州法院在不涉及仲裁的合同中不应当采取这种解释方法。

金斯伯格大法官在其不同意见书中指出,多数意见书"以州法院错误地适用了该州合同法为由推翻了州法院的判决",这"开创了危险的先例"。① 她批评多数意见书在解释加州法律选择条款时"采用了一种对起草方给予最大保护的方式",而没有"对顾客而非起草方提供质疑的利益"。② 金斯伯格还比较了欧盟及其他国家对待附和式消费者合同中的仲裁条款的方式,并特别指出,"在欧盟,供应方和消费者之间的争端只有在当事人双方在争议发生后都同意仲裁的情况下才可以仲裁"。③

(2)州法院的不满

在舒马赫之家公司诉斯潘塞(Schumacher Homes of Circleville, Inc. v. Spencer)案④中,一位房屋建筑商和一位买方之间订立的合同中包含有一项仲裁条款和一项代表权条款,它授权仲裁员去确定"所有与争端的可仲裁性有关的事项"。⑤ 该合同并不包含法律选择条款,该案也没有提出法律选择问题。然而,西弗吉尼亚州最高法院利用这一机会发泄了它的不满情绪,这起源于早先联邦最高法院推翻了它的裁决。⑥ 西弗吉尼亚州法院在其意见书中首先指出:

> 近年来,美国最高法院作出了几项解释《联邦仲裁法》的判决……这些判决在解释含有仲裁条款的合同时创设了一种令人耳目一新的框架,它被人们婉转地描述为"精巧有余而实用不足"。⑦

对于案件事实,该法院认为,"可仲裁性"是一个有歧义的术语,它通常是指仲裁条款的范围。因此,一项代表权条款授予仲裁员去决定争端的可仲裁性"并没有明确无误地授权仲裁员去决定该仲裁条款的有效性、可撤销性和可执

---

① Imburgia, 136 S. Ct. at 473(Ginsburg, J., dissenting).

② Ibid., at 471.

③ Ibid., at 478.

④ 774 S. E. 2d 1(W. Va. 2015), cert. granted, No. 15-316, 2016 WL 763198(U. S. Feb. 29, 2016).

⑤ Ibid. at 6(emphasis added).

⑥ See Brown v. Genesis Healthcare Corp., 724 S. E. 2d 250(W. Va. 2011), rev'd by Marmet Health Care Ctr., Inc. v. Brown, 132 S. Ct. 1201(2012).

⑦ Schumacher Homes, 774 S. E. 2d at 5[quoting Alan Scott Rau, "Arbitral Power and the Limits of Contract: The New Trilogy", 22 *Am. Rev. Int'l Arb.* 435, 519(2011)].

行性等前提问题”。[①] 基于这一理由,法院维持了下级法院的裁决,认为该授权条款不可执行。

(3)州法院的最佳努力

皮内拉诉内曼马库斯集团公司(Pinela v. Neiman Marcus Group, Inc.)案[②]涉及一起雇佣纠纷,一方当事人是内曼马库斯集团,一家总部位于得克萨斯州的全国时装销售商,另一方当事人是该公司的加利福尼亚州雇员。每一位雇员的雇佣合同都包含一项仲裁条款、一项代表权条款和一项法律选择条款:

> A. 第一项条款强行要求对于当事人之间“因任何方式而发生的”与雇佣有关的争议必须进行个别仲裁(禁止集体仲裁),包括“违反任何州……与工作餐或工休……最低薪金和超时补贴……或离职补贴等有关的……成文法、法令、条例或公共政策”而提起的诉讼请求。[③]
>
> B. 第二项条款授权仲裁员决定所有与仲裁协议有关的事项,包括“其成立方式、可适用性、含义、范围、可执行性或任何其他涉及该协议全部或部分有效或无效的诉讼请求”。[④]
>
> C. 第三项条款是一项非常复杂的(或者像法院所说的“奇异的”)法律选择条款。它规定,仲裁协议由得克萨斯州法律支配,如果诉讼请求或抗辩是因联邦法律而提起,则适用“美国第五巡回上诉法院……所采用的实体法”。[⑤] 但是该条款还规定,“仲裁员无权扩大、增加、缩减、无视或……以其他方式改变当事人根据该法律享有的权利”。[⑥]

原告以内曼马库斯集团公司的所有现任和前任加利福尼亚州雇员的名义在加利福尼亚州法院提起了一项集体诉讼,声称被告违反了加利福尼亚州《劳动法典》中的多项条款。首先,法院讨论了授权条款,认为其无论是在程序上还

① Schumacher Homes, 774 S. E. 2d at 13.

② 190 Cal. Rptr. 3d 159 (Cal. Ct. App. 2015), reh'g denied (July 29, 2015), review denied (Sep. 16, 2015).

③ Ibid. at 165－66.

④ Ibid., at 169.

⑤ Ibid., at 173.

⑥ Ibid.

是实体上都违反了加利福尼亚州法律,因此不可执行。法院解释说,该项“奇异的”法律选择条款使该授权条款对于“一个像原告这样的外行人”①而言是不可思议的,因此在程序上不合理。法院指出,“在一项强制性仲裁协议中的晦涩的,很难理解的法律选择条款对于一个粗心大意的人可能构成一个陷阱”。② 授权条款在实体上不合理,是因为该项法律选择条款阻止仲裁员改变当事人根据得克萨斯州法律享有的权利,因此也禁止仲裁员适用加利福尼亚州不合理的法律。正如法院所指出:“如果一份附和合同中的弱方当事人能够证明该合同根据加利福尼亚州法律不合理,那么合同中要求适用不同州法律以执行该合同的条款本身就是不可执行的。”③因此,“该授权条款排除了原告主张 NMG 仲裁协议整体上根据加利福尼亚州法律不合理的能力,这使该条款在实体上不合理”。④

接下来,法院审查了仲裁协议的可执行性,并且在排除了该法律选择条款之后,法院认为该协议根据加利福尼亚州法律不合理,因此不可执行。法院解释说,强迫原告根据得克萨斯州法律去仲裁会“限制原告根据加州公共政策主张该条款不合理的能力,因为得克萨斯州法律确实承认不合理的公平抗辩”。⑤另外,得克萨斯州法律选择条款“违反了加利福尼亚州公共政策”,⑥因为该条款“排除了加利福尼亚州实体法”,⑦因此会导致原告“事先放弃”⑧其实体权利,而该权利是加利福尼亚州《劳动法典》宣布为不可放弃的。

法院根据《第二次冲突法重述》第 187 条的“长线”⑨重申了这一结论。法院比较了得克萨斯州“为得克萨斯州雇主提供友好法律环境”的利益和加利福尼亚州“确保其为加利福尼亚州劳工提供的法定保护不会被希望在加利福尼亚

① 190 Cal. Rptr. ,at 173. Ibid. at 173 – 74. (“没有提到雇佣律师的费用——这不是一般的律师,而是一位在复杂的仲裁问题上训练有素的得克萨斯州律师,加上这里包含的法律选择——然后就花费充足的时间去请求并获得该律师的意见,原告无法对同意把所有涉及该协议的可适用性、含义、范围、可执行性等重大问题授权给一位仲裁员处理的后果进行正式评估。尽管该授权条款并未隐瞒他,但相当于隐瞒了。”)

② Ibid. ,at 174.

③ Ibid. ,at 176.

④ Ibid. , at 177.

⑤ Ibid. , at 185.

⑥ Ibid. ,at 180.

⑦ Ibid. , at 179.

⑧ Ibid. , at 180.

⑨ Ibid. , at 185.

州经营的外州公司有选择地废除”的相反利益,并得出结论认为,加利福尼亚州具有“实质上更强的利益”。① 法院总结道,这就是本案的情形,当事人选择的得克萨斯州法律因为其“会违反加利福尼亚州的公共政策,基于这一显而易见的原因”,②该选择不会被执行。

在中南维修公司诉佩切克斯公司(Mid-South Maintenance Inc. v. Paychex Inc.)案③中,一位田纳西州当事人和一位纽约州当事人缔结的一份合同中包含一项纽约州法律选择条款和一项“依据美国仲裁协会商业规则进行的”强制仲裁条款。④ 纽约州法而非田纳西州法将上面引用的表述视为一项授权条款,因为《美国仲裁协会规则》规定,可仲裁性问题包括仲裁协议的存在、范围、有效性等,由仲裁员确定。依照纽约州法,田纳西州法院认为仲裁员应当确定该仲裁协议是否有效,以及如果有效,该协议是否包含所涉的侵权诉讼请求。

(4)外国海员

埃斯克巴诉塞内布雷辛轮船公司(Escobar v. Celebration Cruise Operator, Inc.)案⑤是几起涉及外国海员的案件中的一起,其中的雇佣合同强制规定在美国境外仲裁,而这些海员未能驳回其雇主要求强制仲裁的动议。⑥ 在埃斯克巴案中,一位洪都拉斯海员和一家总部位于佛罗里达州的巴哈马公司之间订立的合同中包含巴哈马仲裁和法律选择条款。该海员在雇主的船上工作期间遭受伤害,并根

---

① 190 Cal. Rptr. 3d 185.

② Ibid. (quotation marks omitted). In Henderson v. Watson, No. 64545, 2015 WL 2092073 (Nev. Apr. 29, 2015),一位内华达州医生和一位内华达州医疗公司之间签订的雇佣合同包含一项加利福尼亚州法律选择条款、一项仲裁条款和一项授权条款,该条款授权仲裁员去决定该仲裁条款的可执行性。内华达州最高法院注意到,在加利福尼亚州法律和内华达州法律之间不存在冲突,因此适用了加州法律并推翻了下级法院的裁决,该裁决认为该仲裁条款因不合理而不可执行。

③ No. W2014 - 02329 - COA - R3 - CV, 2015 WL 4880855 (Tenn. Ct. App., Aug. 14, 2015).

④ Ibid., at *2.

⑤ 805 F. 3d 1279 (11th Cir. 2015).

⑥ For additional such cases from previous years, see Symeonides, Oxford Commentaries ____. For 2015cases, see Navarette v. Silversea Cruises Ltd., ___ Fed. App'x. ____, 2015 WL 4635752 (11th Cir. 2015) (Fil-ipino seaman and arbitration clause mandating arbitration in the Philippines under Philippine law); Sier-ra v. Cruise Ships Catering and Services Int'l., N. V., ___ Fed. App'x. ___, 2015 WL 6874857 (11th Cir. 2015) (Italian arbitration clause and choice-of-law clause).

据《琼斯法案》[①]起诉该雇主。该海员援引了三菱汽车案中的“预期弃权”格言,[②]认为该仲裁条款因违反了公共政策而无效,因为该条款与巴哈马法律选择条款一起,将会导致预期放弃其根据《琼斯法案》享有的法定权利。

第十一巡回法院驳回了该主张。法院指出,《纽约公约》第 2 条要求执行一项仲裁条款,除非其“被废除或无效”。[③] 法院认为:“被废除或无效条款只包含那些在标准的违约抗辩中被援用的理由,如欺诈、过错、强迫和弃权——这些理由可以在国际法庭上被中立地适用。”[④]法院从第十一巡回法院以前的一起案例中引用了上述斜体字段落,这是该案凭空创造出来的。[⑤] 这种人为的限制排除了根据第 2 条进行的合理性抗辩,因为“尽管……可以主张该仲裁协议‘被废除或无效’……但是它不能被国际法庭中立地适用”。[⑥] 此外,法院还认为,“第 2 条并没有明示或默示规定可以在仲裁执行阶段提出公共政策抗辩”,这与第 5 条相反,该条“明确承认公共政策抗辩可以作为裁决执行阶段的适当抗辩理由”。[⑦] 在法院看来,这种并列必然导致这样的结论,即“公共政策抗辩不能在仲裁执行阶段被提起”,该海员“必须等到裁决执行阶段来主张第 5 条的公共政策抗辩”,[⑧]也就是所谓的第二回合。

这种逻辑不合理的地方在于,在美国的大多数案件中都不会有第二回合。如果雇主在外国仲裁中获胜,则其没有理由寻求在美国执行该仲裁裁决。如果该海员获胜但是裁决的金额很小,则该海员也不会寻求在美国撤销该裁决。《纽约公约》规定,只有裁决作出国(本案中是巴哈马)或者仲裁准据法所属国法院才有管辖权去撤销该裁决。[⑨] 美国法院只会“确认”该裁决,或者以公共政策为由(或者其他第 5 条的理由)拒绝执行该裁决,但是前提是获胜的当事人寻

---

① 46 U. S. C. § 30104.

② See Mitsubishi Motors Corp. v. Soler Chrysler-Plymouth, Inc. , 473 U. S. 614, 637 n. 19 (1985) (指出:“如果把法院选择条款和法律选择条款组合起来用于事先放弃当事人获取反垄断救济的权利,我们会毫不犹豫地谴责该协议违反了公共政策”)。

③ New York Convention on the Recognition and Enforcement of Foreign Arbitral Awards, Art. II, June 10, 1958, 21 U. S. T. 2517, 330 U. N. T. S. 38.

④ Escobar, 805 F. 3d at 1286 (emphasis added).

⑤ See Bautista v. Star Cruises, 396 F. 3d 1289, 1301 - 1302 (11th Cir. 2005).

⑥ Escobar, 805 F. 3d at 1287.

⑦ Ibid.

⑧ Ibid.

⑨ See New York Convention, Art. V(1)(e); Art. VI.

求在美国执行该裁决。正如在别处解释过的那样,这也是公共政策抗辩作为拒绝执行一项仲裁协议的几项理由之一。① 最近,美国法学会也采纳了同样的观点。《美国国际商事仲裁法律重述》的一份初步草案规定:“法院根据联邦法律确定执行一项国际商事仲裁协议是否违反公共政策。”②

在近期的两个案例,即阿加罗诉 MOL 船务公司(Aggarao v. MOL Ship Management Co. Ltd.)案③和阿塞耐辛诉雷克纳吉诺阿轮船公司(Asignacion v. Rickmers Genoa Schiffahrtsgesellschaft mbH & Cie KG)案中,④外国海员处于与埃斯克巴案类似的情况,但是确实进入了第二回合,因为法院认为他们要求撤销外国仲裁裁决的动议是拒绝承认该裁决的动议。两个案件都涉及在菲律宾作出的裁决,并且根据菲律宾法律判给海员的赔偿额很少。在阿加罗案中,法院同意了海员的动议,认为外国仲裁裁决否决了原告根据《琼斯法案》享有的法定权利,并限制其根据菲律宾法律获得的极少的赔偿金,从而违反了美国公共政策,因此不可执行。按法院的话说,该裁决“违背了本国长期以来的强烈的保护受伤海员并为他们提供特别关怀的政策”。⑤

在阿塞耐辛案中,第五巡回法院则不太有同情心。菲律宾海员在新奥尔良港口的被告船上工作期间受到伤害。被告是一家德国公司,船舶悬挂马绍尔群岛国旗,该国采用的是美国的普通海商法。当该海员在路易斯安那州起诉船东时,法院同意了船东的动议,要求根据海员雇佣合同中的规定在菲律宾按照菲律宾法律强制仲裁,该仲裁庭“拒绝适用或者考虑美国法律或马绍尔法律”,⑥最后裁决给该海员总计 1870 美元的赔偿金,尽管美国法院发现该海员“全身 35% 遭到严重烧伤”。⑦

尽管如此,第五巡回法院在一份由普利西拉 - 欧文法官签发的意见书中还是驳回了该海员的主张,即承认该裁决违反美国公共政策。对于仲裁员拒绝考

---

① See Symeonides, Oxford Commentaries, at 484 - 86.

② Restatement of the U. S. Law of International Commercial Arbitration, Tentative Draft No. 4, § 2 - 16(April 17, 2015).

③ 2014 WL 3894079(D. Md. Aug. 7, 2014).

④ 783 F. 3d 1010(5th Cir. 2015), cert. filed(No. 15 - 305), 84 U. S. L. W. 3123, docketed(Sept. 10, 2015).

⑤ Aggarao, 2014 WL 3894079 at ＊14.

⑥ Asignacion, 783 F. 3d at 1014.

⑦ Ibid.

虑适用美国法律或马绍尔法律,法院认为:"法院在审查一份仲裁裁决时无法改正这种常见的法律错误(只要它是根据事实作出)。"[①]

对于公共政策例外,法院重复了其他案件中的几项声明(这几起案件的情形都不相同),认为该例外"应当被狭义地解释为只适用于执行会违反法院地州最基本的道德和争议观念的情况下"。[②] 法院"未发现任何理由去偏离该标准"。[③] 此外,该法院还引用了最高法院在谢尔克诉阿尔贝托-卡尔沃公司(Scherk v. Alberto-Culver Co.)案[④]中的判决,该案涉及一项有经验的当事人之间的商业交易,其中说道:"为了确定美国的公平标准……必须鄙视世界其他地方的正义标准,并且不必要地将美国法律置于其他国家法律之上。"[⑤]法院认为,"美国公共政策并不必然排斥外国法所提供的更低的或不同的救济"。[⑥]

最后,法院还分析了海员提出的另一个主张,即执行该裁决会违背三菱汽车案[⑦]中所提到的"预期弃权"承诺。法院驳回了该主张,理由是"预期弃权理论仅限于法定权利和救济",而该海员是"根据普通海商法"提起的诉讼。[⑧] 事实上,该海员同时根据普通海商法和《琼斯法案》提起了诉讼。

3. 没有法律选择条款的合同

"律师之所以遭到鄙视是因为律师总是喜欢诉讼",[⑨]特区巡回上诉法院在博德和格雷尼公司诉耐特(Bode & Grenier, LLP v. Knight)案[⑩]中这样说道。该案涉及的是一家特区律师事务所和其密歇根客户之间的律师费纠纷。地区法院作出判决要求该客户支付律所 70,000 美元逾期律师费——加上 269,585 美元为了起诉该客户而支付的律师费。该客户对后一款项提出上诉,认为密歇根法律支配该律师聘用合同,而根据该法,律所无权在"为自己做代理时"获得律师费。[⑪] 法院支持了律所,认为特区法律支配该合同,且该法律并不禁止支付所

① Asignacion, 783 F. 3d 1016.

② Ibid., (quotation marks omitted).

③ Ibid.

④ 417 U. S. 506(1974).

⑤ Asignacion, 783 F. 3d at 1017(quoting Scherk, 417 U. S. 517 n. 11).

⑥ Ibid.

⑦ Mitsubishi Motors Corp. v. Soler Chrysler-Plymouth, Inc., 473 U. S. 614, 637 n. 19(1985).

⑧ Asignacion, 783 F. 3d at 1021.

⑨ Bode & Grenier, LLP v. Knight, 808 F. 3d 852, 855, (D. C. Cir. 2015).

⑩ Ibid.

⑪ Ibid., at 861 – 62.

争议的律师费。

法院将其法律选择方法称为“政府利益分析和《第二次冲突法重述》所采取的最密切联系原则的建设性综合方法”。[1] 该法院适用了《第二次冲突法重述》第 196 条,该条规定“如果合同规定服务或大部分服务在某地提供”,[2]则适用该州法律,除非其他州具有更密切联系。本案中,该律所在特区提供服务,密歇根州并没有更密切联系。

卡宁汉姆诉范伯格(Cunningham v. Feinberg)案[3]涉及另一位被鄙视的律师,但鄙视他的是他自己的律所,他起诉该律所要求获得未支付的薪水。原告根据一份在弗吉尼亚州订立的合同,在马里兰州为一家弗吉尼亚律所提供代理服务。正如法院所讲,这是一起“相对常见的发生在一位年轻律师和他的前雇主之间的纠纷,争议的是一笔小额的未支付薪水和一笔数额不菲的 3 倍赔偿金以及一笔大额的律师费”。[4] 原告根据马里兰州的《薪水支付与领取法》[5]对于上述救济款拥有一项私人诉权,但是根据弗吉尼亚州相对应的成文法则没有。该律所主张,由于这是一份弗吉尼亚合同,所以应根据马里兰州的合同缔结地法规则适用弗吉尼亚州法律。而原告则要求法院放弃行为地规则。马里兰州最高法院即上诉法院承认其先前表述过的采用合同缔结地法规则的意愿,该规则被该法院称为一项“原理”。但是,法院认为本案“并非适当的案件”,并且明确表示其“对该理论所具有的简单性、可预见性和一致性的程度”很满意。[6]

显然,如果你可以轻易地利用任何机会避开某项规则,那就没必要去废除它。马里兰州法院在此前的几起案件中,曾经通过创造性的识别[7]或者有选择

---

① Bode & Grenier, LLP v. Knight, 808 F. 3d 852, 855, (D. C. Cir. 2015). at 864.

② Restatement(Second) § 196.

③ 107 A. 3d 1194(Md. 2015).

④ Ibid., at 1197.

⑤ Md. Code, Lab. & Empl. § § 3 –501 to 3 –509.

⑥ Cunningham, 107 A. 3d at 1211 n. 23.

⑦ See Erie Ins. Exchange v. Heffernan, 925 A. 2d 636, 649(Md. 2007)(discussed in Symeonides, 2007 Sur-vey, 246 –49).

性地采用反致、[①]公共政策例外,[②]甚至政策分析[③]等成功地做到了这一点。另外一种拖延采用行为地规则的方法是宣布其不可适用。这就是本案中法院所采用的,尽管并非没有解释。法院认为,该规则“并不复杂”,因为原告的诉讼“并不涉及雇佣合同的有效性、可执行性、解释或含义”。[④] 相反,它只是一起针对雇主寻求法律上提供的救济的诉讼,该雇主非法拒绝支付一份有效合同项下的薪水。按照法院的说法如下:

> 尽管原告的诉因是以某种基础合同的存在为前提的,但它并没有在合同中自动出现。一项《薪水支付与领取法》诉讼并不必然要求分析当事人的基础合同,同样一项《薪水支付与领取法》项下的诉讼也不要求同时提起一项违约诉讼。相反,一项《薪水支付与领取法》诉讼可以是一项独立的诉讼。[⑤]

随后,在法院所说的“古老格言的戏说”中,[⑥]法院认为,即使合同缔结地法规则被用于本案,法院也会援引公共政策例外支持适用马里兰州法律,因为“马里兰州《薪水支付与领取法》代表了强烈的马里兰州公共政策”。[⑦]

哈林顿诉西部能源公司(Harrington v. Energy West Inc.)案[⑧]涉及一份口头雇佣合同,双方当事人是一家蒙大拿公司及其俄亥俄州分公司与一位俄亥俄州居民。该雇员在蒙大拿州起诉蒙大拿公司,认为没有适当理由自己就被解雇,违反了蒙大拿州《过错解雇法》。[⑨] 俄亥俄州法律将原告视为一种“自愿”雇员,因而在这种情况下不会为其提供救济。

---

① See American Motorists Ins. Co. v. ARTRA Group, Inc., 659 A. 2d 1295, 1300 (Md. 1995) (discussed in Symeonides, 1995 Survey 183 - 86).

② See Laboratory Corp. of America v. Hood, 911 A. 2d 841, 848 (Md. 2006) (discussed in Symeonides, 2006 Survey, 724 - 25); Bethlehem Steel Corp. v. G. C. Zarnas & Co., 498 A. 2d 605 (Md. 1985).

③ See Hauch v. Connor, 453 A. 2d 1207 (Md. 1983); Bishop v. Twiford, 562 A. 2d 1238 (Md. 1989); Powell v. Erb, 709 A. 2d 1294 (Md. 1998).

④ Cunningham, 107 A. 3d at 1197.

⑤ Ibid., at 1203 - 4.

⑥ Ibid., at 1201.

⑦ Ibid., at 1215

⑧ 2015 MT 233, 380 Mont. 298, 356 P. 3d 441.

⑨ Mont. Code Ann. § § 39 - 2 - 904(1)(b).

被告认为,当事人默示选择了俄亥俄州法律,因为被告根据俄亥俄州法律支付了工薪税和工人补偿金。蒙大拿州最高法院驳回了该主张,认为无论是蒙大拿州判例还是蒙大拿州所遵循的《第二次冲突法重述》,都“不支持仅仅根据当事人的行为而推断出一项有效的法律选择”,这与合同的条款是相违背的。[①] 但是,该法院认为,俄亥俄州法律应予适用,因为该合同在俄亥俄州订立,并且该雇员在那里履行其服务工作。

4. 保险合同

维斯汀公司诉匹兹堡国家统一火灾保险公司(Visteon Corp. v. National Union Fire Ins. Co. of Pittsburgh, Pa.)案[②]是本年度最重要的涉及环境污染的保险赔偿案。该案中,一份保单涵盖了位于不同州的风险。在一份由波斯纳法官撰写的意见书中,第七巡回法院的一个明星法庭(由伍德法官、波斯纳法官和伊斯特布鲁克法官组成)将印第安纳州法院在此类案件中所采用“统一合同解释方法”[③]认为是“非常明智的”。[④] 该方法关注的是保险合同,并尽量适用一个州的法律,即使该合同涵盖位于不同州的多个风险。这通常会导致适用合同订立地州法律或者其他与合同或当事人具有密切联系的州的法律,而不管风险位于何处。另一种方法也被很多州遵循,被称为“位置定向方法”,它放弃了对于整个合同适用同一个法律的目标,集中关注风险所在地州的利益。准据法通常是该州法律(所在地州),除非其他州与特定事项有更密切联系。[⑤]

维斯汀是一家总部位于密歇根州的公司,它从被告保险公司那里购买了一份保险合同,保险范围涉及维斯汀位于几个州和国外的生产工厂。保险风险发生于维斯汀位于印第安纳州的一家工厂,大量的有毒物质泄漏进入土壤和地下水并污染了邻居的财产。保险公司援引了保险合同中的一项污染排除条款拒绝承担保险赔偿。维斯汀公司在印第安纳州起诉该保险人并要求适用印第安纳州法律,该法拒绝执行特定的排除条款。保险人认为应适用密歇根州法律,该法将会执行该排除条款。第七巡回法院认为应适用密歇根州法律,判决不予

① Harrington, 2015 MT 233, 1 20, 380 Mont. at 304, 356 P. 3d. at 446.

② 777 F. 3d 415 (7th Cir. 2015) (decided under Indiana conflicts law).

③ Ibid., at 418.

④ See National Union Fire Ins. Co. of Pittsburgh, PA v. Standard Fusee Corp., 940 N. E. 2d 810 (Ind. 2010) (discussed in Symeonides, 2010 Survey, 381 – 83).

⑤ For extensive discussion of these approaches and cases applying them, see Symeonides, Oxford Commentaries____.

赔偿。

波斯纳法官注意到,印第安纳州的统一合同解释方法对第七巡回法院有约束力,即使该方法并不“非常明智”。[①] 他认为,如果像维斯汀所主张的那样根据该方法适用印第安纳州法律,则将意味着“印第安纳州法律将会支配所有由维斯汀导致的污染损害,无论其发生在哪里”。[②] 波斯纳解释说,对于保险人而言,“要计算出维斯汀分布于世界各地的不同风险标的的单一保险费”是“非常困难的”,而“针对同一被保险标的的相同保险收取多个不同的费用”同样是困难的。[③] 波斯纳认为:

既然保险人有强制性理由对于一个保险标的收取统一的费用而不管风险的巨大差异,那么同样也有强制性理由去适用同一地方的法律调整保险合同条款引发的纠纷,而对地区法院来说,唯一的法律选择就是在印第安纳州和密歇根州之间,法院选择密歇根州法律是正确的。[④]

波斯纳还指出,“印第安纳州有毒物质受害者由维斯汀公司提供了赔偿”,因此,“通过保险公司支付维斯汀的费用,哪一个州能够获得利益,这还不是太清楚”。[⑤]

笔者从这个案例中得到的结论,并不是该统一合同解释方法“非常明智”,

---

① Visteon Corp. ,777 F. 3d at 418.

② Ibid. 波斯纳指出,这是一种“对统一合同解释方法的……暗示”,人们可能会认为,以地点为导向的方法并没有包含这种暗示,因为根据该方法,法院将每种风险都视为是在一份独立保单中被承保的。

③ Visteon Corp. ,777 F. 3d at 418.

④ Ibid.

⑤ Ibid. ,at 419.

而是相反,就算克拉松案①要求法院遵循该方法,所得到的结果也是可以争辩的。②

(二)侵权

1. 医疗事故

在大多数涉及医疗事故的侵权冲突案件中,法院都适用医疗服务发生地法律,而不是病人住所地法律。③ 理由也很充分:一方面,"由于病人来自四面八方,要求医院和医生去了解所有州的法律"是"完全不合理的"。④ 另一方面,"病人会本能地关注到,来到一个新的地方会使他们遭受(不利的)规则",⑤而"法律人都知道,'进入一个州……来访者就使自己置于该地的风险之下,并且不能指望让生活在那里的人们遭受他们的法律没有为他们创设的经济风险之中"。⑥

人们可能会希望,采用侵权行为地规则的法院也会得出同样的结论,因为在通常情况下,侵权行为地也是医疗服务提供地。但是在蒙大拿诉弗雷萨

---

① Klaxon Co. v. Stentor Electric Mfg. Co. ,313 U. S. 487(1941).

② 其他包含保险冲突的案件参见:Bayswater Development LLC v. Admiral Ins. Co. ,126 A. D. 3d 490(N. Y. App. Div. 2015),leave to appeal denied,26 N. Y. 3d 905(N. Y. 2015)(applying Flor-ida law and denying coverage for damage caused by the use of defective "Chinese Drywall" in Florida houses);Chicago Ins. Co. v. Paulson & Nace,PLLC,783 F. 3d 897(D. C. Cir. 2015)(applying D. C. law and denying coverage for legal malpractice under an insurance contract between a D. C. law firm and an Illi-nois insurer). From the numerous cases involving automobile insurance contracts and suits between insureds and their insurers,see,e. g. ,Saveraid v. State Farm Ins. Co. ,597 Fed. App'x 492(10th Cir. 2015)(decided under New Mexico conflicts law);Ward v. Nationwide Assurance Co. ,2014 WL 7339238(Ky. Ct. App. Dec. 24,2014),reh'g denied(Feb. 12,2015),review denied(Oct. 21,2015). Both cases applied the pro-insurer law of the insured's home state rather than the pro-insured law of the state of the accident. For a case reaching the same result in a case involving a suit by an accident victim against the tortfeasor's insurer,see Rios v. Pierce,158 So. 3d 856(La. Ct. App. 2015),writ denied,168 So. 3d 404(La. 2015). For a case applying the law of the accident state,see Jones v. Government Employ-ees Ins. Co. ,2015 – 0275(La. App. 4 Cir. 12/16/15),183 So. 3d 636,writ denied,2016 – 0101(La. 3/4/16),2016 WL 1045354.

③ For citations and discussion,see Symeonides,Oxford Commentaries,supra note 99,at 207,215,220 – 21.

④ Troxel v. A. I. duPont Institute,636 A. 2d 1179,1181(Pa. Super. Ct. 1994),appeal denied,647 A. 2d 903(Pa. 1994).

⑤ Bledsoe v. Crowley,849 F. 2d 639,647(D. C. Cir. 1988)(Williams,J. ,concurring).

⑥ Warriner v. Stanton,475 F. 3d 497,504(3d Cir. 2007)(quoting D. Cavers,The Choice of Law Process,146 – 47(1965)).

(Montano v. Frezza)案[①]中,法院根据新墨西哥州的侵权行为地法规则作出了判决,却得出了相反的结论,其适用的是病人家乡州的法律。根据《第一次冲突法重述》[②]中的“最后行为地”规则,[③]该法院认为侵权行为地位于病人家乡州,因为该地是“伤害显现出来的”地方。[④] 病人是一位新墨西哥州居民,他在得克萨斯州的一家医院进行了减肥手术。[⑤] 法院认为,根据礼让原则,得克萨斯州外科医生有权享有得克萨斯州立法规定的豁免,“但是仅限于该豁免与新墨西哥州豁免法相一致的程度”。[⑥] 新墨西哥州最高法院提审了该案。

金斯伯格诉奎斯特诊疗公司(Ginsberg ex rel. Ginsberg v. Quest Diagnostics, Inc.)案[⑦]是一起根据《第二次冲突法重述》审理的新泽西州案件,涉及不同被告在纽约州和新泽西州所提供的医疗服务。法院对于在纽约州实施的医疗服务适用了纽约则法律,而对于在新泽西州的服务适用了新泽西州法律。

金斯伯格案在事实上和法律上都很复杂,但值得一读。阿里·金斯伯格当时是一位纽约州居民,要求其纽约州医生进行一项血液测试,以便确定他是否是家族性白痴患者,这是一种无法治愈的遗传性疾病。医生将血液样本送到被告奎斯特公司那里,奎斯特是一家新泽西州公司,在纽约州从事营业。该被告随后又将血液样本送达一家纽约州医院,西奈山那里。该医院错误地得出了阿里·金斯伯格不是该疾病患者的结论,并将检验结果送交奎斯特公司,奎斯特公司随后又将其送交阿里·金斯伯格的医生那里,该医生则口头通知了奎斯特公司。之后,奎斯特公司与塔玛尔结婚,后者是一位新泽西州居民。塔玛尔也在新泽西州进行了该疾病的检测,并被发现是携带者。她向一位新泽西州妇科医生咨询并从一位新泽西州医院(HUMC)的遗传学家那里得到了咨询意见。在咨询中,塔玛尔告知该妇科医生和遗传学家她的丈夫并非该疾病的携带者。夫妻二人随后迁居到纽约州,在那里塔玛尔生下一个小孩,并被诊断出患有家

---

① 2015 - NMCA - 069, 352 P. 3d 666(N. M. App. 2015), cert. granted(June 19, 2015).

② 参见《第二次冲突法重述》第 377 条。

③ See id. 1 10, 352 P. 3d at 670("The place of the wrong... is the location of the last act necessary to complete the injury.")(quoting Torres v. State, 894 P. 2d 386, 390(N. M. 1995)).

④ Montano, 352 P. 3d at 670.

⑤ 这是该病人家附近唯一一所被其保险人提供保险的医院。该病人在手术后继续旅行到该医院接受了 6 年的后续治疗,直到另一位医生发现该手术存在缺陷并实施了纠正手术。

⑥ Montaño, 352 P. 3d at 668.

⑦ 117 A. 3d 200(N. J. App. Div. 2015).

族性白痴症。该夫妻回到新泽西州并于 2 个月后在新泽西起诉奎斯特和西奈山(纽约州被告)以及新泽西州的妇科医生和 HUMC 医院(新泽西州被告)。

原告主张"出生缺陷"和"生命缺陷"的损害赔偿。前一项诉讼由父母提起,主张他们被剥夺了作出一项有意义的决定的选择权,即如果他们事先知道该孩子会有出生缺陷,他们可以决定是否选择怀孕。原告主张,如果他们都被正确告知二人都是家族性白痴症患者,他们就会进行胎儿检测,从而可以知道胎儿是否被遗传了该疾病,他们就有可能终止妊娠。两个州都承认这一诉讼,但是纽约州只允许提供金钱赔偿,而与此不同,新泽西州还允许提供精神损害赔偿。"生命缺陷"诉讼是以有先天疾病的孩子的名义提出的,所请求的是补偿该疾病所带来的医疗费用。该诉讼根据新泽西州法律是可行的,但是根据纽约州法律则不可行。

法院指出,唯一的选择是适用一个州的法律来决定"全部"诉讼请求,①并最终适用了新泽西州法律来决定针对所有被告的诉讼请求。上诉法庭在一份长达 50 页的意见书中,采用了"各个被告分别对待"的方法。② 法庭对新泽西州被告适用了新泽西州法律,但是认为纽约法律适用于纽约州被告。

法院用了超乎寻常的篇幅来解释为什么要采用"各个被告分别对待"的方法。当然应当如此。法院认为,该方法是个案分析方法的必然结果,③这也是所有现代法律选择方法的内在特征。但是,即使是传统制度也允许,并且在有些时候要求针对不同被告适用不同州的法律。正如法院指出的那样,"原告针对多个被告提出的法律请求和理论可以通过不同时间发生在不同州的不同事实予以推断出来""如果要求针对所有被告的所有诉讼请求……都必须按照唯一一个州的法律判断,这显然属于太武断了"。④

法院将纽约州视为"主要的,即使不是排他性的损害发生地州",⑤因为纽约州是金斯伯格在塔玛尔怀孕时的居住地……他们在那里决定怀孕……塔玛尔本来可以在那里进行胎儿疾病检测,如果夫妻事先被正确告知阿里也是一位家族性白痴症患者;夫妻本来可以在那里选择终止妊娠,如果他们知道该孩子

---

① 117 A. 3d 214(N. J. App. Div. 2015).

② Ibid. ,at 219.

③ 117 A. 3d at 220("[S]ince an issue-by-issue approach is tenable,there is no reason to believe that a de-fendant-by-defendant approach is inherently untenable.").

④ Ibid. ,at 219.

⑤ Ibid. ,at 217.

患有家族性白痴症”。[1]

法院驳回了原告的观点,即伤害发生在新泽西州,因为孩子在那里被怀上。法院认为,正确地判断怀孕地点是“偶然的和不必要的”,[2]并指出,对于出生缺陷请求,焦点在于怀孕后决定继续进行妊娠的行为,而且夫妻都明知道该妊娠行为。[3] 因为在塔玛尔妊娠时,夫妻居住于纽约州,作出终止妊娠的决定只可能发生在纽约州。因此,这里就是未能做出生育选择的行为发生地,这就使纽约州成为损害发生地。[4]

法院还驳回了原告的另一主张,即损害发生在其现在的家乡州(新泽西州),因为他们在那里遭受精神折磨。法院指出,“在所有人身伤害案件中,损害的效果必然及于原告的住所或居所地州”。法院认为,不应该去关注“损害被感觉到的地点,而应该是损害实际上发生的地点”。[5]

根据新泽西州所遵循的《第二次冲突法重述》第146条,损害发生地州法律(纽约州法律)被推定适用,除非其他州根据第6条的原则具有更密切联系。法院认为,对于新泽西州被告,新泽西具有更密切联系,因此打破了适用纽约州法律的推定。法院没有被被告要求适用纽约州的对被告有利的法律的请求打动。该妇科医生和HUMC医院都在新泽西州被许可营业并在该地接受管理,它们也在该地从事经营。并且正如法院所指出的,“专家和他们的病人具有合理的预期,即许可地州的法律会支配专业被许可人在服务提供地州境内的行为”。[6]法院认为,在任何情况下,新泽西州“对于管理在其境内被许可且从事经营的健康护理专家都具有强烈的公共政策”。[7]

---

① 117 A. 3d at 220 at 217. 法院认为,“作为替代”,如果该儿童的出生本身“被视为‘损害’——尤其是考虑到该儿童的出生缺陷请求——那么纽约就也是损害发生地,因为该儿童在那里出生”。

② Ibid. ,at 218. 法院还认为,“假设该儿童是在原告位于夏威夷期间所生并且与该州不存在其他重要联系,夏威夷法律就不应当支配原告的诉讼请求”。

③ Ibid.

④ Ibid.

⑤ Ibid. (quoting Blakesley v. Wolford,789 F. 2d 236,241(3d Cir. 1986)).

⑥ 117 A. 3d at 222(emphasis added).

⑦ Ibid. 法院还认为:“病人们经常穿越州边境线以便得到医生的治疗,该医生是一位外科医生或专家,因为他具有专门技能。病人们也可能基于相同原因被送入另一州的医院,或者当他们临时位于该州时出于紧急状态。此时,基于可行性和公正性的考虑,应当强烈地推定许可证颁发地州或治疗地州的法律支配该病人在该州的护理。”Ibid. ,at 236.

对于纽约州被告,第146条有利于纽约州法律的推定被接受而不是被推翻,因为纽约州"对于管理其医疗实验室和医院具有强烈的利益",①并且这些被告有各种理由"预期到纽约法律会支配他们在纽约州所提供的服务"。② 针对他们的诉讼请求,"不应仅因为案件中有多个其他被告来自不同的州就用其他州的法律来评判"。③

法院还广泛讨论了《第二次冲突法重述》第6条的原则,并认为他们的结论与该原则是一致的。法院认为:(1)"对于新泽西州健康护理被告适用新泽西州法律不会影响到州际礼让和商业价值",而"对纽约州被告在纽约境内提供的服务适用新泽西州法律将会危害纽约州的政策";④(2)这种二分法也"符合当事人的利益",因为对于医疗服务的提供者和接受者来说,"预期到服务被提供地的法律会被用来支配所有该服务引起的诉讼请求"也是合理的。⑤

正如人们在这样一个案件中所预期的那样,各个被告还相互之间提出了补偿和分担的交叉请求,以及至少一项合同法上的第三人请求。由于这是一起中间上诉,上诉法庭并没有对这些请求作出裁决,其中一些请求可以随后提出来供讨论,法院将其提交给审判法院(trial court)。然而,上诉法庭承认,解决这些派生的交叉请求可能会遇到潜在的法律选择问题。例如,纽约州法律可能会支配纽约州当事人针对新泽西州被告提起的交叉请求,而新泽西州法律可能会支配新泽西州被告针对纽约州当事人提起的交叉请求,这可能会导致僵局。这是否意味着,纽约州被告如果根据纽约州法律对原告的生命缺陷没有责任,他是否会根据新泽西州法律对新泽西州被告承担赔偿责任呢？上诉法庭意识到了这些难题,决定"不完全排除审判法院重审本案的法律选择问题"。⑥

2. 法定过失

罗杰斯诉李(Rogers v. Lee)案⑦涉及一起法定过失诉讼,原告是一位南卡罗来纳州居民,被告是一位南卡罗来纳州律师,后者代理原告进行一起北卡罗来纳州的劳工赔偿诉讼。律师聘用协议授权该律师在该诉讼中代理原告,并包含一项

① 117 A. 3d at 222. at 237.

② Ibid. at 236.

③ Ibid. at 237.

④ Ibid. at 242 –43.

⑤ Ibid. at 243.

⑥ 117 A. 3d at 248.

⑦ 777 S. E. 2d 402(S. C. Ct. App. 2015), reh' g denied(Oct. 23, 2015).

北卡罗来纳州法律选择条款。北卡罗来纳州有一项休眠的立法禁止该诉讼,而南卡罗来纳州没有这样的立法。原告认为,他在南卡罗来纳州遭受到伤害,因为他在那里因律师的过失行为遭受了经济损失。根据侵权行为地法规则,南卡罗来纳州法院驳回了该主张,认为根据南卡罗来纳州先例,侵权行为地位于"损害发生地州,而不是结果被感受到的地点或者损失显现出来的地点"。① 法院还驳回了适用北卡罗来纳州的休眠立法会违反南卡罗来纳州公共政策的主张。

一份协同意见书指出,尽管北卡罗来纳州法律支配因原告在南卡罗来纳州诉讼中代理引起的请求,但授权该代理的协议(及其法律选择条款)"并不支配律师和其客户之间的全部关系"。② 该关系是在该律师位于南卡罗来纳州的办公室形成的,发生在两位南卡罗来纳州居民之间,赋予了该律师一项信托义务去探索其他可能的办法,如在南卡罗来纳州提起一项劳工赔偿诉讼或者一项产品责任诉讼。③

在博比特诉密尔伯格公司(Bobbitt v. Milberg LLP)案④中,法定过失发生于亚利桑那州的诉讼之中。被告律师事务所最初代表住所位于所有 50 个州的原告们成功获得了针对一家公司被告的集团证书。然而,事情随后急转直下。该律所错过了一些强制性法院截止期限,这导致亚利桑那州法院撤销了该集团证书,并在事实问题上作出了有利于被告的裁决。该案的集团成员于是针对该律所的法定过失行为提起了一项集团诉讼。审判法院认为原告家乡州的不同法律支配各自相关的诉讼请求,并否定了该集团证书。⑤

第九巡回法院推翻了该判决,认为亚利桑那州法律支配所有集团原告的诉

---

① 777 S. E. 2d 402(S. C. Ct. App. 2015),reh' g denied(Oct. 23,2015),at 404.

② Ibid.,at 408(Few,C. J.,concurring).

③ Ibid.,at 409("该项正当关注义务产生于南卡罗来纳州法律。其中一项实际上被提供给原告的服务(律师)涉及在北卡罗来纳州工业委员会的程序,这一事实并不自动地把全部的律师和客户之间的关系转化为根据北卡罗来纳州法律产生的关系,同样,仅仅支配该程序的律师费协议中的法律选择条款也不会如此")。

④ 801 F. 3d 1066(9th Cir. 2015),petition for cert. filed(No. 15 - 734),Dec. 04,2015,docketed,(U. S.,Dec. 8,2015)(decided under Arizona conflicts law).

⑤ For another class action for legal malpractice,see Johnson v. Nextel Communications Inc.,780 F. 3d 128(2d Cir. 2015)(decided under New Jersey conflicts law)(reversing the trial court's decision granting class certification,after concluding that the claims of all class plaintiffs against a New York law firm would not be governed by New York law).

讼请求。法院的依据来自亚利桑那州所遵循的《第二次冲突法重述》第 145 条。[①] 法院指出该过错行为发生在亚利桑那州,并驳回了初审法院认为损害发生在原告家乡州的推论。第九巡回法院认为,亚利桑那州也是损害发生地州,因为原告"在亚利桑那州的诉讼中丧失了集团证书的潜在利益"。[②] 法院解释说,应该集中探究的"并不是受害者感觉到的伤害结果发生地,而是损害本身发生地",[③]在本案中,原告的利益是"在亚利桑那州诉讼中的潜在补偿,而该利益是在亚利桑那州"。[④]

法院没有考虑当事人的住所,因为原告们的住所分布于所有 50 个州,而该律所也分布于 7 个州,而且"没有大量当事人集中于某一个州"。[⑤] 不过,法院将亚利桑那州视为原告和律所之间"某些关系"[⑥]的所在地,并承认在律师和不知名的集团原告之间的集团诉讼中很少会有什么关系。有 3 个因素"强烈地倾向于"[⑦]亚利桑那州,因此,法院认为应适用亚利桑那州法律,尤其是因为"如果损害发生地和导致损害的行为地是同一个地方,则'该州通常就是准据法州……尤其是……对于涉及行为标准的事项而言'"。[⑧] 法院没有讨论《第二次冲突法重述》第 6 条所列举的那些因素。

3. 交通事故

雷克斯罗德诉格林伍德汽车运输公司(Rexroad v. Greenwood Motor Lines, Inc.)案[⑨]是一起因发生于印第安纳州的交通事故引起的过错死亡诉讼,肇事者是一个俄亥俄州的卡车司机,事故导致一位伊利诺伊州司机死亡。受害者的亲属在印第安纳州起诉该卡车司机的雇主,要求根据伊利诺伊州法律提供赔偿。与印第安纳州法律不同,伊利诺伊州法律允许死者的成年子女获得赔偿。双方当事人都没有要求适用俄亥俄州法律。在审前会议上,被告声明,如果法院适用印第安纳州法律,他将承认单独对事故承担过错责任。法庭允许,原告提起

---

① 参见《第二次冲突法重述》第 145 条。

② Bobbitt, 801 F. 3d at 1070.

③ Ibid.

④ Ibid., at 1071.

⑤ Ibid., at 1072.

⑥ Ibid., at 1071.

⑦ Ibid.

⑧ Ibid., at 1071 – 72 (quoting Restatement (Second) § 145(2) cmt. e.).

⑨ 36 N. E. 3d 1181 (Ind. Ct. App. 2015).

中间上诉,上诉法院维持适用印第安纳州法律进行赔偿。

上诉法院指出,根据印第安纳州最高法院在西蒙诉美国(Simon v. U. S.)案①中的判决,“适用侵权行为地法的推断是牢固的,只有在极少情况下才会被推翻,而汽车事故通常不会被归入这种例外情形”。② 法院解释说,“侵权行为地法规则背后的理由是,侵权行为发生地州的法律通常支配当事人的行为”。③ 然而,正如原告所指出的,本案中唯一有争议的事项是原告对于过错死亡赔偿是否适格,而这并不是一个行为事项。法院驳回了原告的观点,因为这会“要求法院去进行分割(depecage),而这种做法并不被印第安纳州法院所接受”。④

当然,如果案件只涉及一个法律选择的争议,则没必要进行分割。因此,法院(如同印第安纳州最高法院在西蒙案中那样)拒绝进行个案分析,因为存在这样的可能性,即在其他案件中,这种分析可能会导致分割。⑤ 确实,法院担心假定的情形,解释说原告的主张“将会导致奇怪的结果”,因为“在诉讼中的任何问题上,如果被告承认过错,则准据法可以改变”,而且“这种做法会显著地防止错判”。⑥

我们不能过多地挑剔本案中对印第安纳州法律的适用(尤其是因为原告并未主张适用被告家乡州法律),或者挑剔法院将假设作为解释其逻辑的手段。但是这一逻辑会导致其他案件中不合理的结果,如在一起巴布科克类型的案件中,其中:(1)对于任何行为规制事项没有任何争议;(2)当事人居住于同一个非事故发生地州或者具有同样的损失分担法律的不同州。⑦

---

① 805 N. E. 2d 798(Ind. 2004).

② Rexroad,36 N. E. 3d 1184.

③ Ibid. (second italics added).

④ Ibid.

⑤ 有关分割问题的讨论以及对印第安纳州在 Simon 案中过于宽泛地拒绝分割的评判,参见 Symeon C. Symeonides,“Issue-by-Issue Analysis and Dépeçage in Choice of Law:Cause and Effect”,45 *U. Tol. L. Rev.* 751(2014)。

⑥ Rexroad,36 N. E. 3d at 1185.

⑦ In Rider v. The Young Men's Christian Association of Greater Kansas City,460 S. W. 3d 378 (Mo. Ct. App. 2015), reh'g and/or transfer denied(March 3,2015), and transfer denied(May 26, 2015), a case arising from a slip and fall injury in defendant's Kansas premises, a Missouri court refused to apply Kansas's cap on non-economic damages and allowed unlimited damages under Missouri law because both the plaintiff and the defendant owner of the premises were Missouri domiciliaries, reasoning that“where the conflict involves a rule of recovery or question of compensation, the domicile of the parties is the most significant contact. ”Id. at 388(quotation marks omitted).

大通诉统一美国—加拿大公司(Denton v. Universal Am-Can,Ltd.)案①同样涉及一起印第安纳州交通事故和伊利诺伊州受害者。一位印第安纳州驾驶员违章导致多辆汽车连环相撞,这些汽车的驾驶员都不是印第安纳州居民,包括原告。原告与该印第安纳州驾驶员的继承人谈判,随后在伊利诺伊州起诉其他驾驶员。伊利诺伊州法律有利于原告。被告都不居住于印第安纳州或伊利诺伊州,认为应适用印第安纳州法律,而这对他们有利。

根据《第二次冲突法重述》,②伊利诺伊州法院认为印第安纳州法律支配责任和损害分配的所有事项,因为原告并未推翻适用损害发生地州法律的推定。法院指出,根据伊利诺伊州判例,"除非有特定情况,'最密切联系原则'的最高得分者就是侵权行为发生地"。③ 本案中,没有其他州比印第安纳州具有更密切联系,因为印第安纳州也是危险行为发生地州,而且当事人之间没有既存的关系,也没有共同住所地。法院认为,"尽管伊利诺伊州对于补偿其居民的损害具有利益,但是该利益并不优先于印第安纳州维护其高速公路安全,或保护其居民和商业免于在过失诉讼中被分摊更高成本的利益"。④

在西海尔诉第九司法区地区法院(C'Hair v. District Court of Ninth Judicial District)案⑤中,交通事故发生于怀俄明州一个印第安人保留区境内的州际高速公路上。被告是一位印第安人部落成员,而原告是一位怀俄明州的非印第安人居民。怀俄明州最高法院认为,无论是该法院所遵循的侵权行为地法规则,还是怀俄明州的借用立法都不要求适用部落的时效立法,该立法禁止针对被告的诉讼。该借用立法也不适用,因为一个印第安人保留区"既不是一个州也不是一个国家"。⑥ 侵权行为地法规则也不适用,因为它适用于实体法冲突,而不适用于诉讼时效,后者在法院看来属于程序事项。

---

① 2015 IL App(1st)132905,26 N.E.3d 448.

② 参见《第二次冲突法重述》第145～146条。

③ 2015 IL App(1st)132905,¶ 19,26 N.E.3d at 454[quoting Townsend v. Sears, Roebuck & Co.,227 Ill.2d 147,165,879 N.E.2d 893(2007)].

④ Id. at ¶ 29,26 N.E.3d at 456. For another Illinois case arising out of an Indiana traffic accident and applying Indiana law, see Kovera v. Envirite of Illinois, Inc.,26N.E.3d 936(Ill. App. Ct. 2015), appeal denied,32 N.E.3d 674(Ill. 2015).

⑤ 2015 WY 116,357 P.3d 723(Wyo. 2015).

⑥ Ibid.,66,68,357 P.3d at 741,742.

4. 免责条款

麦克唐纳诉怀特瓦特挑战者公司(McDonald v. Whitewater Challengers, Inc.)案①涉及一项免责条款的可执行性,该条款免除了一家宾夕法尼亚州皮筏漂流旅行经营者怀特瓦特公司对于其组织的激流皮筏漂流活动参与者的损害赔偿责任。原告是一位纽约州教师,是一个纽约州学生团体在宾夕法尼亚州进行漂流活动的领队,在该活动中受伤。该免责条款在宾夕法尼亚州可以执行,但是原告是在纽约州签署该协议的,一项纽约州立法宣布该条款因违反了纽约州的公共政策而无效。

原告主张:(1)因为她在纽约州签署该协议,该合同也在那里订立,因此应适用纽约州法律;(2)如果被告有意适用宾夕法尼亚州法律,那么它本应该在合同中订立一个宾夕法尼亚州法律选择条款。宾夕法尼亚州法院驳回了该主张,并指出纽约州立法并不能域外适用,该条款"的目的在于保护怀特瓦特这家宾夕法尼亚公司,该公司有权期待……宾夕法尼亚州法律会适用于该条款的解释"。② 在讨论了宾夕法尼亚州法律选择的判例之后,法院认为,该免责条款根据宾夕法尼亚州法律可以执行。法院承认纽约州具有保护纽约州原告的利益,但是法院认为,宾夕法尼亚州对于适用其法律具有"更大的利益"。③ 通过对著名的同类案例西普拉诉夏波斯卡(Cipolla v. Shaposka)案④的解释,法院解释说:

> 允许怀特瓦特公司对于其在宾夕法尼亚州境内的行为适用宾夕法尼亚州法律,这看上去是公平的……不能仅因为原告是一位来自纽约的客户而该州给予其更高的保护,而让怀特瓦特公司承担高于宾夕法尼亚州法律所施加的更高的责任。⑤

5. 欺诈性贸易行为和消费者保护

在托内尔诉西雅图服务局(Thornell v. Seattle Service Bureau, Inc.)案⑥中,华盛顿州最高法院全席判决:(1)一位外州原告可以对一家本州公司被告提起

① 116 A. 3d 99(Pa. Super. Ct. 2015).
② Ibid. at 111(internal quotation marks and brackets removed).
③ Ibid.
④ 267 A. 2d 854(Pa. 1970).
⑤ McDonald, 116 A. 3d at 111(internal quotation marks omitted).
⑥ 363 P. 3d 587(Wash. Dec. 10, 2015).

诉讼请求,因为该被告发送了欺诈性收债函并违反了华盛顿州《消费者保护法》;[1](2)如果本州被告是外州委托人的代理人,则原告还可以根据该法起诉该委托人。法院主要是根据立法解释来作出该判决的(尤其是该法的字面含义,其中允许“任何人”起诉违反该法的行为),同时法院还给出了以下理由:

> 如果外州公民不能针对华盛顿州企业提起《消费者保护法》的诉讼,那么一些毫无道德的企业就会专门针对外州居民实施一些不公平的欺诈性行为,从而可能会规避《消费者保护法》中的责任。从事不公平和欺诈性行为,并间接影响到其他人的华盛顿州企业不能促进公平和诚实竞争的目标。与那些通过实施不法行为的企业相比,诚实经营者可能会被置于一种不利的竞争地位。[2]

对于外州被告,法院解释说:“委托人不能派遣代理人到一个州去实施违反《消费者保护法》的行为,以便利用其外州居民的身份来规避法律责任。”[3]

在拉特利奇诉惠普公司(Rutledge v. Hewlett-Packard Company)案[4]中,一家加利福尼亚州法院否决了一批外州消费者的集团证书,他们起诉一家加利福尼亚州生产商违反了加利福尼亚州《消费者法律救济法》,[5]理由是这些消费者未能证明加利福尼亚州比其家乡州有更大的利益去适用该州法律。上诉法院推翻了该裁决。法院根据加利福尼亚州判例认为加利福尼亚州《消费者保护法》“是本国最强硬的法律之一”,并认为“加利福尼亚州更有利的法律可以为非本州居民原告提供利益,如果他们家乡州并不拒绝为这些人提供完全赔偿”。[6] 法院认为,根据上述情形,法院要求被告承担举证责任,以证明消费者家乡州对于适用该州法律具有比加利福尼亚州更大的利益。

---

① Wash. Rev. Code § 19.86.

② 363 P.3d at 591.

③ Ibid., at 592.

④ 190 Cal. Rptr. 3d 411(Cal. Ct. App. 2015), as modified on denial of reh'g(Aug. 21, 2015), review denied(Nov. 10, 2015).

⑤ Cal. Civ. Code § 1750.

⑥ Rutledge, 190 Cal. Rptr. 3d at 431(quotation marks omitted).

6. 破坏夫妻感情与管辖权

密西西比州是少数几个对于破坏夫妻感情赋予法律上的诉因的州之一。[①]这种诉讼的原告是一对夫妻,被告是一个第三者,他(她)导致了该夫妻婚姻破裂,通常是因为该第三者与夫妻一方保持不正当关系。在诺德内斯诉福切克斯(Nordness v. Faucheux)案[②]中,一对夫妻生活在孟菲斯郊区,位于田纳西州边境的密西西比州一侧。丈夫在孟菲斯的联邦快递担任飞行员,名叫菲利普。他与一位名叫弗朗西斯卡的女性发生了婚外关系,该女性当时居住在路易斯安那州。接下来的 5 年,两人在路易斯安那州和其他 4 个州有过多次约会,但从未在密西西比州约会过。菲利普从未对弗朗西斯卡提起过密西西比州,并让弗朗西斯卡相信他生活在田纳西州的孟菲斯。他使用一个孟菲斯号码的手机并且总是在寄包裹时填写一个孟菲斯的回寄地址。当菲利普的妻子知道该绯闻后,她与菲利普离婚并在密西西比州起诉弗朗西斯卡破坏其夫妻感情。

密西西比州的《长臂管辖法》规定,该州法院对于一位非本地居民被告"在密西西比州境内的侵权行为"[③]拥有属人管辖权。密西西比州最高法院毫不犹豫地认为,该法适用于被告,"因为弗朗西斯卡的被控行为导致原告的密西西比婚姻破裂"。[④] 但是更困难的问题在于本案中的管辖权是否符合《宪法》第十四修正案的正当程序条款。[⑤] 法院 9 位法官中的 2 位认为符合,因为"弗朗西斯卡与菲利普之间的联系是明确的",菲利普是一位"密西西比州居民",而"被指控的侵权行为全部或部分发生于密西西比州"。[⑥]

但多数意见并不同意,而是认为本案中管辖权的行使违反了美国最高法院对正当程序条款的解释。多数意见尤其提到瓦尔登诉费奥里(Walden v. Fiore)案,[⑦]该案是最高法院最近的也是最重要的关于特别管辖权的判例,该案对于国

---

① 根据某些资料,以下州还没有取消这种诉讼:夏威夷州、伊利诺伊州、新墨西哥州、北卡罗来纳州、密西西比州、南达科他州、犹他州。不过,笔者无法提供其他州的案例,除了密西西比州、北卡罗来纳州、犹他州。

② 2013 - LA - 01479 - SCT,170 So. 3d 454(Miss. 2015),reh' g denied(Aug. 13,2015),reh' g denied(Aug. 13,2015).

③ Miss. Code Ann. § 13 - 3 - 57(Rev. 2001).

④ Nordness,170 So. 3d,at 457.

⑤ U. S. Const. amend. XIV, § 1.

⑥ Ibid. at 465(Randolph,J. ,dissenting)(emphasis added).

⑦ 134 S. Ct. 1115(2014)(discussed in Symeonides,2014 Survey,supra note 1,at 303).

际鞋业公司案①中提出的有关对非居民被告行使管辖权的“最低联系标准”提出了两个条件:第一个条件是被告与法院地州之间的关系“必须是基于‘被告本人’与法院地州所创设的联系”。② 第二个条件是那些联系必须是“与法院地州本身,而……不是与居住在那里的人之间”的。③

在诺德内斯案中,对弗朗西斯卡的管辖权主张至少会与第二个条件相抵触,密西西比州法院也这样认为。法院认为,被告能够预见到她的行为将会导致在法院地州产生损害,“单凭这一点还不足以构成符合宪法要求的最低限度联系”。④ 被告的联系必须是与法院地州本身,而且必须是故意的,而非无意识的。⑤ 本案中,法院认为:

> 毫无疑问,弗朗西斯卡从来都不知道菲利普的家在密西西比州。没有证据表明弗朗西斯卡知道或应当知道她与菲利普的电话号码之间的通话和短信在密西西比州被接收。尽管弗朗西斯卡肯定知道她与一个已婚男人之间的不正当关系会导致一个婚姻的解体,但是没有证据显示她知道或应当知道该婚姻会在密西西比州解体。⑥

根据这些情况,法院认为,“推定一个人因为与一个密西西比州居民在另一个州发生不正当关系——而该人并不知道那个人与密西西比州之间的联系,因此就预期她的行为会导致她‘被迫卷入’密西西比州法院,这显然是不符合逻辑的”。⑦

7. 外国侵权和不方便法院

众所周知的是,如果一个外国原告在一起全部或部分发生于外国的侵权案件中在美国境内提起诉讼,那么以不方便法院为由驳回该诉讼的机会要远远大

① Int'l Shoe Co. v. Washington, 326 U. S. 310(1945).

② Walden, 134 S. Ct. at 1122(quoting Burger King Corp. v. Rudzewicz, 471 U. S. 462, 475, 528 (1985)).

③ Ibid. at 1123("[A] defendant's relationship... third party, standing alone, is an insufficient basis for jurisdiction").

④ Nordness v. Faucheux, 2013 - LA - 01479 - SCT, 170 So. 3d 454, 460(Miss. 2015), reh'g denied(Aug. 13, 2015).

⑤ Ibid. at 461.

⑥ Ibid.

⑦ Ibid. at 459.

于美国原告所提起的同类诉讼。[①] 两起涉及委内瑞拉原告的案件则是少数例外。[②]

第一起案件是无名氏诉国际心理分析协会(Doe v. International Psychoanalytical Ass'n)案,[③]其中,一位委内瑞拉原告在伊利诺伊州法院起诉一家英国公司,指控对方公开了所获得的原告在委内瑞拉进行精神分析时的敏感信息,从而侵犯了原告隐私权。被告首先在伊利诺伊州的一个学术会议上介绍了该信息,然后在其英文网站上使用了该信息但没有注明原告姓名。伊利诺伊州法院根据《第二次冲突法重述》第 150(2)条[④]进行了"简短的法律选择分析"之后,认为应适用委内瑞拉法律,因为在"对一份未经授权的敏感资料进行多国公开的案件中,对原告名誉的最大可能伤害地是原告生活和工作的地点,即委内瑞拉"。[⑤] 法院承认,案件通常应适用外国法律这一事实是可以以不方便法院为由驳回诉讼的理由。然而,法院认为本案不符合被驳回的条件,理由如下:

原告的未经授权的敏感医疗信息首次被公布于伊利诺伊州,该地是一个国际会议和论坛的中心,这是一个……很重要的因素。因此,伊利诺伊州具有强烈的利益来维护一定的秩序使国际会议和论坛能够合理对待无辜人群。伊利诺伊州也有强烈的利益来确保公平和正义的概念在我们的社会和我们的国家,尤其是在 21 世纪,得到优先对待。我们知道一个当事人在我们的法院会有什么样的期待,但是不知道在其他国家的法院会发生什么。尽管委内瑞拉法律在本案中的执行对于法院来说不太容易,但我们的经验却告诉我们,我们的法院

① 本综述不涉及不方便法院判例,除非它们包含重要的关于法律选择问题的讨论。

② In Salebuild, Inc. v. Flexisales, Inc., No. 14 – 15085, 2015 WL 9584784 (9th Cir. Dec. 31, 2015), the trial court had dismissed the action on FNC grounds, after concluding that the plaintiffs were foreign. The Ninth Circuit reversed, pointing out that one of the plaintiffs was a Delaware corporation, and that "the presence of a foreign co-plaintiff does not lessen the deference owed a domestic plaintiff" Id. at *1. The appellate court also found that the trial court had improperly weighted (1) the private interest factors, because it had compared the contacts of the foreign country with those of the forum state of Nevada, rather than those of the United States as a whole (Ibid.), and (2) the public interest factors, because it had "failed to consider Nevada's significant interest in providing a forum for those harmed by the actions of its corporate citizens," i. e., the defendant. Id. at *2 (internal quotation marks omitted).

③ 2014 IL App (1st) 140410, 30 N. E. 3d 490 (2015), appeal denied, 39 N. E. 3d 1001 (table) (Ill. 2015).

④ 参见《第二次冲突法重述》第 150 条第 2 款。

⑤ Doe, 2014 IL App (1st) 140410, ¶ 42, 30 N. E. 3d, at 497.

会尽最大努力为双方提供公平和司法公正。①

第二起案件是维帕科公司诉梅泽海恩(Publicidad Vepaco, C. A. v. Mezerhane)案,②原告是两家委内瑞拉银行,被告是该银行的前老板和首席执行官,他们被指控盗窃了属于该银行的价值7200万美元的美国国库券,其手段是采用欺骗方式将这些国库券通过位于库拉索的商业机构进行临时转移。被告后来逃离委内瑞拉并定居于佛罗里达州,即法院所在地州。初审法院以不方便法院为由驳回了该诉讼,支持在库拉索起诉。但是上诉法院推翻了该判决。上诉法院认为,私人利益因素具有更重要价值,因此应当在佛罗里达州进行诉讼。法院没有讨论公共利益因素,因为根据佛罗里达州的不方便法院原理,法院不需要考虑公共利益因素,只要"私人利益因素更倾向于支持原告在佛罗里达州的诉讼"。③因此,法院没有讨论法律选择问题,该问题是一个公共利益分析的要素,而且会导致该案件应适用外国法律的结论。一位持协同意见的法官痛惜地感叹道:"尽管本案中所有的过错行为都发生于我国海岸线之外,但我们当前的不方便法院规则却要求我们命令初审法院将其有限的资源……用于本案纠纷的解决。"④

在所有以不方便法院为由驳回诉讼的大量案件中,恐怕最为离奇的就是布伦纳姆石油天然气公司诉TGS-NDPEC地球物理公司(Brenham Oil & Gas, Inc. v. TGS-NOPEC Geophysical Co.)案⑤了。该案中,一家得克萨斯州法院驳回了一家得克萨斯州公司针对另一家得克萨斯州公司提起的诉讼。该案中,被告被指控为了获得与多哥共和国的一份石油生产协议而实施了侵权行为。法院没有遵从原告的法院选择,因为根据得克萨斯州判例,只有当原告"是一家公司并选择在外国从事大规模商业活动,并且因为该商业活动而在外国法院遭受损害或欺骗"⑥时,这种选择才是正当的。对于法律选择问题,法院承认"被指控的侵权行为可以说是'起源于'被告位于休斯敦的……团队",但是法院却认为,该争议

① Doe, 2014 IL App(1st)140410, ¶ 42, 30 N. E. 3d, 43, 30 N. E. 3d 497.

② 176 So. 3d 273(Fla. Dist. Ct. App. 2015), reh'g denied(Oct. 06, 2015), review denied, No. SC 15-2071, 2016 WL 1317676(Fla. Apr. 5, 2016).

③ Ibid. at 281.

④ Ibid. at 283(Shepherd, C. J., concurring specially).

⑤ 472 S. W. 3d 744(Tex. App. 2015).

⑥ Ibid. at 766.

“应当被公平地认为是由一项预期发生的多哥‘商业交易’而引起”的,[①]而且原告没有充分证明其应当适用得克萨斯州法律的观点。

在其他采用不方便法院原则驳回诉讼的案件中,值得一提的有:

■ 费歇尔诉匈牙利阿拉姆瓦斯塔克公司(Fischer v. Magyar Allamvasutak Zrt.)案,[②]该案是一起伊利诺伊州案件,法院驳回了匈牙利犹太人后裔针对匈牙利国有铁路公司、匈牙利国有银行和一家私人银行提起的诉讼。原告声称,被告参与了对匈牙利犹太人财产的没收行动,这些犹太人是大屠杀的遇难者。

■ 兰萨诉耐克公司(Ranza v. Nike, Inc.)案,[③]该案是一起俄勒冈州案件,法院驳回了一位美国公民针对一家俄勒冈州公司提起的诉讼,被告被指控在工作场所进行性别和年龄歧视并违反了联邦法律,被指控的行为是由被告位于荷兰的分公司实施的。

■ 马林杜克省政府诉普雷西多姆(Provincial Gov't of Marinduque v. Placer Dome, Inc.)案,[④]该案是一起内华达州案例,法院驳回了菲律宾某个省政府针对一家加拿大矿业公司在菲律宾的环境破坏行为提起的诉讼。

■ 鲁门塔诉贝尔直升机公司(Lumenta v. Bell Helicopter Textron, Inc.)案,[⑤]该案是一起得克萨斯州案件,法院驳回了印度尼西亚原告针对得克萨斯州一家直升机生产商因发生在印度尼西亚的坠机事故而提起的过错致人死亡诉讼。

■ 奇拉克诉 MT 马里达马格莱特船运公司(Chiraq v. MT Marida Marguerite Schiffahrts)案,[⑥]该案是一起《琼斯法案》案件,原告是一位印度船员,被告是一家德国船东,诉因是原告在轮船在索马里被海盗劫持期间所受伤害。[⑦]

---

① 472 S. W. 3d 744(Tex. App. 2015), at 772.

② 777 F. 3d 847(7th Cir. 2015), cert. denied, 135 S. Ct. 2817(U. S. 2015).

③ 793 F. 3d 1059(9th Cir. 2015).

④ 350 P. 3d 392(Nev. 2015).

⑤ No. 01 - 14 - 00207 - CV, 2015 WL 5076299(Tex. App. Aug. 27, 2015).

⑥ 604 Fed. App'x 16(2d Cir. 2015).

⑦ See also Nithyananda Meditation Academy v. Rao, 2015 WL 1396465(Mich. Ct. App. Mar. 26, 2015)(In-dian defamation); Moreno v. LG Electronics, USA Inc., 800 F. 3d 692(5th Cir. 2015)(employment acci-dent in Mexico).

(三)产品责任

1.隆胸术、医疗用品和联邦运输

道康宁公司诉DCC公司[In re Dow Corning Corp.(Sutherland) v. DCC Litigation Facility,Inc.]案①是"几万起针对道康宁公司的与硅酮有关的案例之一",②该公司是一家总部位于密歇根州的专门生产硅酮隆胸材料的企业,其产品导致了接受该物质的妇女患上严重疾病。原告在其家乡州北卡罗来纳州联邦法院提起诉讼,但是法院将该案移交给密歇根州联邦法院,因为道康宁公司在该地申请破产。案件的移交是根据《美国法典》第二十八章第157(b)(5)条,该条允许一家联邦法院将在非破产地州法院提起的人身损害和过错致人死亡案件移交给其他正在受理破产案件的地区法院。③

本案一个独特之处在于,就法律选择而言,根据第157(b)(2)条移交案件是否应当按照《美国法典》第二十八章第1404(a)条④所规定的案件移交同样处理,根据范杜森案⑤和费伦斯案⑥的判例,后者的案件移交不发生准据法的改变。第六巡回法院对这一问题给出了肯定回答,认为"范杜森案和费伦斯案所体现的实用原则和公平原则"以及"维持受理案件的州和联邦移交之间的一致性"应同等适用于本次案件移交。⑦ 法院还指出:

> 第157(b)(5)条像第1404(a)条和第1407条一样,是一项案件移交规定,它不应被用于剥夺原告在案件被移交之前对法院和任何州法律的选择。此外,由于债务人可以根据《美国法典》第二十八章第1408条选择在哪里进行破产诉讼并适用破产法院所在地州法律,所以这会带来挑选法院的问题,从而会带来利用第157(b)(5)条作为挑选法院的工具的危险。最后,很清楚的是,根据第

① 778 F.3d 545(6th Cir.2015),reh'g denied(Mar.18,2015).

② Ibid.,at 547.

③ 28 U.S.C.第157(b)(5)条规定:"地区法院应命令该人身伤害侵权和过错致人死亡请求应当在受理破产案件的地区法院审理,或者在受理破产案件的地区法院所确定的诉讼请求发生地地区法院审理。"

④ 28 U.S.C.第1404(a)条规定:"为了便利当事人和证人,出于公正的利益,地区法院可以将任何民事诉讼移交给任何本来应该受理该案的其他地区法院或分院或者移交给所有当事人都一致同意的任何地区法院或分院。"

⑤ See Van Dusen v. Barrack,376 U.S.612(1964).

⑥ See Ferens v. John Deere Co.,494 U.S.516(1990).

⑦ Dow Corning(Sutherland),778 F.3d at 550.

157(b)(5)条移交法院的决定如同根据第1404(a)条移交法院的做法一样,应当考虑的是方便性和司法公正的利益,而不是改变法律所带来的不利后果……如果根据第157(b)(5)条进行案件移交会改变案件所适用的实体法律,则法院将不会愿意移交案件,因而会有损于该条希望对案件进行集中管辖的目的。①

该法院的回答对于原告案件的进展具有现实意义。该案根据密歇根州诉讼时效法律已经过期了,但是根据北卡罗来纳州诉讼时效法律则尚未过期,这取决于原告何时被诊断出因该隆胸手术而患上疾病。由于北卡罗来纳州法院适用了法院地诉讼时效,该州的联邦法院也应适用同样的规则。根据第六巡回法院的裁决,位于密歇根州的联邦法院应当适用同样的规则:"审判地的移转并不是'点金术'。北卡罗来纳州的法律选择规则支配原告的州法请求权,因为无论如何她的案子都没有离开北卡来罗纳州。"②

道康宁(加萨)公司诉DCC公司[In re Dow Corning Corp. (Gatza) v. DCC Litigation Facility, Inc.]案③是另一起针对道康宁公司提起的隆胸术案件,涉及一位华盛顿州居民,她直接在密歇根州的破产程序法院提起诉讼。破产法院适用了密歇根州的诉讼时效驳回了该诉讼。第六巡回法院推翻了该裁决,认为该法院应当适用华盛顿州诉讼时效,包括其证据规则。根据该规则,该诉讼应当没有过期。由于该案不是一起移交案件,因此不能适用萨瑟兰案的做法,第六巡回法院不得不根据其他理由作出裁决。该法院"同时适用了密歇根州的法律选择规则和'一般衡平法律选择政策'",④这也是联邦法院在破产案件中所采用的通常做法。

对于密歇根州的法律选择规则,法院指出,"尽管密歇根州法院会在侵权诉讼中推定适用密歇根州法律,但如果'其他州对于该案具有更显著利益而密歇根州只具有较小的利益',如同本案一样,则可以推翻该推定"。⑤ 法院根据一

---

① Ibid. at 550 -51(quotation marks and citations omitted).

② Dow Corning(Sutherland),778 F. 3d at 551 -52. 法院将该案件发回地区法院以确定诊断是何时做出的。

③ 617 Fed. App'x 493(6th Cir. 2015).

④ Ibid. at 495(quoting In re Miller,513 Fed. App'x 566,572(6th Cir. 2013)(observing that the federal circuits are split on whether federal courts exercising bankruptcy jurisdiction should apply federal choice-of-law rules or those of the forum state)).

⑤ Id. (quoting Hall v. Gen. Motors Corp.,582 N. W. 2d 866,868(Mich. Ct. App. 1998)).

项密歇根州判例①和一项来自密歇根州的联邦判例②得出这一结论,但该两个判例差别很大。在两个判例中,外国法律都有利于密歇根州被告。“正如阅读过本综述的读者所知道的那样,密歇根州法院在这一点上是声名狼藉的:一旦有利于本地当事人,就适用密歇根州法律,并且总是找一个不合理的理由去适用那些对外国当事人不利的外国法律。”③法院还不加解释地指出,“适用联邦法律选择规则在本案中是符合《第二次冲突法重述》的,这会导致同样的结果”。④

在威廉姆斯诉克拉克桑德公司(Williams v. Clark Sand Co. ,Inc.)案⑤中,被告是一家佛罗里达州公司,它也生产隆胸材料。该公司被解散了,但是像很多其他州一样,佛罗里达州通过了一部公司续存立法,它允许原告在公司解散后4年内可以起诉该公司。密西西比州作为法院地州和原告的住所地州,有一项类似立法,但是规定了较短的续存期限(3 年)。该案根据两个州立法都在有效期内,但是原告认为:(1)佛罗里达州立法是一部诉讼时效立法,因而不能在密西西比州适用;(2)根据密西西比州所采用的重力中心方法,密西西比州诉讼时效立法应当适用。根据后一立法及其证据规则,该诉讼已过期。

密西西比州最高法院驳回了原告的观点。根据包括佛罗里达州在内的很多州的判例,法院认为,佛罗里达州的公司存续立法并非一项诉讼时效法,而是一项基于衡平理由暂时延续一个公司生命的法律。由于密西西比州也有一项类似立法,不存在“要求进行重力中心分析的冲突”。⑥ 法院认为,在任何情况下,佛罗里达州法律都应适用,因为“一家公司是否可以被诉应由其成立地州决定,无论法院地州诉讼时效和证据规则如何规定”。⑦ 法院还认为,充分诚信条款也要求密西西比州适用佛罗里达州存续法。⑧

---

① The Michigan case is Hall v. Gen. Motors Corp. ,cited supra note ___.

② See Standard Fire Ins. Co. v. Ford Motor Co. ,723 F. 3d 690(6th Cir. 2013).

③ Symeonides,2013 Survey,at 254.

④ Dow Corning Corp. (Gatza) v. DCC Litigation Facility, Inc. ,617 Fed. App' x at 493,495(6th Cir. 2015).

⑤ 2015 - CA - 00579 - SCT, 2015 WL 5730705 (Miss. Oct. 1, 2015), reg' g denied (Jan. 7, 2016).

⑥ Ibid. ,at *5.

⑦ Ibid.

⑧ Ibid. ,at *6. ("Article IV, Section 1, of the United States Constitution requires Mississippi courts to accord 'full faith and credit' to... Florida's organization and dissolution laws.")

瓦尔诉通用电气公司(Wahl v. General Elec. Co.)案[①]也是一起在不同州联邦法院之间进行移转的案件(俄亥俄州和田纳西州),同时也涉及应适用哪一州的法律选择规则问题。不过,该案的移转具有非典型性。它是一起"直接起诉,之后移转"的跨地区诉讼案件,也就是一起在跨地区诉讼法庭指定的法院直接起诉要求进行统一庭前审理的诉讼案件。通常,原告会在其家乡州提起诉讼,案件会被出于庭前审理的目的被移交到指定法院,然后根据需要再被发回到原告家乡州。本案中,法庭发布一项"直接起诉令"允许后起诉的原告直接在被指定的俄亥俄州联邦法院提起诉讼。根据该命令,原告在该法院起诉,尽管她本应该在田纳西州法院起诉,那里是她的家乡州和她使用该产品并遭受伤害的地方。庭前审理之后,根据原告和被告的共同要求,位于俄亥俄州的跨地区诉讼法庭法官将该案移交给田纳西州联邦法院。

在瓦尔案中的第一个问题是一个没有最高法院和上诉法院先例的问题:该案从俄亥俄州向田纳西州的移转,是否可被归属于一项根据《美国法典》第二十八章第 1404(a)条所命令的"目的是方便当事人和证人,出于公正的利益"[②]而进行的移转,抑或相反,是根据第 1406(a)条由于在错误的法庭起诉而被命令的移转。[③] 正如之前所指出的,在第一种情况下,应适用范杜森—费伦斯规则,并要求接受移转的法院适用转出法院的法律选择规则。在根据第 1406(a)条所进行的移转中则相反,接受移转的法院要适用其自身的法律选择规则。

第六巡回法院认为,该项移转属于第 1406(a)条的移转,[④]因此应根据田纳西州的法律选择规则进行裁决。根据法院的观点,这意味着要适用田纳西州的休眠法,[⑤]从而阻止该诉讼。该项立法是糟糕透顶的。它要求所有针对药品生产商的所有产品责任诉讼都必须在该药品包装上所显示的日期到期后 1 年内

---

① 786 F. 3d 491(6th Cir. 2015).

② 786 F. 3d 491(6th Cir. 2015).

③ 28 U. S. C. § 1406(a) provides: "The district court of a district in which is filed a case laying venue in the wrong division or district shall dismiss, or if it be in the interest of justice, transfer such case to any district or division in which it could have been brought."

④ See Wahl, 786 F. 3d at 498 – 99("[The plaintiff's] case more closely resembles a transfer under § 1406(a) than a typical transfer under § 1404(a). Like transfers under § 1406(a), [the plaintiff's] suit was transferred out of the Northern District of Ohio because that district was not a proper venue in her case; for that reason, the direct-filing order contemplates eventual transfer to a proper venue.").

⑤ Tenn. Code Ann. § 29 – 28 – 103.

提出。本案中,原告在2006年使用了一种药品,其包装日期显示是2008年,但是她在2010年前并未被诊断出患有因使用该药品而导致的绝症,此时她的诉讼已经过期了。

法院退一步认为,即使根据俄亥俄州的法律选择规则,田纳西州的休眠立法也会适用,因为俄亥俄州遵循的是《第二次冲突法重述》第146条,[①]根据该条,损害地州法律应适用,除非其他州根据第6条的原则和第145条的因素具有更密切联系。在列举了田纳西州所具有的因素并对其他州所具有的因素轻描淡写之后,法院认为,没有其他州比田纳西州具有更密切联系。法院提到生产商的药品部门坐落于新泽西州,该州法律并不禁止该诉讼,同时也稍微提到了生产地(爱尔兰),但未提到该地法律。就要素分析而言,人们无法对这一结论抱怨太多。但是让人大跌眼镜的是,该法院竟然认为,田纳西州对于提前阻止一位田纳西州原告提起的该项诉讼具有比任何其他州都"更大的利益"。[②]

法院还驳回了原告的另一观点,即适用田纳西州休眠法会违反俄亥俄州的强烈公共政策,该项政策隐含在俄亥俄州宪法的权利救济条款[③]之中,因为该休眠法在原告尚未明了自己的权利之前就消灭了它。法院得出该结论的理由是《第二次冲突法重述》中对公共政策条款进行的一项显属夸大其词的评论,其中规定,公共政策例外"并不能仅仅以某项根据其他准据法合法存在的抗辩违反了法院地州强烈的公共政策为由而消灭该项抗辩"。[④]

在麦卡瑞尔诉霍夫曼－罗氏公司(McCarrell v. Hoffmann-La Roche, Inc.)案[⑤]中,一位亚拉巴马州居民在该州受到新泽西州所生产的药品的损害,并在新泽西州起诉该生产商。两个州都有一项2年的诉讼时效,并且都禁止该诉讼,但是新泽西州有一项证据开示规则,根据该规则,该诉讼尚未过期。初审中原告胜诉,因为初审法院适用了新泽西州的证据规则,但是上诉法院以其他理由要求重审。

而在此期间,新泽西州法律选择规则发生改变:

---

① 参见《第二次冲突法重述》第146条。

② See Wahl, 186 F. 3d at 499－500("Tennessee has a far greater interest in a lawsuit by one of its own injured citizens against a drug manufacturer than does New Jersey").

③ Ohio Const. art. I, § 16.

④ Wahl, 786 F. 3d at 500(quoting Restatement(Second) § 90, cmt. a)(emphasis added).

⑤ 2015 WL 4726495(N. J. Super. Ct. App. Div. Aug. 11, 2015), cert. granted, 127 A. 3d 701 (table)(N. J. 2015).

(1)在2008年裁决的一起相关案件P. V. 诉坎普杰西(P. V. v. Camp Jaycee)案[①]中,新泽西州最高法院将其法律选择方法从利益分析转向《第二次冲突法重述》。

(2)在另一起2010年裁决的涉及产品责任的案件科内特诉约翰逊(Cornett v. Johnson & Johnson)案[②]中,新泽西州中级法院适用了《第二次冲突法重述》第146条(而不是第142条)以解决诉讼时效冲突。第146条适用于侵权冲突,并且以侵权行为地法规则为基础,而第142条是专门解决诉讼时效冲突的,采取法院地法规则。

(3)2012年新泽西州最高法院以其他理由维持了Cornett案的裁决。[③]

受到这些发展的影响,麦卡瑞尔案被告要求根据新泽西州法律重新审查之前有关原告诉讼时效期限的裁决。新泽西州在解释了为什么判例法理论不排除重审之后,根据第146条支持了损害发生地州。原告无法推翻第146条的推定,因为不仅"他是在亚拉巴马州被开具了有缺陷的药品",而且他还"在那里购买了该药品并在那里吃下了它"。[④] 法院还指出,其观点"符合"P. V. 诉坎普杰西案的法律选择结论。[⑤] 法院指出了一些相异之处,但是遗漏了最重要的一点——在P. V. 案中,损害发生地州有一项有利于受害者的立法。

法院承认,根据《第二次冲突法重述》第142条可能会有不同的结果,因为该条"专门规定了一条不同的'补漏规则'(法院地法),这与第146条规定的补漏规则不同(损害发生地法)"。[⑥] 但是,法院拒绝适用第142条,其中一个理由是,在40多年前,新泽西州最高法院已经拒绝了第142条之前的一个版本。

2. 其他产品责任

在贝尔直升机公司诉阿尔提加(Bell Helicopter Textron, Inc. v. Arteaga)案[⑦]中,发生问题的产品是一家直升机,它由贝尔公司在得克萨斯州设计、检测和生

---

① 962 A. 2d 453(N. J. 2008)(discussed in Symeonides, 2008 Survey, 272 - 75).

② 998 A. 2d 543(N. J. Super. Ct. App. Div. 2010)(discussed in Symeonides, 2010 Survey, 333 - 35).

③ See Cornett v. Johnson & Johnson, 48 A. 3d 1041(N. J. 2012)(discussed in Symeonides, 2012 Survey, 282).

④ McCarrell, 2015 WL 4726495 at *16.

⑤ Ibid.

⑥ Ibid., at *18.

⑦ 113 A. 3d 1045(Del. 2015).

产,贝尔公司是一家总部位于得克萨斯州的特拉华州公司。Bell将该直升机卖给一家墨西哥公司,该公司在墨西哥使用了该直升机29年后,该机在那里发生坠毁并导致机上人员全部死亡,包括原告的亲属。原告聘请了一位得克萨斯州律师在特拉华州起诉贝尔公司,主张其之所以选择特拉华州而不是得克萨斯州,是因为特拉华州是一个“更友好的”法院地。① 在初审中,特拉华州被认为是一个好的选择。该律师成功地驳回了贝尔公司的不方便法院抗辩,并从初审法院获得了一项裁决。该裁决认为,得克萨斯州法律支配所有与产品责任和赔偿有关的事项。然而,“不要高兴得太早”,因为特拉华州最高法院推翻了该裁决,认为应适用墨西哥法律。

法院首先宣布,特拉华州“在本案中不具有公共政策利益,除了避免发生挑选法院并使自己陷入无关之诉讼”。② 该法院认为,墨西哥法律应适用,因为原告并未推翻《第二次冲突法重述》第146条和第175条支持损害发生地州的推定。③ 在审查了第145条规定的要素之后,法院没有考虑行为地(得克萨斯州),理由如下:

> 如果关注生产地……会鼓励有关地区改变其法律以限制对受害者提供救济,从而吸引生产商……这样就可以帮助生产商将其产品在全球范围内对受害者造成的损害赔偿成本外部化,从而从当地生产中获取工作和税收的利益。④

法院没有解释为什么在本案中要考虑这一点,因为本案中得克萨斯州法律要远比墨西哥法律对受害者更为有利。对于当事人的住所,法院指出原告“都是墨西哥人”,并且他们“在死者死亡前一直生活在墨西哥”。⑤ 另外,贝尔的住所位于得克萨斯州“并不重要”,因为贝尔“在全球范围内经营,其产品的安全影响的是很多国家的人民”。⑥

法院还认为,《第二次冲突法重述》第6条的所有原则都支持适用墨西哥法

---

① 113 A. 3d 1045(Del. 2015). at 1049. See also id. at n. 5(“[W]hen you have the choice of more than one forum. . . you pick the best forum that you think will benefit your clients”).

② Ibid. ,at 1052.

③ 参见《第二次冲突法重述》第146条、第175条。

④ Bell Helicopter,113 A. 3d at 1054－55.

⑤ Ibid. ,at 1056.

⑥ Ibid.

律。对于"州际和国际制度的必要性",法院解释说,不适用墨西哥法律可能会"损害国际礼让原则,因为这会将墨西哥的法律评价为不适合用于赔偿其本国公民的损害。墨西哥人民通过他们所选举的民意代表,有权自己决定在为受害者提供救济和限制产品责任以吸引公司到墨西哥投资之间进行权衡。如果仅因为被告偶然地是美国的公司,就鼓励墨西哥公民去规避他们自己的法律制度对于救济和赔偿所施加的限制,这会有损于国际关系,并妨碍公司去墨西哥经商的意愿"。①

在审查了相关州的利益之后,最高法院驳回了初审法院的结论,该结论认为墨西哥对于适用其有利于被告的法律以保护像贝尔这样的外国被告没有任何利益。尽管最高法院本身认为,得克萨斯州对于适用其有利于原告的法律以保护贝尔产品的外国受害者没有利益。② 此外,法院还认为,墨西哥对于适用其法律具有一项利益:与得克萨斯州法律不同,墨西哥法律允许未结婚的伴侣或"未婚妻",获得过错死亡的收益,而某些原告恰恰是"未婚妻"。③ 至于所有原告都极力要求适用得克萨斯州法律,这无关紧要。

(四)方法论

表 10 描述了 50 个州和哥伦比亚特区以及波多黎各联邦所采用的不同法律选择方法。正如本综述的读者所知道的那样,该表格在过去几年里几乎没有变化。尤其是,犹他州于 1996 年在合同领域④和蒙大拿州于 2000 年在侵权法领域⑤成为最后几个放弃传统方法的州。自那以后,只发生过两次改变,且都是侵权领域:2006 年内华达州从法院地法方法改为《第二次冲突法重述》;⑥2008 年新泽西州从利益分析方法改为《第二次冲突法重述》。⑦ 此后再未发生任何改变,因此也就没有必要每年修改这个表格了。尽管如此,读者还是要求保留它。因此就放在这里了。读者应当阅读此前综述中所做的所有说明。

① Bell Helicopter, 113 A. 3d at 1057.
② Ibid., at 1058 – 59.
③ Ibid., at 1058.
④ See American Nat'l Fire Ins. Co. v. Farmers Ins. Exch., 927 P. 2d 186 (Utah 1996).
⑤ See Phillips v. Gen. Motors Corp., 995 P. 2d 1002 (Mont. 2000).
⑥ See General Motors Corp. v. Eighth Judicial District, 134 P. 3d 111 (Nev. 2006).
⑦ See P. V. v. Camp Jaycee, 962 A. 2d 453 (N. J. 2008).

表 10　各州及其所遵循的法律选择方法列表

州	传统方法	密切联系	第二次重述	利益分析	法院地法	更好的法	综合的现代方法
亚拉巴马	T + C						
阿拉斯加			T + C				
亚利桑那			T + C				
阿肯色		C				T	
加利福尼亚				T			C
科罗拉多			T + C				
康涅狄格			T + C?				
特拉华			T + C				
哥伦比亚特区				T			C
佛罗里达	C		T				
佐治亚	T + C						
夏威夷							T + C
爱达荷			T + C				
伊利诺伊			T + C				
印第安纳		T + C					
艾奥瓦			T + C				
堪萨斯	T + C						
肯塔基			C		T		
路易斯安那							T + C
缅因			T + C				
马里兰	T + C						
马萨诸塞							T + C
密歇根			C		T		
明尼苏达						T + C	
密西西比			T + C				
密苏里			T + C				
蒙大拿			T + C				

续表

州	传统方法	密切联系	第二次重述	利益分析	法院地法	更好的法	综合的现代方法
内布拉斯加			T+C				
内华达		C	T				
新罕布什尔			C			T	
新泽西			T				C
新墨西哥	T+C?						
纽约							T+C
北卡罗来纳	T	C					
北达科他		T					C
俄亥俄			T+C				
俄克拉荷马	C		T				
俄勒冈							T+C
宾夕法尼亚							T+C
波多黎各		T+C					
罗得岛	C					T	
南卡罗来纳	T+C						
南达科他			T+C				
田纳西	C		T				
得克萨斯			T+C				
犹他			T+C				
佛蒙特			T+C				
弗吉尼亚	T+C						
华盛顿			T+C				
西弗吉尼亚	T		C				
威斯康星						T+C	
怀俄明	T+C						
总计 52	T 10 C 12	T 3 C 5	T 24 C 23	T 2 C 0	T 2 C 0	T5 C 2	T 6 C 10

注:T=侵权案件;C=合同案件。

(五)家庭关系

1. 婚姻

虽然现在已经不是新闻了,但该案还是本年度最重要的婚姻案件,这就是最高法院判决的奥贝格费尔诉霍奇(Obergefell v. Hodges)案。① 该法院认为,所有州禁止同性婚姻的法律根据第十四修正案的正当程序和平等保护条款②都违反了宪法。法院的分析集中于正当程序条款。在解释了为什么婚姻权利是一项受宪法保护的基本权利之后,法院认为"这一权利不存在同性和异性之间的区别",③"同性夫妻与异性夫妻享有同样的权利",④因此,"排除同性夫妻结婚权利的法律构成了侮辱和损害,属于正当程序条款所禁止的类型"。⑤

法院还认为,这些法律"限制了最重要的平等原则",违反了平等保护条款:⑥

> 这些法律实质上是不平等的:同性夫妻被剥夺了所有赋予异性夫妻的利益,并被禁止行使基本权利。尤其是考虑到对这种关系长期以来的反对,这种对同性夫妻结婚权的剥夺构成了一种严重的持续伤害。剥夺男女同性恋者的

---

① 135 S. Ct. 2584(2015). 正如预期,该案已经引发了大量研究文献。See Symposium, "Perspectives on Marriage Equality and the Supreme Court", 84 *Fordham L. Rev.* 1(2015)(containing articles by Elizabeth B. Cooper, Clare Huntington, Joseph Landau, Ethan J. Leib, R. A. Lenhardt, and Catherine Powell); Symposium on Obergefell, 6 *Cal. L. Rev. Circuit* 157(2015)(containing articles by Suzanne B. Goldberg, Cynthia Godsoe, Peter Nicolas, Serena Mayeri, Yuvraj Joshi, and Nan D. Hunter); Leonore Carpenter & David S. Cohen, "A Union unlike Any Other: Obergefell and the Doctrine of Marital Superiority", 104 *Geo. L. J. Online* 124(2015); William N. Eskridge Jr., "The Marriage Equality Cases and Constitutional Theory", 2015 *Cato Sup. Ct. Rev.* 111(2015); Kenji Yoshino, "A New Birth of Freedom?: Obergefell v. Hodges", 129 *Harv. L. Rev.* 147(2015).

② 参见美国《宪法》第十四修正案,第1条。

③ Obergefell, 135 S. Ct. at 2601.

④ Ibid., at 2600.

⑤ Ibid., at 2602. See also id. at 2601 - 2602("[B]y virtue of their exclusion from that institution, same-sex couples are denied the constellation of benefits that the States have linked to marriage. This harm results in more than just material burdens. Same-sex couples are consigned to an instability many opposite-sex couples would deem intolerable in their own lives. As the State itself makes marriage all the more pre-cious by the significance it attaches to it, exclusion from that status has the effect of teaching that gays and lesbians are unequal in important respects. It demeans gays and lesbians for the State to lock them out of a central institution of the Nation's society").

⑥ Ibid., at 2604.

这种能力属于对他们的不尊重和歧视。平等保护条款与正当程序条款一样,禁止这种不公正的对结婚基本权利的侵犯。[①]

法院没有提到《保卫婚姻法》中的横向部分,该部分免除了各州赋予在姊妹州合法缔结的同性婚姻或同性伴侣关系法律效力的义务。[②] 但是,法院对以下问题给出了肯定答案:"宪法是否要求各州承认在其他州合法缔结的同性婚姻?"[③]法院指出,"如果各州被宪法要求颁发结婚证书给同性夫妻,那么拒绝承认那些在其他地方缔结的同性婚姻就是违法的"。[④] 法院认为,"同性夫妻可以在所有州行使其结婚的基本权利",而且"任何州都没有合法理由仅仅以相同性别为由拒绝承认在其他州缔结的合法同性婚姻"。[⑤]

显然,奥贝格费尔案的这一部分认为《保卫婚姻法》的横向部分是违宪的。如果宪法要求各州去承认一起外州的同性婚姻,国会就不会免除各州的该项义务,正如《保卫婚姻法》的横向部分企图所做的那样。实际上,《保卫婚姻法》是唯一一部根据充分诚信条款[⑥]颁布的立法,其中,国会试图免除各州执行姊妹州法律和判决的义务。[⑦] 在早先发布的一起判例中,至少最高法院的多数意见表示,国会无权"削弱本法院判决所要求的诚信标准"。[⑧] 多数意见书指出,国会执行充分诚信条款的权利"不是绝对的",最高法院"已经赋予了该条款超出其实施立法所要求的效力"。多数意见书认为:

尽管国会确实有权去提高诚信的标准,让一个州必须去遵守其他州的法律或判决,但是对于国会是否可以限制本法院判决中所要求的诚信标准,这至少

---

① Obergefell,135 S. Ct. at 2590 - 2591.

② See 28 U. S. C. A. § 1738C(1996)("No State... shall be required to give effect to any public act,record,or judicial proceeding of any other State... respecting a relationship between persons of the same-sex that is treated as a marriage under the laws of such other State... or a right or claim arising from such rela-tionship").

③ Obergefell,135 S. Ct. at 2607.

④ Ibid.

⑤ Ibid.

⑥ 参见美国《宪法》第四修正案,第 1 条。

⑦ 相反,1980 年颁布的《阻止父母拐带儿童法》以及 1994 年颁布的《儿童抚养令充分诚信法》都要求各州姊妹州的儿童监护和儿童抚养判决,See 28 U. S. C. A. § 1738A - B。

⑧ Thomas v. Washington Gas Light Co. ,448 U. S. 261,272(1980).

还是有一些问题的。[1]

通过援引第十四修正案作出判决,奥贝格费尔案就不必——也确实没有——讨论国会根据充分诚信条款所享有的权力。[2]

2. 离婚

20 世纪 90 年代,路易斯安那州、亚利桑那州和阿肯色州都颁布了专门针对"契约式"婚姻的法律。也就是说,该婚姻中,无过错离婚不像在普通婚姻中那样容易。例如,一起路易斯安那州的契约式婚姻规定了过错离婚必须有 2 年的等待期。[3] 为了达成一项契约式婚姻,夫妻双方要签署一份声明,其中包含一项路易斯安那州法律选择条款。布莱克本诉布莱克本(Blackburn v. Blackburn)案[4]是第一起这样的案件,其中,一个不承认契约婚姻的州的法院允许解除了一起路易斯安那州的契约式婚姻。当事人双方于 2004 年在路易斯安那州缔结了一项契约式婚姻,并随后移居到亚拉巴马州,并在那里生活到 2013 年。随后丈夫以性格不合为由起诉离婚。妻子亲自出庭并要求"执行该契约式婚姻"。[5]

不出所料,亚拉巴马州法院否决了妻子的要求,并根据亚拉巴马州法律同意离婚。法院引用了最高法院在威廉姆斯诉北卡罗来纳州(Williams v. North Carolina)案中的判决,其中认为"夫妻一方住所在一个州内的住所赋予该州有权……解除任何地方缔结的一起婚姻"。[6] 法院还指出,《第二次冲突法重述》规定:"提起诉讼的住所地州本地法律应被用于判断离婚的权利。"[7]法院指出,

---

① Thomas v. Washington Gas Light Co. ,448 U. S. 261 ,272(1980).

② 在 Obergefell 案之前的一个案件中,一家法院曾认为:"国会制定 DOMA 的行动正是立国者们所期望的……他们恰当地行使了他们的权力去调整两个不同州法律的冲突,本案中,就是对同性婚姻有效性的冲突";参见 Wilson v. Ake,354 F. Supp. 2d 1298,1303(M. D. Fla. 2005). In Brandon-Thomas v. Brandon-Thomas, 163 So. 3d 644 (Fla. Dist. Ct. App. 2015), another pre-Obergefell case decided ten years after Wilson, a Florida appellate court held that the lower court's refusal, under Florida's mini-DOMA, to entertain a divorce petition to dissolve a Massachusetts same-sex marriage violated the Due Process and Equal Protection clauses of the federal Constitution.

③ See LA. REV. STAT. § 9:307(1997). For a discussion of the Louisiana version, see Katherine Shaw Spaht & Symeon C. Symeonides, "Covenant Marriage and the Law of Conflicts of Laws", 32 *Creighton L. Rev.* 1085(1999).

④ 180 So. 3d 16(Ala. Civ. App. 2015).

⑤ Ibid. ,at 17.

⑥ Ibid. ,at 19(quoting Williams v. North Carolina,325 U. S. 226,229 - 30(1945)).

⑦ Ibid. (quoting Restatement(Second) § 285).

本案中,双方当事人都居住于亚拉巴马州多年,而且“路易斯安那州契约婚姻法的起草者也曾在一篇合著的文章中承认,如果任一方当事人都不在路易斯安那州居住,则该州不再是‘利益相关州’”。① 法院还指出路易斯安那州冲突法律立法中的一个条文规定,路易斯安那州法院“可以仅仅根据路易斯安那州法律所规定的理由而同意离婚或分居”。② 其中的用语“仅仅”有很长的历史,③但即使没有该用语,亚拉巴马州适用其本州离婚法的裁决也符合所有其他州的当前实践。与国外在离婚案件中区分管辖权问题和法律选择问题的制度不同,④美国法至少从 20 世纪早期开始就将二者合并。尽管这种合并在某些情况下会发生问题,尤其是在管辖权不是根据住所而建立时,但是在本案中这完全不是问题,因为本案中双方当事人都居住在法院地州。

在阿什伐克诉阿什伐克(Ashfaq v. Ashfaq)案⑤中,一家得克萨斯州法院承

---

① 180 So. 3d 19 (Ala. Civ. App. 2015). [引用了 Katherine Shaw Spaht & Symeon C. Symeonides, "Covenant Marriage and the Law of Conflicts of Laws", 32 *Creighton L. Rev.* 1109 (1999). n. 127。]斯巴特教授是该契约婚姻法的起草人,但是他所做的这一“妥协”是由该文章的合作者所写的,该作者负责该文的冲突法部分,但并不涉及契约婚姻法。文章的该部分预见到了这一特定结果并且试图厘清少数一种情形,其中其他州应当遵守路易斯安那州的契约婚姻法但同时也解释了为什么他们不愿意这么做,主要是因为美国现在在离婚案件中把管辖权和法律选择问题合并在一起而导致的。在随后的一篇杰作中,彼得·海教授以其特有的雄辩和简洁不仅解释了为什么其他州不愿意这么做,而且解释了为什么它们不应当这么做。See Peter Hay, "The American 'Covenant Marriage' in the Conflict of Laws", 64 *La. L. Rev.* 43 (2003).

② Blackburn, 180 So. 3d at 19 (quoting La. Civ. Code art. 3521) (emphasis added).

③ 据记载,“仅仅”这一用词本来在笔者 1988 年撰写的条文中并没出现。相反,笔者起草的条文规定:如果一方当事人居住于本州,本州法院可以根据本州法律规定的理由准予离婚。下面是故事的其他部分,发表在 1999 年的一篇文章中:正如斜体字“可以”这一词所表达的,本条的目的仅在于允许而不是要求在法院根据住所行使管辖权的案件中适用法院地法。此外,如果是以其他次要理由行使管辖权,如在协议管辖权的情况下,该条文并未绝对地授权适用法院地法。相反,这些案件将被归入有关身份的住所条文中去,该条要求进行全面的法律选择分析。但是,这种架构遭到出庭律师们的反对,他们认为,让路易斯安那州法院去适用其他州的离婚法,这太难以理解了。世界上其他国家法院通常都适用外国离婚法,但是这一事实仍然不具有说服力。因此,这些法庭律师们的意见占了上风,该条被修订成:“本州法院只能本局本州法律规定的理由准予离婚或分居”。10 年后,这一缺乏远见的条文成了路易斯安那州上诉法院的障碍,无法期待其他州尊重该州的契约婚姻离婚法。参见 Katherine Shaw Spaht & Symeon C. Symeonides, "Covenant Marriage and the Law of Conflicts of Laws", 32 *Creighton L. Rev.* 1107 (1999). (footnotes omitted)。

④ See Peter Hay, "The American 'Covenant Marriage' in the Conflict of Laws", 64 *La. L. Rev.* 63 - 68 (2003); Katherine Shaw Spaht & Symeon C. Symeonides, "Covenant Marriage and the Law of Conflicts of Laws", 32 *Creighton L. Rev.* 1106 - 08 (1999).

⑤ 467 S. W. 3d 539 (Tex. App. 2015).

认了一起形式上的伊斯兰休妻(formal talaq),它与传统上的“净身出户休妻”(bare talaq)不同。[①] 本案中,丈夫在巴基斯坦根据世俗法律或条例获得了这样一个“形式上的休妻”,根据该条例,休妻仍然是单方面的,但是与“净身出户休妻”制度的一个区别是,它要求通知妻子,并有一个 90 天的等待期。期间,一个仲裁委员会试图对双方进行调解。得克萨斯州法院认为,由于本案中的休妻符合前述条件,其承认不会违反得克萨斯州公共政策。法院还将本案与阿利姆诉阿利姆(Aleem v. Aleem)案进行了区别,[②]在后一案件中,马里兰州法院认为,丈夫在巴基斯坦大使馆进行的休妻没有通知妻子,因此不予承认。得克萨斯州法院还指出,本案与 Aleem 案不同,丈夫提交了证据表明巴基斯坦条例也允许妻子提出离婚,尽管其理由要比丈夫狭窄。

在阿什伐克案中的另一个问题是巴基斯坦是否有权管辖该离婚,因为夫妻双方都居住在得克萨斯州,而且妻子认为得克萨斯州是唯一有权管辖离婚的州。得克萨斯州法院回答说,该问题不是得克萨斯州是否有管辖权的问题,而是巴基斯坦根据其法律是否也有管辖权的问题。法院给出了肯定的回答,因为根据巴基斯坦法律,巴基斯坦公民只要还有巴基斯坦国籍,就被认为还是其公民。在 Ashfaq 案中,该丈夫仍保留了其巴基斯坦国籍——尽管他也获得了美国国籍。

3. 夫妻财产

有一个故事说,法院不能针对位于另一个州的不动产作出判决,因为该法院没有这方面的管辖权。如果一家法院没有对物管辖权去直接改变外州不动产的权属,这当然是正确的。但是,如果该法院对于当事人有管辖权且仅限于作出一项人身救济,那么它就可以间接地去做他不能直接做的事情。例如,它可以命令一方当事人将外州的不动产交付给另一方当事人或者支付等价的金钱。[③] 这种判决不仅在作出地州有效,而且可以根据充分诚信条款[④]在财产所在地州被承认为有效,并得到执行。

2015 年至少有 4 起案件证明了上述观点。在帕塔克诉巴德维(Pathak v.

---

① 467 S. W. 3d 539(Tex. App. 2015). at 544.

② 947 A. 2d 489(2008)(discussed in Symeonides, 2008 Survey, supra note 1, at 312 – 13).

③ See Fall v. Eastin, 215 U. S. 1(1909).

④ 参见美国《宪法》第 4 条第 1 款。

Bhardwaj)案[①]中,一家亚利桑那州法院认为,加利福尼亚州一份双边离婚判决可以执行。该判决对加利福尼亚州夫妻位于亚利桑那州的不动产夫妻财产权利进行了处分。在克莱本诉克莱本(Claborn v. Claborn)案[②]中,一家田纳西州法院执行了一份伊利诺伊州双边离婚判决,该判决命令夫妻出售其位于田纳西州的房产。在布伦姆伯格诉布伦姆伯格(Blumberg v. Blumberg)案[③]中,新泽西州法院对于一对分割财产的夫妻行使了管辖权,该夫妻的财产包括位于爱沙尼亚的不动产和银行账户。在普塔克诉普塔克(Ptack v. Ptack)案[④]中,关岛最高法院适用了关岛的《准夫妻共有财产法》来分割一对离婚的关岛夫妻位于亚利桑那州、加利福尼亚州和明尼苏达州的不动产。

在所有涉及夫妻财产冲突的其他案件中,以下案件值得关注:肯塔基州的一份离婚判决认为,妻子对于丈夫的残疾退休抚恤金在该夫妻居住于康涅狄格州期间的增值利益享有的权利,应适用康涅狄格州的分类与分配法;[⑤]一份犹他州判决认为,一对正在离婚的犹他州夫妻设立的婚姻财产信托中的内华达州法律选择条款不能执行,因为违反了犹他州公共政策;[⑥]一份路易斯安那州判决错误地解释了《路易斯安那州民法典》第 3527 条,并认为一位亚拉巴马州寡妇要求分配其过世丈夫位于路易斯安那州的独立不动产的请求权不可继承,因此在该寡妇未行使该权利而去世的情况下归于消灭;[⑦]另一起路易斯安那州案件对于同一部法典的处理则要好得多。[⑧]

4. 儿童扶养

《统一州际家庭扶养法》已经被所有州采纳,其中在第 604 条中规定,在执行或修改一份由其他州签发的儿童扶养令的诉讼程序中:

---

① No. 1 CA - CV 13 - 0752, 2015 WL 1516596 (Ariz. Ct. App. Apr. 2, 2015).

② No. E2014 - 01683 - COA - R3 - CV, 2015 WL 5692547 (Tenn. Ct. App. June 29, 2015).

③ Nos. A - 5405 - 12T3, - 1040 - 13T31, 2015 WL 5009119 (N. J. Super. Ct. App. Div. Aug. 24, 2015).

④ 2015 Guam 5.

⑤ See Kirilenko v. Kirilenko, No. 2014 - CA - 000615 - MR, WL 4967256 (Ky. Ct. App. Aug. 21, 2015), reh'g denied (Oct. 12, 2015), discretionary review granted (Ky. Mar. 9. 2016).

⑥ See Dahl v. Dahl, Nos. 20100683, 20111077, 2015 UT 79, 2015 WL 5098249 (Utah Aug. 27, 2015), cert. denied, 136 S. Ct. 239 (U. S. 2015).

⑦ See Whatley v. Smart, 174 So. 3d 127 (La. Ct. App. 2015).

⑧ See Succession of Sylvester, 2015 - 125 (La. App. 5 Cir. 12/9/15), 181 So. 3d 250, reh'g denied (Jan. 25, 2016).

(1)签发州的法律支配扶养令的“性质、范围、数额和期限”;

(2)法院地法支配执行该扶养令的“程序和救济”;

(3)签发地州和法院地州的诉讼时效中,“更长的那一个时效”用于确定债权人可以根据该命令收集欠款的期限。[①]

《联邦充分诚信扶养法》对于诉讼时效也有相同的规定(更长的那一个),但是在所有其他事项上,其规定的替代规则是法院地法。唯一的例外是“对于儿童扶养令的解释包括其支付期限以及扶养的其他债务等,法院应适用签发该命令的法院地州法律”。[②]

在埃德曼与普雷斯顿婚姻(In re Marriage of Edelman and Preston)案[③]中,所涉问题是,根据康涅狄格州法院签发的一项命令,父亲的扶养义务存续的期限是多久。根据康涅狄格州法律,该义务在子女满18岁时终止。而根据法院所在地伊利诺伊州法律,该义务在该日期后继续延续。从字面上来看,上述《联邦充分诚信扶养法》的规定要求适用康涅狄格州法律,但仅限于对该命令存续期的“解释”。然而,由于该命令很清楚而不需要解释,该条款就不适用,转而适用《联邦充分诚信扶养法》的替代条款,该条款规定适用法院地法,即伊利诺伊州法律。法院承认存在这样一个矛盾,但也正确地指出,这不会带来问题,因为该替代条款指引适用伊利诺伊州法律包括伊利诺伊州所采用的上述《统一州际家庭扶养法》第604条,该条规定,签发地州(康涅狄格州)法律支配义务的存续期限。因此,伊利诺伊州法院不能适用伊利诺伊州法律来扩张该义务。

亚当斯—斯麦里辛斯基诉斯麦里辛斯基(Adams-Smyrichinsky v. Smyrichinsky案)[④]呈现了一副相反的场景。扶养义务根据签发地州印第安纳州法律一直持续到儿童满19岁为止,而根据法院地州肯塔基州法律则持续到其18岁生日为止。肯塔基州最高法院认为,肯塔基州不能根据其自己的法律

---

① 《统一州际家庭扶养法》(统一州法委员会2008年)第604条规定如下:(a)除(d)项另有规定外,签发地州或外国法律支配:(1)根据登记扶养令进行现款支付的性质、范围、数额和期限;(2)扶养令所规定的前款及该欠款的利息的计算和支付;以及(3)扶养令规定的其他债务的存在和履行。(b)根据登记扶养令追讨欠款的程序中,本州或签发地州或外国的诉讼时效中,适用更长的那一个。(c)本州的法庭应适用本州的程序和救济以执行在本州登记的其他州或外国签发的扶养令所规定的扶养费并收取欠款和利息。

② 28 U.S.C.A. § 1738B(h)(2)(2014)(emphasis added).

③ 2015 IL App(2d)140847,38 N.E.3d 50,as modified on denial of reh'g(Aug. 14,2015).

④ 467 S.W.3d 767(Ky. 2015).

在儿童满 18 岁时就终止父亲的义务。①

在 M. H. 父母权(In re Paternity of M. H.)案②中,签发地州印第安纳州和法院地州华盛顿州都要求承担扶养义务直到儿童满 18 岁为止。该案中,争议事项不是义务的存续期限,而是宣判该义务的判决书的存续期限。华盛顿州有一项时效立法(有时被称为"休眠法")规定,一份儿童扶养判决在最年幼的子女满 18 岁时失效。该案中,只有一个儿子,当他母亲试图根据一项印第安纳州命令在华盛顿州追讨欠款时,他已满 28 岁。由于印第安纳州并没有一项时效立法,该命令在那里可以执行。该母亲认为,根据《统一州际家庭扶养法》中上面提到的"更长的那一个"这一表述,③法院应当适用印第安纳州法律。法院驳回了该主张,认为所涉问题不是"当前支付的存续期限,而是初审法院执行该命令追讨欠款的权力"。④ 法院根据《统一州际家庭扶养法》其他部分的规定,适用法院地法支配收集欠款的"程序和救济",⑤并认为该项时效立法作为"华盛顿州的救济法",阻止了对印第安纳州扶养令的执行。⑥

在马丁诉菲利普(Martin v. Phillip)案⑦中,鞋又穿到了另一只脚上。华盛顿州是签发地,堪萨斯州是法院地。华盛顿州的命令已超过 10 年,因此在华盛顿州不可再执行,但是堪萨斯州没有一部休眠立法,因此,该命令根据堪萨斯州诉讼时效仍然可以执行。法院认为,该命令根据《统一州际家庭扶养法》中的"更长的那一个"的规定仍然可以执行。

在罗曼婚姻(In re Marriage of Lohman)案⑧中,判决债权人试图根据《统一州际家庭扶养法》执行英国法院针对其前夫作出的一项扶养判决。科罗拉多州初审法院认为,该判决可以执行,认为英国法院根据英国法律有管辖权,但是法院没有审查英国法院对管辖权的行使是否符合美国法律。在初审法院判决期间,《统一州际家庭扶养法》还没有明确要求进行这种审查。但是随后的修正案

① In In re Ball,123 A. 3d 719(N. H. 2015),该案中,一对夫妻在他们及其子女移居新罕布什尔州之后,同意修改一份马萨诸塞州扶养令所施加的债务的存续期限。新罕布什尔州最高法院认为该协议有效。

② No. 72527 - 1 - I,2015 WL 5690575(Wash. Ct. App. Sept. 28,2015).

③ Enacted as Wash. Rev. Code § 26.21A.515. See supra note 461.

④ In re Paternity of M. H. ,2015 WL 5690575 at ∗3(emphasis added).

⑤ Ibid.

⑥ Ibid. ,at ∗3.

⑦ 347 P. 3d 1033(Kan. Ct. App. 2015).

⑧ 2015 COA 134,361 P. 3d 1110(Colo. App. 2015).

以及《第三次对外关系法重述》[1]增加了这一要求。上诉法院要求初审法院重审该案,以便确定英国判决的管辖权基础是否符合美国的正当程序标准。[2]

弗里德茨基诉夏(Friedetzky v. Hsia)案[3]涉及《统一州际家庭扶养法》和《统一儿童监护管辖权和执行法》之间的互动。[4] 一位马里兰州居民在马里兰州法院针对其子女的推定父亲(一位纽约州居民)提起一项子女监护诉讼。这位父亲要求进行亲子鉴定,并申请证据开示以便获得与亲子关系和子女扶养相关的信息。该母亲随后提出了修正的起诉书,要求确认父亲身份、儿童扶养和律师费等,而该父亲则要求以无属人管辖权为由驳回起诉。法院要求进行亲子鉴定并提供证据,并认为该父亲触发了《统一州际家庭扶养法》的长臂管辖立法,并放弃了《统一儿童监护管辖权和执行法》对于监护程序所规定的有限豁免权。法院还认为,该父亲通过其亲子关系诉讼与马里兰州有足够的最低联系,从而在宪法上允许马里兰州法院对其行使属人管辖权。

(六)杂项冲突

转售版税。《加利福尼亚州转售版税法》要求美术作品的销售商向艺术家支付5%的版税,如果"该销售商居住于加利福尼亚州或该销售行为发生在加利福尼亚州"。[5] 在萨姆弗朗西斯基金会诉克里斯蒂斯公司(Sam Francis Foundation v. Christies, Inc.)案[6]中,第九巡回法院全席裁决认为,上述条款如果适用于加利福尼亚州之外发生的销售,则是违宪的,因为它违反了潜伏的商业条款(dormant Commerce Clause)。法院在其结论前加了一段现实主义的假设:

> 如果加利福尼亚州居民在纽约州有一幢分时公寓,为了装饰该公寓,他在

---

① 参见《第三次对外关系法重述》第421条、第482条、第486条。

② 一起案件中,法院根据《统一州际家庭扶养法》拒绝承认一项魁北克判决,因为魁北克的管辖权不符合美国的正当程序标准,参见 Lescano v. Urena, 2014 WL 8382903 (N. J. Super. Ct. App. Div. Mar. 31, 2015)。

③ 117 A. 3d 660 (Md. Ct. Spec. App. 2015).

④ See Md. Code Ann., Fam. Law §§ 10-301 to 10-359.2 (UIFSA); Md. Code Ann., Fam. Law §§ 9.5-101 to 9.5-318 (UCCJEA). For 2015 cases applying the UCCJEA, see, e. g., In re A. A., 354 P. 3d 1205 (Kan. Ct. App. 2015); P. S. K. v. D. K. K., 2015 WL 8192727 (Pa. Super. Ct. Dec. 8, 2015); A. M. W. v. N. P., 2015 WL 7572676 (Pa. Super. Ct. Feb. 12, 2015).

⑤ Cal. Civ. Code § 986(a).

⑥ 784 F. 3d 1320 (2015), petition for cert. filed, 84 U. S. L. W. 3110 (Sept. 2, 2015), docketed (U. S., Sep. 4, 2015).

纽约州从一位北达科他州艺术家那里购买了一件雕塑品,后来又将其卖给一位纽约的朋友。该法要求向那位北达科他州艺术家支付版税,即使该雕塑、该艺术家以及该购买者从未到达过加利福尼亚州或与该州有任何联系。我们很容易得出结论认为,这一版税要求如果适用于加利福尼亚州居民向外州的销售,将会违反潜伏的商业条款。①

财产。在韦伯(In re Wieber)案②中,华盛顿州最高法院认为,华盛顿州的家庭住宅免税法并不适用于位于其他州的不动产。韦伯案是一起破产案,其中,一位华盛顿州债务人要求对他位于阿拉斯加州的不动产免除家庭住宅税。③法院根据华盛顿州立法的字面意思和解释进行了裁决,其结果也符合大多数州的观点。然而,有少数州(尤其是加利福尼亚州和明尼苏达州)将其相应的立法适用于境外。④

在米勒诉斯塔克(Miller v. Stuckey)案⑤中,一家俄亥俄州法院认为,一份在佛罗里达州订立的转让俄亥俄州土地的合同根据佛罗里达州法律无效,因为缺乏适当的形式要件,但是在俄亥俄州有效,因为其符合该州不太严格的形式要件。

诉讼时效。在史蒂芬诉克拉西(Stephens v. Clash)案⑥中,第三巡回法院认为,一位宾夕法尼亚州原告针对一位纽约被告提起的发生于纽约州的儿童性侵害诉讼根据纽约诉讼时效已经过期,根据纽约州的借用立法可以适用纽约州的诉讼时效。在提亚诉克莱恩汉德勒(Thea v. Kleinhandler)案⑦中,第二巡回法院适用了加利福尼亚州的 1 年诉讼时效,而不是纽约州的 6 年时效,因为纽约的借用立法要求适用诉因发生地州更短的诉讼时效。法院认为原告的经济损害发生于加利福尼亚州。

---

① 784 F.3d 1320(2015), petition for cert. filed, 84 U.S.L.W. 3110(Sept. 2, 2015), docketed (U.S., Sep. 4, 2015). at 1323.

② 347 P.3d 41(Wash. 2015).

③ 债务人放弃了对其华盛顿州家乡的房产的请求权,在那里他们无权获得衡平权利。

④ See Wieber, 347 P.3d at 42 – 43.

⑤ 2015 – Ohio – 3819, 42 N.E.3d 304(Ct. App. 2015).

⑥ 796 F.3d 281(3d Cir. 2015)(根据宾夕法尼亚州冲突法裁判)。

⑦ 807 F.3d 492(2d Cir. 2015)(根据纽约州冲突法裁判)。

儿童监护。在加西亚诉皮内罗(Garcia v. Pinelo)案中[①],第七巡回法院在由戴安娜·伍德(Diane Wood)撰写的一份意见书认为:(1)出生在墨西哥的一位儿童的生物学父亲根据墨西哥法律具有监护权(patria potestad);(2)儿童的母亲将该儿童留在美国的行为根据《海牙诱拐公约》是非法的;(3)初审法院命令该儿童返回墨西哥是正确的,尽管该法院可以根据"成熟儿童"例外原则允许该儿童留在美国。

收养。在内瓦里斯诉M. L. S. (Nevares v. M. L. S.)案[②]和JMS继承(In re Adoption of J. M. S.)案[③]中,犹他州最高法院推翻了两项下级法院的判决,该判决适用了犹他州非常严酷的法律,终止了非居民生物学父亲在犹他州收养其子女的权利。

四、判决承认

(一)姊妹州判决

毫无疑问,本年度最重要的承认姊妹州判决的判例是亚拉巴马州最高法院的EL单方请求(Ex parte E. L.)案[④]判决,该案拒绝承认佐治亚州一项允许一位妇女8年前收养其同性伴侣子女的裁定。[⑤] 该案之所以重要,在于它触怒了联邦最高法院,促使它签发了一项少见的中止令,开始考虑发出调卷令。估计亚拉巴马州的判决难逃被最高法院重审的命运。[⑥]

总体来说,亚拉巴马州法院认为,佐治亚州法院错误适用了佐治亚州法律以批准该收养,而这种错误适用剥夺了该法院的事务管辖权。因为该意见书是

---

① 808 F. 3d 1158(7th Cir. Dec. 22,2015).

② 2015 UT 34,345 P. 3d 719(Utah 2015).

③ 2015 UT 35,345 P. 3d 709(Utah 2015).

④ No. 1140595,2015 WL 5511249(Ala. ,Sep. 18,2015),stay granted sub norm. Smith v. E. L. ,136 S. Ct. 701(2015),cert. granted and judgment rev' d and remantded sub nom. V. L. v. E. L. ,136 S. Ct. 1017(2016).

⑤ 两位女子都是亚拉巴马州居民,她们之间的关系从1995年持续到2011年。期间,E. L. 通过辅助生殖技术生下3个孩子。2007年,E. L. 和V. L. 在佐治亚州租下一幢房子并在那里零星居住,以便满足佐治亚州的6个月管辖权要求,随后,V. L. 请求收养。E. L. 同意该收养,佐治亚州法院签发了收养令。当两人于2011年结束关系的时候,E. L. 阻止V. L. 接近孩子,这促使V. L. 申请在亚拉巴马州承认佐治亚州的收养令。

⑥ 本文完成后,美国最高法院推翻了亚拉巴马州的判决。参见前注本页注①最高法院的判决将在明年的综述中讨论。

在最高法院奥贝格费尔案①判决作出后 3 个月才发布的,因此,亚拉巴马州法院试图避免给人一种印象,即生物学母亲(E. L.)和收养母亲(V. L.)之间的同性关系是该判决中的一个因素。相反,该法院锲而不舍地努力去发现一个能够自圆其说的理由以便解释其判决。它不可能以缺乏属人管辖权为由,因为两位妇女都主动出现在佐治亚州的收养程序之中,也不能以她们当时不是佐治亚州居民为由。法院认为自己找到了一个合理的理由,即佐治亚州法院根据佐治亚州法律缺乏事务管辖权。

很难描述法院的逻辑,但是可以归纳如下:

■《佐治亚州法典》第 9-11-60(f)条规定:"一项判决因缺乏……事务管辖权而无效的,可以在任何时间被抗辩"。②

■ 该法典第 19-8-18(e)条规定:"根据本法典第(b)项所签发的收养令不能在该命令生效 6 个月以后再被司法审查。"③

■ 第(b)项规定,在批准收养前,法院必须"满足让每一位在世的父母……都放弃或终止其与该儿童的关系",并且如果满足了该条件以及其他条件,则法院"应发布收养令,终止每位父母的所有权利"。④

■ 本案中,儿童的生物学母亲并未放弃其父母权利,该收养令并未终止该权利。⑤

■ 因此,该收养令并非"根据第 19-8-18 条第(b)项签发"。

■ 因此,佐治亚州法院缺乏事务管辖权。

■ 由于该项命令并非"根据第(b)项之规定签发",挑战该命令的 6 个月截止期限不予适用。

■ 根据第 9-11-60 条第(f)项之规定,该命令"可以在任何时间被挑战","只要该判决因缺乏……事务管辖权而无效"。

■ 由于该判决在佐治亚州无效,充分诚信条款不能要求亚拉巴马州法院承认它。按照法院的话说就是:

---

① 135 S. Ct. 2584(2015)(discussed supra Part II. E. 1).

② Ga. Code Ann. § 9-11-60(f).

③ Ga. Code Ann. § 19-8-18(e)(emphasis added).

④ Ga. Code Ann. § 19-8-18(b).

⑤ 法院认为:"毫无争议的是,E. L. 的亲权的终止并不是发生于本州,因此,似乎毫无争议的是,佐治亚州法院错误地做出了判决,使 V. L. 成了该子女的收养父母。"Ex parte E. L.,,___ So. 3d at ___,2015 WL 5511249 at *9.

毫无争议的是,E. L. 在本案中并未放弃其父母权利。因此,佐治亚州法院无权作出判决宣布 V. L. 是该儿童的收养母亲。这意味着佐治亚州法院缺乏事务管辖权去作出佐治亚州判决。佐治亚州判决因而无效,而充分诚信条款不能要求亚拉巴马州法院去承认该判决。实际上,本州法院这么做也是错误的。[①]

在唯一的不同意见书中,肖法官批判了多数意见书的观点,认为其会导致对佐治亚州命令进行宪法上不被允许的事实审查。他指出,如果像多数意见书所说的那样,佐治亚州法院发生了错误,那也是一个“事实上的错误,而不是剥夺佐治亚州法院事务管辖权的错误”。[②] 他指出了《佐治亚州法典》另一个条文[第 19 -8 -2(a)条],该条赋予佐治亚高等法院“在所有收养案件中”有排他性管辖权。他指出,这种一般性管辖权包括“申请人未能‘满足’法院收养的必备条件等事项”。[③] 因此,未能满足这些要件并不意味着佐治亚州法院“突然就被剥夺了事务管辖权”,尤其是因为根据该法典的该条款,法院“仍然有权继续审理该案”。[④]

在坎普公司诉克里斯霍尔姆(Kemp & Associates, Inc. v. Chrisholm)案[⑤]中,佛罗里达州法院驳回了一项 1961 年的得萨斯州收养令的挑战,并根据充分诚信条款[⑥]对其予以承认。挑战者是一位被收养的孩子,她要求继承其生物学父母的遗产。她的理由是,她的父亲并不知道她的出生,也没有接收到得克萨斯州收养程序的通知。当时,得克萨斯州并不要求这种通知。但是在斯坦利诉伊利诺伊州(Stanley v. Illinois)案[⑦]中,一起 10 多年后判决的案件,联邦最高法院认为生物学父亲具有宪法上的正当权利在取消他们的父母权利之前被通知,只要他们知道并扶养了子女。本案中,该父亲在 1997 年才知道其女儿的存在,并且尽管他知道她,但无论是他还是他女儿,在他于 2000 年去世前都没有采取任何措施去挑战该收养关系。佛罗里达州法院认为,斯坦利案的意见不能溯及既往地被用于

---

① Ex parte E. L. , ___ So. 3d at ___, 2015 WL 5511249 at *10.

② Ibid. , at *14(Shaw, J. , dissenting).

③ Ibid. , at *13.

④ Ibid.

⑤ 162 So. 3d 172(Fla. Dist. Ct. App. 2015), review denied, 177 So. 3d 1263(table)(2015).

⑥ 参见美国《宪法》第 4 条第 1 款。

⑦ 405 U. S. 645(1972).

挑战按照以前的准据法有效成立,并且在斯坦利案之前就已"完成"的收养。①

克罗福特诉哈里斯(Crofoot v. Harris)案②是一起刑事案件,涉及华盛顿州和加利福尼亚州性侵害登记法。申请人根据华盛顿州对他的性侵犯定罪,按照华盛顿州法律的规定将其地址在当地警察局进行了10年期的登记。在10年期结束后,他获得了华盛顿州法院一项命令,结出了他的登记义务。期间,他移居到加利福尼亚州,该州有一项法律要求对于性侵犯者进行终身登记。申请人援引华盛顿州法院命令和充分诚信条款要求不适用加利福尼亚州立法。加利福尼亚州法院将这个问题视为法律选择问题而不是对华盛顿州的命令给予充分诚信的问题。法院驳回了申请人的请求,指出申请人现在已经是一个加利福尼亚州居民,因此:

> 他的登记只是本州法律而不是华盛顿州法律的执行问题。加利福尼亚州立法机关已经判定他的行为使他成为一个对加利福尼亚州儿童具有威胁的人。华盛顿州对于保护其法律跨越州边界适用并没有合法的本地利益,它不能使加利福尼亚州儿童置于华盛顿州对该州公民提供的更低保护标准之中。③

---

① 其他值得关注的涉及姊妹州判决承认与执行的判例有 Vera v. Republic of Cuba, 802 F. 3d 242, (2d Cir. 2015) (involving efforts to enforce a default judgment against Cuba); Hess v. Patrick, 164 So. 3d 19 (Fla. Dist. Ct. App. 2015), review granted, ___ So. 3d ____ (Fla. Nov. 9, 2015) (applying Florida's statute of limitation to an Arizona judgment); Frasure v. Frasure, 2015 WL 5658734 (Ariz. Ct. App. Sept. 25, 2015) (applying Arizona's statute of limitation to a Utah judgment); Roman v. Great American Financial Services, 2015 WL 226086 (Ky. Ct. App. Sept. 16, 2015) (enforcing an Iowa default judgment); Ewing Oil, Inc. v. John T. Burnett, Inc., 117 A. 3d 748 (N. J. Super. Ct. App. Div. 2015) (enforcing a Maryland confessed judgment)。

② 192 Cal. Rptr. 3d 49 (Ct. App. 2015), reh' g denied (Sept. 16, 2015), review denied (Nov. 10, 2015).

③ 192 Cal. Rptr. 3d at 52 (internal quotation marks and citations omitted). In State v. Barrett, 358 P. 3d 921 (Mont. 2015), the Montana Supreme Court framed the question in a similar fashion. It applying a Montana statute that makes a DUI violation a felony, the court counted all three of the defendant's DUI convictions in Idaho, even though, under a plea agreement, an Idaho court amended the third offense into a second offense. For other cases giving effect to criminal convictions by courts of sister states, see State v. Evans, 343 P. 3d 122 (Kan. Ct. App. 2015) (holding that defendant's guilty pleas in Missouri, along with successful com-pletion of suspended imposition sentences, constituted "convictions" under Kansas law which could serve as predicate offenses); Williams v. Cook County Officers Electoral Bd., 35 N. E. 3d 82 (Ill. App. Ct. 2015), appeal denied, 32 N. E. 3d 679 (Ill. 2015) (holding that a candidate's Indiana conviction for aiding and abetting a forgery disqualified him from seeking and holding public office in Illinois).

(二)外国判决

得克萨斯州是采用1962年的旧版《统一外国金钱判决承认法》的州之一，而没有采用2005年的新版《统一外国金钱判决承认法》。两部法律都规定，如果判决是“根据一个不能提供公正法庭或程序的司法制度而作出，该制度不符合法律的正当程序的要求”，则属于拒绝承认的强制性理由之一。① 然而，新法增加了一项拒绝承认的非强制性理由，即外国判决的作出“让人对该法院的诚实”产生重大怀疑。② 这一项针对法院的抗辩理由加上前面的制度性抗辩理由，可以在某些案件中带来各种差别。如果没有其他情况，这项针对法院的抗辩理由解除了美国法院一项不光彩的任务(尤其是涉及友好国家时)，即对特定的外国法律制度进行判断。如果判决债务人证明某些外国法院不正直，就可以拒绝承认该判决而不用对外国的整个制度进行谴责。此外，在有些情况下，外国制度可能确实很完善，但是特定的程序却非常不完善。此时，对于判决债务人而言，告诉他外国制度对于所有其他诉讼当事人都是非常公正的，这是无济于事的。

在德乔里亚诉马格勒布石油公司(DeJoria v. Maghreb Petroleum Exploration, S. A.)案③中，判决债务人要求一家得克萨斯州法院不要承认一份摩洛哥法院判决，该判决涉及他和几位摩洛哥皇室成员之间的纷争。由于得克萨斯州不允许针对法院的抗辩理由，该债务人不得不主张摩洛哥司法制度整体上腐败。他主张，摩洛哥法官依附于国王，并引用了一份USAID的报告和一份美国国务院报告，指出摩洛哥司法制度“受到政治干预”，并且该国法官“容易受到政治惩罚”，且“易受干预，尤其是在敏感案件中”。④

法院驳回了该债务人的理由。法院指出，得克萨斯州的《统一外国判决承认法》不允许审查“特定的判决”，但是允许对整体司法制度进行权衡。⑤ 法院

---

① Unif. Foreign Money-judgments Recognition Act § 4(a)(1)(UNwI. LAW. COMM'N 1962); Unif. Foreign-country Money Judgments Recognition Act § 4(b)(1)(Unif. Law Comm'n 2005).

② UFCMJRA § 4(c)(7).

③ 804 F.3d 373 (5th Cir. 2015), petition for cert. filed, 84 U. S. L. W. 3451 (U. S. Feb. 16, 2016), docketed(U. S. Feb. 17, 2016)(No. 15－1033).

④ 804 F.3d 373 (5th Cir. 2015), petition for cert. filed, 84 U. S. L. W. 3451 (U. S. Feb. 16, 2016), docketed(U. S. Feb. 17, 2016)(No. 15－1033), at 381.

⑤ Ibid., at 381.

还强调该法不要求外国制度“照搬美国的正当程序”,①而只是要求其程序“相当于”正当程序。法院认为,摩洛哥司法制度符合这一标准,因为债权人的专家证明,“摩洛哥法官必须通过一项许可考试,并且要接受为期 2 年的法官职业培训”②,“摩洛哥商事法院采用的诉讼程序类似于美国法院”。③ 法院比较了本案和其他两起案件(这样的案例极少),其中,一家美国法院以同样的理由拒绝承认一份外国判决。其中,一份外国判决被告是前伊朗国王的姐姐,发生在该国王于 1979 年革命下台之后不久,④另一份判决是在利比亚发生的残酷内战期间作出的。⑤ 法院认为,“摩洛哥的司法制度并没有处于这样的恐怖状态”。⑥

债务人还以另两项理由反对承认该判决——缺乏互惠和缺乏属人管辖权。得克萨斯州是 7 个把互惠加进《统一外国金钱判决承认法》之中的州之一,将其作为拒绝承认外国判决的一个理由。⑦ 然而,该债务人不能证明摩洛哥法院会拒绝承认得克萨斯州判决。他也不能证明缺乏管辖权。摩洛哥法院根据摩洛哥法律有管辖权,该法将管辖权赋予原告住所地,如果被告不是摩洛哥居民。尽管美国法将这作为一种过度管辖权的情形,但是被告与摩洛哥还具有其他联系,从而满足了美国的管辖权标准。

阿尔贝塔证券委员会诉瑞克曼(Alberta Securities Commission v. Ryckman)案⑧提出了一个美国法院出现分歧的问题。当一个外国法院判决在美国的一个

---

① 804 F. 3d 373 (5th Cir. 2015), petition for cert. filed, 84 U. S. L. W. 3451 (U. S. Feb. 16, 2016), docketed (U. S. Feb. 17, 2016) (No. 15 - 1033), at 387 (quotation marks omitted).

② Ibid., at 381.

③ Ibid., at 382. 法院还援引了 USAID 被告中的一项声明,认为王国政府“已经对其关键目标进行司法改革”并且“正在大跨步地”迈向建立一个法治国家;还有从国务院报告中引用的一项声明,认为该政府实施了改革,“目的在于提高司法独立和公正”。

④ See Bank Melli Iran v. Pahlavi, 58 F. 3d 1406 (9th Cir. 1995).

⑤ See Bridgeway Corp. v. Citibank, 201 F. 3d 134 (2d Cir. 2000).

⑥ DeJoria, 804 F. 3d at 383. In United States v. Shkambi, 620 Fed. App'x. 260 (5th Cir. 2015), cert. denied, 136 S. Ct. 515 (2015), 被告因图谋销售可卡因和海洛因而在美国被定罪。他提出了抗辩,认为法院将其以前在阿尔巴尼亚的海洛因罪行作为证据,属于滥用裁量权,他主张,阿尔巴尼亚的司法制度不符合程序正义的最低标准。法院驳回了该主张,认可了控方的专家证人提供的可靠的相反证据。

⑦ 另外 6 个州是佛罗里达州、佐治亚州、爱达荷州、马萨诸塞州、北卡罗来纳州艾奥瓦州和得克萨斯州。在佐治亚州和马萨诸塞州,互惠是一项强制性的拒绝承认的理由,而在其他州,只是任意性理由。

⑧ No. N13J - 02847, 2015 WL 2265473 (Del. Super. Ct. May 05, 2015), aff'd, 127 A. 3d 399 (table) (Del. 2015).

州被承认,并且该判决债权人试图在另一个州请求予以承认时,第二个州是否必须将该判决视为一份姊妹州判决,从而根据充分诚信条款自动予以承认?抑或第二个州是否可以适用更严格的承认外国判决的标准?2014 年一家宾夕法尼亚州法院采取了第一条路线,一家特区法院则采取了第二条路线。① 2015 年一家特拉华州法院在瑞克曼案中面临同样的问题,并采取了第一条路线。

一家阿尔贝塔省法院作出一项判决,对于一位阿尔贝塔省居民违反加拿大证券法的行为判处罚金。该判决的债权人已经在亚利桑那州法院获得了对该判决的承认,而该判决债务人离开了那里,因此,债权人随后又申请在特拉华州针对债务人在那里的财产予以承认该判决。阿尔贝塔省判决本身在特拉华州并未得到承认因为它违反了特拉华州的《统一外国金钱判决承认法》,②理由包括两个:第一,该判决是在 17 年之前作出的,而《统一外国金钱判决承认法》对于外国判决的承认规定了 15 年的诉讼时效;第二,该判决作出了一项罚金判决,而《统一外国金钱判决承认法》并不适用于施加罚金的判决。然而,亚利桑那州并没有采用《统一外国金钱判决承认法》并且其法律也对承认施加没有限制。亚利桑那州法院在判决债务人全部参与的一个程序中承认了该判决。

该债务人反对在特拉华州承认该判决,指责债权人"挑选法院并通过走特拉华州的'后门'来'谋取承认'一项外国判决"。③ 法院承认存在挑选法院的可能性,但是指出本案并不涉及挑选法院,因为当债权人申请在亚利桑那州承认判决时,亚利桑那州是债务人的住所地。④ 法院认为:"即使特拉华州不能直接转化加拿大的判决……特拉华州的公共政策也必须屈从于更强烈的给予姊妹州判决充分诚信的国家利益……亚利桑那州判决有权获得特拉华州的充分诚信。"⑤

在现代证券公司诉李(Hyundai Securities Co. Ltd. v. Lee)案⑥中,一家加利

---

① See Symeonides, 2014 Survey, supra note 1, at 379–81, discussing Standard Chartered Bank v. Ahmad Hamad Al Gosaibi & Bros. Co., 99 A. 3d 936 (Pa. Super. Ct. 2014), appeal denied, 108 A. 3d 36 (Pa. 2015), and Ahmad Hamad Al Gosaibi & Bros. Co. v. Standard Chartered Bank, 98 A. 3d 998 (D. C. 2014).

② Del. Code Ann. tit. 10, § 4811.

③ Ryckman, 2015 WL 2265473 at *4.

④ 法院将该案于 Ahmad 案进行了区别, 98 A. 3d 988, 该案中,承认外国判决的州(纽约州)对判决债务人并没有属人管辖权。

⑤ Ryckman, 2015 WL 2265473 at *7.

⑥ 182 Cal. Rptr. 3d 264 (Ct. App. 2015), review denied (Apr. 29, 2015).

福尼亚州法院认为:(1)韩国的一份判决命令判决债务人向债权人支付该债权人因为债务人违反韩国证券法而向韩国政府支付的罚金,该判决不是"罚金或惩罚"因此可以根据加利福尼亚州《统一外国金钱判决承认法》①得到执行;(2)该韩国判决判处 20% 的判决后利息并不违反加利福尼亚州的公共政策;但是(3)加利福尼亚州执行判决应当采用加利福尼亚州的自判决之日起最高 10% 的利率。②

塞维奇诉泽兰特(Savage v. Zelent)案③涉及一项苏格兰法院要求支付律师费的判决。该判决要求一位败诉的原告支付向其前男友和同居者支付超过 20 万美元的律师费,该原告在该案中起诉该男友要求支付因他们之间的关系而产生的损害赔偿。该判决债权人申请在北卡罗来纳州承认该判决,因为在此期间该判决债务人移居到那里。该债务人反对承认的理由是苏格兰判决是一项"婚姻家庭实务中的……扶养"判决,④因此不属于北卡罗来纳州《统一外国金钱判决承认法》的范围。法院驳回了该观点。法院指出,北卡罗来纳州采纳《统一外国金钱判决承认法》⑤时,取消了"离婚、扶养、赡养判决或其他与家庭关系有关的判决"⑥这一表述,而代之以"离婚或分居后的生活费、扶养或婚姻家庭关系中的赡养判决"。⑦ 法院解释说,北卡罗来纳州的版本排除了对"'索要'生活费、'索要'抚养费、'索要'赡养费"的判决的承认,但是苏格兰判决是一项"'索要'律师费和其他开支的判决",⑧该争议所具有的准婚姻关系性质并不能将该判决排除在北卡罗来纳州的《统一外国金钱判决承认法》适用范围之外。

该债务人还主张,苏格兰判决不应被承认,因为它是在对判决法院的公正性出现实质性怀疑的情形下作出的。北卡罗来纳州法院驳回了该观点,指出债务人援引了苏格兰法院的管辖权,并且当她在实体上败诉之后选择参加了法院

---

① Cal. Civ. Proc. Code § 1715.

② AVR Communications, Ltd. v. American Hearing Systems, Inc., 868 N. W. 2d 290 (Minn. Ct. App. 2015),该案中,一家明尼苏达州初审法院对于明尼苏达州一项判决适用了明尼苏达州立法规定的 10% 的判决后利率,该判决承认了一项以色列判决,而该以色列判决维持了一份以色列仲裁裁决的效力,该以色列裁决规定的是 4% 的利息。上诉法院驳回了债务人要求 4% 利息的主张。

③ 777 S. E. 2d 801 (N. C. Ct. App. 2015).

④ Ibid., at 804.

⑤ N. C. Gen. Stat. § 1C – 1850 et seq.

⑥ UFCMJRA § 3(b)(3).

⑦ N. C. G. S § 1C – 1852(b)(3).

⑧ Savage, 777 S. E. 2d at 805.

确定律师费的审后程序,而且没有在上诉程序中获得利益。但是,法院审查了苏格兰上诉程序的特殊性,并指出该程序并非不公正。

法院还驳回了债务人认为苏格兰的“败诉者全付”的律师费规则以及高昂的律师费金额违反了北卡罗来纳州的公共政策的观点。法院指出,北卡罗来纳州在某些案件中也有类似的规则,而本案中“所谓的高昂律师费”也不是太过分,因为该案涉及“苏格兰历史上最大金额的抚养费请求”。①

布隆伯格诉布隆伯格(Blumberg v. Blumberg)案②是一起心酸的离婚、子女监护和婚姻财产分割纠纷,当事人双方是两位前爱沙尼亚公民,现在是新泽西州居民。丈夫回到爱沙尼亚并在那里起诉离婚,一天之后,妻子在新泽西州起诉。爱沙尼亚的诉讼程序首先作出了一份判决,而新泽西州的程序仍在进行之中。丈夫要求停止新泽西州的程序,理由是爱沙尼亚已经作出离婚判决,已经不存在婚姻关系。法院指出,新泽西州遵循的是“先诉法院规则”(first filed rule),根据该规则,首先取得管辖权的法院具有优先权,除非有特殊情形。然而,法院认为,本规则并不适用于本案,因为爱沙尼亚法院所审理的不是相同的诉讼请求,尽管存在一些重合。爱沙尼亚判决分割了夫妻双方的爱沙尼亚银行存款和位于爱沙尼亚的房产,但是新泽西州法院需要分配的是新泽西州的婚姻财产。此外,爱沙尼亚法院对于子女的监护没有管辖权,因为该子女从未生活在爱沙尼亚。法院决定不承认爱沙尼亚判决,并根据新泽西州法律对夫妻位于新泽西州和爱沙尼亚的婚姻财产都进行了分配。

赵与陈信托(In re Chao-Te)案③是一起同一丈夫的两位妻子之间发生的婚姻财产纠纷。1964年丈夫在中国台湾地区根据“习惯法”娶了第一位妻子,但没有登记。7年后,在与第一个妻子生下几个孩子后,他娶了第二个妻子,但这一次进行了登记。1年后,他在中国台湾地区购买了一幢房产,部分钱款来自第一位妻子的捐助。几年后,他将该房产卖出,获取了3倍多的收益。随后他用这笔钱购买了位于拉斯维加斯的一家汽车旅馆,并与第二位妻子和4个子女一起移居该地。2005年第一位妻子在内华达州的家庭法院起诉离婚。丈夫则在中国台湾地区起诉要求宣布其与第一位妻子的婚姻无效。内华达州法院中止

① Savage, 777 S. E. 2d at 810.

② Nos. A－5405－12T3, A－1040－13T31, 2015 WL 5009119(N. J. Super. Ct. App. Div. Aug. 24, 2015).

③ No. 63189, 2015 WL 3489560(Nev. May 29, 2015).

诉讼程序等待中国台湾地区法院的判决结果。中国台湾地区法院认为,第一起婚姻有效,中国台湾地区相关部门更新了登记状况以表明该第一位妻子是合法妻子,而第二位妻子是“妾”。

在内华达州法院重新启动诉讼程序之后不久,丈夫去世,从而使法院丧失了管辖权。但是,争议继续在两位妻子之间进行,因为第一位妻子要求获得该汽车旅馆和她丈夫遗赠给第二位妻子的其他财产的一半价值。第二位妻子则认为不应承认中国台湾地区的判决。但是法院驳回了该请求,因为该判决符合内华达州法律规定的承认外国或地区判决的所有条件。第一位妻子胜诉。

2016 年 1 月 10 日完成

西蒙 · C. 西蒙尼德斯

图书在版编目(CIP)数据

冲突法在美国法院年度综述:2011~2015年/(美)西蒙·C.西蒙尼德斯著;杜涛译. -- 北京:法律出版社,2018
(国际法文库/黄进主编)
ISBN 978-7-5197-1971-5

Ⅰ.①冲… Ⅱ.①西… ②杜… Ⅲ.①冲突法-案例-美国 Ⅳ.①D997

中国版本图书馆CIP数据核字(2018)第022233号

冲突法在美国法院年度综述
(2011~2015年)
CHONGTUFA ZAI MEIGUO FAYUAN
NIANDU ZONGSHU(2011-2015 NIAN)

[美]西蒙·C.西蒙尼德斯 著
杜 涛 译

策划编辑 沈小英
责任编辑 沈小英 刘晓萌
装帧设计 李 瞻

出版 法律出版社
总发行 中国法律图书有限公司
经销 新华书店
印刷 北京京华虎彩印刷有限公司
责任校对 马 丽
责任印制 吕亚莉

编辑统筹 财经出版分社
开本 710毫米×1000毫米 1/16
印张 27.5
字数 460千
版本 2018年3月第1版
印次 2018年3月第1次印刷

法律出版社/北京市丰台区莲花池西里7号(100073)
网址/www.lawpress.com.cn
投稿邮箱/info@lawpress.com.cn
举报维权邮箱/jbwq@lawpress.com.cn
销售热线/010-63939792
咨询电话/010-63939796

中国法律图书有限公司/北京市丰台区莲花池西里7号(100073)
全国各地中法图分、子公司销售电话:
统一销售客服/400-660-6393
第一法律书店/010-63939781/9782
西安分公司/029-85330678
重庆分公司/023-67453036
上海分公司/021-62071639/1636
深圳分公司/0755-83072995

书号:ISBN 978-7-5197-1971-5
定价:88.00元